高田　淳　著

王船山易学述義　上

汲古書院

目　次

周易外伝　巻二

周易外伝　巻三

王船山易学述義　上

はじめに

本書は、王船山『周易外伝』の訳解を中心とする。述義と称するのは、王船山が『周易外伝』に述べた行論に即して、その義を述べることに限定するからである。王船山哲学における易論の意義を論じたり、また王船山の他の著作において易に言及することが多く見られることから、王船山思想における易哲学の位置を論証することを目指すものではない。さらに中国思想史の中で易を論じた多くの人びとの易論を比較対照して、その優劣を論じ批判を加え、王船山の易学の優位を証明しようというのでもない。

なぜ私が述義という仕方で関わるのか。王船山の行論の意を私なりに理解することが、私にとってまずなすべきことであったからである。私の哲学思想論の中から王船山易論を論ずることは、私の力量の及び得ないことであるということの他に、もう一つ基本的なことがある。王船山が聖人の書として周易を立て、この『易経』の文に即して思索を凝らし論じたものが『周易外伝』であるということ。すなわち「述べて作らず」といい、文王の彖辞《たんじ》と周公の爻辞《こうじ》に即してその義を述べようとした孔子の意に沿って、王船山が述義したのが『周易外伝』であるということである。

そこに王船山の私意が紛れ込んでいないという保証はない。しかもまた、後世の私が現代の風気に在って論ずることが、私の私意でないという根拠もない。しかし少なくとも、王船山がその身世において易に学ぼうと志し、己の行事の艱難に際して思いをめぐらし、それを易の中に確認したということは疑いのないことである。また私が王船山の易学に学ぼうとしたこの試みも、その意味において王船山の意から佚脱するところはないと考える。及び得たか否かは、また別のことである。

たしかにそれは、王船山個人の意に成った王船山自身のものである。しかし、王船山はどのようにして易に出会い、また何故に易を論じなければならなかったのか。周易は『易経』という儒家の経典であり、儒者の一人として他経について論じたように、王船山は易を論じたというのでは答えにならない。儒教の経典の束縛から逃れられない封建士大夫の一人として、王船山もその範囲を出られなかったといえば、そもそもわれわれは現代の思考の枠からどれほど超越し得ているということができるであろうか。むしろ与えられた思想世界の中でそれを自らに引き受け、それを存在の根源から結晶させる思想営為こそが問題ではないだろうか。

それは易でなくてもよかったではないかとは、他者の言である。王船山にとっては、易でなければならなかった。易はそのようなものとして、王船山の前に立ち現れた。わが生の艱難の中に君子の道を立てようとする王船山は、易に学びその義を精《くわ》しくする中で、王船山の易論と称されるものが今に残されている。私のいいたいことは、中国思想における本質的思惟として易が存在し、王船山はその根底を極めたがゆえに、易学者としてここにその易哲学を提示したのではないということである。

人は時間系列の中に生を享けるものであるから歴史的存在であり、人は生きる中でさまざまな思念と情感を抱くものであるから思想文学や芸術その他の表現によってそれを示す。それはすべて、相対的個別性において在る他ないものである。しかしそこに表現者という主体を立てれば、その個別性そのものが全体を志向するものとして定位する。すべては時間の経過に在る他ないという過程論は、その一刻一時を己の決疑に担うことによってわが道となり得る。またすべては全体の一部でしかないという相対論は、その分と位を自ら尽くすことによって通貫し得るという実践論によって克服される。多様な文化表現も、個別的な時と位を通じて道に参与することができるのである。この総体的文化構造ともいうべき天人の道において、人の営為の正当性を求めようとするのが易であるとすれば、王船山はまさしくそれを己の思想的要請として自覚し、君子の道を求める中で易に出会い、また易によって君子の貞に靖《やす》んずることができたのである。

王船山の生きた明末までには、すでに易についてのさまざまな論議が数多くなされてきた。王船山はそれらについて、単なる知識として整理し学術的批判を加えてわが易論を提示したのではない。王船山にとって易とは、わが出処進退の決疑に際し、占筮《せんぜい》によって神告に問い、それを己の道と信じてわが生を貫くことに在った。己の運命を占筮に委ね、普遍的原理に従ってそれを甘受するというのではない。個別的な時と所に際会した険阻を全面的に引き受け、己の意志を立てて決疑し、わが道を貫くというべきか。

易は、君子が道を得るか否かに関わるものである。王船山は、わが聖人の学と異なる老荘と仏釈を異端として批判を加える。それは正統と異端という二元的背反の中に折衷を求めるものではない。現実を逃避した無の大道に安住しようとする道家の徒、そして現世を超越した空観によって包摂しようとする釈氏の徒は、明清鼎革の際に経世する君主を失った王船山にとって、まず選択を迫られた生のかたちであった。そのような道を選んだ者たちは、王船山の周辺に数多く見られた。王船山はその何れをも拒否し、聖人の徒として六経の精義を求める道を選んだのである。五十一歳から五十七歳まで身を潜めた観世居の壁に題した、「六経、我を責めて生面を開かしむ。七尺、天に従いて乞う活埋せられん」という対聯の決意がそれを示している。

この老釈の異端批判に見合うものとして、邵雍《しょうよう》の先天の易と後天の易を継承した朱子に対する批判がある。詳しくは王船山の行論に委ねるが、邵雍批判はそのまま朱子の易論に対する批判である。基本的にいえば、邵雍の対待整斉たる空間構造及び無限に延長する時間構造に対する否定であり、一刻の決疑によって生生する善を継承しようという易理の主張である。明の王朝の崩壊という断絶の中から、中華の文化の精義を己の生において確認し継承しようという、王船山の思想的試みであった。かつて聖人が開示した原始の太古における生の意味を、己の生の中に再確認する思想営為が、王船山の易学であったともいえよう。

王船山は尚書について『書経稗疏』四巻、『尚書考異』(存目)、『尚書引義』六巻を書き、春秋について『春秋稗疏』二巻、『春秋家説』三巻、『春秋世論』五巻、『続春秋左氏伝博議』二巻を書き、詩経について『詩経稗疏』五巻、『詩経考異』一巻、『詩経叶韻辨』一巻、『詩広伝』五巻を書き、礼記について『礼記章句』四十九巻、『礼記稗疏』(存目)を書き、四書については『四書訓義』三十八巻、『四書稗疏』二巻、『四書考異』一巻、『読四書大全説』十巻、『四書箋解』十一巻、『四書詳解』(存目)、『四書集成批解』(存目)を書いた。そして春秋時代を承ける秦漢以降明代に至る歴史について、『読通鑑論』三十巻、『宋論』十五巻、『大行録』(『永暦実録』)二十六巻を書き、諸子については『老子衍』一巻、『荘子解』三十三巻、『荘子通』一巻、そして『張子正蒙注』九巻を書き、さらには『楚辞通釈』十四巻以下、『古詩評選』六巻、『唐詩評選』四巻、『明詩評選』八巻を書いて各時代の詩を論じたばかりでなく、自ら数多くの詩賦(『薑斎詩文集』十巻、『薑斎詩余』三巻)及び詩論(『薑斎詩話』三巻)を作っている。王船山が文芸百般に通じていたというのではない。事に当ってわが思と情を叙べる詩文と、時間系列の中で起った事と人とを記す史と、思念を凝らした諸子の思想と、孔子が定めた経は、経史子集と範疇を異にするけれども、総体として古今に亘る中国の文化の表現であり、乾坤《けんこん》の生成から天下の理を窮めれば、個々の人事及び心理までを通貫する易理が顕現する。そのようなものとして王船山は易を読み、易に学んだ。それは同時に、私が王船山の易論をどのように読むかに重なる。以上が、述義と称する所以である。

はじめに『周易外伝』をとりあげ、あとに『周易内伝発例』と『周易大象解』を置いた。内伝といい外伝というのは、経としての周易に王船山が施した解説である。『周易内例発例』二十五に、「外伝は以て象数の変通を推広し、酬酢の大用を極む」というのは、周易の象数変通の意を王船山が広く敷衍し、周易の酬酢の大用を王船山が己と古今の事例によって極めたことをいう。また内伝について、「象爻の誠を立つるの辞を守り、以て天人の理を体す」というのは、易の彖辞爻辞の文に沿ってその意を明らかにし、天人の理を明らかにしたことをいう。「固より容《まさ》に毫釐《ごうり》の踰越《ゆえつ》有るべからず」と、外伝と内伝は基本的に易の伝である点で同じであるという。『周易内伝』は本書において全体として扱わなかったが、外伝を述義する中で必要に応じてしばしば引用した。

『周易内伝発例』を付したのは、王船山晩年の易についての要約の言をそこに見ることができるからである。王船山がなぜ易を論じたのか、易に何を見出そうとしたのか、従来の易論とくに朱子の易論をなぜ排さなければならなかったのかは、この中に集中的に見ることができる。終りに『周易大象解』を置いた。王船山が易を自然哲学風なものと見ず、むしろ君子の決疑、出処進退の選択、すなわち人の倫理に関わるものと見ていたことを知ることができる。王船山は大象は孔子が述べたものであるとし、『論語』からの引用によってその意を解いている。

テキストは、最も新しい『船山全書』第一冊（一九八八年十二月、嶽麓書社刊行）によった。各刊本の考異校定についての注は、一切省略に従った。文意を読みとることを第一にしたからである。明らかに誤植と認められるものは、説明なしに訂正した。段落を多く設けたのも、文気と文脈を明らかにするためである。原文は示さず、直接書き下し文に示した。王船山の行論の流れに沿って読解し、王船山の用いた術語をそのまま示したかったからである。王船山が用いた易の経伝、あるいは他書の典拠は、括弧の中に示した。基本的に書き下し文だけで意が通ずることを目指したが、意の足らないところは改めて解説を施した。適宜参酌して、原文の意に立ち戻って読解していただきたい。『周易外伝』の六十四卦のあとに、たとえば泰《たい》について（乾《けん》下坤《こん》上）の文字を付したのは、原文にはない。卦名については、すべてルビを施した。

なお始めに「王船山と易」の一節を設け、王船山の生涯にわたる易との関わりを概括した。周易についての著作の成立について述べるとともに、岐路に立つ王船山が占筮によって神告を求めた詩賦、並びに幽棲に在って易に思いを託した詩を示した。

終りに「王船山易学申義」の一節を付した。王船山の行論に従った述義のあと、いまの私の立場から些か論を提示したかったからである。私が多少とも王船山の発論に共感するところがあったからこのような述義を書いたのであり、それによって触発された意義を私のことばによって些か申《の》べてみたかったからである。あとがきに代えて「王船山への旅」を書いたのは、王船山の影を求めて読書する中、一度の挫折のあげく初めて石船山に上り、その頑石を目の当りにすることによって、暫し船山と共にすることができた一刻を述べたものである。

王船山と易

ここに述べるのは、王船山が生涯において易に関わった事柄、易についての著作の成立、そして易に触れた詩賦並びに文章を、年代順に示すことに在る。

王船山は明万暦四十七年（一六一九）九月一日、湘南省衡陽の城南回雁峯王衙坪に、父王朝聘の第三子として生まれた。崇禎十七年（一六四四）二十六歳のとき明室の崩壊を見、晩明政権に投じて各地に転戦し、清朝支配下五十年近くを各地に転々として幽棲し、康熙三十一年（一六九二）正月二日、湘西草堂において七十四歳を以て歿した。名は夫之、字は而農《じのう》、船山の号は晩年五十七歳（康熙十四年、一六七五）の冬、湘西草堂に石船山を日夜眺めた以降の号である。

船山の家学は春秋学であった。崇禎十五年（一六四二）二十四歳の四月、武昌の郷試に応じ、九月、春秋第一を以て郷榜に上る。順治三年（一六四六）、二十八歳の船山は七十七歳の父から『春秋家説』を作ることを命じられ（『春秋家説』序）、それから二十二年後の康熙七年（一六六八）五十歳のとき漸く『春秋家説』三巻が成り、併せて『春秋世論』二巻もその頃に作られる。因みに『続春秋左氏伝博議』二巻が成るのは、その翌年である。『春秋稗疏』二巻は、年月不詳。

船山が易に出会ったのはいつか。康熙二十四年（一六八五）六十七歳のときに書いた『周易内伝発例』の後序の回想によれば、「夫之、隆武丙戌自《よ》り、始めて易を読むに志有り」という。明の唐王隆武二年丙戌（一六四六）は、清の順治三年、二十八歳の船山が続夢菴に居たときである。続夢菴は南岳の蓮花峯黒沙潭に在り、菴主は慈枝《じし》。崇禎十七年（一六四四）三月十七日、李自成の入京に際し崇禎帝毅宗が北京城北海の煤山で自縊し、明室はここに亡びる。二十六歳の船山がその報せを聞くのは五月に入ってからで、「甲申五月、北都の変を聞き、数日食《くら》わず。悲憤詩一百韻を作る。吟じ已《おわ》り、輒《すなわ》ち哭す」（王敔《ぎょ》「薑斎公行述」）。九月、湘江の上流東安に赴き、そこから続夢菴に寓居したのは、その年の十月である。それから翌年二十九歳、「丁亥の春、余は窮愁を以て湘上（湘潭県湘郷）に客たり。日に（洪）伯修、（龍）季霞、欧陽予私、江陵の李広生芳先と痛飲し、昏暁を忘る」（『南窗漫記』）というのは、明朝滅亡の余憤と痛哭の中に、暫く続夢菴に身を隠していた時であった。

ところで、「始めて易を読むに志有り」という「始めて」ということばは、何を意味するのか。言葉通りに受けとれば、今迄読まなかった易をそのとき始めて読み始めたということになる。船山が易を知らなかったはずはない。易を読むということは、易に学ぶという志がなければならない。なぜそのとき易に学ぼうとしたのか。そしてこの始めの志があり、その志を通貫することがなければ、始めということばは意味をなさない。船山は『周易内伝』を書き終えた六十七歳に在って、その時のことを回想して語っているのである。

それは二十八歳に至るまでに際会した船山の艱難の思いから発したものに違いない。王朝の滅亡、文化の崩壊、己を含めて父母兄弟の苦難、螳蜋の斧にも比すべき無益な抵抗と徒労、にも拘わらず若き船山はこれからも己の生を生きなければならない。船山はその意味を易に求めようとした。そしてわが意を以て易に学び、そこにわが道を模索しようとしたのである。易は占筮の術として運命を予言するものではない、また普遍的哲学として超越的に聳え立つものでもない。険阻に当ってわが生をいかに遂げるべきか、それを易に求め易に学ぼうと志したのである。

というのは、『周易稗疏』は、始めて易を読む志をもったこの年に成ったという論があるからである。劉春建『王夫之学術系年』（中州古籍出版社、一九八九年四月）は、『周易稗疏』は船山晩年の衰老多病のときに書かれたという周調陽「王船山著述考略」（『王船山学術討論集』下冊、一九六五年八月）の説を誤りとして斥け、少なくとも『周易外伝』より前であるとして、「姑且《しば》らく此の年に置く」と二十八歳の項に示している。その論拠の一つは、『周易外伝』巻六の繋辞下伝第八章の船山自注に、「経文の「其の出入して以て外内を度《はか》る」は句、「懼れを知ら使む」は句なり。詳しくは稗疏に見ゆ。俗に「其の出入は度《ど》を以てす」を以て句を断ずる者は　通せず」とあることによって、『周易稗疏』は三十七歳の『周易外伝』より前であり、時期は特定できないが仮に二十八歳のこの時とするという。内容については、後述の当該箇所を参照。『周易内伝』はその箇所について、「句」とのみ注記して説明はない。すでにこの経文の句読については、船山は確定していたからである。

この劉春建の推定は、稗疏の意味を未熟な処女作と捉える気味があるとともに、一度書いた著作に船山が後年一切手を加えなかったことを前提にする。私は船山が外伝を書き、更に内伝を書き、そしてテキストの校定に『周易校異』を書いたように、それに並行して語釈を中心に稗疏を書いたと考える。すなわち易経の経に対して内外の伝を書き、そして考異と稗疏を以て補翼する、易経解釈学の構造の中に在るとして見る。稗疏が外伝より前に書かれたとする劉春建の説を否定する充分な根拠はもたないが、稗疏の作を後年の作に比べて未成熟なものと見なすことには、加担することができない。

劉春建は稗疏における易理についての議論がまだ未成熟な段階に在り、早年の作と見なさざるを得ない欠陥をもっているという。このことについていえば、稗疏と内伝は論点が異なるから稗疏が簡略であることは当然のことである。また劉春建は稗疏は易体系の中の神学的夾雑物が勝《まさ》っていることを挙げ、船山が占筮によって己の疑義を決することを肯定していることは欠陥であるという。その例証して三十五歳の「章霊賦」を示し、「これは王夫之の早期思想中の偏頗なるものと見なさざるを得ない」と断ずる。後に述べるように、船山の易論は基本的に占筮の象数によって君子が得失の道を決疑するもので、「章霊賦」こそがその恰好の例であると私は考える。

劉春建のことばに即していえば、「姑且《しば》らく此の年に置く」というが、この年あるいはこの年から稗疏が書き始められたのではないということである。「始めて易を読むに志有り」という学易の沈潜の中で、あるいは読易ノートともいうべき稗疏が綴られていた可能性はないわけではないにしても、劉春建のように思想の成熟を以て著作の先後を決定することはできない。

このことは、『周易考異』一巻についてもいいうる。考異の著述年代は明記されていないが、各刊本はすべて稗疏に付して刊行されているという（楊堅「周易稗疏付考異編校後記」、『船山全集』第一冊）。いまそこに述べてある七種の各本の異同校定について紹介する余裕はないが、金陵本の巻首に収める歐陽兆熊「重刊船山遺書凡例」は、「『船山遺書』の四庫に著録されたものに、易・書・詩・春秋の四種の稗疏が有る。前に鄒氏（守遺経本『船山遺書』の校讎者鄒漢勛）の校本は増刪攛易《ざんえき》（訂正）し、決して本真ではない。或いは先生晩年の改本に言を託し、其の跡を掩ったものであろう」といい、さきに劉春建が斥けた周調陽の「王船山著述考略」の文を引いて立証している。

すなわち、さきに示したように船山は書経と詩経と春秋と易経について稗疏と考異を書いたばかりでなく、四書についても稗疏と考異を書いている。周調陽は「王船山著述考略」の中で、王敔《ぎょ》「薑斎公行述」を引いていう。「暮年に迄《いた》り、体羸《よわ》く病多く、腕は硯に勝《た》えず、指は筆に勝えざるも、猶《なお》時に楮墨《ちょぼく》（紙と墨）を臥榻《がとう》の傍に置き、疾《やま》いに力《つと》めて纂注す。堂に顔（題）して曰く、「六経、我を責めて生面を開かしむ。七尺、天に従いて乞う活埋せられん」と。四書、易、詩、書、春秋に於いて、各々稗疏有り」。王敔は船山三十八歳のとき鄭夫人との間に生まれた第四子であり、これは王敔が親しく見た晩年の船山のすがたである。周調陽はこの文によって、「明らかにこれらの書は、衰老多病の時に編写されたことを述べているのではないか」という。更に王敔の「湘西草堂記」に、「因りて滇氛《てんぷん》を避け（雲南の平西王に封ぜられた呉三桂が清に叛き、船山五十八歳から六十歳にかけて衡州に拠ったこと）、宅を泛《うか》ぶること数歳、後復《また》草堂に帰り、経詮（経解）を定め、散稿を秩《ととの》え、閉吟を輯《あつ》む」の文字があることによって、船山終焉の地湘西草堂においてこれらの書が成ったという。

王敔のこの文は、死を予感した船山がさきに著作した文章に手を加えて完成を期したことを述べているのであって、稗疏や考異が晩年に書かれたとはいっていない。後に示すように、「乙未（船山三十七歳）、始めて外伝を為《つく》る」、「丙辰（船山五十八歳）、始めて大象解を為る」というのも、初稿をそのとき書き始めたという意味で、晩年に推敲を施したことを排除するものではない。すなわち、経に対する伝と疏と考異をいう体系の中て、船山が周易述義の完璧を期したことは、他の経書についてと同じであったのである。

なお、さきの楊堅の後記の中に、『易経稗疏』の名があることを付言しておく。金陵本は「文淵閣本及び旧鈔本に拠って悉く改正を施した」という旧鈔本とは、衡陽の劉氏家蔵の鈔本である。劉省吾の「衡陽劉氏珍蔵王船山先生遺稿記」によれば、劉氏家蔵の『船山遺書』四十八種の第四に、『易経稗疏』の名が見える。恐らく『周易稗疏』と書名を殊にするのみで、内容は同じものであろう。

さて、『周易内伝発例』の後序は、この二十八歳のときに続けて、「戊子、戎（兵乱）を蓮花峯に避け、益々之を講求せり」という。戊子は永暦二年（一六四八）、順治五年、三十歳のときである。前年二十九歳の船山は、その年の春、続夢菴を去って上湘に客となり、五月故郷衡州か清軍に陥れられるや、船山は夏汝弼と共に「義興（江蘇省）の堵公（堵允錫）の所在を求め、死を効《いた》さんとす。中湘に至りて、道は阻にして往く能わず。重ねて匪人（盗賊）の因しむる所と為り、将に溝瀆《こうとく》に斃《たお》れんとす。上湘の人士蕭一夔の破壁に相容るるを得、敗屋荒林に対して哀吟す。遺稿已に亡《な》く、参差《しんし》に（おぼろに）憶得する者此《こと》くの如し」（「惜余鬢賦」跋）。七十三歳の船山が僅かに記憶に残る哀吟を書き止めたのは、「杜少陵（杜甫）、文文山（文天祥）に放《なら》いて七歌を作る」（「憶得」に収め、また「惜余鬢賦」のあとに付する）である。二十九歳のこの年は、わが身が窮迫にさらされたばかりでなく、身辺に多くの人びとの死を見た年であった。文之勇が藍山（湘南省）で死に、章曠が永州（湖南省）で死に、次兄の参之が故郷で病死し、叔父の廷聘が十月に逝き、あとを追うかのように父の朝聘が十一月十八日に逝去する。七十八歳であった。

かくして三十歳の船山は、父と叔父と次兄の喪に服し、ここ蓮花峯の続夢菴に身を潜めていた。それも長くは続かなかった。九月、明の宗室が耒陽《らいよう》（湘南省衡陽県の東南）に挙兵したことに呼応し、船山は十月管嗣裘とともに衡山に兵を挙げる。しかし忽ち潰滅して耒陽に奔《はし》り、さらに郴県《ちんけん》（湖南省桂陽県の東）から桂陽を経て肇慶（広東省）の桂王の許に赴くという、兵馬倥傯《こうそう》の時が続く。このような慌しいときに、船山は「益々之を講求せり」という。

講求とは、易理を尋ね求める意である。几案に倚って、超越的な易哲学を構想するのではない。それは今に在るわが艱難の中に、死生の道を求めることを意味する。『周易内伝発例』はさきの文に続けて、船山はそのことを次のようにいう。「始めて観《かん》卦の義を得、その理に服膺し、以て険阻に出入して自ら靖《やす》んず。乃ち聖人の象を画し（伏羲が卦象を作ったこと）、辞を繋《か》くるは（文王が彖辞を作り、周公が爻辞を作り、孔子が伝を述べたこと）、義を精《くわ》しくし身を安んずるの至道為《た》りて、易簡《いかん》に於いて以て険阻を知るを告ぐるは、異端の盈虚消長の機を窃《ぬす》みて、翕張《きゅうちょう》雌黒の術と為すに非ざるに、深く感ずる有り。易に学ぶの旨に与《あずか》るを得たる所の者なり」。

服膺とは、『中庸』第八章に、「子曰く、回（顔回）の人と為《な》りや、中庸を択び、一善を得れば則ち拳拳《けんけん》服膺して、之を失わず」という。義を精《くわ》しくし身を安んずとは、繋辞下伝第五章に「義を精しくして神に入るは、以て用を致すなり。用うるに利しく身を安んずるは、以て徳を崇《たか》くするなり」といい、また「子曰く、君子は其の身を安んじて而る後に動く」という。易簡に於いて険阻を知るとは、繋辞下伝第十二章に「夫れ乾《けん》は天下の至健なり。徳行は恒に易《い》にして以て険を知る。夫れ坤《こん》は天下の至順なり。徳行は恒に簡にして以て阻を知る」という。この聖人の道に対し、異端の翕張雌黒の術とは、『老子』第三十六章に「将に之を翕《とざ》さんと欲すれば、必ず固く之を張る」といい、また第二十八章に「其の雄を知り其の雌を守りて、天下の谿と為る。……其の白きを知り其の黒を守りて、天下の式と為る」という術である。船山は二十八歳の「始めて易を読むに志有り」の語を承けて、ここに「易に学ぶに与るを得たる所の者なり」という。

船山は観《かん》の卦《か》の義を得ることによって、その易理を自ら服膺し、いまの戦乱の険阻に出入しながらわが心を靖んずることができたという。ここに「初めて」というのは、三十歳の生涯の中で初めてその義を知ったという意である。観《かん》䷓は坤《こん》下巽《そん》上、否《ひ》䷋の九四が六四に変じ、四陰が上卦の二陽に逼《せま》る象である。その意は、後述の『周易外伝』の観《かん》の項に譲るが、ここに『詩広伝』の文を引く。鄘風《ようふう》の牆有茨《しょうゆうし》の項に、始めに観《かん》の象伝「盥《てあら》いて薦《すす》めず、孚《まこと》有りて顒若《ぎょうじゃく》（恭敬のさま）たり」の語を引き、「陰長ずるの世、佞は忠に偪《せま》り、淫は貞を蠱《みだ》す。君子は孤行して権無く、人を愛する能わず、自ら愛するのみ。人を治むる能わず、自ら治むるのみ。故に孚有りて顒若たりと曰うは、自ら褻《けが》して以て自ら全うする勿《な》きなり。（中略）故に盥いて薦めずと曰うは、自ら潔《きよ》くするなり。孚有りて顒若たりとは、之を問うを屑《いさぎよ》しとせざるなり」という。これが「自ら靖んず」の意である。

この時から五年後、三十五歳の船山が己の進退を神告に問うた「章霊賦」（『薑斎文集』巻八）がある。前年永暦六年（一六五二）、順治九年から、蒸水の源の耶薑山のほとりに遁れていたときのものである。友人管嗣裘の郷里であり、孫可望の別将李定国が衡州に入ったとき船山はその幕下に入ることを促され、それを避けるためであった。十月、李定国が清軍に敗れて武岡（湖南省武岡県）に退くことによって、そのことは沙汰已みとなるが、翌年永暦七年（一六五三）、順治十年、船山は安隆所（広西省の北西）に桂王を擁立する孫可望の軍に参加を促されることが起った。反清の兵を挙げ明室を防衛することはもとより船山の志であったが、孫可望は果してわが身を委ねるに値する人物であるのか。孫可望は張献忠の養子であり、明室に対する忠誠は保証し難い。往かなければわが忠は遂げられず、また往けば君子の貞は保ち難い。船山は進退何れに決すべきかの選択に迫られる。船山はここに自靖の道を求めて、占筮の神意に問うたのである。

「章霊賦」はすべて二十章、乱一章を終りに付し、各章ごとに自注を施した長文のものである。以下、易に触れた箇所のみを摘記する。詳しくは私の『王船山詩文集』（平凡社、東洋文庫）を参照。王氏一族の明室との関わり、そして今に至る船山自身の個人史を述べ、明室の崩壊を予感しながら、三十五歳の船山がこれからいかに生くべきかを躊躇逡巡の中で易に問うたものである。

はじめに、章霊の意味を明らかにし、「章霊賦」を作るに至った事由を述べる。

　章とは、顕らかにするなり。霊とは、神なり、善なり。神筮の善告を顕著にするなり。

　壬辰（永暦六年、一六五二）元日、筮して睽《けい》の帰妹《きまい》に之《ゆ》くを得たり。明年癸巳（永暦七年）、筮するに復《また》之《か》くの如し。時に孫可望は主を滇黔《てんけん》（雲南省と貴州省）に挟《さしはさ》み、相邀《むか》えて之に赴かしむる者有り。久しく異土に陥り、既に主を得て死するを以て歓《よろこ》びと為せり。託して匪人に比し、尤も巷《ちまた》に遇うの時に非ざるを以て戒めと為す。仰ぎて神告を承くるに、善道斯《ここ》に章《あき》らかなり。因りて、賦して以て見《しめ》す。

章霊とは、神筮の善告を顕著にすること、船山はそのことを賦して吾が志を示すという。前年三十四歳の元日、そして今年三十五歳の二度にわたって占筮し、ともに得た遇卦は睽《けい》䷥であり、しかも上九は老陽であった。すなわち、上九が上六に変ずる之卦《しか》は帰妹《きまい》☳☱であったのである。「初筮には告ぐ。再三すれば瀆《けが》る。瀆るれば則ち告げず」（蒙《もう》の象辞）の禁を知る船山は、暫く時をおいて改めて再び筮したが、全く同じ遇卦と上九の動爻による之卦を得たのである。匪人とは、比《ひ》☵☷の六三の爻辞に「之に比するも人に匪ず」といい、その小象に「之に比するも人に匪ずとは、亦傷《いたま》しからずや」という。匪人は、孫可望である。巷に遇うとは、睽《けい》の九二の爻辞に「主に巷に遇う。咎无し」といい、その小象に「主に巷に遇うとは、未だ道を失わざるなり」という。船山はすでに明室の王土ならぬ清の征圧下に在り、わが君のために身命を致すことを願いとしているのであるから、匪人たる孫可望に身を託し、安隆所という僻遠の巷において、主たる桂王に遇って仕える時ではないという。

「主に巷に遇う」九二は、船山自身である。『周易外伝』は睽《けい》の九二について、「然らば則ち、二（九二）と四（九四）とは其れ責无きか。位を失いて卑《ひく》きに処り（九二は下卦に居り、九四は上卦の下に居る。しかもともに陽が二と四の陰位に在り、位を失っている）、争世（睽《けい》は、睽《そむ》き争う）に居りて争いは自《よ》りて已《や》まず。二（九二）は中を守り、四（九四）は退（退爻）に居る。間関（辛苦）勤困し、偶（匹偶）する所を求め、託するに誠を以てするは、自ら固くするの道なり。久しいかな、其の復《また》能く他に及ぼさざるや。故に恕を以て之を待ち、施すに悔吝の辞を以てせず（九二の爻辞に「咎无し」といい、九四の爻辞に「厲《あや》うけれども咎无し」という）」。船山が九二という卑い位に在るというのは、三十歳の冬、肇慶の桂王の許に赴いたとき、堵允錫から翰林院庶吉士に推されるが、父の服喪中である故を以て辞し、翌三十一歳の夏、再び桂王の幕下に赴き、かくして船山が明室から得た唯一の行人司行人の職を授けられたのは、翌年三十二歳の時であった。船山は卑位を以て争世に居る九二であり、しかも下卦の中の二を得る陽剛である。しかし今はその陽剛を他に及ぼすことができず、誠を以て自ら守る他ない。九二の爻辞に「咎无し」というではないか。なお『周易外伝』に「故に恕を以て之を待ち」という恕は、『論語』衛霊公に「子貢問いて曰く、一言にして以て終身之を行う可き者有りやと。子曰く、其れ恕か。己の欲せざる所、人に施す勿れ」という。またさきに「託するに誠を以てするは」の誠（忠）と合わせて忠恕といい、『論語』里仁に「子曰く、参《しん》（曽参）よ、吾が道は一以て之を貫くと。……曽子曰く、夫子の道は忠恕のみと」という。船山は『四書訓義』に、「己を尽くすは忠なり、己を推すは恕なり。己を尽くして乃ち以て推す可く、推す所の者（恕）は即ち其の尽くす所（忠）なり。則ち忠恕は、此の一心に統ぶ」という。

第一章に、次の句がある。

　系綏蘀以揺揺兮　系は綏《た》れ蘀《お》ちて　以て揺揺たり
　憂期愆而恤豊　期の愆《あやま》るを憂えて　豊《ほう》を恤《うれ》う

易に、「期を愆《あやま》り待つ有り」（帰妹《きまい》の九四の爻辞による）と。又、「豊《ほう》は亨る。王、之に仮《いた》る。憂うる勿れ」（豊《ほう》の卦辞）と。王弼曰く、「豊《ほう》を得て亨る、乃ち憂うる勿《なか》る可し」と。恤も亦、憂うるなり。（中略）王（王氏）の姓を得るは太原自《よ》りし、世系綿衍《めんえん》たり。此の乱世に丁《あた》り、冠の綏《ずい》を垂れ、木の蘀《たく》（落葉）有るが如く、揺揺として其れ墜《お》ちんことを恐る。故に既に待つ有る期の、或いは愆《あやま》らんことを憂え、抑《また》未だ豊《ほう》にして亨らざるを以て恤《うれ》いと為す。進退維《こ》れ谷《まわ》まり（『詩経』大雅の桑柔）、爾《なんじ》の所生（父母）を忝《はずか》しめんことを懼る（『詩経』小雅の小宛による）。

暌《けい》の之卦帰妹《きまい》の九四の爻辞に「妹に帰《とつ》ぐに期を愆《あやま》る。帰ぐに遅きも時有り」といい、帰妹《きまい》の次の豊《ほう》の卦辞に「豊《ほう》は亨る。王、之に仮《いた》る。憂うる勿れ」という。豊《ほう》䷶は帰妹《きまい》䷵の九二が九三に升《のぼ》った象であり、九二である船山の来るべき世を告げる。帰妹《きまい》は九四の陽が六五の妹たる桂王に帰《とつ》ぐのは、その時を失っていることを告げるばかりか、豊《ほう》の世において主を得て亨るべきことがまだ得られない恤《うれ》いがある。なお、王弼の『周易注』は豊《ほう》の彖辞について、「大にして亨るは、王の至る所なり。豊《ほう》の義為《た》る、微細を闡弘《せんこう》し（明らかにする）、夫の隠滞を通ずる者なり。天下の主と為り、微隠なる者をして亨らざら令むれば、憂いは未だ已《や》まず。故に豊《ほう》の亨るに至りて、乃ち憂うる勿きを得たり」という。船山は外伝内伝ともに、王弼の易注を用いることはない。ここに王弼の注を引くのは、当時船山が王弼の易注によって易を読んでいたことを物語る。世系綿衍たるわが王氏は暌《けい》の乱世に当り、揺々として亡び果ててしまうのではないかと恐れる船山は、いま進めば期を愆《あやま》り、退けば王氏が豊《ほう》にして亨ることができないという、進退ともに窮まる窮途に迫られているのである。

第六章は、崇禎十七年（一六四四）、二十六歳のときに際会した明室の崩壊をうたう。その中に次の句がある。

　行汨災而后嬰兮　行（五行）は汨《みだ》れ災して　后《きみ》は嬰《かか》り
　馬壯拯其無人　馬は壮《さか》んなるも　拯《すく》うに其れ人無し

易に、「用て拯うに馬壮んなり」（渙《かん》の初六の爻辞による）と。難を救うは、当に健速なるべきを言う。（中略）五行は汨《みだ》れ災し、横流は天に滔《いた》り、禍は君上に嬰《かか》るも、普天（の下）勤王の師を興す者無し。草野哀痛し、長夜の旦《あした》に復らざるを哀しむ。

渙《かん》䷺の初六の爻辞に、「用て拯うに馬壮んなれば、吉なり」という。亡国の危機に際して、直ちに起って救う者がいないことを嘆く。其れ人無しは、豊《ほう》の上六の爻辞に、「其の戸を闚《うかが》うに、闃《げき》として（静寂のさま）其れ人無し。三歳まで覿《み》ず、凶なり」という。かくては、この長夜はいつ朝を迎えることができようか。

第十一章に次の句がある。

　配與旬其交佛兮　配は与《とも》に旬《ひと》しきも　其れ交々仏《もと》れり
　何所肆余之雅武　何れの所か　余《わ》が雅武を　肆《ほしいまま》にせんや
　屛服昧於蒸原兮　屛《しりぞ》きて　昧《まい》を蒸原に服《もち》うるも
　震伐方以流耳　震《うご》きて方を伐つは　以て耳に流る

易に、「配主とは君を謂う」（豊《ほう》の初九の爻辞についていう）。旬とは、均しきなり。与に志を同じくして、君に事《つか》うる所を謂う。仏とは、戻《もと》るなり。武とは、歩なり。屛とは、退くなり。服とは、用うるなり。昧とは、幽なり。蒸水は、耶薑山より出ず。今、之を黄帝嶺と謂う。時に避けし所の地は、其の処に近し。易に、「震《うご》きて用て鬼方を伐つ」と（未済《びせい》の九四の爻辞）。震くは、大臣の象なり。（中略）時に上（桂王）は孫可望の迎えを受くるも、実は挟《さしはさ》む所と為り、既に君臣の大義に払《もと》れり。首輔山陰の厳公（厳起恒）、正色を以て廷に立ち、（孫）可望の王封を行わずして、可望の為に賊殺せらる。君は挟まれ、相《しょう》は害を受く。此れ、豈足を託す可き者ならんや。是を以て、迹を屏《しりぞ》け幽に居り、蒸水の原（源）に遯《のが》る。而るに（孫）可望の別将大帥李定国、粤楚（広東省と湖南省）に出でて、屢々《しばしば》克捷有り。兵威、耳に震う。斯の時に当り、留まらんと欲すれば、則ち乾浄の土の以て身を蔵《かく》すを得ず。往かんと欲すれば、則ち柄を窃むの魁（孫可望）に就きて、以て命を受くるに忍びず。進退縈回《えいかい》し、誰か吾が当に崇事すべき所の者為《た》るか。既に素《もと》より清虚の志を秉《と》りて、以て内は心に決せり。固より悠悠（多く）紛紛たる者の、能く余が好む所を知るに非ず。

豊《ほう》の初九の爻辞に、「其の配主（九四）に遇う。旬《じゅん》（十日）なりと雖も、咎无し。往けば尚ばるる有り」という。旬を均しと訓ずるのは、王弼の易注である。王弼は初九の爻辞について、「豊《ほう》の初（初九）に処り、其の配は四（九四）に在り。陽を以て陽に適《ゆ》き、明（下卦の離《り》）を以て動（上卦の震《しん》）に之《ゆ》く。能く相光大にする者なり。旬とは、均しきなり。均しく咎无しと雖も、往けば尚ばるる有り。初（初九）と四（九四）は、倶に陽爻なり。故に均しと曰う」という。なお朱子『周易本義』も、「配主とは四（九四）を謂う。旬とは、均しきなり。皆《とも》に陽なり」という。船山はそれに従って、ここに「与に志を同じくして、君に事うる所を謂う」という。厳起恒と孫可望が、配主たる桂王に対して共に事えることは均しいが、「其れ交々仏《もと》れり」というように事え方が異なることをいう。なお、『周易内伝』は「配主とは、四（九四）を謂う。下の匹士（初九）自《よ》り、之を配と謂う。主とは、卦は下画（離《り》）を以て基と為す。初（初九）は離《り》（下卦）の主為《た》り、四（九四）は震《しん》（上卦）の主為り。十日を旬と曰う。春秋伝（『春秋左氏伝』昭公七年）に、「天に十日有り」と曰う。甲自《よ》り癸に至るは、旬の数なり。九四は離《り》（日）の体已に成れるの後に当り、日の数は已に盈《み》つ。而して之（九四）に遇う者（初九）は、其の大明（離《り》）を以て其の善く動く（震《しん》）を生ず」といい、旬を均しと訓ずる王弼の注をとらない。

「震《うご》きて方を伐つ」は、未済《びせい》の九四の爻辞に「震《うご》きて以て鬼方を伐つ」という。自注に述べるように、燕水の源の耶蘁山に屏息していた船山の耳に、鬼方たる清を伐つことを標榜する李定国が度々戦勝したとの報せが聞えてきたのである。船山はこれに呼応して、孫可望の幕下に赴くべきか。しかし孫可望はわが厳起恒を殺し、桂王の国柄を窃む者である。「既に素より清虚の志を秉《と》りて、以て内は心に決せり」は、ここに引用を省いた後半の句、「夙《つと》に清を延き虚を飲めり、紛として余の甫《はじ》むる所を知る莫し」についていう。

第十三章の前半は、次のようにうたう。

屯建子于錫侯兮　屯《ちゅん》は子《ね》を建てて　于《ここ》に侯を錫《たま》い
蒙納耦以受寅　蒙《もう》は耦《ぐう》を納《い》れて　以て寅《とら》を受く
豈初柔之譲易兮　豈　初柔の易きを譲り
麗険窅之何姫　険窅《けんかん》に麗《かか》るを　之れ何姫《いかん》せん
日維命余不猶兮　日《ここ》に維《こ》れ命は　余《わ》れ猶《ひと》しからず
奚懟位其不夙　奚《なん》ぞ　位の其れ夙《はや》からざるを懟《うら》まんや

『参同契』に云う、「屯《ちゅん》は子を納れ、蒙《もう》は寅を受く」と。屯《ちゅん》（䷂）は陽は初（初九）に在り、蒙《もう》（䷃）は陽は二（九二）に在るを謂う。屯《ちゅん》は以て難を済《わた》り（屯《ちゅん》の象伝に、「屯《ちゅん》は、剛柔始めて交わりて難生ず。険（下卦の坎《かん》）中に動き（上卦の震《しん》）、大いに亨りて貞し」という）、蒙《もう》は以て正を養う（蒙《もう》の象伝に、「蒙《もう》以て正を養うは、聖の功なり」という）、其の用は別なり。耦を納《い》るとは、蒙《もう》の二（九二）の婦（六五）を納れて吉なるを謂う（蒙《もう》の九二の爻辞に、「婦を納る、吉なり」という）。退きて内を治むるなり（九二の爻辞に、「子にして家を克《おさ》む」という）。夫れ屯蒙《ちゅんもう》は、各々一陽の内卦に在る有り（屯《ちゅん》の初九と蒙《もう》の九二）。屯《ちゅん》は蚤《はや》く剛健を見《しめ》すを以て、侯を建つるの利しきを得たり（屯《ちゅん》の初九の爻辞に、

「侯を建つるに利し」という）。蒙《もう》は、豈然らざらん。而れども柔を以て初に居り（蒙《もう》の初六についていう）、坎険を成して（蒙《もう》の下卦は坎《かん》☵）、平易を譲る。然る所以の者は、則ち時は蒙昧に在り、宜しく急に其の剛才（九二）を見《しめ》すべからず。位に素して（『中庸』第十四章に、「君子は其の位に素して行い、其の外を願わず」という）遅疑し、容《まさ》に怨むべき無し。

魏伯陽『周易参同契』は、外伝及び内伝においては京房や邵雍とともに象数の術として斥けている。乾坤《けんこん》のあとを承ける屯《ちゅん》の初九と蒙《もう》の九二の陽について、それぞれ際会する命運の違いと対処の違いをいう。屯《ちゅん》の初九は初という位が夙《はや》いが故に侯を建てることができるが、蒙《もう》の九二は六五の耦を納れて内を治め、正を養うべきものである。蒙《もう》の九二は屯《ちゅん》の初九の代りに初六が来て、下卦坎《かん》の険阻を成しており、屯《ちゅん》の初九のように侯を建てる平易がないからである。繋辞上伝第一章に「乾《けん》は易《い》を以て知る」というように、易《い》は陽の徳である。蒙《もう》の九二は己の剛才を蒙昧の世に示すことなく、いま在る位に因って遅疑し、屯《ちゅん》の初九のように振舞うことができないことを怨むべきものではない。船山がもし早く生まれていたならば、屯《ちゅん》の初九のように明の世に功を立てることができたはずであるのに、いま蒙《もう》の下卦坎《かん》の険阻に在っていかんともすることができないことをいう。

次の後半は、以上の意を敷衍する。

胚父壮以濟童兮　父の壮を胚《やしな》いて　以て童を済《わた》り
妃内景而中穆　内景を妃《い》れて　中は穆《やす》らかなり
頫思返於貞牝兮　頫《ふ》して　貞牝《ていひん》に返らんと思い
哲懼膏之致焚　哲（知）は　膏の焚を致すを懼る
窈余不知其畔兮　窈《よう》として　余《わ》れ其の畔《きわ》を知らざるも
遵原筮以得垠　原筮《げんぜい》に遵《したが》いて　以て垠《ぎん》を得ん

唯是れ、乾父《けんぷ》の剛を保ちて、内は其の健を蔵《おさ》め、坎水《かんすい》の景を納れて、中は其の明を守る。則ち蒙昧は済《わた》る可く、心に和靖せん。是の故に、李萼《りがく》は顔公（顔真卿）の招きに赴き、臧洪《ぞうこう》は張邈《ちょうばく》の死を同《とも》にせり。成敗は殊なりと雖も、道は経綸（屯《ちゅん》の大象にいう）に在り。故に烈声を以て自ら遂ぐるを得たり。今の遇う所は人に非ず、蒙悔《もうかい》にして別つ可きの迹無し。則ち身を出《いだ》すこと盤桓《はんかん》たりて（進み難いさま。屯《ちゅん》の初九の爻辞にいう）、彼の如くなるを獲《え》ず。命の猶《ひと》しからざる、唯《ただ》貞を含み明を韜《つつ》むのみ。位は既に夙《はや》からず、其れ争う可けんや。俯して自ら思うに、正順に返りて、以て膏火《こうか》の焚《ふん》（才によって自ら禍を受ける）より遠ざからん。故に事の幾は幽杳《ゆうよう》なれども、生平の素尚は戢退《しゅうたい》に甘んず。斯《ここ》に、垠岸《ぎんがん》の遵う可き者有り。

父の壮は、自注に乾父《けんぷ》の剛というように、父たる乾《けん》の剛陽の徳をもつ蒙《もう》の九二をいう。童を済るは、自注に蒙昧は済る可しというように、蒙《もう》の世に処することをいう。また九二の応である六五の爻辞に「童蒙、吉なり」といい、その小象に「童蒙の吉とは、順いて以て巽《い》（入）ればなり」という。内景は、蒙《もう》の内卦坎《かん》の景（光）を守り中位に居る九二をいう。陽は知であり、光である。また九二は初六と六三の二陰に蔽われ、その光は水（坎《かん》）の光のように穆（幽微）である。

貞牝に返るとは、自注に貞を含み明を韜むというように、九二が下卦坎《かん》の内景を守ることをいう。九二の爻辞に、「蒙を包《やしな》いて吉なり。婦《つま》（六五）を納れ吉なり、子（上九）は家を克《おさ》む」という。船山はいまの蒙昧の世に在って、自ら正順に返ろうと思う。己の才を世に示すことは、自ら禍を受ける他ないことを知っているからである。哲（知）は乾《けん》の徳であり、たとい明を韜《つつ》むにしても下卦坎《かん》の光（知）である。

李萼は安禄山の乱に平原の大守顔真卿の招きに応じて功を挙げ（『新唐書』巻百九十四）、臧洪は後漢末董卓《とうたく》の乱に漢室のため兵を挙げて袁紹に殺され、張邈も同じく董卓の乱に曹操と共に兵を挙げて殺された（『三国志』魏書巻七）。李萼は功を成し、臧洪と張邈は敗れたが、ともに経綸（屯《ちゅん》の大象に、「君子は以て経綸す」という）に志し、烈声を以て自ら遂げることができた。屯《ちゅん》の初九の功についていう。それに対し、自分は蒙晦の世に在り、また孫可望は匪人であり託すべき者ではない。匪人は、比《ひ》䷇の六三の爻辞に「之に比せんとするに人に匪ず」といい、その小象に「之に比せんとするに人に匪ずとは、亦傷《いたま》しからずや」という。

屯《ちゅん》の初九の道に従うべきか、蒙《もう》の九二の道を守べきか、何れの道に因るべきか知ることができない。九二に在る自分は、屯《ちゅん》の初九のように早く功をなすことができない別の命運を承ける身である。私は生来戢退を好むものであるから、貞牝（正順）に返って蒙《もう》の正を養うことにつとめよう。原筮とは、比《ひ》の彖辞に「比《ひ》は吉なり。原《たず》ね筮《うらな》いて、元《おい》いに永貞なれば、咎无し」という。垠《ぎん》を得んとは、蒙《もう》の外卦艮《ごん》☶、すなわち止《とど》まること、また遵うべき垠岸《ぎんがん》（限界）をいう。

第十六章に、次の句がある。

　遠清塵余稺慕兮　　清塵を遠ざかりて　余《わ》れ稺《ち》慕《ぼ》し
　抑朋蹇其企連　　　抑《また》　朋《とも》は蹇《なや》みて　其れ連《つら》ならんと企《ねが》う

稺慕とは、稺子（稚子）の親を慕うが如し。易に、「大いに蹇むも、朋来る」（蹇《けん》の九五の爻辞）と。又、「往けば蹇み、来れば連なる」（蹇《けん》の六四の爻辞）と。相率《ひき》いて、以て蹇《けん》を済《わた》るを謂う。（中略）君側を違《さ》りて自り以来、茲《ここ》に於いて三歳なり。而して孤踪（船山自身の道）屢々遷り、属車（天子の随従の車）の清塵を望みて、其の慕憶を深くす。蓋し朋を得て以て大蹇《たいけん》を出でんことを願い、倘《も》し其の人に値《あ》わば、与に来りて連ならんと楽《ねが》えるなり。

三十三歳から今に至るまで、船山が桂王の清塵を遠く望んで稺慕し、艱難に苦しむ同志と相連なって桂王の許に赴こうとしたことを述べる。

第十八章から終りの第二十章までは、三十四歳元日と三十五歳の二度にわたる占筮のことをうたう。第十八章は、その二度の占筮が全く同じであったことをいう。

儔勉釋余之棼緒兮　儔《とも》は　余《わ》が棼緒《ふんしょ》を釈《と》かんことを勉《すす》め
曰窮通天以迓之　曰く「窮通は天以て之を迓《むか》う
帝攽箕以貞倫兮　帝は　箕《き》に攽《わか》つに貞倫を以てし
範有事於稽疑　範に　稽疑を事とする有り」と
祓端策而氛睞兮　祓《はら》いて策を端《ただ》し　氛睞《ふんらい》するに
火出澤以章景　火は沢に出でて　以て景を章《あき》らかにす
宗廟震于悔端兮　宗廟は　悔端に震《うご》き
勞再告而益昞　再告を労するに　益々昞《あき》らかなり

儔とは、友なり。箕とは、箕子なり。火の沢の上に出ずるは、睽《けい》の卦なり。卦の六爻、初は士、二は大夫、三は卿、四は公、五は天子、上は宗廟なり。震とは、動くなり、内卦は貞と為し、外卦は悔と為す。上九は、老陽変動す。故に、悔端（外卦の上）に震《うご》くと曰う。再告して益々昞《あき》らかなりとは、凡そ両筮するに、皆《とも》に睽《けい》の上九（上九が老陽）なり、神の告ぐる所、其の義は甚だ明らかにして、疑いの決す可きを謂う。

いかになすべきかを決し難く、棼緒（さまざまの思い）に悩む船山に対して友が勧める。命が窮まるか通ずるかは、天意を迎える他にない。窮通は、繫辞下伝第二章に「易は窮すれば則ち変じ、変ずれば則ち通じ、通ずれば則ち久し。是を以て天自り之を祐け、吉にして利しからざる无し」という。武王が殷に克って殷の遺賢箕子に大法を問い、箕子は天帝の意に即し、貞倫たる洪範（『書経』洪範）を告げた。その中に、「明らかにするに稽疑を用う」といい、「稽疑とは、卜筮の人を建立し、乃ち卜筮を命ず」とあるではないか。稽疑とは、卜筮によって疑いを考え決すること。

かくして斎戒して占筮し、その象を氛睞する（顧みる）と、火（離《り》）が沢（兌《だ》）の上に在る睽《けい》䷥（兌《だ》下離《り》上）の象であった。景を章らかにすとは、さきに蒙《もう》の九二が下卦坎《かん》☵の中に在って、その景（光）が穆であったのに対し、睽《けい》の上卦に在って離《り》☲の明が章らかに照らしている象をいう。しかも上九は老陽であるから上六に変動し、帰妹《きまい》䷵に之《ゆ》くものであった。帰妹《きまい》の上卦は震《しん》☳であり、いま明の宗廟が危殆に震動していることをいう。再び筮しても、全く同じ象を得たことによって、ここに船山の遅疑は定まる。

第十九章は、睽《けい》の上九の爻辞について述べる。前半の四句は、上九が吉であることをいう。

好逑暱其姝俟兮　　好逑《こうきゅう》は暱《した》しみ　其れ姝《しゅ》は俟《ま》つ
猾貌之庸猜　　　　猾《あだ》は　貌《かたち》は之れ猜《さい》を庸《もち》う
施膚寸以征合兮　　施すこと膚寸《ふすん》にして　以て征けば合し
羣淫解而巻霓　　　群淫解きて　霓《げい》は巻《おさ》まる

此れ、睽《けい》の上九の辞を演《の》べて、其の占を詳玩するなり。好逑と姝媛《しゅえん》の以て俟つは、婚媾するなり（上九の爻辞にいう）。猾とは、寇《あだ》なり。既に好逑と為りては猜を庸《もち》うる毋《なか》れとは、「寇《あだ》するに匪《あら》ず、婚媾するなり」と謂う所なり（上九の爻辞）。泰山の雲、膚寸にして合すれば、崇朝ならずして（忽ち）天下に徧《あまね》く、則ち雨ふる（『春秋公羊伝』僖公三十一年に、「石に触れて出で、膚寸にして合し、崇朝ならずして徧く天下に雨ふるは、惟《ただ》泰山のみ」という）。雨ふれば、則ち霓《げい》（虹、雨が降る前兆。まだ邪淫をいう）之が為に巻蔵し、正気昌《さか》んにして淫気は成らず。此《か》くの如き者にして以て征けば、則ち疑い釈《と》けて道は合す。「征きて雨に遇えば、則ち吉なり」と謂う所なり（上九の爻辞）。

睽《けい》の上九の爻辞に、「睽《そむ》きて孤なり。豕《いのこ》の塗《どろ》を負うを見、鬼を一車に載す。先に之が弧《ゆみ》を張り、後に之が弧を説《と》く（脱）。寇《あだ》するに匪《あら》ず、婚媾するなり。往きて雨に遇えば、則ち吉なり」という。この四句は、上九の爻辞の後半にいう吉について述べる。好逑（『詩経』周南の関雎に、「窈窕《ようちょう》たる淑女は、君子の好逑なり」という）と姝媛は、佳き配偶、美人をいう。位を失って上九に寄居する君子に親しみ俟つのは、六三である。六三は陰を以て三という陽位の進爻に居り、上九は猾（寇）かと疑って弓を張って射ようとするが、「寇に匪ず」というように好逑であり、君子の俟つ婚姻である。そこで上九は射ることをやめ、六三と相応ずれば、忽ちにして雲雨の情が合し、淫気の霓は収まり正気は昌んとなり、吉を得ることができる。

次の四句は、爻辞の前半にいう凶についてうたう。

誠豨溷其難測兮　誠に豨《き》は溷《こん》にして　其れ測り難く
魍馮軾而增怪　魍《もう》は軾《しょく》に馮《よ》りて　怪を増す
卯孤清以弗堪兮　孤清を卯《あお》(仰)ぐも　以て堪えず
岐不詧其所夬　岐《わか》れて　其の夬《かい》(決)する所を詧《さつ》せず

豨《き》とは、豕《いのこ》なり。溷《こん》とは、不潔なり。豕の塗《どろ》を負い、其の不潔の心を測り難きを謂う。魍とは、鬼なり。軾に馮《よ》るとは、車中に在るなり。鬼を一車に載せ、其の情は人の怪を増すを謂う。豕は測り難きの穢《わい》を負い、鬼は妖怪の情を増す。則ち睽孤（上九の爻辞にいう）の道を以て此に処し、而も其の清貞を保たんと欲するは、固より堪え難し。夫れ婚媾すと曰い、雨に遇うと曰うは、宜しく往くべき者に似たり。鬼と曰い、豕と曰うは、又宜しく往くべからざる者に似たり。一爻の占、岐《わか》れて合わず。安《いず》んぞ能く詧《さつ》（察）して之を決せんや。夬とは、決なり（夬《かい》の彖伝に、「夬《かい》は決なり。剛、柔を決するなり」という）。

上九の爻辞に吉と凶の相反することばがあることによって、何れの占に従うべきか。往くべきか、往かざるべきかの岐路に立つ混迷を述べる。孤清を卯（仰）ぐは、注にいう「其の清貞を保つ」こと、すなわち上九の「睽《そむ》きて孤」なる陽の志を守ることをいう。上九の小象に、「雨に遇うの吉なりとは、羣疑亡べばなり」という。前半に船山が好逑を得て婚媾する願いを述べ、後半に船山が睽孤の世に在って豕の穢と鬼の妖を見る艱難をうたう。

第二十章に、この遅疑を決することをうたう。

訟徙倚而倘逢兮
彖既章余以崇別
女同閨其各袂兮
孰嫫與施之可頡

訟《あらそ》い徙倚《しい》するも　倘《ある》いは逢わんか
彖《たん》は既に余《われ》に章らかにするに　別を崇ぶを以てす
女は閨を同じくするも　其れ袂《べい》を各《わか》つ
孰《なん》ぞ嫫《ぼ》と施《し》と　之れ頡《なら》ぶ可けんや

訟《あらそ》いとは、内（心）の訟いなり。中心（心中）の聚疑は、聚訟の如く然り。徙倚《しい》すとは、定まらざるなり。睽《けい》の彖（彖伝）に曰く、「二女は居を同じくし、其の志は行を同じくせず」と。袂《べい》とは、自ら飾る所以の者なり。嫫《ぼ》とは嫫母《ぼぼ》なり、施とは西施なり。（中略）睽《けい》の上九の象辞（爻辞）は、其の疑いの決し易からざること、彼の如し。中心聚訟し、遇卦（睽《けい》）の意を得て以て之を決せんと欲するも、乃ち彖（彖伝）を観るに、睽《けい》の道為《た》る、苟くも同じくせずして、別を尚《たっと》ぶを知る。二女（睽《けい》の上卦兌《だ》の少女と、下卦離《り》の中女）の志は同じからず、美（嫫母）の悪（西施）に与《お》ける、豈頡頏《きっこう》して居を同じくせんや。

上九の爻辞の何れに従うべきか、心中の疑念定まらぬ船山が、或いはと思って彖伝を見ると、そこには明らかに睽《けい》に処する道が示されているではないか。それはかりそめに他に同調せず、別異を尚ぶことであった。睽《けい》は、本来そむく意である。二女とは、兌《だ》下離《り》上の、兌《だ》の少女と離《り》の中女をいう。また大象に、「君子は以て同じくして異なれり」という。袂とは自ら飾る所以の者なりとは、君子がいかにして道を得るかの処し方、すなわち志を遂げるための行の在り方をいう。袂は、帰妹《きまい》の六五の爻辞に「帝乙、妹に帰《とつ》ぐ。其の君の袂は、其の娣《てい》の袂の良きに如かず」という。『周易内伝』は、帝乙が妹たる六五に帰《とつ》ぐのは、女君たる六五の袂は娣たる六三（下卦の兌《だ》）の美に劣るが、六五が柔順にして中を得ている徳を尚ぶからであるという。嫫母は黄帝の第四妃、醜婦であったが賢徳を以て称される。西施は越の美女、范蠡が呉王夫差に献じてその心を乱した。「美の悪に与ける、豈頡頏して居を同じくせんや」というのは、中女嫫母の賢徳を美とし少女西施の悦媚を悪とし、両者は天地懸隔する相違をもつことをいう。『淮南子』説山訓に、「嫫母は美なる所有り、西施は醜なる所有り」という。船山はここに少女兌《だ》の悦媚を棄てて、中女離《り》の明知に従おうという。

衆美少之膏濡兮　衆は　少（少女の兌《だ》）の膏濡《こうじゅ》を美とし
忘衷狠於飾柔　衷《うち》の柔を飾るに狠《こん》なるを　忘る
中淳耀其曈曨兮　中（中女の離《り》）は淳耀《じゅんよう》にして　其れ曈曨《とうろう》たり
盟登天而果求　天に登りて求めを果さんことを　盟《ちか》う

少とは、少女なり、兌《だ》なり。膏濡《こうじゅ》とは、沢（兌《だ》）の美なり。兌《だ》（☱）は、内（下の二陽）は剛にして外（上の一陰）は柔なり、柔以て狠《こん》を飾る。中とは、中女なり、離《り》（☲）なり。淳耀にして曈曨《とうろう》なるは、日（離《り》）の光なり。天に登るとは、四国を照らすなり（明夷《めいい》の上六の小象に、「初めは天に登る（爻辞）とは、四国を照らすなり」という）。（中略）今、卦爻の動くは（動爻の上九についていう）、兌《だ》に動かずして離《り》に動く。且つ睽《けい》は離宮初世の卦なり。則ち道は宜しく離《り》の明を用うべく、宜しく兌《だ》の説《えつ》（悦）を用うべからず。衆人は知る無く、少女の惑わす所と為り、其の膏沢を慕いて、其の衷情の狠躁《こんそう》を忘る。則ち（孫）可望を以て帰と為すこと、固《もと》よりなり。夫の中女（離《り》）の、光を含みて以て四国を照らす者の若《ごと》きは、則ち其の心を中貞に専壱《せんいつ》にする者に非ざれば、求むる能わず。

睽《けい》の卦爻が兌《だ》に動かず離《り》に動くとは、彖伝に「睽《けい》は火（離《り》）動きて上り、沢（兌《だ》）動きて下る」といい、また上卦離《り》☲の老陽の上九が上六に変じ、兌《だ》下震《しん》上の帰妹《きまい》の震《しん》☳の動となることをいう。離宮初世の卦とは、九二の爻辞に「主に巷に遇う」というように、桂王が王都を出遊して離宮たる安隆所の行在府に在る世をいう。かくして船山は衆人の慕う少女の兌《だ》を棄てて、中女の離《り》に従うべきことを知る。兌《だ》は沢の美たる膏濡はあっても、その内心の狠躁を兌《だ》の柔媚を以て飾っているにすぎない。明室のためと称する、孫可望の野心がそれである。それに対して、中女の離《り》は太陽の光であり、明知である。淳耀（純なる光）曈曨（朝日の輝やき）たるそれは、何れは天に登り四国天下を照らすべきものである。中女の離《り》が光を含んで四国を照らす者とは、離《り》下坤《こん》上の明夷《めいい》☷☲をいう。明夷《めいい》は下卦離《り》の光が上卦坤《こん》に蔽われ、離《り》の明が夷《やぶ》れる象。其の心を中貞に専壱する者とは、離《り》☲の中に在って柔の貞正（陰が二の陰位に居る）を守る六二をいう。明夷《めいい》の象辞に「艱《くる》しみて貞しきに利し」といい、『周易内伝』は「柔（陰）を以て中に居りて位を得、其の明を養い、以て上は暗主（上卦坤《こん》の六五）に事う。合する所の義は、艱難に在りて其の貞を失わず、蓋し文王の志なり（象伝に、「文王之を以てす」という）」という。船山は象辞を述べた文王の教えに従い、明夷《めいい》の六二の徳を守り、この艱難の世に対処しようという。

雖輿祆其勿恤兮　祆を輿《の》すと雖も　其れ恤《うれ》うる勿れ
矧弢矢之有時　矧《いわ》んや　矢を弢《おさ》むるに之れ時有るをや
保昆烈以延昭兮　昆烈を保ちて　以て昭（光）を延《ひ》き
勰杲質於素思　杲質《こうしつ》を　素思に勰《あわ》さん

祆を輿《の》すとは、亦鬼を載する（上九の爻辞）の意なり。矢を弢《おさ》むとは、「後に之が弧《ゆみ》を説《と》（脱）く」（上九の爻辞）を謂う。昆とは、大なり。昭を延《ひ》くとは、光を身に致すを謂う。勰すとは、合するなり。（中略）使《も》し誠に主を得て之が為に死せんとすれば、鬼車（上九の爻辞に、「鬼を一車に載す」という）と雖も其れ恤《うれ》うる勿れ。況んや今の弧《ゆみ》を張る者、自ずから其の弧を説《と》（脱）くの時有るをや。命は天に在り、志は己に在り。惟其の象を観《み》、其の占を玩《つまび》らかにするに、吾が正大光明の気を保ち、以て白日を丹心に体するのみ。奚《なん》ぞ復《また》、少女の悦と狠羊の躁に問津（道を尋ねる）せんや。占に於いて既に然《しか》り、素志も亦爾り。神（神告）は心と協《かな》えり。其の昭質を守れば、暗《ひそ》かに投ずるの侶（孫可望）も必ず謝《さ》（去）らん。幽棲の志、益々堅し。

いまの世は鬼と妖が満ちているが、わが志を立てれば何ら恤えることはない。まして弓矢の武を誇るものも、何れは矢を弢《おさ》める時が来るのである。これは専ら孫可望についていう。少女の兌《だ》と狠羊の躁は、同じく孫可望のことをいう。狠羊とは、柔順のように見える羊が牧者に従わない狼戻の性をもつこと。『史記』項羽本紀に、「猛きこと虎の如く、狠なること羊の如く、貪なること狼の如し」という。少女の兌《だ》が、心中の狠躁を柔媚を以て飾ることをいう。かくして船山は爻辞を詳玩することによって、昆烈（正大光明の気）を保ち、離《り》の白日をわが丹心に体現しようと盟う。離《り》の杲質（昭質）をわが素思に合さんというのは、船山の素志がすでに在ったがゆえに、占の神告をこのように読むことができたのである。このとき三十五歳に定めた幽棲の志は、七十四歳に至る活き埋めの生涯を通じて変ることはなかった。

最後の乱の章に、次の句がある。

専伏以需　師翰音兮　専ら伏して以て需《き》ち　翰音《かんおん》を師とせん
幽兆千里　翼余忱兮　幽兆千里なるも　余《わ》が忱《まこと》を翼とせん

則ち将に退伏して幽棲し、曙《あかつき》を俟《ま》ちて鳴かんとす。今、孤臣（船山）は千里の外に在り、吾が君（桂王）は存亡の間に介す（際す）。往逕は既に絶え、来踪は未だトせず。唯幽冥の中、朕兆《ちんちょう》（物のきざし）有るが若し。余が忱《まこと》を翼として、以て必ず達す可し。人は謀る可からず、天は問う可からず。寸心孤往し、且《しば》らく以て永懐す。

需《じゅ》（乾《けん》下坎《かん》上）の象伝に、「需《じゅ》は、須《ま》つなり。険（上卦の坎《かん》）は前に在るも、剛健（下卦の乾《けん》）にして陥らず。其の義は、困窮せざるなり。「需《じゅ》は孚《まこと》有り、光《おお》いに亨る。貞なれば吉なり」（象辞）とは、天位に位して、以て正中なればなり「大川を渉るに利し」（象辞）とは、往きて功有るなり」という。翰音は中孚《ちゅうふ》の上九の爻辞に、「翰音（雞鳴）、天に登る。貞しけれども凶なり」といい、その小象に「翰音、天に登るとは、何ぞ長かる可けんや」という。『周易内伝』は上九の爻辞について、「雞の高く飛ぶこと、能く幾何《いくばく》ぞ。其の剛（陽）を以て靡かず、之を貞と謂う可し。然れども亦、匹夫匹婦の諒《まこと》（『論語』憲問）なるのみ。凶は必ず之に及ぶ」という。しかし船山はその吉凶を問わず、需《じゅ》によって幽棲し、中孚《ちゅうふ》の孚《まこと》を以て来るべき曙に翰音を発しようという。中孚《ちゅうふ》の象伝に、「中孚《ちゅうふ》は、以て貞しきに利し。乃ち以て天に応ずるなり」という。

しかし過去の道は既に絶たれ、来るべき道はいかに処すべきかを知らず、船山は幽冥の中に微かに予兆を感ずるだけである。余が忱を翼とすとは、中孚《ちゅうふ》の錯卦（陰陽がそれぞれ反転する）である次の小過《しょうか》䷽が、中の九三と九四の二陽を鳥の体とし、上下それぞれの二陰を翼とする象をいう。小過《しょうか》の象伝に、「小過《しょうか》は、小（陰）なる者過ぎて亨るなり。過ぎて以て貞しきに利し（彖辞）とは、時と与に行けばなり」という。船山はわが忱《まこと》を守ることによってこの時世を生き、必ず天に登ることを願いながら、いまはただ寸心孤往し永懐するのみという。

さて、ここに幽棲の志は定まったにしても、戦乱は未だ止《や》まない。船山は引き続いて、湘南の山中を転々とする。三十六歳の冬、三十四歳から居た耶薑山から、常寧の西南小祇園の西荘源に移り、三十七歳の春、興寧の山中の僧寺に客游し、三十八歳の春再び西荘源に戻り、三十九歳の夏四月、衡陽の蓮花峰の続夢菴に移り、四十二歳の春、湘西は金蘭郷高節里の茱萸塘に敗葉廬を設けて寓し、五十一歳の冬、草菴観世居を構え、冬から春までは暖い観世居に居り、夏と秋は敗葉廬に居るという生活を五十七歳まで続ける。終生の栖《すみか》となった湘西草堂を石船山の麓に築くのは、五十七歳の秋である。

『周易内伝発例』の後序によれば、「乙未、晋寧（興寧）の山寺に於いて、始めて外伝を為《つく》り、丙辰、始めて大象解を為《つく》る。亡国の孤臣、身を穢上《わいじょう》に寄せ、志は酬ゆ可き無く、業は広む可き無し。唯易の道為《た》るは、則ち未だ嘗て旦夕も敢えて心に忘れず。而れども擬議の難きは、又未だ敢えて軽々しくは言わず」という。乙未は永暦九年（一六五五）、順治十二年、三十七歳の時であり、丙辰は康熙十五年（一六七六）、五十八歳、湘西草堂に移ったあとである。ともに「始めて」というのは、さきに「隆武丙戌（二十八歳）自《よ》り、始めて易を読むに志有り」というのと同じく、その年からそれぞれの著述を開始したことをいい、その年に成ったことを意味するものではない。『周易外伝』七巻及び『周易大象解』一巻には、年月を記していない。

ここに「擬議の難きは、則ち未だ敢えて軽々しくは言わず」というのは、船山の読易の苦心を窺わせることばである。従来の易の読み方にそのまま従わず、経文に即し聖人の意の在るところを求めようとしたわが苦心は、軽々しく語ることをしないという。それは著作者としての船山の節度であり、またその精義を索めるためいかに船山が擬議を重ねたかを物語ることばである。一例を示せば、『周易内伝発例』二十の項に、序卦伝を斥けて「序卦は聖人の書に非ず、愚は外伝に於いて之を辨《わか》つこと詳し」といい、「間《まま》嘗て経緯の二道に分けて、以て三十六象、六十四卦の次序と為せるも、亦未だ敢えて信じて必ず然りと為さず。故に之を此の篇（『周易内伝発例』）に次せず」ということばに見ることができる。序卦伝について新たに船山自身の六十四卦の構成を擬議したことは、後述の文に見ることができるが、そこに至るまでさまざまに構想した片鱗をここに示し、しかしそれはやはり正しいものと信ずることができないから、一切そのことは述べないという。船山の著作は生涯を通じ完成を期して手を加えていったもので、『周易外伝』は三十七歳のとき、興寧の山寺に客寓したとき書き始めたとのみ記している。その初稿が成ったのは何時の頃であろうか。康熙九年庚戌（一六七〇）、五十二歳のときに作った「山に入りてより来《このかた》、棲伏せる所の林谷を懐《おも》う。三百里中、小しく邱壑有り。輒《すなわ》ち暢然として欣感し、各々述ぶるに小詩を以てし、二十九首を得たり」（「六十自定稿」）と題する五絶二十九首がある。その内に、「西荘源」と題する一首にいう。

古樹何年種　　古樹　何れの年に種《う》えしや
歸禽來一雙　　帰禽　一双来る
茅齋讀易罷　　茅斎《ぼうさい》に　易を読み罷《おわ》り
搖影入閒窗　　揺影　閒窓に入る

これは五十二歳のとき、十数年前の西荘源のことを回憶した詩である。なお丁酉三十九歳、三年間住んだ西荘源を去るに当って作った「西荘源の居る所、後壑前壑、古木清沼、凝影返映す。此《ここ》に居ること三載、行々将に舎《す》て去らんとするを念《おも》い、因りて一詩を賦す」（「五十自定稿」）と題する二十四句五古がある。終りの八句に「首《こうべ》を舜帝峯（湖南省寧遠県東南にある舜陵）に回《めぐ》らし、足を春水に濯《あら》う（『禁辞』漁父による）。芳草良《まこと》に未だ歇《や》まず、佳期行々規《ただ》す可し。行道は昔已《すで》に靡《な》し、稿木（船山）は今何《いず》くに居るや。俄頃にして已に藉《よ》りて用い、乗り乗りて将に焉《いず》くに之《ゆ》かんとするや」とうたうのは、この西荘源に居た三年の間、外伝を含む著述に没頭していた地を去るに当っての感慨の一端を漏らしたものではないのか。

ところでここに、「茅斎、易を読み罷る」という。一日のつれづれにその日も易を読み、その閑情をうたったものとも解せるが、文字通りにとれば、三十九歳まで居た西荘源において、かねてから筆を染めていた外伝がここに成ったことをいうと読みたい。三十七歳から筆を執り始め、三年を経て漸く成った充足感と、まだ充分意を尽くさなかったのではないかという残影の揺曳をうたっているのである。古樹は、或いは易を作った聖人に喩え、古樹に帰る禽とは、易という棲家に宿ることができた船山の安らぎの象徴である。なお、三十七歳の八月には『老子衍』一巻が成り、またその年「晋寧の諸子の為に『春秋』を説く。口占（即興）して自ら笑う」（「五十自定稿」）と題する五絶四首にいうように、父の遺嘱である『春秋』にも心を用いていた。幽棲の志が定まったあと、船山は著作活動にわが志を示そうとし、その最初として『周易外伝』の著述に心を潜めていたのである。なお、『周易外伝』に老荘批判があることは、そのとき同時に『老子衍』を書いていたことによる。というより、周易の聖学たる所以を明らかにすることと、老子の説が異端であることを弁別することとは、船山にとっては同時に在ったというべきであろう。

永暦十三年（一六五九）、順治十六年、四十一歳のとき、「山居雑体卦名」（「五十自定稿」）と題する五古一首がある。続夢菴に居た時のものである。毎句のはじめに、すべて二十の卦名を詠み込む。

豫子殉其道　　豫子《よし》は　其の道に殉じ

井生貴所希　井生《せいせい》は　希《ねが》う所を貴ぶ
坎流邈殊塗　坎《かん》（水）流れて　殊塗邈《はる》かなるも
既濟愉同歸　既に濟《わた》れば　同帰を愉《たの》しむ

豫子と井生に託して、わが志行をうたう。豫子は、豫《よ》䷏の卦。一陽五陰の象、九四のみが陽である。九四の爻辞に、「由豫《ゆうよ》す。大いに得る有り。疑う勿れ。朋《とも》、盍《なん》ぞ簪《あつ》まらざらん」といい、『周易外伝』は「豫《よ》の四（九四）の奮出して以て事に任すれば、或いは亦幸いに其れ制し易からん。（中略）天下を率いて以て一夫（独夫）を征するは、功は就《な》り易く、勢いは弱む可からず。若し疑忌《ぎき》の情（豫《よ》の六五）に因り、之を耳目及び易きの地に拘維《こうい》し（つなぎとめる）、其（九四）の威霊を削り、其の等級を降せば、四（九四）は民礼を以て衆（五陰）を使う能わず、衆も亦民礼を以て四（九四）に事《つか》えず。苟且《かりそめ》の安きを取り、終年の楽しみ（豫《よ》は、よろこぶ）に席《お》り、而して豫《よ》の五（六五）の疾（六五の爻辞に、「貞疾あり」という）は、亦此に自《よ》りて深し」という。船山がかって抗清の軍を抗《あ》げ、桂王の幕中に投じて晩明政権内の争いを見、また孫可望の威によって桂王が名のみ擁立されたことについて、「豫子は其の道に殉ず」という。

井生は、井《せい》䷯の卦。九五の爻辞に「井洌《きよ》くして、寒泉食《くら》わる」といい、『周易外伝』は「甚しい哉、五（九五）の至清にして徒无きこと。（中略）其の養を致すを棄つれば、則ち以て自ら潤《うるお》すに足らず。以て自ら潤すに足らざれば、則ち生の理憊《つか》れて生の気は窮まる。（中略）険（上卦の坎《かん》）に出でて徳色有り（九五についていう）、物を絶ちて自ら其の功を著らかにし、寒倹自ら潔くして、和平の気を凋《そこな》う。井《せい》の五（九五）の中正（九五の小象に、「寒泉食わるとは、中正なればなり」という）は、衰世の徳なり。衰世の徳は、盛世の刑よりも惨なり」という。「井生は希《ねが》う所を貴ぶ」とは、衰世の徳たる中正を尚ぶことをいう。

後半の二句は、坎《かん》と既済《きせい》をうたう。坎流は、坎《かん》䷜の卦。その象伝に「水流れて盈たず。険（坎《かん》）に行きて其の信を失わず」といい、『周易外伝』は「終に盈たざるに帰する者は、豈徒《ただ》に水のみならんや。火、木、土、金は、相与《とも》に終古にして其の積むを見ず。則ち消帰して捖運《かんうん》する（変化して運る）者は、皆盈たずして以て功と為す。而るに水は特《ただ》其の盈たざる者《こと》を出《いだ》して、以て人に相見《しめ》す。則ち其の険（坎《かん》は険の意）なること、亦水の儇薄《けんはく》（軽薄）にして、未だ深幾する（繫辞上伝第十章に、「夫れ易は、聖人の深きを極め幾を研《みが》く所以なり」という）能わざる者なり。深幾するに与《あずか》るに足らず、而して水は亦其の毀れ易きを憂う。乃ち終古にして毀れ易きの憂い无き者、聖人は其の退蔵（繫辞上伝第十一章に、「退きて密に蔵す」という）を極めて之を表章して、盈たずして険に行くと曰う（彖伝による）は、何を恃むや。其の信を失わざるを恃むのみ。（中略）水は時に窮まらず。升降は相資《と》り、波流は相続《つ》ぎ、藉《よ》る所の者は真なり、生ずる所の者は常なり。彼に藉《よ》りて以て盛んならず、彼に嬗《うつ》りて減ぜず。則ち水は恒に居りて間《へだ》てず。乱れず間てざるは、水の、信を以て体と為せばなり」という。殊塗は次の同帰とともに、繫辞下伝第五章に「天下は帰を同じくし塗を殊にす」という。豫子と井生の行いは塗を殊にするが、その志を遂げ道に殉ずる点では、帰するところは同じである。かつての戦いといま幽棲を守ることは、船山の志において一貫することをいう。

既に済《わた》るは、既済《きせい》䷾の卦。その彖辞に「既済《きせい》は、亨る。小（陰）は貞しきに利し。初めは吉にして、終りは乱る」といい、象伝に「初めは吉なりとは、柔（六二）は中を得ればなり。終りに止まれば則ち乱るとは、其の道窮すればなり」という。『周易外伝』は、「小（陰）は固より未だ亨らざるも、亨ること此れ自り起る。小の亨るは、大（陽）の乱るるなり。首尾の低昂（低高）を衡《はか》るが如く、爽《たが》う无し。是の故に、乱は終に此れ自り生ず」という。

なおこの四卦の象について見ると、豫《よ》は坤《こん》下震《しん》上で衆陰の中に九四の一陽が震起して奮発する象であるのに対し、井《せい》は巽《そん》下坎《かん》上で険坎に巽順《そんじゅん》する幽棲の象を示す。井の上卦坎《かん》は次の坎流に含まれるとともに、離《り》下坎《かん》上の既済《きせい》にも含まれる。既済《きせい》は離《り》の明によって坎《かん》を済《わた》ることができ、同帰を愉しむが、それは一局の成であり、既済《きせい》のあとに未済《びせい》が在ることは、船山のもとより知るところである。しかし、小（陰）が亨る吉は、大（陽）の乱の凶が生ずることを知りながら、なおかつ今は小の亨ることの吉を信ずるのである。

比肩通異理　肩を比《なら》べて　異理を通じ
蒙袂輕調飢　袂を蒙《おお》いて　調飢《ちょうき》を軽んず
蹇余紉秋蘭　蹇《くる》しみて　余《わ》れ秋蘭を紉《つな》ぎ
升高搴野薇　高きに升《のぼ》りて　野薇を搴《と》らん

比肩と蒙袂は、それぞれ比《ひ》䷇と蒙《もう》䷃の卦をいう。肩を比べるは、豫子と井生の二人がそれぞれ異理（殊塗）を同帰に通貫すること。袂を蒙うは、袂を以て面《おもて》を蒙うこと。井生が清世を避け、面を隠して幽棲する意。調飢は、朝飢、朝のひもじさ。『詩経』周南の汝墳に、「未だ君子を見ず、惄《でき》（飢えるさま）として調飢の如し」という。井生が清の禄を食《は》まず、貧賤に安んずることをいう。

『周易外伝』は五陰の中に九五のみ陽である比《ひ》について、「乃ち群陰（五陰）の五（九五）に比するや、豈効《いた》す所无からんや。小人は其の欲を得んことを楽《ねが》い、報いるに奔走を以てす。君子は其の道を得んことを楽い、報いるに忠貞を以てす。而れども二（六二）は柔を以て位を得（陰が二の陰位に居る）、五（九五）と応を為す。則ち五（九五）の懐集する所は、焉《こ》れ（六二）より先なること有る莫し。（中略）位に当りて中正なり、群に和して独遇を矜《ほこ》らざること、六二の如き者に非ざれば、能く波靡《はび》して風披する（時代の風波に流される）勿《な》きこと、蓋し亦鮮《すく》なし」という。

蒙《もう》について『周易外伝』は、「其の蒙《もう》為るに逮《およ》びては、能く自ら其の生を保つ。則ち憂うる所の者は、材を成し用を致すの美悪にして、陽（九二と上九）に求むる者は、正を養うの功なり（蒙《もう》の象伝に、「蒙以て正を養うは、聖の功なり」という）」という。

後半の二句は、蹇《けん》と升《しょう》をうたう。蹇《くる》しむは、蹇《けん》䷦の卦。象辞に「大人に見ゆるに利し。貞しければ吉なり」といい、象伝に「蹇《けん》は、難なり。険（上卦の坎《かん》）は、前に在り、険を見て能く止まる（下卦は艮《ごん》、艮《ごん》は止まる）、知なるかな」という。『周易外伝』は「夫れ三（九三）は、能く往くの志无きに非ず（三は進爻である）。而れども、往く可きの時有るに非ず。（中略）身安んじて而る後に動き、交定まりて而る後に求む。亦自ら止《とど》まるに敦《あつ》きの地（蹇《けん》の下卦は艮《ごん》☶、艮《ごん》の上九の爻辞に、「艮《とど》まるに敦し、吉なり」という）に固くし、初（初六）と二（六二）の交を合せて、以て声援の在る有るを示す无からんや。（中略）庸流は以て智と為すも、君子は以て愚と為す」という。井生がその知を示さず、敢えて進まず艮止の愚の道を守ることをいう。秋蘭を紉ぐは、『楚辞』離騒に、「秋蘭を紉ぎて以て佩と為す」という。九月一日に生を享けた船山が、屈原の忠貞の志を守ることをいう。

高きに升るは、升《しょう》䷭の卦。九月九日、高山に登り菊酒を飲み、災厄を祓う行事を登高節という。升《しょう》の象辞に「升《しょう》は、元《おお》いに亨る。用《もっ》て大人に見《まみ》ゆ。恤《うれ》うる勿れ」といい、『周易外伝』は「故に升《しょう》の世は、剛（陽）の時に非ず。升《しょう》の三（九三）は剛にして中ならざるは（二の中位に居ない）、升《しょう》の位に非ず。上は天位を窺うに、闃《げき》（静寂）として其れ人无し。沍陰《ごいん》（凝陰）は上に凝《こ》り（上卦は坤《こん》☷）、曠（虚しい）として適主无し。時の盈たざること甚し。（中略）其の至健（九三の剛）を乗《と》り、進みて憂えず。彼（上六）の方《まさ》に虚なるを渉《わた》りて、曠（適主が居ない空しさ）として懾《おそ》れず」という。野薇を奪《と》るは、首陽山に蕨薇を采った伯夷叔斉の志に託する。

この四卦の象をみると、坤《こん》下坎《かん》上の比《ひ》は九五のみが陽であり、豫《よ》が九四の一陽が五陰の中に在った後を承け、九四が九五に上った象である。それはまた井《せい》の九五でもある。比《ひ》の上卦坎《かん》は、また坎《かん》下艮《ごん》上の蒙《もう》と艮《ごん》下坎《かん》上の蹇《けん》にも含まれる。比《ひ》の九五がその応である六二の中正の徳に俟つことを承けて、蒙《もう》の九二に正を養う聖功を期待する。蒙《もう》（坎《かん》下艮《ごん》上）と蹇《けん》（艮《ごん》下坎《かん》上）は上卦と下卦がそれぞれ上下する象、蹇《けん》の九三の艮《ごん》止の徳を守るべきことをいう。蹇《けん》の九五が九二に降った象が升《しょう》である。蹇《けん》の九三を顕彰したことを承けて、升《しょう》の九三が剛の世でないのに至健を乗り、「天行は健なり」（乾《けん》の大象）の徳を以て、衆陰の世に進んで（三は進爻）憂えないことをたたえる。

剝芧充晨餐　　芧《じょ》を剝《さ》きて　晨餐《しんさん》に充《あ》て

畜荷資霜衣　　荷《はす》を畜《やしな》いて　霜衣に資す

離離劈椒房　離離《りり》として　椒房《しょうぼう》を劈《さ》き
鼎鼎閉松扉　鼎鼎《ていてい》として　松扉《しょうひ》を閉《と》す

剥茅と畜荷は、剥《はく》䷖と大畜《たいちく》䷙の卦をいう。畜に小畜《しょうちく》䷈の卦もあるが、坤《こん》下艮《ごん》上の剥《はく》を乾《けん》下艮《ごん》上の大畜《たいちく》が承けたものとする。茅はどんぐり。『荘子』徐无鬼に、「先生、山林に居り芧栗《じょりつ》を食《くら》う」という。剥《はく》は、上九の一陽が五陰に迫られる象。その象辞に「往く攸《ところ》有るに利しからず」といい、『周易外伝』は「故に五（六五）と六（上九）の交わるは、陰陽の制なり、治乱の門なり。而して卒《つい》に以て其の利しからざる所を自ら利しとして（上九の爻辞に、「碩《おお》いなる果は食《くら》われず。君子は輿を得たり」という）、惟往かず（剥《はく》の上卦は艮《ごん》、艮《ごん》は止まる）。故に象（象辞）に、「往く攸有るに利しからず」と曰う。往かざれば、則ち利しきなり。（中略）剥《はく》の世に当り、止まるの道（艮《ごん》）を以て其（五陰）の来るを制して以て其（一陽）の往くを絶つ能わざれば、則ち之を時を知ると謂う可からず」という。剥《はく》の世に当って五陰に逼られた上九の避世の隠士は、芧の皮を剥《む》いて朝食とする。

荷を畜って霜衣とするとは、『楚辞』離騒に「芰荷《きか》（荷《はす》の葉）を製して以て衣と為し、芙蓉（開花した蓮の花）を集めて以て裳と為す」という。大畜《たいちく》の彖伝に「大畜《たいちく》は、剛健（下卦の乾《けん》）篤実（上卦の艮《ごん》）にして、輝光有り。日に其の徳を新たにす。剛（乾《けん》）上りて（上九をいう）賢を尚ぶ。能く健（乾《けん》）を止むる（艮《ごん》）は、大（陽）の正なり」といい、『周易外伝』は「畜とは、止むるなり、養うなり。養うを以て之を止むるは小畜《しょうちく》なり、止むるを以て之を養うは大畜《たいちく》なり。小畜《しょうちく》は、陰の弱き者なり（六四の一陰）、其の畜《やしな》うや微なり。大畜《たいちく》は、陰盛んにして中なり（六四と六五の二陰で、しかも六五は中位に居る）、其の畜《やしな》うや厚し。而れども、僅かに然るのみならず。小畜《しょうちく》は巽《そん》（上卦）之を畜《やしな》い、大畜《たいちく》は艮《ごん》（上卦）之を畜《とど》む。艮《ごん》（大畜《たいちく》の上卦）は体は剛にして止むるを以て徳と為し、巽《そん》（小畜《しょうちく》の上卦）の柔にして養うを以て止むるを為すの術に異なれり」という。

離離と鼎鼎は、離《り》䷝と鼎《てい》䷱の卦をいう。離離は『詩経』小雅の湛露に「其の実、離離たり」といい、果物の実るさま。ここでは椒房をいう。椒は山椒、房は実を収めるところ。『詩経』唐風の椒聊《しょうりょう》に「椒聊の実、蕃衍《はんえん》（繁栄）して升《ます》に盈つ」という。聊は語助、山椒の実は多く、香気に満ちる。ここに「椒房を劈く」というのは、あるいは易を読み、多くの教えを学びとったことをいうか。離《り》は離《り》下離《り》上、その大象に「明（離《り》）の両つながら作《おこ》るは、離《り》なり。大人は以て明を継ぎ、四方を照らす」といい、『周易外伝』は「生きては身之を致すは、聖人の力なり。没しては人之を継ぐは、聖人の心なり。力尽くし心周《あまね》くして、憂患は釈《と》く。豈其れ、沾沾然《ちょうちょうぜん》（軽薄なさま）として以て己の功名と為して、之に利頼せんや。是の故に、大器を撫し大功を成すは、特《ひと》り付託するに人を得るに詳し。之を暗（愚者）に付するは其の憂いなり、之を明（賢者）に付するは則ち喜びなり。其の明を以て明を継ぐを幸いとし、人に在るは己に在るに異なる无し、其れ何ぞ焉《こ》れを吝《おし》みて、其の蹉《なげ》きを労するに足らん」という。

鼎鼎は、陶淵明の「飲酒」第三首に「鼎鼎たり百年の内、此を持《もっ》て何をか成さんと欲するや」という、蹉跎《さた》失意の意。松扉を閉し、松蔭の下、ひそかに易を読むのは、続夢菴に幽棲する船山である。鼎《てい》の大象に、「君子は以て位を正し命を凝《こら》す」といい、『周易外伝』は「鼎《てい》は、柔上りて中に居る（六五）。則ち風力（下卦の巽《そん》）聚まりて、火道（上卦の離《り》）登《な》る。天下未だ定まらざれば、先に以て駆除し（巽《そん》の風）、天下已に定まれば、納れて以て文明なり（離《り》の明）。風（巽《そん》）以て之を盪《うご》かし、日（離《り》）以て之を暄《あたた》む。其の盪《うご》かす有りて日は以て升り、其の暄《あたた》むる有りて風は散ぜず。故に離《り》（上卦）は位正しく、巽《そん》（下卦）は命凝《こ》る」という。

この四卦の象を見ると、さきの坤《こん》下坎《かん》上の比《ひ》に対応してはじめに坤《こん》下艮《ごん》上の剝《はく》を置き、五陰に迫られた上九の艮《ごん》止の道を説く。それを承けるのは乾《けん》下艮《ごん》上の大畜《たいちく》であり、艮《ごん》が乾《けん》の剛体を以て止め養う徳をたたえる。離《り》は明を継ぐ象、聖人の心を体して易に心を潜めることを述べ、その離《り》の明を六五に正し、風波の動乱の命を凝《な》す鼎《てい》の徳を述べる。船山にとって易を明らかにすることは、また明清鼎革の際の命を己の一身に実現することである。

履石探晴雲　　石を履《ふ》みて　晴雲を探《たず》ね

臨崖款夕暉　　崖に臨みて　夕暉《せきき》を款《よろこ》ぶ
益知榮公樂　　益々　栄公の楽しみを知り
漸看卜子肥　　漸く　卜子の肥《ゆた》かなるを看る

履石と臨崖は、履《り》☰☱と臨《りん》☷☱の卦をいう。ともに幽棲する船山の朝夕の思いを述べるが、履《り》の彖辞に「虎の尾を履む」という危い石を履み、また臨《りん》の彖辞に「八月に至れば凶有り」という断崖に臨む思いである。六三の一陰が五陽の間に在る履《り》において晴雲を探ねるのは、下卦兌《だ》☱の初九と九二の二陽においてである。『周易外伝』は、「卦の体を為すや、唯一陰（六三）のみにして位を失い（陰が三の陽位に居る）、以て陽（五陽）に間《まじ》わる。則ち天下憂危の都は、履《り》に若《し》くは莫し。君子は以て憂危を渉《わた》り、用《もっ》て徳の基と為し（繋辞下伝第七章に、「履《り》は徳の基なり」という）、難を犯して其の常を失わざるは、亦反りみて其の本を求むるのみ。本とは何ぞ。陽は陰に因りて艮《ごん》（☶）と為り、陰は陽に因りて兌《だ》（☱）と為る。因る者は功を為し、因る所の者は地を為す。兌《だ》は陽を以て地と為し、陰を以て功と為す。爻は其の功に任じ、卦は其の地を敦くす。（中略）其の地を敦くする者（卦）は、陽を敦くす。内（初九と九二）は外（六三）の主と為り、主有れば則ち亨る。二陽（初九と九二）の基は、兌《だ》の本なり」という。すなわち下卦兌《だ》の六三が一陰を以て五陽に交わる憂危に在って、兌《だ》の初九と九二の陽を基となし、陰が三の陽位に居る失位に在りながら、六三が進爻の功をなすことができる。晴雲は晴空の雲、六三の基となる初九と九二の陽気をいう。

臨《りん》☷☱は、初九と九二のみが陽で、三以上はすべて陰である。初九の爻辞に「咸（感）じて臨む、貞にして吉なり」といい、九二の爻辞に「咸じて臨む、吉にして利しからざる无し」という。『周易外伝』は、「臨むとは治むるなり、咸ずとは感ずるなり。之を治むるに威を用い、之を感ぜしむるに恩を用う。咸ぜしめて以て臨むを為すは、道は固より異建にして同功なる者有るか。臨《りん》は、剛浸《ようや》く長じ（彖伝）、来りて（初九と九二の二陽）以て往く（四陰）を消す。初（初九）と二（九二）は、陽の質を秉《と》りて兌《だ》（☱）の体を為す。貞（内卦の兌《だ》）と悔（外卦の坤《こん》）は地を殊にし、上（上卦の坤《こん》）と下（下卦の兌《だ》）は位を異にするも、性情は相近く、母（上卦の坤《こん》）と女（下卦の兌《だ》、少女）は功を合す。卑き（兌《だ》の少女）を以て尊き（母の坤《こん》）を治め、義（尊卑）を以て恩（母女）を制す。勢いは、固より競うを得ざる者有り。而れども終に此を用いて以て臨《りん》の績を底《いた》すは、則ち何《なん》居ぞや。（中略）「咸じて臨む」者（初九と九二）は、名は正しきも居らず、力は強きも尚《たっと》ばず。其の素位に循《したが》い、報は応ずるを以て得、機無く形無し。禍は己に自《よ》らざれば、彼は且に相忘れて、我に示すに懐《おも》う所を以てせんとす。（中略）是くの如くなれば、乃ち以て臨む可く、命に順わざるの憂い有る無し。故に咸（感）を以て臨（治）を為すは、臨《りん》の道なり」という。すなわち、履《り》の内卦兌《だ》の二陽と同じく、臨《りん》の内卦兌《だ》の二陽によって、「夕暉を歎ぶ」、すなわち西に傾いた明朝崩壊のあと、船山はわが晩年を悦ぶ（兌《だ》）ことができるのである。

次は、益《えき》䷩と漸《ぜん》䷴の卦をいう。栄公は栄啓期、栄公の楽しみは、『列子』天瑞に「孔子、太山（泰山）に遊び、栄啓期の郕《せい》（魯の孟氏の邑）の野に行くを見る。鹿裘《ろくきゅう》にして索《なわ》を帯《お》び、琴を鼓して歌う。孔子問いて曰く、先生の楽しむ所以は何ぞやと。対えて曰く、吾は楽しむこと甚だ多し。天は万物を生じ、唯人のみ貴しと為す。而して吾は人と為るを得たり。是れ一の楽しみなり。男女の別は、男尊女卑なり。故に男を以て楽しみと為す。吾は既に男と為るを得たり。是れ二の楽しみなり。人生まれて日月を見ざること、襁褓《きょうほ》（幼児）を免れざる者有り。吾は既に行年九十なり。是れ三の楽しみなり」という。益《えき》の彖伝に「益《えき》は、動きて（下卦は震《しん》）巽《したが》い（上卦は巽《そん》）、日に進みて疆《かぎ》り無し。天は施し地は生じ、其の益すこと方（一定の方位）無し。凡そ益《えき》の道は、時と倶《とも》に行わる」といい、『周易外伝』は「震《しん》（益《えき》の下卦）は巽《そん》（益《えき》の上卦）を生じて、其（震《しん》）の窮まるを憂えず。則ち義を以て我を制し、己を保ちて以て其の利を貪らず。巽《そん》は震《しん》を達して、以て普《あまね》く其（巽《そん》）の材を散ず（巽《そん》は風）。則ち仁を以て人を愛し（繋辞上伝第四章に、「土に安んじ仁に敦し、故に能く愛す」という）、恩を斬《おし》みて以て其の私を怙《たの》まず」という。この益《えき》の道によって、船山は己の利を求めず、己の私を怙まず、わが義と仁とを守る楽しみをいう。

卜子は子夏、姓は卜、名は商、子夏は字である。春秋、衛の人。孔子の弟子として文学に長じ、その詩は『毛詩』の祖となり、『春秋』の公羊伝と穀梁伝は子夏より伝わるといい、また『子夏易伝』と称するものが伝えられる。肥は、遯《とん》䷠の上九の爻辞に、「肥《ゆた》かに遯《のが》る。利しからざる無し」といい、その小象に「肥かに遯る、利しからざる無しとは、疑う所无ければなり」という。船山は子夏のように聖人の書を伝え、遯世の時を肥かに過そうという。漸《ぜん》䷴の彖伝に「進みて位を得、往きて功有るなり。進むに正を以てすれば、以て邦を正す可きなり。其の位は剛にして、中を得たり（九五）。止まりて（下卦の艮《ごん》）巽《したが》い（上卦の巽《そん》）、動きて窮まらざるなり」といい、『周易外伝』は「性情は節有るを以て正しく、功効は地を易《か》うるを以て施す。援くるに節を以てせず、欲に逢うは、志を遂ぐるの利しきに非ず。苟くも其の地に拠れば、名を虚しくして用を実にするの資を喪う。故に陰は升るを以て嫌と為さず、陽は降るを以て損と為さず。夫れ陰陽、数は敵し（否《ひ》䷋は、三陰と三陽は数が同じ）、各々其の地に拠りて以て其の欲する所に順えば（否《ひ》の上卦乾《けん》が上卦に居り下卦坤《こん》が下卦に居るのが、乾《けん》と坤《こん》の欲する所である）、性情は介（媒介）して以て通ずる無く、功効は以て小成して（上卦乾《けん》と下卦坤《こん》は、小成の卦）建たず。夫れ乃ち、以て否《ひ》道の成るを為す。二（六二）と五（九五）は、否《ひ》の主なり。或いは磐《いわ》に拠りて（漸《ぜん》の六二の爻辞に、「鴻、磐《いわ》に漸《すす》む」という）以て安きを図り、或いは陵《おか》に登りて（漸《ぜん》の九五の爻辞に、「鴻、陵に漸む」という）以て自ら尊ぶ。安んずる者（六二）は其の危うきを戒めて往かず、尊ぶ者（九五）は下るを恥じて来らず。三（九三）と四（六四）は、位は其の任に非ざるも、両君（六二と九五）の遷るを重《はば》かるを鑒《み》て、事外（内卦の上の三と外卦の下の四）に奮い、密邇《みつじ》（三と四の際は、密にして邇《ちか》い）に因り、位を易《か》えて以て少長（漸《ぜん》の下卦艮《ごん》は少男、上卦巽《そん》は長女）の歓びを合す。抑《また》、性を節して其の功を喪わずと謂う可し」という。否《ひ》の道を変えて少長の歓を合せるのは、漸《ぜん》の九三と六四であることをいう。否塞の世に在って陰陽その位を易えた船山が、艮《ごん》止の九三と巽《そん》順の六四を得、易を伝えることができたことを歓ぶ。

この四卦の象を見ると、兌《だ》下乾《けん》上の履《り》と兌《だ》下坤《こん》上の臨《りん》は、ともに兌《だ》の二陽が基となって功をなすことをいう。また震《しん》下巽《そん》上の益《えき》と艮《ごん》下巽《そん》上の漸《ぜん》は、ともに巽《そん》の巽順の徳により時に従って利しきを得ることをいう。

　頤生喩明窗　生を頤《やしな》いて　明窓に喩《さと》り
　觀物避炎威　物を観て　炎威を避く
　隨茲寒暑謝　茲《こ》れに随いて　寒暑謝《うつ》り
　遯迹冀無違　迹を遯《のが》れて　違《たが》う無きを冀《ねが》う

　頤生と観物は、頤《い》☶☳と観《かん》☴☷の卦をいう。頤《い》の彖伝に「頤《い》は貞しければ吉なり（彖辞）とは、正を養えば則ち吉なるなり。頤を観る（彖辞）とは、其の養う所を観るなり。自ら口実（口の中に入れる物）を求む（彖辞）とは、其の自ら養うを観るなり。天地は万物を養い、聖人は賢を養いて以て万民に及ぼす。頤《い》の時は大なる哉」といい、『周易外伝』は「夫れ聖人は深く陰陽を察して、以て養の道の正を辨《わか》つに、則ち道有り。万物を養う者は陰陽なり、陰を養う者は陽なり。（中略）然らば則ち、「其の養う所を観る」（彖伝）とは、物は陽に養わるるなり。「其の自ら養うを観る」（彖伝）とは、陰は陽に養わるるなり。天の道に順い、人の生を知れば、「正を養う」（彖伝）の道は迷わず。聖人の万物を養う（彖伝による）は、陽の富なるに法《のっと》る。君子の飲食を節する（大象にいう）は、陽の清に法る。大（陽）を養いて小（陰）を含《お》くこと有るは、陽の貴にして陰の賤なるに法る。養を捐《す》てて仁を成すこと有るは、陽は剛にして陰は柔なるに法る。是くの如くにして、則ち陰は養を陽に聴《まか》せ、道は固より宜しきのみ」という。これが続夢菴の明窓に在って、船山が心に喩《さと》った易の義である。

　観《かん》の彖伝に「大観（九五）上に在り、順（下卦の坤《こん》）にして巽《したが》い（上卦の巽《そん》）、中正（九五の陽が五の陽位に居る）にして以て天下に観《しめ》す。「盥《てあら》いて薦《すす》めず、孚《まこと》有りて顒若《ぎょうじゃく》（恭敬のさま）たり」（彖辞）とは、下《しも》観て化するなり。天の神道を観るに、四時忒《たが》わず。聖人は神道を以て教を設け、天下服す」といい、『周易外伝』は「観《かん》は否《ひ》（☰☷）の後を承け（否《ひ》の九四が六四となったのが、観《かん》☴☷である）、固より已に乱は積みて揜《おお》う可からず。而れども位（天位の九五と上九）は未だ去らず、中（九五）は未だ亡びず。位は未だ去らざれば、聖人は為に其の名を正す。中は未だ亡びざれば、聖人は為に其の救いを善くす。（中略）名は天の経なり、人の紀《のり》なり。義夫志士の、生死もて焉《こ》れを争う所の者なり。（中略）我の「大観、上に在り」（彖伝）と為すは、固より終古にして易《かわ》らず。然り而して、聖人の善く已往の陽（九五と上九）を救う所以の者は、亦即ち此に在り」という。船山はこの観《かん》の意を体することによって、清の炎威を避け名を正すことを心に期するのである。

随茲と遯迹は、随《ずい》☱☳と遯《とん》☰☶の卦をいう。茲《こ》れというのは、神道たる易の教え。随《ずい》の彖伝に「随《ずい》は、剛（否《ひ》☰☷の上卦乾《けん》の上九）来りて柔に下り（随《ずい》の初九が、六二と六三の下に居る）、動きて（随《ずい》の下卦の震《しん》）悦《よろこ》ぶ（上卦の兌《だ》）は、随《ずい》なり。大いに亨り貞しくして咎无く、天下は時に随う。時に随うの義は大なる哉」といい、『周易外伝』は「随《ずい》は、否《ひ》（☰☷）の陽（上九）、初（随《ずい》の初九）に来りて以て陰（随《ずい》の六二と六三）に従い、否《ひ》を消す者なり。（中略）随《ずい》とは従うなり、故に其の世に於ける、下は皆《とも》に上に随いて以て進む。（中略）――随《ずい》は、初（初九）と五（九五）の陽は陰に随い（初九が六二に随い、九五が上六に随い）、三（六三）の陰は陽（九四）に随い、又内卦の一陽（初九）は二陰（六二と六三）に随い、外卦の二陽（九四と九五）は一陰（上六）に随う。（中略）――。（中略）陽の亢して否《ひ》を成す所以の者は、自ら其の群（否《ひ》の上卦乾《けん》の三陽）を惜しみて、陰に従うを屑《いさぎよ》しとせざるのみ。（中略）否《ひ》に震《うご》く者（否《ひ》の上九が、随《ずい》の初九に下って震《しん》☳を成す）は、天下の大いに驚く所の者なり。陰に随う者（随《ずい》の初九が六二と六三の二陰に随い、九四と九五が上六に随う）は、天下の大いに疑う者なり。（中略）天下将に渝《かわ》らんとして、非類の比付を嫌う無し。則ち天下の驚きと疑いを犯すも、固より自ら失わず。故に、「時に随うの義、大なる哉」と曰う（彖伝）。（中略）斯れ豈、堂堂鼎鼎（盛大のさま）として、万物を陰霾《いんばい》閉塞の中より釈《と》き、萌糵《ぼうげつ》（芽生え）を発し蟄伏《ちつふく》を啓《ひら》きて、以て昭蘇に向うの時に非ずや。而るに又、何ぞ待たん。鳴呼、初陽（初九）の僩然《かんぜん》（震怒するさま）として其の類（否《ひ》の上卦乾《けん》の三陽）を絶ちて以て下に居りて自《よ》り、天下は遂に随《ずい》の時を成す」という。寒暑謝《うつ》るとは、いま清朝の厳寒と炎威の否塞を釈《と》いて、来るべき新しい春の昭蘇の時を迎えることをいう。

遯《とん》䷠の象伝に「遯《とん》は亨る（彖辞）とは、遯《のが》れて亨るなり。剛（九五）は位に当りて（陽が五の陽位に居る）応じ（六二の陰に応ずる）、時と与に行く。小（初六と六二の二陰）は貞なるに利し（彖辞）とは、浸《ようや》く長ずるなり（遯《とん》は初六と六二の二陰が、下卦艮《ごん》の九三に止められている）。遯《とん》の時義、大なる哉」といい、『周易外伝』は「疑いは人に在り、而れども自ら信ずる者は志なり。志は僭《せん》せざれば、疑いは嫌《まぎらわ》しき所に非ず。然りと雖も、陽（四陽）は終に疑いて逝けば、則ち二（六二）は其の志を達せんと欲するも、得可からず。其の位は正しく、其の勢いは親しみ、以て将に駕せんとするの轅《ながえ》を挽《ひ》く可きも、而も之を挽く莫し。或いは之を挽くも、而も情は文《かざ》るに及ばず。文れば、志を達せず。堅固《かんこ》（堅も固い意）にして舎《お》かざるの情无く、流連して已む无きの意无し。則ち且に之を挽かんと欲するも、終に得可からず。是れ何ぞや。陽の必ず遯れんとするの勢いを成すに決せるは、前《すす》む可く郤《しりぞ》く可きの幾无ければなり。而るに又、孰《たれ》か与《ため》に二（六二）の相挽《ひ》くの心を諒《まこと》にせんや。（中略）然りと雖も、二（六二）は豈苟くも其の咎を謝《さ》る者《こと》を以て、自ら終に陽を留むるの志と謂わんや」という。陽が遯れようとする世に在って、六二が正を以てしても人に疑われ、陽を留めようとするその志を誰も知ることのないことを歎ずる。外伝は、この六二の志を殷の紂王の悪を挽き留めようとした文王の志に比する。船山は文王のように、遯世の中にあくまでわが志を固くし違《たが》う無きことを冀《ねが》うのである。

四象について見れば、震《しん》下艮《ごん》上の頤《い》は初九と上九の二陽が中の四陰を養い、天の道に従って聖人が万物を養い、人の生を知って君子は飲食を節することをいう。その初九が九五に上った坤《こん》下巽《そん》上の観《かん》は否《ひ》が変じたもので、九五の中正を守るべきことを教える。頤《い》の下卦震《しん》を含む震《しん》下兌《だ》上の随《ずい》は、否《ひ》の上九が敢えて初に来て否塞の世を易《か》える象であり、初九が天下の驚きと疑いを犯して新しい昭蘇を迎える倜然たる志をたたえる。また頤《い》の上卦艮《ごん》を含む艮《ごん》下乾《けん》上の遯《とん》は、六二の中正が世に疑われながら敢えてその疑いを身に受ける困難を述べ、わが志を固くする他ないことをいう。

四十一歳、続夢菴の山居に在ったこの詩は、同じ年に成る「山居雑体吃口詩」五絶、「山居雑体薬名」五律、「山居雑体縣名」五律、「山居雑体建除」五排、「山居雑体両頭纖纖」歌行、「山居雑体五雑俎」歌行（ともに「五十自定稿」）と並ぶものである。『周易外伝』が既に成ったあと、山居の思いに託し、易の卦名によりわが幽棲の志を改めて確認したものである。ここに『周易外伝』の文を摘録したのは、書き終えたばかりの外伝の文に対応させようとするためである。

康熙八年（一六六九）己酉、敗葉廬に逼塞する五十一歳の船山は、「昭陽菴に、須竹（唐端笏）と同《とも》に夜話す。云う、木葉の秋波に乗りて、五老（廬山の五老峯）の勝を探らんと。因りて便ち之を送る」（「六十自定稿」）と題する七律一首を作る。須竹は、唐端笏《たんこつ》。須竹は字《あざな》、また躬園とも字する。衡陽の人、三年前の康熙五年（一六六六）、始めて船山の門に従学し、『慚説』『悔説』を著す。このとき唐須竹は、廬山に居た陳靚《ちんこう》（字は二止）と歐陽霖（字は懷雲）に師事しようとしたが、父唐克峻（字は欽文）の病いのため果さなかった（劉毓崧《いくすう》『王船山先生年譜』）。前半の四句に、次のようにうたう。

儘覺當年不易談　　儘《たと》い　当年は談じ易からずと覚るも
披雲躡石意猶貪　　雲を披《ひら》き石を躡《ふ》むは　意は猶貪《たん》なり
袖圖有迹傳河畫　　袖図《しゅうと》は　迹の河画《かかく》を伝うる有りて
血字無心錮井函　　血字は　心の井函に錮《とざ》す無し

船山は、唐須竹が廬山の両先生に師事しようとする志に即してうたう。いまの世に在っては心を開いて自在に論ずることはできないが、山中に遺賢を尋ね道を問うあなたの志はまことに意欲的である。それはまた船山の思いでもある。雲を抜き石を躡むは、また船山の易理を求める意を寓する。

袖図の図は、下にいう河画、すなわち河図《かと》をいう。袖は、それを懐中に収める意。伏羲が河図の象によって始めて易の画象《かくしょう》を定めたことは、『周易内伝発例』の六に詳しく述べる。井函は、鄭思肖の『鉄函心史』。南宋滅亡のあと、鄭思肖（字は所南）は亡国の情を綴った詩文集を『心史』と名付け、故国光復の願いを鉄函に封じ、蘇州は承天寺の井中に投じた。南宋滅亡後四年を経た徳佑九年（一二八三）のことである。それが地上に現れたのは、三百五十五年を経た崇禎十一年（一六三八）、船山二十歳の時であった。鄭思肖の南宋末と同じく、明室が異民族に滅ぼされようとする直前である。船山は聖人の意を伝える易をわが心に抱き、わが心血を注いだ易伝は決して井函に錮されることなく、天下に明らかになるであろうという。

翌康熙九年（一六七〇）庚戌、五十二歳の船山は、「観世居銘」（『薑斎文集』巻九）を作る。観世居は前年冬、南窓を開いて作った草菴で、敗葉廬の冬の寒さを避けて、冬の間だけ居たところである。観世とは、観《かん》䷓の六三の爻辞に「我が生を観て進退す」といい、九五の爻辞に「我が生を観る。君子は咎无し」といい、上九の爻辞に「其の生を観る。君子は咎无し」という。観《かん》については、すでに見たように、船山三十歳のとき「初めて観《かん》卦の義を得、其の理に服膺し、以て険阻に出入して自ら靖んず」（『周易内伝発例』二十五）と述べたところのものである。なおこの観世居の壁に題した対聯は、すでに示した「六経、我を責めて生面を開かしむ。七尺、天に従いて乞う活き埋めせられん」という、活き埋めの生の中に六経の精義を求める決意であった。

重陰蓊浡　浮陽客遷
孰忍越視　終詘手援
物不自我　我誰與連
亦不廢我　非我無權

重陰は蓊浡《おうぼつ》たり　浮陽は客遷す
孰《たれ》か越視するに忍びんや　終に手づから援《ひ》くに詘《くつ》す
物は我に自《よ》らず　我は誰と与にか連ならん
亦我を廃せず　我に権無きに非ず

観《かん》䷓は四陰が下に重なり、二陽が上に浮く象。『周易外伝』は、「観《かん》の時為《た》る、陰富みて陽は貧しく、生衰えて殺は王《さか》（旺）んなり、上陵《しの》ぎて下は固く、邪盈ちて正は虚なり、人耗《こう》して鬼は霊なり」という。蓊浡は、四陰の盛んなさま。越視は、遠くに視る、素知らぬ顔をする。手援は、『孟子』離婁上に「天下溺るれば之を援《ひ》くに道を以てし、嫂《あによめ》溺るれば之を援くに手を以てす」という。いま重陰が盛んで二陽が播遷している事態を、どうして無心に眺めることができようか。しかし私は天下を救うことはできず、わが身を救うことに心を屈する他はない。

天下は私を必要とせず、私は有志の士と共に世に事をなすことができない。しかし私は私であることをやめるわけにはいかない、私には権（臨機の謀りごと）がないわけではない。以下、そのことを述べる。

盥而不薦　黙成以天　盥《てあら》いて薦《すす》めず　黙成するに天を以てす
念我此生　靡後靡先　我が此の生を念《おも》い　後《おく》るる靡《な》く先んずる靡《な》し
亭亭斯日　鼎鼎百年　亭亭たる斯の日　鼎鼎たる百年
不言之氣　不戰之争　言わざるの気　戦わざるの争いあり

観《かん》の彖辞に「盥いて薦めず。孚《まこと》有りて顒若《ぎょうじゃく》たり」といい、繫辞上伝第十二章に「黙して之を成し、言わずして信《まこと》なるは、徳行に存す」という。この易の教えに従い、わが孚を以て顒若（恭敬のさま）として慎み、私はわが徳行を修めるだけである。私はわがこの生を思い、決してわが進退を誤ってはならない。観《かん》の六三の爻辞に「我が生を観て進退す」といい、『周易内伝』は「此れ則ち、吉凶得失の未だ審らかならざるや、占う者の自ら審らかにするに存す。六三は柔にして、坤《こん》（下卦）と体を為す。則ち退きて陰に就くは、其の時然ればなり。三（六三）は進爻為《た》りて、較《あき》らかに五（九五）に近し。則ち進みて陽に就くは、其の志然ればなり。退きて時を失わず、進みて以て志を遂げ、両者は皆《とも》に過ぐる無し。道は我が行う所を観るに在りて、物に在らず。自ら其の身を修め、内に省《かえり》みて疚《やま》しからず（『論語』顔淵に、「内に省みて疚しからざれば、夫れ何をか憂え、何をか懼れん」という）。斯《ここ》を以て、退きては順ならざるに狎《な》れず、進みては時に違《たが》うに迫らざれば、其れ庶幾《ちか》からん」という。

亭亭は高潔のさま、鼎鼎は盛大のさま、また時の過ぎゆくさま。亭亭たるわが志の孚が、そのまま百年の盛大につながる。不言の気は陰陽二気をいい、さきに「言わずして信なるは、徳行に存す」という黙成の孚をいう。不戦の争いは、陰陽変化する易理をいう。

　欲垂以観　維自覿旃　　垂れて以て観《しめ》さんと欲し　維れ自ら旃《こ》れを覿《み》ん
　無小匪大　無幽匪宣　　小の大に匪《あらざ》る無く　幽の宣《あき》らかなるに匪る無し
　非幾蠕動　督之網鉗　　非幾《ひき》蠕動《ぜんどう》すれば　之を網鉗《もうかん》に督し
　弔靈淵伏　引之鉤筌　　弔霊《ちょうれい》淵伏すれば　之を鉤筌《こうせん》に引かん

観《かん》の卦がその意を観《しめ》そうとしているからには、私はその意を観なければならない。いかなる小にして幽かなるものも、必ず大となり宣らかとなる。

非幾は、『書経』顧命に見える。不義のきざし。網鉗は、網と首かせ。弔霊は、『書経』盤庚下に「霊（義）を由《もち》うるに弔（至）る」という。鉤筌は、釣り針と筌（竹で編み、魚を捕える具）。不義の兆が潜かに動けばそれを心に抑制し、義が隠れていればそれをとって表に現すことに努めよう。これが不言の気の不戦の争いである。

　兢兢冰谷　裊裊鑪烟　　兢兢《きょうきょう》たり冰谷　裊裊《じょうじょう》たり鑪烟《ろえん》
　毋曰殊類　不我覿焉　　殊類と曰う毋《なか》れ　我を覿《しめ》さざるなり
　神之攸攝　鬼之攸虔　　神の摂《と》る攸《ところ》　鬼の虔《つつし》む攸
　蝝頑荒怪　恒爾考旋　　蝝頑《えんがん》荒怪　恒《つね》爾に考旋す
　無功之勣　不罰之愆　　功無きの勣《せき》　罰さざるの愆《とが》
　夙夜交至　電灼雷喧　　夙夜交々至り　電のごとく灼《や》き雷のごとく喧《かまびす》し

兢兢は、『詩経』小雅の小旻《しょうびん》に見える、畏れ慎むさま。裊裊は、爐煙のたなびくさま。いま観世居に逼塞する船山は、恰も冰谷に戦々兢々とし、僅かに爐烟をたなびかせるだけである。この私を殊類（人間でないもの）といわないでほしい、私はこの世にわが心を示したくないだけなのである。

鬼神は、占筮をいう。繫辞上伝第四章に、「精気は物を為し、遊魂は変を為す。是の故に、鬼神の情状を知る」という。私は占筮の神告に従い、我が身を慎む者である。蝝頑は蝝（蝗《いなご》のまだ羽の生えないもの）のような無知のもの、荒怪は怪しげなもの。船山の身辺を探し廻る（考旋）清朝の密偵をいう。北窓の紙をたびたび破って船山の動静を窺う者の十罪を爰書《えんしょ》（犯人の供述を記録する）した「窗紙を破りし者を劾《ただ》して爰書す」（「薑斎文集補遺」）、及び昼夜船山の書斎の側に犬のように見張る者を戯書した「斎中守犬銘」（同）がある。

私はすでに活き埋めの生に従うもの。この世に決して報われない勣（績）を願い、この世に罰せられない劫罰を自ら我が身に負うている。この戦わざる争いは、日夜雷電のようにわが心を苛《さいな》んでいるのである。

それから四年後、康熙十三年甲寅（一六七四）、五十六歳のときに作った「余鬒《よしん》を惜しむ賦」（「薑斎文集補遺」）がある。鬒《しん》とは、『詩経』鄘風の君子偕老に「鬒髪、雲の如し」という黒髪の意。清の薙髪《ていはつ》令が下ったのは順治二年（一六四五）、その時から明の衣冠を守るべく、山中に遯れて余鬒を保持してきた船山が、唐端笏の志に託して詠じた賦である。船山が死の前年、七十三歳の夏に記した跋を付する。「甲寅の春、躬園（唐端笏の字）の志を閔《あわ》れみ、長言して以て其の幽緒を達して之を広む」。すなわち、甲寅五十六歳の船山が、その年の三月から冬まで、呉三桂の兵を避けて唐端笏とともに各地を転々としたときの作である。その中に、次の句がある。

顧余疑之未渙兮　顧《ただ》　余が疑いの未だ渙《と》けず
迪端策於神告　迪《もっ》て　策を神告に端《ただ》す
宛靈氛之俯通兮　宛として　霊氛《れいふん》の俯して通じ
遇剝震於宗廟　剥《はく》に遇いて　宗廟に震《うご》く
日既繇辨以迄膺兮　日《ここ》に　既に辨繇《よ》り以て膺に迄《いた》れり

歴惨凶之必屢　惨凶の必ず屢々なるを　歴せり
終碩果之隠存兮　終に　碩果《せきか》の隠れ存し
慘不驚夫霜露　惨として　夫の霜露に驚かず

「惜余鬒賦」は唐端笏に託して賦するから、余が疑いとは唐端笏についていう。この前の句に「巫咸《ふかん》（『楚辞』離騒に見える、古の神巫）に就きて以て愁いを釈《と》かんとするも、古の人は余を稽《かんが》えず」というように、巫咸に就いて尋ねても教えず、わが疑いが渙釈しないため、占筮の神告に問うたのである。船山は唐端笏のために自ら筮して、いかに処すべきかを神筮に問うたのである。

霊氛は、『楚辞』離騒に「霊氛に命じ、余が為に之を占わしむ」という、古の占筮を善くする者。宛は、明らかにの意。俯して通ずは、私、唐端笏のために霊氛が神告を伝えたことをいう。そのとき得た遇卦は剥《はく》䷖であり、上九が老陽、従って之卦《しか》は上九が陰に変ずる坤《こん》䷁であった。「宗廟に震《うご》く」は、「章霊賦」第十八章に、「宗廟は、悔端に震く」といい、その自注に「上は宗廟なり。（中略）上九は、老陽変動す。故に悔端（外卦の上）に震くと曰う」とあるに同じ。

剥《はく》の六二の爻辞に「牀を剥するに辨（牀足と牀身の間の板）を以てす」といい、六四の爻辞に「牀を剥するに膚《はだ》を以てす」という。いまは剥《はく》の世に在り、上九の宗廟が震《うご》いて明室は崩壊し、私は辨から膚まで剥せられるに至った。あらゆる惨凶を重ね、わが髪膚まで薙髪されるに至ったことをいう。

碩果は、上九の爻辞に「碩《おお》いなる果《このみ》は食《くら》われず。君子は輿《よ》を得、小人は廬を剥す」という。剥《はく》の世に、五陰に迫られて上に窮処する一陽が、食われずに隠れ存している。碩果は、具体的にいえば身体の上に在る髪をいう。『周易外伝』は、「一（上九の一陽）を以て衆（五陰）に応ずる者は、高くして親无く、亦屢々顧みて其の趾《し》（足）を失わんことを恐る。其の趾を失わんことを恐るれば、道は止まるに安んじて以て居を固くするに在り（剥《はく》の上卦は艮《ごん》、艮《ごん》は止まる）。剥《はく》の一陽（上九）は、艮《ごん》の由りて成る所なり。位に貞しくして遷らざるは、則ち止まるに安んじて以て居を固くする者と謂う可し。（中略）唯、陽徳の善なる者は、其（陰）の来り感ずるに於いて、其の往きて求むるを絶ち、其（陰）の迎うるを歓《よろこ》ばず、其の至るを拒まず。彼（陰）の用を尽くして、而も我（陽）を以て之に殉ぜず。是《か》くの如き者、艮《ごん》は固より優に其の徳有り」という。わが余賢を守り、艮《ごん》の徳を固く守れば、心は惨烈を極めるが、いま清世の霜露は何ら恐れるに足りないという。霜露は、之卦坤《こん》の初六の爻辞に、「霜を履みて堅冰至る」という。いまの秋霜から、来るべき冬の冰谷を予感する。

この賦は、「惟茲《ただこ》の心の碩為《た》る、永く終古に食《くら》われず」の句を以て終る。碩《おお》いなる果とは、余賢すなわち明の衣冠を守り通す、船山の大いなる心（上九）をいう。

さて、船山終生の栖《すみか》となった湘西草堂に居を移すのは、康熙十四年乙卯（一六七五）、五十七歳の冬である。観世居から二里（約一キロ）ばかり離れた村人の旧居を改築したもので、以後七十四歳の一月の死を迎えるまで十七年の間、日夜石船山を眺めてすごす。

さきに示したように、『周易大象解』一巻が「始めて」為《つく》られたのは、翌康熙十五年丙辰（一六七六）五十八歳の時である。これは長文ではないので、この年に成ったとすることができる。『周易内伝』について発例が記す年は、康熙二十四年乙丑（一六八五）、六十七歳である。「歳は乙丑に在り、従遊の諸子、解説を為さんことを求む。形枯れ気索き、論を暢《の》ぶるは難しと為す。是に於いて、乃ち病中に於いて勉《つと》めて為に伝を作る」。発例が書かれたのは「丙寅の仲秋、癸丑朔畢《おわ》る」、すなわち康熙二十五年（一六八六）の八月一日、六十八歳の時であるから、ほぼ一年をかけて『周易内伝』六巻及び発例一巻が作られたことになる。従遊の諸子の解説のためであるというのは、恐らく講義録ともいうべきものであろうが、すべて船山の筆に成る。というのは、同じく従遊の諸子のために講じた『読四書大全説』十巻は、康熙四年乙巳（一六六五）四十七歳の船山が敗葉廬において重訂したものであり（「梅花百詠に和する詩」の序に、「時に方《まさ》に読書説を重訂す」という）、恐らく弟子が書き留めたものに船山が手を加えて定稿とした『読四書大全説』とは異なるからである。『読四書大全説』には口語を雑えるところが多く、口述をもとにしたものである。発例に「衰困の余、疾いに力《つと》めて草創し、未だ繁を節して以て簡に帰し、辞を飾りて以て意を達する能わず。之を汰し之を錬るは、以て哲人に俟《ま》たん。来者は悠悠たり、誰か且に吾が為に之を定めんとする者ぞ」という。『周易内伝』は一年余に及ぶ講義解説のために書き継がれていったもので、冗長に流れた文の推敲にまで手が及ばなかったと歎いている。

「薑斎詩集」柳岸吟に、「従遊の諸子に示す」と題する三首がある。年代は記されていないが、その第一首に易について詠じているので、恐らくこの頃に作られたものと思われる。ところで従遊の諸子とは誰か。以下、羅正鈞『船山師友記』（一九〇七年刊、嶽麓書社刊は一九八二年九月）巻十三に見える船山晩年の弟子たちの名を示しておく。

章有謨、字は載謀、華亭（江蘇省）の人、衡山（湖南省）に寓する。船山五十八歳のとき従学して礼を学び、船山を景慕して景船と号する。『礼記説約』三十巻（佚）、『景船斎雑記』二巻を著す。唐克恕、字は如心、衡陽（湖南省）の諸生。唐克峻（字は欽文）の従兄弟。船山に従学すること十数年、船山の末子敔《ぎょ》の子の范が結婚するのは、唐克恕の女《むすめ》である。唐端典、字は古遺、衡陽の処士唐克峻の子。弟の唐端笏（字は須竹、躬園）とともに船山の門に入る。唐端笏についてはすでに示した。戴日煥、字は晋元、衡山の諸生。五経及び諸子に通じ、尤も易に邃《ふか》く、のち船山に従って学を深めた。八十歳で挙子となり、九十歳を以て卒する。蕭子石（字を以て称せられる）は、衡陽の諸生。「王夫之に学び、礼記義疏を受く」（『衡陽県志』宋之素伝）という。蒙之鴻、衡山の歳貢、船山の友人蒙正発の子、衡陽の南郷の斗嶺に寓する。船山に学び、深くその学を極める。王灝《こう》は衡陽の付貢生、曽岊《せつ》（字は垤耶）は邵陽（湖南省）の人、曽万芳（字は蕃祉）は邵陽の人、劉永治は邵陽の人。ともに船山の門に従った。また巻十四には、鄭興祖（字は忝生、湖北省襄陽の人）、李向明（字は治尹、衡陽の人）、劉法忠（字は輯夏、衡陽の人）、熊時幹（字は体貞、衡陽の人）の名が見える。

さて「従遊の諸子に示す」三首の内、その第一首にいう。

七載相憐已久如　七載相憐みて　已に久如《きゅうじょ》たるも
寸心未展祇相於　寸心未だ展《の》べず　祇《ただ》相於《した》しむのみ
諸君懐玉空彈鵲　諸君は玉を懐きて　空しく鵲《かささぎ》を弾じ
老漢直鉤儘釣魚　老漢は直鉤もて　儘《ただ》魚を釣るのみ
大易圏叉唯父母　大易の圏叉《けんさ》は　唯父母のみ
上天時物在詩書　上天の時物は　詩書に在り
勿勞載酒詢奇字　酒を載せて奇字を詢《と》うを　勞する勿れ
便草玄文亦子虚　便ち玄文を草するも　亦子虚《しきょ》なり

七載というのはいつからは分らないが、数年来病んでいた船山を気遣ってか、船山の門を訪う者が少なくなるのは六十九歳の時からであるから、六十歳をすぎてからの頃であろうか。或いは『周易内伝』の講義が終ったことを期として、これらの詩が作られ別れの意を寓して諸子に示したものかもしれない。船山は従遊の諸子とともに久しく易を読み、また詩書（『詩経』と『書経』）を読んできたが、わが寸心を充分に開陳し得たとはいえないという。これは師として、弟子たちに述べることばである。

玉を懐くは、『論語』子罕に「子貢曰く、斯《ここ》に美玉有り。匵《とく》（箱）に韞《おさ》めて諸《こ》れを蔵せんか、善賈《ぜんこ》（よい商人）を求めて諸れを沽《う》らんかと。子曰く、之を沽らんかな、之を沽らんかな。我は賈を待つ者なり」という。弾鵲は、『荘子』山木に見える。蝉を蟷螂（かまきり）が狙い、その蟷螂を鵲が伺い、そしてその鵲を弾丸を以て中《あ》てようとする者がいる。わが身に危険が迫ることを知らず、清朝に仕えようとする諸子の心を諷する意を託するか。それに対し、老人の私はかの太公望呂尚が直鉤を以て魚を釣り文王に用いられたように、文王が述べた易に心を潜めるのみである。

圏叉は○と×、すなわち陽と陰。父母は乾《けん》と坤《こん》、また民の父母たる明室をいう。説卦伝第十一章に、「乾《けん》は天なり、故に父と称す。坤《こん》は地なり、故に母と称す」という。なお説卦伝は朱子『周易本義』の章句によらず、船山『周易内伝』のそれに依る。わが心は、易の教えと詩経と書経に在る。

かの揚雄が易に擬して『太玄経』を作り『論語』に擬して『法言』を作り、漢室を簒奪した王莽に仕えたのとは、全く境位を異にするものである。「酒を載せて奇字を詢う」とは、酒を嗜んだ揚雄に師事しようとする者が、「酒肴を載せて」その門に至ったこと。奇字は、「劉棻《りゅうふん》、嘗て雄（揚雄）に従いて奇字を作る」という（『漢書』揚雄列伝）。奇字とは、古文の異なる者なりと、顔師固の注にいう。玄文を草するは、揚雄が『太玄経』を書いたこと。子虚は、虚言の意。船山は、わが易学は従来のものとは全く別のものであることを知ってほしいと、従遊の諸子に告げている。

また同じく柳岸吟に、「易を読みて、熊体貞と孫倩《そんせん》に贈る」と題する五古八首がある。熊体貞は、さきに示した熊時幹である。船山の次子攽《はん》の次子茲《じ》の次女が結婚したのは、この熊時幹である（「顕考武夷府君（父の王朝聘）行状」）。孫倩は未詳。孫倩は『船山師友記』に示されていないが、船山に従って易を学んだ弟子の一人に数えられる。「易を読む」とは、さきの詩と同じく六十七歳から六十八歳にかけてのときである。以下、全八首を示す。

第一首。

澄宇既滌　清霜欲飛　　澄宇は既に滌《あら》われ　清霜は飛ばんと欲す
天地居然　云胡以窺　　天地は居然たり　云《ここ》に胡《なん》ぞ以て窺わん
勿庸遐矚　道豈遠而　　遐矚《かしょく》を庸《もち》うる勿れ　道は豈遠からんや
物生必偶　心動則奇　　物生ずれば必ず偶なり　心動けば則ち奇なり

澄宇が払い清められるとは、純陽の乾《けん》をいう。清霜は飛ばんと欲すとは、坤《こん》の初六の爻辞に「霜を履みて堅冰至る」という純陰の坤《こん》が積もうとすることをいう。この乾坤《けんこん》の天地は古来変ることなく、小智を以て窺うことのできないものである。

易の理は遐《はる》かに矚《なが》め渡すことができる超越的なものではなく、わが身の近きに在るものである。遠而の而は、語助。『論語』子張に「子夏曰く、博く学びて篤く志し、切に問いて近く思う。仁は其の中に在り」といい、『孟子』離婁上に「道は邇《ちか》きに在り。而るに諸《こ》れを遠きに求む」という。偶は陰╌、奇は陽━。陰の静の中に、動の志を貫くのが陽である。

物無不應　心無不幾　　物は応ぜざる無く　心は幾《ねか》わざる無し
遇成秩敍　否必參差　　遇えば秩敍を成し　否《しからざ》れば必ず參差《しんし》たり
雷風日月　載此爲儀　　雷風日月　此を載せて儀と為し
孰敢自康　吉凶不違　　孰《たれ》か敢えて自ら康《やす》んぜん　吉凶は違《たが》わず

物が応ずるのは、わが心がそれを願うからである。心と物、陽と陰が遇合するとき一つの秩序ができるが、そうでないときには必ず齟齬の感、悔吝の思いが生ずる。

雷風日月は、天地の法象をいう。日月は乾坤《けんこん》の父母をいい、雷は陰中に一陽が生じた震《しん》☳、長男をいい、風は陽中に一陰が生じた巽《そん》☴、長女をいう。乾坤《けんこん》の両儀から生じた震《しん》の長男、坎《かん》☵の中男、艮《ごん》☶の少男、そして巽《そん》の長女、離《り》☲の中女、兌《だ》☱の少女の六子を合せていう。人は乾坤《けんこん》陰陽の変易を越えて自靖の道を求めることはできず、必ず吉凶が伴うものである。

第二首。

油雲在天　舒巻不齊　　油雲《ゆううん》は天に在り　舒巻《じょけん》して斉しからず
隨風而東　欻爾還西　　風に随いて東し　欻爾《くつじ》として還《また》西す
或飛甘雨　或散虹霓　　或いは甘雨を飛ばし　或いは虹霓《こうげい》を散ず

君子攸行　不害先迷　　君子の行く攸《ところ》　先にすれば迷うを害《そこな》わず

油雲は、『孟子』梁惠王上に「天は油然（雲の盛んに起るさま）として雲を作《おこ》し、沛然として雨を下す」という。天の不可測の変化生成を、雲の舒巻（屈伸）にたとえる。雲は風を随って東に向うかと思えば、欻爾（忽ち）として西に向う。雲はまた坎《かん》☵をいい、風は巽《そん》☴をいう。

雲は干天の慈雨となって民を喜ばし、また兵乱の兆たる虹霓を天空に敷いて民を苦しめる。しかし君子は、坤《こん》の道を行うものである。坤《こん》の象伝に「君子の行く攸、先にすれば迷いて道を失い、後にすれば順いて常を得たり」といい、『周易内伝』は「六陰聚立して、先にすれば迷うの象有り。然れども、純にして雑ならず、虚静にして以て天の施すに聴《まか》す。則ち固より陽を先にし己を後にし、事物に順いて唱和（陽が倡え陰が和する）生成（陽が生じ陰が成す）の常道を得たり。君子は之を体して以て行き、能く先にするの失の道と為り、後にするの主を得ると為るを知る。則ち道に順いて行き、利しからざる無し」という。

經歷紛糾　如取如攜　　紛糾《ふんきゅう》を経歴するも　取るが如く攜《たずさ》うるが如し
比干殉殷　夷吾相齊　　比干は殷に殉じ　夷吾は斉に相《しょう》たり
昏旦殊星　燕粤殊蹊　　昏旦《こんたん》は星を殊《こと》にし　燕粤は蹊《みち》を殊にす
移之分寸　徙宅忘妻　　之を移すこと分寸なれば　宅を陡《うつ》して妻を忘る

『詩経』大雅の板に、「天の民を牖《みちび》くは、壎《けん》の如く篪《ち》の如し。璋《しょう》の如く圭《けい》の如く、取るが如く携うるが如し」という。天が徳を以て民を導くことをいう。人は世の艱難の経るが、それは天は人に試練を与え、その時と所において人がわが道を求めることを願っているのである。比干は殷の紂王を諌めて心臓を剖《さ》かれ、夷吾（管仲）は斉の宰相となって桓公を霸者たらしめたではないか。ともに艱難を歴して道を得たことをいう。

このように昏（夕方）と旦（早朝）は時を殊にし、燕（北方）と粤（南方）は所を殊にし、一寸一分の決疑を誤まれば人の道を失うに至る。『孔子家語《けご》』賢訓に、「哀公、孔子に問いて曰く。寡人、忘るること甚しき者を聞く、徙《うつ》して其の妻を忘ると。諸《こ》れ有りやと。孔子、対《こた》えて曰く。此れ猶未だ甚しからざる者なり。甚しきは、乃ち其の身を忘ると」という。

哀哉羣動　莫之能稽　　哀しい哉群動　之を能く稽《かんが》うる莫《な》し
百草隕芳　鶗鴂先啼　　百草は芳を隕《おと》し　鶗鴂《ていけつ》は先に啼く
所以靈氛　告爾天倪　　所以《ゆえ》に霊氛《れいふん》は　爾《なんじ》に天倪《てんげい》を告ぐ

哀しいことに、群動（万物、人びと）は誰もそのことを知ろうとしない。『楚辞』離騒に、「恐らくは鵜鴂《ていけつ》の先に鳴きて、夫の百草をして之が為に芳ならざら使めん」という。鵜鴂は鶗鴂《ていけつ》、ほととぎす。子規、杜鵑、不如帰ともいい、いち早く鳴けば、凋落の時と思って芳（花）が散る。また鶗鴂は悪人にたとえ、百草の芳は君子にたとえる。霊氛は、同じく離騒に見え、占筮を善くする者。天倪は、『荘子』斉物論に「之を和するに天倪を以てす」といい、自然の分際の意。船山は、いまの世に生くべき天倪を自ら知らなければならないと戒める。

第三首。

自我徂冬　玄夜其修　　我の冬に徂《ゆ》きし自り　玄夜は其れ修《なが》し
晨光警曙　肅肅衾裯　　晨光は曙《あかつき》を警め　粛粛たり衾裯《きんちょう》
我身則痛　我心則悠　　我が身は則ち痛《や》むも　我が心は則ち悠《ゆた》かなり
潜與化尋　敢侈天遊　　潜《ひそ》かに化と与《とも》に尋《たず》ね　敢えて天遊を侈《ほしいまま》にせんや

いまは玄夜、清の支配下に在る今の世は暗夜である。船山は、冬の季節に生きるわが志を語る。『詩経』召南の小星に「粛粛として宵《よい》征き、衾と裯とを抱く」という。まだ明けやらぬ宵（夜深）に、粛々（つつしみ急ぐさま）として衾裯（夜具）を抱いてゆくのは、玄夜に在って真の曙の到来を待つからである。

身は病んでも、心は悠かである。『詩経』鄭風の子衿に、「悠悠たる我が心」という。私は密かに易の天化に従ってわが行くべき道を求め、現実を逃避する天遊を恣にすることは決してしない。天遊は、『荘子』外物に見える。

遂歴韶春　言迄凜秋　遂に韶春《しょうしゅん》を歴し　言《ここ》に凜秋に迄《いた》る
物不我遐　化不我浮　物は我より遐《さ》らず　化は我より浮《す》ぎず
俄頃有樞　誰云遷流　俄頃《がけい》にして枢《すう》有り　誰か云《ここ》に遷流せん
六龍之轡　偏乎九州　六龍の轡《くつわ》　九州に偏《あまね》し
因之致遠　抑又何求　之に因りて遠きを致し　抑又《また》何をか求めん

そのときから美しき春を経て、ここに凜秋を迎えたというのは、本詩の冒頭に「我の冬に徂きし自り、玄夜は其れ修《なが》し」というを承ける。船山が諸子とともに易を読んできた季節の変移をいう。とすれば、第一首の始めに「澄宇は既に滌われ、清霜は飛ばんと欲す」の意も、諸子とともに易を読み始めた秋の季節をいう。発例を書き終えたのは、六十八歳八月一日である。船山は易を読む中で、わが身辺の近きに即して万物と天化との相即に思いを致す。かくして、忽然として陰陽動静の枢を知る。枢は、戸の開閉を司る。繫辞上伝第十一章に、「是の故に、戸を闔《と》す之を坤《こん》と謂い、戸を闢《ひら》く之を乾《けん》と謂う」といい、繫辞下伝第六章に「子曰く、乾坤《けんこん》は其れ易の門か」という。この乾坤《けんこん》並建の理を知れば、時物に流されることはない。

六龍は、乾《けん》の象伝に「時に六龍に乗りて以て天を御す」という。轡は、龍を御するもの。この乾《けん》の徳を以てすれば、わが中華（九州）を遍く遊行することができる。遠きを致すは、繫辞下伝第二章に「牛を服し馬に乗り、重きを引き遠きを致して、以て天下を利す」といい、また繫辞上伝第十一章に「賾《さく》を探り隠を索《もと》め、深きを鉤《と》り遠きを致し、以て吉凶を定め、天下の亹亹《びび》を成す者は、蓍亀《しき》（占と卜）より大なるは莫し」という。船山は、易の教えに従う以外に、わが道はないという。

第四首。

大圓如規　旦昏各半　大円は規の如く　旦昏は各々半《なか》ばす
道樞不留　氣轂時轉　道枢は留まらず　気轂《きこく》は時に転ず
理隨象宜　通於一貫　理は象に随いて宜しく　一貫に通ず
如鏡取影　但窺其面　鏡の影を取るが如きは　但《ただ》其の面《おもて》を窺うのみ

大円は天、規は円を描くもの。大円は二次元の平面ではなく三次元の球体であり、また円転する運動をなす。昏（夕方）と旦（早朝）が各々半ばすとは、各々六陰と六陽が表裏に隠現する十二陰陽論を含意する。轂は、車軸の中央に在って輻（車の矢）を集め、軸（枢）を中心に貫く。気は、道枢の道に対することば、陰陽の二気をいう。繫辞上伝第五章に、「一陰一陽、之れ道と謂う」という。気は然るべき時に転変するばかりではなく、道枢もまた絶えず変化する。道は気の道であり、気を離れて道は存在しないというのが、船山の易哲学である。道という一定不変の原理を、船山は斥ける。

そのことを理と象との関係によって再言する。繫辞上伝第一章に、「天下の理得て、位を其の中に成す」という。六位の中に成すのは、象である。一貫は、『論語』里仁に「子曰く、吾が道は一以て之を貫く」という。理と象、また形而上の道と形而下の器（繫辞上伝第十二章）は相即するものであり、人は己の道を立てることによって通貫する。この易理は、鏡中にわが姿を映し、その表に現れた影しか見ない（仏説についていう）のとは異なる。

坤不外生　乾非中竄　坤《こん》は外に生せず　乾《けん》は中に竄《かく》るるに非ず
其去非亡　其來非幻　其の去るは亡《な》きに非ず　其の来るは幻に非ず
屯隱四陽　鼎陰未現　屯《ちゅん》は四陽を隠し　鼎《てい》は陰未だ現れず
非有有無　唯徵舒巻　有無《うむ》有るに非ず　唯舒巻《じょけん》に徵するのみ

坤《こん》の陰⚋は、太極の数九を三分した三の内、その一を虚しくして偶⚋の象を成したもの。従って陰は外に示された二に生せず、虚しくした中の一に生ずることをいう。乾《けん》の陽⚊は、陰が虚しくした一を盈たして一以て貫いたもの。従って、陽は陰の中に竄れていないという。詳しくは、『周易外伝』繋辞上伝第一章参照。従って陰陽の去来は、有無ではなく隠現であるとは、船山の十二陰陽論である。なお外に生ずるとは、円成《えんじょう》の理を以て事物を外から包摂する仏説についていい、中に竄れるとは、虚無の理念によって現実を逃避する老荘の説についていう。また去るは亡きに非ずとは、虚無を説く老荘の徒についていい、来るは幻に非ずとは、幻空を説く仏釈の徒についていう。

その理を、屯《ちゅん》䷂と鼎《てい》䷱によって述べる。屯《ちゅん》と鼎《てい》は、それぞれ陰陽が隠現する錯卦である。屯《ちゅん》は二陽四陰より成るが、その四陰は四陽が隠れて表に現れていない象である。鼎《てい》は四陽二陰より成るが、その四陽は四陰がまだ現れていない象である。舒巻は、気が伸びて表に現れた陽と、気が屈して巻蔵した陰の隠現をいう。従ってそれは、有の存在と無の消滅を意味するものではない。

静言念之　既經爲變　　静かに言《ここ》に之を念《おも》えば　経に即して変を為す
險易盈虛　窮通萃渙　　険易《けんい》は盈虚し　窮通は萃渙《すいかん》す
豈不我繇　何爲外眩　　豈我に繇《よ》らざらん　何為《なんす》れぞ外に眩《まど》わされん

『詩経』邶風《はいふう》の柏舟に、「静かに言に之を思う」という。経とは、六十四卦の変化の法則。序卦伝について、『周易外伝』は消長の十二卦と錯綜の八卦を二経という。険易は、繋辞上伝第三章に「是の故に、卦に小大（陰と陽）有り、辞に険易有り」という。盈虚は、豊《ほう》の象伝に、「天地は盈虚し、時と与に消息（消滅と生息）す」という。窮通は、繋辞上伝第十一章に「往来して窮まらざる、之を通と謂う」といい、繋辞上伝第二章に「易は窮まれば則ち変じ、変ずれば通じ、通ずれば久し」という。萃《すい》䷬と渙《かん》䷺は卦名であるか、ここでは萃《あつ》（集）まると渙《ち》（散）る意。前の盈虚と同じ。以上の易理は、すべて人がその道を立てることによる。己以外のものに眩惑されるものではない。繋辞下伝

第八章に、「典要と為す可からず。……苟くも其の人に非ざれば、道は虚しくは行われず」という。

第五首。

文王既没　文其在茲　文王は既に没せるも　文は其れ茲《ここ》に在り
赫赫明明　有象有辭　赫赫明明として　象《たん》有り辞有り
志非所問　義著於著　志は問う所に非ず　義は著《し》に著《あき》らかなり
日不可煬　天不可帷　日は煬《や》く可からず　天は帷《おお》う可からず

『論語』子罕に、「子、匡《きょう》に畏る。曰く、文王既に没せるも、文は茲に在らずや。天の将に斯文を喪《ほろ》ぼさんとするや、後死の者は斯文に与《あずか》るを得ず」という。ここに文王の文というのは、伏羲の卦画によって文王が述べた象辞（卦辞）をいう。赫赫明明は、『詩経』大雅の大明に「明明として下に在り、赫赫として上に在り」という。文王が天人の易理を象辞に叙べ、周公が爻辞を述べ、孔子が伝に辞を述べたことをたたえる。船山は孔子が斯文を後世に伝えようとした意に倣って、ここに易を後生に伝えようという。

わが志は問うまでもなく、著《し》（めどき）によって占った神告の義に明らかである。赫赫たる日（太陽）は焼き尽きることなく、また上天は決して蔽われることがないとは、著の占筮に明らかに示された神告の義についていう。

宵人竊燭　不照鬚眉　宵人《しょうじん》は燭を竊《ぬす》むも　鬚眉《しゅび》を照らさず
周道茂草　別趨路岐　周道は草茂《しげ》くして　別に趨《はし》り路は岐《わか》る
弄方如砌　畫圓如規　方を弄すること砌《せい》の如く　円を画すること規の如し
星曆相竄　巫覡是師　星暦を相竄《ぬす》み　巫覡《ふげき》を是れ師とす

宵人は、知の暗い愚人。燭は、夜を照らす灯火。九陰を照らす燭龍は『山海経《せんがいきょう》』に見え、『楚辞』天問に「日は安《いず》くに到らざらん、燭龍は何ぞ照らさん」という。己の鬚眉すら照らすことができない宵人とは、星暦に託し巫覡を師とする漢易や邵雍の易をいう。周道は、彖辞を作った文王と爻辞を述べた周公の周易をいう。また『詩経』小雅の四牡に、「周道倭遅《いち》たり」という。倭遅とは、曲折して遠いさま。草茂しとは、周道が草に蔽われ、周易の精義がかれらの趣の小径と岐の別途によって失われたことをいう。

砌（石段）のように方形を重ね、規のように円形を画いたのは、次の第六首にいう邵雍のいわゆる先天の易と後天の易をいう。邵雍はその方図四分四層図に八段八列の方形を画き、六十四卦円図方位図に六十四卦を円形に配し、朱子はその伏羲六十四卦方位図に二図を併せて円形の中に方形を置く。星暦を窃み巫覡を師とするのは漢易であるが、邵雍と朱子も基本的にそれを承ける。『周易内伝発例』の十三に論ずる。

天化地産　玩如行棋　天は化し地は産し　玩《もてあそ》ぶこと棋《き》を行《や》るが如し
以謀羹炙　以詢淫嬉　以て羹炙《こうしゃ》を謀り　以て淫嬉《いんき》を詢《と》う
神所不告　覆譏其違　神の告げざる所　覆《また》其の違《たが》うを譏《そし》る
修吉悖凶　天鑒在斯　吉を修め凶に悖《そむ》くは　天鑒《てんかん》斯《ここ》に在り
皇天弗尚　吾爲爾危　皇天は尚《たっと》ばず　吾れ爾《なんじ》の為に危ぶむ

恰も碁の黒白の石を並べたように天化地産を図に画いたのは邵雍の六十四卦次序之図であり、朱子はそれを『周易本義』に伏羲六十四卦次序図として載せる。乾《けん》☰☰の次に上九が陰に化した夬《かい》☱☰を置き、次に九五が陰に化した大有《たいゆう》☲☰を置き、次に上九と九五が陰に化した大壮《たいそう》☳☰を置く（以下略）。また終りに置く坤《こん》の前に、上六が陽を産んだ剥《はく》☶☷を置き、次に六五が陽を産んだ比《ひ》☵☷を置き、次に上六と六五が陽を産んだ観《かん》☴☷を置く（以下略）。それぞれ陽を白、陰を黒く画く。周易の六十四卦の次序を恣意を以て並べ変えたそれは、羹（あつもの）炙（あぶり肉）の美味を並べ、淫嬉（道に外れた淫技の巧）を求めたものにすぎない。

それのみか占筮の神告がいわないことを、かれらは己の私意によって批判まで加える。『周易内伝発例』の二十三に、

「劉爚《りゅうやく》氏（朱子の弟子）は儒者なり。之が説を為して曰く、「辞と事と相応ぜざれば、吉と凶とは何に自りて決せん。蓋し人は辞の上に於いて会する者は浅く、象の上に於いて会する者は深し。文王と周公の辞（彖辞と爻辞）は以て卦を明らかにすと雖も、然れども辞の該《そな》うる所は終に限り有り。故に時有りて応ぜず」と。其の、聖を非《そし》りて法無く、以て邪説を崇尚すること、甚し」という。しかし吉を我が身に修め、凶の戒めを懼れることにこそ、天の昭覧する易の教えが在るのではないのか。天鑒は天監に同じ。『詩経』大雅の大明に、「天監下に在り、命有りて既に集《な》る」という。文王の易が、いまここに在るではないか。わが易の天は、そのようなものを重じないのである。『詩経』大雅の抑に、「肆《ゆえ》に皇天は尚ばず」という。爾《なんじ》というのは、題にいう熊体貞と孫倩、さらには従遊の諸子に向って、私が『周易内伝』に開陳した意を誤らないでほしいという。

第六首。

昨日之日　爲今日先　　昨日の日は　今日の先と為り
荏苒來茲　仰今爲緣　　荏苒《じんぜん》たる来茲《らいじ》は　今を仰ぎて縁と為す
有象皆後　理亦無前　　象有るは皆後にして　理も亦前なる無し
華山有叟　胎息密傳　　華山《かざん》に叟《そう》有り　胎息《たいそく》して密《ひそ》かに伝う

船山はまず、時の先後についていう。今日があるから昨日を先とし、荏苒たる（時が過ぎゆくさま）来茲（未来）は、今日を基準としてそれを後とする。

易の象についていえば、占筮した後に象が成るのであり、その理は象の前に予め措定されて在るものではない。ところが華山の陳摶《ちんたん》は、胎息（道家の長生の術）してその説を密かに後世に伝えた。その説を受けたのは邵雍である。以下、邵雍の先天後天の説についていう。『周易内伝発例』の二に論ずる。

謂天爲後　別有先天　　天を謂いて後と為し　別に先天有り

秘相授受　玩弄清玄　　秘《ひそ》かに相授受し　清玄を玩弄す
劃破乾坤　符火争権　　乾坤《けんこん》を画破《かくは》し　符火《ふか》は権を争う
我無羽翰　乗風而仙　　我は羽翰《うかん》無きも　風に乗じて仙たり

伏羲の易を先天の易と称し、文王の易を後天の易と称したことをいう。秘かに相授受すとは、陳摶が穆脩に伝え、穆脩が李之才に伝え、李之才から邵雍に伝えられたことをいう。清玄は、天をいう。かれらは乾坤《けんこん》並建の理に背いて乾《けん》と坤《こん》を別々のものとし、符水と火候（錬丹）の術を以て己の説を誇示した。符水は、符文を水中に焚化して災異を避ける。繋辞上伝第十二章に、「乾坤《けんこん》毀《こぼ》たるれば、則ち以て易を見る无し。易見る可からざれば、則ち乾坤《けんこん》或いは息《や》むに幾《ちか》からん」というではないか。かれらはそのあげく、羽翰（鳥の羽）をもたぬ身で、羽化登仙を希《ねが》うに至ったのである。

居天之後　奚用此焉　　天の後に居りて　奚《なん》ぞ此を用いん
雒陽看花　天津聞鵑　　雒陽《らくよう》に花を看　天津に鵑《けん》を聞く
歸之氣數　莫匪自然　　之を気数に帰すれば　自然に匪ざる莫し
人用以廢　天樞不圓　　人用は以て廃し　天枢は円ならず
采苓首陽　其尚舍旃　　苓《れい》を首陽を采《と》り　其れ尚旃《こ》れを舍《お》かんや

船山は反論する。われら天化の後に生まれた者は、どうしてこの説に従うことができよう。かの邵雍は洛陽に春花を看、杜鵑（ほととぎす）の声を洛陽の天津橋に聞いて、天下の乱れることを予知したという。邵雍の詩に「流鶯啼く処、春猶《なお》在るも、杜宇（杜鵑）来る時、春已に非なり」といい、また「幾家の大第（邸宅）、横斜照らし、一片の春残《ざん》して、子規（ほととぎす）啼く」という。これは第二首に『楚辞』離騒をふまえて、「百草芳を隕《おと》し、鶗鴂《ていけつ》先に啼く」とうたって、君子の志を傷んだ船山の思いとは天地懸絶するものである。

船山はいう、邵雍のようにすべて気数（命数）に帰するならば、人は自然の命運に委ねる他にない。かくては、「君子は以て自ら彊《つと》めて息《や》まず」（乾《けん》の大象）という人用は廃せられ、従ってまた天枢は円転することができない。「易は天人合用の道なり」というのが、船山の立場である。

首陽山に蕨薇を采ったのは伯夷と叔斉であったが、いま山中に苓（甘草、薬草）を采る船山は、邵雍のように時代の先取りをしてひたすら命運を歎くのではなく、いまの時に在って易の教を守ろうという。『詩経』邶風《はいふう》の簡兮《かんけい》に、「山に榛《しん》（はしばみ）有り、隰に苓有り。云《ここ》に誰をか之れ思う、西方の美人なり。彼の美人は、西方の人なり」という。船山は伯夷叔斉のように清の世を避け、あくまでわが道を守ろうという。

第七首。

脂我神輿　遊于太虚　我が神輿《しんよ》に脂《あぶら》さし　太虚に遊ばん
太虚匪虚　充塞無餘　太虚は虚なるに匪ず　充塞《じゅうそく》して余り無し
火來陽燧　水赴方諸　火は陽燧《ようすい》に来り　水は方諸《ほうしょ》に赴く
水火無間　況道之儲　水火は間《へだ》つる無し　況んや道の儲《たくわ》うるをや

船山は屈原が「吾れ羲和《ぎか》（太陽）をして節を弭《とど》め令め」、「望舒（月）を前にして先駆せし使め」、「日は忽忽として其れ将に暮れなんとす」るとき、西方の美人を求めて「吾れ将に上下して求索せんとす」（離騒）とうたったように、太虚に天遊しようとする。神輿はまた、乾坤《けんこん》並建し、天人合用する易理をいう。太虚は道家の徒のいう空虚ではなく、乾坤《けんこん》両儀が絪縕充塞する易の世界をいう。

陽燧は太陽から火を取る銅製の鏡、方諸は月から水を取る銅盤の鏡。水火は方術の徒が重んずる坎離《かんり》ではなく、君子がそこにわが道を見出す坎《かん》と離《り》をいう。坎《かん》の大象に「君子は以て徳行を常とし、教事を習う」といい、離《り》の大象に「大人は以て明を継ぎ、四方を照らす」という。水火は単に相反するだけのものではなく、そこには君子の道が備わっているのである。

薺麥夏成　款冬凍舒　薺麦《せいばく》は夏に成り　款冬《かんとう》は凍《とう》に舒《の》ぶ
摩盪無方　各含道腴　摩盪《まとう》して方無く　各々道腴《どうゆ》を含む
匪車何軸　匪戸何樞　車に匪《あら》ざれば何ぞ軸とせん　戸に匪ざれば何ぞ枢とせん
六龍並轡　互惜其珠　六龍は轡《くつわ》を並べ　互いに其の珠を惜しむ

薺麦は、なづなとむぎ、款冬は蕗《ふき》。それぞれ夏と冬という、時を異にして生長する。このように陰陽は互いに摩盪して、一定の法則がない。摩盪は、繋辞上伝第一章に「是の故に、剛柔（陰陽）は相摩し、八卦（乾坤《けんこん》と震坎艮《しんかんごん》の三男と巽離兌《そんりだ》の三女）は相盪《うご》かす」という。方無しは、繋辞上伝第四章に「神は方无く、易は体无し」という。道腴は、班固「答賓戯」に、「道の腴（美味）を味わう」という。各々というのは、易の六十四卦すべてが一陰一陽の道を具えていることをいう。

車という体があるから軸の用があり、戸という器があるから枢という道が存在する。六龍は、乾《けん》の六位の陽。乾《けん》の象伝に、「時に六龍に乗り、以て天を御す」という。珠は、『荘子』列禦寇にいう、龍の頷《あご》の下にある龍珠。龍である乾《けん》の初九から上九までの各爻が、それぞれ時位に応ずる徳行を具えていることをいう。或いは、珠は乾《けん》の球体○をいうか。

行地無疆　良哉駿駒　地を行くこと疆《かぎ》り無し　良《まこと》なるかな駿駒《しゅんく》
哂彼曲學　謂之乘除　彼の曲学を哂《わら》い　之を乗除と謂う
心不可遊　道不可拘　心は遊ぶ可からず　道は拘わる可からず
庶幾夙夜　警我頑愚　庶幾《ねが》わくは夙夜《しゅくや》　我が頑愚を警《いまし》めん

さきに六龍の乾《けん》の健行をいい、ここに坤《こん》の牝馬の徳をいう。坤《こん》の象伝に、「牝馬は地の類なり。地を行くこと疆り無し」という。ところがかの邵雍は加減乗除して方形と円形の図を作為し、易経に存在しない序位を捏造した。曲学の徒と哂う他にないではないか。

そのように心を無限に遊ばせ、一定の型に拘泥するようなことはなすべきではない。易は「典要と為す可からず」（繫辞下伝第八章）というではないか。私は夙夜易の戒めに従い、己の頑愚を懼れるものである。『詩経』大雅の蒸民に、「夙夜、解《おこた》（懈）るに匪ず、以て一人に事《つか》う」という。

第八首。

悠悠我生　去日已長　悠悠たる我が生　去日は已に長し
懷我友朋　墓草芸黄　我が友朋を懐《おも》うに　墓草は芸黄《うんこう》たり
父兮生我　罔極昊蒼　父よ我を生めり　極まり罔《な》し昊蒼《こうそう》
莫寶匪命　含柔含剛　命に匪ざるを宝とする莫《なか》れ　柔を含み剛を含めり

終りに、船山はわが生涯を顧みる。私はこの世に生を享けてより、已に長い年月を経て来た。悠悠たる我が生は、『詩経』の「悠悠たる我が心」（鄭風の子衿）、「悠悠たる我が思い」（邶風の終風、その他）をふまえる。昔の友朋を思えば、かれはすでに黄泉に帰し、墓草のみ茂っている。芸黄は、『詩経』小雅の苕之華《ちょうしか》に、「苕《ちょう》の華《はな》（のうぜんかづら）、芸《うん》として（花の色の鮮やかなさま）其れ黄なり。心の憂うる、維れ其れ傷《いた》めり」という。かつて抗清の戦いに殉じた人びと、そして父母兄弟の同胞の死を哀しむ。

いま衰病の余に在り、わが生の終りを予感する船山は、己を生み育てた父母に報いることができないことを悲しむ。『詩経』小雅の蓼莪《りくが》に、「父よ我を生み、母よ我を鞠《やしな》う。我を拊《ぶ》（撫）し我を畜《やしな》い、我を長じ我を育す。我を顧み我を復し（反復して繰り返す）、出入に我を腹《いだ》けり。之が徳に報いんと欲するも、昊天極まり罔《な》し」という。極まり罔き昊蒼は、また乾《けん》の健行の徳をいう。わが命として受けるものでなければ、それはわが道として守るべきものではないのである。『孟子』尽心上に、「命に非ざる莫し。順いて其の正を受く」という。すなわち、それは剛柔、乾坤《けんこん》が並び建つ易の道である。

乾龍坤馬　歴歴腎腸　　乾龍《けんりゅう》坤馬は　腎腸に歴歴たり
日用不知　雖哲而狂　　日に用いて知らざるは　哲なりと雖も狂なり
不耕之農　蝕彼稲粱　　耕さざるの農は　彼の稲粱《とうりょう》を蝕《そこな》う
崦嵫既迫　朽骨空蔵　　崦嵫《えんじ》は既に迫り　朽骨は空しく蔵するのみ

この乾坤《けんこん》の理は、わが肉体に明らかに具わっているのではないか。腎腸を日に用いながらその徳を知らなければ、たとい哲人（知者）といわれようとも狂（愚者）である。繋辞上伝第五章に、「百姓は日に用いて知らず。故に君子の道は鮮《すく》なし」という。

この易理を知ることにつとめなければ、稲粱（いねとおおあわ）たる道腴を得ることができず、死を目前にしながら僅かに朽骨を保つだけに堕するに至る。『楚辞』離騒に、「吾れ羲和《ぎか》をして節を弭《とど》め、崦嵫（日の沈む山）を望みて、迫る勿《な》から令む」という。

亦既邂逅　矧敢斁忘　　亦既に邂逅《かいこう》せり　矧《いわ》んや敢えて斁《いと》いて忘れんや
荊棘是芟　庶顯康荘　　荊棘《けいきょく》は是れ芟《のぞ》き　庶《ねが》わくは康荘を顕らかにせん
多言爲尤　自疚不臧　　多言は尤《とが》と為す　自ら臧《よ》からざるを疚《や》む
惟抒我忱　薦其悚惶　　惟《ただ》我が忱《まこと》を抒《の》べ　其の悚惶《しょうこう》を薦《すす》むるのみ

しかし既に易に出会った船山は、決して易の道を厭《いと》い忘れることとしないことを誓う。荊棘（いばら）を取り掃い、康荘として四通八達する周易を明らかにしようというのは、第五首の「周道は草茂り、別に趨り路は岐る」の語を受ける。漢易及び術数の易を斥け、邵雍そして朱子の易学を批判することをいう。

多言は、『詩経』鄭風の将仲子に「人の多言なる、亦畏る可し」といい、また『論語』陽貨に「子曰く、予《われ》言うこと無からんと欲すと。……子曰く、天何をか言わん。四時行われ、百物生ず。天何をか言わん」という。臧《よ》からずは、『詩経』邶風の雄雉に、「百爾（多く）の君子、徳行を知らざらんや。忮《そこな》わず求めざれば、何を用《もっ》て臧《よ》からざらんや」という。船山は諸子に対して述べた『周易内伝』について、些か多言を弄しすぎたのではないかと悔い、それはただわが誠を紓べわが恐懼の念を示したにすぎないからであるという。観《かん》の象辞に、「観《かん》は、盥《てあら》いて薦《すす》めず。孚《まこと》有りて顒若《ぎょうじゃく》たり（恭敬のさま）」という。

以上八首は、従遊の諸子に対して『周易内伝』を講じた真意を伝えるとともに、生涯にわたって易に心を潜めてきたことの総結と感慨を述べる。

最後に、柳岸吟に収める二首を示す。以上の二詩と同じく晩年に作られたものである。「白沙（陳献章）に和す」と題する詩がある。

五位一絲七日復　五位の一糸　七日にして復し
六爻全用九三乾　六爻　全て九三の乾を用う
江門不賣閒日月　江門に　閒日月を売らず
月白風清總未然　月白く風清きは　総《すべ》て未だ然らず

白沙は、明の陳献章。石斎と号し、広東省新会県白沙里に居たことから白沙先生と称される。

復《ふく》䷗の象辞に「其の道を反復し、七日にして来復す。往く攸《ところ》有るに利し」といい、『周易内伝』は「七とは、少陽の数なり。数は六（老陰）に極まり、必ず上生して七に至り、陽復《また》萌す」という。復《ふく》の一陽が少陽の七として初に来復することをいう。五位の一糸は分りにくいが、敢えて一解を示す。さきに見た「余簣を惜しむ賦」に、剥《はく》䷖の上九を余蘊の一糸に喩えていた。とすれば、剥《はく》の五位の五陰の上に在った上九が、初に来復した復《ふく》の初九をいうのではないか。復《ふく》の卦に即していえば、五陰の下に生じた初九の一糸という余蘊を守る船山の志が、一陽来復の時を迎えることをいう。すなわち復《ふく》の六爻は、全て九三の乾を用いている。九三の乾とは、乾《けん》の九三の小象に「終日乾乾《けんけん》たり（象辞）とは、道を反復するなり」という乾乾《けんけん》（つとめはげむ）の意であり、また道を反復する復《ふく》の意を含む。『周易内伝』は九三の小象について、「三（九三）は下卦の上に居り、乾《けん》の象已に成り、反りて自ら其の正に安んじ、剛を以て剛に居る（陽が三の陽位に居る）。三（九三）は進爻為《た》り、健行して已《や》まず、行きて復《また》行き、罷めんと欲するも能わず」という。すなわち、九三の乾とは、この健行して已まず、行きて復行く、乾乾として道を反復する徳をいう。また復《ふく》の象伝に「復《ふく》は亨る（象辞）とは、剛反るなり」といい、『周易内伝』は「復《ふく》の亨るは、剛（初九）の位に反るを以てなり」という。象伝に「動きて順を以て行く」といい、『周易内伝』は「動（初九）を以て順（五陰）の中に行けば、則ち己（初九）に於いて其の孤（一陽）を患《うれ》うる無く、物（五陰）は賾《さく》（陰の幽）なりと雖も、以て相礙《さまた》ぐるに足らず。故に特《ただ》其の動かざるを患《うれ》うるのみ、物の順ならざるを憂うる無し」という。象伝に「其の道を反復し、七日にして来復す（象辞）とは、天行なり」といい、『周易内伝』は「天の運行は、恒に半ば隠れ半ば見《あらわ》る。日は過ぎて一たび度《わた》れば、周《めぐ》りて復《また》地より出ず。此に於いて、陰陽は具足し、幽明に屈伸し、有無に非ざるを想う可し」という。象伝に「往く攸有るに利し（象辞）とは、剛長ずるなり」といい、『周易内伝』は「動かざれば則ち漸く消に向い、動けば則ち必ず長ず。往きて進めば、継起の善は、相因りて必ず至る。故に一陽乍ち生ずと雖も、之を長ずと謂う可し」という。すなわち、復《ふく》の初九が初に長ずるとともに五陰の中に行く、乾乾として息まざる剛の健行をいう。

江門は、陳献章の故里の白沙里をいう。月白く風清しは、蘇軾の「後赤壁賦」に「客有りて酒無く、酒有りて肴無し。月白く風清く、此の良夜を如何《いかん》せん」という。わが白沙先生は易の道に従って乾乾としてつとめはげみ、蘇軾のように閒日月に遊ぶことはしないという。蘇軾の『蘇氏易伝』は、船山が批判するところのものであり、また蘇軾の詩文の豪宕の情に対して屢々忌憚なき批判を加えている。

この詩は陳献章のどの詩に和したものか見出すことができなかったが、陳献章の「易を読みて偶成す」五絶に、「南せんか北す可からず、東せんか西す可からず。孔孟自従《よ》り 来《このかた》、君子は恒に睽《けい》に居る」とうたい、また「神泉八景、饒鑑の為に其の四を賦し、之を贈る」五絶四首の第一首「太極、虚を涵《ふく》む」に、「混沌は固より初め有り、渾淪は本より物無し。万化自ずから形を流《し》き（乾《けん》の象伝に、「品物、形を流く」という）、何処《いずこ》に一を尋ねん」の句がある。陳献章が邵雍を批判し、また朱子が『周易参同契』に注したことを批判する詩を書いているのは、船山と同じである。

また、「康節（邵雍）の韻に次し、之に質《たず》ぬ」と題する詩がある。

俄頃仍千歳　俄頃《かけい》にして　仍ち千歳なり
天心常轉移　天心は　常に転移す
六龍飛不息　六龍　飛びて息《や》まず
三極各乘時　三極　各々時に乗ず
有畫皆成象　画《かく》有りて　皆象を成し
無聲不是希　声無きも　是れ希《き》ならず
誰將華頂睡　誰か　華頂の睡《ねむ》りを将《もっ》て
迢遞贈庖羲　迢遞《ちょうてい》として　庖羲《ほうぎ》に贈らんや

邵雍（字は堯夫、康節は諡《おくりな》）に対して、疑義を呈する。

忽ちにして千歳を経るように、天心は常に転移し続ける。天心は、復《ふく》の象伝に「復《ふく》は其れ天地の心を見るか」という。また繋辞上伝第五章に、「生生之れ易と謂う」という。なお、『論語』為政に「政を為すに徳を以てするは、譬えば北辰（北極星）の其の所に居りて、衆星之を共にするが如し」といい、『読四書大全説』は天枢は不動のものであるとの説を斥けて、「天枢の天に於けるは、原《もと》より異体無し。天の運行するは、一気倶に転じ、初めより枢と相脱せず。既に与に体を同じくす、動けば則ち倶に動く。（中略）夫の徳の無為に非ざるが若きは、則ち北辰の不動に非ざると均し」という。六龍は乾《けん》の六爻をいい、三極は繫辞上伝第二章に「六爻の動くは、三極（初と二の地位、三と四の人位、五と六の天位）の道なり」という。飛びて息まずは、乾《けん》の九五の爻辞に「飛龍、天に在り」といい、その大象に「天行は健なり。君子は以て自ら彊《つと》めて息まず」というによる。

陰陽の画によって卦象は示され、天は無声（『中庸』第三十三章に、「上天の載《こと》は、無声無臭なり」という）であるが、老子のいう希声（『老子』第四十一章に、「大音は希声なり、大象は無形なり」という）ではない。華頂は、華山の希夷先生陳摶をいう。庖犧は、伏羲。船山は邵雍のように、陳摶から承けたと称する先天の学を、迢遞たる（遙か上古）伏羲に託することはしないという。これが邵雍に対する疑義である。船山は伏羲の画卦に即して文王の彖辞があり、それに即して周公の爻辞があり、さらに文王周公の卦爻の辞に即して孔子の伝が成ったとする四聖同揆（『周易内伝発例』の一）の立場から邵雍を批判する。

これらの詩の他に、易の語を含み易理から詠じた詩はまだ他にもあるが、以上を以て終える。さらに船山の他の著作の中に易理を以て論じたものは数多くあるが、これは別に論ずべきことである。

年代を以て名のみ示せば、始めて『周易外伝』を作った順治十二年乙未（一六五五）三十七歳の八月に『老子衍』が成り、翌順治十三年丙申（一六五六）三十八歳の三月に『黄書』が成る。康熙四年乙巳（一六六五）四十歳のとき『読四書大全説』十巻を重訂し、『尚書引義』六巻は順治十二年乙未（一六五五）三十七歳から康熙四年の間に作られたとされる。康熙七年戊申（一六六八）五十歳のとき『春秋家説』三巻及び『春秋世論』五巻が成り、康熙八年己酉（一六六九）五十一歳のとき『続春秋左氏伝博議』二巻を編する。『詩広伝』五巻は、康熙十年辛亥（一六七一）五十三歳から翌年にかけて作られたとされる。康熙十六年丁巳（一六七七）五十九歳の七月に、『礼記章句』四十九巻が成り、康熙十八年巳未（一六七九）六十一歳の六月に、『荘子通』一巻が作られる。『張子正蒙注』九巻は康熙二十四年乙丑（一六八五）六十七歳の春に成り、康熙二十九年庚午（一六九〇）七十二歳の六月に重訂する。なお、『楚辞通釈』十四巻は、同じ六十七歳の八月に成る。『思問録』内篇一巻及び外篇一巻は年月はないが、『張子正蒙注』の前に作られたとされる。『読通鑑論』三十巻叙論一巻は、晩年に至るまで書き続けられた。

張横渠『正蒙』はすべて易を論じたもので、船山の『張子正蒙注』は『周易内伝』を作った六十七歳に成り、七十二歳に重訂の手が加えられている。七十三歳九月一日の誕生日を迎えた船山は、「辛未（康熙三十年、一六九一）の深秋（九月）」に「船山記」（『薑斎文集』巻二）を書く。五十七歳のときから十七年間、日夜眺め続けた石船山に対し、「船山は即ち吾が山なり。奚為《なんす》れぞ不可ならんや。（中略）吾は此《ここ》に終らんのみ」と、訣別の辞を贈った船山は、并せて「自ら墓石に題す」（『薑斎文集補遺』）を記す。その中に、「張横渠の正学を希《ねが》いて、力《つと》むるも企つ能わず。幸いに全て茲《こ》の丘に帰するも、固より恤《うれ》いを銜《ふく》むに永世を以てす」の文字がある。張横渠の正学『正蒙』を通じて、易の世界を述べることに努めてきたが、力足らずしてここに我が生を終えるというのは、もとより船山の謙辞である。清俗の辮髪をあくまで拒否してわが身体髪膚を全て保ち、この地に埋れることができたのは誠に幸いとすべきである。しかし、自分は永劫にわが憂患を抱き続けるという。これは『周易内伝発例』の終りに、「躬行逮《およ》ばざれば、道は以て明らかにするに足らず。則ち夫之の終身に疚愧《きゅうき》する所の者なり」ということばに対応する。船山にとって、易の道は躬行という実践を通じて明らかにすべきものであった。また躬行は、『論語』述而に「子曰く、文は吾れ猶《なお》人のごとくなる莫《な》からんや。君子を躬行するは、則ち吾れ未だ之れを得る有らず」というように、孔子ですら果すことができなかったことである。船山は孔子の思いに重ねて、わが疚愧の恤《うれ》いをここに書き留める。

周易外伝

周易外伝　巻一

☰ 乾《けん》（乾《けん》下乾《けん》上）

一

道は、物の中に体として、以て天下の用を生ずる者なり。物生じて象有り、象成りて数有り。数は動に資《と》り以て用を起して、行有り。行いて道に得る有りて、徳有り。

数に因りて以て象を推す、象は自ずから然る者なり。道は自ずから然るにして、人に藉《よ》らず。用うるに利《よろ》しきに乗じて以て徳を観る、徳は已《や》む容《べ》からざる者なり。其の已む容からざるを致して、人は相《あい》道とす可し（それを道とすることができる。相とは、対象を示す）。道は人に藉《よ》らざれば、則ち物と人は倶《とも》に生じて以て天の流行に俟ち、而して人は道を廃す。人は相道とすれば、則ち陰陽の粋を択びて以て天地の経を審らかにし、而して易は天を統ぶ（乾《けん》の象伝）。

故に乾《けん》は、象の徳を取りて、道の象を取らず。聖人の、人を扶《たす》けて其の能を成す所以なり。蓋し陰陽を歴選し（あまねく選ぶ）、其の人の大用を起す者を審らかにして、三才（天地人）の用を通ずるなり。天とは象なり、乾《けん》とは徳なり。是の故に、天と言わずして、乾《けん》と言う。

周易は乾《けん》の徳をいい、天の象をいわないことを述べる。天の象は自然で、天の流行に委ねれば、そもそも人にとっての徳は現れない。已《や》む容《べ》からざる徳とは、人にとって当に然るべき道であるからであり、人がそれを道をすることによって、道は人において天地の経となる。人と別に道を立てれば、人は万物と同じく天の自然の流行に委ねられ、かくして人にとっての道は失われる。

始めに「道は、物の中に体として、以て天下の用を生ずる者なり」というのは、物の象と数の展開の中で、万物の一である人が用と行によって、それを徳としての道を確認するためである。自然の道をそのまま人の道とするのではない。聖人、すなわち彖辞《たんじ》を作った文王、爻辞《こうじ》を作った周公、そして伝を作った孔子が、「人を扶けて其の能を成す所以」なのである。其の能とは、人にとっての行の用についていう。陰陽という象と数について、人の大用を起すことを審らかにする聖人をまって、始めて天地人三才の用を通ずることができる。『論語』衛霊公に、「子曰く、人、能く道を弘め、道、人を弘むるに非ず」という。船山は、あくまで人の徳としての道を述べる。なお「能を成す」は、繋辞下伝第十二章に「天地、位を設け、聖人、能を成す」という。「天を統ぶ」は、彖伝に「大なる哉、乾《けん》元。万物資《と》りて始め、乃ち天を統ぶ」という。

『周易内伝』は彖伝の「乃ち天を統ぶ」について、「天に在りては之を元と謂い、人に在りては之を仁と謂う。天は心無く、之を仁と謂う可からず。人は天を継ぎ、之を元と謂う可からず。其の実は一なり。故に元は即ち仁なりと曰う、天人の謂なり。乾《けん》の用為《た》る、其の大なること此《か》くの如し。豈徒《ただ》に万物の資《と》る所なるのみならんや。天の天為《た》りて、以て五気（木火水金土）に運り、以て四時（春夏秋冬）に行《めぐ》り、以て万物を育する所以の者は、乾《けん》以て之が元と為るに非ざる莫し。故に「乃ち天を統ぶ」と曰う。乃ちとは、其の極を推して之を賛するの辞なり」という。

且つ夫れ、天は陽に偏せず、地は陰に偏せず。男は陽に偏せず、女は陰に偏せず。君子は陽に偏せず、小人は陰に偏せず。天地は其の位なり（繋辞上伝第七章及び繋辞下伝第十二章に、「天地、位を設く」という）、陰陽は其の材なり、乾坤《けんこん》は其の徳なり。材は定位无くして徳有り、徳は材を善くして以て位を奠《さだ》むる者なり。故に、「天行は健なり」と曰う（乾《けん》の大象）。行は則ち、地外に周《あまね》く、地中に入り、皆《とも》に（地外と地中）行く。豈、位有らんや。是の故に、男は徳は剛にして、女は徳は柔なり。君子は徳は明にして、小人は徳は暗なり。

男女は各々魂魄有り、君子小人は各々性情有り。男は、陰無くんばあらず。而れども剛の奇を以て施すは、其の用を致すは陽なればなり。女は、陽無くんばあらず。而れども柔の偶を以て受くるは、其の用を致すは陰なればなり。是の故に、易の乾《けん》と云うは、其の用を致す者を云うのみ。

始めに天地と男女と君子小人が陰陽を併せ有つというのは、船山の乾坤《けんこん》並建論と十二陰陽論による（繫辞下伝第六章に詳論する）。天は尊《たか》く地は卑《ひく》き位を定め（繫辞上伝第一章に、「天は尊く地は卑し」という）、陰陽は天地の間に一陰一陽する材（才）であり（繫辞上伝第五章に、「一陰一陽、之れ道と謂う」という）、乾坤《けんこん》はこの陰陽の徳についていう。すなわち陰陽の材は定位をもたず剛柔の徳をもち、乾坤《けんこん》の徳は陰陽の材を尽くして位を定める。「天行は健なり」というのは、天の行（はたらき）が地の外と中にともに運行して位なきものであるが、健（乾《けん》）という徳をもつことをいう。かくして男女は位を定めて剛柔の徳をもち、君子小人は位を定めて明と暗の徳をもつ。大象はさきの語を承けて、「君子は以て自ら彊《つと》めて息《や》まず」という。

『周易内伝』は大象について、「天行と云うは、朱子（『周易本義』）謂う、「重卦は皆重なるの義を取るも、此は独り然らず。天は一なるのみ。但、天の行くこと一日に一周し、明日に又一周し、重復（『周易本義』は重複に作る）の象有り」と。是《ぜ》なり。乾《けん》を変じて健と言う、健とは即ち乾《けん》なり。或いは先儒の伝授するに、声は相近くして誤れるのみ。以てとは、用うるなり。易に学ぶ者は其の道を一にせず、六十四卦は各々之を用うる所有り。「其の人に存し、徳行に存す」と謂う所なり（繫辞上伝第十二章に、「神にして之を明らかにするは、其の人に存す。黙して之を成し、言わずして信なるは、徳行に存す」という）。（中略）易に学ぶ者は宜しき所を斟酌《しんしゃく》し、以て善く其の志気を用う。則ち天地の大と雖も、之を用うるや専にして、雑卦の駁（雑乱）も、之を取ること備われり。此れ、義を精《くわ》しくするの学なり。其の宜しく用うべき所に違《たが》えば、則ち乾坤《けんこん》の大徳と雖も、且つ大過を成す。況んや其の余をや。（中略）彊者（強者）の彊《し》うるは、人を彊うる者なり。君子の彊《つと》むるは、自ら彊むる者なり。人を彊《し》うれば則ち競い、自ら彊《つと》むれば則ち純なり。乾《けん》は剛を以て己を修め、坤《こん》は柔を以て人を治む。君子の天地に配するは、道は一なり。而れども、其の志気を用うる者は殊なれり。己を修め（乾《けん》の剛）人を治め（坤《こん》の柔）、道の大綱は、乾坤《けんこん》に尽く」という。

それは天地自然の道であるからではなく、君子が「已む容からざる」わが道として択びとったものであるからである。それを用を致すという。繫辞上伝第十一章に、「物を備え用を致し、成器を立てて以て天下の利と為すは、聖人より大なるは莫し」という。魂は陽、魄は陰、性は陽に属し、情は陰に属する。男女がともに魂魄を具えるように、君子小人は同じく性情をもつ。性情は、乾《けん》の文言伝に「貞しきに利しとは、性情なり」という。君子は己の徳として、剛と明との用を致すべきものである。易に天といわず乾《けん》というのは、その意からである。『周易内伝』はこの文言伝の性情について、「利しきとは、健行して已む容《やべ》からざるの情、即ち以て万物の情を達するなり。貞しきとは、健行して倚《よ》る所無きの性、即ち以て万物の性を定むるなり。所以《ゆえ》に変化は咸《みな》宜しくして（利についていう）各々性命を正し（貞についていう）、物の性情は乾《けん》の性情に非ざる無し」という。

『周易内伝』は彖辞の「乾《けん》は、元亨利貞なり」の乾《けん》の意について、次のようにいう。「乾《けん》とは、気の舒《の》ぶるなり。陰気の結ぶや、形と為り魄と為り、恒に凝《こ》りて質有り。陽気の形質の中と外に行《めぐ》る者は、気と為り神と為り、恒に舒びて畢《ことごと》く通ず。陰を推盪《すいとう》して其の変化を善くし、大にして届《いた》らざる無く、小にして入らざる無し。其の用は和煦《わく》（大和）にして、勝たざる靡《な》し。故に又健と曰う。此の卦は六画は皆陽なり、性情と功効は皆《とも》に舒暢して健に純なり」。

此に繇《よ》りて之を言えば、君子は情有り、而して小人は性有ること、明らかなり。故に小人の暗に即《つ》くや、豈熲光《けいこう》（光明）昧《くら》からずして、慙《はじ》を知り媿《はじ》を思うの時无からんや。此れ則ち、乾《けん》の小人に麗《つ》くこと、未だ嘗て絶たざるなり。唯其の自ずから然るを恃み、其の已《や》む容《べ》からざるを忘るれば、則ち乾《けん》は小人を絶たざるも、小人は乾《けん》を絶つ。故に、易の小人に於けるや、未だ嘗て正告せずんばあらず。穆姜《ぼくきょう》、四徳を筮占して懼るるは、其の験なり（『春秋左氏伝』襄公九年）。六陽の卦《か》は乾《けん》と為し、乾《けん》は天と為すも、易は天と云わずして乾《けん》と云うは、此の義を用うればなり。

易に天といわずして乾《けん》というのは、乾《けん》の徳を明示するためである。君子と小人の別は、この義を知るか否かにある。君子に情があると同じく、小人にも性がある。たとい小人の暗であっても、頴光たる乾《けん》の徳を知り、己の慚媿、すなわち易にいう悔吝を思うことができる。それは乾《けん》の徳は小人に具わっており、決して小人を斥けるものではないが、小人がもし乾《けん》の自然を恃み、自ら彊《つと》むべき乾《けん》の徳の忘れれば、小人自ら乾《けん》の徳を斥けることになるからである。かくして易は小人に対して、明らかに戒しむべきことを告げるのである。その例として、穆姜を挙げる。穆姜が初めて東宮に幽せられたとき、筮して遇卦の艮《ごん》と之卦《しか》の随《ずい》を得た。四徳は、随《ずい》の彖辞にいう「元亨利貞」。穆姜は季氏を除き成公の退位を迫った小人であるから、自分には随《ずい》の「元亨利貞、咎无し」を受ける資格がないとして、穆姜が「我は則ち悪を取れり。能く咎無からんや。必ず此《ここ》（東宮）に死せん。出ずるを得ず」といったことを、「懼る」という。

或いは曰く、男は陽に偏せず、女は陰に偏せず。然ら使むる所以の者は、天地なり。天は陽に偏せず、地は陰に偏せず。然ら使むる所以の者は、誰ぞや。曰く、道なり。

曰く、老氏の言に曰く、「物有りて混成す、天地に先だちて生ず」と（『老子』第二十五章）。今、道は天地をして然ら使むと曰う。是れ、天地に先だちて道有るなり。偏せずして成るとは、是れ混成するなり。然らば則ち、『老子』の言は信《まこと》なるかと。

曰く、非なり。道は天地精粋の用にして、天地と並行して未だ先後有らざる者なり。天地に先だちて以て生ぜ使むれば、則ち道有りて天地无きの日有り。彼は、何《いず》くに寓せんや。而して誰か之に字《あざな》して道と曰うを得んや（『老子』第二十五章に、「吾れ其の名を知らず。之に字して道と曰う」という)。天地の男女を成すは、日に人の中に行《めぐ》り、良能を以て変化を起し、碧霄(天)黄壚(地)の、取給して来りて之を貺《あた》うるに非ず。奚《なん》ぞ況んや、道の天地に与《お》けるに於いて、且つ先に立ちて旋《たちま》ち之を造らんや。

船山は或る人との問答体を借りて、易の道と老子の道との相違を論ずる。始めて外伝を作った三十七歳の八月に、船山は『老子衍』を作っている。論点の一つは、男女陰陽の不偏をいう易と、混成をいう老子の言との違いであり、もう一つは道と天地の同時相即を説く易と、天地に先立つ道を立てる老子との違いである。

さきの論からいえば、男女が陰陽併せ具えるのは天地であり、また天地が陰陽併せ具えるのは道であることになる。この論の要約の仕方は、普遍的なものが個別的なものを包摂統合するはずであるというに在る。

その点からすれば、老子が「天地に先だちて生ず」というのは、道が天地を生ずることをいい、「物有りて混成す」というのは、天地が陰陽を具えて男女が成ることをいうのではないか。

後者の道と天地の先後論について、それは道と天地を分離させ、従ってまた混成論に堕することを指摘する。繫辞上伝第一章に「乾《けん》道は男を成し、坤《こん》道は女を成す」というように、天地精粋の用が一刻も息《や》むことなく人の中に変化を生じさせるのが道であり、碧霄(天という物)と黄壚(地という物)が即物的に取与して混成するものではない。行という用(はたらき)が道なのであり、天地の先に道がありその道が天地を造るのではない。なお、精粋は乾《けん》の文言伝に、「大なる哉、乾《けん》や。剛健中正、純粋にして精なり」という。

夫《か》の混成すと云うが若きは、其の合するを見るも、其の合するの妙を知らざるなり。故に「无極にして太極なり」と曰うは(周濂渓「太極図説」)、无極にして必ず太極なり。太極動きて陽生じ、静にして陰生じ、動静各々其の時有り。一動一静、各々其の紀《のり》有り。是《か》くの如き者、乃ち之を道と謂う。今夫れ、水穀(水と穀物)の化して清濁の気と為り、以て栄衛《えいえい》(血と気)を育するや、其の化するは合同にして、其の分るるや繊悉《せんしつ》なり。然らざれば、則ち病む。道に陰陽未だ判《わか》れざるの先に留滞して混成する者有れば、則ち道は病む。悪《いずく》んぞ其れ天地を生ぜんや。

老子の混成論について、周濂渓の「太極図説」によって批判する。「太極図説」に、「無極にして太極なり。太極動きて陽生じ、静にして陰生じ、静極まりて復《また》動き、一動一静、互いに其の根を為す」という。すなわち道は生成論における原初的根極ではなく、一動一静する陰陽のはたらきが道なのである。たとえば人が水と穀物を食べて陰陽の気となり、人の血と気を育てるとき、陰陽は合して化し、しかも血の陰と気の陽は微妙に分れて在る。この合同と分別がなければ、人は病む。同じく老子のように陰陽が分れる前に物があって混成すれば、道は一陰一陽することができず留滞して病むに至る。このような道が天地を生ずることはできない。なお、「無極にして太極なり」について、船山は序卦伝についての論に「是の故に、易に太極有り（繋辞上伝第十一章）、无極にして太極なり。極まらざる所無く、之に循《したが》いて以て極を為す可き無し。故に無極と曰う」といい、また太極について、『周易内伝発例』の七に「極まらざる所無し、故に之を太極と謂う」という。

夫れ道の天地を生ずるは、則ち即ち天地の、道を体とする者是れのみ。故に天は道を体として以て行を為し、則ち健にして乾《けん》なり。地は道を体として以て勢を為し、則ち順にして坤《こん》なり。之に先んずる者有る无し。道の全を体として、行と勢とは各々其の徳有り。始め混して而る後に分るること无し。其の分るるを語れば、則ち太極有りて必ず動静の殊なる有り。其の合するを語れば、則ち形器の余も終に偏する者有る无し。而るに亦、之を混成すと謂う可けんや。夫の老氏は、則ち悪《いずく》んぞ以て此を語るに足らんや。

最後に、易における道と天地との関係が、老子の混成論や先後論とは異なることを述べる。基本的には繋辞伝に展開する乾坤《けんこん》並建論である。繋辞上伝第四章に、「易は天地に準《なぞら》う。故に能く天地の道を彌綸《びりん》す（徧く尽くす）」という。天と地がそれぞれ道を体として発揮する用に即して、それを道が天地を生ずるというに他ならない。本節の冒頭に、「道は、物の中に体として、以て天下の用を生ずる者なり」と述べていた。道はそれ自体抽象的に存在するものではなく、その用を発現することによってその体は成立する。天の用は健行する乾《けん》であり、地の用は順承する坤《こん》である。「天は道を体として行を為す」とは、乾《けん》の大象にいう「天行は健なり」であり、「地は道を体として勢を為す」とは、坤《こん》の大象にいう「地勢は坤《こん》なり」である。天と地は道を体としてそれぞれ健と順との用、すなわち徳を発現する。乾《けん》と坤《こん》、すなわち陽と陰は、分からいえば極まらざる所無き一太極の展開である動静の殊であり、合からいえば具体的形器は決して陰と陽のみに偏するものではない。そこには陰陽は六爻の表裏に隠現するものであるとする十二陰陽論があり、乾坤《けんこん》は二元論ではなく並建するものであるとする船山の易論がある。

『周易内伝』は彖辞について、「周易は乾坤《けんこん》を並建して太始と為し（「繫辞上伝第一章に、「乾《けん》は大始を知り、坤《こん》は成物を作《な》す」という）、陰陽至足する者（乾《けん》と坤《こん》）を以て六十二卦（乾坤《けんこん》のあと、屯蒙《ちゅんもう》から既済未済《きせいびせい》まで）の変通を統ぶ。古今の遙かなる、両間（天地）の大なる、一物の体性、一事の功能は、陰有りて陽無きこと無く、陽有りて陰無きこと無く、地有りて天無きこと無く、天有りて地無きこと無く、応に一の純陽にして陰無きの卦を立つべからざるも、而も此の純陽を以て乾《けん》と為すは、蓋し陰陽合運の中に就きて、其の陽の盛大にして流行する者を挙げて之を言えるなり。六十二卦は時有るも、乾《けん》と坤《こん》は時無し。乾《けん》は大造に於いては天の運と為り、人物に於いては性の神と為り、万事に於いては知の徹《とお》ると為り、学問に於いては克く治むるの誠と為り、吉凶治乱に於いては経営の盛と為る。故に坤《こん》と与に並建し、而も乾《けん》は自ずから其の体用有り」という。

故に聖人は、道の六陽に在る者有るを見て、其の乾《けん》の徳為《た》るを知る。其の徳の乾《けん》為るを知れば、則ち択びて之を執りて以て用うるに利し。故に曰く、「君子は、此の四徳を行う者なり。故に、乾《けん》は元亨利貞なりと曰う（彖辞）」と（乾《けん》の文言伝）。

孔子は乾《けん》の六陽に道があることを見て、文言伝に乾《けん》の四徳を述べたのである。「択びて之を執りて以て用うるに利し」は、『中庸』第二十章に「之を誠にすとは、善を択びて固く之を執る者なり」といい、第六章に「其の両端を執りて、其の中を民に用う」という。船山が結語として述べるのは、天地の道についてではなく、乾《けん》の徳を知って篤行する君子についてである。易は船山にとっては、聖人の教えに学び、徳を行う君子の実践論である。『周易内伝』はこの文言伝について、「所以《ゆえ》に此の四徳を行い、仁は体せざる無く、礼は合せざる無く、義は和せざる無く、信は固からざる無きは、則ち自ら彊《つと》めて息《や》まざる（乾《けん》の大象）の乾《けん》に存す。（中略）四徳は万善を尽くし、而して之を行う所以の者は一なり、乾《けん》なり」という。

彖辞に「乾《けん》は、元亨利貞なり」といい、『周易内伝』は「元、亨、利、貞は、乾《けん》の固有の徳なり、而して功は即ち此に於いて遂ぐる者なり。元とは、首《はじめ》なり。象を人の首《はじめ》に取り、六陽の会と為す。天下の有は、其の始めは未だ有らず。而して無従《よ》り有を肇《はじ》め、興起し舒暢するの気は、其の初幾と為る。形未だ成らず、化未だ著らかならざるとき、神志は先ず舒《の》びて以て運るを啓《ひら》き、健は勝たざる莫し。形と化は皆《とも》に其の昭徹する所にして、羣有を統べて遺《のこ》す無し。故に又、大と曰う（元は、大《おお》いにと訓ずる）。（中略）亨とは、古は亯《ほう》、亨《きょう》と通ず。亯飪《ほうじん》（物を煮る）の事は、気徹《とお》りて成熟し、薦享《せんきょう》（物を供えて祭る）の礼は、情達して交合す。故に以て通の義と為す（亨は、亨《とお》ると訓ずる）。乾《けん》は純陽の至和至剛の徳を以て、羣陰に徹りて之を訢合《きごう》し（『礼記』楽記に、「天地訢合し、陰陽相得たり」という）、往きて遂げざる無く、陰は之が礙《さまた》げを為す能わず。利とは、功の遂げ、事の益すなり。乾《けん》は其の舒気を純用し、万物に徧《あまね》くして吝《おし》む所の者無し。宜しからざる所無く、物は皆此に於いて益を取る（利は、利《よろ》しと訓ずる）。物は自《よ》りて始むる所に益さざる莫く、乾《けん》は之を利とす。貞とは、正しきなり。天下は唯正しからざれば、則ち自ら守る能わず。正しければ斯に固し、故に又正にして固しと曰う（貞は、貞《ただ》しと訓ずる）。純陽の徳は、万有に変化して偏私する所無し。物に因りて以て物を成し、事に因りて以て事を成し、詭随《きずい》する無く、又屈撓《くつどう》する無く、正にして固し」という。

二

「貞は、事の幹なり」（乾《けん》の文言伝）とは、信なり。時（四時、春夏秋冬）に於いては冬と為し、化に於いては蔵（蔵《かく》れて化を施さない）と為し、行（五行）に於いては土と為し、徳に於いては実と為す。皆信なり。

然らば則ち、四徳は何を以て智を言わざるか。彖（彖伝）に「大明は終始し、六位は時に成る」と曰うは、則ち智を言えるなり。今夫れ水は、火は之（水）を資《と》りて以て能く熟し、木は之を資りて以て能く生じ、金は之を資りて以て能く瑩《あき》らかに、土は之を資りて以て能く浹《あまね》し。是の故に夫の智は、仁は資りて以て愛の真を知り、礼は資りて以て敬の節を知り、義は資りて以て制の宜を知り、信は資りて以て誠の実を知る。故に四徳の中に行《めぐ》りて、六位の終始に徹《とお》る。終りは智に非ざれば則ち終りを知らず、始めは智に非ざれば則ち始めを知らず。故に「智は、譬えば則ち巧なり」と曰う（『孟子』万章下）は、巧は聖の終りなり。「択びて仁に処らざれば、焉《いずく》んぞ智を得ん」と曰う（『論語』里仁）は、択ぶは仁の始めなり。是れ智は四徳を統べて、徧《あまね》く其の位を歴す。故に「時に成る」と曰う（彖伝）。各々其の時に因り、藉《よ》りて以て成り、智は亦尊し。然りと雖も、尊きは用うるに非ず、用うるは尊きに非ず。其の位は則ち四徳に寄り、専位有るに非ず。

乾《けん》の文言伝は元亨利貞（彖辞にいう）の四徳について、「元は善の長なり、亨は嘉の会なり、利は義の和なり、貞は事の幹なり」という。朱子『周易本義』は、元を仁、亨を礼、利を義に配し、貞については「故に時に於いては冬と為し、人に於いては知と為す」という。また「貞固なれば以て事を幹《ただ》すに足る」（文言伝）について、「貞固なる者は、正の在る所を知りて固く之を守る。所謂知りて去らざる者なり（『大学』経に、「止まるを知り、而る后に定まる有り」という）。故に以て事の幹と為すに足る」という。船山が始めに貞は信なりというのは、朱子が貞は知なりという説を駁している。

仁、義、礼、智、信を五行に配すれば、それぞれ木、金、火、水、土となる。智は水であり、信は土である。文言伝の四徳に智を含まないという船山は、彖伝の「大明は終始し、六位は時に成る」の語を以て、智とする。智は水であり、火（礼、亨）、木（仁、元）、金（義、利）、土（信、貞）がそれぞれ水によってその能を発揮するように、仁礼義信の四徳は智によって、それぞれ愛の真と敬の節と制の宜と誠の実を知ることができる。智は四徳と並ぶものではなく、四徳の中に内在し、大明（智）が終始するはたらきである。六位は、六爻より成る一卦をいい、終始は初爻から上爻までの変化（時に成る）をいう。

『周易内伝』は彖伝の「大明は終始し、六位は時に成る」について、「大明とは、天の明なり。六位とは、六爻の位なり。（中略）天の聡明は、斯に於いて昭著（明らか）なり。人の聡明は、皆此を秉《と》りて以て法を効《いた》すも（繋辞上伝第五章に、「法を効す、之れ坤《こん》と謂う」という）、終に能く及ぶ莫し。各々其の分の如くにして、則ち皆其の正を得たり。其の明は、誠に非ざる無し（『中庸』第二十一章に、「誠なれば則ち明らかなり。明らかなれば則ち誠なり」という）。故に大明と曰う。生物有りて自《よ》り以来、終古に迄《いた》るまで、栄枯生死し屈伸変化して常無きも、其の則《のり》に爽《たが》わず。物有れば、必ず則《のり》有り（『詩経』大雅の蒸民に、「天、蒸民を生じ、物有れば則有り」という）。物に利しき者は、皆貞なり。方《まさ》に生ずるの始め、形は穉壮《ちそう》大小（の差）有り、用は強弱昏明の差有り。而れども其の萌芽に当りては、即ち其の体を纖細の中に函《ふく》み、充周する所有りて、増益する所有るに非ず。則ち終りは、始めの中に在り。而して終りを明らかにして以て始めを明らかにし、乃ち始めを誠にして終りを誠にす。故に大明は終始し、六位は時に成ると曰う（彖伝）」という。

『孟子』万章下に、「条理を始むるは智の事なり、条理を終うるは聖の事なり。智は譬えば則ち巧なり、聖は譬えば則ち力なり」という。終始を明らかにする智は、条理を始める智の事であることによって、聖の終りとなる。『論語』里仁に、「仁に里《お》るを美と為す。択びて仁に処らざれば、焉《いずく》んぞ知を得ん」という。択ぶとは知ることであり、仁を択ぶことが仁に里《お》る始めとなる。しかし智はその時に因って成るものであり、四徳と同等の位をもたない。智が尊いのは智自体を用いることに在るのではない、智を用いれば智は尊にはならない。智が自己目的となれば、知って行うという徳の本質に背くことになるからである。

今夫れ水は、火に非ざれば則ち以て済《な》す無く（既済《きせい》は、坎《かん》の水と離《り》の火より成る）、木に非ざれば則ち以て屯《とど》まる无し（屯《ちゅん》は、坎《かん》の水と震《しん》の木より成る）。金に非ざれば則ち以て節する无く（節《せつ》は、坎《かん》の水と兌《だ》の金より成る）、土に非ざれば則ち以て比《した》しむ无し（比《ひ》は、坎《かん》の水と坤《こん》の土より成る）。是の故に夫の智は、夫の仁に麗《つ》かざれば則ち察にして刻なり、礼に麗かざれば則ち慧にして軽なり、義に麗かざれば則ち巧にして術なり、信に麗かざれば則ち変にして譎《けつ》（そむく、いつわり）なり。倶に麗く処无ければ、則ち浮蕩して其の孤明を炫《かが》やかす。幻忽行われて則ち君子は荒唐たり、機巧行われて則ち細人は捭闔《はいこう》（開合、機変）す。故に四徳は徳とす可きも、智は徳とす可からず。四徳に依りて大明の用を効《いた》し、而して専位无し。故に「君子は此の四徳を行う者なり」と曰うは（乾《けん》の文言伝）、知りて而る後に之を行うなり。之を行うを貴しと為すにして、但知るのみに非ざるなり。

さきに述べた、水が火と木と金と土の資となることを、具体的に卦象によって説明する。水すなわち坎《かん》☵が火すなわち離《り》☲と合象するのが既済《きせい》䷾、坎《かん》が木すなわち震《しん》☳と合象するのが屯《ちゅん》䷂、坎《かん》が金すなわち兌《だ》☱と合象するのが節《せつ》䷻、坎《かん》が土すなわち坤《こん》と合象するのが比《ひ》䷇である。なお、「木に非ざれば屯まる无し」とは、木の震《しん》によって「陽気は物を動かし、発生して未だ遂げざるの象」（屯《ちゅん》の象辞について、『周易内伝』にいう）であることをいう。

五行を五常に擬すれば、木は仁（元）、火は礼（亨）、金は義（利）、土は信（貞）であり、智たる水はそれぞれ仁礼義信に内属することによって四徳を成すことができる。智が智だけの孤明を誇れば、君子はその徳を荒唐（でたらめ）にし、細人の機巧のみがはびこる。知は知ることに完結するものではなく、行うための前提なのである。『論語』雍也に、「子曰く、知者は水を楽しみ、仁者は山を楽しむ。知者は動き、仁者は静かなり」といい、「樊遅、知を問う。子曰く、民の義を務め、鬼神を敬して之を遠ざく、知と謂う可し」という。また里仁に、「子曰く、古者《いにしえ》、言の出さざるは、躬（躬行）の逮《およ》ばざるを恥ずればなり」といい、「子曰く、君子は言に訥にして行に敏ならんと欲す」という。

文言伝に「君子は仁を体して以て人に長たるに足り、嘉《よ》く会して以て礼に合するに足り、物を利して以て義を和するに足り、貞固にして以て事に幹（主）たるに足る」といい、『周易内伝』は「仁を体すとは、天の物を始むるや、清剛至和の気を以て、無私にして已《や》む容《べ》からず。人は此を以て生の理と為して、心に昧《くら》からず。君子は克《よ》く己の私を去り、其の惻隠を拡充し（『孟子』公孫丑上に「惻隠の心は、仁の端なり」といい、「凡そ我に四端有る者は、皆拡げて之を充たすを知る」という）、以て此の生の理を已《や》む容《べ》からざるに体す。故に万民の命を託する所と為り、以て之が君長と為るに足る。嘉《よ》く会すとは、君子は喜怒哀楽を節して其の和を得、以て万物の情と相得、而して文は以て美備わり礼に合し、事は皆節に中《あた》り、過ぐと及ばざる無きなり。物を利すとは、君子は一己の私利を去り、事の宜しきを審らかにし、之を裁制して物を益す。故に剛断すと雖も、物を損して以て自ら益すに非ず。則ち義行われて、情は自ずから和す。貞固とは、天の正を体して之を持すること固く、心は主有りて事は成さざる無し。「信以て之を成す」と謂う所なり（『論語』衛霊公にいう）。此れ、君子の天徳を達する者を以て言う」という。

惟《ただ》此を知らず、故に老氏は上善は之れ水の若《ごと》しと謂い（『老子』第八章）、釈氏は瓶水青天の月を以て妙悟の宗と為す。其の下なる者は、則ち刑名の察、権謀の機なり、皆《とも》に智を崇びて以て徳を廃す。然らば乃ち、大易の教えは、天に法《のっと》り人を正すの極則為《た》るを知らん。子曰く、「逝く者は斯《か》くの如きか、昼夜を舎《お》かず」と（『論語』子罕）。夫れ逝く者は逝けり、而るに将《はた》之に拠りて以て徳と為さんや。

『老子』第八章に「上善は水の若し。水は善く万物を利して争わず、衆人の悪《にく》む処に処る。故に道に幾《ちか》し」という。船山が水の智を尊ぶ老子仏釈を許さないのは、篤行に及ばない遁世の妙悟に止まるからであり、刑名（形名）の苛察と権謀の機巧を斥けるのは、道と徳をもたない術にすぎないからである。孔子が水の間断なく流れ去るのを歎じたのは、道の流行して窮まりなきことに則って君子が彊《つと》めて息まないことを述べたものである。老子のように流れ去った水の陳述に拠って、それを徳とすることはできない。

三

先儒（程伊川）の元を言うに曰く、「天下の物、其の自《よ》る所を原《たず》ぬるに、未だ善ならざるもの有らず。成りて而る後に敗《やぶ》るる有り、敗るるは先に成る者に非ず。得る有りて而る後に失う有り、得るに非ざれば何を以て失う有らんや」と。

請う、之が為に釈《と》きて曰わん。「其の自《よ》る所を原《たず》ぬるに、未だ善ならざるもの有らず」とは、則ち既に美を大始に推す。抑《また》、成敗得失に拠りて以て其の後先を徴《もと》むるは、則ち是れ形名器数の説にして、以て徳を言うに非ず。

元亨利貞の元についての程伊川（程頤）のことばは、張栻『河南程氏粋言』巻二人物篇に、「子（程伊川）曰く、元とは物の先なり。物の先は、未だ善ならざる者有らず。成りて而る後に敗るる有り、興りて而る後に衰うる有り、得て而る後に失う有り。事は然らざる者無し。故に孔子は之を賛して、元は善の長なりと曰う」という。

乾《けん》の文言伝に、「元は善の長なり」というように、天下万物の始源は善である。なぜならば成があってこそ敗があり、得があってこそ失があるからであると、程伊川はいう。船山は、元は徳であり生生の大始であるから、それを成敗得失と併せ論ずることはできないと批判する。

文言（文言伝）に曰く、「元は善の長なり」と。善に就きて言えば、元は固より之が長と為る。敗るるに比べて以て成るを観、失うを立てて以て得るを知るは、則ち事の先なり。豈、善の長ならんや。彖（彖伝）に曰く、「大なる哉、乾《けん》元。万物資《と》りて始む」と。元とは、大始を統ぶるの徳なり、物生ずるの先に居る者なり。成るは必ず之を造る者有り、得るは必ず之を予《あた》うる者有り。已に成ると得るとに臻《いた》るは、是れ人事の究竟なり。豈、生生の大始ならんや。

木有りて而る後に車有り、土有りて而る後に器有り。車器は木と土に生じ、所生（生み出すもの、父母）為る者之が始と為る。之を操《と》り之を断ち、之を埏《せん》し（こねる）之を埴《しょく》し（土をこねる）、車器は乃ち成りて、而る後に人は乃ち之を得たり。既に成り既に得るは、物の用うるに利しき者なり。故に、物を利して義を和す（文言伝による）と曰う。成得の未だ敗失せざるは、物を利するの義なり。

文言伝に、「元は善の長なり」といい、『周易内伝』は「善の長なりとは、物生じて而る後に性を成して焉《こ》れを存す。則ち万物の精英は、皆其の初始純備の気、已《や》む容《べ》からざるに発す」という。程伊川がこの文言伝によって成敗得失の根源を善に求めたのは、善の長である元の意と誤ったものである。敗と成、失と得を比べて論ずるのは人事の先後をいうにすぎず、善の長である元はそれと別の次元に属する。すなわち彖伝にいうように、元とは大始を統べる徳であり、万物生生の始についていう。生生は繫辞上伝第五章に「生生之れ易と謂う」といい、大始は同じく第一章に「乾《けん》は大始を知る」という。『周易内伝』は「大なる哉、乾《けん》元。万物資《と》りて始む」について、「物は皆本有り、事は皆始有り。元と謂う所なり。易の元を言う者多し。唯純乾《けん》の元と為すは、太和清剛の気、動きて息《や》まざるを以て、大として届《いた》らざる無く、小として察せざる無く、地中に入り、地上に出ず。生化の理を発起し、形を肇《はじ》め性を成し、以て有為を興起して徳を見《あらわ》す。則ち凡そ物の本、事の始は、皆《とも》に此《ここ》に以て先を倡えて用を起す。故に其の大は、与に倫する（比べる）莫し」という。

木があって人は車を作り、土があって人は陶器を作る。車は木によって生じ、器は土によって生ずるが、根源的にいえば乾坤《けんこん》の父母がその大始となっている。人が木を操りそれを裁断して車を作り、また土をこね形造って陶器を作り、成った車器を人がそれを得て使う。車器について述べるのは、老子の無の説を斥けることに在る。『老子』第十一章に、「三十輻、一轂《こく》を共にす。其の無に当りて、車の用有り。埏埴《ていしょく》して、以て器を為《つく》る。其の無に当りて、器の用有り。……故に之を有《たも》ちて以て利を為すは、無の以て用を為せばなり」という。車器が成り人がそれを得て、物は人が用いることができる。文言伝に「物を利すれば以て義を和するに足る」というのは、成得が敗失せず物を利して義が和することをいう。『周易内伝』はすでに述べたように、「物を利すとは、君子は一己の私利を去り、事の宜しきを審らかにし、之を裁制して以て物を益するなり。故に剛断すと雖も、物を損して以て自ら益すに非ず。則ち義行われて、情は自ずから和す」という。

夫れ一陰一陽の始め、方《まさ》に善を継ぎ、初めて性を成す。天人の授受往来の際は、止《ただ》此の生の理を之が初始と為すのみ。故に善の自りて生ずる所を推し、其の徳を賛して元と曰う。性を成して以還（以後）、命を凝《こ》らすは躬《み》に在り。元の徳紹《つ》ぎて、仁の名は乃ち立つ。天の理は日に流れ、初と終は間无く、亦且つ日に人の心に生ず。唯嗜慾《しよく》薄くして心牖《しんゆう》開けば、則ち資《と》りて始むるの元（彖伝に、「大なる哉、乾《けん》元。万物資りて始む」という）は、亦日に新たにして心と遇う。但《ただ》に始生の俄頃（一瞬）に在るのみに非ず。

而して程子（程明道、程頤《ていこう》）の「雞雛《けいすう》に仁を観る」の説は、未だ周偏為《た》らず。要するに其の胥《みな》得る所、成る所の本原為りて、功名利頼の已に然る者従《よ》り敗失の先を争うに非ざるは、則ち一なり。意《おも》うに、成敗得失の衡《こう》（比較する基準）を立てて、以て釈氏の淫辞を破《は》せんとせるか。則ち之を得たるのみ。

繫辞上伝第五章に、「一陰一陽、之れ道と謂う。之を継ぐ者は善なり、之を成す者は性なり」という。船山は天人授受の際、一陰一陽する生の理を元といい、その善の生ずる徳を元と賛するのみという。併せて性を成して以後、人がその命をわが性の日新に凝らすべきものでもあるという。命を凝らすとは、『中庸』第一章に「天の命ずる之れ性と謂う」による。始元が善であるだけではなく、資りて始める人が自ら強《つと》めて息《や》まざる営為の中に善は在る。『周易内伝』は彖伝について、「木、火、水、金、川融け山結び、霊蠢（知と愚）と動植（動物と植物）は、皆《とも》に天の至健の気、以て資と為し始を肇《はじ》む。乃ち人の能を成すに至りて、信義、智勇、礼楽、刑政、以て典物を成す者は、皆純乾《けん》の徳なり。人に命じて性と為し、自ずから然るにして睹《み》ず聞かざるの中に、発して惻悱《そくひ》し（心に痛み口に言いもとる）已《や》む容《べ》からざるの幾を為し、以て羣動を造《いた》して徳を見《あらわ》すは、亦此の元、之が資と為すに非ざる莫し。天に在りては之を元と謂い、人に在りては之を仁と謂う。天は心無く、之を仁と謂う可からず。人は天を継ぎ、之を元と謂う可からず。其の実は一なり。故に元は即ち仁なりと曰う、天人の謂なり」という。

「雞雛に仁を観る」とは、『近思録』巻一に、「明道曰く、万物の生の意は、最も観る可し。此れ、元は善の長なるなり。斯れ、仁と謂う所なり」と見え、また程顥の語に、「雞雛は以て仁を観る可し、切脈は以て仁を観る可し。雞雛は是れ生の意の淳粋なる処なり、切脈は是れ生の意の貫通する処なり」という。船山が「未だ周偏為らず」と必ずしも全面的に認めないのは、「始生の俄頃に在る」始源論への傾斜をもつからである。しかし成敗得失の本源を求め、単にその先後を争うものではない点では、わが論と同じである。なぜ明道がこの説を立てたのかを推論すれば、成敗得失という具体的現象に拠って論じ、空疎な仏釈の淫辞を論破しようとしたためであろうという。

釈氏の言は、総別・同異・成壊《じょうえ》の六相を銷（消滅）し、之をして相参じ相入ら使めて、一念縁起無生《むしょう》と曰う。蓋し成敗得失を致を一にするに（繋辞下伝第五章にいう）斉《ひと》しくし、以て真空の宗を立てんと欲せるなり。而れども、敗るる者は其の成る所を敗り、失う者は其の得る所を失い、則ち失うと敗るとは、得ると成るとに因りて見《あらわ》れ、事理の已に然るに在りて、味《まい》を容《い》れざる者有るを知らず。故に（明道は）成ると得るとを奨《すす》めて、以て天理流行の功效を著《あら》らかにし、敗ると失うとは皆《とも》に人情弱喪の積むにして、事理の固有する所に非ざるを知ら使む。則ち理事を雙《ふた》つながら泯《ほろ》ぼして倫物を捐棄《えんき》するの邪説は、以て立つに足らず。然りと雖も、以て資りて始むの元を言うに於いては、則ち未だし。

釈氏の説は六相を破却し、一切空の妙悟を得るに在る。それは成敗と得失の差別《しゃべつ》を万法一如の法性《ほっしょう》に帰一することを易の致を一にすると同じに見なし、真空の統宗を立てようとするものである。繋辞下伝第五章に、「天下は帰を同じくして塗を殊にし、致を一にして慮を百にす」という。しかし敗るとは成ることを敗り、失うとは得たことを失うことをいうのであるから、失うことは得ることによって起り、また敗ることは成ることによって起るものであり、すなわち得ると成るという事理が已に在ったあとにそれを失いそれを敗るということが起ることは、疑念の余地がないことを知らないのである。その点で明道は成ると得ることを奨めて天理流行の功効を明らかにし、かくして敗ると失うは人のつとめるべき情が弱かったからで、決して事理の固有するところではないことを知ら使めたのである。ここに釈氏が理事ともに滅却して人倫を棄却する邪説は、立説の根拠を失うに至った。しかし、彖伝の「資りて始む」の元の理解においては、充分でないとして斥ける。

是の故に、成敗を合せ得失を斉しくして以て宗と為すは、釈氏の縁起の旨なり。成敗を執り得失に拠りて以て本と為すは、法家の名実の論なり。其の固然を執り、其の然る所以を忘るれば、天下の大本は以て立つに足らず。成るを以て始めと為し、得るを以て徳と為せば、生生の仁は著らかならず。吾れ夫の此の説を執る者の、義に始まりて利に終るを懼る。

船山は釈氏の縁起説とともに、法家の名実論を斥ける。釈氏は成と敗、得と失をすべて銷帰し、一切空なる真空の宗を立てて、一念縁起無生という。法家は成敗と得失の実に拠って、実なき名を斥ける名実論を立てる。ともに生生の仁である易の元の意を知らないからである。文言伝に「利は義の和なり。……物を利すれば以て義を和するに足る」というように、利はそれを自己目的とすべきものではない。『論語』里仁に、「子曰く、君子は義に喩《さと》り、小人は利に喩る」という。

夫れ天下に功ありて民物を利するは、亦仁者の事とする有る所なり。而るに、資りて始むの大用は即ち此に在りと以為《おも》い、則ち其の利を享くる者は徳有りと為す。亦且つ、君子の、誼を正し道を明らかにするの志は、未だ嘗て失うと敗るとを擯《しりぞ》けて、以て道の存するに非ずと為さざるを知らず。況んや、天の万物を育して、以て功と為すに非ざる者をや。元とは仁なり、善の長なり。君子の以て人に長たる者なり（文言伝に、「元は善の長なり。…… 君子は仁を体して以て人に長たるに足る」という）。成敗得失は、又奚《なん》ぞ論ずるに足ること之れ有らんや。

仁者もまた、民物を利することを行う。しかし「資りて始む」という元の大用が民物を利することにしかないと考えるものは、利を享けることを徳であるとするに至る。さらにかれらは、君子の志が得失成敗を斥けて、そこには道が存在しないという考え方はしないことを知らぬものである。誼を正し道を明らかにすは、『漢書』董仲舒列伝に「其れ誼を正して其の利を謀らず、其の道を明らかにして其の功を計らず」という。ましてかれらは、天が万物を並育して己の功としないことについては、全く思いを致すことができない。元とは仁であり、善の長である。君子が仁を体して人に長たることができるものである。この元においては、成敗得失を決して己の功とせず、万物をして各々その性情を遂げしめる。文言伝の「君子は仁を体して以て人に長たるに足る」についての『周易内伝』は、すでに先に示した。

乾《けん》の文言伝に「乾《けん》始は能く美利を以て天下を利し、利する所を言わず。大なる哉」といい、『周易内伝』は「美利とは、利の正しきなり。天下を利すとは、通ぜざる無きなり。利する所を言わずとは、利せざる所無きの辞なり。（中略）乾《けん》の万物に始めなるは、各々其の応に得べきの正を以て、動静生殺は咸《みな》惻隠初めて興り、情を達し志を通ずるの一幾の函《ふく》む所の条理にして、物に随いて之を益し、物をして各々其の本然の性情に安んじて以て自ら利せ使む。既に始まるの余を待ちて通を求め利を求め、唯正しからざるを恐れ、以て択ぶ所有りて而る後に利するには非ず。此れ、其の大と為す所以なり」という。

四

易の位有るや、同異有りて而る後に貴賤有り、応感有りて而る後に従違有り。夫の乾《けん》の若《ごと》きは、則ち六陽均しくして象を成せる者なり。六を合すこと一の如くして、其の異を見ず、六は均しく致を一にして、感を相為さず。

故に「大明は終始す」と曰う（乾《けん》の彖伝）。終始は殊ならず、六龍は皆御す。

位の同異とは初爻から上爻までの六つの位、位の貴賤とは初と二の地位、三と四の人位、そして五と六の天位をいう。応感とは、一と四、二と五、三と六の対応をいい、従違とは陰陽の相違によって従ったり従わなかったりすることをいう。

しかし六陽より成る乾《けん》は、同異の貴賤、応感の従違がない。彖伝に、「大明は終始し、六位は時に成る。時に六龍に乗じて、以て天を御す。乾《けん》道は変化し、各々性命を正し、大和を保合し、乃ち貞しきに利し」という。初九の潜龍、九二の見《げん》龍、九三の進もうして惕《おそ》れる龍、九四の或いは躍って進み或いは退いて淵に在る龍、九五の飛龍、そして上九六の亢龍まで、すべて六龍である。従って大明が終始する乾《けん》の六爻は、初が始めであり上が終りなのではない。『周易内伝』は彖伝について、「大明とは、天の明なり。六位とは、六爻の位なり。時に成るとは、時に随いて剛健の徳皆成るなり。六龍とは、六爻の陽なり。之に乗ずとは、純乾《けん》の徳、六を合わせて一と為すこと、六馬に乗りて共に一車を駕するが如きなり。御すとは、策（鞭）に駆りて之を軌道に行かしむるなり。化を以て之を言えば之を天と謂い、徳を以て之を言えば之を乾《けん》と謂う。乾は純健息《や》まざるの徳を以て、気化を御して四時と百物に行き、各々其の軌道に循う。則ち変化は方無しと雖も、皆乾《けん》の道を以て大正を為し、而して品物の性命は、各々其の物の則《のり》を成し、相悖害《はいがい》せず。而して強と弱は相保ち、求むると与うるは相合し、以て太和に協う。是れ乃ち、貞の利しき所以なり、利の貞に非ざる無きなり」という。

惟既已《すで》に卦を成せば、則ち亦其の序有り。之を名づけて貴賤と為さずして、之を名づけて先後と曰う。先後とは時なり、故に、「六位は時に成る」と曰う（乾《けん》の彖伝）。君子の其の序に安んずるや、必ず其の時に因る。先時は争わず、後時は失わず。道を尽くし時は中《あた》りて、以て命を俟つ。

六爻すべて純陽である乾《けん》については、船山は貴賤の位ではなく序、すなわち先後という時であるという。時中の語は蒙《もう》の彖伝に見え、また『中庸』第二章に「君子の中庸は、君子にして時に中る」という。その時に因り、その道を尽くして命を俟つのが君子である。

乃ち之を均しくして龍徳と為す、則ち固より之を貴賤とするを得可《う》からず。初は時の潜なり、二は時の見《げん》なり、三は時の惕《てき》なり、四は時の躍なり、五は時の飛なり、上は時の亢なり。一代の運は、建つる有り、成す有り、守る有り。一王の徳は、遵養《じゅんよう》有り、燮伐《しょうばつ》有り、耆定《してい》有り。一徳の修は、適道有り、立つる有り、権《はか》る有り。推して之を天地の数に大にすれば、子半《しはん》有り、午中《ごちゅう》有り、嚮晦《きょうかい》有り。近くして之を夫の人の身に取れば、方《まさ》に剛たる有り、既に壮たる有り、已に衰うる有り。皆、乾《けん》の六位なり。故に象（大象）に「君子は以て自ら強《つと》めて息《や》まず」と曰うは、勉めて以て時に乗ずるなり。

初九の爻辞に「潜龍、用うる勿れ」といい、九二に「見龍、田に在り。大人に見ゆるに利し」といい、九三に「君子は終日乾乾《けんけん》たり、夕に惕若《てきじゃく》たり。厲《あや》うけれども咎无し」といい、九四に「或いは躍りて淵に在り、咎无し」といい、九五に「飛龍、天に在り。大人に見ゆるに利し」といい、上九に「亢龍、悔有り」というのは、すべて龍徳の時をいう。

遵養は、時に従って志を養うこと、『詩経』周頌の酌《しゃく》に見える。燮伐は、協和して征伐すること、『詩経』大雅の大明に見える。耆定は、年老いて安んずること、『詩経』周頌の武に見える。適道は道に適《かな》って行くこと、立つるは教を立てること、権《はか》るは事の宜しきを計って道に合すること。子半は真夜中、午中は正午。嚮晦は夕方、随《ずい》の大象に見える。すべて天地の間に在る人が出会う時であり、乾《けん》の六位がそれを示している。大象の「君子は以て自ら強めて息まず」は、君子がその時に乗じて勉めるべきことを教える。

然らば則ち、初（初九）の潜龍は、其の、蠱《こ》の高尚（蠱《こ》の上九の爻辞にいう）、遯《とん》の肥《ゆた》かなる（遯《とん》の上九の爻辞にいう）に異なること、明らかなり。太王の商を翦《う》ちし以前、公劉の豳《ひん》に遷りし以後は、周の潜なり。十三年の侯服なるは、武（武王）の潜なり。而して特《ただ》に此のみならず。礼の自《よ》りて制する所、楽《がく》の自りて作《おこ》る所、治の自りて敷く所、教の自りて立つ所は、未だ事とする有らずして命を宥密《ゆうみつ》に基《さだ》め、終日其の潜有り。其の潜有るは、其の見《げん》を効《いた》す所以なり。

蠱《こ》の上九の爻辞に「王侯に事《つか》えず、其の事を高尚にす」といい、遯《とん》の上九の爻辞に「肥《ゆた》かに遯《のが》る、利しからざる无し」という。ともに陽爻で上九の位に在る、蠱《こ》の高尚と遯《とん》の肥遯は、隠者の徳を述べる。それは、乾《けん》の初九の潜龍が九二の見龍の前の時序であるのとは、決定的に異なる。初九の爻辞について、『周易内伝』は「伏して見《あらわ》れざる、之れ潜と謂う。龍とは、陽升りて出で、陽降りて蟄し、地を絶ちて遊び、気に乗じて変ず、純陽の物なり。乾《けん》は純陽なり、故に象を焉《こ》れに取る。六爻成りて、龍徳始めて就《な》る。乃ち（然るに）一爻に随いて皆龍と言うは、六爻相得て以て象を成し、一爻に在りと雖も、全体は已に具われり。亦以て爻の未だ象（卦）を離れざるを見る可し。易は三才（天地人）を参《まじ》えて之を両にす（繫辞下伝第十章に、「三才を兼ねて之を両にす」という）。初と二は地位なり、三と四は人位なり、五と上は天位なるは、其の常なり。而るに易の道為る、故常有る無く、「典要と為す可からず」（繫辞下伝第八章）。唯乾《けん》と坤《こん》は天地の定位為《た》り、故に六爻を分ちて三才と為す。初は地（地位）の下に在り、龍の地中に蟄する者なり。故に潜龍と曰う」という。

文王三世の祖の太王（古公亶父《たんぽ》）が商（殷）を伐ったことは、『詩経』魯頌の閟宮《ひきゅう》に「岐の陽（岐山の南、豳《ひん》の地）に居り、実に始めて商を剪《う》つ」という。その十世の祖の公劉が豳に遷ったことは、『詩経』大雅の公劉に「篤きかな公劉、豳に于いて斯に館す」という。また周の発（武王の名）は、侯として十三年殷に服事し、紂王を伐って武王となった。ともに潜龍が見龍となる前の時序を示している。基命宥密は、『詩経』周頌の昊天有成命に「成王敢えて康《やす》んぜず、夙夜《しゅくや》命を宥密に基《さだ》む」という。宥密は宏深静密の意、潜を示す。なお船山は、夙夜を終日といいかえている。礼楽治教の潜というのは、武王を輔けた周公の潜龍の徳をいう。見は九二の見龍、すなわち武王が紂を伐ったことをいう。

秦の王たるが若《ごと》きは、繆《ぼく》・康以来、献・武以降、用に汲汲として以て其の飛を速《まね》き、而も早已《すで》に自ら亢に処る。其の潜に当りて而も潜を以て之を養う能わざるは、則ち龍徳に非ず。龍徳に非ずして其の位を尸《つかさど》るは、豈幸有らんや。故に初（初九）の「用うる勿れ」（爻辞）とは、天の其の化を敦《あつ》くする所以なり、人の其の息《そく》を深くする所以なり。故に「君子は成徳を以て行を為し、日に之を行に見《しめ》す可し」と曰う（乾《けん》の文言伝）は、此の謂なり。

繆（穆）公は十四代、康公は十五代、そして献公は二十九代、武王は三十二代の秦王である。周の太王と公劉、また武王と周公のように潜の時に当って徳を養うことができなかったかれらは、真の君主たる龍徳を具えるものということはできない。飛は飛龍の九五をいい、亢は亢龍の上九をいう。尸位は、『書経』五子之歌に、「太康は尸位し、逸豫を以て厥《そ》の徳を滅ぼす」という。初九の爻辞「潜龍、用うる勿れ」について、文言伝は「潜の言為《た》る、隠れて未だ見《あらわ》れず、行いて未だ成らず。是を以て君子は用いず」といい、『周易内伝』は「隠れて未だ見《あらわ》れずとは、位を以て言う。行いて未だ成らずとは、道を以て言う。未だ成らずとは、方《まさ》に志を篤くし近く思うの時に在りては、即ち之を成能に見《しめ》さざるなり。用いずとは、君子自ら修むるの序は、自ずから功を見《しめ》すに急ならざるなり。爻に「用うる勿れ」と言うは、君子の道を以て占者を戒むるなり」という。なお息を深くすとは、生生の気息を深く調え、潜の時に求められる道を修め功を示さないことをいう。文言伝の「君子は成徳を以て行を為し、日に之を行に見《しめ》す可し」について、『周易内伝』は「君子は之に学び、則ち剛健の徳を成すに務む。以て下学し以て上達し（『論語』憲問に、「子曰く、天を怨みず人を尤《とが》めず、下学して上達す。我を知る者は其れ天か」という）、以て出で以て処り、以て動き以て静かに、以て言い以て行い、日に事に之を行に見《しめ》す可からざる無し（原文は「無日無事不可見之於行」と無が二つあるが、訓読としてはこのように訓む他ない）」という。

五

天は物を遠ざけざるを以て化と為し、聖人は物を遠ざけざるを以て徳と為す。故に天は仁愛にして、聖人は忠恕なり。未だ其の徳有らざれば、物に歉《か》くる无き能わず。其の徳有る者は、復《また》己に歉くる所无し。

初（初九）の潜為るや、龍徳は成れり。龍徳成りて、類を愚賤に絶つの憂い有り。則ち大にして化する者は二（九二）の功なり、邇《ちか》くして察する者は将《はた》二（九二）の用いざる所と為る无からんか。然りと雖も、彼の龍（九二）は、豈田《でん》を離れて以て自ら其の善を伐《ほこ》らんや。故に、「見龍《げんりゅう》、田に在り」と曰う。（九二の爻辞）

九二の爻辞「見龍、田に在り。大人に見ゆるに利し」について述べる。『周易内伝』は九二の爻辞について、「見《げん》とは、道行われて天下に昭示するの謂なり。田とは、地の上なり、人の養う所なり。重画（六爻の大成の卦）を以て之を言えば、地（初と二の地位）の上に出ずるなり。内貞（貞は内卦）と外悔（悔は外卦）を以て之を言えば、内卦の中（二の位）を得、徳は行に著らかにして、為す有るの象なり。（中略）二（九二）と五（九五）は中に居り、皆《とも》に君位の定まり、聖道の成ると為す。占者の敢えて当る所に非ず。則ち告ぐるに龍の見《あらわ》るるを以てし、占者の見るに利しき所なり」という。

物を遠ざけない忠恕の徳をもたなければ物に対して不満の情をもち、またその徳をもてば己について不足の思いを抱くことはない。聖人はその時において、物を遠ざけずにその事を行うものである。忠恕は『論語』里仁に、孔子の「一以て之を貫く」の語を曾子が説明したことば。仁愛は繫辞上伝第四章に、「土に安んじ仁に敦《あつ》し、故に能く愛す」という。

初九の潜に龍徳を養った九二は、愚賤のことから離れて大にして化することだけをわが功とし、身近かなことは己の用いるところではないとするであろうか。文言伝は九二の爻辞について、「庸言は之れ信にし、庸行は之れ謹み、邪を閑《ふせ》ぎて其の誠を存し、世に善くして伐《ほこ》らず、徳は博くして化す」という。庸言、庸行は、日用の言行。九二は決して田、すなわち愚賤を遠ざけることをしないのである。『周易内伝』はこの文言伝について、「庸とは用なり、日用の言行なり。田に在るは、卑邇《ひじ》（卑近）の事なり。人の情に因り物の理を達して、以て言行を制し身に出で、民に加うるは必ず信にして必ず謹み、以て志を通じて務を成す（繋辞上伝第十章に、「唯深し、故に能く天下の志を通ず。唯幾なり、故に能く天下の務を成す」という）。剛健以て邪を閑《ふさ》ぎ、中を執りて以て誠を存す。邪閑げば則ち誠は存す可く、抑《また》誠を中に存すれば、邪は固より干《おか》すを得ず。（中略）中（二）を履みて下（地の位）に在り、故に伐《ほこ》らずと曰う。陽爻を以て陰位（二）に居り、民物の濁柔の質を変じて、其の天性に反《かえ》す、故に化すと曰う」という。

王道は耕桑（農耕と養蚕）に始まり、君子は袺襘《きっかい》を慎む。愚賤の労を尸《つかさど》るは、文王の康田（『書経』無逸にいう康功と田功）に服する所以なり。愚賤の節を修むるは、衛武の洒掃《さいそう》に勤むる所以なり。故に天下は其の徳施を蒙り、言行は其の辨聚（辨《わか》つと聚める）を詳らかにす。坦然として寛以て物を容れ、温然として仁以て衆を聚む。君徳に非ざれば、誰か能く此に当らんや。位は正中にして、体は下（内卦）に居る。龍は其の時に于《お》いて、此の徳有り。然らば則ち、情を玄悦《げんきょう》に馳せ、物に傲《おご》るに高明を以てする者、天下豈此の大人（九二）有るに見《まみ》ゆるに利しからんや。

王道は耕桑に始まるとは、『孟子』告子下に「舜は畎畝《けんぽ》の中より発《おこ》る」といい、舜が歴山の麓に耕桑し、その徳を見て堯が登庸したこと。君子は袺襘を慎むとは、『詩経』周南の芣苢《ふい》に「芣苢（おおばこ）を采《と》り采り、薄《いささ》か言《ここ》に之を袺《つまど》る（衣の裾を帯にはさんでその間に入れる）」という。襘も同じ意。ともに愚賤の労に従事し、愚賤の節を修めることをいう。康田は、『書経』無逸に、「文王は卑服し（粗末な服装をして）、康功（民を安んずる功）と田功（民を養う功）に即《つ》く」という。衛の武公のことは、『詩経』大雅の抑《よく》に「夙《つと》に興《お》き夜に寐《い》ね、廷内を洒掃《さいそう》す」という。辨聚は、文言伝に「君子は学びて以て之を聚め、問いて以て之を辨《わか》つ」という。寛と仁は、文言伝に「寛以て之に居り、仁以て之を行う」という。『周易内伝』は、「学ぶこと博ければ、則ち古今の理を心に聚む。問うこと審らかなれば、則ち善を択びて宜しく従うべき所を辨《わか》つ。寛とは、物を容れて自ら矜《ほこ》らざるを謂う。仁は則ち、愛の理を推して人の情に順う。四者（学と問、寛と仁）は下学（『論語』憲問に、「下学して上達す」という）の事なり、民に宜しきの道なり。故に田に在る（九二の爻辞）の象と為す。而して学と問至れば、則ち百王の法は唯損益する所のままなり（『論語』為政に、「子曰く、殷は夏の礼に因る。損益する所、知る可し。周は殷の礼に因る。損益する所、知る可し。其の周を継ぐ者は、百世と雖も知る可し」という）。寛と仁施せば、則ち百姓の情は皆上達す可し（『論語』憲問）。宜しく天下の見《まみ》ゆるに利しき所と為り、未だ天位を履まずと雖も、君徳は備われり。古者《いにしえ》、世子は大学に入りて以て師に親しみ道を考え、天子は卑服して康功と田功に親しむ（『書経』無逸に、「文王は卑服し、康功と田功に即《つ》く」という）。皆《とも》に以て君徳を養成するなり」という。

文言伝は九二について、「見龍、田に在り。大人に見ゆるに利し（九二の爻辞）とは、何の謂ぞ。子曰く、龍徳にして正中なる者なり」といい、『周易内伝』は「正中とは、中に正位するを謂う。貞（内卦）と悔（外卦）を以て之を言えば、二（九二）と五（九五）は上下の卦の中を為す。三才（天地人）の位を以て之を言えば、二（九二）は地（初と二の地位）の上に出で、五は天（五と上の天位）の下に在り。天地の間は、大化の流行する所にして、亦中なり。乾《けん》は、位に当る（陽が五の陽位に居る九五）と位に当らざる（陽が二の陰位に居る九二）と無し。天化は行《めぐ》らざる所無く、凡そ位は皆《とも》に其の位なり。中なれば斯《ここ》に正なり。故に正中と謂う」という。船山が「此の大人」というのは、九二の龍徳を具えるものをいう。情を玄悦に馳せる者は無を説く老子をいい、物に傲るに高明を以てする者は真如を説く釈氏の徒をいう。かれらはこの九二の龍徳の意を解することができないものである。

六

九四の躍は、時之を勧《すす》むるなり、九五の飛は、時之を叶《かな》えるなり、上九の亢は、時之を窮するなり。其の徳の龍為《た》るが若きは、則ち均し。

夫れ乾《けん》は、四月に尽きて姤《こう》起る。造化は、豈陽の健行（大象に、「天行は健なり」という）を以て其の終りを怙《たの》まんや。時の窮するや、窮すれば則ち災あり（文言伝に、「亢龍、悔有りとは、窮するの災あるなり」という）。然り而して、天に先だちて違《たが》う勿《な》ければ（文言伝に、「天に先だちて天は違わず」という）、則ち以て其の窮を消す有り。天に後《おく》れて時を奉ずる者は（文言伝に、「天に後れて天の時を奉ず」という）、則ち以て其の災を善くする有り。故に曰く、「禍を択ぶは軽きに若《し》くは莫し」と（『国語』晋語の六）。禍を択ぶを知るとは、悔いて其の正を失わざるの謂なり。

乾《けん》の外卦、とくに上九について述べる。九四の「或いは躍りて淵に在り」、九五の「飛龍、天に在り」と同じく、上九の「亢龍、悔有り」は、その龍徳によって時の窮に対処することができる。文言伝に「或いは躍りて淵に在りとは（九四の爻辞）、乾《けん》道乃ち革《あらた》まるなり」といい、『周易内伝』は「内卦は乾《けん》道已に成り、外卦は陽剛復《また》起るは、革むるの象なり。天の体は常に一なるも、道は変化に在り。寒暑と晦明は、運《めぐ》りて息《や》まずして気は異なれり。其の相承け相易《かわ》るの際（四は内卦と外卦の際に在る）、一進一退すること、淵に在りて躍るが如きは、革むるに漸を以てするなり」という。また「飛龍、天に在りとは（九五の爻辞）、乃ち天徳に位するなり」といい、『周易内伝』は「天道は六位に周流し（繫辞下伝第八章に、「六虚に周流す」という）、唯五（九五）は中に居りて天位に応ず。乃ち天の大徳敦化の、時に行《めぐ》り物を生ずるの主宰は上に運《めぐ》り、雲行き雨施すこと（乾《けん》の彖伝にいう）皆《とも》に此れ自り出ずる所以なり」という。また「亢龍、悔有りとは（上九の爻辞）、時と偕《とも》に極まるなり」といい、『周易内伝』は「極まるとは、至るなり、窮するなり。其の至るに極まれば、則ち窮するなり。気数窮すれば、則ち天道も亦変ず」という。

姤《こう》䷫は、乾《けん》䷀の初九の陽が初六の陰に変じた象。陰陽往来のことからいえば、乾《けん》の上九が尽きて姤《こう》の初六となったものである。四月に尽きるは、乾《けん》の陽気が三月の春までで、孟夏の四月に尽きることをいうか。姤《こう》の彖辞に、「姤《こう》は遇う（逅《あ》う）なり。柔、剛に遇うなり」という。しかし、乾《けん》の上九に在る龍徳は、「天行は健なり」に最後まで固執することはしない。窮する時に遇えば、時に先だってその窮を消し、また時に後れてその災を善くすることができる。

文言伝に、「夫れ大人は、天地と其の徳を合せ、日月と其の明を合せ、鬼神と其の吉凶を合す。天に先だちて天違わず、天に後れて天の時を奉ず」という。これは九五の爻辞「大人を見るに利し」について述べたものであるが、船山は龍徳をもつ上九についても敷衍する。「悔いて其の正を失わず」は、文言伝に上九について、「進退存亡を知りて其の正を失わざる者は、夫れ唯聖人か」という。

文言伝に「夫れ大人（九五についていう）は、天地と其の徳を合《あわ》せ、日月とその明を合せ、四時（春夏秋冬）と其の序を合せ、鬼神と其の吉凶を合す。天に先だちて天は違《たが》わず、天に後《おく》れて天の時を奉ず。天すら且つ違わず、而るを況んや人に於いてをや、而るを況んや鬼神に於いてをや」といい、『周易内伝』は「九五は天位を履み、剛健中正にして以て天の行に応ず。故に其の徳の盛んなること此《か》くの如し。天地は、主宰するを以て言う。日月、四時、鬼神は、皆天地の徳なり。純粋の精（文言伝に、「大なる哉、乾《けん》や。剛健中正、純粋にして精なり」という）を以て、健行して中を得たり。明は息《や》まず、序は紊《みだ》れず、刑賞は妄ならず、人にして天なり。天に先だつとは、天の未だ有らざる所、大人は物を開きて務を成す（繋辞上伝第十一章にいう）を謂う。違わずとは、気は応じ物は化して功就《な》るなり。天に後るとは、天は已に象を垂れ、因りて之を行うなり。天の時を奉ずとは、時至りて功興り、其の則《のり》に爽《たが》わざるなり。天すら且つ違わず、則ち人は見ざる可からず。而して之を見る者、鬼神自ずから応じて以て吉なり」という。

また文言伝に「亢の言為《た》る、進むを知りて退くを知らず、存するを知りて亡ぶるを知らず、得るを知りて喪うを知らず。其れ唯聖人か。進退存亡を知りて其の正を失わざる者は、其れ唯聖人か」といい、『周易内伝』は「進退は行うを以て言い、存亡と得喪は遇うを以て言う。其の固有を保つは存と曰い、本より有る無き所は亡と曰う。未だ有《たも》たざる所を得るは得と曰い、其の有《たも》つ所を失うは喪と曰う。剛にして止まらず、高きに居り肯《あ》えて下らざるは、亢なり。亢の道為《た》る、知らざるに率由《そつゆう》す（本づく）。而れども龍の亢するは、知らざるに非ず。剛正の徳を秉《と》り、知ると雖も失わざるなり」という。

朱均（丹朱と商均）の不肖なるは、堯舜の窮なり。桀紂の師を喪うは、禹湯（禹王と湯王）の窮なり。堯舜は其の窮するを待たずして、先に之を賢に伝えて以て其の窮を消し、災は犯すを得ず。禹湯の其の窮するを持《じ》するや、親賢を建てて忠質を崇ぶ。天下をして湯武無から使むる能わず、而して湯武に非ざれば則ち夏商は亡びず、終に夷狄と盗賊の手に喪わず。景亳《けいはく》の命、宗周の歩は、猶《なお》禹湯の諸《こ》れを廷に晋《すす》めて之に授くるがごとし。

朱均は堯の子丹朱と舜の子商均、ともに不肖の子である。堯は舜に伝え、舜は禹に伝え、時に先だってその窮を消すことができた。桀紂は、禹王の夏と湯王の殷の最後の王。師を喪うは、『詩経』大雅の文王に「殷の未だ師を喪わざるや、克《よ》く上帝に配せり」という。禹湯は親賢を建て忠質を尚《たっと》んだことにより、時に後れてその災を善くすることができた。かくして湯王が夏を亡ぼし武王が殷を亡ぼすことによって、中夏が夷狄盗賊に亡ぼされないようにしたのである。盗賊は、国を盗むもの。景亳は『春秋左氏伝』昭公四年に「商湯（殷の湯王）、景亳（地名）の命有り」といい、宗周は『書経』多方に「王（周の成王）、奄《えん》自り来り、宗周（周の都）に至る」という。歩は天歩、国家の命運をいう。すなわち殷の湯王が桀を伐ち亳に帰って『書経』湯誥を作り、周の成王が奄（殷の地）を滅ぼして宗周で『書経』多方を作ったことは、恰も禹王から湯王に、湯王から成王に王統が授けられたのと同じである。

三代以下、窮するを忌みて悔ゆるは、亢に処る者の其の正を失う所以なり。而して秦宋の季《すえ》より災なるは莫し。秦の祚《そ》は再伝に短く、宋の宝（宝鼎、王統）は非類に淪《ほろ》ぶ。彼は蓋し詹詹然《せんせんぜん》として（くどくどと）日に喪亡するを之れ憂いと為し、諸侯を罷《や》め兵柄を削り、自ら其の輔を弱くして、以て夷狄盗賊を延《ひ》き、吾の短垣《たんえん》に乗ぜ使む。其の末に逮《およ》びては、悔いんと欲するも得ず、則ち抑《また》大哀と為す可きのみ。嗚呼。龍徳成りて亢せざる能わず、亢して災あらざる能わず。君子は乾《けん》の終りに於いて、姤《こう》の始めを知る。亦嬴豕《るいし》の蹢躅《てきちょく》をして中国に交わら俾《し》むる勿《な》きかな。

夏殷周の三代以下、中国の天子が上九の「亢龍、悔有り」の教えを守らず、窮の災を蒙った事例として、秦と宋を挙げる。秦の始皇帝は、「二世三世して万世に至り、之を無窮に伝えん」（『史記』秦始皇本紀）と自負したにも拘わらず、二世の胡亥に至って亡びた（三世の子嬰は王たること四十六日であるから、再伝の中に数えない）。船山は次に国柄を窃む盗賊の手に亡びた秦よりも、夷狄の金に滅ぼされた北宋と元に滅ぼされた南宋について述べる。短垣は、『国語』呉語に「君、短垣有りて、自ら之を踰ゆ。況んや亦荊は則ち、何ぞ周室を有《たもた》んや」という。君が低いかきね（礼にたとえる）を自ら逸脱すれば、夷狄盗賊はそれに乗じて国を覆すことをいう。羸豕（やせた豚）の蹢躅（跳梁）は、姤《こう》の初六の爻辞に「往く攸有れば、凶を見る。羸豕孚《まこと》に蹢躅たり」という。羸豕は、非類の夷狄を含意する。明末における清の入関を含めて述べているのはいうまでもない。大哀は『荘子』斉物論に見え、秦と宋が亡びたのは亢龍を怙んで正を失った結果であることをいう。君子は乾《けん》の上九の亢龍に於いて、姤《こう》が起ることを知るべきである。

七

天は日を積みて以て歳功を為し、歳功は相積みて徳は其の中に行わる。然れども三百六旬の中に期し、一日を擅《ほしいまま》にして以て之が始めと為さば、則ち万物は命を此の一日に聴《まか》せ、徳は以て繋《か》くる有るも富まず。且つ一日之を主とするも、余日之を逸すれば（『孟子』告子下による）、其の曠徳（空しき徳）為ること、言うに勝《た》う可けんや。

天のはたらきは、一日一日の功が積み重なって徳が行われる。三百六十日の特定の一日を定めて始めとし、他の日は逸して（たのしむ）無為にすごせば、歳功の徳を成すことができない。『孟子』告子下に、「天下生じ易き物有りと雖も、一日之を暴《あたた》め、十日これを寒《ひや》さば、未だ能く生ずる者有らず」という。これは、次に述べる用九の「群龍、首无きを見る。吉なり」と、小象の「用九は、天徳は首と為す可からず」を説くための前論である。

夫れ用九は、天行の健、極まらざるを得ざるなり。故に其の策二百一十有六は、冬至の子《ね》初に一策を授けて自《よ》り、以て大暑後の四日、夏功成りて火徳伏するに極まり、而る後に天の施は乃ち訖《おわ》る。則ち此より前なる者は、夏至は上九の亢に当ると雖も、乾《けん》の行は固より未だ息《や》まず。故に坤《こん》は期の半ばに逮《およ》ばざるも、乾《けん》の行は之を過ぐ。其の剛健粋精にして自ら強《つと》めて息《や》まざる者、六爻は交々其の労に任じて譲らず、二百一十六策は其の能を合せ致して相先んぜず。群龍は皆首出の能有るも、専壱《せんいつ》の主无し。故に「天徳は首と為す可からず」と曰う（小象の用九）は、一爻一策の制命して以て相役するに非ざるを明らかにす。

用九は坤《こん》の用六と並んで、乾《けん》の六爻の用（はたらき）全体の意を述べる。用九について『周易内伝』は、「用九とは、六爻は皆九なり、陽極まりて動くなり。旧説は以て筮して乾《けん》を得る者は、六爻皆動きて、則ち此の爻を用うと為す（朱子『周易本義』は、「用九とは、筮して陽爻を得る者は、九（老陽）を用いて七（少陽）を用いず。……使《も》し此の卦にして六爻皆変ずる者（朱子『易学啓蒙』に、「六爻変ずれば、則ち乾《けん》と坤《こん》は二用（用九と用六）を占う」という）に遇えば、此に即して之を占う。蓋し六陽皆剛を変じて能く柔なるは、吉の道なり」という。船山は以下、この説を批判する）。用とは、動きて行事に見《しめ》すの謂なり。筮法は、奇を帰して不用の余と為し、過揲《かせつ》して（蓍策を揲《かぞ》えて）用うる所の数と為す。六爻過揲の策は、皆其の九を四（四倍）とす（乾《けん》の六爻は、それぞれ過揲した数が三十六である）。奇を帰するの十三（朱子の筮法は、三変して扐《ろく》に帰した数を合せて十三となれば、それを四十九策から引いた三十六を老陽とする）は、象数を成さずして用いず（船山は、朱子のように奇を帰した数は用いない）。其の用いて以て天道に合し人事を占う所の者は、皆《とも》に九なり。故に用九と曰う」という。

極まらざるを得ずとは、初から上までの六爻が天行健たる乾《けん》の徳がそれぞれその用を遂げ、一爻だけが他爻を支配しないことをいう。船山は一年二十四気の中、陽の施（正《プラス》のはたらき）によって説明する。冬至の子刻から大暑後の四日までの二百十六日に、天の施が行われる。それに対し坤《こん》は百四十四日であるから、期すなわち一年三百六十日の半ばの百八十日に及ばない。繫辞上伝等九章に、「乾《けん》の策は二百一十有六、坤《こん》の策は百四十有四、凡て三百有六十なるは、期の日に当る」という。老陽の数三十六を六乗して二百十六、老陰の数二十四を六乗して百四十四となる。三十六と二十四は、策を揲《かぞ》えて得た一爻の数である。要は、「亢龍、悔有り」という上九の亢でも夏至が陽の盛であるように、乾《けん》の行が施されていることをいうに在る。なお剛健粋精は、文言伝に「大なる哉、乾や。剛健にして中正、純粋にして精なり」という。かくして用九に「群龍、首无きを見る。吉なり」というように、それぞれが首出の能を具えているが、その首出の能を示さないことによって吉となる。制命は、支配して専一にする意。己が他を支配することをせず、それぞれが極まらざるを得ない用を発揮するのが天徳である。

『周易内伝』は小象の用九について、「六爻は皆老陽なり。九に極まりて之を用うるは、天徳に非ずして其れ能く此《か》くの如くならんや。天徳は、大として届《いた》らざる無く、小として察せざる無し。六虚に周流し（繋辞下伝第八章）、万有を肇造して、皆其の神化なり。未だ嘗て一時一物を以て首と為して余は従と為さず。朔旦と冬至を以て首と為すは、人の拠りて以て算を起す所なり。春を以て首と為すは、艸木の始めて端を見《あらわ》すに就いて言う。生殺は互いに用いて端無し、晦明は相循《したが》いて間無し。物に普《あまね》くして無心なり、運動して息《や》まず、何の首か之れ有らん。天は首无し、人は一端に拠りて以て之が首と為す可からず。此を見て其の不可なるを知れば、則ち自ら彊《つと》めて息《や》まず（乾《けん》の大象による）、終始一もて貫く（『論語』里仁と衛霊公にいう）。故に、以て天の吉を承くるに足る」という。

然らば則ち、一元の化、一代の治、一人の生、一善の集《な》す、一日の修むる、一念の起るの、相続《つ》ぎ相積むこと、何ぞ自ら強《つと》むるに非ざるの時有りて、「其の要を得て労せず、其の勝を択びて咸《みな》利し」と曰う可けんや。故に論は必ず蓋槨《がいかく》に定まり、徳は必ず至極に馴《いた》り、治は必ず仁を絫《つ》（積）むに逮《およ》ぶ。用九の吉なる、吉は此を以てなるのみ。

天下の事はすべて一日一刻の集積連続であって、特定の原理や超越者を恃むことはできない。一善の集すの集は、就、成るの意。人が自ら強めることのない時があり、「事の枢要を得て労せず、物の最善を択んですべてうまく行く」

などということができようか。蓋槨は、棺を蓋《おお》いて（人が死んで）論定まるという。人はその死まで自ら強めて息《や》まぬ努力を続け、この終始一貫することによって天の吉を承けることができる。

『周易内伝』は用九について、さきの文に続けて「見るとは、易に学ぶ者は其の理を明らかにし、易を占う者は其の道を知り、因りて天の則《のり》を見《しめ》して（乾《けん》の文言伝に、「乾《けん》元の用九は、乃ち天の則《のり》を見《しめ》す」という）以て人の能を尽くし、則ち吉なるなり。（中略）既に羣（羣龍）為《た》り、何の首（主宰）何の従（随従）か之れ有らん。首无しとは、其の極を用いざる所無きの謂なり。潜と為り（初九）、見《げん》と為り（九二）、躍と為り（九三）、飛と為り（九五）、亢と為り（上九）、其の時に因りて之に乗ずるのみ。其の大を規《ただ》し、尤も其の小を慎む。其の止《とど》まるに敦《あつ》く（艮《ごん》の上九の爻辞に、「艮《とど》まるに敦し。吉なり」という）、尤も其の行うに敏なり（『論語』里仁に、「子曰く、君子は言に訥《とつ》にして、行に敏ならんと欲す」という）。一以て之を貫き（『論語』里仁及び衛霊公にいう）、一を執りて以て強いて万を貫くに非ず（『孟子』尽心下に、「一を執るを悪《にく》む所の者は、其の道を賊《そこな》うが為なり。一を挙げて百を廃すればなり」という）。博く学びて詳説し、乃ち以て反りて約す（『孟子』離婁下に、「博く学びて乃を詳説し、将に以て反りて約を説かんとす」という。また『論語』雍也及び顔淵に、「子曰く、君子は博く文を学び、之を約するに礼を以てすれば、亦以て畔《そむ》かざる可きか」という）。適《てき》（専らにする）無く莫《ばく》（従わない）無く、而る後に義に比《した》しむ（『論語』里仁に、「子曰く、君子の天下に於けるや、適無く莫無し。義に之れ与《とも》に比しむ」という）。能く此を見る者は、自ら彊《つと》めて息《や》まざるの天徳（乾《けん》の大象にいう）を幾《はか》りて、吉は之に応ず」という。

老子の学は錞《ひく》（低）きに居り後《あと》に処るを以て、物変を玩びて其の衰に乗じて自《よ》り、易を言う者は焉《こ》れに惑う。乃ち「陽剛は以て物の先と為る可からず」と曰う。夫れ雷出でて萼《か》（華）は栄《はなさ》き、気升りて灰は動く。神龍首《はじめ》と為らずして、誰か首と為らんや。徳は剛を先にせざれば、則ち欲を去りて浄からず。治は剛を先にせざれば、則ち佞を遠ざくること速やかならず。婦は夫に乗じ、臣は君を干《おか》し、夷は夏（中華）を凌《しの》ぐは、皆陽の退聴して（退き従う）以て陰柔に譲るの害なり。況んや、以て天徳を語るに足らんや。

最後に用九の「群龍、首无きを見る」と、『老子』第六十七章の「敢えて天下の先と為らず」との違いについて述べる。易の教えは乾《けん》が専一の原理の主ではないことを説くに在り、決して「陽剛は物の先と為る可からず」という術を説くものではない。乾《けん》の六爻はそれぞれが首出の能をもち、陽剛がまず動（震）いて事が成ることを神龍という。徳は陽の剛克によって陰の欲を去ることができ、治は陽の剛克によって陰の佞を遠ざけることができる。陽が退いて陰柔に譲れば、婦は夫に乗じ、臣は君を犯し、かくては夷狄が中華を侵略するに至る。船山はあくまで乾《けん》の天徳をたえる。朱子が用九について、「六陽皆剛を変じて能く柔なるは、吉の道なり」と述べた意が、老子の陰柔を尚ぶ道に近いことを恐れるからである。天徳は、小象に「用九は、天徳は首と為る可からず」という。なお灰動くは、『漢書』律暦志に「葭莩《かふ》（あし）の灰を以て其の内端を抑え、暦を案じて之を候《うかが》う」という。気が至ると灰が動き、それによって節候の変化を知ることをいう。

八

至るを知りて之に至り、終るを知りて之を終う（文言伝の九三についての文による）。大なるかな。易は中を言わざるも、中は択ぶ可し。

夫れ田を離るれば上は即ち天なり、天を離るれば下は即ち田なり。田より出でて未だ天に入らず、此れ何の位なるや、抑《また》何の時なるや。之を析《わか》つに毫髪を容れず、之を充たせば則ち其の彌亘《びこう》（あまねくゆきわたる）を肆《ほしいまま》にす。之を保合して太和を為し（彖伝に、「大和を保合す」という）、保たず合せざれば、則ち間気乗じて有余と不足起る。乗じて下退し、田に息《いこ》えば不足と為り、乗じて上進し、天に与《あずか》れば有余と為る。不足なれば則ち与に幾《はか》る可からず（文言伝は九三について、「至るを知りて之に至る、与に幾る可し」という）、有余なれば則ち与に義を存す可からず（同じく「終りを知りて之を終う、与に義を存す可し」という)。其の不足に勉《つと》むるを之れ文と謂い、其の有余を裁《た》つを之れ節と謂う。節文具《そな》わりて礼楽行われ、礼楽行われて中和の極建つ。是の故に、幾《はか》るは必ず及ぶ所なり、義は必ず制する所なり。人為の必ず尽くすや、一間未だ達せざるも功（効用）は較《あき》らかに密なり。天化の方无きや（繫辞上伝第四章に、「神は方无く、易は休无し」という）、位を出でて以て思えば、反りて其の素を失う（『中庸』第十四章に、「君子は其の位に素して行い、其の外を願わず」という）。愚不肖の偸《とう》（軽薄）を舍《お》き、賢智の妄を絶ち、日夕斯《ここ》に於いて、之を択び之を執るに、悪《いず》くんぞ乾乾《けんけん》（つとめはげむさま）たり惕若《てきじゃく》（懼れるさま）たらざる容《べ》けんや（乾《けん》の九三の爻辞による）。

九三について述べる。九三の爻辞に「君子は終日乾乾《けんけん》たり、夕《ゆうべ》に惕若《てきじゃく》たり」といい、文言伝は九三について「至るを知りて之に至れば、与に幾《はか》る可し。終るを知りて之を終うれば、与に義を存す可し」という。『周易内伝』は文言伝について、「三（九三）は下卦の上に居り、乾《けん》は必ず此（九三）に至りて象（小成の卦）を成す、故に至ると曰う。此に至りて乾《けん》道已に成り、人事已に尽くせり、故に終うと曰う」という。六爻にはその中央はなく従って易は中をいわないが、上卦と下卦の際に在る九三こそ、『中庸』にいう中を択ぶものである。『中庸』第二十章に、「誠は天の道なり、之を誠にするは人の道なり。誠は勉めずして中《あた》り、思わずして得たり。従容として身に中《あた》るは、聖人なり。之を誠にする者は、善を択びて固く之を執る者なり」という。この意を以下に述べる。

九三は九二の「見龍、田に在り」の上に在り、また九五の「飛龍、天に在り」の下に在る。田より出てしかも天に入らない九三は、いかなる位に在り、いかなる時に在るのか。中位をもたず、下卦と上卦の際に中を択ぶ九三の難をいう。中を択ぼうとしても、その際は毫髪を容れることができない密邇たるものであり、その際を充たして上卦に往けば天位の涯なき世界に逍遙するだけである。人位に在る九三がそれを保合して太和となそうとしてもできず、その結果有余と不足が起る。やむをえず下卦に退いて九二に息えば不足となり、上卦に進んで天位に与れば有余となる。

『中庸』第二章に「君子の中庸は、君子にして時に中る」といい、また第四章に「子曰く、道の行われざるや、我之を知る。知者は之を過ぎ、愚者は及ばず。道の明らかならざるや、我之を知る。賢者は之を過ぎ、不肖者は及ばず」という過不及が、船山のいう有余と不足である。文言伝の「与に幾る可し」「与に義を存す可し」について、『周易内伝』は「至るを知りて必ず至り、天下の変を極め、而して吾が敬信皆《とも》に以て之を孚にする有れば、乃ち以て精微を尽くして事は予め立つ。故に「与に幾る可し」と曰うは、乾乾《けんけん》（つとめはげむ）の益なり。終るを知りて終え、上達して已まずと雖も、但自ら其の徳業を尽くし、妄りに天を達し命を造《な》すの化を冀《ねが》いて以て反りて其の人の能を疏《おろそ》かにせず。故に「与に義を存す可し」と曰う。夕に惕《おそ》る（九三の爻辞に、「夕《ゆうべ》に惕若たり」という）の志なり」という。

このように九三は敬信を尽くし誠にすることによって不足に勉め、また上達して天に与かろうとする有余を裁って義を存することができる。人位に在る九三は己のなすべきことに勉めれば、たとい達しなくてもその功用は積むこと明らかに密である。涯なき天化を九三の位を越えて求めれば、却ってその素位を失うに至る。愚不肖を去って知を求めるとともに、賢智を恃むことをしない九三は、乾乾として勉め惕若として懼れないわけにはいかないのである。『中庸』第十三章に、「足らざる所有れば、敢えて勉めずんばあらず。余り有れば、敢えて尽くさず」という。節文の礼楽については、『論語』憲問に「子路、成人を問う。子曰く、臧武仲《ぞうぶちゅう》の知、公綽《こうしゃく》の不欲、卞荘子《べんそうし》の勇、冉求《ぜんきゅう》の芸は、之を文《かざ》るに礼楽を以てすれば、亦以て成人と為す可し」といい、『孟子』離婁上に「礼の実は、斯の二者（仁の実と義の実）を節文すること是れなり。楽《がく》の実は、斯の二者を楽しむ」という。中和は、『中庸』第一章に、「中和を致して、天地位し万物育す」という。

夫れ九三は功用の終りなり、此を過ぐれば則ち其の位に行く。功用は我の知る可き所なり、位は我の知る可からざる所なり。功用は太和必ず至るの徳なり、位は太和必ず至るの化なり。徳は人なり、化は天なり。人は我の能くする所なり、天は我の能くせざる所なり。君子は亦日夕《にっせき》知り能くする所に於いて、兢兢焉《きょうきょうえん》（恐れ慎む）として有余と不足を之れ憂いと為す。安《いず》くんぞ能く心の察察を役し、数（命数）の冥冥を強《し》うる者ならんや。此れ、九三の徳は、以て固く其の中を執り、人を尽くして天を俟つなり。

九三は下卦の上に在って人事の功用を終えるものであり、上下の際を越えて上卦に進めば九四と九五と上九の位に行く。人事の功用は内卦の人位に在る九三の知るところであるが、上卦の位は九三の知るところではない。しかし九三の功用はそれによって上卦の太和が必ず至る人の徳であり、上卦の位は太和が必ず至る天の化である。君子は己の知りかつ能くする人事において、終日乾乾とし夕に惕若たることによって、有余を節し不足に勉めることに心を用いる。決して察々たる知を用い、冥々たる命を求めるものではない。九三の徳は、下卦と上卦の際に在る中を執り、人事を尽くして天命を俟つものである。

九三の爻辞について、『周易内伝』は「乾乾とは、乾にして又乾なり、健の篤《あつ》きなり。惕若とは、其の行の健に過ぐるを憂いて戒むる有るなり。厲《あや》うしとは、危うきなり。凡そ咎無しと言うは、皆宜しく咎有るが若きも之を無《な》くすべきなり。三と四は、皆《とも》に人位なり。而して人は地（初と二の地位）に依りて以て功を立て、三は尤も人事を為す。故に此（九三）に於いて、君子の道を言う。内卦は已に成り（小成の卦）、乾《けん》道は已に定まれり、故に終日と曰う。九二は徳施すこと已に普《あまね》く（九二の爻辞に、「大人に見ゆるに利し」という）、必ず其の至るを極む、故に乾乾と曰う。然れども陽剛は已に至り（九三）、外卦の下に安んず。進む（三は進爻である）と雖も、敢えて驟《にわ》かには天（九五と上九の天位）に達せず。唯其の位に勝《た》えざるを恐るるのみ、故に夕に惕若たりと曰う。其の象は上九と同じ、則ち進むに過ぎて已《や》まず（上九の「亢龍、悔有り」と同じ）、危うきの道なり、故に厲《あや》うし。厲うければ、則ち咎あり。惕若を以て内は其の乾乾たるを省《かえり》み、是《ここ》を以て咎无し。君子、聖を希《ねが》う（周濂溪『通書』の志学に、「聖は天を希《ねが》い、賢は聖を希い、士は賢を希う」という）の功は、才を竭《つ》くし（『論語』子罕に、「既に吾が才を竭くす」という）進むを求め、其の天下を引きて己が任と為し（『論語』泰伯に、「曽子曰く、以て六尺の孤を託す可く、以て百里の命を寄すべく、大節に臨みて奪う可からず。……士は以て弘毅ならざる可からず。任重くして、道遠し。仁以て己が任と為す、亦重からずや。死して後に已《や》む、亦遠からずや」という)、疑貳《ぎじ》する所無し。然れども為す有るに剛なる者は、唯動きて咎有らんことを恐る。方《まさ》に乾乾たるも即ち惕若たるは、聖域の登《な》り難く、天命の受け難きを知ればなり。君子の道は此くの如し、其れ敏にして以て慎む（『論語』学而に、「子曰く、君子は……事に敏にして言に慎む」という)。而るに但咎无しと言うのみなるは、徳は聖人に至るも、猶大過無きを以て難しと為すなり（『論語』述而に、「卒《つい》に以て易を学べば、以て大過無かる可し」という。なお、船山は原文の五十を卒の字と訓む)。凡そ咎无しと言うは、小大は一に非ず。此（九三）は則ち、君子の過ち寡《すく》なからんとするの深心に就きて言うなり（『論語』憲問に、「夫子（蘧伯玉）は其の過ち寡なからんと欲して、未だ能わず」という)」という。

釈氏の教えの若《ごと》きは、現在を以て得《う》可からずと為し、過去未来と同《とも》に幻妄に銷帰《しょうき》せ使む。則ち至る者は未だ至らず、而して終る者は杳《よう》として其の終うるを知らず。君子の易に服膺し、中を執りて以て自ら健なるは、九三を舎《お》きて夫れ孰《いず》れに与に帰せん。

釈氏のいう現在は、易についていえば九三の時と位であり、また過去と未来は九二の田と九五の天に当る。しかしかれらは、文言伝にいう「至るを知りて之に至り、終るを知りて之を終う」の意を知らぬものである。いまに勉める九三の徳こそ、大象に「天行は健なり、君子は以て自ら彊《つと》めて息《や》まず」という乾《けん》の本質を示す。服膺は『中庸』第八章に「子曰く、回（顔回）の人と為《な》りや、中庸を択び一善を得れば、則ち拳拳《けんけん》として服膺し、之を失わず」という。

文言伝に「九三に曰く、「君子は終日乾乾《けんけん》たり、夕に惕若たり。厲うけれども咎无し」とは、何の謂《いい》ぞや。子曰く、君子は徳を進め業を修む。忠信は、徳を進むる所以なり。辞を修め其の誠を立つるは、業に居る所以なり」といい、『周易内伝』は「龍徳は、皆聖人の徳なり。此《ここ》に君子と言うは、聖は自ずから聖ならず、乾惕たる（乾乾たり、惕若たり）の辞なり。九二は君徳已に成り、九三は益々乾惕を加う、故に徳を進むと曰う。九二は庸行を敦くし（文言伝は九二の文辞について、「庸言は之れ信にし、庸行は之れ謹む」という)、九三は益々人事の当に為すべきを尽くして以て変に応ず、故に業を修むと曰う。三（九三）は進爻為り、陽剛を以て之に処り、乃ち大いに為す有りて以て世変を渉るの象なり。故に徳は以て変を歴して益々進み、業は以て変に応じて益々修む。乃ち其の（徳を）進め（業を）修むる所以の者は、一に唯其の固有の忠信のままにして以て心を存し、其の言行の謹信に即して以て誠を立つ。退省の余に惕若たりて、其の健行の識力を恃まず。忠信篤敬にして（『論語』衛霊公に、「言は忠信、行は篤敬」という）、前に参《なら》び衡に倚《よ》り（『論語』衛霊公に、「立ちては則ち其の前に参《なら》ぶを見、輿に在りては則ちその衡（軛《くびき》）に倚るを見る」という）、蛮貊《ばんぱく》の邦《くに》も行う可からざる無し（『論語』衛霊公に、「言は忠信、行は篤敬なれば、蛮貊の邦と雖も行われん」という）。業は言行を統ぶ、独り辞（言）を修むと言うは、君子の政教を天下に施す者は辞なり。辞誠なれば、則ち誠ならざる無し。誠とは、心の信ずる所、理の允《まこと》なる所、事の実有る者なり。修（業を修む）を変じて居（業に居る）と言うは、修むる所の業は、苟くも難きの事に非ず、皆其の居る可き者なればなり」という。

䷁ 坤《こん》（坤《こん》下坤《こん》上）

一

太極、動きて陽生じ、静にして陰生ず（周濂渓「太極図説」）。動く者は至り、静なる者は至らず。故に乾《けん》は二十四営して皆九を得たり、九は数の至れるなり。坤《こん》は二十四営して皆六を得たり、六は数の未だ至らざるなり。数の至れる者（乾《けん》）は徳も亦至り、数の未だ至らざる者（坤《こん》）は徳は待つ有り。徳已に至れば（乾《けん》）、則ち疾《はや》からず速やかならずして（繋辞上伝第十章に、「唯神なり、故に疾からずして速やかに、行かずして至る」という）、行は固より健なり。徳待つ有れば（坤《こん》）、則ち勧《すす》むるを待ち勉《つと》むるを待ちて、行は乃ち疆《かぎ》り无し（坤《こん》の彖伝に、「牝馬は地の類なり。地を行くこと疆り无し」という）。固より健なる者（乾《けん》）は戒めずして行き、其の節を調えて之を善くす、御の事なり（乾《けん》の彖伝に、「時に六龍に乗り、以て天を御す」という）。疆り无き者（坤《こん》）は御する所に従いて焉《こ》れに馳す、馬の功なり。

天は気を以てし、地は形を以てす。気は流れて、施すに倦まず。形は累《かさな》りて、往くに捷《はや》からず。陽は以て楽しみ、陰は以て憂う。楽しみて以て其の厲《あや》うきを忘れて進む可く、憂いて以て其の方《ほう》に迷いて（坤《こん》の彖辞に、「先にすれば迷い、後にすれば主を得たり」という）退く可し。則ち坤《こん》は且に凝滞裒回《はいかい》（徘徊）して、以て天を承くる（坤《こん》の彖伝に、「乃ち順いて天を承く」という）の職を荷《にな》う无きに幾《ちか》し。故に易の坤《こん》を賛するは、必ず其の行を賛す。

船山は「太極図説」により、「動く者は至り、静なる者は至らず」といい、以下動の乾《けん》と静の坤《こん》を対応させてその徳を述べる。要は乾《けん》が天行健なる徳によって天を御することを承けて、坤《こん》もまた地を行くこと疆りなき牝馬の功をもつことをいう。乾《けん》と坤《こん》は並建するものであるからである。

彖辞に「坤《こん》は元《おお》いに亨り、牝馬の貞に利し」といい、『周易内伝』は「隤然《たいぜん》として（柔順のさま、繋辞下伝第一章に、「夫れ坤《こん》は隤然として人に簡を示す」という）委順するは之れ坤《こん》と謂う、陰柔の象なり。此の卦は六爻皆陰なり、柔静の至れるなり、故に其の徳は坤《こん》と為す。凡そ卦は象を物理と人事に取る者有り、而るに乾《けん》と坤《こん》は独り徳を以て名を立つ。天下の事物を尽くして、此の純陽純陰を象る者有る無し。陰陽の二気は宇宙に絪縕《いんうん》し、万彙《ばんい》（万物）に融結し、相離れず相勝たず。陽有りて陰無く陰有りて陽無きこと無く、地有りて天無く天有りて地無きこと無し。故に周易は乾坤《けんこん》を並建して諸卦の統宗と為し、孤《ひと》りは立てず、然れども陽は独り運《めぐ》るの神有り、陰は自《よ》りて立つの体有り。天は地の中に入り、地は天の化を函《ふく》み、抑《また》各々其の功能有り。（中略）坤《こん》の徳、元亨（坤《こん》の彖辞にいう）は乾《けん》（乾《けん》の彖辞に、「元亨利貞」という）に同じきは、陽の始めて命以て性を成し（『中庸』第一章に、「天の命ずる之れ性と謂う」という）、陰の始めて性以て形を成すは、時に先後無く、変化生成の無自《よ》り有なるの初幾と為り、万類に通じて嘉美を会して以て害悖《がいはい》する無く、其の徳は均しければなり。陰は、以て物を滋《うるお》して之を利する所の者なり。然れども此に因りて形質に滞れば、則ち攻取相役して或いは惨害を成し、是に於いて正しからざる者有り。故に其の利しき所の者は、牝馬の貞なり（坤《こん》の彖辞にいう）。乾《けん》の、神を以て用いて息《や》まず、利しからざる無くして利しき者は、皆貞なるが如くならず。凡そ利しと言うは、皆物を益し義を和するの謂なり（乾《けん》の文言伝に、「利は義の和なり」という）、小人の利を以て利と為すの謂に非ず」という。

占筮の法は、五十策の一策を抜き、四十九策を無心に二分して天地の両儀に象るを第一営とし、以下第四営に至る。六爻について二十四営し、その数がすべて三十六（9×4）すなわち九であるのが乾《けん》、二十四（6×4）すなわち六であるのが坤《こん》となる。御は乾《けん》の彖伝に、「時に六龍に乗り、以て天を御す」という。乾《けん》の御を承ける坤《こん》は、牝馬である。気は流れて施すに倦まずは、乾《けん》の彖伝に「雲行き雨施し、品物、形を流く《し》」というによる。乾《けん》の厲《あや》うきは、九三の爻辞に「厲うけれども咎无し」といい、九三は進爻であるから進む可しという。其の方に迷うは、坤《こん》の彖辞に「君子往く攸有るに、先にすれば迷い、後にすれば主を得たり」という。このように凝滞徘徊する坤《こん》は、天行健たる乾《けん》を承ける任を果せないかに思われる。そのために、易は必ず坤《こん》の行を賛し、坤《こん》が乾《けん》を承ける行をたたえるのである。易が坤《こん》の行を賛する辞は、彖伝に「牝馬は地の類なり、地を行くこと彊り无し、柔順にして貞しきに利し」といい、また文言伝に「坤《こん》道は其れ順なるか、天を承けて時に行く」といい、「直、方にして、大なり。習わざるも利しからざる无し（六二の爻辞）とは、則ち其の行く所を疑わざるなり」という。

夫れ坤《こん》は、何為《なんす》れぞ行くに健ならざるや。其の類に流連して、繋《かか》る所と為ればなり。西南は坤《こん》の都なり、隤山《だざん》（長く連なる山）峻巘《しゅんげん》の区なり――中国に拠りて之を言う。君子の言は、其の知る可き者を言うのみ――。坤《こん》は其の都に安んじて、能く遷る莫し――自然に遷る能わず――。

且つ乾《けん》の気の施すは左旋し、坎《かん》、艮《ごん》、震《しん》自り以て離《り》に至る。火（離《り》）の化は、西流して以て子を養いて、土（坤《こん》）は其の富を受く。則ち坤《こん》は又静処して、天より隕《お》つるの福を得たり。其の天行に随いて以て八位を終え天と合する者は、兌《だ》の一舎のみ。又祇《ただ》以て其の子を養うのみ——土は金を生ず——。天下、給を彼に仰ぎ、自ら其の朋を保ち、飲食恩育し、門庭を出でずして其の宴安を享《う》くる者の、以て天に配するの大業を成すに足る者有らんや。

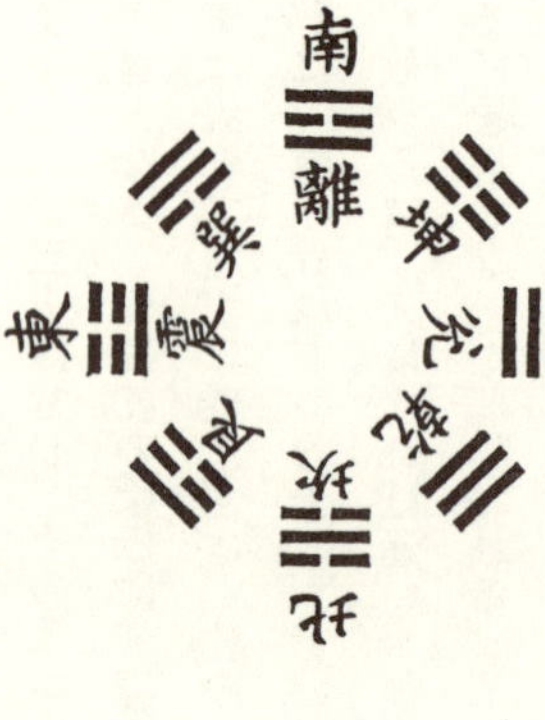

文王八卦方位図

坤《こん》は、なぜ乾《けん》のように健行しないのか。六爻ともに陰である坤《こん》は、その類に引かれて遷ることができないからである。説卦伝第六章による朱子の文王八卦方位図によれば坤《こん》は西南に在り、西南は高山が連なり氷雪の積む陰の都であり、坤《こん》は己の都に安んじて遷ることをしない。なお船山は説卦伝については、朱子の章句に依らない。以下、船山の章句による。彖辞に「西南に朋《とも》を得、東北に朋を喪う。貞に安んずれば吉なり」といい、『周易内伝』は「同類相比するを朋と曰う。西南と東北は、中国の地勢を以て之を言う。西南は梁州（『書経』禹貢にいう九州の一、陝西省西南及び四川省）為《た》り。崇山複嶺、氷雪は夏積み、陰の聚まる所なり。東北は、冀（冀州、九州の一、河北省）営（営州、十二州の一、河北省から遼寧省及び朝鮮）兗《えん》（兗州、九州の一、山東省から河北省一帯）青（青州、九州の一、山東省から遼寧省一帯）の域なり。平衍して海に迤《つら》なり、地気の足らざるなり。朋を得れば則ち積陰は相怙《たの》み、朋を喪えば則ち私党を羣散して、陽の施を順受す。蓋し陽は九なり陰は六なり、有余と不足は自ずから然るの数なり。而して地以外は皆天にして、地の足らざる所は、天の気之を充たす。其の本より足らざる者を以て天を承け、其（陰）の盈つるを恃みて以て躁動せず。則ち其の貞なるは、一（陽）に従いて安んずるを以て貞と為すにして、不屈を堅持するを以て貞と為すに非ず。此れ坤《こん》の貞に因りて申《かさ》ねて之を言い、君子の坤《こん》の貞を体するは、唯安んずれば斯に吉なるを謂う」という。

乾《けん》の陽気は左旋して、坎《かん》☵の中男、艮《ごん》☶の少男、震《しん》☳の長男、そして巽《そん》☴の長女を経て離《り》☲の中女に至る。離《り》の火化は、乾《けん》の左旋に順って西の坤《こん》に流れ、坤《こん》の少女である兌《だ》を養うことによって、坤《こん》はその富を己に保つことができる。その点でもまた、坤《こん》の母は陰の静処によって、父たる乾《けん》から授けられた福を得ることができる。天より隕《お》つるの福は、姤《こう》☰☴（巽《そん》下乾《けん》上）の九五の爻辞に「天自《よ》り隕つる有り」といい、乾《けん》の陽の施を受けることをいう。姤《こう》の初六は、一陰の坤《こん》である。なお乾《けん》の六の項に、「君子は乾《けん》の終りに於いて、姤《こう》の始めを知る」と述べていた。これはまた、象伝に「東北に朋を喪うとは、乃ち終りに慶《よろこ》び有り」という慶びをいう。兌《だ》☱の少女は乾《けん》の健行に随って八位を完うして乾《けん》に合するが、土（坤《こん》）が金（兌《だ》）を生ずるように、坤《こん》はこの兌《だ》の少女を養うことをなすだけである。このように自らは遷らずして乾《けん》の施を受け、六陰の朋を保って飲食恩育し、己の区を出ることなくその安楽を得、しかも天と並ぶ大業を成すことができる者は、坤《こん》の他にあるであろうか。

是の故に、君子の坤《こん》を体するや、乾《けん》の化は旋《めぐ》りて左し、則ち施すを逆《むか》えて、右以て之を承く。其の都は恋わず、其の朋は私《わたくし》せず、其の子は恤《あわれ》まず。反りて離《り》に之《ゆ》きて以て其の母を養い、凡そ四舎して東北の艮《ごん》に至る。艮《ごん》（☶）は一陽上に止《とど》まり、陰を閟《とど》めて遂げ使めざる者なり。坤《こん》は是に至りて、其の懐来を棄てざらんと欲するも得ず。

彖辞に、「君子は往く攸有り、先にすれば迷い、後にすれば主を得たり」という。君子が坤《こん》の順の道を体し、乾《けん》の施を順承することを述べる。すなわち君子は乾《けん》の左旋する施を、右に順承する。君子は坤《こん》の西南の都を顧みず、六陰の朋を怙《たの》まず、またその子たる兌《だ》の少女を思わず、反対に右転して離《り》に行くことによって母たる坤《こん》を養い（前段に、「火（離《り》）の化は西流して以て子を養いて、土（坤《こん》）は其の富を受く」という）、更に巽《そん》と震《しん》を経て東北の艮《ごん》に至る。艮《ごん》☶は一陽が二陰を止《とど》める象であるから、坤《こん》は自らの飲食恩育の情を棄てざるをえない。彖辞に「東北に朋を喪う」といい、陰が東北の艮《ごん》に至って、坤《こん》の六陰が私党を羣散することをいう。

象伝に「君子の行く攸、先にすれば迷いて道を失い、後にすれば順いて常を得たり」といい、『周易内伝』は「六陰聚立するは、先にすれば迷うの象有り。然れども純にして雑ならず、虚静以て天の施に聴《まか》す。則ち固より陽を先にして己を後にするは、事物に順いて生成を唱和するの常道なり（陽が生を先に唱え、陰が成を後に和する）。君子は之を体して以て行き、之（陰）を先にするは道を失うと為し、之を後にするは主を得たりと為すを能く知る。則ち道に順いて行き、利しからざる無し」という。

夫れ陽の左旋するや、艮《ごん》は陰を抑えて之を止《とど》め、震《しん》は陰を襲いて之を主《つかさど》り、離《り》は陰を閉《とざ》して之を窒《ふさ》ぎ、将《はた》陰に利しからざるが若《ごと》し。而して陰は且つ、其の相遇いて勝たざるに苦しむ。然れども、之を閉《とざ》して正なら使め（離《り》）、之を襲いて動か使め（震《しん》）、之を抑えて其の有余を養わ使むる（艮《ごん》）は、則ち亦終に大いに陰に造《な》す。故に天より隕《お》つるの福の、陰の慶びと為るは、陰の期する処に非ざるも、実に甘苦の倚伏する（相倚り相伏する）の自ずから然るなり。陰をして行くを憚り土を懐《おも》い私を眷《かえり》み、僅かに天に随いて以て兌《だ》に西施せ使むれば、亦安《いず》くんぞ能く此の慶びを天に承けんや。則ち坤《こん》の牝馬に利し（象辞による）とは、其の行くに利しきなり。君子の朋を喪うを以て慶びと為すは（象伝による）、其の行くを慶ぶなり。

陽が左旋して艮《ごん》☶は上から二陰を抑え、震《しん》☳は下から二陰を襲い、離《り》☲は上下の中に一陰を閉《とざ》している。陰の行に利しからざるかに見えるこれらの陽は、しかし陰を正し動かし有余を養わせる点で、終に慶び有らしめる。この慶びは陰が予期するものではないが、陰が苦しむことによって其の慶びが自ずと起る。もし陰が乾《けん》の施を順受する行を憚り、西南の都を懐い六陰の私党を恃み、ただ乾《けん》の左転に随って西の兌《だ》を悦ぶだけであれば、どうして陽が止《とど》めるという慶びを得ることができようか。すなわち象辞に「牝馬の貞に利し」というのは、この坤《こん》が乾《けん》を順承する行を利しとするのであり、また象伝に「東北に朋を喪うとは、乃ち終りに慶び有り」というのは、君子がこの坤《こん》の徳を慶ぶ意である。

彖伝に「西南に朋を得たりとは、乃ち類と行けばなり。東北に朋を喪うとは、乃ち終りに慶び有るなり。貞に安んずるの吉は、地に応じて疆《かぎ》り无し」といい、『周易内伝』は「重坤《こん》（大成の卦の坤《こん》）は陰を積み、西南の地形崇複（崇山複嶺）の象有り。然れども順にして又順、趨《はし》りて以て下に就くは、則ち又東北の海に迤《つら》なるの象有り。両者は皆《とも》に地勢なり（大象に、「坤《こん》は地勢なり」という）、択ぶを知るに在るのみ。君子の行くや、其の陰を積み党を恃《たの》むの咎に法《のっと》らず、其の委順して以て天を承け、自ら同類に私《わたくし》せざるの貞に法れば、則ち終りに必ず天の慶びを受く。吉の外自り来るを、慶びと曰う。朋を喪いて以て乾《けん》に従い、貞に安んずるの吉なり。君子の、地道に応じて徳は疆り无きに合する所以なり（坤《こん》の彖伝に、「坤《こん》は厚く物を乗せ、徳は疆り无きに合す」という）」という。

夫れ地道は右転し、天の施を承け、健を以て順を為すは、蓋し亦坤《こん》の徳の固より然るなり。而るに易は猶之を申《かさ》ねて以て戒むるは、「君子の行く攸」（彖辞にいう）の為に之を言う。六三の「或いは王事に従う」（六三の爻辞）とは、義は猶此《か》くのごときのみ。内卦は体具わりて坤《こん》の徳成るは、猶乾《けん》の徳の乾乾（九三の爻辞にいう）に成りて、至るは此に至り、終るは此に終るがごとし。四（六四）以上は、坤《こん》の時位なり。

坤《こん》の象伝に、「乃ち順いて天を承く」といい、文言伝に「坤《こん》の道は其れ順なるか、天を承けて時に行く」という。順い承けるのは坤《こん》の固然たる徳であるのに、わざわざ言を労して戒めるとは、彖辞に「君子往く攸有り、先にすれば迷い、後にすれば主を得たり」という。それは君子の行のために述べたのである。

『周易内伝』は彖辞について、「馬の健行は、乾《けん》の気を乗《と》りて地に行き、陽の陰に麗《つ》く者なり。牝馬の貞（彖辞）は、乾《けん》と徳を合せて以て正を為すなり。「君子は往く攸有り」（彖辞）以下は、占者の為に告ぐるなり。乾《けん》の龍徳（乾の彖辞に、「元《おお》いに亨り貞しきに利し」という）は、聖人の徳なり。坤《こん》の貞しきに利しき（坤《こん》の彖辞に、「坤《こん》は元いに亨り、牝馬の貞しきに利し」という）は、君子、聖を希《ねが》う（周濂溪『通書』の志学にいう）の行なり。剛（乾《けん》）は以て自ら彊《つと》め、順（坤《こん》）は以て物に応ず。坤《こん》は、行く攸の道なり。君子の往く所有るは、陰柔を以て先と為せば、則ち欲は理に勝ち、物は志を喪いて迷う（彖辞に、「先にすれば迷う」という）。陰柔を以て後と為せば、陽剛を得て主と為して之に従い（彖辞に、「後にすれば主を得たり」という）、則ち義に合して利し。此れ坤《こん》の利しきに因りて申《かさ》ねて之を言い、君子の坤《こん》に利しき者は、主を得て然る後に利しきを謂う」という。

六三の爻辞に「章を含みて貞なる可し。或いは王事に従い、成す无くして終り有り」というのも、同じく君子の行のために述べたものである。小成の卦である内卦は六三に成る、それは乾《けん》が九三の終日乾乾《けんけん》たるに至って成ると同じである。乾《けん》は九三に徳を終え、坤《こん》もまた六三に徳を終える。六四以上は坤《こん》の時位なりというのは、乾《けん》の九三についてさきに「夫れ九三は功用の終りにして、此を過ぐれば則ち其の位に行く」というのと同じ。

『周易内伝』は六三の爻辞について、「六二は柔順中正にして内徳は固く、品物を発生する所以の者は其の美を備う。六三は其の上に居り、坤《こん》の体を成し、含む所の者は六二の章光なり（六二の小象に、「地道光《おお》いなり」という）。故に陰を以て陽（三の位）に居ると雖も、其の正を失わざる可し。三（六三）は進爻為《た》り、出でて功を図るの象なり。陽の位（三）を履む、故に王に従うと曰う（六三の爻辞に、「或いは王事に従う」という）。象（彖辞）に謂う所の「朋を喪いて」（六三が初六と六二の朋を去る）、天を承け時に行くなり。或いはとは、必ずしも然らずして然るの辞なり。章を含むとは、必ずしも事に従うの志無きも、乃ち時に因りて出で、其の行わざるを得ざる所を行い、功を成す有りと雖も、自ら居らざるなり。終りとは、「終りを知りて之を終う」（乾《けん》の文言伝の九三についていう）の終りと、皆《とも》に内卦の小成を以て之を言う。事は王に従うと雖も、志は自ら其の道を尽くすに在り。内卦は徳を象り、外卦は位を象る。三（六三）は徳の終りなり」という。

二

気数は召《まね》く有りて至るに非ず、陰陽は偏廃しては成らず。然らば則ち、易に「霜を履む」（初六の爻辞）と言い、聖人は之を辨《わか》つこと早からずと曰うは（文言伝による）、使《も》し早く之を辨《わか》てば、霜无くして冰は乃ち堅からざら令む可きか。則ち大化をして陽有りて陰无から令む可きか。

初六の爻辞に「霜を履みて堅冰至る」といい、文言伝に「之を辨つこと早く辨たざるに由る」という。そもそも気数は人為が招くことによって得られるものではなく、陰陽は何れか一方だけを廃して成るものではない。人が早く辨つことによって、霜がなく従って堅冰もないということをなし得るのであろうか。また霜冰という陰がない、陽だけの大化があり得るのであろうか。

初六の爻辞について、『周易内伝』は「純陰の下に当るは、偶然に一陰発動するの象に非ず。堅冰の至るは、霜の必ず致す所なり。履むとは、人之を履むなり。陰興りて必ず盛んなるは、自ずから然るの数なり。故に一生一殺して、天地の仁を損わず。一治一乱して、天地の義を傷《やぶ》らず。特《ただ》其の時に当り其の境を履むに、戒めざる容《べ》からず。故に占者の為に之を告ぐ」という。

曰く、霜は露の凝《こ》れるなり、冰は水の凝れるなり。皆《とも》に地上に出でて、天化の行わる攸《ところ》なり。陰を涸《とざ》し寒を沍《ふさ》ぎ、万物を刑殺するも、而れども地中に在る者、水泉は其の流れを改めず、艸木の根は其の生を替《や》めず、蟄虫は其の性を傷《やぶ》らず。亦以て地の殺を成さざるを験す可し。天心は仁愛にして、陽徳は生を施す。則ち将《はた》必ず此に於いて、其の性情を払《た》（矯）むるに重《はばか》る者有り。

乃ち（然るに）空霄の上に遯《のが》れ、重淵の下に潜み、其の百昌（百物、多くの生物）を潤洽《じゅんこう》する（潤す）所以の者を挙げて命を陰に聴《まか》せ、而して惟其の制する所のままに霜と為り冰と為りて、以て品彙（万物）を戕《そこな》う。則ち陽は反りて陰に代りて、刑害の怨みを尸《つかさど》る。使《も》し之を冰に仮して（貸し与える）以て其の威を益すに非ざれば、則ち開闢の艸木は、今に至りて存すと雖も可なり。治乱相尋《つ》ぐは、気数の自ずから然りと曰うと雖も、亦孰《なん》ぞ以て之を致す有るに非ざらんや。故に陰は罪有るに非ずして、陽は則ち以て愆《とが》あるは、聖人の其の責を陽に専らにする所以なり。

船山は答える。陰陽は偏廃しては成らずというが、しかし陽の知、すなわち早く之を辨つことが必要である。文言伝のいうところは、そこに陽の責任があることを述べたのである。霜や冰は万物を刑殺するが、陰の盛んな冬において地中に在るものが生き続けるように、地は決して殺を成さない。仁愛の天心は、あくまで生を施す陽徳を貫徹することによって、地が殺を成さないようにする。仁愛は、繋辞上伝第四章に「土に安んじ仁に敦し、故に能く愛す」という。「其の性情を払《た》むるに重る者有り」とは、地が物を養育する性情を遂げさせるように、陽が刑害の責任をわが身に引き受けることをいう。

「空霄の上に遯る」とは、乾《けん》の九五の爻辞に「飛龍、天に在り」といい、「重淵の下に潜む」とは、初九の爻辞に「潜龍、用うる勿れ」という。もし乾《けん》が万物の生を遂げさせる責任を逃れれば、刑殺の責任をすべて陰に委ねることになる。かくして陽は、刑害の怨みを陰に代って身に引き受ける。尸るとは、形として主る意。本来生あるものは、開闢以来その生を今に遂げることができるはずである。しかし現実にそうでないのは、「霜を履んで堅冰至る」というように、陽が陰の冰に威を借したためである。たといそれは気数の自然であるといっても、陽がそのことを致したことはまぎれもないことである。文言伝に「其の由来する所の者は、漸なり。之を辨つこと早く辨たざるに由る」というように、陽がその漸次に至る段階を早く知ることによって、気数の自然と見える治乱に対処することができるのであり、それが君子のなすべきつとめである。

文言伝に「其の由来する所の者は、漸なり。之を辨つこと早く辨たざるに由る。易に霜を履みて堅冰至ると曰う（初六の爻辞）は、蓋し順を言えるなり」といい、『周易内伝』は「之を辨つとは、斯《ここ》に其の道の常に非ざるを悔いて、其の貞に安んずるなり。順とは、過ちに順いて（『孟子』公孫丑下に、「今の君子は、過てば則ち之に順う」という）非を遂ぐるの順の如く、即ち馴致《しゅんち》すと謂う所なり（初六の小象に、「其の道を馴致すれば、堅冰に至る」という）。不道の念一たび萌し、心を降し志を抑え矯めて正に反る能わざれば、君父為る者は又逆わずして（過ちに順って）之を析《くだ》き、唯其れ欲するままにして違《たが》わず。陰の志に順いて至らざる所無きは、必ず然る所なり」という。

また上六の爻辞に「龍、野に戦う。其の血、玄黄なり」といい、『周易内伝』は「陰の亢すること已に極まれば、則ち陽は必ず奮起す。龍は、陽物なり。野に于いてとは、卦外の象なり。陰陽は各々六位有り、坤《こん》の六陰畢《ことごと》く見《あらわ》るれば、則ち六陽は皆隠るるも固より在り。此（陰）盛んにして已に竭《つ》くれば、彼（陽）伏して方《まさ》に興り、戦いて交々傷つくは、必ず然る所なり。陽の陰と戦うは、道の将に治めんとするなり。而して涸陰《こいん》（窮陰）の世に奮起せんと欲すれば、則ち首《はじ》めて大難を発し、必ず害に罹《かか》る。（中略）民物の大難、身《みず》から之に任ずれば、則ち其の傷《やぶ》るるを辞するを得ず。易は龍（陽）の為に惜しみ、陰の将に衰えんとするを恤《あわ》れまず、聖人の情見《あらわ》る。坤《こん》卦は純陰にして、其の道は均し。而れども中の四爻（二と三と四と五）は皆君子の辞なるも、唯《ただ》初（初六）と上（上六）のみ世運の陰幽争乱を以て之を言う。（中略）二（六二）と五（六五）は、中を得て過ぎず。三（六三）と四（六四）は人位なり、乃ち君子調燮《ちょうしょう》（調え理《おさ》める）の大用の自《よ》りて施す所なり。故に其の徳を以て之を言い（六二の爻辞に「直、方にして、大なり。習わざるも利しからざる无し」といい、六五の爻辞に「黄裳、元吉なり」という）、美なる者は其の盛を極め（六三の爻辞に、「章を含みて貞なる可し。或いは王事に従い、成す无きも終り有り」という）、次なるも亦以て過ち寡なかる可し（六四の爻辞に、「嚢《ふくろ》を括《くく》る。咎无く誉无し」という）。初は則ち沈みて地の下（地位の下）に処り、上は高く天際（天位の上）に翔《かけ》り、其の調燮を施す所無し。故に気運を以て之を言いて、潜と為り（乾《けん》の初九）亢と為り（乾《けん》の上九）、凝と為り（坤《こん》の初六）戦と為る（坤《こん》の上六）。乃ち陽は功無しと雖も過ち浅く、君子は猶時に因りて以て約を守る可く（初九の爻辞に、「潜龍、用うる勿れ」という）、聖人は固より且に悔に逢わんとするも憂えず（上九の爻辞に、「亢龍、悔有り」という）。陰は則ち初（初六）は惨として舒《の》びず（初六の爻辞に、「霜を履みて堅冰至る」という）、上（上六）は淫して忌まず（上六の爻辞に、「龍、野に戦う。其の血、玄黄なり」という)。是を以て冰の堅き（初六）、玄黄の血（上六）は、世運の傷るるを成す。此れ坤《こん》の初と上の独り危うき所以なり。然れども卦体は純にして雑ならず、則ち抑《また》天数自ずから然るの致すにして、人事の愆《とが》有るに非ず。故に堅冰（初六）と龍戦（上六）は、皆《とも》に気運に属す。而して占者は命を知りて以て微を謹むは、他卦の凌雑《りょうざつ》にして咎を致し、人事の致す所の蘖《げつ》（禍）と為るに非ず。是を以て初（初六）と上（上六）は、皆《とも》に凶と言わず」という。

期に先んじて子羽に聴《まか》さざれば、則ち鍾巫《しょうふ》に弑されず。爵禄、宋公に偏せざれば、則ち子罕は僭せず。宮中に二聖の称无ければ、則ち武曌《ぶしょう》は唐を移す能わず。燕（燕京）雲（雲州）、師を借るの約无ければ、則ち完顔《わんやん》（金）、蒙古（元）は宋を蝕《おか》す能わず。陰の陽を干《おか》すは、何ぞ陽自《よ》り之を仮さざる有らんや。之を早きに辨《わか》つ者は、自ら夫婦、君臣、夷夏の分数を明らかにし、自ら焉《こ》れを尽くすにして、仮すを相為さざるなり。

陽に順うべき陰がその淫威を振うのは、陽がその権を陰に仮したためであるとして、以下事例を挙げる。子羽は、春秋魯の公子翬《き》（羽父）。子羽は始め隠公の弟の桓公を殺すことを隠公に勧めたが、隠公は桓公に譲ろうとして従わなかったため、期に先んじて桓公に隠公を弑することを勧め、鍾巫の祭りで隠公を暗殺した（『春秋左氏伝』隠公十一年）。子罕のことは、『韓非子』二柄に見える。民の喜ぶ慶賞賜予は宋公に委ね、子罕は自ら民の悪む殺戮刑罰を行い、遂に宋公を劫《おびや》かすに至った。以上は、君が臣に威を仮したことをいう。二聖は武則天が夫の高宗を天王と号し、自らは天后と号したこと。夫婦の別を乱したことをいう。北宋は完顔氏（金）と軍事同盟を結んで遼に対抗しようとしたが金に滅ぼされ、南宋は蒙古と約を結んで金に対抗しようとしたが同じく蒙古に亡ぼされた。これは、中夏が夷狄に仮したことをいう。このように陽が自ら尽くさなければ、陰はその威を振うに至る。船山は、その責はあくまで自ら尽くすべき陽に在るという。

三

乾《けん》の九五は乾《けん》の位なり、坤《こん》の六五は坤《こん》の位なり。坤《こん》の位正しければ、坤《こん》の道盛んにして、地の化は光《おお》いなり（坤《こん》の文言伝による）。故に乾《けん》に造《いた》ると言い（乾《けん》の九五の小象）、坤《こん》に美と言う（坤《こん》の文言伝）。皆《とも》に其の盛を極めて、之を言えるなり。

乾《けん》の九五の小象に「飛龍天に在りとは、大人の造《いた》るなり」といい、坤《こん》の六五の小象に「黄裳、元吉なりとは、文、中に在るなり」という。黄は地の正色であり、五色の中を得たものである。坤《こん》の文言伝に、「君子は黄中にして理を通じ、位を正して体に居る。美は其の中に在りて、四肢に暢び、事業に発す。美の至りなり」という。また「地の化は光《おお》いなり」は、文言伝に「万物を含みて、化光《おお》いなり」というによる。

『周易内伝』は、はじめの文言伝について、「六五は黄中の美、二（六二）と徳を合す。敬と美（文言伝に、「直は其れ正なり、方は其れ義なり。君子は敬以て内を直《なお》くし、義以て外を方にす。敬と義立ちて、徳は孤ならず」という）は、中《うち》に誠ありて外に形《あらわ》れ（『大学』伝の第六章にいう）、致を異にする無し。故に理を通ずと曰う。己を端《ただ》して以て位に居り、盛徳は表に見《あらわ》れて、以て其の貞に安んずるの体を充実す（象辞に、「貞に安んじて吉なり」という）。則ち美は既に中に在りて、威儀の赫喧《かくけん》たる、文章の有斐《ゆうひ》たる（『大学』伝の第三章に、『詩経』衛風の淇奥《きいく》の詩を引いて、「赫たり喧たりとは威儀なり。有斐たる君子、終に諠《わす》る可からずとは、盛徳至善は民の忘る能わざるを道《い》う」という。文章は、礼楽法度をいう）は、美は以て尚《くわ》うる無きなり」という。また次の文言伝について、『周易内伝』は「此れ、象伝の含弘光大なりの義を釈《と》く。其の主を得て利しきを見《しめ》すなり。地は塊然《かいぜん》として静処すと雖も、万物の形質文章は、皆其の由りて発する所なり。陽に感じて以て化し、天下の美利（乾《けん》の文言伝に、「乾《けん》始は能く美利を以て天下を利す」という）は焉《こ》れに備わる。化光《おお》いなりとは、則ち亨りて利しきこと（坤《こん》の象辞に、「坤《こん》は元《おお》いに亨り、牝馬の貞しきに利し」という）、天に同じきなり（乾《けん》の象辞に、「元いに亨り貞しきに利し」という）」という。

何を以て之を効《いた》すや。「乾《けん》は大始を知り、坤《こん》は成物を作《な》す」（繫辞上伝第一章）。有に因る者（坤《こん》）は始と名づけず、无（無）に因る者（乾《けん》）は成と名づけず。无に因りて之を始むる（乾《けん》）は、事は武に近し。天下の至健（乾《けん》）に非ざれば、特《ひと》り造《いた》る所有る能わず。有に因りて之を成す（坤《こん》）は、事は文に近し。天下の至順（坤《こん》）に非ざれば、其の美を利導する能わず。

夫れ坤《こん》の美を為すは、之を利導するのみ。之を利導するにして、陽を糅雑《じゅうざつ》して（まじえる）以て自ら飾らず。位を履み已に正しきに至りて、遂に章を成す。則ち蚑《は》う者、蝡《うごめ》く者、芽ぶく者、荂《はなひら》く者は、五味具わり、五色鮮やかに、五音発し、殊文は釆（彩）を辨《わか》ち、陸離媥爛《はんらん》（多彩で美しい）として、以て万物の美を成す。

なぜ乾《けん》の九五と坤《こん》の六五が、その盛を極めるのか。繫辞伝第一章にいうように、乾《けん》は無に因って始め、坤《こん》は有に因って成す。無に因って始める乾《けん》は武に近い、すなわち天行健たる乾《けん》の九五でなければ、大人の造《いた》る（九五の小象）ことをなすことができない。『周易内伝』は九五の小象について、「造とは、至るなり。大人は剛健の徳を積み、五に至りて天位を履み、天徳は以て凝り、天命は以て受く」という。それに対し有に因って成す坤《こん》は文に近い、すなわち順受する坤《こん》の六五でなければ、その美を利導することができない。美は文言伝に「美は其の中に在りて、……美の至りなり」といい、その『周易内伝』はさきに示した。

利導は、有に因って至順なる坤《こん》が乾《けん》の武を雑えずに万物の美を成すことをいう。象伝に「含弘光大にして、品物咸《みな》亨る」といい、文言伝に「万物を含みて、化光《おお》いなり」という。位を履むこと已に正しとは、六五の陰が陽位を履むのは位に当らないものであるが、次の段に述べるように「順の道、実の道は、陰位の正なり」という意において正しいのである。かくして地上の動物と植物は、鹹苦酸辛甘の五味を具え、青黄赤白黒の五色を輝やかし、宮商角徴《ち》羽の五音を発し、それぞれ文彩を異にし、多彩な色を放って、万物の美を示す。

然りと雖も、凡そ此は皆地上に出でて以て功を天に帰するなり。其の未だ中を出でずして、天其の美を分つを得ざるが若き者は、坤《こん》は自ら其の光を含みて以て黄を為す（六五の爻辞に、「黄裳、元吉なり」という）。玄色は沖（虚）にして黄色は実なり、玄色は遠くして黄色は近し。実なる者は至足せる者なり、近き者は人を利する者なり。「万物を含む」（文言伝）者は、此に在り。是《か》くの若き者、之を至美と謂う（文言伝に、「美の至りなり」という）。其の玄に儷《なら》びて慙《は》ずる无きを以て、故に黄と言う。其の表を炫《かがや》かさずして以て美を充たすを以て、故に裳と言う。順の道、実の道は、陰位の正なり。聖人は之を体し、故に「述べて作らず」（『論語』述而）、以て礼楽を興して文章を成す。則ち承くるに順を以てし（象伝に、「乃ち順いて天を承く」という）美に実有れば、亦以て天を承けて非位の位を履む可し——六五の陰は、位に当らず——。

以上は坤《こん》が乾《けん》の天化を承けて万物の美を成したものであるが、それを利導したものは何か。それは中（外卦の中、すなわち五の位）を守る六五である。六五の爻辞に「黄裳、元吉なり」といい、その小象に「黄裳、元吉なりとは、文、中に在るなり」という。天（乾《けん》）の玄と遠に対して、地（坤《こん》）は黄であり近であり、すなわち実の至足を保ち人を利するものである。

天の玄と並んで地の黄が慙じないのは、乾坤《けんこん》並建の理による。文言伝に「天は玄なり、地は黄なり」といい、『周易内伝』は「玄とは、清気虚寥の色なり。黄とは、濁気絪結の色なり」という。裳が表を炫かさず美を充たすとは、六五の小象に「黄裳、元吉なり（六五の爻辞）とは、文は中に在るなり」といい、『周易内伝』は「黄は其の文なり。裳は中に在るの象なり」という。また文言伝に「美は其の中に在り」といい、『周易内伝』は「坤《こん》は君道无く、二（六二）を内美と為し、五（六五）を外著と為す。君子、闇然として日に章《あき》らかなるの道なり（『中庸』第三十三章に、「故に君子の道は、闇然として日に章らかなり」という）」という。孔子が「述べて作らず」（『論語』述而）というように、まさしく坤《こん》の実は順の意を体し、礼楽を興してその文章を成すものである。六五は陰であるから、五の陽位は陰の正ではない。しかし文言伝に「坤《こん》道は其れ順なるか。天を承けて時に行く」というように、順を以て天を承け天の玄と並ぶ地の黄をもつものであるから、非位の五に在りながら正である。

然らば則ち、黄は文を言い、裳は中を言う――上に在らずして人の中に当る――。黄を以て中と為すは、是れ地は青、赤、黒、白と文を争い、以て天に配するに足らず。裳を以て下と為すは、是れ五（六五）は初（初六）、二（六二）、三（六三）、四（六四）と秩を斉《ひと》しくし、以て正に居るに足らず。子服椒《しふくしょう》、事に因りて偶々《たまたま》占う（『春秋左氏伝』昭公十二年）は、据《よ》りて典要と為すに足らず。

「黄を中と為し、裳を下と為す」は、朱子『周易本義』の六五についての説である。朱子は春秋伝（『春秋左氏伝』昭公十二年）を引いていう。南蒯《なんかい》が叛こうとして坤《こん》の卦を得、六五の爻辞について子服恵伯（子服椒）が述べた「黄は中の色なり、裳は下の飾なり」のことばを引いて証とする。船山はそれに反論して、黄は文であり裳は中であるという。黄はすでに述べたように、其の光を含み至足の実有る美であり、裳は人の中に当るものである。もし朱子のように黄を中とすれば、地（坤《こん》）は青（東）、赤（南）、黒（北）、白（西）と文を争い、天とその徳を並べることができず、また裳を下とすれば、六五が初六、六二、六三、六四と同格となり、六五の正に居ることができなくなる。文言伝に、「君子は黄中にして理を通じ、正位にして体に居る」という。

『周易内伝』は六五の爻辞「黄裳、元吉なり」について、「黄とは、地の正色なり。既に黒白の黝素《ゆうそ》（黝は黒、素は白）に異なり、尤も青赤の炫著《げんちょ》に非ず。五色に於いて、其の中を得たり。衣は上に在りて著見《ちょけん》す（表に現れる）。裳は下に在り、而も又芾佩《ふつはい》（芾は膝かけ、佩は珮玉）以て之を掩《おお》う有り。飾るは中に在りて、衣と文質（衣は文、裳は質）を以て相配する者なり。六五は中に居りて以て上体（上卦）に拠り、而して柔順にして貞に安んずるの徳は、六二自《よ》り已に成れり。大順の積むや、天を体して時に行くこと、裳の以て衣に配するが若く、深厚にして美は自ずから見《あらわ》る。宜しく其の吉なるべし。凡そ吉と言うは、凶と相対するの辞なり、自ずから然るにして其の安んずるを享《う》くるの謂なり。黄裳は、以て吉を求むるに非ざるも固より吉なり。故に元吉と曰う」という。

なお『周易稗疏』は黄裳について、『本義』(『周易本義』)に、「黄は中の色なり、裳は下の飾なり」と云う。然らば則ち、象伝(文言伝の誤り)に云う所の、美は其の中に在りとは、黄は中為るも、豈裳は美を為さんや(朱子は、裳は下の飾なりという)。(中略)五(六五)は中に位し、純陰にして雑ならずして以て之に居る。斯れ以て中に在るの美と為す」という。

䷂　屯《ちゅん》(震《しん》下坎《かん》上)

一

夫れ其の性有る者は其の情有り、其の用有る者は其の変有り。陰陽の情を極め、九、六、七、八の変を尽くすは、則ち其の交わるに存す。剛柔の始めて交わるは震《しん》(☳)なり、再び交わるは坎《かん》(☵)なり。一と再交わりて卦の興るは、陽生ずるの序なり。故に屯《ちゅん》は乾坤《けんこん》に次す。其の始めて交わるに於いて、剛を以て柔に交わり、柔を以て剛に交わらざるは、何ぞや。

屯《ちゅん》の彖伝に、「屯《ちゅん》は、剛柔始めて交わりて難(屯)生ず」という。屯《ちゅん》は震《しん》下坎《かん》上であり、下卦の震《しん》☳は初九の陽が始めて陰の坤《こん》に交わり、上卦の坎《かん》☵は九五の陽が再び坤《こん》に交わった象である。かくして、陽が陰に交わった屯《ちゅん》が、乾坤《けんこん》の後に置かれる。九、六、七、八の変は、筮法の四営して一変し、それを三変して得た数が三十六(老陽の九)、二十四(老陰の六)、二十八(少陽の七)、三十二(少陰の八)となり、一爻を得ることをいう。なぜ乾《けん》と坤《こん》が始めて交わるとき、剛が柔に交わった震《しん》と坎《かん》を以てし、柔が剛に交わる巽《そん》☴と離《り》☲を以てしないのかと問う。乾《けん》の初に陰が始めて交わるのは長女の巽《そん》☴であり、乾《けん》の二に陰が再び交わるのは中女の離《り》☲である。因みに巽《そん》下離《り》上は、鼎《てい》䷱である。

『周易内伝』は象伝について、「始めて交わるとは、乾坤《けんこん》を継ぎて陰陽相雑《まじ》わるの始めなるを謂う。周易は乾坤《けんこん》を并建して以て首《はじめ》と為し、天地陰陽の全体を立つ。全体立てば則ち大用行われ、六十二卦は天道と人事、陰陽変化の大用を備う。物の始めて生ずるは、天道と人事の変化の始めなり。陰は以て質を為し、陽は以て神を為し、質立ちて神は焉《こ》れに発す。陽気は先に動きて、以て固有の陰に交わり、物は乃ち以て生ず。屯《ちゅん》の卦為《た》る、陽は一たび交わりて下に処り（下卦の震《しん》☳）、以て陰の蔵を震動す。再び交わりて中を函《ふく》み（上卦の坎《かん》☵）、以て陰を主《つかさど》りて其の潤（坎《かん》の水）を施す。其の艸木に在りては、則ち陽方《はじ》めて興りて出でんと欲するの象なり。故に屯《ちゅん》は乾坤《けんこん》を継ぎて、陰陽の始めて交わるを為す。象を以て之を言えば、則ち雷（震《しん》）動き雲（坎《かん》）興り、天地蒸変して将に沢を物に施さんとして、未だ行われざるの象と為す。（中略）難生ずとは、九五は二陰（六四と上六）の中に陥り（上卦は坎《かん》）、上六の覆蔽《ふうへい》する所と為り、相争いて寧《やす》からざるの道有り。陽の陰に交わるや、本より以て陰を和し普《あまね》く其の用を成す。然れども陰の質は凝滞して施すを吝《おし》み、陽は其の中に入り、其の滞るを散じて以て形を品物に流《し》かんと欲するも（乾《けん》の象伝に、「雲行き雨施して、品物は形を流《し》く」という）、情（陰）は且つ疑沮《ぎそ》して相信任せず。則ち難の生ずるは、免るる能わず。故に六二は寇《あだ》かと疑い（六二の爻辞に、「寇に匪ず、婚媾するなり」という）、九五は膏《めぐみ》を屯《とどこお》らし（六五の爻辞に、「其の膏を屯らす」という）、上六は泣血する（上六の爻辞に、「泣血すること漣如《れんじょ》たり」という）は、皆難なり」という。

陰陽の万物を生ずるや、父は之が化を為し、母は之が基を為す。基立ちて化は施し、化至りて基は凝る。基は化を求めず、化は虚しくは施さず。然る所以の者は、陰は虚なるも用を致すは実にして、形の精なればなり。陽は実なるも用を致すは虚にして、性の神なればなり。形の成る所、斯《ここ》に性有り。性の顕らかなる所、惟其れ形なり。故に「形色は天性なり。惟聖人にして、然る後に以て形を践《ふ》む可し」と曰う（『孟子』尽心上）。陽は方《はじ》めて来りて功を致し、陰は化を受けて用を成す。故に乾《けん》は造《いた》ると言い（乾《けん》の九五の小象）、坤《こん》は位を正すと言う（坤《こん》の文言伝）。造るは動なり、位を正すは静なり。動は継ぎて善なり、静は成して性なり（繋辞上伝第五章による）。故に「人生まれて静なるは、天の性なり」と曰う（『礼記』楽記）。此に繇《よ》りて之を言えば、動きて虚なる者は、必ず形気の静実を凝らす。陽は方《はじ》めて来りて陰に交わり、天地の初幾と万物の始兆と為る。而して屯《ちゅん》の、乾坤《けんこん》を紹《つ》ぎて以て始めて建つは、信《まこと》なり。

万物を生ずる陰陽の構造を述べる。乾《けん》（父）の陽のはたらき（化）と、坤《こん》（母）の陰の実体（基）との交合によって万物は生生する。陰の基と陽の化は、それぞれ相俟って陰陽の交感が成るのであり、陰が陽を求めるものでもなく、また陽が一方的に化を施すものでもない。陰⚋は中央の虚に陽⚊の実を受け容れて実の形をなし、陽⚊は化のはたらきを陰⚋の中に貫いて虚の性をなすものである。性と形とは、陰陽交合のように陽の化がまず動いて陰の基が凝り、従ってまた形の精に性の神が存する。終りに『孟子』尽心上のことばを引いて、形色の陰によって天性の陽を顕らかにすることをいう。

乾《けん》の造《いた》るは九五の小象に「飛龍、天に在りとは、大人の造るなり」といい、坤《こん》の位を正すは文言伝に「君子は黄中にして理を通じ、位を正して体に居る」という。造《いた》るは陽の動であり、位を正すは陰の静である。繋辞上伝第五章に「一陰一陽、之れ道と謂う。之を継ぐ者は善なり、之を成す者は性なり」というように、陰陽相感じて天の性を成す。かくして陽が始めて動いた震《しん》と再び動いた坎《かん》より成る屯《ちゅん》は、乾坤《けんこん》を次ぐ天地の初幾と万物の始兆として、ここに位置する。

乃ち（然るに）玄（道家）の言を為す者は、陰は尽くさず生ぜずと謂う。釈（仏釈）の言を為す者は、之を六陰の区宇と謂いて、之を転ぜんと欲す。則ち其の孤陽の明に浮寄し、其の已成の実を銷帰《しょうき》（消滅）し、人物の生ずる所に於いて、別に其の生有り。玄は之を「刀圭《とうけい》、口に入る」と謂い、釈は之を「意は身を生ず」と謂う。陽を摶《う》ちて基と為し、陽をして入りて化を受け使む。天に逆うこと甚し。

道家と釈氏が、この陰陽交感の理を知らぬことを斥ける。道家は陰のはたらきを認めず、物を生ずることはできないという。六陰の区宇は、眼《げん》、耳《に》、鼻《び》、舌《ぜつ》、身《しん》、意《い》の六根。転は転依《てんえ》、煩悩を転捨して菩提を転得すること。かれらは陰を無とし空と観じて、超越的な道によって陰の実を空無に転帰しようとする。万物の生生たる陰陽の上に、無と空という他者を求める点では同じである。刀圭は、さじに盛った薬。道家は薬によって生が養われるといい、また釈氏は意が身を生ずるという。刀圭あるいは意を陽とし、それによって事が成るとする。基となって陽の化を受けるものは、易においては陰である。かれらは孤陽の明という基を立てその変転（化）が事の生滅であると考える。陰陽交感の理を説く易に逆くこと、まことに甚しいものである。

夫れ陽は性を主《つかさど》り、陰は形を主る。理は性自《よ》り生じ、欲は形を以て開く。其の或いは夫の欲尽きて理乃ち孤行するを冀《ねが》うは、亦似たり。然れども天理人欲は、同行にして異情なり。異情とは異なるに変化の幾を以てし、同行とは形色の実を同じくするは、則ち彼の能く知る所に非ず。天に在りては理と為すも、理の未だ実に麗《つ》かざるは則ち神と為し、理の已に虚に返るは則ち鬼と為す。陽は時として在らざる無く、陰は時として消する有り。陽に居りて以て陰を致すは、則ち鬼神なるのみ。既已《すで》に人と為りては、得んや。故に屯《ちゅん》は人道なり、二氏の説は鬼道なり。屯《ちゅん》を以て乾坤《けんこん》の生を紹《つ》ぐは、易の以て人道を立つるなり。

陽は性を主り、陰は形（身体）を主る。また理は陽の性より生じ、欲は陰の形より発する。ところで欲を滅尽することによって理だけが行われることを願うのは、道に近いかの如く思われる。しかし、天理と人欲は同行にして異情なるものである。すなわち性を主る陽と欲を主る陰が相俟って万物の生生が起り、形色の実を生ずる同行と、それぞれが変化の幾を以てする異情のことがともに存在する。変は陽の性についていい、化は陰の形についていう。天理についていえば、理が物として実現しない次元のはたらきを神といい、理が虚に帰したところを鬼という。陽はいかなる時にも存在し、陰は時として消滅することから、永遠の名において事物の生滅を包摂する考えが起る。かれらが陽の天理を立てて陰の人欲を処理する立場は、まさしくこの鬼神の側面に立つもので、すでに人たるわれらはこの鬼道を以てすることはできない。易の屯《ちゅん》が乾坤《けんこん》の生を継いで人道を立てるのと異なるものである。「夫の欲尽きて、理乃ち孤行するを冀う」ものは、行論からいえば老釈の二氏をいうが、天理人欲の語からすれば朱子学の徒を含めて論じている。

二

屯《ちゅん》の世に当りて、其の屯《ちゅん》（難）を達せんと欲すれば、則ち陰の、命を陽に聴くは必せり。而るに誰か与《ため》に之を命ずるや。将《はた》其の位を以てすれば、則ち五（九五）は天位に処り、初（初九）は其の建つる所の侯なり（象辞及び初九の爻辞に、「侯を建つるに利し」という）。将《はた》其の才を以てすれば、則ち震《しん》（屯《ちゅん》の下卦）の一陽（初九）、威は物を起すに任じ、而して五（九五）は険中（屯《ちゅん》の上卦は坎《かん》、坎《かん》は険）に処り、蔵すること固くして、以て為す有るに足らず。然らば則ち、之が陰為《た》る者、「馬に乗りて班如」（屯《ちゅん》の六二と六四と上六の爻辞にいう）たらざらんと欲すと雖も、得ざるなり。

屯《ちゅん》は屯難、上卦の坎《かん》（険）の世に、下卦の震《しん》が動いてゆきなやむ象である。この屯難の世を通達するには、陰は陽に従わざるをえない。たしかに初九と九五の陽は、位を以てすれば侯を建てまた天位に処るものであるが、才を以てすれば初九は物を起す震《しん》のはたらきしかもたず、九五は坎《かん》（険）の中に在って事を為すことができない。かくして屯《ちゅん》の三陰は、「馬（陰）に乗りて班如（別れて往く）」たる他ない。

屯《ちゅん》の象辞に「屯《ちゅん》は、元亨利貞なり。往く攸有るに用うる勿れ。侯を建つるに利し」といい、『周易内伝』は「屯とは、艸茅《そうぼう》、土を穿《うが》ちて初めて出ずるの名なり。陽気、物を動かし、発生して未だ遂げざるの象なり。此の卦は、初九の一陽、三陰（六二と六三と六四）の下に生じ、震動の主と為る（初九は下卦震《しん》の主）。三陰は、亦坤《こん》（☷）の体なり。九五は其の上に出で、地（坤《こん》）を出ずるの勢い有り。上六の一陰は復其《また》（九五）の上を冒《おお》い、遂ぐるを得ず。故に屯《ちゅん》と為す。（中略）元亨利貞とは、乾《けん》の四徳なり（乾《けん》の彖辞にいう）。此の卦は、震《しん》は首《はじ》めて陽の施すを得（初九）、物の資《と》りて始むるところと為る（乾《けん》の彖伝に、「大なる哉、乾《けん》元。万物資りて始む」という）。陽気震動して、物に於いて通ず可し。九五は剛健中正にして、陰中に陥る（上卦坎《かん》の中に居る）と雖も自ら失わず、以て物を制して自ら其の正を得るに足る。故に乾《けん》の四徳（元亨利貞）は、皆之を有《たも》つを得たり。此れ天地の始めて化し、天を得ること最も夙《はや》き者なり。然れども、此の四徳を具《そな》うと雖も、時に於いては方《まさ》に屯難を為す。初（初九）の陽は地（六二と六三と六四の三陰の坤《こん》）の下に潜み、五（九五）の陽は陰中（上卦坎《かん》☵の六四と上六の中）に陥る。陽は陰の為に覆《おお》われ、道は伸ぶるを得ず。則ち乾《けん》の初（初九）の用うる勿れ（初九の爻辞に、「潜龍、用うる勿れ」という）の時義と同じく、同声同気（乾《けん》の文言伝に九五について、「同声相応じ、同気相求む」という）の輔《たす》け無し。天位（九五）に在りと雖も、以て飛ぶに足らず（乾《けん》の九五の爻辞に、「飛龍、天に在り」という）。是を以て、往く攸有るに用うる勿《な》きなり。侯を建つるに利しとは、九五は尊に居り、陽剛は位を得たるも（九五の陽が五の陽位に居る）、道は孤にして難（上卦の坎《かん》）に逢う。必ず初九の陽を資《と》り迷留（坤《こん》の彖辞に、「先にすれば迷う」という）の群陰（六二と六三と六四及び上六）を鼓盪して、乃ち険（上卦の坎《かん》）に在りて憂えざる可しという。

嗚呼、聖人の「民を得る」（初九の小象にいう）を以て初（初九）に予《ゆる》すは、豈已《や》むを得んや。五（九五）の剛健中正なる者は、其の位是れなり、其の徳是れなり。而れども、時は則ち非なり。泥中に処りて宵露を犯し、名義を酌みて以て去留を為す（九五の爻辞による）。二（六二）は正（貞）なりと雖も時に違《たが》い（六二の爻辞に、「女子は貞にして字《あざな》せず、十年にして乃ち字す」という）、四（六四）は吉なりと雖も利に近し（六四の爻辞に、「吉にして利しからざる无し」という）。時に違《たが》う者（六二）は難を以て告げ（六二の小象に、「六二の難は、剛（初九）に乗ずればなり」という）、利に近き者（六四）は智を以て聞ゆ（六四の小象に、「求めて往くは、明（智）なるなり」という）。震《しん》主の威を挟《さしはさ》む者（六三）は、乃ち天時を引き人事に徴して、「時務を識る者は俊傑に在り」、「吾れに従いて游ぶ者は、吾れ能く之を尊顕せん」と曰う。則ち二（六二）は安《いずく》んぞ頑民を以て、独り其の後に処らざるを得んや。此れ子家羈《しかき》の国に返るに消心する所以なり、司空図《しくうと》の僅かに巌棲に託する所以なり。

屯《ちゅん》の各爻が、屯難の世を済《すく》うことができないことを述べる。まず陽については、初九の小象に「盤桓《ばんかん》す（初九の爻辞）と雖も、志は正を行う。貴（陽）を以て賤（初）に下る、大いに民を得るなり」というのは、九五は初九が民を得ることによる他ないからである。しかし初九は、爻辞に「盤桓す。貞に居るに利し」というように、その才を用いることができない。また九五は陽を以て五の陽位に居り外卦坎《かん》の中に在るから、その位は中正であり、また陽剛の徳をもっている。しかし、時は坎《かん》険に在る。その爻辞に、「其の膏《めぐみ》を屯《とどこお》らす。小しく貞なれば吉なり、大いに貞なれば凶なり」という。膏は沢、すなわち泥中に処り宵露にゆきなやみ、小貞の吉と大貞の凶という名義の去留に迷っている。

初九の爻辞に「磐桓す。貞に居るに利し、侯を建つるに利し」といい、『周易内伝』は「磐とは大石なり、桓とは郵亭の表木（木を削って目印とした木）なり。（中略）皆《とも》に動かざる者なり。初九は一陽、三陰（六二と六三と六四）の下に処り、堅立して動揺す可からず。潜して未だ行かず（乾《けん》の初九の爻辞に、「潜龍、用うる勿れ」という）、故に此の象有り。「往く攸（有る）を用うる勿れ」（彖辞）と謂う所なり。貞に居るの利しきは、志の定まれるなり。侯を建つるに利しとは、九五は宜しく之を建てて以て侯と為すべきなり。侯を建てて正（貞）を得れば、則ち君臣は交々利を受く」という。初九の小象について、『周易内伝』は「盤桓して下に安処すれば、未だ以て其の正を行うに足らず。然れども震《しん》の主と為り、屯《ちゅん》難の世に当り、群陰を震動して之と交感し、以て九五を険（上卦の坎《かん》）より済《すく》わんと欲す。則ち志は正を行うに在り、時艱を坐視して為す有るを思わざるに非ず。若し其れ陰の下に伏処すれば、三陰（六二と六三と六四）の心を得て与に倶《とも》に動かんと欲するのみ。陽は貴にして陰は賤なり、陽は君にして陰は民なり。侯度《こうど》（侯は射の的《まと》、法度。『詩経』大雅の抑《よく》に見える）を守りて以て民を率《ひき》い主に事《つか》うるは、宜しく之を建てて侯と為すべき所以なり」という。

九五の爻辞について、『周易内伝』は「膏とは、沢なり、水（上卦の坎《かん》）の物を潤す者なり。貞とは、物を正すの謂なり。九五は陽剛中正の徳有りと雖も、上六の掩《おお》う所と為り、険中に陥り、能く往く所に利しき無し。蓋し雷（下卦の震《しん》）動き雲（上卦の坎《かん》）興るも、時雨降る能わざるの象なり。斯の時に於いて、屛輔《へいほ》の任を初九に委ね、其（初九）の為す可き者に因りて、小しく物を正すの功を試むれば、則ち満盈の経綸（彖辞に「大いに亨りて貞なるは、雷雨の動き満盈すればなり」といい、大象に「雷雨は屯《ちゅん》なり。君子は以て経綸す」という）、徐《おもむ》ろに後効を収めて吉なり。如《も》し一旦にして大正を物に求むれば、陰険は衡を争いて解けず、必ず凶に至る」という。

次に陰については、六二は陰が二の陰位に居るから位は正であるが、屯難の世に在って（時に違い）字《あざな》しない貞を守り、十年にしてはじめて字する己の難を告げる他ない。また六四は吉ではあるが、その爻辞に「往けば吉なり、利しからざる无し」といい、小象に「求めて往くは明なり」という。その智は、利を求めるだけである。震主の威を挟む者は、下卦震《しん》の主である初九の威を借りる六三をいう。六三の小象に、「鹿に即《つ》くに虞《ぐ》（山林を司る官）无し（六三の爻辞）とは、以て禽に従うなり」という。震《しん》の陽の威をもたない陰柔の六三が、わが分をわきまえずに目前の禽を得ようとする。

「時務を識る者は俊傑に在り」は、『三国志』蜀書の諸葛亮列伝に引く「襄陽記」に司馬徳操の言として見え、また『漢書』高帝本紀第一下に、高祖の詔として「賢士大夫の肯えて我に従いて游ぶ者有らば、吾れ能く之を尊顕し、天下に布告して、明らかに朕が意を知ら使めん」という。震主の威を挟む者の言としてこれを示すのは、船山三十五歳のとき、桂主を滇黔《てんけん》に擁立した孫可望が、天下の俊傑を集めようとしたことをいう。従って次に六二について述べるのは、そのとき「章霊賦」にわが志を示さざるをえなかった船山自身についての思いである。かくして六二は屯難の世に独り従わない頑民（『書経』畢命）として、六三の後に居る他ない。子家羈（懿伯）のことは、『春秋左氏伝』昭公二十五年に見える。斉に逃れた昭公が魯に返ることについて、子家羈は消心すなわち積極的になれなかったこと。司空図は唐末の乱に中条山王官谷に隠れ、哀帝が弑されるや食わずして卒する。号は耐辱居士、知非子。明末の乱に際し、頑民たることを余儀なくされた船山の志を託する。

六二の爻辞に「屯如《ちゅんじょ》たり（ゆきなやむ）邅如《てんじょ》たり（進まない）。馬に乗りて班如《はんじょ》たり（別れて行く）。寇《あだ》するに匪《あら》ず、婚《こん》媾《こう》するなり。女子貞にして字《あざな》せず、十年にして乃ち字す」といい、『周易内伝』は「邅とは、遅回（躊躇）して進まざるなり。車駕の四馬は乗と曰う。屯《ちゅん》は、陽（初九と九五）、四陰（六二と六三及び六四と上六）を御して以て動きて（下卦の震《しん》）険を渉る（上卦の坎《かん》に往く）。故に三たび「馬に乗る」と曰う（六二と六四と上六の爻辞）。班とは、相別れて往くなり。春秋伝（『春秋左氏伝』襄公十八年）に、「班馬の声有り」という。女子は、許嫁（婚約）して字《あざな》す。初陽（初九）震動して出でんと欲するも、二（六二）は陰を以て其の上に居り、之（初九）を止《とど》めて進めず。初（初九）と志を異にすること、馬に乗り相随わずして岐路を分つが如し。蓋し初九の己を寇《あだ》するを為すかと疑うなり。夫れ陽は陰に交わりて以て物を生ずるの功を成さんと欲するは、豈其れ相寇《あだ》せんや。相与に婚媾を為さんと欲するのみ。而るに二（六二）は其の中を得たるに倚り、之（初九）と交わらず。女子は年已に期に及べば、義として当に字《あざな》有るべきも、志を亢《たか》くして字せざるが如し。九五に至り、陽は已に尊に居り、而も下は与に相応ず（六二と九五は正応である）、乃ち已むを得ずして順いて以て之に従う。（中略）猶《なお》貞と為す所以の者は、位を得て（六二が二の陰位に居る）中に居り、邪を為すに非ざればなり」という。また六二の小象に「六二の難は、剛に乗ずればなり。十年にして乃ち字す（爻辞）とは、常に反《かえ》るなり」といい、『周易内伝』は「屯《ちゅん》の難生ず（象辞にいう）と為す所以の者は、二（六二）は初（初九）を揜《おお》い、上（上六）は五（九五）を揜い、升るを得ざら使むればなり。陰陽交わりて以て物を生ずるの功を成すは、常なり。女子の貞は、字せざるを以て貞と為すに非ず。剛に乗じて相下らざるは、陰志の変なり。上は九五に応じて（九五は六二の正応である）、乃ち常に反る。故に晩《おそ》しと雖も、猶其の正を失わず。十年とは、数の極なり。天道は十年にして一たび改まる」という。

六四の爻辞に「馬に乗りて班如たり。婚媾を求めて往けば、吉にして利しからざる无し」といい、『周易内伝』は「四（六四）は初（初九）と応じ、而も又上は九五を承く。適《ゆ》く所有るを専らにせず、故に班如（分れる）たるの象有り。然れども柔は位を得て（六四が四の陰位に居る）、而も退爻為《た》り。始めは疑うと雖も、終りは必ず往くに決し、初（初九）と正応を為す。婚媾を求むとは、初（初九）来りて求むるなり。柔にして正を得（六四についていう）、初（初九）の宜しく求むべき所なり。（初九が）求めて（六四が）必ず往くは、四（六四）の順徳なり。陽（初九）動きて功有るは、必ず陰（六四）の順受するを得て、而る後に生化（陽の生と陰の化）は以て成る。己（六四）に於いては吉と為し、物（初九）に於いては利しからざる无しと為す」という。また六四の小象に「求めて往くは、明なるなり」といい、『周易内伝』は「四（六四）は求む可きの美有り、初（初九）は往くを待つの情有り。其の当に然るべきを明らかにすれば、終に班如の惑いを解く。君臣朋友の際、従う所に審らかなれば、則ち利しからざる無くして吉なり」という。なお外伝に「利に近き者は智を以て聞ゆ」というのは、この内伝の意と異なっている。

六三の小象に「鹿に即《つ》くに虞《ぐ》无し（爻辞）とは、以て禽に従うなり。君子は之を舎《お》く（爻辞に、「舎くに如《し》かず」という）、往けば吝なりとは（爻辞）、窮すればなり」といい、『周易内伝』は「進むを求めて険を知らず（下卦震《しん》の盛に居る六三は進爻であり、上卦坎《かん》の険を知らずに進む）、唯禽に従うを貪り躁動して已まず。君子に非ざる自《よ》りは、能く吝みて以て窮を致す無からんや」という。

三

畜《ちく》（大畜《たいちく》）の極は亨り、否《ひ》の極は傾き、賁《ひ》の極は白く、剥《はく》の極は食《くら》われず、睽《けい》の極は雨に遇う。然らば則ち、屯《ちゅん》極まりて雷雨盈《み》ち、雷雨盈ちて艸昧啓《ひら》く。上六に「馬に乗りて班如たり、泣血すること漣如《れんじょ》たり」と曰う（上六の爻辞）は、屯《ちゅん》は将《はた》難を出ずるの望み無きか。曰く、時の以て長かる可き者は、上（上六）なり。長かる可からざる者は、上六の自ら之を為せるなり。

屯難の極みに居る上六について述べる。大畜《たいちく》䷙の上九の爻辞に「天の衢《ちまた》を荷《にな》う。亨る」といい、否《ひ》䷋の上九に「否を傾く」といい、賁《ひ》䷕の上九に「白く賁《かざ》る」といい、剥《はく》䷖の上九に「碩《おお》いなる果《このみ》は食《くら》われず」といい、睽《けい》䷥の上九に「往きて雨に遇えば吉なり」という。ともに上九の陽が否塞の世を済《すく》うことを述べている。屯《ちゅん》の象伝に「屯《ちゅん》は、剛柔始めて交わりて難生ず。険中に動き、大いに亨りて貞なるは、雷雨の動き満盈すればなり。天造草昧、宜しく侯を建つべきも、寧《やす》からず」という。雷（震《しん》）雨（坎《かん》）が満盈する屯《ちゅん》の上六は、天造草昧の啓《ひら》くべき時である。すなわち「時の以て長かる可き者は、上なり」である。しかし「寧からず」といい、上六の爻辞に「泣血すること漣如たり（とどまらない）」というのは、この屯難を克服できないことを述べている。『周易内伝』は上六の爻辞について、「陽（九五）は方《まさ》に興りて已に中位を履むも、上六は独り異志を懐《いだ》きて以て相難んず。初（初九）は既に民を得（初九の小象に、「貴を以て賤に下り、大いに民を得たり」という）、五（九五）は膏《めぐみ》盈満するも、豈能く終に之（坎《かん》の難）を遏《とど》めんや。時は過ぎ勢いは傾き、唯自ら悲泣するのみ。涙を隕《おと》して声無きを、泣血と曰う」という。「時の以て長かる可からず」は、上六の小象に「何ぞ長かる可けんや」といい、『周易内伝』は、「陰（上六）は、陽（九五）生ずるの後に留まり、勢い久しくする能わず。故に消阻して悲泣す」という。

且つ夫れ、屯《ちゅん》は交わりて難生ず（屯《ちゅん》の象伝に、「屯《ちゅん》は剛柔始めて交わりて、難生ず」という）と雖も、然れども物生ずるの始めは、則ち其の固有にして辞するを得ざる者なり。一陽下に動く（震《しん》☳）は、地中の陽なり。是れ自りして、震《しん》を出で坎《かん》に入るの交は、物且《まさ》に土（坤《こん》、六二と六三と六四の三陰）を冒《おか》して達するを求めんとす。乃ち（然るに）地中を離れて地上に出ずる者は、幾《いくばく》も无し（九五の一陽のみである）。水（坎《かん》）は、体は陽にして用は陰なり。

以て地外を包み、物の出ずるや必ず焉《こ》れを渉《わた》る。出でて暢《の》ぶれば、則ち千章の繇条《ようじょう》（茂った枝）は、其の長ずるを禁《とど》むる所无し。出でて猶予（逡巡）褻回（徘徊）して以て自ら阻《はば》めば、則ち夭折《ようせつ》して長ず可からず。故に方春の旦《あした》、雷は声を発し、蟄虫啓《ひら》き、百昌（百物）将に出でんとするや、必ず迅風、疾雨、驟寒有りて、以て之を抑勒《よくろく》（抑制）し、物の摧折《さいせつ》して消阻する者、亦《こと》道《い》うに勝《た》う可からず。剛健に資《と》り、険を見て朒《ちぢま》らざる者に非ざれば、固より以て此れに堪うるに足らず。

万物始めて生ずるときの屯難のことを述べる。初九の一陽は下卦に動き（震《しん》）、上卦の坎《かん》の難に交わろうとする。坎《かん》☵は水であり、『周易内伝』は坎《かん》の彖辞について、「内（陽）明らかにして外（陰）暗く、体は剛にして用は柔なり」という。坎《かん》は一陽が再び陰に交わった中男であるが、その用は物に従う水の陰柔である。すなわち二陰の中に一陽が居る象である。万物が地中から暢びるとき、必ずこの風雨の難を経なければならない。剛健の徳をとる九五でなければ、この険（坎《かん》）に堪えることはできない。

上六は坎《かん》（上卦）と体を為し、五（九五）と比（陰と陽が相並ぶ）を為し、五（九五）の尊を借り、陽の力を資《と》る。誰か以て其の長ずるを禁《とど》むるに足る者ならんや。而れども柔は決するを知らず、其の「馬に乗りて班如たる」（上六の爻辞）は、猶《なお》二（六二）と四（六四）のごとし。是に於いて出ずる能わざれば、則ち竟《つい》に出でず。猶《なお》土より発して寒雨に遇い、乃ち更《あらた》め反りて地中の陽に㬉《だん》（暖）に就くがごとし。首鼠狐疑し、楚囚対泣するも、将《はた》誰をか怨まんと欲して可ならんや。

上六は上卦の坎《かん》に在って九五と比し（上下相ならぶ）、九五の君威と陽剛の力を借りているから、誰もその長ずることを止めることはできないはずである。しかし決断できない陰柔の上六は、恰も初春の萌芽が寒雨に遇って再び地中に戻るように、結局屯難を出ることができず、ひたすら「泣血すること漣如たる」他ない。首鼠狐疑は、「馬に乗りて班如たり」という進退去就に躊躇して決しないこと、これは六二と六四の爻辞にも見える。楚囚対泣は、楚の鍾儀が晋に囚われ相対して泣いたこと、「泣血すること漣如たり」についていう。

嗚呼、二（六二）と四（六四）の馬首、従う所に決せざるは、坎《かん》中に在りて険を畏れ、人の情の常なればなり。上（上六）は険を出でて初（初九）より遠ざかるも、然れども且つ棲遅《せいち》（退隠）迷留し、策（鞭）を岐路に頓《とど》むるは、夫れ何為《す》る者ぞ。甚しいかな、初九の淫威孔福《こうふく》（甚しい福）の人を動かすや。震《しん》の主（初九）にして天下の心を疑わしめ、五（九五）は其の施を光《おお》いにせんと欲す（九五の小象に、「其の膏《めぐみ》を屯《とどこお》らす（九五の爻辞）とは、施すこと未だ光いならざるなり」という）と雖も、豈得可《う》けんや。唐文・周墀《しゅうち》の、涕《なみだ》を一堂に灑《そそ》ぐ所為《ゆえん》なり。周衰えて萇弘《ちょうこう》は誅され、漢亡びて北海（孔融）は死す。壮馬拯《すく》い難し（明夷《めいい》の六二の爻辞による）と雖も、而も弱涙揮《ふる》わざるは、懦《だ》夫《ふ》（懦夫、心の怯《おそ》れる者）の激するに望む所に非ざるのみ。

六二と六四の爻辞に、「馬に乗りて班如たり」という。六二と六四が従う所に決断できず屯難を畏れるのは、人の情の常であるにしても、しかし上六までが「馬に乗りて班如たる」のはいかなることか。策を頓むは、馬（陰）に策うつことをとどめ、往くことをやめる意。初九の威福は甚しく、震《しん》の主として人心を遅疑させ、たとい九五がその恩沢を上六に施そうとしてもできない。九五の爻辞に、「其の膏を屯らす」という。

唐の文宗は周墀を用いて宦官の弊を除こうとしたが、却って甘露の変を招き、周墀とともに歎かざるを得なかった。九五の文宗が初九の宦官の淫威のために、その施を光いにすることができなかったことをいう。しかし周の萇弘は晋の范氏を援けたため、晋の趙鞅の責問により周の人に殺され（『春秋左氏伝』哀公四年）、後漢の孔融（北海の相）は魏の曹操に忌まれて殺されたが、ともに決して弱涙を流すことはしなかった。なお、萇弘は孔子が楽《がく》を学んだ人である。壮馬拯い難しは、明夷《めいい》䷣の六二の爻辞に「用て拯うに馬壮んなれば、吉なり」という。壮馬によっても如何ともなし難い険中に在って、決して弱音を吐かなかったかれらは、懦夫の一時的な激情とは異なるものである。

䷃ 蒙《もう》（坎《かん》下艮《ごん》上）

一

震《しん》、坎《かん》、艮《ごん》は、皆地に因りて以て陽を起す者なり。初（屯《ちゅん》の初九）の陽は地下に動き（下卦の震《しん》☳）、五（屯《ちゅん》の九五）の陽は次進して地中に入る（上卦の坎《かん》☵）。故に乾坤《けんこん》始めて交わりて、屯《ちゅん》なり。綜して蒙《もう》の象と為り、陽は初自り二に進み（下卦の坎《かん》☵）、五自り上に進む（上卦の艮《ごん》☶）。則ち屯《ちゅん》は進みて蒙《もう》と為り、天造の草昧（屯《ちゅん》の彖伝にいう）成る。天は地外を包み（上卦の艮《ごん》）、地は水中に在り（下卦の坎《かん》）。地を離れて未だ天に即《つ》かず、故に屯《ちゅん》は坎《かん》（上卦）に止まる。水（坎《かん》）に沐して遂に山（艮《ごん》）に隮《のぼ》る、故に蒙《もう》は艮《ごん》（上卦）に成る。

乾坤《けんこん》が始めて交わった屯《ちゅん》を承けて、蒙《もう》が屯《ちゅん》の天造草昧を成す所以を述べる。震《しん》☳、坎《かん》☵、艮《ごん》☶は、一陽が地（坤《こん》☷）の初から二と三に動いた象である。屯《ちゅん》䷂は震《しん》下坎《かん》上、初九の陽が地の下に動いた震《しん》と、九五の陽が次進して地の中に入った坎《かん》との合象である。綜卦は後述の序卦伝に述べる、上下反転の象、屯䷂䷃である。蒙《もう》は坎《かん》下艮《ごん》上、屯《ちゅん》の初九の陽が九二に進み、九五の陽が上九に進んだ象である。すなわち屯《ちゅん》の次に蒙《もう》が位し、かくして屯《ちゅん》の天造草昧（彖伝にいう）が蒙《もう》において蒙昧を成す。蒙とは蒙昧の意。天が地外を包むとは、上九の一陽が地の二陰の上に在る艮《ごん》☶をいい、地が水中に在るとは、九二の陽が中位に居る坎《かん》☵はもと坤《こん》☷の地の中位を陽が占めた象であるから、地（坤《こん》）は水（坎《かん》）中に隠れていることをいう。坎《かん》下艮《ごん》上の蒙《もう》の象である。屯《ちゅん》は初九が地を離れて天に至らず、九五が坎《かん》中に止まるのに対して、蒙《もう》は九二が坎《かん》中の水に沐して、上九が艮《ごん》の山に上ったものである。

蒙《もう》の象辞について、『周易内伝』は「蒙とは、艸卉《そうき》叢生するの謂なり、晦翳《かいえい》（暗い）にして未だ辨《わか》つ有らず。陰陽の交わるや、始めは屯自《ちゅんよ》りす。乃ち一たび回旋するの際に、陰は陽の滋を得て盛んなり。陽は之が為に隠れ、初の陽（屯《ちゅん》の初九）は進みて二（蒙《もう》の九二）に居り、五の陽（屯《ちゅん》の九五）は往きて上（蒙《もう》の上九）に居り、皆《とも》に其の位を失う（陽が陰位の二と上に居る）。陽（九二）は陰中に雑《まじ》わりて紀《ただ》す無く、五（六五）は卦（上卦の艮《ごん》）の主と為るも、柔暗にして下は二陰（六四と六三）に比す、故に蒙《もう》と為す。（中略）屯《ちゅん》は険中に動き（震《しん》下坎《かん》上）、出でて以て陰（上卦の坎《かん》）を済《な》し（下卦の震《しん》）、治道の始めなり。剛は上の位を得（屯《ちゅん》の九五）、君道立ちて以て難を定む可し。蒙《もう》は険にして之を止め（坎《かん》下艮《ごん》上）、以て邪を閑《ふせ》ぎて其の非僻を抑《おさ》う、教道の予《あらかじ》めするなり。剛は下に在りて中を得（蒙《もう》の九二）、道は行う可からざるも明らかにす可し。君道詘《くつ》（屈）して、道は師に在り」という。

其の屯《ちゅん》為るに当りては、自ら其の必ず生ずるを保つ能わず。故に憂いの生ずること方《まさ》に亟《すみ》やかにして、陽に求むる者は草昧の造なり。而して生有りて以後、堅脆と良楛《りょうく》（美と悪）は、計るに暇《いとま》あらざる者有り。其の蒙《もう》為るに逮《およ》びては、能く自ら其の生を保つ。則ち憂うる所の者は、材を成し用を致すの美悪にして、陽に求むる者は、正を養うの功なり（蒙《もう》の彖伝による）。姑息の愛、呴沫《くまつ》の恩は、望む所に非ず。

屯《ちゅん》の彖伝に、「天造草昧にして、宜しく侯を建つべきも、寧《やす》からず」という。屯難に当って生を遂げることができず、屯《ちゅん》の各爻にいう憂いが生ずる。陽に求めることは、この天造草昧を成し遂げる以外にない。従って生を享《う》けて以後の材の堅い脆《もろ》いや美悪については、思いをめぐらすことができない。

それに対し、蒙《もう》においては、正を養うことが陽のつとめである。蒙《もう》の彖伝に、「蒙以て正を養うは、聖の功なり」という。呴沫の恩は、『荘子』大宗師及び天運に、「泉涸れて魚相与に陸に処る。相呴《く》する（息を吹く）に湿を以てし、相濡らすに沫《まつ》（泡）を以てす。江湖に相忘るるに如《し》かず」という。一時しのぎの姑息の愛をいう。

彖伝について『周易内伝』は、「蒙《もう》の能く貞しきに利しき所以の者は（彖辞に、「貞しきに利し」という）、唯善く之を養うを以て正せばなり。（中略）中（九二）以て中ならざるを養い、才以て才ならざるを養い、優《ゆう》して之を柔し（優柔は、ゆったりと学ばせる)、自ら之を得使め、引きて発せず、能者は之に従う(『孟子』尽心上に、「君子は引きて発せず、躍如たり。中道にして立ち、能者は之に従う」という)。中道の教は、之を養うに存するのみ(『孟子』尽心上に、「其の心を存し、其の性を養うは、天に事うる所以なり」という)。此れ、九二の教道の至れるを賛す。蓋し蒙《もう》は未だ亨るの道有らず、教うる者の剛厳にして善く養えば、乃ち貞しきに利しき(蒙《もう》の象辞)を得るに在り」という。

夫れ生を以て人に求むる者(屯《ちゅん》)は、命を人に待ちて膏粱を得たり。正を養うを以て益を求むる者(蒙《もう》)は、命を人に待ちて薬石を得たり。其の命を人に待つは均しきも、得る所は則ち別なり。膏粱を求むる者(屯《ちゅん》)は、生に於いて急為《た》るも、急なれば則ち或いは其の廉恥を隳《やぶ》る。薬石を求むる者(蒙《もう》)は、生に於いて緩なるが若《ごと》きも、緩なれば則ち自ら其の疢疾《ちんしつ》(熱病、災患)を深くす。聖人は愚賤の廉恥を以て憂いと為し、深く其の疢疾を恤《あわ》れむ。

故に屯《ちゅん》は求むる所に慎むを以て貞と為し、蒙《もう》は求むる所に遠ざかるを以て困と為す。

屯《ちゅん》の膏粱(うまい食物)が直接的に生を養うのに対し、蒙《もう》の薬石は間接的ではあるが根源的に物を正す。膏粱は、屯《ちゅん》の九五の爻辞に「其の膏《めぐみ》を屯《とどこお》らす」という膏をいう。屯《ちゅん》は性急に食物を求めれば廉恥の徳を失い、蒙《もう》は薬石の効が直ちに得られないからといって止めれば、その疢疾を深めるだけである。聖人は屯《ちゅん》においては愚賤の者が廉恥を失うことを憂え、蒙《もう》においては蒙昧の者が疢疾を深めることを心から恤れむ。『孟子』尽心上に、「人の徳慧術知有る者は、恒に疢疾に存す」という。

屯《ちゅん》が求める所に慎む貞とは、六二の爻辞に「女子、貞にして字せず。十年にして乃ち字す」といい、『周易内伝』はすでに示したように「二(六二)は其の中を得たるに倚り、之(初九)と交わらず。女子は年已に期に及べば、義として当に字有るべきも、志を亢《たか》くして字せざるか如し。(中略)猶《なお》貞と為す所以の者は、位を得て(陰が二の陰位に居る)中に居り、邪を為すに非ざればなり」という。蒙《もう》が求める所に遠ざかる困とは、六四の爻辞に「蒙に困しむ、吝なり」といい、その小象に「蒙に困しむの吝とは、独り実に遠ざかればなり」という。『周易内伝』は六四の小象について、

「陽は実なり、陰は虚なり。実なれば則ち、已に道有りて以て人に教う可し。卦は唯此の爻（六四）のみ、陽（九二と上九）と隔遠す。道無きの世に生き、日に柔暗の流俗と相親しむ。教を承くるの心有りと雖も、観て感ず可き無し。故に象伝（小象）は、深く嘆きを致す」という。

且つ膏粱を以て人を養う者（屯《ちゅん》）は、恩を市《う》るの事なり。薬石を以て物を正す者（蒙《もう》）は、教を司るの尊なり。恩は下自り出ずれば、則ち上は其の位を失う。教は下に行わるれば、必ず上は其の権を仮《か》る。屯《ちゅん》の五（九五）の、険に入りて位を失うを懼る、故に之（九五）に授くるに侯を建つるの柄《へい》を以てす（屯《ちゅん》の初九の爻辞による）。蒙《もう》の五（六五）の、陽（九二）に順いて権を仮《か》るを幸いとす、故に之（六五）に告ぐるに師（九二）を尊ぶの宜しきを以てす（蒙《もう》の九二の爻辞による）。聖人の易に於けるや、之を操《と》り之を縦《はな》ち、之を節し之を宣べ、以て陰陽の権を平らかにし、人物の生を善くすること、至れるかな。

屯《ちゅん》が膏粱の恩を市るとは、屯《ちゅん》の九五の爻辞に「其の膏《めぐみ》を屯《とどこお》らす。小しく貞なれば吉なり」といい、『周易内伝』はさきに示したように「膏とは、沢なり。水（上卦の坎《かん》）の物を潤す者なり。貞とは、物を正すの謂なり。九五は陽剛中正の徳有りと雖も、上六の掩《おお》う所と為り、険中（上卦坎《かん》の中）に陥り、能く往く所に利しき無し。蓋し雷（震《しん》）動き雲（坎《かん》）興り、時雨降る能わざるの象なり。斯の時に於いて、屏輔の任を初九に委ね、其の為す可き者に因りて、小しく物を正すの功を試むれば、則ち満盈の経綸、徐ろに後効を収めて吉なり」という。すなわち屯《ちゅん》の九五は初九にその任を委ねることによって君位を失うことを聖人が懼れ、九五に初九の侯を建てるという権柄を授ける。

蒙《もう》が薬石の教を司るとは、蒙《もう》の象辞に「我、童蒙に求むるに匪ず。童蒙、我に求むるなり」といい、『周易内伝』は「五（六五）は卦主為《た》るも、柔暗にして下は二陰（六四と六三）に比す。故に蒙《もう》と為す。但、柔を以て中を得、下は二（九二）に応ず。陰（初六と六三と六四と六五）は盛んなりと雖も、上（上九）は能く之を止《とど》め（上卦は艮《ごん》）、以て昧《まい》に終らず、下は二（九二）の己を正すを聴く、故に亨通の道有り。「我、童蒙に求むるに匪ず」以下は、皆蒙《もう》に処するの道を言い、功を二（九二）に帰するなり。二（九二）は剛にして中を得、蒙《もう》を治むるの任は焉《こ》れに属《しょく》（嘱）す。故に之を内にして我と称す。童蒙とは、五（六五）を謂う。（中略）六五の陰暗にして、上に陽（上九）有りて以て之を止むるは（上卦の艮《ごん》は、止める）、其の象なり。（中略）五（六五）は中を虚しくし、二（九二）は剛を以て之（六五）に応ず。五（六五）は二（九二）を求め、二（九二）は五（六五）を求めず」という。すなわち蒙《もう》の六五は九二に順って教を受けることを聖人が幸いとして、六五に九二の師を尊ぶべきことを告げる。

六五の爻辞に「童蒙、吉なり」といい、『周易内伝』は「中を虚しくして教を待つは、童蒙の正を得、其の吉なること宜《うべ》なり」という。また六五の小象に「童蒙の吉なるは、順いて以て巽《い》（入）ればなり」といい、『周易内伝』は「下は二（九二）に順いて其の包《やしな》うを聴き（九二の爻辞に、「蒙を包いて吉なり」という）、上は上（上九）に巽入《そんにゅう》して（順って入る）其の正を受く（上卦の艮《ごん》が止《とど》める）。忠信の資有りて、能く学を好む者なり（『論語』公冶長に、「子曰く、十室の邑、必ずや忠信なること丘（孔子）の如き者有らん。丘の学を好むに如《し》かざるなり」という）という。また九二が師であることは、九二の爻辞「蒙を包《やしな》う、吉なり」について、『周易内伝』は「包は、亦之を養うの意なり。教道の善は、蒙者の剛柔明暗を取り、体を悉《つ》くして之を心に蔵《おさ》め、其の過ぐるを調え、其の及ばざるを輔け、以て善く之を養う。師道立ちて善人多し、是を以て吉なり」という。

屯《ちゅん》の九五の陽においては初九に対する権を行使させ、蒙《もう》の六五の陰においては九二に順うことを告げる。この操縦節宣にこそ、易における聖人の深意を知るべきである。

大象に「山（上卦の艮《ごん》）の下に泉（下卦の坎《かん》、坎《かん》は水）出ずるは、蒙《もう》なり。君子は以て行を果（果敢）にして徳を育《やしな》う」といい、『周易内伝』は「泉は、水始めて出ずるの細流なり。故に山下の水に於いて、水と言わずして泉と言う。泉方《はじ》めて山に出で、四海に放《いた》り、止息する所無きは、果なるなり。曲折縈回《えいかい》し（巡る）、其の勢を養い以て小を合せて大と為るは、育うなり。君子の行は勇決（果）に成り、徳は涵養（修養）に資《と》る。勇決なれば則ち行を危《たか》くして利害を恤《おも》わず、涵養すれば則ち章を成して天徳に上達す」という。

二

六陰六陽備わりて、天地の変は乃ち尽く。六位具わりて、卦の体は已に成る。故に卦中に陰陽有り、爻外に吉凶有り、而して卦と爻とは之を受く。

蒙《もう》の上九は、象（爻辞）は「蒙を撃つ」と為す、豈俯して下を撃たんや。蒙《もう》に方《あた》りて之を撃つは、是れ寇《あだ》を為すにして、「寇を禦ぐ」（上九の爻辞）に非ず。四陰（初六と六三と六四と六五）は蒙を為し、二陽（九二と上九）は蒙を養うの主と為す。上（上九）は、将《はた》何を撃つ所なるか。

六陰の坤《こん》、六陽の乾《けん》によって天地の変が尽くされ、陰陽の六爻によって一卦は成る。二陽と四陰より成る蒙《もう》の吉凶、とりわけ上九についての吉凶を述べる。

上九の爻辞に、「蒙を撃つ。寇を為すに利しからず、寇を禦ぐに利し」といい、『周易内伝』は「境を越えて人を攻むるを寇（外寇、侵略）と曰う、寇盗（盗賊）の謂に非ず。寇盗は則ち、利しからずと言うを待たず。易は、豈盗の為に利しと利しからずを占わんや。上九は一陽上に在りて、二陰（六四と六五）を遏至《あっし》し（上卦艮《ごん》が止める）、撃つの象なり。九二は師道厳なりと雖も、位は柔（二の陰位）にして中を得たり。上九は高きに居り、剛以て下に臨む。故に「蒙を撃つ」と為す。然れども童蒙（六五の爻辞に、「童蒙、吉なり」という）、徳は本《もと》より巽順《そんじゅん》なり。知は未だ逮《およ》ばず、心は邪僻無しと雖も、但外より至るの悪の相誘い相侵すを憂え、須く防護を為すべし（寇を禦ぐ）。若し苛責すること太甚《はなはだ》しければ、苦しみて以て堪え難く、則ち反りて其の幼志（童蒙の志）を損う。蒙を養うの道は、其の非の幾を止《とど》め、順ならざるに狎《な》れ使むる勿《な》きのみ」という。

ここでは、上九が蒙を撃つのは下を撃つのではなく、爻外の寇を撃つことをいう。もし卦中の蒙を撃つとすれば寇を為すことになり、寇を禦ぐことにはならない。四陰の蒙を養うのが二陽であるからには、上九は下を撃つはずはない。

物の陰陽を用うるや、過ぐと及ばざる有り。陰に及ばざれば則ち陽に過ぎ、陽に及ばざれば則ち陰に過ぐ。過ぐる所の者戢《おさ》まらざれば、その及ばざる者を傷《やぶ》る。是くの如き者、寇は内に生ず。

陰陽の行《めぐ》るは、一物の為に設けず。此《ここ》に徳ある者は、彼《かしこ》に刑あり。故に薺麦《せいばく》（なづなとむぎ）は霜を喜び、靡艸《びそう》（小草）は夏を忌む。況んや其の数の盈虚有りて、気の乖沴《かいれい》（そむき乱れる）有るを成すをや。是くの如き者、寇は外に生ず。

寇、内に生ずる者は、其の蒙を恤《うれ》いて之を調《ととの》う。道は養うに在り、二（九二）の包《やしな》う（九二の爻辞に、「蒙を包う」という）を以て徳と為す。寇、外に生ずる者は、其の蒙を賊《そこな》う者を搏《う》ちて蒙を保つ。道は禦《ふせ》ぐに在り、上（上九）の撃つ（上九の爻辞に、「蒙を撃つ」という）を以て功と為す。

蒙《もう》の二陽、すなわち九二と上九の対処の違いを述べる。九二の爻辞に「蒙を包う」というのが、一の項の終りに示した「其の過ぐるを調え、其の及ばざるを輔け、以て善く之を養う」ことである。それに対し、上九は外から犯す寇を禦いで蒙を保つことを功とする。さきに「爻外に吉凶有り」と述べた意を承け、上九が撃つのは蒙《もう》の上九の爻の外に生じた凶を撃つことに在るという。

『周易内伝』は上九の小象「用て寇《あだ》を禦ぐに利しとは、上下順なればなり」について、「蒙《もう》を寇する者は、卦外の陰陽の変なり。故に上九の外に寇《あだ》有りて、上（上九）は之を禦ぐ。綜（綜卦の屯《ちゅん》）を以て之を言えば、泣血の屯《ちゅん》なり（屯《ちゅん》の上九の爻辞に、「泣血すること漣如たり」という）。錯（錯卦の革《かく》☱☲）を以て之を言えば、未だ面《おもて》を革《あらた》めざるの小人なり（革《かく》の上九の爻辞に、「小人は面を革む」という）。皆《とも》に寇なり、特《ただ》隠れて未だ見《あらわ》れざるのみ。十二位の陰陽を合せて、以て卦外の占を尽くさば、乃ち義類に窮まらず。易に学ぶ者の当に知るべき所なり」という。この十二陰陽論が、本節のはじめにいう「六陰六陽備わりて、天地の変乃ち尽く」ことである。卦外の変とは、蒙《もう》の象の綜卦屯《ちゅん》と錯卦革《かく》についていう。

夫れ陰陽の刑害は、日に恩徳と与に天壌（天地）に並び行わる。而して物の壮なる者は、或いは之に遇いて傷《やぶ》らざるも、物の蒙なる者は、乍《たちま》ち之に嬰《かか》れば即ち折る。是の故に、難は鼎革の初めて寧《やす》き（革《かく》）に起り、寒は春和の始めて復する（屯《ちゅん》）に酷なり、欲は血気の未だ定まらざる（蒙《もう》）に盛んなり。則ち撃つに非ざれば禦ぐ能わず、禦ぐに非ざれば包《やしな》う能わず。二（九二）の中、九（上九）の亢は、亦相資《と》りて以て用うるに利し。撃つを知らざる者は、寇を内に索《もと》めて誅求するを之れ迫る。斯れ嬴政《えいせい》の猜忍《さいにん》を以て亡ぶを速《まね》き、苙《おり》に入れて之を招《つな》ぎ（『孟子』尽心下）、激して之をして邪に復帰せ使むるなり。蒙《もう》は何ぞ焉《こ》れに頼《よ》らん。

陰陽は万物に恩育を与えるとともに、日々刑害を施している。陽の壮んなものは刑害に遇っても傷れることはないが、陰の盛んな童蒙、蒙昧のものは一たび刑害を受ければ忽ち砕かれる。かくして事物が革《あらた》まって漸く安寧となった錯卦革《かく》に難は起り、春和が始めて復した綜卦屯《ちゅん》に寒は酷《はげ》しく、血気が定まらない童蒙のときに欲は盛んである。この陰の欲は陽が撃たなければ禦ぐことができず（蒙《もう》の上九）、また禦がなければ蒙を包《やしな》うことができない（蒙《もう》の九二）。蒙《もう》の二陽、中に在る九二と亢に在る上九がそれぞれのはたらき（用）を施して、蒙昧の時に処するのである。嬴政、秦の始皇帝が上九の陽剛を恣《ほしいまま》にして忽ち亡んだのは、外の寇を禦がず内の誅求を迫ったからである。『孟子』尽心下に、「今の楊墨と辯ずる者は、放豚を追うが如し。既に其の苙《おり》（檻）に入れ、亦従いて之を招《つな》ぐ」という。楊朱と墨翟の異端を批判するのはよいとしても、余り苛酷にその咎を追及すれば、却って邪僻に陥らせるに至る。蒙《もう》の二陽は、決してそのようなことをするものではない。

䷄ 需《じゅ》（乾《けん》下坎《かん》上）

一

需《じゅ》の体を為すや、六（陰）来りて四に居り——大壮《たいそう》自り来る——、以て乾《けん》（下卦）の行を尼《はば》み、三陽（下卦の乾《けん》）聚まりて升り、遂げんと欲するも果さず。積剛至健の才（下卦の乾《けん》）有りと雖も、険（上卦の坎《かん》）に遇いて、以て之を待つ有らざる能わず。顧《ただ》、之を待ちて以て往きて大川を渉らんか（彖辞と彖伝にいう）、険阻の中に行きて、行くこと未だ順ならず。将《はた》之を待ちて以て飲食宴楽せんか（大象にいう）、将に雨ふらんとするの際に介して（大象に、「雲（坎《かん》）、天（乾《けん》）に上るは、需《じゅ》なり」という。雨が降ろうとする時である）、幾《ほと》んど或いは失わんことを恐る。往きて渉るを以て功と為す者は、需《じゅ》にして需《ま》たず。束溼《そくしゅう》（苛酷）苟且《こうしょ》（かりそめに）して以て其の可を成すを求めて、申商（申不害と商鞅、法家の徒）の術と為る。宴楽を以て務と為す者は、需《じゅ》にして以て需つを為す。雌を守り錞《ひく》（低）きに処りて（『老子』第二十八章にいう）、其の徐ろに清なるを俟《ま》ちて、老荘の旨と為る。象（象伝）と象（大象）は、義殊なりて適従するに定無く、異端は互いに託して、学術は以て岐《わか》る。君子の需《じゅ》に於ける、将何《はたいず》れに取る所ならんや。

需《じゅ》は、乾《けん》下坎《かん》上。大壮《たいそう》䷡の六五が四の位に来て、九四が五に升った象である。来るは、上の五から下の四に下ることをいう。かくして上卦は坎《かん》（険）の象を成し、下卦乾《けん》の天行を阻止している。積剛至健の才は、三陽より成る下卦乾《けん》の剛健。乾《けん》は上卦の険（坎《かん》）に遇って進むことができず、需《ま》つ他ない。

需《じゅ》の彖辞に「需《じゅ》は孚有り」といい、『周易内伝』は「需とは、緩くして待つ有るなり。乾《けん》（下卦）の三陽は進まんと欲するも、六四の陰の阻《はば》む所と為る。九五は陽剛にして、中位を履む。而れども二陰（六四と上六）の中に陥り（上卦は坎《かん》）、三陽（下卦の乾《けん》）と相隔つ。三陽は五（九五）の己を引きて以て升るを待ち、九五は三陽の類の至るを待つ。交々相待ちて未だ前《すす》まず、故に健行して（下卦の乾《けん》）険に遇う（上卦の坎《かん》に遇う）の象と為す。需遅《じゅち》（待つ）する所無き能わず、而れども固より以て需《ま》つ可き者なり」という。

需の意について、彖伝と大象に別解がある。彖伝の「大川を渉るに利し（彖辞）」とは、往きて功有るなり」は、需《ま》たずに進むことを説き、大象の「君子は以て飲食宴楽す」は、需って退くことを説く。進もうとすれば上卦は坎《かん》（険阻）であり、退こうとすれば九三の爻辞に「泥に需つ。寇の至るを致す」という。雲が天に上って将に雨が降ろうとする需《じゅ》の時に、進退ともに窮まり自らを失う他ない。

彖伝について、『周易内伝』は「健（下卦の乾《けん》）以て険（上卦の坎《かん》）を済《わた》るは、需遅《じゅち》すと雖も陥らず、往けば斯《ここ》に利し。九三は険（上卦の坎《かん》）に近きを以て進み（三は進爻）、「寇の至るを致す」（九三の爻辞）。然らば則ち、往きて且に難を犯さんとするなり。而るに象（彖伝）に功有りと云うは、全て乾《けん》（需《じゅ》の下卦）を体として恒有れば、則ち九三は独り動くに利しく、群起を需《ま》たずして功を立つ。抑《また》必ず独り其の難に攖《かか》る者有り、則ち先に動く者（九三）之に当る」という。

また大象について、『周易内伝』は「君子は敏なれば則ち功有り（『論語』陽貨に、「敏なれば則ち功有り」という）、需《ま》つを用うる所無し。唯其の飲食宴楽に於けるや、以て飲食宴楽す可し。（中略）天下に後《おく》れて以て楽しみ（范仲淹「岳陽楼記」）、而る後に鐘鼓田猟し、民は皆欣欣として以て相告ぐ（『孟子』梁恵王下にいう）。則ち天下の奉を享けて、欲に奔り度を敗《やぶ》るの愆《とが》無し。此れ則ち宜しく需《ま》つべき所なり」という。九三の爻辞の『周易内伝』は、後に示す。

ひたすら進んで需たないものは法家の苛酷とその場限りの術となり、ただ需つだけで往かないものは道家の退嬰と無為の説となる。『老子』二十八章に、「其の雌を守り、天下の谿と為る。……嬰児に復帰す」という。道家と法家の説に従わない君子は、この需《じゅ》の二義についていかに解すべきか。

則ち之が為に釈《と》きて曰く。険易《けんい》は事なり、労逸は勢い之を為す。険は以て険を為す有り、易《い》は以て易を為す有り。労は労を為す所有り、逸は逸を為す所有り。其の能く順いて行き而して失わざる者は、之が主と為る者の存する有るを恃む。之が主と為る無ければ、則ち進みては以て咎に逢い、退きては以て幾を失う。之を主《つかさど》る者存すれば、則ち波濤を犯して驚かず、鳴琴に坐して廃せず。

需《じゅ》の恃む所の者は何ぞ。大壮《たいそう》自り往き、九（大壮《たいそう》の九四）は進みて天位（需《じゅ》の九五）に処る。三陽（下卦の乾《けん》）の興るや、浡然《ぼつぜん》（盛んなさま）として其の上行の勢いを禦ぐ莫し。四（六四）に遇うも其の類に非ず、則ち乍《たちま》ち駭《おどろ》きて阻まる。驟《にわ》かに之を視れば則ち陰（六四）なり、徧《あまね》く之を察すれば則ち険（上卦の坎《かん》）なり。故に三（九三）は倉卒を以て泥に入り（九三の爻辞に、「泥に需《ま》つ」という）、初（初九）は以て逡巡して難を遠ざく（初九の小象に、「郊に需つ（爻辞）とは、難を犯して行かざるなり」という）。然れども、陰（大壮《たいそう》の六五）は来りて（需《じゅ》の六四）其の険（需《じゅ》の上卦坎《かん》）を成すと雖も、自ら其の尊（大壮《たいそう》の六五の君位）を失うを覚らず。陽（大壮《たいそう》の九四）は往きて（需《じゅ》の九五）其の朋（大壮《たいそう》の下卦乾《けん》）を離ると雖も、遂に誕《たん》（陽の大）を以て其の位（需《じゅ》の九五）に登る。夫れ「方《ほう》は類を以て聚まり」（繫辞上伝第一章）、気は同を以て求む（乾《けん》の文言伝による）。五（九五）は即ち、四（六四）と上（上六）と体を為さんや。然らば其の好《よしみ》を永くして以て功を同《とも》にする所以の者は、三陽（下卦の乾《けん》）は其の夙侶《しゅくりょ》（昔からの仲間）なり。其の中に入り其の位を履み（九五の小象に、「酒食《しゅし》の貞なれば吉なりとは、中正なるを以てなり」という）、彼の生死を操りて（九五が坎《かん》中に在ること）我の儔伍《ちゅうご》（下卦の乾《けん》）を招けば、則ち孚《まこと》（象辞に、「需《じゅ》は、孚有り」という）は任ず可くして、貞（九五の爻辞に、「酒食に需つ。貞なれば吉なり」という）は恒にす可し。五（九五）の恃みて以て主と為すに足ること、決せり。

船山は、以下のように説き明かす。険であるか易《い》であるかは事であり、労であるか逸であるかは事に処する者の勢いによる。勢いとは、事態に対処する者の具体的な対応の仕方についていう。険易という事態に対処して自ら失わない者は、主とするものを自ら怙む。その主をもたなければ、進んで行っても咎に逢い、退いて守ってもその幾を失うに至る。需《じゅ》の彖伝に「大川を渉るに利し。往きて功有り」というのは、険を犯す労をいい、大象に「君子は以て飲食宴楽す」というのは、易《い》における逸をいう。君子は険易の事に伴う労逸に順いながら、而も失わない主をもつことができる。「波濤を犯して驚かず」は彖伝の労についていい、「鳴琴に坐して廃せず」は大象の逸についていう。

需《じゅ》が恃んで主とするものは、九五である。大壮《たいそう》䷡の九四が九五に往って、五の天位に居るのが需《じゅ》䷄の象である。往くとは、下位の四が上位の五に進むこと。需《じゅ》の下卦乾《けん》の三陽が、健行の勢いを以て上行しようとする。九三は六四に遇い、わが陽の類でないことに驚く。六四は上卦坎《かん》（険）の下にある陰であるからである。九三の爻辞に「泥に需つ、寇の至るを致す」といい、初九の小象に「郊に需つとは、難を犯して行かざるなり」という。しかし六四は、もと大壮《たいそう》の六五が下の四に来て五の尊を失ったものでしかない。のみならず、わが九五の陽は、大壮《たいそう》の九四が下卦乾《けん》の朋を離れたものであるが、陽にふさわしい天位に居るではないか。

繋辞上伝第一章に「方は類を以て聚まる」といい、乾《けん》の文言伝に九五について「同声相応じ、同気相求む」という。九五は非類の六四と上六には与《くみ》せず、下卦乾《けん》の三陽こそが同気の類である。坎《かん》中に在って五の天位を履む九五こそ、需《じゅ》の主たるべきものである。彖辞に「需《じゅ》は、孚有り」といい、『周易内伝』は「孚とは、同心相信ずるの実なり。陰と陽と合配するを応と曰い、陰陽の類に自《よ》りて相合するを孚と曰う。凡そ孚と言うは、此に放《なら》う。旧説（朱子『周易本義』）に応を謂いて孚と為すは、是《ぜ》に非ず。九五は三陽（下卦の乾《けん》）と徳を合し、険中（上卦坎《かん》の中位）に居ると雖も、誠以て相待ち、志を秉《と》ること光明なれば、情は固より亨通し、終に正を失わず、吉の道なり。此れ、以て九五の徳を賛す」という。

九五の爻辞に「酒食《しゅし》に需《ま》つ。貞なれば吉なり」といい、『周易内伝』は「内の三爻（内卦の初九と九二と九三）に需《ま》つと言うは、其の地に于《お》いて人を待つなり。此（九五）に需《ま》つと言うは、己（九五）を待つ者（下卦の三爻）を待つ所以なり。（中略）五（九五）は三陽（下卦の乾《けん》）と道は合し、中に居りて位を得（陽が五の陽位に居る）、以て其（三陽）の至るを待つ。険（上卦の坎《かん》）の中に在りと雖も、其の情礼を篤《あつ》くし、相燕好《えんこう》（酒食）するを期し、迫らず忘れざるは、君道の正なり」という。

なお下卦乾《けん》の三陽と九五との間に在る六四について、その爻辞に「血に需《ま》つ。穴自《よ》り出ず」といい、『周易内伝』は「六四は、進むを需《ま》つ者に非ず。而るに需つと言うは、三陽（下卦の乾《けん》）此（六四）に于いて需つを謂う。三陽は進むを需ち、九五は中に居りて以て其の升るを待つ。而るに四（六四）は陰を以て其の間に介し、速やかに合する能わず。陽は必ず攻め見《ら》れ、陰は其（陽）の傷を受く。故に血と為す（坤《こん》の上六に、「龍、野に戦う。其の血、玄黄なり」という）。然れども柔にして位に当り（陰が四の陰位に居る）、上は九五を承けて退爻為《た》り。志は穴を出ずるに在り、下は陽（下卦の乾《けん》）に接して相亢拒せず。其の事は苦しく、其の情は貞なり。険（上卦の坎《かん》）に在りて、能く谷を出でて喬に遷る者なり（『詩経』小雅の伐木に、「幽谷自り出でて、喬木に遷る」という）という。

九三の爻辞に「泥に需《ま》つ。寇の至るを致す」といい、『周易内伝』は「泥とは、水（上卦の坎《かん》）に近くして、且に陥らんとするなり。九三は重剛にして躁進し（三は進爻である）、需《ま》つこと急にして処る所の安んぜざるを顧みず、将に非意の傷至る有らんとす。則ち唯処る所の非地、以て之を致す有るなり」という。また九三の小象に「泥に需《ま》つ（爻辞）とは、災、外に在るなり。我自《よ》り寇を致すは（爻辞に、「寇の至るを致す」という）、敬慎すれば敗れざるなり」といい、『周易内伝』は「三陽（下卦の乾《けん》）は進むを需《ま》つも、己（九三）は独り前に居り、険（上卦の坎《かん》）に近くして将に陥らんとす。自ら健行を恃みて、災の外に在るを知らざれば、宜しく其れ敗るべきなり。然れども志は需《ま》つに在り、以て難を犯すに非ず。上六は険なりと雖も、与に正応為《た》り。則ち敬慎して之（上六）を持すれば、以て敗れざる可し」という。

初九の小象に「郊に需《ま》つ（爻辞）とは、難を犯して行かざるなり。恒を用いるに利し、咎无し（爻辞）とは、未だ常を失わざるなり」といい、『周易内伝』は「坎《かん》険より遠ざかりて、難を犯さず。然れども難を畏れて敢えて犯さざる者は、往往にして葸怯《しきょう》し（恐れおびえる）震悼して（心おののき悲しむ）自ら其の神を喪う。健を守りて以て自ら持し、剛を積みて変ぜざれば、則ち其の常度を失わず、以て咎无かる可し」という。

なお上六の爻辞に「穴に入る。速《すみ》やかならざるの客三人来る有り。之を敬すれば終に吉なり」といい、『周易内伝』は「上（上六）は坎《かん》険の極に居り、出でて陽（下卦の乾《けん》）に就く能わず、穴に入るなり。然れども下は九三に応じ、敬順を忘れず、故に終に吉なるを獲《え》たり。三人とは、三陽なり。九三進めば、則ち初（初九）と二（九二）とは彙《い》（類）もて升る（下卦乾《けん》の同類を以て升る）。速やかならずとは、需《ま》つ有りて遽《にわ》かには進まず、其の行くこと遅るるを謂う。此の卦に両《ふた》つながら終に吉なりと言う（上六と九二）は、需《じゅ》の道為《た》るは速効無し、故に必ず久しくして而る後に吉なり」という。なお朱子『周易本義』は、不速の客を「速《まね》かざるの客」と訓じ、「非意の来る」と解する。

故に二（九二）は、言有るも、終に吉なり（九二の爻辞による）、三（九三）は、寇至るも敗れず（九三の小象による）。主（九五）を得て険（坎《かん》）を行けば、猶《なお》険ならず。以て労す可く、労すれば則ち川を渉るの功を収む（象辞に、「大川を渉るに利し」という）。以て逸す可く、逸すれば則ち宴楽の好を遂ぐ（大象による）。舟は水に付きて利しく、雲は天に依りて以て游ぶ。此れ、「光《おお》いに亨り、貞なれば吉」（象辞）なる所以の者なるのみ。彼の貿然（不明のさま）として主無く、需《じゅ》の道を以て之を行うは、夫れ「需つは事の賊なり」と曰わずや（『春秋左氏伝』哀公十四年）。而るに之を以て飲食宴楽するは、則ち叢台と阿房の速やかに其の国を亡ぼす所以なり、劉伶と阮籍の疾《にわ》かに狂に入る所以なり。

九二の爻辞に「沙に需《ま》つ。小しく言有るも、終に吉なり」といい、九三の小象に「我自り寇を致す、敬慎すれば敗れず」という。ともに九五の主を得ているから、険（坎《かん》）に行っても易《い》に行くが如くすることができる。「舟は水に付きて利し」は象辞にいう「大川を渉るに利し」であり、「雲は天に依りて以て游ぶ」は大象にいう「雲（坎）の天に上るは需《じゅ》なり、君子は以て飲食宴楽す」である。

九二の爻辞について、『周易内伝』は「沙は、汀渚の平衍の地なり。渉らんと欲する者は此《ここ》に需《ま》ちて、其の地を得たり。九二は坎《かん》の険（上卦坎《かん》の大川）を去ること、近遠の間に在りて中を得たり、吉の道なり。其の九五に於ける、陽（九二）を以て陽（九五）に遇い、相敵《かな》うも相応ぜず（陰陽の応を得ない）。則ち始めは且に疑いて小しく言有らんとするも、然れども已に中を得たり。而も五（九五）は徳を同じくするを以て相孚にし、志は二（九二）を引きて与に偕《とも》に進む。小しく言うも以て之を間《へだ》つるに足らず、必ず吉を以て終る」という。九三の小象についての『周易内伝』は、すでに先に示した。

「需つは事の賊なり」は、『春秋左氏伝』哀公十四年に「子行（陳逆）剣を抽《ぬ》きて曰く、需つは事の賊なり」という。叢台は戦国楚の霊王が遊観弋釣したところ、阿房は秦の始皇帝が築いた阿房宮。劉伶と阮籍は、ともに酒に韜晦した竹林の七賢。君子の飲食宴楽とは異なる、事の賊たる需つことを守り、ひたすら需《ま》って遊宴し、険難を犯すことをしないものをいう。

䷅ 訟《しょう》（坎《かん》下乾《けん》上）

天（乾《けん》）の上に位するは、大正の道なり。然れども、未だ嘗て下りて済《な》さずんばあらず。雷、火、風、沢の気は地に麗《つ》くも、時に躋《のぼ》りて以て天に応ず。惟《ただ》、水は然らず。下るを以て性と為し、地に比して升らざるを必す。天地の中に処りて以て天と権を争えば、則ち天は将に地に施さんとして、水は其の功を競う。天は即《たと》い与に倶に違《たが》い行かざらんと欲するも得ず（大象に、「天と水と違い行くは訟《しょう》なり」という）。是れ訟《しょう》の自りて成るは、水の実に之を致せばなり。而らば二（九二）は何を以て孚有りと為すを得んや（彖辞に、「訟《しょう》は、孚有りて窒《ふさ》がる」という）。

訟《しょう》☰☵は、坎《かん》下乾《けん》上。乾《けん》は、文言伝に「大なる哉、乾《けん》や。剛健中正、純粋にして精なり」という。大正は、乾《けん》下艮《ごん》上の大畜《たいちく》の象伝に「剛上りて賢を尚び、能く健を止《とど》むるは、大正なり」という。陽剛の乾《けん》が上卦に在るのは、大正の道であるが、また下りて済す、すなわち下卦の九二に下って陽のはたらきを済《な》す。一方、下卦の坎《かん》（水）は、雷（震《しん》）、火（離《り》）、風（巽《そん》）、沢（兌《だ》）のように上に升ることをせず、下の地に比して動かない。かくして坎《かん》下乾《けん》上の訟《しょう》は、水（坎《かん》）が天（乾《けん》）と争い、訟いが起る。訟《しょう》の大象に、「天と水と違い行くは訟《しょう》なり」という。しかし彖辞に「訟《しょう》は、孚有りて窒がる」という。訟いを起す坎《かん》（水）の主である九二は、なぜ「孚有り」ということができるのであろうか。以下、九二の訟《あらそ》うに孚が有る所以を述べる。

訟《しょう》の彖辞に「訟《しょう》は、孚有りて窒《ふさ》がる。惕《おそ》れて中すれば吉なるも、凶に終る」といい、『周易内伝』は「凡そ勢位相敵《あた》らず、直を負《たの》みて以て相亢し（上卦乾《けん》の九五）、険を懐きて以て伸ぶるを求むれば（下卦坎《かん》の九二）、則ち訟《あらそ》う。此の卦は三陽（上卦の乾《けん》）は上行し、往きて消に就くの勢い有り。已に否《ひ》（☰☷）を成し、将に遯《とん》（☰☶）を成さんとす。九二は険陥（訟《しょう》の下卦坎《かん》）を恤えず、退きて下行し、内（下卦の坎《かん》）に主と為り、以て陽を将に消えんとする（上卦の乾《けん》）を止《とど》む。其の功を乾《けん》（上卦）に為すこと、大なり。乾《けん》（上卦）は乃ち志を健もて往くに決し、之（九二）と相応ぜず。則ち二（九二）は不平の怨みを懐き、五（九五）と相訟《あらそ》う。（中略）孚有りとは、二（九二）の五（九五）と志を合するや、実の心を以て之に事《つか》うるなり。窒がるとは、六三の間《へだ》つる所と為り、乾《けん》（上卦）の陽は亢して往き、由りて自ら達する無きなり。其の始めは、唯陽の往きて且に消えんとするを恐れ、自ら憂危の中に処り、以て陽を求めて之に安んず、惕《おそ》れて中する（九二が中の道を守る）の吉なり。五（九五）の我に応ぜざるに至りて、激して訟いを成し、則ち忠信の反りて悍逆と為り、下を以て上を訟い、凶に終る」という。

嘗《こころ》みに之を論ぜん。情無きを以て上を誣《し》うる者は、逆なり、訟に非ず。訟は則ち、言う可きの情有り。気数自ずから然るの争いは、豈猶《なお》夫の密を告げ匭《き》（投書を受ける箱）に投ずるの小人のごとく、已《や》むを得るも而も已まざる者ならんや。二（九二）の執りて以て言を為す所の者は、陰長じて己は其の中に窒《ふさ》がればなり（九二は二陰の中に閉されている）。労して自ら矜《あわ》れみ、已にして怨みて曰く、「我の天（乾《けん》）に功有るも、天は其れ我を徳とせんや。我来らざれば——遯《とん》（䷠）自り来る。三（九三）来りて二（九二）に居る——、天は且に偕《とも》に以て遯《のが》れんとす。我来るも、抑《また》我に応ぜず——五（九五）は二（九二）に応ぜず——。則ち是れ、我の「窒がりて惕《おそ》る」（彖辞に、「訟《しょう》は、孚有りて窒がる。惕《おそ》れて中すれば吉なり」という）の労、漠として相知らず。而らば不平の鳴、悪《いずく》んぞ已《や》む容《べ》けんや」と。怨み此れ自り興り、訟いも亦此れ自り長ず。元咺《げんけん》の、逋亡《ほぼう》に終るも恤《うれ》えざる所以なり。是に繇《よ》りて之を言えば、直は坎《かん》に在りて、屈は乾《けん》に在ること、明らかなり。

陰陽の気数が自ずと現れた訟《しょう》の争いは、やむをえざる情による訟いである。九二は下卦坎《かん》の中に居り、初六と六三の二陰に窒がれている。その怨みの情は次の如くである。そもそも訟《しょう》の九二は、遯《とん》䷠の九三が下って九二に来たものである。もし自分が二に来なければ、九三は上卦の天（乾《けん》）とともに遯れるはずであった。私は敢えて二に下ったが、九五の君は坎《かん》中に在るわが九二の苦しみを知ろうとしないではないか（九二と九五は、ともに陽であるから相応じない）。ここに九二の不平の怨みが起る。逋亡は、九二の爻辞に「訟に克たず、帰りて逋《のが》る」といい、『周易内伝』は「二陰（初六と六三）の間に退処して以て自ら匿《かく》る」という。元咺のことは、『春秋左氏伝』僖公二十八年に見える。叔武を殺した一件で元咺は衛侯（成公鄭）と争い、晋に出奔するが、晋に訴えて勝ち、衛侯は逮《とら》えられて、公子瑕が立つ。九二の立場からいえば、明らかに坎《かん》中に在る九二が直であり、九二をして訴えさせた乾《けん》は屈に在る。

九二の爻辞に「訟に克《か》たず、帰りて逋《のが》る。其の邑人三百戸、眚《せい》（災）无し」といい、『周易内伝』は「克たずとは、勝たざるなり。帰りて逋るとは、二陰（初六と六三）の間に退処して自ら匿《のが》るるなり。邑人とは、初（初六）と三（六三）とを謂う。三百戸とは、其の邑の人を尽くす。災の外自り至るは、眚と曰う。九二は徳を挟《さしはさ》みて怨みを為し、以て其の上に訟うは、固より勝つの理無し。九五の中正に頼《よ》り、曲《つぶさ》に其の孚有る（九五は九二と同じ陽であり、しかも中位に居る）の実を諒にし、情を原《たず》ねて其（九二）の悍を恕《ゆる》し、其（九二）の屈伏を聴き、加うるに刑を以てせず、其の封邑を保つを得使む。而して罪は初（初六）と三（六三）に及ばず、皆《とも》に眚无きを得るは幸なり」という。

君子は則ち曰く。其の訟《しょう》（䷅）と為らん与《よ》りは、其の遯《とん》（䷠）と為るに如《し》かず。我を干《おか》す者は吾れ之を避け、我に労する者は吾れ応に得べき所なり。己を知らざるに屈するも、己を知るに伸ぶ。越石父《えっせきほ》すら且つ以て晏嬰に告絶す、況んや其の君臣父子の間に在るをや。

故に五（九五）は中位に正しく、訟《しょう》に撓《たわ》まずして元吉を得たり（九五の小象に、「訟うも元吉なり（九五の爻辞）とは、中正を以てなり」という）。所謂「正に居るを大として慙じざるなり」（『史記』梁世家に、「褚先生曰く、春秋に曰く、君子は正に居るを大とすと」という）。唯夫の上九なる者は、勝を坎《かん》に致す可き者を以て、力尽くして止《とど》めざる可し。故に衛鄭（成公）は再び帰りて『春秋』に絶たれ（『春秋左氏伝』僖公三十年）、訟《しょう》の上（上九）は帯を錫《たま》わるも三たび大易に褫《うば》わる（上九の爻辞による）。

九二が直によって訟に勝つより、君子たる者はもとの遯《とん》をなし、訟をなすべきではないことを述べる。君子はこの不平の怨みを訴える九二に対し、次のように戒める。このように訟うより、むしろもとの遯《とん》の九三のままでいた方がよい。すなわち我を犯す者がいればそれを遯《のが》れ、我が心に労した惕《おそ》れは己自身引き受けるべきである。労は、さきに「我の窒がりて惕るの労」という。己を知らぬ者には屈しても、己を知る者に対してはわが志を伸ばすのが君子である。牢獄に在った越石父（斉の賢者）を晏嬰が贖《あがな》って救ったが、晏嬰は久しく逢おうとしなかった。越石父はその無礼を許さず晏嬰との絶交を請い、「石父曰く、吾れ聞く、君子は己を知らざるに詘（屈）するも、己を知る者に信《の》（伸）ぶと。吾の縲紲《るいせつ》（牢獄）に在るに方《あた》りては、彼は我を知らざるなり。夫子（晏嬰）既已《すで》に感寤《かんご》して我を贖《あがな》えるは、是れ己を知るなり。己を知るも礼無きは、固より縲紲の中に在るに如《し》かずと」（『史記』管晏列伝第二）。これは人と訟《あらそ》わず、自ら遯《とん》に在る君子の振舞いである。『史記』刺客列伝に、「士は己を知る者の為に死し、女は己を説《よろこ》ぶ者の為に容《かたちづく》る」という。

この九二に比べて、九五はまことに大人の徳を具えている。九五の爻辞に「訟うも元吉なり」といい、『周易内伝』は「剛健中正にして、初めより失徳無し。下の訟う所と為ると雖も、能く損を為す無し。吉の固より有する所なり」といい、象辞の「大人に見ゆるに利し」について『周易内伝』は、「五（九五）は本より中正にして、二（九二）の忤《さから》うを以て終に之を絶たず。之に見ゆれば、則ち疑忌は消え志道は仍《よ》りて合す。利しき所以なり」という。

しかし上九は過剛の力を尽くして、九二の訟に勝とうとする。上九の爻辞に「或いは之に鞶帯《はんたい》（革の大帯）を錫《たま》わるも、終朝に（忽ち）三たび之を褫《うば》わる」という。『周易内伝』は上九の爻辞について、「二（九二）の上（上卦の乾《けん》）を訟《あらそ》うは、本より乾《けん》は上行して己と応ぜざるを以て猜恨《さいこん》と為せばなり。九五は中正（九五が中位に居り、また陽が五の陽位に居る）にして与に相競わず、四（九四）は其の間に居り、上の意を承けて以て下に告ぐ。唯上九のみ健往の首にして、二（九二）と隔絶し、驕亢にして屈せず。訟いを激成する者なり」という。訟に負けた衛鄭（成公）は再び衛に帰って元咺を殺させたことは、『春秋左氏伝』僖公三十年に見える。『春秋』の経文は、「秋、衛は其の大夫元咺と公子瑕を殺す」と筆誅を加えている。怨情に出る訟いは、たとい直であっても終りを善くすることができない。

なお九四の爻辞に「訟《あらそ》うを克《よ》くせず。復《また》命に即《つ》かしむ。渝《かわ》るも、貞に安んじて吉なり」といい、『周易内伝』は「克くせずとは、事成らざるなり。九四は剛を以て柔に居り（陽剛が四の陰位に居る）、退爻為《た》り。上は九五の中正を承け、下は初六に応じ、而して二（九二）と異心無し。故に訟いを成すを欲せず。而して五（九五）の徳命を承宣し、以て二（九二）に諭《さと》して復《また》命を受け使む。変（渝る、訟をいう）に処ると雖も、自ずから貞に安んずるの吉を得たり。凡そ訟いの事は、皆間に居る者有りて之が起滅を為す。二（九二）は上に訴い、三（六三）と四（九四）は其の間に居る。三（六三）は既に柔にして上に従い、四（九四）は又訟うを欲せずして、五（九五）に代りて其の徳命を宣ぶ。則ち刑罰を用いずして、訟う者自ずから詘服《くっぷく》して以て眚《せい》を免る。故に人即《たと》い訟わんと欲するも、訟の魁（首謀者）と謀らず、而して安静正直の君子有りて中に居りて之を鎮定すれば、則ち訟いは長からず。訟う者は剛険なりと雖も、亦其の和平の福を受く」という。

嗚呼、人事の険阻は怨望に出で、怨望は恩徳に出ず。恩徳は時位の当に然るべしと為すも、功名の恃む可き无きを知れば、則ち険阻は心に平らかにして、恩怨は世に消ゆ。六三は中位を舍《お》きて以て遯《とん》を消し、柔以て天（上卦の乾《けん》）を承け、世に善くして伐《ほこ》らず（乾《けん》の文言伝）。斯れ尚ぶに足れり。

恩徳と怨望から生ずる訟の険阻を平らかにする六三の柔徳を賛する。六三は遯《とん》の六二の中位を舍てて遯世することをやめ、訟《しょう》の六三の陰柔を以て天位の九五を承ける。まことに世のために善事を施し、しかもその功を誇らぬものというべきである。乾《けん》の文言伝は九二について、「邪を閑《ふせ》ぎ其の誠を存し、世に善くして伐らず、徳博くして化す」という。六三の爻辞に「旧徳を食《は》む。貞なれば厲《あや》うけれども、終に吉なり。或いは王事に従うも、成す无し」といい、小象に「旧徳を食むとは、上（乾《けん》）に従いて吉なるなり」という。

『周易内伝』は六三の爻辞について、「六三は柔にして上進し（三は進爻である）、九二に従いて以て訟《あらそ》わず。上は乾《けん》に従いて（上卦乾《けん》の陽に、陰として従う）、災眚《さいせい》（禍害）は及ばず。自ら保つに善き者なり。二（九二）と坎《かん》の体を為すを以て、必ず二（九二）の不満なる所と為る。則ち正を守るも、亦危うし。然れども二（九二）は既に逋竄《ほざん》し（九二の爻辞に、「帰りて逋《のが》る」という）、五（九五）は終に位を正す。是を以て、終に吉なり。但、嫌疑の際に処り、内は二（九二）の掣する所と為り、外は上九の亢するに遇い、或いは出でて王（九五）に従わんと思うも、固より成す有る能わず。自ら安んず可くして、功を図る可からざるの象なり」という。

䷆ 師《し》（坎《かん》下坤《こん》上）

軒轅《けんえん》、兵を用いて以て服せざるものを征して自り、有扈《ゆうこ》の役に迄《いた》るまで、師（軍隊）を帥《ひき》いる者は皆君なり。夫の太康、御（統御）を失いて胤侯《いんこう》徂征するに迨《およ》びては、則ち躬《みずか》らせず親しくせずして、兵柄は下に移る。易は、衰世の事なり。故に二（九二）は陽を以て群陰の主と為り、象は師（軍隊）修まり将（将帥）に命ずるの典と為す。王覇の命討（討伐を命ずる）に因りて、以て堯禹の天下を治むるは、蓋し能く違《たが》わざるのみ。然れども、三錫の命を授け（九二の爻辞による）、開国の賞を行い（上六の爻辞による）、令は師中に行われ（初六の爻辞による）、功は宗廟に論ずるは——上は宗廟なり——、威福の権自ずから一なり。

黄帝軒轅氏は「天下に順わざる者有れば、黄帝従いて之を征し」（『史記』五帝本紀）、夏王啓は有扈氏と甘の野に戦った（『書経』甘誓の序）。しかし啓の子太康は逸予を以て兵馬の権を失い、その弟仲康は胤侯に命じて羲和《ぎか》を討たせた（『書経』胤征に、「胤后、王命を承けて徂征す」という）。かくして王者は自ら征討の事に任ぜず、兵柄は下に移るに至った。繋辞下伝第六章に「於《ああ》、其の類を稽《かんが》うるに、其れ衰世の意か」といい、第七章に「易の興るや、其れ中古に於けるか。易を作る者は、其れ憂患有るか」といい、また第十一章に「易の興るは、其れ殷の末世、周の盛徳に当るか」という。すなわち群陰の衰世に在って、独り九二の一陽が主となる師《し》は、師（五陰）が修まり九二が軍を将《ひき》いる将軍の象を成している。彖伝に、「師は衆なり、貞（彖辞に、「師《し》は貞なり」という）は正なり。能く衆を以《ひき》いて正なれば、以て王たる可し」という。九二の爻辞に「師に在りて中し吉なれば、咎无し。王、三たび命を錫《たま》う」といい、その小象に「師に在りて中し吉なりとは、天寵を承くるなり。王、三たび命を錫うとは、万邦を懐《なつ》くるなり」という。九二は六五の君と陰陽の応をなすばかりでなく、さらに上六の爻辞に「大君、命有り。国を開き家を承く」というように、功を宗廟（上六）に論ずることができる。なお、初六の爻辞に「師出ずるに律を以てす」という。

彖伝について『周易内伝』は、「人衆《おお》ければ、則ち桀傲貪残《たんざん》の者雑処して一ならず。且つ兵強ければ、驕り易くして以て逞しうす。唯柔静にして中に居り（六五についていう）、理に順いて競う無き者は、能く衆を用いて正に詭《いつ》わらず。斯れ三王（堯舜禹）の王たる所以なり。此れ、師《し》の必ず貞にして而る後に咎无かる可き（彖辞に、「師は、貞なり。大人なれば吉にして、咎无し」という）を明らかにす」という。

九二の爻辞について、『周易内伝』は「一陽を以て羣陰を統べ、険中（下卦の坎《かん》）に処るは、将の軍に在るの象なり。剛にして中を得、勝を制するの道を得たり、故に吉なり。必ず其れ吉にして、而る後に咎无かる可し（彖辞による）。兵を用うるは、君子の君に事《つか》うるの正道に非ず。吉なりと雖も、咎を免るるのみ。且つ其の独り任じて主と為り、専ら師中を制する所以の者は、六五の柔順にして中を虚しくして与に相応ずるを以てなり。故に王（六五）三たび命を錫《たま》いて、乃ち克《よ》く功有り。則ち其の勝つは、皆天子（六五）の威霊にして、自ら居りて以て功と為す可きに非ず」という。また九二の小象について、「六五は天位に居り、天命天討の権を司る。九二は唯命を錫うの寵を承くるのみ、故に吉にして咎无し。且つ王の之を寵錫するは、豈以て九二に私《わたくし》して之に権を仮《か》さんや。万邦を懐寧し（『書経』大禹謨に、「万邦咸《みな》寧んず」という）、故に天に代りて徳に命じ罪を討つ。二（九二）は、寵を邀《むか》えて権を侵すを得ず」という。

上六の爻辞について『周易内伝』は、「大君とは、五（六五）を謂う。国を開くとは、命じて諸侯と為すなり。家を承くとは、命じて世々大夫と為すなり。上（上六）は事外に在り、師旅の事に与《あず》からず。師還《かえ》りて功を論ずるは、六五之を命じ、爵を定め賞を行う」という。初六については、次に述べる。

乃ち夫の一陽（九二）は鉞《えつ》を受くるも（天子が大斧を授けて、征討を命ずる）、帥《ひき》いる所の者は皆陰なり。墳墓を捐《す》て妻子を棄て、生死を原野に争い、以て金銭牛酒の頒《はん》（分かち与える）を貿《か》（買）うは、其れ孝子順孫に非ずして貪《たん》欲《よく》惨忍の細人為《た》ること、亦明らかなり。故に律せざるは焉れを戒むる有り（初六の爻辞）、功无きは焉れを戒むる有り（六三の小象）、弟子は焉れを戒むる有り（六五の爻辞）、小人は焉れを戒むる有り（上六の爻辞）。凡そ凶なる者、皆陰柔なるを以て戒む。

しかし九二の一陽が天子から鉞を授けられて軍を将《ひき》いても、その衆はみな陰であり、貪欲惨忍の細人である。初六の爻辞に「師出ずるに律を以てす、否《しからざ》れば、臧《よ》きも凶なり」といい、六三の小象に「師或いは尸《しかばね》を輿《の》す（爻辞）とは、大（陽、九二）は功无きなり」といい、六五の爻辞に「長子は師を帥い、弟子は尸を輿す。貞なるも凶なり」といい、上六の爻辞に「小人は用うる勿れ」というように、群陰すべてを戒めなければならない。凶の文字は、初六と六三と六五の爻辞に見える。六四については、終りに述べる。なお、「孝子順孫に非ず」の語は、後にいう班超のことば。

初六の爻辞について『周易内伝』は、「否とは、然らざるなり。臧とは、善なり。師一たび出ずれば、即ち当に律を以てすべし。乃ち勝つ可くして敗る可からず。初六は険（下卦の坎《かん》）に乗じて散地（初の位）に処り、反りて律を以て不善と為し、其の野掠《やりゃく》（掠奪）を恣《ほしいまま》にす。其の敗るること必せり」という。

六三の爻辞に「師或いは尸を輿《の》す。凶なり」といい、『周易内伝』は「或いはとは、未だ定まらざるの辞なり。幸を徼《もと》めて勝つ者は有るも、師敗れ将殪《たお》れ、尸（屍）を輿《の》せて以て帰るは、亦其の恒なり。敵の何如《いか》なるかに視《なら》うのみ。六三は柔を以て剛（三の陽位）に居り、又進爻為《た》り。才弱くして志は強く、険（下卦の坎《かん》）を行きて妄動す」という。

六三の小象について『周易内伝』は、「大とは、陽を謂う。九二は剛中にして、以て勝を制するに足る。而れども三（六三）は其の上に乗じ、命を用いずして軽々しく進む（三は進爻である）。三（六三）は敗れ、則ち二（九二）の功も亦隳《こぼ》たる」という。

六五の爻辞について『周易内伝』は、「六五は柔順にして中を得、貪憤《たんぷん》の心無し。彼に伐つ可きの罪有らば、辞（言）を執りて以て討ち、其の師を興すは正なり。然れども、王者の師は柔を以て勝つと雖も、将を用いるに必ず剛断を須《もち》う。五（六五）は羣陰（六三から上六までの四陰）と雑処し、下は九二と応ずと雖も、志は柔にして定まらず。則ち方《はじ》めて長子（九二）に命じて師を帥《ひき》いしめ、而も復《また》弟子（初六と六三）をして以て功を争いて躁進するを得遣《し》む。初（初六）

と三（六三）の若《ごと》きは、皆《とも》に弟子なり。幸を徼《もと》めて嘗試すれば、必ず敗績を致す。事は正なりと雖も、軽々しく民を死に用うるは、亦凶なり」という。

上六の爻辞について『周易内伝』は、「小人は国を開き家を承く（上六の爻辞にいう）可からず、之に命ずれば則ち害を貽《おく》ること方《まさ》に大なり。故に之を戒む。（中略）故に用うる勿れとは、宜しく早く将に命ずるの日に慎み択ぶべし。上六は柔にして断ずる能わず、但《ただ》之を戒むるのみと雖も、咎を帰するの辞無し。責は六五に在りて、上六に在らざればなり」という。

陰の道為《た》る、毒を蘊《つつ》みて洩らさず、欲に耽りて厭《あ》かず、危地に投じて前《すす》まず、成功に処りて善く妬む。此の四者は、皆師に利しからず、而して其の害は相因る。利に溺るれば、則ち義は奮わず。私争に競えば、則ち公戦は怯《おび》ゆ。媢《ねた》みて以て功に居れば、則ち敗を揜《おお》いて恥じず。兵は剛の事なり、而るに柔を用うれば、則ち吉は一にして、凶は三なり。豈危うからずや。

陰柔の害を述べ、師《し》の危うきをいう。陰は陰鷙の毒を心中に秘め、私欲をあくまで求め、危地に際しては自ら怯え、功を成しては他人を妬む。のみならず私利に溺れて義を奮うことができず、私争に競って公戦に果敢になることができず、他人の功を妬んで己の敗を隠して恥じることがない。戦いはこのような陰柔の事ではなく、陽剛を以てすべきものである。もし柔を用いれば、危うきに至る。吉は九二のみにあり、初六と六三と六五に凶という。

然りと雖も、又豈能く此を舎《お》きて別に君子の軍を募らんや。然らば則ち、之を如何《いか》んせん。其れ惟《ただ》居平に（平生に）容畜《ようちく》して（大象にいう）、果（果敢の勇）を臨敵に致さんか。其の容畜を以て其の果を致すを奨《すす》むれば、則ち小人の勇は使う可し。其の果を致すを以て其の容畜を用うれば、則ち君子の怒りは已に乱《おさ》（治）まる。班仲升（班超）曰く、「水は至清なれば則ち魚无く、人は至察なれば則ち徒《と》无し」と。容畜を知ると謂う可し。三十六人を以て匈奴の使を攻む、何ぞ其れ果なるや。此れ千古に師を行うの要にして、授受は心に在り。蓋し陰陽の用を参《まじ》え、健順の宜しきを酌《く》むにして、古の兵法を学ぶの区区たるに至らず。

容畜は、大象に「地（上卦の坤《こん》）の中に水（下卦の坎《かん》）有るは、師《し》なり。君子は以て民を容れ衆を畜《やしな》う」という。『周易内伝』は大象について、「地中の水は、外に見《あらわ》れず、自ら潤す所に安んず。君子は此の道を用いて以て衆民を撫し、静を以て動を畜《やしな》う。士は塾に蔵し、農は畝に蔵し、賈は市に蔵し、智愚と頑廉は兼ねて容れ並びに包み、之を養いて以て擾《みだ》れず」という。

師（軍隊）は小人の陰を用いるものであり、陰は孝子順孫ではなく貪欲惨忍の細人であるから、師《し》は凶である。しかしこの小人の衆を帥いず、君子だけの軍を募ることはできない。とすれば小人を帥いるときどのようにしたらよいか。君子は平生から小人を撫し智愚と頑廉を併せ養い、その果敢の勇を敵前に致さしめるべきである。君子は小人を容畜することによって小人が果敢を致すことを奨めれば、小人の勇を使うことができる。また君子自ら果敢を致すことによって自ら容畜した小人の勇を用いることができれば、君子の怒りは治まり消える。その例として、班超のことを示す。

班超のことばは、『後漢書』巻四十七に見える。「塞外の吏士は、本より孝子順孫に非ず。皆罪過を以て辺屯に徙補《しほ》せらる。……水清ければ大魚無く、政に察なれば下は和するを得ず。宜しく蕩佚《とういつ》簡易にして、小過を寛《ゆる》くして大綱を総ぶべきのみ」という。なお『孔子家語』に、「孔子曰く、水は至清なれば則ち魚無く、人は至察なれば則ち徒無し」という。これは班超が容畜することを知っていたことをいう。また班超は匈奴の使者に対し如何に対処すべきかを論じたとき、「超（班超）怒りて曰く、吉凶は今日に決せり。従事は文俗の吏なり。此を聞かば、必ず恐れて謀は泄《も》れん。死して名づくる所無きは、壮士に非ず」と、吏士三十六人と共に匈奴の使を攻め、「超は手格して（てうちにする）人を殺し、吏兵は其の使及び従士三十余級を斬り、余衆百許人、悉く焼死す」という。これは班超が果であったことをいう。これこそ古来師を用いる要訣であり、班超は小人を容畜しまた自ら果を授けることによって、小人はそれを受け己の勇を発揮することができたのである。すなわち小人の陰と君子の陽がそのはたらきを合せ、陽の健と陰の順の徳を斟酌したものであり、区々としてひたすら古の兵法を学んだものとは異なる。

俗儒の兵を言うや、其の左次《やど》れば則ち咎无きを貴ぶのみ（六四の爻辞による）。常は僅かに失わざるも（六四の小象による）、変は以て御する无し。宋は之を以て亡びて悟らず。乃ち「君は失徳无く、民は兵を知らず」と曰い、以て命を天下に乞いて、其の咎を辞す。則ち豈哀しからずや。

六四の爻辞に「師は左次《やど》る、咎无し」といい、その小象に「左次る、咎无しとは、未だ常を失わざるなり」という。班超のように陽剛を用いることができない陰柔の六四は、退却して宿営することをのみ求める。四は退爻である。常は失わないにしても、臨機応変の戦いに対処することができない。かくして宋は亡びたにも拘わらず、「君は失徳无く、民は兵を知らず」と弁明するのは、陰柔の民を使うべき陽剛の責任転嫁である。

六四の爻辞について、『周易内伝』は「師の法は、前左は高く後右は下る。六四は坎険（下卦の坎《かん》）に憑依《ひょうい》す（依寄する）、故に左と為す。柔を以て柔に居り（陰が四の陰位に居る）、而も退爻為《た》るは、次《やど》るの象なり。凡そ師は次止して進まずと雖も、前左の軍は必ず進みて游弈《ゆうえき》（巡邏）を為す。左次《やど》れば、則ち右後も皆《とも》に止まる。師を善くする者は陣せず、故に咎无し」という。六四の小象について、『周易内伝』は「進退拠る可きは、之れ常と謂う」という。

䷇ 比《ひ》（坤《こん》下坎《かん》上）

比《ひ》の時に当り、群方（五陰）は咸《みな》付す。五（九五）の衆（五陰）を得ること、蓋し焉《こ》れより盛んなるは莫し。水（上卦の坎《かん》）は潤いて以て下り、地（下卦の坤《こん》）に因りて居を奠《さだ》む。澮《かい》（田のみぞ）に在りては澮を成し、川に因りては川を成す。清なる者は与に化光（坤《こん》の文言伝にいう）を為し、濁なる者は与に流悪を為す。地は皆《とも》に之を受け、未だ嘗て択ぶ所有りて其の寵を致さず。

乃ち群陰（五陰）の五（九五）に比するや、豈効《いた》す所无からんや。小人は其の欲を得んことを楽《ねが》い、報いるに奔走を以てす。君子は其の道を得んことを楽い、報いるに忠貞を以てす。而れども二（六二）は柔を以て位を得（陰が二の陰位に居る）、五（九五）と応を為す。則ち五（九五）の懐集する所は、焉《こ》れ（六二）より先なること有る莫し。是れ大海の江漢（揚子江と漢水）有り、泰山の云亭《うんてい》（云云山と亭亭山）有り、夾輔（補佐）の周召（周公旦《たん》と召公奭《せき》）有り、列侯の晋鄭有るなり。若し其れ一徳の咸（『書経』に咸有一徳の篇がある）を失いて、但《ただ》末光に依り余潤を浥《く》み、以て媚を思うの細人に擬すれば、則ち将《はた》何を以て比《ひ》を顕らかにする（九五の爻辞にいう）の知に酬いんや。


一陽五陰の比《ひ》の時に当って、五陰はすべて一陽に帰服する。九五の一陽が羣陰の衆を得ること、まことに盛んな象である。比は坤《こん》下坎《かん》上、上卦坎《かん》の水が性として下り、下卦坤《こん》の地に因ってその居を定める。すなわち地形に因って、澮となり川となる。かくして清なる者は地に因って清流となり、濁なる者は濁流となる。化光は、坤《こん》の文言伝に「万物を含みて化光《おお》いなり」という。地は水の清濁ともに受け、決して清のみを択んで寵愛することはない。『周易内伝』は象辞について、「相合して間無きを之れ比と謂う。此の卦は、羣陰は類もて聚まり、気は相協い、情は相順う。而るに一陽（九五）は中に居り、天位を履み、群陰の依付する所と為り、之を雑間する者有る無し、故に比《ひ》と為す」という。

かくして五陰が九五の一陽に比《した》しむとき、五陰すべてがその情を致す。小人は己の欲を得るために陽に奔走の労を惜しまず、君子は己の道を得るために忠貞の誠を尽くす。しかし六二だけは柔を以て二の中に居り、九五と陰陽相応ずる点で、九五がとりわけ懐集する（なつけ安んずる）ものである。九五の君と六二の関係は、周の成王を夾輔（左右並んで輔佐する）した周公と召公の如く、また成王が弟の叔虞を封じた晋と、宣王が弟の姫友を封じた鄭との如くである。もし六二が九五との一徳を失い、己は九五の末光に依るだけの細人に比擬すれば、九五の知に酬いることができない。

六二の爻辞に「之に比するに内自《よ》りす。貞にして吉なり」といい、『周易内伝』は「六二は九五に正応し、而も坤《こん》順の主為《た》り。中に居りて位を得（陰が二の陰位に居る）、以て内（内卦）は初（初六）と三（六三）に比し、与《とも》に同に心を五（九五）に帰す。蓋し人臣の、人を以《ひき》いて君に事《つか》うるの道を得たるなり。忠貞の篤《あつ》き、其の吉なるは宜《うべ》なり」という。一徳の咸は、『書経』の咸有一徳（伊尹が太甲に、君臣はともに純一の徳あるべきことを戒めた篇）による。また九五の爻辞に「比《ひ》を顕らかにす」といい、『周易内伝』は「九五は尊に居りて位を得（陽が五の陽位に居る）、以て群陰を統ぶ。光明洞達し、私暱《しじつ》有る無し。比《ひ》の道の至顕なる者なり」という。

夾輔の周公と召公、列侯の晋と鄭をいうのは、大象に「地の上に水有るは、比《ひ》なり。先王は以て万国を建て、諸侯を親しむ」というによる。『周易内伝』は大象について、「天下の至りて間無き者は、水の地に依り、地の水を承くるや、已に親しみ已に密なるに如《し》くは無し。君子は、此を以て己を失いて人に従わず。唯開国の王者は、土を分けて以て親賢に授け、恩礼は周洽なり。一人を以て万方を統べ、則ち道は此に宜し」という。

夫れ上の我に暱《なず》むは、恃む可き者に非ず。我の親しむ可きは、恃む可き者なり。我を恃むを以て往く者は、親しみて慙《は》づる无し。彼を恃むを以て往く者は、暱《なず》みて厭《あ》くに逢う。上は我を報施に厭かず、而れども天下は我を容悦する（君の意を迎えて悦ぶ、『孟子』尽心上に見える）に厭く。則ち適《まさ》に以て五量の大を成すも、而も又適《まさ》に以て五徳の偏を累《わずら》わす。然らば則ち、二（九二）は正応を以て責備の帰と為すこと、豈甚しからずや。

而れども、六二は固より憂い无し。寵至りて矜《ほこ》り、之に継ぐに驕るを以てす。二（六二）は群陰と其の柔を同《とも》にして以て上付するも、自ら殊異を詫《ほこ》るの心无し。則ち寵を承くること盛んなりと雖も、其の故吾《こご》を喪わず。夫の位は五（九五）と好仇（好逑）を相為し、徳は五（九五）と唱和を相為すが若《ごと》きは、亦其の分なるのみ。五（九五）は私无く、則ち二（六二）も亦私人の嫌（嫌疑）有らず。嫌无ければ、又何ぞ嫌すること之れ有らんや。

暱《なず》むは私情を以て狎れること、親しむは我に恃む可き者があって親しむこと。上の意を迎えて暱めば、上のものはあくまで我の報施を求め、天下のものはそれを媚を売るものとして嫌う。かくてはたとい量の大を得たにしても、徳の偏は免れない。五量は五種のます（龠《やく》、合、升、斗、斛《こく》）、五徳は五つの徳（仁、義、礼、智、信）。とすれば、九五が陽を以て五の中位に居ることに対し、陰を以て二の中位に居ることによって正応する六二は、完全に責務を果すことが求められる。責備は、完全であることを要求する意。

比《ひ》の六二の小象に、「之に比するに内自りすとは、自ら失わざるなり」という。六二はその責備について憂えることなく、九五の寵を承けて矜《ほこ》り、さらに驕ることができる。それは我に恃むところがあり、故吾、本来の我を失わないからである。好仇は、『詩経』周南の関雎に「窈窕たる淑女は、君子の好逑《こうきゅう》なり」という好逑と同じ、六二と九五が陰陽相応ずること。相唱和すも、関雎の「琴瑟之を友にせん」「鐘鼓之を楽しまん」の意。陽が倡え陰が和して、陰陽相応ずることをいう。九五に私情なく、六二も私人の嫌いなく、それぞれの分として相応ずる。

嗚呼、寵禄の、人に於けるや甚し。況んや、之に渥《めぐ》むに恩礼を以てするをや。賢者は自ら功名の際に失い、中人は自ら福沢の加うるに失う。位に当りて中正なり、群に和して独遇を矜《ほこ》らざること、六二の如き者に非ざれば、能く波靡《はび》して風披する（風波になびく）勿《な》きこと、蓋し亦鮮《すく》なし。光武は猜《そね》む无きも、而も厳光すら且つ要領（腰と首）の絶つを以て侯覇を戒む。又況んや、寧からざるものの初めて来る（彖辞による）の世に在るをや。

六二が中正の徳を以て、独り九五の寵を受けて矜らないことをたたえる。それは君主の寵禄が臣下に下賜されるとき、その力は絶大であるからである。まして恩礼を以てする場合は、尚更である。賢者は功名に対して厚き恩礼を受けて己の道を失い、中人は福沢の寵を受けてわが道を誤る。五陰に和ししかも九五から己のみを遇されたことを矜らない六二以外には、君主から寵遇されて道を失わないものはないのである。厳光が侯覇に書を与えて、「仁を懐き義を輔くれば天下悦び、阿諛して旨に順えば要領（腰と首）絶たれん」といったことは、『後漢書』逸民列伝に見える。私情をもたない光武帝についても、厳光は侯覇が阿諛して匿むことを戒めた。

寧からざるものの初めて来るは、比《ひ》の彖辞に「寧からざる方《きみ》（君主）来る」という。『周易内伝』は、「不寧の方は、猶《なお》詩に言う不庭の方のごとし」という。『詩経』大雅の韓奕に、「不庭（不貞）の方《きみ》を幹《ただ》し、以て戎《なんじ》の辟《きみ》を佐《たす》けよ」という。彖伝に「寧からざる方《きみ》来る（彖辞）とは、上下応ずるなり」という。九五の上に、五陰の下が相応じて比することをいう。『周易稗疏』は「不寧方来」について、「未だ然らずして且に然らんとするの詞に非ず。不寧とは、志定まらざるなり。二（六二）自り外は、皆五（九五）の正応に非ず。故に五（九五）の、己（六二以外の陰）を受けずして疑懼を懐《いだ》くを恐る。然れども、類（六二と同じ陰）を以て上（九五）に比し、敢えて来らざる莫し」という。

彖辞の「不寧方来」について、ここに「寧からざるものの初めて来るの世（不寧初来之世）というのは、方を初めてと訓じているかに思われるが、内伝が方を君と訓ずる義に従って、五陰の中に九五の一陽が初めて君位に居る比《ひ》の世をいうと訓む。『周易稗疏』が方を「未だ然らずして且に然らんとするの詞に非ず」というのは、朱子『周易本義』に「其の未だ比せずして安んぜざる所有る者も、亦将に皆之に来帰せんとす」という解についてそれを斥けている。『周易内伝』は彖辞について、「九五は既に羣陰の宗主と為る、則ち二（六二）自り外は其の正応に非ずして、寧からざるの方《きみ》為りと雖も、近きは説《よろこ》び遠きは来り、皆《とも》に相託して以て帰付す」という。

九五に正応する六二以外の陰が帰付することを、各爻によって示す。初六の爻辞に「孚有り、之に比すれば咎无し。孚有りて缶《ふ》（酒を盛る瓦器）に盈つれば、終に来りて他の吉有り」といい、『周易内伝』は「比するに、相近きを以て相親しむ者有り。二（六二）の初（初六）と三（六三）に於ける、四（六四）の上（上六）に於けるは是れなり。相応ずるを以て相合する者有り。初（初六）の四（六四）に於ける、二（六二）の五（九五）に於ける、三（六三）の上（上六）に於けるは是れなり。初六は遠く下に処り、九五に親しまず、宜しく咎有るべきなり。而るに六四は密に五（九五）に近く、初（初六）の柔順の徳は、四（六四）と相合して相孚にす。柔嘉（『詩経』大雅の抑及び烝民に見える。柔和にして善美）の大臣（六四）に因りて、以て大君（九五）に託するは、権要を結びて党援を為すに非ず。故に咎无し。地は既に疏遠なれば、情は格《ただ》し易からず。必ず缶に盈つるの誠有りて、以て友（六四）を信じて上（九五）に獲られ、上は乃ち嘉予して与に相比す。其の正応に非ずして恩礼を得たり、故に他の吉と曰う」という。

六三の爻辞に「之に比するに人に匪ず」といい、『周易内伝』は「羣陰（五陰）陽に比するの世に当り、上六は独り首无き（上六の爻辞にいう）の後夫（彖辞に、「後夫は凶なり」という。上六をいう）為《た》るは、人の情に非ず、人の理に非ず。六三は之（上六）と相応ずるは、（中略）凶と言うを待たず、自ずから其の必ず凶なるを知る可し」という。

六四の爻辞に「外（初六）は之に比す。貞にして吉なり」といい、『周易内伝』は「四（六四）は五（九五）に近く、心を専らにして上（九五）に親しむ。而して外は初（初六）と応じ、疏遠（初六）を翕合して、寧からざるの方《きみ》（初六）をして共に一人（九五）に媚び使む。其の忠貞の至れる、吉は二（六二）と同じ。外と言うは、四（六四）は外卦を体とす、則ち内卦を以て外と為す」という。

上六の爻辞に「之に比するに首无し、凶なり」といい、『周易内伝』は「比するは必ず首有り、而る後に宗主（首）する所を得て以て自ら立つ。上六は九五に背き、下は群陰に比せんと欲す。翕翕《きゅうきゅう》（職責を尽くさない）訿訿《しし》（怠惰）の小人為《た》りて、以て上（九五）を罔《なみ》し私を行う、其の凶なるは必せり」という。

䷈ 小畜《しょうちく》（乾《けん》下巽《そん》上）

小畜《しょうちく》は、巽《そん》（☴）畜《とど》め、大畜《たいちく》（乾《けん》下艮《ごん》上）は艮《ごん》（☶）畜む。巽《そん》は、体は陰にして用は陽多く、艮《ごん》は、体は陽にして用は陰多し。体は其の情なり、用は其の名なり。名を以て我を召《まね》くも、情は固く之を止《とど》む。甚しいかな、巽《そん》の柔にして陰鷙《いんし》（残忍）なること。

小畜《しょうちく》は乾《けん》下巽《そん》上、大畜《たいちく》䷙は乾《けん》下艮《ごん》上。小畜《しょうちく》は六四の小（陰）が乾《けん》を畜め、大畜《たいちく》は上九の大（陽）が乾《けん》を畜めている。巽《そん》☴は一陰二陽の長女、艮《ごん》☶は二陰一陽の少男。巽《そん》は陽多き名によって下卦（乾《けん》）の陽を召くが、実はその体の陰が乾《けん》を畜《とど》めている。まことに巽《そん》は順の柔を以て、ひそかに陽を止める陰鷙の威を振うものというべきである。

小畜《しょうちく》の彖辞に「小畜《しょうちく》は亨る」といい、『周易内伝』は「艮《ごん》（☶）の二陰は中（内）を得て（上九の内に居る）之を大畜《たいちく》（䷙）と謂い、巽《そん》（☴）の一陰にして之を小畜《しょうちく》（䷈）と謂うは、艮《ごん》は体は陽にして巽《そん》は体は陰なればなり。凡そ卦は一を主と為し、二を従と為す。巽《そん》（小畜《しょうちく》の上卦）は一陰は二陽の中（内）に入り、陰は主と為りて位を得たり（陰が四の陰位に居る）。乾《けん》（小畜《しょうちく》の下卦）の健行は方《まさ》に鋭きも、一陰（六四）は柔の道を以て其の健を止む。五（九五）と上（上九）の二陽は、皆《とも》に陰（六四）の用と為り、以て巽《そん》入（巽は入る意）の徳を成す。故に小畜《しょうちく》と為す。亨るとは、陰の亨るを謂う。柔（六四）は位を得（陰が四の陰位に居る）、而も上に二陽（九五と上九）の助有りて力有り。乾《けん》（下卦）は其の下を承け其の止むるを受く、故に亨る」という。

夫れ畜は、養うの道有り。陽は治むるに任じ、陰は養うに任ず。天下、養うを以て始めざる者は、終に止《とど》むる能わず。飫《あた》うるに需《もと》むる所を以てすれば、則ち情は留まりて息《や》む。人事有りて自り以来、壮夫の、陰柔に行を危《たか》くして歩を郤《しりぞ》くるは、皆《とも》に養は之が膠飴《こうい》（水あめ）を為せばなり。而して孰《たれ》か能く此を軼《いっ》（逸）して以て径行せん『論語』雍也）。

夫れ陽を養う者は、陰の職なり。其の機を蹈むと雖も、その奉ずるを辞し難し。聖人すら亦且つ、因りて之を成す。陽は固より已に歩を郤《しりぞ》くるも、而も猶《なお》之に安んずるに時数を以てするは、亦其の職と曰う。

畜には、止《とど》める意の他に養う意がある。陽は陰の養に因らざるを得ず、かくして壮夫（陽）は陰柔の世に行を危《たか》くして行きなやむのは、陰が膠飴のように陽を養い止めるからである。この陰の膠飴を脱してひたすらわが道を行くものは、誰もいないのである。危行は、『論語』憲問に「子曰く、邦に道有れば、言を危《たか》くし行を危くす」という。径行は、『論語』雍也に「行くに径《こみち》に由らず」という。

陽は陰に養われるものであるから、陽は陰の機巧の危うきに在りながら、陰が職として陽を養うことを避けることができない。機とは、上卦の巽《そん》が二陽の名において下卦乾《けん》の三陽を招きながら、六四の陰がひそかに畜《とど》める陰鷙のからくり、機巧をいう。聖人の陽ですら、この陰によって己の行を危《たか》くする。陽はこの陰鷙に対しては行きなやむ他ないが、それを時数であるとしてそれに因り安んずるのは、陽を養うのが陰の職であるからである。

然りと雖も、其の之を養うや、則ち又厚薄の斉しからざる有り。山（艮《ごん》）の養うや、雲出で霧升《のぼ》りて以て天に応ずるは（大畜《たいちく》をいう）、且に天に蒸歊《じょうきょう》（気が上に昇る）の気を合せんとするなり。夫の風（巽《そん》）の体為る、旁行解散して、養を致すこと已に薄く、徒《ただ》其の柔を用い、密かに之が止むるを為すが若きは（小畜《しょうちく》をいう）、則ち密雲雨ふらざる（小畜《しょうちく》の象辞にいう）の勢い已に成り、而して五（九五）と上（上九）の陽、方且《まさ》に彼の党（下卦坎《かん》の三陽）に従いて其の用を致す。

五（九五）は富力を矜《ほこ》り、上（上九）は徳色を載《の》す。孰《たれ》か知らん、夫の周旋して舎《お》かざる者（六四）、因りて長じて其（上九と九五）の入りて三陽（下卦の乾《けん》）を求むるの逕《みち》を塞ぎ、且つ転を陰（六四）に受けて之が役を為すを。則ち五（九五）と上（上九）は、亦愚なり。甚しいかな、六四の坐《いながら》にして群情を取り、之を衽席《じんせき》（しとね、寝所）に柔にすること。

大畜《たいちく》の養の厚きに比べて、小畜《しょうちく》の養の薄きをいう。大畜《たいちく》の上卦艮《ごん》（山）は山上の雲霧が上って天と合するが、小畜《しょうちく》の上卦巽《そん》（風）はその象辞に「密雲、雨ふらず」というように、六四の陰がひそかに止（畜）めている。小畜《しょうちく》はすでに密雲雨ふらずの勢いを成し、而も九五と上九の二陽は、下卦乾《けん》の三陽の力によって（上卦巽《そん》は、従う意）、九五は富力を矜《ほこ》り、上九は徳色を載すという用を致している。

象辞に「密雲雨ふらず、我が西郊自《よ》りす」といい、『周易内伝』は「然れども其の亨るを為すや、能く陽を止めて過ぎ使めざるも、則ち抑《また》未だ以て物を開き務を成し（繋辞上伝第十一章にいう）天下を化成するに足らず。故に又、「密雲雨ふらず、我が西郊自《よ》りす」の象を為す。雨の降るは、皆《とも》に地の気は上升し、天の気は上に覆いて散ずるを得ざるに由りて、乃ち復《また》下りて雨と為る。此の卦は、陰（巽《そん》）は上りて乾《けん》（下卦）より躋《のぼ》り、陽気（下卦の乾《けん》）は下（下卦）に盛んなれば、（雨）降るを得ず。但《ただ》上は二陽（九五と上九）の遏《とど》むる所と為り、密雲と為るのみ」という。

九五はその爻辞に「富は其の鄰を以《とも》にす」というように、隣（六四）とともに富力を矜り、上九はその爻辞に「徳を尚《たっと》びて載す」というように、徒らに徳を尚ぶかの態をなすのみである。六四が九五と上九の用をあまねく周旋するふりをしながら、実は上卦の二陽が下卦の三陽と相通ずる道を塞ぎ（畜《とど》め）、上九と九五は六四の陰に左右されている。転は移る、あるいは仏語の転依《てんえ》の意。このように九五と上九がまことに愚であるのは、六四が群情（上九と九五の陽を衽席に自在に操る婦女の柔による。

九五の爻辞に「孚有りて攣如《れんじょ》たり、富は其の鄰を以《とも》にす」といい、『周易内伝』は「攣如とは、相結びて舎《お》かざるなり。以てとは、猶与《とも》にすのごとし。九五は剛中にして、陽徳は方《まさ》に富み、而して巽《そん》（上卦）と体を為す。下は四（六四）の孚以て之を輔くるを与にし（六四の爻辞に、「孚有り」という）、陽を畜《やしな》うの美を成す。而して四（六四）も亦之（九五）に藉《よ》りて以て富み、其の孤（一陰）を憂えず」という。

上九の爻辞に「既に雨ふり既に処る、徳を尚《たっと》びて戴す」といい、『周易内伝』は「既に雨ふるとは、重剛（九五と上九）は陰（六四）を下に覆い、且に降りて雨と為らんとす、陰の道行わるるなり。既に処るとは、巽《そん》（上卦）の道已に成り、陽（上九）は止まらざる能わざるなり。尚ぶとは、物の尊ぶ所なり、而して専らにする（尚《たか》くす）の意有り。戴すとは、舟車の積む所の実なり。重剛の積むや、六四を輔けて以て養を下に施す。徳の恃む可き有れば、則ち復《また》兢惕して以て出でず、己の志は行われ、物の望（万民が仰ぎ見る）は塞《み》（充）つ」という。

夫れ養を薄くして固く之を止《とど》むるは、巽《そん》（上卦）は礼无きも、乾《けん》（下卦）も亦光《おお》いならざるなり。則ち夫の止むるを受くる者（乾《けん》の三陽）は、失得吉凶の数に、亦辨（区別）有り。三（九三）は、其の止むるを争う者なり。二（九二）は、止むるに静かなる者なり、初（初九）は、其の止むるを受くる者なり。三（九三）は進むが故に争い、二（九二）は中なるが故に静かに、初（初九）は応ずるが故に受く。

争うを以て往く者（九三）は其の機（上卦巽《そん》の機巧）に入り、而して巽《そん》は始めて機鳴るを以て意を得、月望の凶（上九の爻辞に、「月は望に幾《ちか》し。君子征けば凶なり」という）、反目の激あり（九三の爻辞に、「夫妻反目す」という）。静を以て俟つ者（九二）は其（下卦の乾《けん》）の健を保ち、而して初（初九）と三（九三）は其の功を効《いた》し、彼（九五）は鄰（六四）を以て富と為し（九五の爻辞に、「富は其の鄰を以《とも》にす」という）、我（九二）は牽《ひ》く（九二の爻辞に、「牽きて復《かえ》る。吉なり」という）を以て援と為す。

退くを以て受くる者（初九）は其の敵（六四）を老いしめ（困乏させる）、而して四（六四）も亦不測（初九が潜退する不可測の情）を以て自ら危ぶみ、血惕（六四の爻辞に、「血去り惕《おそ》れて出ず。咎无し」という）の亡は、四（六四）は僅かに免る。

咎責の来るや、初（初九）は自ら信じて疑わずして之に任ず——何其咎（初九の爻辞）は、其の咎を負何（負荷）するを言う。俗に負何の字は草を加うるを以て荷と作し、遂に此を訓じて誰何（なんぞ）の義と作す——。其れ唯初（初九）のみ、陽に（表面上）其の止むるを受けて、密かに其の機を制す。譏非《きひ》（非難）を当世に任じて、其の陰鷙《いんし》の心を移《い》易《えき》す。故に危疑に出入して、光明疚《やま》しからず。其の吉なるは（初九の爻辞にいう）、義は固より之を許せり（初九の小象に、「其の義は、吉なり」という）。

以上のように小畜《しょうちく》の養が薄いのは、上卦巽《そん》の六四が下卦乾《けん》に対して礼がないからであるが、しかし下卦乾《けん》の三陽に責任なしとするわけにいかない。船山は、三陽の内、初九の徳のみをたたえる。九三は進爻であるから六四が畜《とど》めるのに対して争い、九二は中位を得ているから六四が畜めても争わず、初九は六四に陰陽相応じて六四の畜めることを受けるからである。

九三の爻辞に「輿、輻（車轂に集まる車輪の矢）を脱《と》く。夫妻反目す」というように、九三は剛を恃んで六四の柔と争うが、六四の柔に畜《とど》められて進むことができない。其の機とは、さきにいう巽《そん》の陰鷙なるからくり。進爻の九三の陽が見事に巽《そん》の術中にはまって、争いが生ずることをいう。月望の凶は上九の爻辞にいい、『周易内伝』は「月は全て日の明を受くれば、則ち望（もち月、満月）なり。陽は其の明（月の明るいところ）なり、陰は其の魄（月の暗いところ）なり。二陽にして僅かに微陰を露わす（巽《そん》☴）は、乃ち「月は望に幾《ちか》し」の象なり。亦陰の盛んなるを言う」という。かくては夫妻、九三と六四が反目する激争に至る。

『周易内伝』は九三の爻辞について、「反目すとは、悪《にく》み怒りて相視ざるなり。（中略）剛（九三）は競いて已《や》まず、四（六四）の己を畜《とど》むるを怒り、四（六四）の柔の道を以て之を止《とど》むるは、本より陽徳を有余に養うを知らず。乃ち躁進して顧《ただ》与に相違《たが》う」という。九二の爻辞に「牽きて復る、吉なり」というように、九二は初九に牽かれて徳を養い、二の中位を保つことによって初（初九）と三（九三）の用を発揮させ、また彼（九五）が六四の隣によって富となすことを援けている。九二の爻辞について、『周易内伝』は「九二は四（六四）と応ぜず、其の畜《とど》むるを受くる者に非ず。初九は畜むるを受け、牽引して引く（九二の爻辞に、「牽きて復る」という）を以て、中（二の中位）に安処して進まらざら使む。蓋し君は臣の諫に従い、弟（弟子）は師の裁を聴き、志を抑えて以て徳を養うの象なり」という。

それに対して、初九は六四と陰陽相応じ、六四の止（陰が畜《とど》める、すなわち小畜《しょうちく》）を受けるものである。その敵を老いしめるとは、初九の敵（匹敵）である六四が周旋して舎《お》かない労のため、六四の困乏するにまかせること。また六四も初九の潜退の不可測を以て自ら危ぶみ、争いを起さない。六四の爻辞に「孚有り。血去り惕《おそ》れて出ず、咎无し」という。六四が亡ぶことは、初九によって僅かに免れることができる。

六四の爻辞について、『周易内伝』は「孚有りとは、九五の信ずる所と為るなり。陰陽異なりて孚と言うは（孚とは、陰と陰、陽と陽が応ずることをいう）、二陽（九五と上九）合して巽《そん》を成し、陽は陰（六四）の化に従う（巽は従う意）、故に之を小畜《しょうちく》と謂う。則ち陰陽異なりて孚なるなり。六四は専ら陽を畜《とど》むるの事に任ず、而るに巽入《そんにゅう》の徳は、九五は之（六四）と相孚なること洽《あまね》くして、其（六四）の独り陽に異なるを疑わずして之に任ずるに由る。乃ち能く孤陰（六四）を以て乾《けん》（下卦の三陽）の健行を止むるは、則ち陽実（九五の剛中の徳）は己（六四）に任じて以て畜《とど》むるなり。三（九三）と相違いて、戦争の象有りと雖も（九三は夫妻反目する家庭のこと、それに対し六四は血と惕という戦争のこと）、終に与に競《きそ》わざれば、則ち血は去る。惕《おそ》れて出ずとは、惕れて以て之を出ずるなり。柔を以て柔に居り（六四が四の陰位に居る）、唯陽に相入らざるを恐るるのみ（上卦巽《そん》は入る意）。上は九五の剛中の徳を承け、兢惕《きょうてき》し婉慎《えんしん》して以て出ず、此れ畜《とど》むるの道の尤も善き者なり。孟子曰く、「君を畜《とど》むるは何ぞ尤《とが》めん」と（『孟子』梁恵王下）。咎无し（六四の爻辞にいう）の謂なり」という。

それは、初九が「其の咎を何《にな》う」からである。初九の爻辞に、「復るに道に自《よ》る。其の咎を何う。吉なり」という。船山は「何其咎」を朱子『周易本義』のように「何ぞ其れ咎あらん」とは訓まず、何を負荷の意に訓ずる。初九の陽は、表面上は小畜《しょうちく》の六四の止を受け（其の咎を何《にな》う）、密かに六四の機巧を消している。船山は時代の譏非を身に受けながら、わが陽剛の光明を守る初九をたたえる。

『周易内伝』は初九の爻辞について、「何は、本《もと》負何の何（になう）なり。人に从《したが》い可に从い、人の任じて之を戴する所なり。経伝或いは艸に从い、荷華（荷《はす》）の荷に作るは、伝写相承くるの譌《が》（訛）なり。乾《けん》（下卦）の健は畜《とど》むるを受け、施（陽が施す）は行うを得ざるは、乾《けん》の志に非ず。初（初九）は四（六四）と応じて其の畜《とど》むるを受け、咎は将に之（初九）に帰せんとす。乃ち（然るに）初（初九）は位は潜蔵に在り（乾《けん》の初九の爻辞に、「潜龍、用うる勿れ」という）、則ち往かずして来り復《かえ》り、以て其（初）の居を奠《さだ》め、陽道の微を養うは、固より其の道なり。復《また》既に道を以てすれば、咎を負うと雖も恤《うれ》えず、唯道を守りて以て自ら安んず、故に吉なり」という。初九の小象について、『周易内伝』は「義正しければ、則ち咎は辞せざる所有り。君子は義を秉《と》りて回《たが》わず（『詩経』大雅の大明に、「厥《そ》の徳、回わず」という）、以て天下の疑謗を受く。其の究《きわみ》、吉は必ず之に帰す」という。

『周易稗疏』は「何其咎」について、「此に何其咎と云うは、小畜《しょうちく》は本より陽盛んなる卦なるを以て、乾《けん》の徳は行かんと欲す。而れども六四の陰の阻む所と為り、初（初九）は乃ち四（六四）と応を為し畜《とど》むるを受く。則ち咎无き能わず。特《ただ》初（初九）の徳は潜に在るを以て（乾《けん》の初九に、「潜龍、用うる勿れ」という）、反帰して進まざるを以て道と為し、独り其の咎に任じ、以て二（九二）と五（九五）を累《わずら》わさず。是れ、善は則ち君（九五）に帰し、過ちは則ち己（初九）に帰するの義なり。故に「其の義は吉なり」と曰う（初九の小象）」という。

夫れ是《か》くの如くんば、将《はた》陰陽を闘わせて相制するに機を以てせんか。曰く、然るに非ず。小畜《しょうちく》の時は、数々《しばしば》は遇わず。止《とど》むれば則ち窮し、窮すれば則ち変ず（繋辞下伝第二章）。故に君子は変を以て権を行い、厚く其の密雲の勢いを用う。小畜《しょうちく》の世に非ず、往くを尚ぶ（象伝にいう）の才無く、而も物の止むるに触れて、即ち其の機を用うるは、則ち細人の術なり。而るに又、何ぞ以て云うに足らんや。

小畜《しょうちく》の象がこのようであるのであるから、陰陽互いに争って機巧を以て相制すべきかに思われるが、決してそうではない。六四の一陰が五陽の内に在る小畜《しょうちく》の世は、滅多にあるものではない。しかも小の陰が畜めている小畜《しょうちく》は陽は窮し、陽が窮すれば変ずることができる。かくして初九の陽の君子は変ずることによって臨機応変の権（場合に応じて権《はか》る）を行い、小畜《しょうちく》の「密雲、雨ふらず」の勢いを用いる。小畜《しょうちく》の象伝に、「密雲、雨ふらず（彖辞）」とは、往くを尚ぶなり」という。そのような陽剛の才もなく、また小畜《しょうちく》の世でもないのに、六四の陰鷙を術とする者は、いうに足らぬ細人であると斥ける。

䷉ 履《り》（兌《だ》下乾《けん》上）

一

卦の体を為すや、唯一陰（六三）のみにして位を失い（陰が三の陽位に居る）、以て陽（五陽）に間《まじ》わる。則ち天下憂危の都は、履《り》に若《し》くは莫し。君子は以て憂危を渉《わた》り、用《もっ》て徳の基と為し、難を犯して其の常を失わざるは、亦反りみて其の本を求むるのみ。

履《り》は六三の一陰が陽の位である三に居り、群陽の間に雑わっている。この憂危の都（集まるところ）に在る君子は、己に顧みてその本を求める以外にはない。憂危は『書経』の君牙に、「心の憂危せること、虎の尾を蹈み、春氷を渉るが若し」といい、彖辞に、「虎の尾を履む」といい、六三の爻辞に「虎の尾を履みて、人を咥《くら》う。凶なり」という。徳の基と為すは、繫辞下伝第七章に「履《り》は徳の基なり」という。反りみて求むは、『中庸』第十四章に「己を正して人に求めざれば、則ち怨み無し。……反りみて諸《こ》れを其の身に求む」といい、『孟子』公孫丑上に「反りみて諸《こ》れを己に求むるのみ」という。

本とは何ぞ。陽は陰に因りて艮《ごん》（☶）と為り、陰は陽に因りて兌《だ》（☱）と為る。因る者は功を為し、因る所の者は地を為す。兌《だ》は陽を以て地と為し、陰を以て功と為す。爻は其の功に任じ、卦は其の地を敦《あつ》くす。其の功に任ずる者（爻）は、功は陰に在り。陽は陰と争い、相争えば則ち咥《くら》う。其の地を敦くする者（卦）は、陽を敦くす。内は外の主と為り、主有れば則ち亨る。二陽（初九と九二）の基は、兌《だ》の本なり。

憂危の都である履《り》を渉る君子が徳の基とするのは、初九と九二の二陽であることを述べる。一陰が二陽の上に居るのが艮《ごん》☶であるが、一陰が二陽の上に在るのが兌《だ》☱である。履《り》は兌《だ》下乾《けん》上。兌《だ》の陰陽の構造を説くことによって、兌《だ》の本は初九と九二の二陽の基に在ることを述べる。兌《だ》の一陰が因る所の者は二陽の地であり、陰は功をなすが陽は地としての徳を教くする。陰爻の六三は陰陽相争って人を咥《くら》う功をなすが、内卦の兌《だ》としてはその地（初九と九二）の徳を敦くし、この二陽が内卦の外にある六三の主となる。かくして、履《り》の彖辞に「虎の尾を履むも、人を咥《くら》わず。亨る」というように、憂危の卦である履《り》が亨る。

履《り》の彖辞について、『周易内伝』は「卦為《た》る、六三は孤陰にして位を失う（陰が三の陽位に居る）を以て、躁進して（三は進爻である）上は乾《けん》（上卦）を窺い、九四を躡《ふ》まんと欲し、憑陵《ひょうりょう》して（上を犯す）進む。乾《けん》の徳は剛健にして、躡む可き所に非ず、故に此の象有り。人を咥わず（彖辞）とは、全卦を以て之を言う。兌《だ》の徳は説《よろこ》（悦）ぶなれば、既に敢えて乾《けん》（上卦）と競わず。而も初（初九）と二（九二）の二陽は、乾《けん》（上卦）と徳を同じくす。乾《けん》は、位は尊高にして、其の徳は剛正なれば、惑う所と為らず。則ち亦之を咥うを待ちて以て威を立てず、而して自ずから犯す能わず。陰（六三）は其の説《よろこ》ぶ（悦、兌《だ》）を以て之に応ず可く、志は上に通じて、亨るの道有り」という。

険阻は言笑に生じ、徳と怨は報ずるに（『論語』憲問に、「徳を以て怨に報ず」という）懐来（招き寄せる）を以てす。其の懐来の積を厚くし、其の言笑の機（険阻）を消すは、則ち物の驚かさざる所なり。初（初九）と二（九二）とは、求むる无き者なり。求むる无ければ、情は必ず実を以てす。心に在りては素と為し（初九の爻辞による）、道に在りては坦と為す（九二の爻辞による）。故に物に求むる无き者は、物も亦之を驚かすを得ず。

人の日常の言笑から険阻の難が生じ、また『論語』憲問に「徳を以て怨に報ず」というように、懐来の徳を以て険阻の怨に報ずべきものである。言笑は下卦兌《だ》の説《せつ》（言）と悦《えつ》（笑）についていい、懐来の徳は上卦乾《けん》についていう。かくして履《り》は上に三陽の乾《けん》を積むことによって、下の兌《だ》の険阻を消滅させ、外物によって心を驚かされることはない。初九の爻辞に「素履《そり》して往けば、咎无し」といい、九二の爻辞に「道を履むこと坦坦たり。幽人、貞にして吉なり」という。初九はその素道に率《したが》って初の位に甘んじ（『中庸』第十四章に、「君子は其の位に素して行い、其の外を願わず」という）、九二は剛にして中を得、六三の下に在って坦坦として道を履むのみである。ともに進むことを求めず、かくして万事に驚かず、わが情の実を守ることができる。

初九の爻辞について『周易内伝』は、「素とは、『中庸』の「其の位に素す」の素の如く、其の当に然るべき所の如くするの謂なり。初（初九）と二（九二）は、虎の尾を履む者に非ず。而して兌《だ》（下卦）と体を為し、柔（兌《だ》）を志して進むを思うは、則ち亦履《り》の道有り。初（初九）は卑下に処り、而も乾《けん》（上卦）と徳を合す。志は往かんと欲すと雖も、躁ならず媚びず、其の素道に率《したが》う、故に咎を免る可し」という。

また九二の爻辞について、「道とは、履む所の路を謂う。九二は剛にして中を得、乾《けん》（上卦）と徳を合す。進みて陽（上卦の乾《けん》）に従いて以て行き坦坦《たんたん》乎《こ》として疑阻《ぎそ》する所無し。乃ち（然るに）六三の蔽う所と為り、自ら明らかにする能わず。蓋し君子、不幸にして小人の上を干《おか》すの世に当りて其の下に処り、能く自ら達する無きの象なり。故に幽人と曰う。唯其れ志を正して以て居り、身を修め道を守り、天下の凶危に与《お》いて相忘るれば、物は自ずから害を加うる能わず。吉を求めざるも、正を守る者は自ずから吉ならざる無し」という。

已《や》むを得ざるに行きて履む有るは、時之を為せばなり。履むの既に成るに逮《およ》びて、其の以て蹶《たお》れざる所由《ゆえん》に溯るに、初（初九）と二（九二）の剛実にして、物情の応ずるを冀《ねが》う无き者、以て之が基と為す（繋辞下伝第七章に、「履《り》は徳の基なり」という）に非ざれば、則ち亦悪《いず》くに従《よ》りて此を致さん。故に、「其れ旋《かえ》れば、元吉なり」と曰う（上九の爻辞）。上（上九）に祥を致すの績を序するは（上九の爻辞に、「履むを視て祥を考う」という）、固より応ずる所の六三に在らず、必ず初（初九）と二（九二）を策勲《さくくん》す（勲功ある者の名を記す）。

若し徒《ただ》三（六三）を以てすれば、言笑の柔を恃み、往きて群剛の林に試む。外は柔なるも中は狠《こん》なること（兌《だ》は、六三の陰が外に在り、初九と九二の剛を内に含む）、鬼神は之を瞰《み》る。而るを況んや、虎の人を咥うを以て道と為す者（六三）に於いてをや。

履《り》という憂危の時に初九と九二が君子の反求すべき本であることを、上九の爻辞「履むを視て祥を考う。其れ旋れば元吉なり」によって説く。憂危に際してやむをえず事を為すのは、時運に迫られたからである。事を為した後、その事が敗亡に陥らないのは、初九と九二が剛実であって、世情が己に応ずることを決して求めず、この初九と九二を基とするからに他ならない。上九が祥（善）を考え、本に旋（反）れば元吉なりというのは、決して上九の応である六三の功を称《たた》えるのではなく、初九と九二の功を称えるためである。

『周易内伝』は上九の爻辞について、「履むを視るとは、三（六三）の履むを視るなり。旋《かえ》るとは、反るなり。上九は高きに居りて下に臨み、三（六三）と相応ず。三（六三）は方《まさ》に上（上九）を履みて、之を干《おか》さんと欲す。而れども情を平らかにして順受し、俯視して其（六三）の情を見、急には譴《けん》を加えず。但諸《こ》れを己に反求するのみ。消弭《しょうじ》する所以の道を審らかにし、災を化して祥と為せば、則ち三（六三）も亦消阻して旋《かえ》（反）り退き、説《えつ》（兌《だ》）を以て応じ、敢えて憑陵《ひょうりょう》（上を犯す）の心を生ぜず。善以て人を長じ（『論語』顔淵に、「君子は人を美を成し、人の悪を成さず」という）、吉は焉《こ》れより大なるは莫し」という。

六三の爻辞に「虎の尾を履めば人を咥う、凶なり」といい、『周易内伝』は「柔は位を失い（陰が三の陽位に居る）進爻に居り、亦躁妄して以て上は陽（上卦の乾《けん》）を干《おか》す。乾《けん》の道は方《まさ》に盛んなれば、能く犯す所に非ず、還りて以て自ら傷《やぶ》る。故に人を咥いて凶なり」という。六三が陰を以て三の陽位に居るのは位を失い、しかも三の進爻に在り、敢えて上卦の群剛の林たる三陽の乾《けん》に進もうとする。六三は下卦兌《だ》の主であり、わが言笑（兌《だ》の説と悦）の柔を恃んでいるが、その心は狼険であることは明白である。六三は、初九と九二に比べられるものではない。

二

「虎の尾を履むも、人を咥《くら》わず」（彖辞）とは、数（術数）を以て之を馭するか、道を以て之を消すか。数を以て之を馭する者は、機変の士、不測に投試して其の術を售《う》るにして、君子は之を称するを羞ず。而して世に道を以て之を消すと謂う所の者は、道に非ず。嬰児（『老子』第十章）為《た》り、酔者（『列子』黄帝）為り。虎其の側を過《よぎ》るも傷《やぶ》らず、天和は焉《こ》れに存すと曰う（『荘子』知北遊）。天和とは、無心以て営を為し、督《とく》（中）に縁《よ》りて以て経と為し（『荘子』養生主）、二気（陰陽）の間に浮游し、行くに地を蹍《ふ》まず（『荘子』天下）。若士《じゃくし》の北游するや（『淮南子』道応訓）、禦寇の風を御するや（『荘子』逍遙遊）、地を絶ちて人を離れ、之と漠として相与にせずして、自ら其の難を逃《のが》る。則ち亦、悪《いずく》んぞ其の能く虎の尾を履むを為すに在らんや。

彖辞に「虎の尾を履むも、人を咥わず。亨る」という意が、機変の士の術数ではなく、また道家のいわゆる無為無心の道による超脱でもないことを述べる。『老子』第十章に「気を専らにして柔を致せば、能く嬰児たるか」といい、『列子』黄帝に「夫の酔者の車より墜《お》つるや、疾ありと雖も死せず」という。天和は、『荘子』知北遊に「若し汝の形を正し汝の視を一にすれば、天和は将に至らんとす」といい、「督に縁りて以て経と為す」は同じく養生主に見える。行くに地を蹍《ふ》まずは、『荘子』天下に「輪は地を蹍まず」という。若士（仙人の名）が北游したことは『淮南子』道応訓に見え、列禦寇が風を御したことは『荘子』逍遙遊に見える。これら道家の徒は、すでに地を去り人を離れて天に浮遊するものであるから、そもそも虎の尾を履むという人事の艱難に直面していない。

夫れ虎の尾を履む者は、則ち既に之を履めり。虎の尾と雖も、亦素位なり。時は天に窮まり、事は変に貞しきは、賢者は固より及ぶ能わざるの理有り、聖人も亦尽くすを得ざるの功有り。及ぶ能わざる者は、勉強して（つとめはげむ）之に及び、尽くすを得ざる者は、或いは之を忘るる無くして相悖害《はいがい》せず。然れども、且つ虎は前に興り、且つ将に我を咥《くら》わんとす。尤も反りみて自ら考え「我れ過《あやま》てり、我れ過てり」と曰い（『礼記』檀弓上）、益々退きて其の近行を考う。天は乃ち之を祐け、物の悍戻《かんれい》なる者も、亦惻怛《そくたん》して（あわれむ）其の険を消す。故に其の咥わざるは、実に自ら求むるの祥なり、偶然に非ず。

以上の機変の士の術や道家者流の現実逃避とは異なる君子の処し方を、上九について述べる。君子は現実を逃避する道家者流とは異なり、いま虎の尾を履むという艱難に直接対面する。素位は、初九の爻辞に「素履して往けば、咎无し」といい、『中庸』第十四章に「君子は其の位に素して行き、其の外を願わず」という。『周易内伝』は、初九の爻辞について「其の当に然るべき所の如くするの謂なり」と注する。天の窮まった時において、また変にわが貞しきを求める人事において、賢者は自ら強《つと》めて及ぼうとし、聖人は六三の陰を忘れずそれを直ちに斥けようとはしない。自ら己に反求して「我れ過てり、我れ過てり」（『礼記』檀弓上に見える、曽子のことば）と自省し、その六三の行為を考える。上九の爻辞に、「履むを視て祥を考う。其れ旋れば元吉なり」という。かくして上卦の乾《けん》を犯そうとする六三の悍戾なるものも、兌《よろこ》（悦）んで応じ上九に従うに至る。六三が人を咥うに至らないのは、上九と初九が自ら反求して天が祐けたことによる。決して偶然になったのではない。初九と上九の爻辞についての『周易内伝』は、すでに先に示した。

魚朝恩は郭子儀の父の墓を発《あば》きて、以て其の怨望を激す。而れども子儀は泣きて代宗に対《こた》えて曰く、「臣の部曲、人の墳墓を発くこと多し。能く自ら及ぶ勿《な》らんや」と。子儀の言にして虚（嘘言）なるは、則ち鬼神之を瞰《み》る。惟其の実なるは、斯れ自ら反りみるの誠にして、其れ旋《かえ》りて之れ考うるなり（上九の爻辞に、「履むを視て祥を考う。其れ旋れば元吉なり」という）。子儀の若《ごと》き者は、君子の道に合せり。而るに又、奚《なに》をか疑わん。

寵臣魚朝恩が郭子儀の父の墓を発かせて郭子儀の怨みを激成させようとしたとき、郭子儀は魚朝恩の名を挙げず、「臣久しく兵を主り、士の、人の墓を残するを禁ずる能わず。人は今、先臣の墓を発けり。此れ天譴なり、人患に非ず」と号泣して代宗に答え、士が私の墓を発くことを自分は禁じ得なかったにすぎず、それは天譴であるとして己を責めた（『新唐書』巻一百三十七、郭子儀列伝）。「能く自ら及ぶ勿からんや」は、自らつとめればそのような事態を起さずにすんだはずであると、自らを咎め人を責めないことをいう。これこそ、六三の悍戻に対処した上九の君子の道というべきものである。

䷊ 泰《たい》（乾《けん》下坤《こん》上）

一

天は上に位し、地は下に位す。誰か為に之を為せるや、道之を奠《さだ》むるなり。故に「一陰一陽、之れ道と謂う」と曰う（繋辞上伝第五章）——陰を先にし陽を後にするは、数は下自り生ずればなり——。其の濁なる者（陰）を降し、清なる者（陽）は自《よ》りて升《のぼ》る。故に「天地、位を定む」と曰う（説卦伝第三章）。終古にして奠《さだ》まる者、斯《か》くの如し。則ち道は、一たび成りて易《か》う可からず。

今、乾《けん》下坤《こん》上（泰《たい》）を以て之を目して交わると曰い（泰《たい》の彖伝と大象にいう）、坤《こん》下乾《けん》上（否《ひ》）にして之を目して交わらずと曰う（否《ひ》の彖伝と大象にいう）。則ち将《はた》其の奠む所を易《か》えて別に道を立て、以て之を推盪（動かす）せるか。

曰く、非なり。道は乾坤《けんこん》の全に行われ、而して其の用は必ず人を以て依《い》と為す。人に依らざる者は、人は之を用うるを得ず。則ち耳目の窮まる所、功効も亦廃す。其の道は知る可きも、必ずしも知らず。聖人の、人に依りて極を建つる所以なり。

天が上に位し地が下に位するのは、繋辞上伝第五章に「一陰一陽、之れ道と謂う」というように、道がそのように定めたのである。繋辞上伝第一章に「天は尊《たか》く地は卑《ひく》し」といい、繋辞上伝第七章及び繋辞下伝第十二章に「天地、位を設く」という。陽の数は一、陰の数は二であり、数は下から生ずるものであるから、一陰一陽と陽を下に記すのであって、天が上に位し地が下に位することには変りはない。また説卦伝第三章に「天地、位を定む」というように、濁の陰は下に降り清の陽は上に升る。かくして道が一たび成した天地の位は、変ることはない。

泰《たい》の彖辞に「泰《たい》は小往き、大来る。吉にして亨る」といい、『周易内伝』は「泰とは、大なり、安んずるなり。施化（陽が施し陰が化する）は甚だ大にして、相得て以て安んずるなり。天上地下は一定の理なり、而るに此《ここ》に相易《か》えて（乾《けん》下坤《こん》上）以て泰《たい》と為すは、其の気を言えるなり。卦は数に因り、数は下自《よ》り積む、故に上るを往くと為す。既に象を成せば、象は上自《よ》り垂る、故に下るを来ると為す。之に居りて安んずるを吉と為し、之を行いて通ずるを亨ると為す。二気（陰陽）交々通じ、清寧（陽の清と陰の寧）失わず、故に吉なり。是に由りて万物に施化し、則ち亨る」という。

ところが乾《けん》下坤《こん》上の泰《たい》は、彖伝に「天地交わりて万物通ず」といい、大象に「天地交わるは、泰《たい》なり」という。また坤《こん》下乾《けん》上の否《ひ》䷋は、彖伝に「天地交わらずして万物通ぜず」といい、大象に「天地交わらざるは否《ひ》なり」という。交わる天地と交わらない天地があり、さきの道とは別の道を建てたかの如く思われる。以下に船山が述べる論拠は、乾坤《けんこん》の全という十二陰陽論であり、また道は人に依って立つという人極論である。

今夫れ七曜（日、月と、火の熒惑、水の辰星、木の歳星、金の太白、土の鎮星の五星）の推移するや、人の見る所の者は半ばなり、其の見ざる所の者は半ばなり。其の見る所に就けば、則ち固より東を以て生ずと為し、西を以て没すと為し、道は却行（逆行）する無し。其の西に没するに方《あた》りては、見ざる所の者の西に即《つ》きて生ず。没する者は往き、生ずる者は来る。往く者は来る所の舎に往き、来る者は往く所の墟に来る。其の見る可き者は、則ち昏旦（夕と朝）を以て期と為す。其の見る可からざる者を兼ぬれば、則ち子半（真夜中）と午中（正午）を以て界と為す。陰陽の、化を升降に成すことも、亦然り。候を寒暑に著らかにし、用を生殺に成す。碧虚（天上）の黄墟（地中）

に与《お》ける、其の経緯は相通じ、其の運行は相次ぐ。而して人の知る所の者は半ばなり、知らざる所の者も亦半ばなり。其の知る所に就けば、則ち春は我が春為り、秋は我が秋為りて、道は錯序《さくじょ》（誤った順序）无し。此《ここ》に秋ならざれば、則ち以て彼《かしこ》に春なる可からず。凝滞する所有れば、則ち亦空虚なる所有り。其の知る可き者は、則ち孟春を以て始めと為す。其の知る可からざる者を兼ぬれば、則ち日至（夏至と冬至）を以て始めと為す。

日月星辰の運行と陰陽升降の気候について、人の見ることができるものと見ることができないものが、隠現相半ばすることを述べる。泰《たい》の彖辞に「泰《たい》は小（陰）往き、大（陽）来る」といい、否《ひ》の彖辞に「否《ひ》は大往き、小来る」という。人の見ることができることからいえば、日月星辰が東から生じ西に没することはいうまでもなく、決して逆行して西から生ずることはない。しかし西に没したとき、同時に人が見ることができない西に日月星辰は生じている。すなわち没して往くものはまたそこから生じて来る舎（宿るところ）に往ったのであり、生じて来るものはまたそこから往く墟（居る所）に来たのである。人が見ることができるのは朝から夕方までであるが、見ることができないものを併せていえば、子半と午中が界となる。

陰陽の升降による気候の変化もまた同じ。寒の冬と暑の夏の気候となり、万物生ずる春と万物凋落する秋となるのは、陰陽の升降による。基本的には天の陽気と地の陰気の升降であり、その経緯は相通じ、その運行は相次ぐ。経緯は経緯、天地の構造をいい、運行は天地の用をいう。人が知ることができるものは半ばであり、人が知ることができないものは半ばである。人が知るところについていえば、春はいま私が在る春であることによって秋は私の秋となるのであり、春から秋になる道は決して変ることはない。またいま秋でなければ、来年の春を迎えることはできない。もし陰陽の升降が凝滞すれば、春夏秋冬の気候の運行も行われない。人は暦の孟春（一月）を始めとするが、同時に大陽の運行による日至（夏至と冬至）が見えない始めとなっていることを知らなければならない。

是の故に、泰《たい》の乾《けん》を下とし坤《こん》を上とするや、坤《こん》は其の舎（下）に返り、乾《けん》は其の位（上）に即《つ》く。坤《こん》の陰に一の未だ下を離れざる有れば、則ち乾《けん》の陽は且に一舎を遅らせんとして、以て来るを得ず。乾《けん》の陽に一の尚《なお》上に滞る有れば、則ち坤《こん》の陰は且に一舎を間《へだ》てんとして、以て往くを得ず。往く者（上卦に往った坤《こん》）は往きて下に之《ゆ》き、来る者（下卦に来た乾《けん》）は来りて上に之く。則ち天地の位は、仍ち高卑秩然として雑なる所无し。

船山は陰陽の往来する運動を、泰《たい》の象に見る。上卦に在る坤《こん》は本来の舎である下に返る性をもち、下卦に在る乾《けん》は本来の位である上に往く性をもつ。しかし坤《こん》の一陰が下に留まっていれば乾《けん》の陽は下に来ることができず、また乾《けん》の一陽が上に留まっていれば坤の陰は上に往くことができない。泰《たい》のように坤《こん》がすべて上卦に往くことによって本来の舎である下に返り、乾《けん》がすべて下卦に来ることによって本来の舎である上に往くことができる。かくしてここに、天地の位が秩然として定まる。

彖伝に「泰《たい》は小（陰の坤《こん》）往き、大（陽の乾《けん》）来る、吉にして亨る（彖辞）とは、則ち是れ天地交わりて万物通ずるなり。上下交わりて其の志は同じきなり」といい、『周易内伝』は「往来の義に、二有り。其の互いに相醻酢《しゅうさく》（酬酢）する者自《よ》り之を言えば、則ち此《ここ》に往きて彼《かしこ》に来り、陰陽は位を易《か》えて以て相応ず。天の気は下に施し、地の気は上に応じ、君民の志感ずるの象為《た》り、亨るの道なり。（中略）其の処る所の時位自《よ》り之を言えば、往く者は外に逝きて且に消えんとし、来る者は内に帰して且に長ぜんとす。陰陽は健と順にして、君子小人各々其の所を得るの象為り、吉の道なり。陽を内にして陰を外にするは（泰《たい》の乾《けん》下坤《こん》上）、春気の内に動くが如く、寒気（陰）は上に在りと雖も、物を生ずるの功（陽）は必ず成る。（中略）乃ち合して之を言えば、唯陰陽と邪正は各々其の所を得たり、故に上は下に交わらんと欲して、之を撓沮《どうそ》する（阻む）者無し。下は上に交わらんと欲して、之を抑遏《よくあつ》する（遮る）者無し。吉に安んじて、而る後に亨る可し。故に彖（彖辞）は、先に吉と言い、後に亨ると言う」という。

是《か》くの若《ごと》くんば、則ち天地の方《まさ》に交わるや、其の象は動きて未だ寧《やす》からざるに、何を以て之を泰《たい》と謂うや。則ち之を釈きて曰く。苟くも其の動かざる者を求めて以て泰と為さんと欲すれば、是れ終古にして一日も无し。且つ道は乾坤《けんこん》の全に行《めぐ》りて、其の用は必ず人を以て依と為す。
夫れ陰陽は各々六なり、圜転《えんてん》（円転）出入して以て上下を為す。而して見る可き者は六なり、見る可からざる者は六なり。見る可きの上（表）は、見る可からざる下（裏）と相際し、見る可きの下は、見る可からざる上と相際す。泰《たい》の世に当りて、其の見る可き者は乾《けん》下坤《こん》上（泰《たい》）なり、見る可からざる者は坤《こん》下乾《けん》上（否《ひ》）なり。此より前なる者は損《そん》（䷨）と為し、此より後なる者は恒《こう》（䷟）と為す。損《そん》は先に難ありて、恒《こう》は雑なり。其の之が炳然たるを見る可く、往来の極盛を顕らかにする者は、泰《たい》に若《し》くは莫し。故に「小往き大来る、亨る」と曰う（泰《たい》の象辞）。此れ、其の昼夜と寒暑を通ずる所以なり。而して寅《とら》を建てて以て人紀と為し、摂提《せってい》（太歳星が寅に在る方位）を首として以て天始と為し、皆《とも》に焉《こ》れを易《か》うる有る莫し。何となれば、人を以て依と為せば、則ち人極建ちて天地の位定まればなり。

かくして乾坤《けんこん》が交わって泰《たい》となるが、動いて寧らかでないのをなぜ泰（やすらか）というのか。そもそも動いて交わらないことを泰というのであれば、この世は永遠にそのような日は存在しないからである。船山はそれを乾坤《けんこん》の全すなわち十二陰陽論と、人に依って天地の位が定まる人極論によって述べる。

九三の小象に、「往くとして復らざる无し（九三の爻辞）とは、天地の際なればなり」という。下卦乾《けん》の上に居り進爻である九三が、上卦坤《こん》に交わろうとするのが泰《たい》の象である。『周易内伝』は九三の小象について、「此れ全爻を通釈するの辞なり。独り一句を挈《あ》ぐるは（九三の爻辞に「往くとして復らざる无し」の一句の他に、「平として陂《は》ならざる无し」の句がある）、文を略せるなり。地を離るれば即ち天なり。其の際は至密にして間無く、而も清濁は殊絶して、相淆雑《こうざつ》せず。九三は六四と密邇《みつじ》なるも、陰陽は両つながら判《わか》れ（上卦坤《こん》と下卦乾《けん》に分れる）、正に其の際に当れり。昧者は其の清剛を恃みて、永固なる可しと謂《おも》うも、則ち往く者は必ず復し、還りて以て自ら傾く（否《ひ》の上九の爻辞に、「否《ひ》を傾く」という）。三（九三）は進みて上に行き、四（六四）は退きて下に就けば、交々泰《やす》くして而る後に以て険阻を消す可し」という。

船山の十二陰陽論からすれば、人が見ることができ表に現れている泰《たい》の三陽と三陰の裏には、人が見ることができない三陰と三陽がそれぞれ隠れて在る。泰《たい》の彖辞に「小往き大来る」というのは、乾《けん》下坤《こん》上、すなわち人が見ることができる象に依って、往来の極盛を顕かにするためである。

損《そん》が泰《たい》より前であるとは、泰《たい》の彖辞に「小（陰）往き大（陽）来る」というように、損《そん》の六三が上に往き上九が下に来たのが泰《たい》であるからである。恒《こう》が泰《たい》より後であるとは、恒《こう》は泰《たい》の初九を初六に変じまた六四を九四に変じたものであるからである。損《そん》䷨は六三と上九が動けば泰《たい》の象となるが、六三を先に損するという難がある。損《そん》の彖伝に、「損《そん》は、下（六三）を損して上（上九）を益す」という。恒《こう》䷟は泰《たい》の初九と六四が動いた象で、その三陽三陰は泰《たい》と異なって雑である。損《そん》と恒《こう》は、ともに泰《たい》のように三陽三陰が炳然として顕らかな象ではない。また寅を建てるは、北斗星の斗柄が初昏に寅の方位を建《おか》すこと、夏暦では正月とする。人が見ることができるものを人紀となすことによって摂提は天始となり、ここに天地の位が定まる。

二

今、天地の際を求めんと欲するに、豈微ならずや。罅《か》（隙）の入る可き有るは皆《みな》天なり、塵の積む可き有るは皆地なり。其の依付の朕《ちん》（兆、きざし）の、相親しみ相比して、毫髪を以て間《まじ》う可からざる者、密なること此の際より密なるは莫し。然らば、承くる所无くして土（地）を空（天）に懸け、其の隙无くして空（天）を地に納るる能わず。其の分別の限（界）の、必ず清く（天）必ず寧《やす》らか（地）にして、毫髪を以て雑う可からざる者、辨《わか》つこと此の際より辨つは莫し。

> 夫れ凡そ際有る者は、其の将に分れんとするや必ず漸なり。治の乱を紹《つ》ぎ、寒の暑を承くるは、今昔は期す可きも、期す可からず。大辨は其の至密を体とし、昔の今は後の昔と為る。「往くとして復らざる无き」者（九三の爻辞にいう）は、亦復りて往かざる无し。平は陂《は》（傾き）有り、陂は亦平有り（九三の爻辞による）。則ち終古は此の天地なり、終古は此の天地の際なり。

九三の爻辞に「平として陂《は》ならざる无く、往くとして復らざる无し」といい、その小象に「往くとして復らざる无しとは、天地の際なればなり」という。『周易内伝』は九三の爻辞について、「平とは、陽道の坦易《たんい》なるを謂う。陂とは、陰道の傾険なるを謂う。三陽（下卦の乾《けん》）は内に居りて盛んなれば、陰は且に必ず生ぜんとす。三陰（上卦の坤《こん》）は外に居りて既に往くを成すも、嚮背（向背、現れると隠れる）の際に循環し、且に下自《よ》り起らんとす。故に平の必ず陂し、往の必ず復するは、自ずから然るの理勢なり」という。

天地の際は、まことに微なるものである。些さかでも入るべき空間があればそれは天であり、微量でも積むべき場所があればそれは地である。このように天地は互いに親比し、毫髪も容れざる至密なるものである。従って承ける所なくして地を空（天中）に懸けたり、入れる隙（罅）なくして空（天）を地中に納れたりすることはできない。至密の中に大辨（基本的な疆界）があるのは、天の清と地の寧とによる。

際あるものが分れるとき、必ず漸という推移が起る。治が乱の後に起り、寒が暑の後に起るという漸は、昨日今日という短い場合は予知できるにしても、本質的にいえば際は予測することができない。大辨は、天地の至密を体として成る。今と昔という至密の際において、昔において今であったものが後世から見て昔となるという大辨が生ずる。往と復という至密の際において、往くものは必ず復り、復るものは必ず往くという大辨が生ずる。平という陽の易《い》と陂という陰の険は、互いに相俟って一陰一陽の道となる。すなわち、永遠にこの天地であり、またこの天地の際の展開なのである。

然れども聖人は、豈此の悠悠たる者を以て固然と為して、之が主と為る莫からんや。大辨は其の至密を体とし、而して至密は其の大辨を成す。終に其の際をして離れ使む可からず、抑《また》終に其の際をして合せ使む可からず。故に晴雨淫して則ち虹霓見《あら》われ、列星隕《お》ちて則ち頑石成る。孰《たれ》か比鄰して瓜李の嫌（古楽府、「君子行」）無から使めんや。孰か晏寢《あんしん》（夜おそく寝る）して褌椸《くんい》の乱（『礼記』内則《だいそく》）无から使めんや。危ういかな、危ういかな。辨は昭らかなり易からず、密は相洽《かな》い難し。則ち終古は此の天地の際なり、亦終古は此の「艱《くる》しみて貞なる」（九三の爻辞に、「艱しみて貞なれば、咎无し」という）なり。

しかし聖人はこの天地を固然と見なしてそれに委ね、自らは主とならないものであろうか。さきに聖人は「人に依りて極を建つる所以なり」と述べた人極論によって、「艱しみて貞なる」所以を述べる。悠然は、『詩経』小雅の巧言に「悠悠たる昊天《こうてん》」という。大辨は至密を体とするものであるから、大辨の異は別々に離れて存在するものではない。また至密は大辨を成すものであるから、至密の際は同に合するままであることはない。晴の陽と雨の陰がその密の際に淫すれば兵乱の兆たる虹霓となり、列星が陽の健行を失えば頑石の陰の静となる。天地の至密が相洽《かな》い難いことをいう。また人が相狎《な》れることからあらぬ嫌疑を受け、夫婦が相暱《なず》むことから夫婦の間に礼を乱すことが起る。大辨は明らかに知ることができないことをいう。瓜李の嫌は、「瓜田に履を納れず、李下に冠を正さず」、嫌疑を受け易いことをいう。褌椸の乱は、『礼記』内則に「男女は椸枷《いか》（衣かけ）を同じくせず。敢えて夫《おっと》の褌椸（衣かけ）に懸けず」という。君子が天地の際に対処するには、九三の「艱しみて貞なる」以外にはない。『周易内伝』は九三の爻辞について、「九三は、陽は位を得（陽が三の陽位に居る）、本より咎有る无し。而るに重剛にして中（二の位）を過ぎ、盛に処りて以て陰を拒ぐは、咎の道有り。唯能く陂と復とを慮り、艱難して正を守れば、則ち咎を免る」という。

然る所以の者は、上るは天の行なり、下るは地の勢いなればなり。坤《こん》の下らんと欲するは、豈乾《けん》の上らんと欲するより後ならんや。且つ乾《けん》は坤《こん》の下るを欲するは、豈坤《こん》の自ら欲するより後ならんや。然れども、初は四の他日の位なり、三は四の他日の位に非ず（帰妹《きまい》についていう）。四をして其の高きに居り重きを極むるの勢いに乗じ、驟《にわ》かに下りて陽の都に逼《せま》ら使むれば、則ち紛拏《ふんだ》して（入り乱れる）互いに撃ち、陽は且に敗れんとす。帰妹《きまい》（☳☱）の「利しき攸无き」（帰妹《きまい》の彖辞）所以なり。何となれば、気は軽くして形の重きに敵《かな》う能わざればなり。

此の際に居るや、其の体を正して其の行を息《や》めず、其の至軽（乾《けん》）を積み、其の至重（坤《こん》）を盪《うご》かせば、則ち三陰（上卦の坤《こん》）は其の径《みち》を迂回せざる能わず。類を率いて以て往くも（上卦の坤《こん》）、仍ち其の域に帰り、牝馬の貞を効《いた》す。凡そ此は艱しみて貞なるの功なり（九三についていう）、三陽（下卦の乾《けん》）は之を共にす。而れども三（九三）は則ち、首《はじ》めて戎行を啓《ひら》きて以て難を犯す。故に「食に于いて福有り」（九三の爻辞）、以て之に報ゆ。

なぜ天地の際に処するには、九三の艱《くる》しみて貞なる他にないのであるか。泰《たい》☷☰の下卦乾《けん》の陽気が上に升ろうとするのは天の行であり（乾《けん》の大象に、「天行は健なり」という）、上卦坤《こん》の陰気が下に降りようとするのは地の勢いであるからである（坤《こん》の大象に、「地勢は坤《こん》なり」という）。すなわち上卦坤《こん》が下に降りようとすることは、決して下卦乾《けん》が上に升ろうとするより後ではない。しかも下卦乾《けん》が上卦坤《こん》に早く下に降りることを願っていることの方が、上卦坤《こん》が下に降りることを願っているよりも切迫している。下卦乾《けん》の艱しみをいう。しかし泰《たい》の九三が九四に往き、六四が六三に来た帰妹《きまい》☳☱についていえば、初九は九四がかつて居た九三と同じ泰《たい》の下卦乾《けん》に在るが、六三は九四がかつて居た九三の位ではなく、陰が三の陽位に在る。この帰妹《きまい》の九四が上卦の高きに居り、また重きを極める上卦坤《こん》の勢いに乗じ六三となって下卦の二陽に迫れば、陽は天の気が軽いために地の形の重きに敵わず、陽が敗れて「往けば凶なり。利しき攸无し」（帰妹《きまい》の彖辞）となる。

この天地の際に在って、いかになすべきか。下卦乾《けん》の体を正しくし、天行健なる上行の動きを息《や》めず、至軽の気を積むという艱貞によって至重の地を動かす他にない。かくして上卦坤《こん》は帰妹《きまい》のように下を犯さず、本来の坤《こん》の徳を守ることができる。坤《こん》の彖辞に「牝馬の貞に利し」といい、彖伝に「西南に朋を得たり（彖辞）とは、乃ち類と与に行けばなり」という。この功は下卦の三陽の内、とくに九三に帰すべきものである。九三は天地の際に在って、進んで難を犯すものであるからである。九三の爻辞に「食に于いて福有り」といい、『周易内伝』は、「陽は治むるを主り、陰は養うを主る。故に食と曰う。野人無ければ、君子を養う莫し（『孟子』滕文公上）。陰を擯《しりぞ》けずして善く之を成せば、力を宣べ効を報いて、其の福を受く」という。なお、陽は治を主るというのは、『孟子』滕文公上に「君子無ければ、野人を治むる莫し」という。九三以外の二陽について、以下に示す。

初九の爻辞に「茅《ぼう》と茹《じょ》を抜くに、其の彙《い》（根）を以てす。征けば吉なり」といい、『周易内伝』は「茹とは、茹藘《じょりょ》（あかね）なり。彙とは、根科（科も根）なり。茅と茹藘とは、茎は皆堅靭なり。之を抜くも絶えず、而して根科は相綴《つな》がる。泰《たい》の三陽は下に聚まり、蟠固にして解けず、而して初九は地位の下に居るは、彙の象なり。陽（初九）方《はじ》めて興るも尚潜み、未だ四（六四）に応ずるの情無し。乃ち二（九二）と三（九三）の両陽は方《まさ》に升り、之（初九）を抜きて与に倶に升る。退蔵に終るを得ずして、必ず往きて交わる。時は宜しく往くべく、而して又之を汲引する者（九二と九三）有り。故に吉なり」という。

九二の爻辞に「荒（六五）を包み、用て河を馮《かちわた》る。遐《のが》る（六五）を遺《す》てず。朋（初九と九三）亡ぶるも、中行を尚《たっと》ぶを得たり」といい、『周易内伝』は「荒とは、猶荒服（『書経』禹貢にいう五服の一、化外の蛮夷）の荒のごとく、遠く外に処りて治を受けざるの象なり、六五を謂う。陰は宜しく下に居るべきも、反りて五に居り、位に拠りて自ら君子より遠ざかる。九二は中道を以て包容して之に応ずるは、自ら任ずるに勇なる者に非ざれば能わず、故に河を馮る（『論語』述而に「暴虎馮河、死して悔い無き者は、吾れ与《くみ》せず」という。虎を手打ちにし黄河を歩いて渡る無謀の試み）と為す。六五は遐心有りと雖も、遺棄せざるなり。朋とは、初（初九）と三（九三）の二陽を謂う。三陽（下卦の乾《けん》）は方に相与に類を為し、以て内（内卦）に居りて事を用う。二（九二）は党を立つるに堅からず（朋亡ぶ）、遠く六五を収むるの用は、乃ち偏倚せずして中道を尚ぶ。尚ぶと言うは、道大なれば則ち君徳に合するなり。二（九二）は下に在りと雖も、実は君なり。蓋し君子（九二）を内にし小人（六五）を外にするは、用舎（用いると用いない）の大経なり」という。然らば則ち、聖人の、天地を賛じて以て其の位を奠《さだ》め其の嫌《まぎら》わしきを遠ざくること、豈厳ならずや。是の故に、其の至密を知りて、而る後に運化の精を見る。其の大辨を知りて、而る後に功用の極を見る。彼（道家の徒）の、乾坤《けんこん》の気の迭《たが》いに上下し相入りて以て功を致す者を、天地の交と為すと以為《おも》えるは、正に強いて地を天の中に納れんとするにして、際は亦毀《こぼ》たる。

天地の際における九三の艱貞の功は以上の如くであり、それは天地の位が定まっているからである。天地の際はまことに至密であることを知れば、陰陽運化の精を見ることができる。また天の清と地の寧という大辨があることを知れば、陰陽の功用の極を見ることができる。さきに「大辨は其の至密を体とし、而して至密は其の大辨を成す」という。

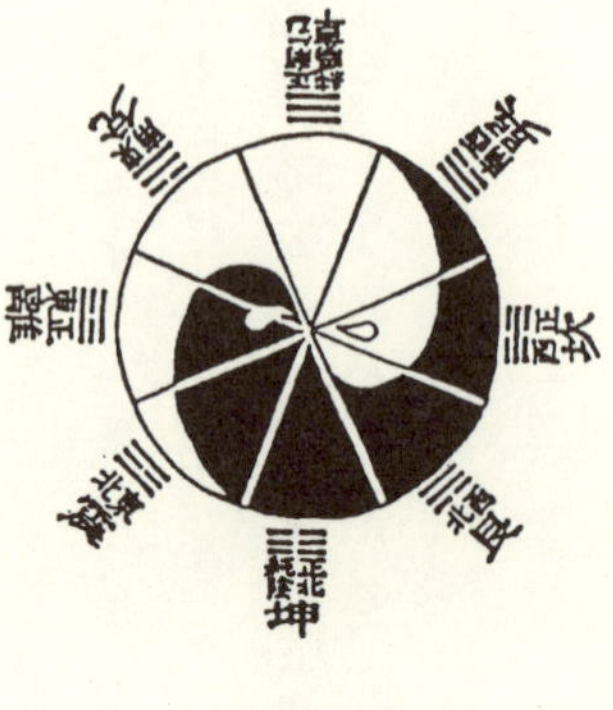
古太極図

乾坤《けんこん》の上下相入る象（図示した「古太極図」）から陰と陽を同格に見るものは、乾坤《けんこん》の天地の位が定まることを知らず、また天地の際の至密と大辨を知らぬものである。『老子』第四十二章に、「万物は陰を負い陽を抱く」という。それに対し、繫辞上伝第十二章は、「乾坤《けんこん》毀たるれば、以て易を見る無し」という。

䷋ 否《ひ》（坤《こん》下乾《けん》上）

一

乾坤《けんこん》は、胥《とも》に行く者なり。使《し》其の行の往来を診《み》ざれば、則ち下を坤《こん》とし上を乾《けん》とするは、久しく其れ天地の定位為り、悪《いずく》んぞ否《ひ》と謂うを得んや。

乾《けん》は大象に「天行は健なり」といい、坤《こん》は彖伝に「地を行くこと彊《かぎ》り无し。……乃ち類と与に行く」というように、乾《けん》と坤《こん》はともに行くものである。しかし行くといっても、往と来の行の意味を明らかにしなければならない。乾《けん》下坤《こん》上が泰《たい》であるのは、乾坤《けんこん》が上下往来する行（はたらき）による。それに対して、坤《こん》下乾《けん》上の否《ひ》はまさしく天上地下の定位であるのに、なぜそれを否《ひ》というのかと、始めに問題を提起する。

否《ひ》の象辞に「之を否とするは匪人《ひじん》なり。君子の貞に利しからず。大往き小来る」といい、『周易内伝』は「否とは、塞《ふさ》ぐなり。之を否とするは匪人なりとは、天高く地下り（否《ひ》は坤《こん》下乾《けん》上）、分位は本より定まれり。而るに邪人（匪人）は地の利に拠り、人の功を尸《つかさど》り、以て天を絶つ。小人は内にし、而る後に君子は外なり（彖伝に、「陰を内にし陽を外にし、柔を内にし剛を外にし、小人を内にし君子を外にす。小人は道長じ、君子は道消す」という）。君子の亢して与に親しむ可からざるに非ず、之を否とする者は乃ち匪人なるなり。君子は剛を秉《と》りて外に居り、本より正しからざる無し、抑も何ぞ利しからざらんや。小人は之を否とす、則ち其の利しからざること必せり。君子の貞に利しからずとは、小人の不貞に利しきに非ず、亦君子の不正にして利しかる可きにも非ず。陰は要津《ようしん》（顕要の地位）に拠り、君子は往くとして利しきを得る所無し。貞なるも且つ利しからず、況んや不貞なる可けんや。然れども、君子は利しからずと雖も、固より其の貞を保つ。此《ここ》に利しと言うは、害と相対するの辞なり。大往き小来るとは、各々其の位に帰し、否なる所以なり」という。

乾《けん》の行は健もて運《めぐ》り（乾《けん》の大象に、「天行は健なり」という）、坤《こん》の勢は順もて承く（坤《こん》の象伝に、「乃ち順いて天を承く」

という)。承くとは、命(否《ひ》の九四の爻辞に、「命有れば咎无し」という)を承くるなり。命は、命を治むる有り、命を乱す有り。乾《けん》(否《ひ》の上卦)は四(九四)自り以て上(上九)に放《いた》るまで、位は尊を綦《きわ》め、行は且《や》つ息まず。志(否《ひ》の九四の小象に、「命有れば咎无しとは、志行わるるなり」という)は、将《はた》何の擬《ばか》る所にして以て帰と為すや。其の見る可き者自《よ》り之を言えば、其の上は余位無し。其の見る可からざる者自り之を言えば、将に偕《とも》に地の三陽に入り、逆に下りて陰の都(下卦の坤《こん》)に逼《せま》らんとす。上に余位无きは、既に極を窮めて虚に遁《のが》る。陰の都に逼るは、又下を侵して其の応を曠《むな》しうす。皆《とも》に命の乱るる者なり。坤《こん》(否《ひ》の下卦)は此に於いて之に順い、以て行に随いて其の迹を躡《ふ》む。是に於いて、上を干《おか》すの勢い成りて、止《とど》む可き無し。

是の故に、陰陽に十二位有り、其の嚮背(向背)は相値《あ》う。泰《たい》(上卦坤《こん》の三陰)は、背する所の三(隠れている乾《けん》の三陽)に譲りて以て陰に処る者なり。否《ひ》(上卦乾《けん》の三陽)は、背する所の三(隠れている坤《こん》の三陰)を侵して以て陰に偪《せま》る者なり。処る所を得れば(泰《たい》の上卦坤《こん》)、則ち退きて自ら安んじ、其の遷るを偪《せま》れば(否《ひ》の上卦乾《けん》)、則ち進みて敝(弊)に乗ず。否《ひ》の成るは、乾《けん》の自ら貽《おく》るに非ざれば、孰《たれ》か之を貽らんや。

否《ひ》は坤《こん》下乾《けん》上、天地の位を定めているかに見える否《ひ》が却って命を乱すものであり、その乱を成すものが上卦乾《けん》の健行とそれを承ける下卦坤《こん》の順勢であることを論ずる。否《ひ》は九四から上九までの三陽が尊位に居り、あくまで天行を息めようとしないのは、そもそも何を志すのであるのか。命は九四の爻辞にいい、『周易内伝』は「乃ち上は九五を承け、則ち懐柔(初六を懐柔する)の命は上(九五)自り出で、己の私に非ず」というが、ここでは下卦坤《こん》が上卦乾《けん》の命を承けることをいう。乾《けん》の命には命を治めることがある(泰《たい》についていう)と同時に、命を乱すことがある(否《ひ》についていう)。志は九四の小象にいい、『周易内伝』は「上(九五)を承けて以て下(初六)に接し、初六の君に在るの志(初六の小象に、「志は君に在り」という)は、以て上に通ずるを得たり」といい、初六の志についていうが、ここでは上卦乾《けん》の健行の志についていう。泰《たい》の彖伝に、「上下交わりて其の志同じきなり」というのは、乾《けん》と坤《こん》の志を併せて述べている。

船山は泰《たい》と同じく、十二陰陽論によって説く。否《ひ》の表に現れている上卦乾《けん》の三陽の象からいえば、上九は上には余位がなく虚に遁れようとしている。また見ることができない隠の背からいえば、上卦乾《けん》は下卦坤《こん》の背に隠れている三陽を求め、上行すべき上卦乾《けん》が逆に下に下った下卦坤《こん》を侵そうとしている。上卦の乾《けん》と下卦の見ることができない乾《けん》であるから応ずることができない。上卦乾《けん》が余位無きに窮まり、やむをえず下を侵してその応がないことは、ともに命を乱すものである。かくして上卦乾《けん》の動を承ける下卦坤《こん》はそれに応じて乾《けん》の後に従って行き、ここに下が上を犯す坤《こん》の勢いが成り、否塞の形勢は止めることができない。

嚮背は、表に現れている嚮（向）と裏に隠れている背をいう。泰《たい》の下卦乾《けん》の三陽は背の三陰に上卦を譲って下卦に居るから、下卦という陰に退いて自ら泰《やす》んずるが、否《ひ》の上卦乾《けん》の三陽は下卦坤《こん》の背の三陽を求めて下卦の三陰に逼り、かくして坤《こん》は乾《けん》のために遷ることを逼られて上に進み、上卦乾《けん》の弊に乗じて乱を形成する。否《ひ》を成すのは、あくまで乾《けん》が責任を負うべきものである。

嗟乎《ああ》、来は往の反にして、来の極まれば則ち往を成す。其の往かざらんと欲すれば、則ち其の方《まさ》に来るを止《とど》むるに如《し》くは莫し。故に志は満たす可からず、欲は縦《ほしいまま》にす可からず。一志一欲、交々動に生ず。天地すら且つ免る る能わず、而るを況んや人に於いてをや。故に「吉凶悔吝は、動に生ず」と曰う（繫辞下伝第一章）。則ち夫の天地を裁成輔相する（泰《たい》の大象による）は、亦其の動を用うるに慎むのみ。

往来は、泰《たい》の彖辞に「小（陰）往き大（陽）来る」といい、否《ひ》の彖辞に「大（陽）往き小（陰）来る」という。否《ひ》の上卦乾《けん》がその志の虚に行かないようにするには、下卦坤《こん》がその欲を止《とど》める以外にはない。陽の志は満たすべきではなく、また陰の欲は放恣にすべきではなく、その動を裁成輔相しなければならない。船山がここに説くのは、乾《けん》の健行と坤《こん》の順承は矛盾的構造をなすものであるとともに、この絶対矛盾を解消するのは動に慎むという裁成輔相によることをいう。それを陰陽の往来の動と自己抑制によって説く。「吉凶悔吝は、動に生ず」は、繫辞下伝第一章に見える。

また泰《たい》の大象に、「后《きみ》は以て天地の道を財成（裁成）し、天地の宜を輔相す（たすける）」という。泰《たい》は乾坤《けんこん》の動きを裁成し、乾《けん》と坤《こん》は志と欲を輔相するがゆえに、泰らかな治道を成すことができる。

老子曰く、「反は道の動なり」（『老子』第四十章）と。魏伯陽曰く、「微稚《びち》（微小のもの）を畜《やしな》うに任ずれば、老枯は復栄《またはなさ》く。穧麦《せいばく》（なづなとむぎ）の芽蘖《がげつ》（芽生え）は、因りて冒して（勢よく）以て生ず」と（『周易参同契』三相類）。則ち是れ、已に動きて巧みに其の間に乗ずるなり。稲舟を彭蠡《ほうれい》（鄱陽湖）に覆《くつがえ》して、余粒を蚌蟹《ぼうかい》（はまぐりとかに）の腹に求むること、豈傎《てん》（顛倒）ならずや。

老子と魏伯陽の言は、ともに動いたあとに巧みに用いる術であり、君子が動を用いるに慎むとは全く異なる。大湖に沈んだ稲粒を蚌蟹の腹に求めるようなもので、いくらその術の巧みさを誇ったところで、本末顛倒のやり方でしかない。

然らば則ち、乾《けん》の健行にして、君子は之に法《のっと》りて息《や》まざるは何ぞや。彼は乾《けん》徳の已に成れる者自りして之を言えるなり。六位を以て之を言えば、純乎として陽なり。十二位を以て之を言えば、陰は背（隠）に処り、亦自ら其の居を得て、安んぜ使む可し。

夫の霜冰と蹢躅《てきちょく》の方《まさ》に来らんとするが若《ごと》きは、見る可からずして容《まさ》に之を逆億（予測）すべき无し（『論語』憲問に、「子曰く、詐《いつわ》りを逆《むか》えず、信ぜざるを億《はか》らず」という）。見る所に於いて其の幾に昧《くら》からず、見ざる所に於いて其の変を憂えず。故に「知者は惑わず、仁者は憂えず」と曰う（『論語』子罕）は、此の謂なり。

乾《けん》の大象に「天行は健なり、君子は以て自ら彊《つと》めて息《や》まず」という。否《ひ》の世において、君子は乾《けん》の健行に法り彊《つと》むべきである。彼とは、前にいう老子や魏伯陽など道術の徒をさす。十二陰陽論からいえば、乾《けん》の背に陰があり、乾《けん》は陰の徳によって安んずることができる。否《ひ》の大象に、「君子は以て徳を倹にして難を辟《さ》く」という。

霜冰は坤《こん》☷☷の初六の爻辞に、「霜を履みて堅冰至る」といい、蹢躅は姤《こう》☰☴の初六の爻辞に、「羸豕《るいし》（痩せた豚）孚に蹢躅たり（走りまわる）」という。陰が現れて陽を犯すことの機は、目に見えるものではなく、予測することができるものではない。陰陽が向背隠現する理を知ることによって、君子は惑わず憂えずにすむ。

否の上卦乾《けん》の健行によって、否塞の世を転換することができることをいう。九四の爻辞に「命有れば咎无し。疇《とも》は祉《さいわい》に離《つ》く」といい、『周易内伝』は「疇は、儔と通ず。相応じて伍を為す所の者、初（初六）を謂う。離は、麗《つ》くなり。九四は陰（下卦の坤《こん》）と相際し、剛（陽）を以て柔（四の陰位）に居り、退爻に処りて道は下行し、以て初六に応ず。君子にして小人に就くは、咎有るかと疑わる。乃ち（然るに）上は九五を承け、則ち懐柔の命は上自《よ》り出で、己の私に非ず。初六を彙中より抜き（初六の爻辞に、「茅《ぼう》と茹《じょ》を抜くに、其の彙《い》を以てす」という）、其の否を消さんと欲す。初六も亦其の誘掖を資《と》り、進みて吉にして亨るの祉《さいわい》に麗《つ》く（初六の爻辞に、「貞にして吉なれば亨る」という）」という。

九五の爻辞に「否に休んず。大人は吉なり。其れ亡びなん其れ亡びなんとて、苞桑《ほうそう》に繋《かか》る」といい、『周易内伝』は「休んずとは、安んじて処るなり。木の叢生するを苞と曰う。桑根は土に入ること深固なり、叢生すれば則ち愈々固し。九五は陽剛中正なり、道隆《たか》くして位定まり、安んじて処りて撓《たわ》まず。又、四（九四）と上（上九）の二陽の以て之を夾輔するを得たり。故に時は否なりと雖も、安んじて処ること自如たり。大人は静鎮して以て世運の険阻を消し、吉の道なり。三陰（下卦の坤《こん》）は内に拠りて以て相迫り、尊位（九五）に居ると雖も、権勢は帰せず。危と疑は交々起り、其れ亡びなん其れ亡びなんの象有り。而れども己を正し交を択びて、其の常度を改めず」という。

また上九の爻辞に「否を傾く。先は否なるも後は喜ぶ」といい、『周易内伝』は「上九は遠く事外に処り、陰と絶えて干渉無し。而して九五は本を立つること已に固く、時を需《ま》つこと已に審らかなり。則ち上九は、其の攻撃の威を行う可し。三陰（下卦の坤《こん》）は否隔し、已に行を肆《ほしいまま》にして余力無し。六三の羞《はじ》（六三の爻辞に、「羞を包む」という）、人は賤悪《せんお》するを知る。高きに乗じて下り、之を傾くること易し。否なる者傾きて、人心は悦ぶ」という。

二

人は人と与にして相於《そうお》する（相交わる）に、則ち未だ以て漠然たる可き者有らず。故に上にして諂《へつら》わざるは、上に交わる所以なり（繋辞下伝第五章に、「君子は上交して諂わず」という）、下にして瀆《けが》れざるは、下に交わる所以なり（同じく、「下交して瀆れず」という）。其の節を喪わず、其の情に暱《なず》まざるのみ。己を天下に絶てば則ち義を失い、天下を己に絶てば則ち仁を失う。故に否《ひ》の道は、施す无くして可なり。

人は人と相交わるときは、曖昧であるべきではない。繋辞下伝第五章に、「子曰く、幾を知るは其れ神なるか。君子は上交して諂わず、下交して瀆れざるは、其れ幾を知るか」という。このようにしてこそ、君子はその節と情を守ることができる。しかし人と人との相於の道が失われた否《ひ》の世にあっては、たとい仁義を失うことになっても君子は天下に徳を施すことなく、わが道を守るべきである。

然りと雖も、亦之を用うる所以の者を視ん。天地すら且つ否なり、而るに君子は豈其の否无からんや。夫れ君子の天下を通ずる者は、二有り。天下に授くる所以の者は徳なり、天下に受くる所の者は禄なり。此を舍《お》きては、則ち固より己に由りて人に由らず（『論語』顔淵に、「仁を為すは己に由る、而して人に由らんや」という）。事とする无くして物を拒み、自ら物と通ぜず。徳は流行せざるときは、則ち天下を己に絶つ。禄は以《もち》うるを屑《いさぎよ》しとせざるときは、則ち己を天下に絶つ。故に田に於いては（畎畝《けんぽ》に在った伊尹）納溝の恥を懐《いだ》き（『孟子』万章下）、彊（国境）を出でては雉腒《ちきょ》の載に勤《つと》む（『春秋穀梁伝』荘公二十四年）。其の節を喪わず、其の情に暱《なず》まざること、亦未だ是《か》くの如くならざる者有らず。

否《ひ》の大象に、「君子は以て徳を倹にして難を辟《さ》く。栄するに禄を以てす可からず」という。否塞の世においては、君子は徳を天下に授けず、禄を天下に受けず、わが道を守る他はない。『周易内伝』は大象について、「否塞して通ぜざれば、君子は徳の以て天下を通ずるの志有るも、之を用うる所無し。唯世の方《まさ》に乱れ、難は将に己に及ばんとすれば、則ち郷鄰の闘(械闘)は、戸を閉して可なり。天下溺れて援《ひ》かず（『孟子』離婁上に、「嫂溺れ、之を援《ひ》くに手を以てするは、権なり」という)、徳すら且つ其の豊なるを欲せず、而るを況んや禄をや。徳見《あらわ》るれば、則ち禄は且に之に及ばんとす」という。

納溝の恥は、『孟子』万章下に「天下の民、匹夫匹婦も堯舜の沢を被らざる者有れば、己推《お》して之を溝中に内《い》（納）るるが若しと思えり。其の自ら任ずるに、天下の重きを以てすること此くの如し」という。伊尹が畎畝の中に在って堯舜の道を楽しんだことをいう。雉腒の載は、『春秋穀梁伝』荘公二十四年に「男子の贄《し》（贈りもの）は、羔雁《こうがん》（小羊と雁）雉腒（雉とその乾肉）なり」という。己の徳を天下に授けることができないときは、伊尹のように畎畝に在って天下を己に絶ち、わが仁を自ら養う。己の徳を天下に授けようとするときは、疆を出て出任し、禄を求めることに勤める。

乃ち其の難を避くるの時有らざるか。難を避くる者は身を全うする者なり、身を全うする者は道を全うする者なり。道は公為《た》り、徳は私為り。君子の道に於けるや、其の徳を為《おさ》むるより甚し。而るを況んや、禄をや。且つ夫れ、禄は以て道を栄とし、身を栄とするに非ず。栄以て身を辱かしむれば、斯れ道を辱かしむるなり。故に徳を倹にするは固より其の一なり、禄は栄とす可からず。而して其の情を塞ぐは固より其の一なり、他は我が徳に非ず。其の情を塞げば、道は栄とせざる無し。

万物に忍びざるの志有りと雖も、亦其の自ずから生死を為すに聴《まか》せて、吾が仁を吝《おし》む。百畝の易《かわ》らざるを以て己が憂いと為す（『孟子』滕文公上）を恥ずと雖も、亦志を降し身を辱かしむる（『論語』微子）に安んじて、吾が義を屈す。故に伊尹の有莘《ゆうしん》は、桀の難を避くるなり（『孟子』万章上）、伯夷の北海は、紂の難を避くるなり（『孟子』万章下）。桀紂は敷天率土《ふてんそつど》の共主なり、神禹と成湯の冑胤（子孫）なり。其の龍逢《りゅうほう》為る可かず、鄂侯《がくこう》為る可からざるに当りては、則ち寧ろ仁を塞ぎ義を錮《とざ》して、以て道を全うする勿《な》からんや。況んや、其の但《ただ》に桀紂為るのみならざる者をや。

君子が難を避ける時とは、伊尹、伯夷のような非常の時だけであり、しかも道を全うするために余儀なき時以外にはないことを述べる。君子にとっては道を守ることが第一であり、そのために徳を修め身を全うする。禄も道を守るためにこそあり、決して身を栄とするためのものではない。大象に「君子は以て徳を倹にして難を辟く、栄するに禄を以てす可からず」というのは、道を守るためにこそわが徳を倹にするのであり、禄を栄とすべきでないことを述べている。また天下に仁義を施そうという情を閉すのも道を守るためであり、それ以外はわが徳ではない。このようにわが情を閉すことによって、道はわが道となりわが身を栄とする。その点で、道の公に対し徳は私である。『論語』衛霊公に、「子曰く、君子は道を謀り、食を謀らず。耕せば餒《うえ》は其の中に在り、学べば禄は其の中に在り。君子は道を憂え、貧を憂えず」といい、また為政に「子張、禄を干《もと》めんことを学ぶ。子曰く、……言は尤寡《とがめ》なく行は悔寡なければ、禄は其の中に在り」という。

人に忍びざるの心は仁の端なりといったのは、孟子である（公孫丑上）。しかし否《ひ》の世に在っては、天下に授くべき仁をも吝む他ない。『孟子』滕文公上に「堯は舜を得ざるを以て己が憂いと為し、舜は禹と皐陶《こうよう》を得ざるを以て己が憂いと為す。百畝云々は、『孟子』滕文公上に「堯は舜を得ざるを以て己が憂いと為し、舜は禹と皐陶を得ざるを以て己が憂いと為す。夫れ百畝の易《おさま》（治）らざるを以て己が憂いと為す者は、農夫なり」という。君子は否《ひ》の世に在っては、たとい在野の農耕の民となっても、天下より授けられる禄を辞し義を屈する他ない。『論語』微子に、「子曰く、其の志を降さず、其の身を辱かしめざるは、伯夷・叔斉か。柳下恵・少連を謂いて、志を降し身を辱かしむ、言は倫に中《あた》り、行は慮に中る。其れ斯れのみと」という。それは伊尹と伯夷である。『孟子』万章上に「伊尹は有莘《ゆうしん》の野に耕して、堯舜の道を楽しむ」といい、万章下に「伯夷は、……紂の時に当りて北海の浜に居り、以て天下の清を待つ」という。敷天率土は、『詩経』小雅の北山に「溥天《ふてん》の下、王土に非ざる莫く、率土の浜、王臣に非ざる莫し」といい、『孟子』万章上は「普天の下」に作る。関龍逢は桀を諫めて殺され、鄂侯は紂を諫めて脯《ほ》（乾肉）にされた。夏の禹王と殷の湯王の世を継いだ桀紂を敢えて諫め、身を殺して仁を成した龍逢と鄂侯のように振舞うことができない場合は、仁と義を施さずにわが道を全うする他ない。まして己が仕える君主が桀紂為るだけではない場合はいうまでもないというのは、船山自身の進退去就についていう。夷狄の清の天下においては、わが徳を倹にしわが情を閉して中華の道を守る以外に船山の道はなかったのである。

　而るに、或いは之が説を為して曰く。「悪は与に同じくす可からざるも、徳は何ぞ富ならざる可けんや。吾れ其の忍びざる有れば、則ち閔《あわ》れむ可きに遇いて、且つ仁なり。吾れ其の宜しき所を知れば、則ち為す可きに遇いて、且つ義なり。吾れ屈せざる所有れば、則ち吾が直を伸ばさん。吾れ昧《くら》からざる所有れば、則ち吾が智を施さん」と。是れ王嘉の苻氏に於けるなり、崔浩の拓抜に於けるなり。其の竇《あな》を啓《ひら》き、其の機を発して、漸く其の情を牖《みちび》けば、其の利頼に入りて禄を栄とするの陥（陥穽）を以て終るを知らず。

　否《ひ》の世に在っても、わが仁と義、直と智を用いることができるではないかとの説を批判する。その論理は次の如くである。「悪は世の人と同じくすべきではないが、徳は豊かに施さないわけにはいかない。私は心に忍びない情をもっているのであるから、惻隠すべき事に対して仁を施すことができる。また私は事の宜しき所を知っているのであるから、為すべき事に対して義を施すことができる。しかも私には屈せざる志があるのであるから、わが道を発揮し、私には物事を明らかにする知があるのであるから、わが智を施すのだ」と。この理屈によって、竇（小さい孔《あな》）を開け機微を発し、かくしてわが情の動くままに行えば、己の利とするところに入り禄を受けることを栄とするに陥るに至る。これは明朝崩壊のあと船山が見聞した人士たちの去就であった。王嘉は前秦の苻堅に仕え、のち後秦の姚萇に斬られ（『晋書』巻九十五）、崔浩は北魏の拓抜氏に仕え最後は族滅された（『魏書』巻三十五）。ともに非類の王朝に仕えて禄を求め、わが仁義を行うことができると考えたものである。

嗚呼、是れ将《はた》以て泰《たい》と為せるか。如《も》し以て泰《たい》と為さざれば、則ち悪んぞ否《ひ》を用いざるを得んや。吾が仁義を吝《おし》むこと、色笑を吝むが如くす。徳の中を選択して其の一を執り、天地は吾が欣びと為す能わず、兄弟友朋は吾が戚《いた》みと為す能わず。是くの如くなるも、難は猶《なお》我を違《さ》らず、而る後に之に安んずること命の若《ごと》くす。彼は姝姝然《しゅしゅぜん》（素直に従うさま）として、其の徳と其の禄とを以て難を避くるの善術と為して曰く、「鳥獣の群に入りて乱れず（『論語』微子による）、大浸（洪水）天に稽《いた》るも溺れず（『荘子』逍遙遊）」と。亦悪《いずく》んぞ羽（鳥）と倶に翔り、厹《じゅう》（獣の足跡）と倶に蹠《ふ》み、流（水）と倶に靡《なび》き、其の下游するの必ず然るを知らん。故に君子に否有るは、但《ただ》に天地の否に任ずるのみならざるなり。

かれらは己の世を泰《たい》と考えて、そのように振舞ったのであろうか。しかし泰《たい》の世でないとすれば、君子たる者は否《ひ》の世に処するやり方を用いる他にないではないか。君子は否《ひ》の世に在っては仁と義を施すことを吝み、『中庸』第二十章に「之を誠にすとは、善を択びて固く之を執る者なり」というように、徳を倹にすべきであり、決して禄を栄とすべきではない。色笑は、『詩経』魯頌の泮水《はんすい》に「載《すなわ》ち色し載ち笑う、怒るに匪ず伊《こ》れ教うるなり」という。ここでは君子が妄りに喜怒哀楽の情を表さないことをいう。天地もわが欣びとすることができず、兄弟朋友を心にかけることもできない否塞の難を一身に担い、而も命としてその世に安んずるのが君子の道である。

『荘子』逍遙遊に「大浸（洪水）、天に稽《いた》るも溺れず」といい、『論語』微子に「夫子憮然として曰く、鳥獣は与に群を同じくす可からず。吾れ斯の人の徒と与《とも》にするに非ざれば、誰と与にかせんと」という。否《ひ》の世を泰《たい》の世と幻想するかれらは、鳥獣のように振舞って人たる道を忘れ、天地自然の否のままに逍遙するだけである。船山は、否《ひ》の世に処するわが君子の道を訴えている。

三

陽の陰を擯《しりぞ》くるや（泰《たい》の九三）、之に先んずるに怒りを以てす。陰の陽を干《おか》すや（否《ひ》の六三）、之に先んずるに喜びを以てす。喜ぶ者は気升《のぼ》り、怒る者は気沈む。升る者は上に親しみ（否《ひ》の六三）、沈む者は下に親しむ（泰《たい》の九三）。各々其の類に従いて、以て相際す。而して其の気に反りて以て用と為す者は、性の貞なり。陽は陰を擯《しりぞ》くるを期するに非ざるも、其の行くに当りては擯けざるを得ず（泰《たい》の九三）。怒る者は、擯くるの先に見《あらわ》るる者なり。陰は陽を干《おか》すを期するに非ざるも、其の遇うに当りては必ず承くるに喜びを以てす（否《ひ》の六三）。干《おか》す者は、喜びの必ず至る者なり。既《すで》に其の性情有りて、遂に以て其の功効有り。故に陰の害は、其の喜びより害なるは莫し。

泰《たい》☷☰の九三の陽と否《ひ》☰☷の六三の陰を対比して、陽の性の貞をなす泰《たい》の九三をたたえ、陽を干《おか》す否《ひ》の六三の害を述べる。否《ひ》の六三は陰柔の喜びを以て上卦乾《けん》に親しもうとし、泰《たい》の九三は陽剛の怒発を以て上卦坤《こん》を擯け下卦乾《けん》に親しむ。否《ひ》の六三は下卦坤《こん》の類に従い、泰《たい》の九三は下卦乾《けん》の類に従い、それぞれ上卦と下卦の相際する三の位に居る。しかし泰《たい》の九三が同気の下卦乾《けん》に反り怒発を以てするのは、その性の貞による。泰《たい》の九三の爻辞に、「艱《くる》しみて貞なり」という。

泰《たい》の九三の陽は上卦坤《こん》の陰を擯けることを意図するものではないが、乾《けん》の健行に当っては陰を擯けざるを得ない。陽が怒発するのは、陰を擯ける前に起ったものである。否《ひ》の六三は上卦乾《けん》を干《おか》すことを意図するものではないが、陰が陽に出会うに当っては陰は必ず喜びを以て承ける。陰が陽を干すのは、陰の喜びが必ず至るものである。陽の健行と陰の順承はそれぞれの性情であり、かくして怒発と喜びとの功効が伴う。否《ひ》の六三の爻辞に「羞を包む」といい、『周易内伝』は「柔を以て剛（三の陽位）に居り、而も進爻為り。陽に邇《ちか》きを以て合するを求むるは、蓋し小人は勢い（六三は進爻）を挟《さしはさ》み、君子に媚ぶる者（喜び）を以て君子に驕ればなり」という。否《ひ》の六三は上卦乾《けん》に親しむ性情によって、陽を干《おか》す害をもたらすのである。

六三は陰進みて已《や》まず、而して陽と遇う。遇いて其の配を得れば、則ち喜ぶ。遇いて其（六三）の往きて必ず虚なるを倖（僥倖）として、則ち又喜ぶ。喜び沓至《とうし》（次々と来る）して戢《おさ》まらず、遂に其の身の失うを恤《うれ》えず。故に性情の婉媚《えんび》を極めて、以て羞と為さず（否《ひ》の六三の爻辞に、「羞を包む」という）。以て羞と為さざれば、則ち物は之を羞ず。彼（六三）往きて、我（上卦の乾《けん》）争わざれば、之を利として以て功と為す。彼往きて我狎《な》れざれば、之に弃りて以て好と為す。倡えずして和し、虚を承けて入る。凡そ此は、皆《とも》に陰の慝《とく》（陰私）を懐きて善く靡《なび》く者なり。唯其れ慝を懐く、是を以て善く靡く。故に「名は有余に生じ、利は不足に生ず」と曰う。

否《ひ》の六三は柔を以て三の剛位に居り、また進爻であるから、上卦の乾《けん》を求めて合しようとする。しかし象伝に「天地交わらずして万物通ぜず」という否塞の世であるから、六三は陽の配を得ず、陽が虚であってもひたすら上に往くことを喜ぶ。虚とは、上卦乾《けん》が六三に狎れ親しむ心をもたない虚心をいう。後にいうように、上卦乾《けん》はすでに老いて、下卦坤《こん》の壮に応える心をもたないのである。六三の爻辞に「羞を包む」という。六三の陰はわが婉媚の性情を羞じず、他者たる陽が羞じていることを知らない。彼は六三の陰をいい、我は上卦乾《けん》の三陽をいう。六三は陽が羞じて争わないことにつけこみ、また陽が狎れないことを無視して陰柔の慝を遂げようとする小人である。

六三の小象に、「羞を包むとは、位当らざればなり」といい、『周易内伝』は「三は、柔（六三）の当に処るべき所の位に非ず。上に剛（上卦の乾《けん》）を承くと雖も、君子は但其の羞悪《しゅうお》す可きを見るのみ。合するを求むるの情は、恤《うれ》うるに足らず」という。有余に生ずる名をもつのは陽であり、不足に生ずる利を求めるのは陰である。

或いは曰く、「陰の徳為る、乃ち順いて天を承く（坤《こん》の象伝）。陽に踵《つ》ぎて之を継ぎ、以て陽の逮ばざるを相《たす》く。奚《なん》為《す》れぞ其れ不可ならんや」と。

曰く、否《ひ》の乾《けん》（上卦）は老い、其の坤《こん》（下卦）は則ち壮なり。壮を以て老に遇い、之に先んずるに喜びを以てす。其の志は、問う可からざるのみ。且つ陰陽の善く動く者は、情に動きて性に貞なり。之に先んずるに剛の克つを以てすれば（泰《たい》の九三）、其の後は其の合せざるを憂えず。之に先んずるに柔の進むを以てすれば（否《ひ》の六三）、則ち後は反りて其の必ず離るるを憂う。故に君子は人の歓を尽くさず、而して始めを正すを大とす。

是を以て、陽の陰に際するを許し、之を戒めて「其の孚を恤うる勿れ」と曰う（泰《たい》の九三の爻辞）。陰の陽に際するを許さず、之を醜《にく》みて「羞を包む」と曰う（否《ひ》の六三の爻辞）。其の中を主持して以て陰陽を分剤《ぶんせい》し、而るが故に其の性情に反る所為《ゆえん》の者なり。反るとは、法を行いて以て命を俟つ者なり。陽剛にして之に交わるを奨《すすめ》め（泰《たい》の九三）、陰柔にして其の交わるを戒むれば（否《ひ》の六三）、則ち性情は法に帰す。詩（『詩経』）に云う、「君子如《も》し怒らば、乱は庶《ねがわ》くは遄《すみ》やかに沮《や》まん」と（『詩経』小雅の巧言）。其れ「艱《くる》しみて貞なり」（泰《たい》の九三の爻辞）の謂なるか。書（『書経』）に云う、「巧言令色、孔《はなは》だ壬（甚だ佞）なり」と（『書経』皐陶謨《こうようぼ》）。其れ「羞を包む」（否《ひ》の六三の爻辞）の謂なるか。

陰が陽に順い、陽の不足を輔けるのが陰の徳であるとすれば、否《ひ》の六三は不可とはいえないのではないかとの問いに答える。

否《ひ》の上卦乾《けん》はすでに上に升って老い、下卦坤《こん》はまだ下に在って壮である。壮の陰が喜んで老の陽に阿諛するその志は、まずその点で貞ということができない。しかも陰陽の善く動く者は、情に動いて性に貞しきを得る。すなわち陽剛の性が情に克つ泰《たい》の九三は、決して合しないことを憂えないが、陰柔の情が進む否《ひ》の六三は、後に離れることを憂える。君子は否《ひ》の六三のように人を悦ばすことをせず、泰《たい》の九三のように己の性を貞すことを尚ぶ。なお、「始めを正すを大とす」は、『春秋公羊伝』隠公元年に、「元年とは何ぞ。君の始年なり。春とは何ぞ。歳の始なり」といい、「何ぞ王の正月と言うや。一統を大とするなり」という。

初六の爻辞に「茅《ぼう》と茹《じょ》を抜くに、其の彙《い》（根）を以てす。貞にして吉なれば亨る」といい、『周易内伝』は「三陰（初六と六二と六三）は、類を連ねて相挟《たす》けて以て内（内卦）に拠る。亦「茅と茹を抜くに、其の彙を以てす」の象（泰《たい》の初九の爻辞にいう）有るも、彙（根）は則ち別なり（泰《たい》の初九の意とは異なる）。初六は柔を以て下に居り、党同伐異せず（六二と六三の陰と党を阻んで、上卦の陽を伐たない）、起ちて上は陽に応ず。故に貞にして吉を得たり。其の吉なるは、亨通の理有るを以て吉なるなり」という。

六二の爻辞に「包承す。小人は吉なり、大人は亨るに否《あら》ず」といい、『周易内伝』は「包承すとは、九五と相応じて之を承くるなり。大人は、必ずしも乾《けん》の大人（乾《けん》の九二の爻辞に、「大人に見ゆるに利し」という）の如くなるに非ず。小人に対して言い、剛正の君子（九五）なり。否とは、然らずの辞なり。小人は位を得て志を行い、能く陽を承順して之に応じ、吉なり。乃ち（然るに）大人（九五）は已に遠く外（外卦）に出で、小人の己に順うを以て其の塞《そく》を変えず（『中庸』第十章）、固より以て亨ると為さず。否《ひ》の下の三陰（下卦の坤《こん》）は上と交わらざるに、皆応ずるを以て之を言うは、蓋し聖人は陽を挟《たす》け陰を抑うるの義を賛するにして、陰の悪の怙《たの》みて以て自ら絶つを欲せず。其の旨は深し」という。「其の塞を変えず」は、『中庸』第十章に「国に道有れば、塞を変えず、強なる哉矯や。国に道無ければ、死に至るまで変えず、強なる哉矯や」といい、『四書訓義』は「矯とは、強の貌なり。……塞とは、未だ達せざるなり。国に道有れば、未だ達せざるの守る所を変えず。国に道無ければ、平生の守る所を変えず」という。

泰《たい》の九三の爻辞に「艱しみて貞なれば咎无し。其の孚を恤うる勿れ」というのは、九三の陽剛が上卦坤《こん》の陰柔に相際して交わることを勧めている。それに対し、否《ひ》の六三の爻辞に「羞を包む」というのは、六三の陰柔が上卦乾《けん》に相際して交わることを戒めている。易は泰《たい》と否《ひ》について、ことばを変えてこのように述べるのは、陰と陽がそれぞれ個別的に生ずる分剤において、自らを主体的に立てる主持によってわが性情に反ることを求めているのである。なお主持と分剤については、繫辞上伝第五章に詳しく述べる。『書経』皐陶謨に、「何ぞ巧言令色、孔壬なるを畏れん」という。孔壬については諸説があるが、ここには触れない。

周易外伝　巻二

䷌　同人《どうじん》（離《り》下乾《けん》上）

陰陽相敵《あた》れば、則ち各々其の配（配偶）を求めて争う无し。其の数の敵らざるや、陰は甘くして陽は苦く、陰は与えて陽は求む。与うる者は一にして求むる者は衆《おお》く、甘きを望みて以て利の壑《がく》（谷、集まるところ）と為さば、則ち争い此れ自り始まる。

唯夫れ尊（大有《たいゆう》の六五）に居りて以て与うるを司る者、衆（五陽）は勢いに詘《しりぞ》きて其（六五）の施すを俟つ。則ち大有《たいゆう》（䷍）是れのみ。此を過ぐる者は、以て之に任ずるに足らず。故に同は、異の門なり。同人《どうじん》は、争戦の府なり。

陰陽の数がそれぞれ匹敵すれば、陰陽は各々その配偶を求めて争いは起らない。しかし数が匹敵しないときは、甘い陰が与えることを苦い陽は求める。同人《どうじん》のように与える陰が六二だけで求める五陽が衆く、五陽が陰の甘きを求めれば、争いが起る。

同人《どうじん》は六二の陰が五陽の中に在り、次の大有《たいゆう》䷍は六五の陰が五陽の中に在る。大有《たいゆう》は六五の尊に衆陽が屈して従うが、しかし同人《どうじん》は大有《たいゆう》と異なる。同人《どうじん》は六二の一陰を五陽が求め、陰の甘きを求めて五陽が争う象である。大有《たいゆう》の六五の尊が五陽に施す場合以外は、陰陽の数が敵《あた》らない卦象において争いが必ず起る。すなわち同人《どうじん》の五陽が同ずることは、巽の争いが生ずる契機となる。その九三の爻辞に「戎（兵士）を莽（くさむら）に伏す。其の高陵に升り、三歳興らず」といい、九四の爻辞に「其の墉《かき》に乗ずるも、攻むる克《あた》わず、吉なり」といい、九五の爻辞に「大師克《か》ちて相遇う」というように、同人は争戦の府（集まるところ）である。

九三の爻辞について『周易内伝』は「六二の一陰は位を得（陰が二の陰位に居る）、衆陽は皆之と同ぜんと欲す。偏《あまね》く与に相応ずる能わざれば、則ち争い必ず起る。三（九三）と四（九四）と五（九五）の、皆兵を用うるの象有る所以なり。三（九三）は二（六二）に密邇《みつじ》たり、以て相麗《つ》きて明を為す（下卦の離《り》は、明の意）。固より二（六二）を私して以て己の党と為さんと欲し、五（九五）の正応を為す（六二と九五は、陰陽が相応ずる正である）を忌む。五（九五）は位尊く誼は正しく、明らかに之（九五）と争う可からず。故に戎を莽に伏し（九三の爻辞にいう）、五（九五）の来り合するを待ちて之を邀《むか》え撃つ。其の高陵に升る（九三の爻辞）とは、五（九五）を謂う。託して尊高に処り、其の情形を灼見す。而して三（九三）の戎を伏するは施す所無く、三歳興らざる（九三の爻辞にいう）に至り、必ず潰《つい》ゆ。五（九五）の大師能く克《か》つ（九五の爻辞にいう）所以なり」という。

九四の爻辞について、「四（九四）は二（六二）と五（九五）の間（六二と九五は正応である）に居り、而も内卦（下卦の離《り》）と相近く、退きて下に就く（四は退爻である）。故に亦、争いて二（六二）に同ぜんとするの情有り。其の墉に乗ず（九四の爻辞）とは、将に三（九三）を踰《こ》えて二（六二）を取らんとするなり。乃ち（然るに）剛を以て柔に居り（陽が四の陰位に居る）、三（九三）は方《まさ》に戎を伏して以て待つ。則ち改む可からざるを見て退き（九四は退爻である）、以て五（九五）を承く、故に吉なり」という。

九五の爻辞に「人に同ずるに、先に号《な》き咷《さけ》び後に笑う。大師克《か》ちて相遇う」といい、『周易内伝』は「九五は二（六二）に於いて、剛の有余を以て、柔の不足を済《な》す（補う）。特《ただ》に自ら応ずる所を得るのみならず、且つ二（六二）を衆陽の中より引きて、中正（六二の正応の九五）に合せ使む。三（九三）と四（九四）は既に争い、二（六二）は且つ宗に于いてするの吝《おし》む有り（六二の小象にいう。六二は宗たる内卦離《り》に同じて、遠くの九五に応じようとしない）。義として感ずるところを激し、号《な》き咷《さけ》ばざる能わず。而れども中正にして道合し、三（九三）の姦は既に露《あらわ》れ、四（九四）は斂《おさ》まりて退き、疑い釈《と》けて相得て以て喜ぶ。孤陰（六二）を群争の地より抜くは、大いに師を用うるに非ざれば克つ能わず。五（九五）は唯剛中なり、故に能く其の位に勝《た》えて一に定まる」という。

孤陰（同人《どうじん》の六二）以て五陽に同《どう》じ、中（下卦の中、二の位）に処りて其の美を韜《つつ》む、則ち紜紜《うんうん》（衆いさま）たる者（五陽）は、其の求むる所に給《た》る能わず。求むる所に給らざれば、則ち相尋《つ》ぎて以て搆《かま》え、而して怨みは釈《と》けず。抑も悪《いずく》んぞ理の宜しく配すべき者は、彼（六二）に在るを知らんや。而して悪んぞ分の干《おか》す可からざる者は、彼（六二）に在るを知らんや。則ち臣主は兵を交えて、上下は乱る。故に、君子は甚だ其の同ずるを危ぶむ。能く其の咎悔を遠ざくる者は、唯初（初九）と上（上九）か。近くして比せず（初九についていう）、遠くして乖《そむ》かざる（上九についていう）は、位无きが故なり。

同人《どうじん》の六二は下卦の中位に居り、自らの美を外に示さないが、実は同人《どうじん》の主である。しかし一陰を以て五陽の紜紜たるものに対応しようとするから、争いが起り怨みは釈けない。しかしそもそも、中に居て美を韜《つつ》む六二は理として配すべきものであり、また干す可からざる主であるのではないのか。同人《どうじん》の彖辞に、「君子の貞に利し」という。君子だけが同人《どうじん》の世を危ぶむのである。『周易内伝』は、「君子の貞に利しとは、柔（六二）は中に居て位を得たり（陰が二の陰位に居る）、故に物と同じて、容悦（阿諛、『孟子』尽心上に見える）と詭随《きずい》（偽り随う）の失無し。凡そ事に応じ物に接する者は、不正にして利しく、其の邪は彌々《いよいよ》甚し。故に易は、不貞に利しと言うこと有る無し。君子の貞は、利しからざる無し。而るに此《ここ》に独り君子の貞に利しと言うは、君子の道に非ざるに同ずれば、則ち其の利しきは君子の貞に非ざるに似たるを以てなり。然らば「吾れ斯の人の徒と与にするに非ざれば、誰と与にかせん」（『論語』微子）とは、義は異なるを得可からず、唯大いに同じて斯に利しきなり。君子の利しきは、義に合して物に利しきなり。苟くも物の情を悦びて、欲する所は必ず得るの謂には非ず」という。

五陽の内、初九の爻辞に「咎无し」といい、上九の爻辞に「悔无し」というように、初九と上九だけがその咎悔を遠ざけることができる。初九は近く六二の隣りに在っても相親しまず、上九は遠く六二を離れていても背くことがないのは、ともに位がない初と上に居るからである。

初九の爻辞に「人に同ずるに門に于いてす。咎无し」といい、『周易内伝』は「初（初九）は退蔵の地に処り、而も剛を以て之に処る。動きて括《むす》ばれず、以て上は六二を承く。故に一たび門を出ずれば、即ち其の友（六二）を得たり。自ら卑陋に安んぜずして、以て賢に合して相麗《つ》きて明を為さんことを求む（下卦の離《り》は、麗《つ》く意、また明である）。交わること未だ遠きに及ばずと雖も、固より咎无し」という。

また上九の爻辞に「人に同ずるに郊に于いてす。悔无し」といい、『周易内伝』は「上（上九）は二（六二）に遠く、二（六二）は已に五（九五）に応ぜり。其（上九）の二（六二）と同ずるは、其（六二）の名を浮慕し、泊然（無欲なさま）として逆旅《げきりょ》（郊に于いて）に相遭うのみ。本より同ずるを求むるの志無し、故に失うも亦悔无し」という。

嗚呼、群情の望みを繫《つな》ぎ、忮求《しきゅう》（貪り求める）の門（初九の爻辞に、「人に同ずるに門に于いてす」という）を啓《ひら》き、我（六二）を知る者は希《まれ》ならず、我（六二）は亦貴ならず。其の吝（六二の爻辞にいう）を保ち其の宗を失わず（六二の爻辞に、「人に同ずるに宗に于いてす」という）、夫れ亦各々其の志を行うのみ。然らば則ち、一の柔（六二）を以て衆の剛（五陽）に遇い、之に継ぐに争いを以てするも惑わず。同人《どうじん》の二（六二）の如き者、豈得《え》易からんや。「我を訟に速《まね》くと雖も、亦汝に従わず」（『詩経』召南の行露）。野に于いてするの亨る（同人《どうじん》の彖辞による）は、以て同人《どうじん》の喜びと為すに足らず。宗に于いてするの吝（六二の爻辞による）は、以て同人《どうじん》の悲しみと為すに足らず。道の宜しく吝《おし》むべき所は、亨るを得ず。里克の忠は、荀息の信に如《し》かず（『春秋左氏伝』僖公九年）。徐庶の出ずるは龐公《ほうこう》の隠るるに如かず。而るを況んや、其の顕応して以て卒《つい》に大同に協《かな》わんや。

六二が同人《どうじん》の世において敢えて衆剛（五陽）に同ぜず、各の道を守りわが志を行うことをたたえる。忮求は、『詩経』邶風《はいふう》の雄雉に「忮《そこな》わず求めざれば、何を用て臧《よ》からざらん」という。同人《どうじん》は初九から始まって衆陽が六二の一陰を忮求するが、六二は下卦に在るから貴ではない。かくして六二はその爻辞に「人に同ずるに宗に于いてす、吝なり」というように吝の道を守り、同人《どうじん》の衆陽の争いに在っても惑わない。『周易内伝』は六二の爻辞について、「全卦を以て之を言えば、衆陽相協いて以て二（六二）に同ずるを求む。故に「野に于いてす」と曰う（彖辞）。六二の動くを以て之を言えば、則ち二（六二）は往きて人に同ずるも、二陽（初九と九三）の間に麗《かか》り（下卦の離《り》は麗、罹《かか》る）、交わりは遠くする能わず（正応の九五と交わることができない）。故に「宗（身近な宗族）に于いてす」と為す。同ずと云うは、物に遇いて即ち相合するの謂なり。二（六二）は初（初九）と三（九三）に近く、即ち之に同ず。正応（九五）有りと雖も、待つ能わず。其の志は褊す」という。

『詩経』召南の行露に、「我を訟（争い）に速《まね》くと雖も、亦女《なんじ》に従わず」という。六二は衆剛との争いの中で、剛に従わない志をもつ。彖辞に「人に同ずるに野に于いてす、亨る」といい、『周易内伝』は「人に同ずとは、人に同じて人は之と同ずるを楽しむなり。剛は柔の依る所なれば、一陰（六二）は固より衆陽に同ぜんことを願う。柔は剛の安ずる所なれば、衆陽も亦一陰に同ぜんと欲す。凡そ卦の体は、少なき者を以て主と為す。二（六二）は、同人《どうじん》の主なり。柔にして応（九五）を得、群を離れて孤立するの心無し。而も少なき者は、物の貴びて求むる所の者なり。則ち五陽は争いて之に同ぜんと欲す。野に于いてすとは、疏遠に迄《いた》り邱民に迨《およ》ぶまで、皆《とも》に之に同ぜんと欲するの謂なり。衆の同ぜんと欲する所と為れば、其の行くや必ず亨る」という。

しかし六二はこの彖辞に亨るというにも拘わらず、道の宜しく吝むべき所を守って、それをわが喜びとはしない。「道の宜しく吝むべき所」は、六二の小象に「人に同ずるに宗に于いてするは、吝の道なり」による。六二が亨ることがないことを知りつつ吝の道を守るのは、悲喜ともに越えているからである。六二の小象について、『周易内伝』は「君子の交わりは、近きも必ずしも比せず、遠きも必ずしも乖《そむ》かず。（中略）君子は天下の善士を友とするも、以て未だ足らずと為す。三王を考え後聖を俟《ま》ちて、揆を一にするを求む（『孟子』離婁下に、先聖と後聖は、其の揆《はか》るは一なり」という）。若し規規然《ききぜん》として（細く局促する）親近する所の者に就きて与に同ずれば、其の善を得《う》と雖も、亦一郷の善士なるのみ。自ら困しみて、何ぞ能く遠きに行かんや」という。

里克は晋の献公のあとに文公（重耳）を立てようとし、奚斉を殺して忠をなしたが、奚斉の傅《ふ》（守り役）であった荀息は、奚斉の死に殉死して信を守った（『春秋左氏伝』僖公九年）。徐庶は初め劉備に仕えたが、曹操が母を捕えたので諸葛亮を劉備に薦めて、やむなく曹操に仕えた。龐徳公は諸葛亮の懇請を斥け、鹿門山に隠れて吝の道を守った。顕世に在って陽剛に応じ大同（五陽の大が同ずる）に力を用いることをしないのが、六二の吝の道を守ることであるとたたえる。

☲☰ 大有《たいゆう》（乾《けん》下離《り》上）

一

大有《たいゆう》を麗《かが》やかす（大有《たいゆう》の上卦は離《り》、離は麗）者は、既に五（六五）の有する所と為る。五（六五）の有と為れば、則ち五（六五）は下に交わりて、群陽は之を承く。初（初九）は、猶同人《どうじん》の上（上九）のごとし。孤立して親しまず、徳の及ばざる所と為れば、君子は其の享（もてなし）を受けず。交わる无きの害（初九の爻辞に、「交わる无く害あり」という）は、豈幸有らんや。

然れども、咎を免る可きは（初九の爻辞に、「艱《くる》しめば則ち咎无し」という）、則ち何ぞや。託する无くして固く、親しまずして謫《たく》（咎め）を免るる者は、其れ唯陽か。散地に処りて自ら保ち、危地を履みて自ら存し、迹を恩膏（恩沢）の外に遯《のが》れ、奔走の交に傲立して、自ら其の有を有《たも》つ者は、義として咎むるを得ず。

大有《たいゆう》は乾《けん》下離《り》上。離《り》は麗、離《り》は火、かがやかす意。上卦離《り》の六五の尊が、大（陽、群陽）を有《たも》つ象である。大有《たいゆう》の象辞に「大有《たいゆう》は元《はじ》めて亨る」といい、『周易内伝』は「大有《たいゆう》とは、能く衆の大（群陽）を有するなり。大とは、陽を謂う。六五は柔を以て尊に居り、群陽を統べて之が主と為る。其の有する所の者は、皆大（陽）なり。則ち亦大なる哉、其の有すること。元亨とは、始めて亨るなり。群陽は環聚し、屈して己（六五）の有と為し易きに非ず。虚中柔順にして以て之（群陽）を懐集すれば、則ち疑阻は皆消え、通ぜざる無し。此れ創業の始めを象る。柔の道を以て天下の志を通じ、群賢来帰すること影響（形の影と音の響）よりも速し、事を始むるの亨るなり。衆剛は美を一人に効《いた》し、乾《けん》の道大いに行わる、故に乾《けん》の元亨の徳有り。而るに利貞と言わざるは（乾《けん》の象辞に、「元亨利貞」という）、剛断以て中に居る無ければ（大有《たいゆう》の六五は、乾《けん》の九五ではない）、未だ尽く義に合する能わず。能く衆善を有《たも》つも、衆善の有つ所と為る能わず、則ち以て物を利するに足らず。柔は以て物の情に順う可きも、天下の変を持する能わず。汎《ひろ》く群有に応ずるも、未だ従う所を一にせず、則ち其の正（貞）は固からず」という。

六五の爻辞に「厥《そ》の孚は交如たり。威如たれば吉なり」といい『周易内伝』は「厥の孚とは、陽自ら相孚にするなり、故に厥（の孚）と曰う。交如たりとは、五（六五）に交わるなり。五（六五）は、虚中にして仕使する（五陽を任じ使う）に明らかなり（上卦は離《り》の明である）。其の俯して群陽を有《たも》つや、物に循いて違《たが》う無きの道を以て、其の担易にして疑う無きの心を行う。衆は皆其の有する所と為るを願い、群陽は相孚にして上（六五）に交わり、道は極めて盛んなり。而るに又戒むるに威如たれば則ち吉なるを以てするは、五（六五）は本より徳威の存する有り、但《ただ》衆剛は馭し難く、大公にして猜無しと雖も、抑《また》必ず上下の分を謹みて以て之に臨み、之を益すに威を以てすれば、初めより其の柔和の量を損わずして、吉ならざる無し」という。

しかしその初九は同人《どうじん》の上九が六二を離れていると同じく、六五の尊から遠く離れて交わろうとしない。初九の爻辞に「交わる无く害あり」といい、『周易内伝』は「害とは、衆（衆陽）に違《たが》い明（六五）に背き、相悖《もと》りて害あるを謂う。（中略）六五は大明（離《り》は明）上に在り、中を虚しくして以て群有を統べ、衆剛は命を受けて交わりを定む。初（初九）は猶遠くに処り、身を深隠の地に置き、剛（初九）は傲りて上（六五）に交わらず」という。

咎を免る可きとは、初九の爻辞に「咎に匪ずや。艱《くる》しめば則ち咎无し」という。『周易内伝』は、「匪咎は、詰詞（詰問のことば）なり。猶、豈咎に非ずやと言うがごとし。（中略）則ち初九の咎に非ずして、誰をか咎めん。必ず伯夷叔斉の周に絶つが若く、悲歌し餓困し、備《つぶさ》に艱《くる》しみを嘗《な》めて恤《うれ》えず、然る後に以て咎を免る可し」という。散地は初の位、危地は艱をいう。

然りと雖も、其れ亦艱なり。心を栄寵に消す（栄寵を求める心を失う）者は、意を功名に移す。心を功名に消す者は、意を分義（分を守り義を行う）に移す。大人は分義を以て倫を尽くし、曲士は幽憂を以て物を捐《す》つるは、古に之れ有り。道の廃せざる所、則ち君子は亦為に其の人を存す。然り而して、礼は自ら履み、行は自ら型《な》（成）す。天徳の潜龍（乾《けん》の初九）に合し、見《まみ》ゆ可きの成徳（乾《けん》の九二）を行えば、其れ庶幾《ちか》からんか。

若し夫れ其の形を土木にし、其の心を灰槁にし（『荘子』斉物論にいう）、放言洸瀁《こうよう》（洸洋、ほしいままにしとりとめがない）として、亀を曳き犠を逃るるの術（『荘子』秋水と列禦寇にいう）に託して、以て琴酒林泉に淫楽し、艱に匪ざるに自ら其の交わる无きを詫《ほこ》るは、披衣《ひい》と齧缺《げっけつ》の聖人に称されざる所以なり。

艱は、初九の爻辞に「艱《くる》しめば則ち咎无し」という、初九の君子の艱《くる》しみをいう。世の栄寵を求める心を失った者は己の巧名を立てようとし、さらに己の功名を求める心を失った者は分義を尽くそうとする。かくして分義を尽くす大人と、己の幽憂を以て世を絶った曲士が古にはいた。曲士は、『荘子』秋水に「曲士の以て道を語る可からざるは、教に束（拘束）すればなり」という。しかし君子は道が廃せられない限り、道を守る人を存する。君子は自ら礼を履み、自ら行を成す。天徳の潜龍は、下卦乾《けん》の初位の潜龍の徳を履む初九をいい、見ゆ可きの成徳は、乾《けん》の九二の見龍《げんりゅう》の徳を行い「大人に見ゆるに利しき」（九二の爻辞）九二をいう。併せて大有《たいゆう》の下卦乾《けん》の三爻をいう。

其の形を土木にすと其の心を灰槁にすは、『荘子』斉物論に「形は固より槁木（枯木）の如くせ使む可く、心は固より死灰の如くせ使む可きか」という。亀を曳くは『荘子』秋水に「此の亀は、寧ろ其の死して為に骨を留めて貴ばれんか、寧ろ其の生きて尾を塗中に曳かんか」といい、犠を逃るはその列禦寇に「或るひと荘子を聘す。荘子其の使に応えて曰く、子は夫の犠牛を見ずや。衣《き》るに文繡を以てし、食《くら》うに芻菽《すうしゅく》を以てするも、其の牽きて太廟に入るに及びては、孤犢《ことく》と為らんと欲すと雖も、其れ得《う》可けんや」という。披衣と齧缺は、『荘子』天地に「堯の師を許由と曰い、許由の師を齧缺と曰い、齧缺の師を王猊《おうげい》と曰い、王猊の師を披衣と曰う」という。ともに堯の時の隠士。堯という艱ではない世に、隠士ぶりを誇って世と交わりを絶った道家の徒を斥け、初九が交わることなき艱しみに咎なきを得る潜徳をたたえる。

二

天下の用は、皆其の有なる者なり。吾れ其の用従《よ》り其の体の有なるを知ること、豈疑うを待たんや。有を用いて以て功効と為し、有を体として以て性情と為す。体用は胥《とも》に有にして、相胥《とも》に実を以てす。故に天下に盈ちて、皆持循する（執持して順受する）の道なり。故に「誠は物の終始なり、誠ならざれば物無し」と曰う（『中庸』第二十五章）。

有はここに誠といい次の段に信なりといい、天地の生の実有をいう。用の確かさから体の実有を知るとは、道は器に在りという論と同じく、道や体の観念性を斥ける船山の実有哲学である。有を用いる功効と有を体とする性情の確かさから、人の倫理の道は始まる。

何を以て之を効《いた》すや。有は信なり、无《む》（無）は疑なり。我の生ずるに昉《はじ》まり、我の亡ぶに洎《およ》ぶまで、禰祖《でいそ》（父と祖先の廟）より上、子孫より下、変を天地に観て其の生を見るに、何の一の疑う可き者有らんや。桐は梓に非ず、梓は桐に非ず。狐は狸に非ず、狸は狐に非ず。天地は以て数と為し、聖人は以て名と為す。冬は炎《あつ》から使む可からず、夏は寒から使む可からず。葠《しん》（人参）は殺さ使む可からず、砒《ひ》（砒素）は活か使む可からず。此の春の芽に彼の春の茁《さつ》（芽生え）を絜《はか》るに、其の或いは貿《か》うるを見ず。器に拠りて道は存し、器を離れて道は毀《こぼ》たる。

其の他の光怪の影響（形の影と音の響は、それ自体の実をもたない）たる、妖祥の倏忽《しゅっこつ》（一瞬）たる者は、則ち既に生と体を為さず。生と体を為さざる者は、体无き者なり。夫れ体无き者は、唯死のみ之に近しと為す。天地の生を観ずして其の死を観るは、豈悖《もと》らずや。

聖人の祭祀に於けるや、无《む》に于《お》いて之を聚むるに有を以てし、以て其の愾息《がいそく》（歎息）に遇う。異端の水火に於けるや、有に于いて之に游ぶに无を以てし、以て其の濡爇《じゅねつ》（水気と熱気）を変ず。則ち何ぞ其の言の河漢（とりとめのない言葉）なるや。

「誠は物の終始なり、誠ならざれば物無し」（『中庸』第二十五章）というが、なぜそうなのか。なお、終始は乾《けん》の象伝に「大明は終始し、六位は時に成る」というように、下卦の乾《けん》についていう。わが生死から、上は父祖、下は子孫に至るまで、すべて有の物である。

万物はさまざまに変化し数は無数であるが、聖人が物に名付けた名は他と代えることができない。今年の春の芽生は、昔のそれと変ることはないのである。具体的な器という有において道が存するのであって、抽象的な無の道を幻想することはできない。

生の実有をこそ体となすべきであって、体なき死の無を尚ぶことはできない。天地の現有の生を観ずに、体なき光怪や一瞬の妖祥に心を寄せるのは、まことに誤ったものではないか。『論語』述而に、「子（孔子）は、怪力乱神を語らず」という。

聖人の祭祀と、異端の水火（坎離《かんり》、錬金術）に於ける有と無の差異が、その例である。聖人は死の無に対して生の有の信を以て哀しむが、異端は有の生に在りながら長生の無を求め、水火の錬金術に工夫をこらす。河漢の言は、『荘子』逍遙遊に見える。ここまでは前論である。

象（九二の小象）に曰く、「大車以て載す（九二の爻辞）とは、中に積みて敗れざるなり」と。蓋し有を言えるなり。陰陽の理は、之を建つる者は中なり、中なるが故に竭《つ》きず。之を行う者は和なり、和なるが故に爽《たが》わず。爽わず竭きずして、以て有生に灌輸《かんゆ》す（注ぎ致す）。陽は行きて息《や》まず、陰は順いて彊《かぎ》り无し。始は以て始を為し、中は以て中を為す。迭《たが》いに相灌輸し、日に其の肌膚を息《そく》し（生ずる）、日に其の識力を増す。故に穉《ち》（若少のもの）の壮に与《お》ける、壮の老に与ける、形は三たび変じ（穉と壮と老）、神は三たび就《な》る。其の並び生ずるに由りて、其の互いに載するを知る。則ち群有の器は、皆道と体を為す者なり。故に形は神に非ざれば運《めぐ》らず、神は形に非ざれば憑《つ》かず。形、運る所を失うは、死者の耳目有りて視聴无き所以なり。神、憑く所を失うは、妖異の影響有りて性情无き所以なり。

車は形なり、載する所の者は神なり。形載せ神游びて積む所无ければ、則ち虚車は以て荒野に騁せ、御者は為す所无くして其の事を廃す。然り而して、敗れざる者は鮮《すく》なし。故に天地の貞化は、凝集する者は魂魄と為り、充満する者は性情と為る。日に其の性情を与え、其の魂魄を充た使むるは、天の事なり。日に其の魂魄を理《おさ》め、以て其の性情を貯《たくわ》うるは、人の事なり。然る後に、其の中は積みて敗る可からず。

九二の小象によって、以上に述べた有について論ずる。九二は内卦乾《けん》の中位に居り、群陽を率いて六五に応ずる和を実現する。中和は、『中庸』第一章に「中は天下の大本なり、和は天下の達道なり。中和を致して天地は位し、万物は育す」という。九二は中を建て、天行健なる乾《けん》の徳を以て六五の陰を和し、かくして六五の陰は「地を行くこと疆り无し」（坤《こん》の彖伝）の順の徳を発揮することができる。始は、乾《けん》の文言伝に「乾《けん》元は、始にして亨る者なり」という。始は以て始を為し、中は以て中を為すとは、九二と九五が乾《けん》の始と中位に居る坤《こん》の徳を以て一陰一陽の道を行うことをいう。かくして生生の灌輸は日に行われ、人は肌膚の形を育し識力の神を増すことができる。人は幼年から壮年と老年と形を変え、また神もそれに従って三たび形成される。並生は陰陽並び生ずること、互載は天地互いに載せること。生は陽を主にしていい、載は地を主にしていう。かくして形（陰）と神（陽）は、器と道との関係のように互いに相俟つ。

九二の爻辞にいう「大車以て載す」も、まさしくこの形（大車）と神（載す）とのことをいう。天地陰陽の変化を日に日に受ける人が、わが魂魄を理《おさ》めてわが性情を貯える。すなわち大車以て載せることによって、「其の中は積みて敗る可からず」という実有を具えることができる。『周易内伝』は九二の小象について、「誠信の五（六五）に輸《いた》す者、中に積めば、則ち盈を持して物は能く傷《やぶ》る莫し。後世、唯諸葛武侯（諸葛孔明）のみ望（名望）重く道は隆《たか》く、思を集め益を広くして、以て沖主（劉禅）に事《つか》え、能く此の徳を有《たも》つ」という。

老子曰く、「三十輻（車軸を支える矢）、一轂《こく》（車軸の中央のこしき）を共にす。其の无に当りて車の用有り」（『老子』第十一章）と。夫れ无と謂う所の者は、未だ積むこと有らざるの謂なり。未だ積むこと有らざれば、則ち車の无は即ち器の无なり、器の无は即ち車の无なり。器をして貨を載せ、車をして膫（油）を注が使む可きを幾《ねが》わんや。游移数々《しばしば》遷り、弱を尸《つかさど》りて強を棄つ。游移数々遷れば、則ち人は鬼に入る。弱を尸りて強を棄つれば、則ち世（生涯）は身を喪う。吾が性の存存を息《や》め、天地の生生を断たば、則ち人極毀たれて天地は以て立つに足らず。

老子は轂中の空虚があるから、車輪が動くという。船山は九二の小象の「中に積む」のことばによって、老子のいう無に反論する。車を例とするならば、車という器が無であるとは、車に物を載せないことをいう。もし物を積むことがなければ、九二の爻辞に「大車以て載す。往く攸有るも、咎无し」というように、車に物を載せ車軸に油を注いで、その用を有にすることを求めればよいではないかと反問する。老子が弱を尚び強を斥けることは、たとえば第四十章に「反は道の動なり、弱は道の用なり。天下万物は有に生じ、有は無に生ず」といい、第四十三章に「天下の至柔は、天下の至堅を馳騁《ちてい》す」という。存存は、繋辞上伝第五章に「性を成し存を存するは、道義の門なり」といい、生生は同じく繋辞上伝第五章に「生生之れ易と謂う」という。

故に善く道を言う者は、用に由りて以て体を得たり。善く道を言わざる者は、妄りに一体を立て、用を消して以て之（一体）に従う。「人生まれて静なり」（『礼記』楽記）以上は、既に彼（老荘の徒）の見るを得る所に非ず。偶々《たまたま》其の聡明の変に乗じ、丹堊《たんあ》（赤と白、色彩）を空虚に施し、強いて之を命じて体と曰う。聡明は求むる所に給《た》り、万物を測りて其の景（影）響を得れば、則ち亦以て其の用を消帰して余り无かる可し。其の邪説、此自《よ》り逞しうす。則ち何ぞ之を感じて遂に通ずる（繋辞上伝第十章による）者に求め、日に化を観て漸く其の原（源）を得るに如《し》かんや。故に孫子を執りて其の祖考を問えば、則ち本支は乱れず。宗廟墟墓に過《よぎ》りて孫子の名氏を求むれば、其れ能く之を億中（億中、推測する）する者有らんや。此れ亦、道を言う者の大辨なり。

かれら道家者流は無という一体を立てて、用という現実のはたらきをその体に消帰せしめる。従って人が生まれて静なる性以外については、一切認識することができない。『礼記』楽記に、「人生まれて静なるは天の性なり、物に感じて動くは性の欲なり」という。しかし善く道を言う者は、繋辞上伝第十章に「寂然として動かず、感じて遂に天下の故《こと》に通ず」というように、日に変化する用において体を求める。『荘子』大宗師に、「肢体を堕《こぼ》ち聡明を黜《しりぞ》く」という。それは聡明の変に乗じて聡明を斥け、聡明なき所に言辞を弄し、それを強いて体となすものである。かくして己の立てた所を聡明となし、万物については実なき影と響と見なす。ここに聡明の効用を一切廃棄する邪説が成立する。繋辞上伝第十一章には、「古の聡明叡知は、神武にして殺さざる者なるか」というではないか。いまに在る子孫から祖先を推し測れば本と支は乱れないが、宗廟墟墓という无の体からいま在る子孫を推測することはできない。これが道を論ずる者の大なる辨別（大辨）である。

然らば則ち、其の義は何を以て之を大有《たいゆう》の二（九二）に見《しめ》すや。大有《たいゆう》とは、有なり。有する所の者は陽（五陽）なり、有する所を有《たも》つ者は陰（六五の一陰）なり。陽は実なり陰は虚なり、天（下卦の乾《けん》）の生ずるは有なり、而して火（上卦の離《り》）の化するは无なり。二（九二）は、五（六五）の応為《た》り。群有の主（六五）と為り、有する所（五陽）を率いて以て五（六五）の虚を実にするは、二（九二）の任なり。乃ち実を以て虚を載せ、生を以て化を載すれば、則ち群有を有する者（六五）は无と疑われ、天地の蔵と相肖《に》ず。故に其の任を二（九二）に推し、之（九二）に備わることを責《もと》む。

其の中に積むに非ざれば、敗は故《もと》より之に乗ずと曰う（九二の小象に、「中を積みて敗れず」という）。而らば亦、悪んぞ能く咎を免れんや。「咎无し」（九二の爻辞に、「往く攸有れば咎无し」という）とは、咎有るの詞なり。二（九二）は五（六五）の咎を以て咎と為して、斯《ここ》に咎あらず。故に五（六五）は交如を以て志を発するは（六五の小象による）、二（九二）に因りて以て功と為せばなり。「備わる无し」（六五の小象）を以て威を須《ま》つは、内に反りみて足らざればなり。象伝（九二の小象）の敗るを以て戒めと為す（九二の小象に、「中を積めば敗れず」という）は、豈二（九二）の本位の為に之を言わんや。

大有《たいゆう》は乾《けん》下離《り》上。内卦乾《けん》（天）の中を得た九二が、外卦離《り》（火）の主である六五に応じ、有無相応じ虚実相充たすことをいう。大有《たいゆう》は、六五の尊が大（陽）の群陽を統べる。有せられるものは五陽であり、それを有するのは六五の陰である。なぜ六五は、九二にその任を委ねるのか。もし六五の君が実の天生を以て虚の火化を行えば、六五は離《り》（火）

の无であるから、実体は无であり易の乾坤《けんこん》の道とはならない。易は天地の蔵であり、坎離《かんり》が交わることを用いるものは錬丹の徒である。そこで六五の陰はその任を陽に委ね、九二の陽に備わることを求める。六五の小象に「威如の吉とは、易《い》にして備わる无きなり」といい、『周易内伝』は「易《い》とは、和易《わい》にして人に近づくなり。備わる无しとは、其（衆陽）の潜《ひそ》かに逼《せま》るを妨げざるなり。創業の始め、人心を感ぜしむるに和易を以てするも、而れども久安長治の道は、必ず威を建てて以て萌を消すこと、大有《たいゆう》の未だ逮ばざる所なり。故に利貞なるに足らず、而して、又「威如たれば乃ち吉なり」（六五の爻辞に、威如たれば吉なり」という）を以て、之を戒む」という。六五が陰の和易であり備わることがないから、その不足の威を九二に求めるのである。

その中を積まなければ必ず敗れ、従ってまた咎を免れることはできない。九二の小象についての『周易内伝』は、すでに示した。九二の爻辞に、「往く攸有れば咎无し」という。咎无しとは、九二が六五と権を分つ咎があるからである。『周易内伝』は九二の爻辞について、「九二は剛にして中に居り、群陽の付託する所と為り、皆（群陽）唯其れ之を載せて行く。才富みて望（名望）は隆《たか》く、之に帰する者は衆《おお》く、五（六五）と権を分つの象有りて、咎有らんかと疑わる。然れども、上は六五に応じ、之（九二）に居りて以て己が有と為さず、往きて以て之を五（六五）に輸《いた》せば、則ち迹は専（専断）なりと雖も、行は順なり。上に逼《せま》りて権を擅《ほしいまま》にし、衆を輩《ひ》きて己に帰せしむるを以て、之を咎むるを得ず」という。六五の小象に「厥《そ》の孚、交如たり（六五の爻辞）とは、信以て志を発するなり」といい、『周易内伝』は「信は陰の徳なり、故に易は毎《つね》に陰に於いて信を言う。（中略）六五は孤陰にして尊位に処り、衆陽を撫有して猜《そね》まず、其の信は至れり。志を発すとは、衆志（五陽の志）を感発して己に帰せ使むるを謂う」という。またその小象に「威如の吉とは、易《い》にして備わる无きなり」というのは、さきに示したように、六五が自ら顧みて威が足らないとするからである。すわなち九二の小象に「中を積めば敗れず」というのは、九二のために戒めたのではなく、六五のためであることを知るべきである。

なおすでに示した初九と九二以外の諸陽の爻辞について補う。九三の爻辞に「公用《もっ》て天子を亨《まつ》（享）る。小人は克《よ》くせず」といい、『周易内伝』は「九三は内卦の上に居り、三陽（内卦乾《けん》）の統率と為る。而して三（九三）は進爻為り、有する所の大（陽）を率いて以て上（六五）に進む。公は其の方（邦）の小侯を領《す》べ、貢篚《こうひ》（進貢のはこ）を修めて以て天子に献ずるの象なり。乾《けん》（下卦）は健にして陽は富み、盛満の勢に席《お》りて以て柔弱の主（六五）に上奏す。侯度《こうど》（侯は射の的《まと》、道義）を恪守するの君子に非ざる自《よ》りは、必ず且に専私して自ら植《た》てんとす。故に小人は克くせずと言い、以て五（六五）の人に任ずるに慎むを戒む」という。

九四の爻辞に「其の彭《ほう》（鼓声）に匪《あら》ず。咎无し」といい、『周易内伝』は「彭は、許慎（『説文解学』）は鼓声なりと説く（なお船山に『説文広義』三巻がある）。鼓声の衆を集めて之を進むる所以なり。四陽（初九から九四まで）は類を連ね、四（九四）は其の上に居り、内卦（乾《けん》）と相接し、衆（三陽）は将に己（九四）に帰せんとすと疑う。乃ち（然るに）其（九四）の群陽を引きて升すは、将に之と与に進み六五を奉じて之をして富ましめんとするなり、衆剛を召《まね》きて己（九四）を戴か使むるに非ず。故に位に当らず（陽が四の陰位に居る）と雖も、咎无し」という。

上九の爻辞に「天自《よ》り之を祐く。吉にして利しからざる无し」といい、『周易内伝』は「此の爻の辞は、又別の一義例なり。所以《ゆえ》に、六五の徳至りて福を受くるを賛す。天とは、即ち上（上九）を指して言う。上九は五（六五）の上に在り、而るに五（六五）能く之を有するは、天自り祐くるなり。其の義は繋伝（繫辞上伝第十二章）備われり。吉とは、居（上九）を以て言い、利しからざる无しとは、行（六五）を以て言う」という。

䷎　謙《けん》（艮《ごん》下坤《こん》上）

拳石（小石）は山なり、而して泰岱《たいたい》（泰山）に極まる。高下磊砢《らくか》（高いさま）たるは、蓋し象の平らかならざるを尽くせる者なり。地（坤《こん》）の属なるも、其の直方（坤《こん》の六二の爻辞にいう）に違《たが》い、平らかならざるを以て象を成すは、地の憾《うら》みなり。故に聖人は艮《ごん》下坤《こん》上の謙《けん》に于いて、平の道を示して以て其の平らかならざるを消す。憂患の卦なり。

小さな石ころも山であり、その大は泰山となる。山が高下の険峻を示すのは、平らかでない象を極める。山は地の属であるが、坤《こん》が直方であるのと異なって、艮《ごん》が高下の不平を象とするのは、地にとっては憾みとするものである。ここに聖人は艮《ごん》下坤《こん》上の謙《けん》に於いて、坤《こん》の平の道によって艮《ごん》の不平を平らかにする意を明らかにする。謙《けん》は、そのような憂患の卦である。

下卦の艮《ごん》は山、上卦の坤《こん》は地。直方は、坤《こん》の六二の爻辞に「直、方にして、大なり」といい、文言伝に「直は其れ正なり、方は其れ義なり」という。謙《けん》は艮《ごん》（山）の平らかならざることを象とするだけではなく、一陽（九三）が群陰の中に在る憂患の卦である。船山は謙《けん》は慊、不足の意という。

謙《けん》の象辞に「謙《けん》は亨る。君子は終り有り」といい、『周易内伝』は「謙は、古、慊と通用す。不足の謂なり。此の卦は、唯一陽（九三）のみ衆陰の中に浮寄し、而も師《し》（䷆）と比《ひ》（䷇）の中を得（謙《けん》の九三が、師《し》の九二と比《ひ》の九五の間の三に在る）、復《ふく》（䷗）の振起する（下卦は震《しん》）が如くなる能わず。剝《はく》（䷖）と略《ほぼ》同じく（一陽が五陰に居り、また艮《ごん》を含む）、其の不足なること甚し。特《ただ》陽（九三）は未だ泯喪《びんそう》に趨《はし》らずして、内（内卦）に止まるのみ。其の不足を以て三陰（上卦の坤《こん》）の下に伏処し、安止して（下卦は艮《ごん》、艮《ごん》は止まる）之を順受す（上卦は坤《こん》、坤《こん》は順う）。中（剝《はく》の五陰）は枵《きょう》（空虚）なり、外（剝《はく》の上九）は侈《し》（傲る）なるを為して（剝《はく》のように）、以て自ら剝喪せず。為に能く益を受けて、善に進む。是を以て、君子は焉《こ》れに取る有り。亨るの義為るは、象伝備われり。又「君子は終り有り」（象辞）と言うは、必ず君子にして、而る後に其の謙を終うるなり」という。象伝に、「謙《けん》は亨る。天道（九三の陽）は下済《かせい》して光明なり

（下卦艮《ごん》についていう）。地道は卑《ひく》くして上行す（上卦坤《こん》についていう）」という。その『周易内伝』は、後に示す。

夫れ山の平らかならざるや、惟其れ多き有り、是《ここ》を以て寡なき有り。地（謙《けん》の上卦坤《こん》）其の上に加われば、則ち地の形成りて、山の形（謙《けん》の下卦艮《ごん》）は隠る。故に平らかならざるを平らかにするは、惟槩《がい》（概、とかき。平らにする道具）之に施して択ぶ无ければ、将《はた》平らかなるを期せざるも、自ずから平らかなり。其の多き者を削りて以て寡なき者に授くるは、平の道なるも、而れども怨み起る。寡なき者は焉《こ》れを益し、多き者も亦焉れを裒《あつ》（聚）む。有余の増す所と不足の補う所と、斉《ひと》しく等しくして並びに厚くし、槩《がい》は之に施すも、敢えて酌量の権に任ぜず。故に高きは喬岳を極め、卑《ひく》きは培塿《ほうろう》（小さい墓塚）に至る。地は総て其の上を冒《おお》いて、以て自ら厚きに居り、施す所を択ぶ无し。多き者は承受する能わずして受くる所寡なく、寡なき者は以て盈《えい》（余り）を取る可くして受くる所多く、其の自ら取るに聴《まか》せ、其の恩怨を生ずる所无きに至る。其の究《きわみ》、施すこと亦平らかなり。

大象に、「君子は以て多きを裒《あつ》め寡なきを益し、物を称《はか》りて施すを平らかにす」という。朱子『周易本義』は裒を減の意にとるが、船山は「裒は聚むるなり」と訓ずる。『周易内伝』は大象について、「多き者は之を裒聚して益々多く、寡なき者は之を益して乏しからざら使む。固より高きを厚くして下《ひく》きを薄くせず、抑《また》高きを損して以て下きを補わず。各々其の本然を称《はか》りて私を容《い》るる無し。故に高き者は自ずから高く、卑《ひく》き者は自ずから卑し」という。朱子の「高きを損して卑きを益す」（『周易本義』）の説を斥けている。

　艮《ごん》下坤《こん》上は謙《けん》の象、すなわち艮《ごん》（山）の平らかならざることを坤《こん》（地）の直方が平らかにする象である。船山は下卦艮《ごん》の多寡の不平を上卦坤《こん》が冒《おお》って艮《ごん》の不平が隠れ、ここに真の平の道が行われると解する。概《がい》を以て無心に平らかにするのであり、意図的に多きを削り寡なき者に授ける、いわゆる平等論ではないと主張する。それを斉等並厚といい、高きものは自ずから高く卑きものを益さず、決して酌量の権に任じない。しかもまた多き者は多いから受けることができず、寡なき者は盈を取って不足を補うことができ、多寡それぞれの自取に聴せるから、恩怨は生じない。もし朱子の解に従って多きを削って寡なきに授ければ、怨みが起り真の平の道ということはできない。これこそ君子が謙《けん》の憂患に在って、平の道を行うものというべきである。

嗚呼、此れ君子の以て小人を待つ所の道なり。小人は人たるに足らず、故に之を物とす（大象に、「物を称《はか》り」という）。与に交を言うに足らず、故に之に施す（大象に、「施すを平らかにす」という）。施すは貨賄の事なり、裒益《ほうえき》する（大象に、「君子は以て多きを裒《あつ》め寡なきを益す」という）は厭足する（充足する）の道なり。小人の欲は貨利を尽くし、磈磊《かいらい》（不平のさま）尯𡰪《きげつ》（足なえ、不足のさま）なるは、率《おおむ》ね此を以て端と為す。

地は、陰なり利なり、養なり柔なり。其の動くは情を為し、其の効《いた》すは財を為す。其の徳は膏粱（旨い食物）を為し、其の性は将順《しょうじゅん》（受け順う）を為す。皆、小人の取給する所の者なり。鹿台の賚《らい》（『書経』武成にいう）に所謂善人なる者も、亦沬土《ばいど》（沬郷、すなわち牧野の地）の翩翩《へんぺん》（自得するさま）たる者のみ。故に裒多《ほうた》の錫《し》（賜）を受けて、其の富を鳴らす。豈之を首陽の二士に施す可けんや。

大象の「君子は以て多きを褒め寡きを益し、物を称りて施すを平らかにす」は、君子が小人の欲に対処する仕方であることをいう。小人を物といい、また君子と交わりを結ぶに足りないから、小人が欲する貨賄を施す。君子が裒益するのは、小人の欲を厭足するためである。小人の欲は貨利を求め、小人が不平不満の情をもつのは、施しを受けるときに生ずる。

地というのは、彖伝に「謙《けん》は亨る。天道は下済して光明なり。地道は卑くして上行す」という地道についていう。『周易内伝』は彖伝について、「天道とは、九三の陽なり。（中略）光明は、艮《ごん》（☶）の徳なり。艮《ごん》の陽（九三）は外（下卦の上）に在りて、其の明は外に見《あらわ》る。光は、明の物に加うる者なり。地道の上行するは（上卦の坤《こん》）、陽降りて（一陽が下卦の九三に居る）陰（坤《こん》）は自ずから升り、陽は之に譲りて然ら使むるが若し。陽は其の不足を知り、而して猶然《ゆうぜん》（ゆるやかなさま）として下りて以て陰の乏しきを済《な》す（補い充たす）。其（艮《ごん》）の志は光明にして、陰の共に白《あき》らかなる所なり。小人の偽りて卑遜を為し、以て天下に屈するの陰謀に非ず。故に卑くして上行し、順ならざる所無し。此れ、其の亨る所以なり」という。鹿台の賚は、『書経』武成に「（武王）鹿台（紂王が財宝を貯えた府倉）の財を散じ、鉅橋の粟を発《ひら》き、大いに四海に賚《あた》えて、万姓悦服す」という。所謂善人なる者とは、鹿台の財を与えられて悦服した万姓をいう。沫土は、殷の紂王が都した沫郷。首陽の二士は、首陽山に隠れた伯夷と叔斉。かれらは君子であったから、このような施しを受けることを潔《いさぎよ》しとしなかったのである。

然り而して之を天下を定むるに求むるも、亦聊か以て其の聚散の平に適するのみ。君子は蓋し已むを得ずして謙《けん》を用い、以て物情の険阻を調《ととの》う。故に之に居るや「労し」（九三の爻辞）、之を終うるに「侵伐」（六五の爻辞）を以てす。小人の欲を極むるも、終に歉《あきた》る能わず。則ち兵刑之に継ぐも、天下は乃ち我を以て暴と為さず。嗚呼、是れ豈君子の為すを楽しまんや。

しかし、それは天下を定めるのに用いることができない。聚散を平にすることにしかならないからである。君子がやむをえずして謙《けん》を用いるのは、群陰の怨みを調えて平にするためである。謙《けん》の一陽（君子）である九三の爻辞に、「労謙す、君子は終り有りて、吉なり」といい、『周易内伝』は「労謙すとは、勲労有るも自ら不足に居る（謙）なり。三（九三）は一陽を以て其の位に止まり（下卦の艮《ごん》は、止まる意）、群陰は方《まさ》に貧寡に在り。己は力《つと》めて其の労に任じて之を匡済するも、乃ち三陰（上卦の坤《こん》）の下に退居し、労有るも伐《ほこ》らず。君子の、其の徳業を終うる所以なり」という。謙《けん》の君である六五の爻辞に、「富まざるに其の鄰を以てす。用て侵伐するに利し。利しからざる无し」といい、上六の爻辞に「鳴謙す。用て師を行《や》り、邑国を征するに利し」という。暴は、伯夷叔斉が首陽山に餓死するときの歌に、「暴（周の武王）を以て暴（殷の紂王）に易《か》え、其の非を知らず」という。小人はその欲を満たすことができないものであるから、たとい殷を征討しても天下は我（周の武王）を暴としないであろうと考えて、武王は師を用いて侵伐したのである。このような兵刑侵伐を行うことを君子は楽しむであろうか。

『周易内伝』は六五の爻辞について、「陰は、本《もと》より富まず。然れども六五は中に居り、容れ畜《やしな》う（師《し》䷆の大象に、「君子は以て民を容れ衆を畜う」という）の道有りて、亦以て富むに足る。而るに上六は倹にして吝《おし》み、其の不足の勢いを成す。則ち其の謙（慊、不足）を為し少なきを為すは、皆《とも》に鄰（上六）之をして然ら使むるなり。人の情は盈を悪《にく》み謙を好むと雖も、頑民は毎《つね》に虚に乗じて以て其の競わざる（謙と少）を欺く。則ち更に与《ため》に謙退せんと欲するも得ず、而して侵伐の事起る。（中略）其の自ら卑約に居り、本より物を損する無し。則ち用いて以て侵伐し、師は直《ただ》壮を為し、利しからざる无し。然れども、君子の道に非ず」という。

上六の爻辞について『周易内伝』は、「上六は三（九三）と応を為し、呼告するに不足を以てす（鳴謙す）と雖も、天道は下済し（彖伝にいう）、終に之（上六）を益さず。弱くして援無く、豈必ずしも四海の広からんや。近くして国の邑に在るも、且つ欺きて之に叛く者有り。柔の極まれば、必ず激して惨を為し、勢い且に征伐するに已《や》む容《べ》からざらんとす。屈すること極まれば必ず伸び、以て利を得可し。乃ち（然るに）之を六五に較ぶれば、害愈々迫りて道は愈々衰う」という。

夫れ君子の相於《そうお》するや（相交わる）、此に快《こころよし》とする所无く、彼に憾《うら》む所无し。寡なきも求むる所无く、多きも益す所无し。嶽嶽焉たり（厳粛のさま）、侃侃焉《かんかんえん》たり（剛直のさま）。道を論じては苟くも同ずる所无く（『論語』子路）、仁に当りては復《また》譲る所无し（『論語』衛霊公）。爵を序するに賢を以てし、功を受くるに等（等級）を以てす。上違《たが》えば下弼《たす》け、匡《ただ》すに道を以てし、行うに道を以てす。而るに亦、奚《なん》ぞ謙《けん》を用うるを為さんや。故に「謙《けん》は徳の柄なり」と曰う（繋辞下伝第七章）は、物の長短を持して其の生死を操《と》る所以なり。謙《けん》は、是に於いて陰の用有り。以て人の好を迎え、鬼の福を邀《むか》うること、則ち余り有り。故に爻は吉多く、「咎无し」は无し。其の吉なるも、尚未だ咎を免るる能わず。嗚呼、君子は一（九三の一陽）にして小人は万なり。身ずから乱世の末流に渉《わた》るを以て、已むを得ずして謙《けん》を以て亨ると為す（謙《けん》の彖辞）。君子の心、戚《いたま》しきかな。

君子が世と交わるときは、己の思いを晴らすことなく、また人を怨むことをしない。『論語』憲問に、「子曰く、天を怨みず、人を尤《とが》めず」という。得ることが寡なくても求めず、たとい多く受けてもそれによって己を益すことはない。『論語』子罕に、「君子は多ならんや、多ならざるなり」という。そもそも君子は陽の嶽嶽焉、侃侃焉たるように、「君子は和して同ぜず」（『論語』子路）、「仁に当りては師にも譲らず」（『論語』衛霊公）の気概を持つ。爵は賢の高下を以てし、功はその大小の等差を以てする。『孟子』告子上に、「天爵なる者有り、人爵なる者有り。仁義忠信、善を楽しみて倦まず、此れ天爵なり。公卿大夫は、此れ人爵なり」という。本来、君子は謙《けん》を用いることをしないものである。なお、「道を論じては苟くも同ずる所无し」は、『論語』公冶長に「子曰く、道同じからざれば、桴に乗りて海に浮ばん」といい、「匡すに道を以てし、行うに直を以てす」は、同じく微子に「道を直にして人に事うれば、焉《いずく》くに往くとして三たび黜《しりぞ》けられざらん」という。

繫辞下伝第七章に、「謙《けん》は徳の柄なり」という。徳を実現する柄（手段）としてのみ謙《けん》の意味があるのであり、単に多寡を平にすることに在るのではない。すなわち謙《けん》は九三の一陽のみであるから、やむをえず謙《けん》という陰を用いるのである。初六と六二と九三に吉というが、「咎无し」とはいわず、従って吉といっても咎を免れるものではない。

初六の爻辞に「謙謙たる君子、用《もっ》て大川を渉る。吉なり」といい、『周易内伝』は「卦の謙《けん》為る所以の者は、九三の一陽、陰（上卦坤《こん》の三陰）の下に処り、自ら足らざるも能く止むる（下卦艮《ごん》は止める）を以て義と為せばなり。然れども陰の数は足らず、而して其の徳は柔なり。故に六爻は倶に謙《けん》の道有り。此れ、爻の又一例なり。内卦は体なり、謙以て己を修む。外卦は用なり、謙以て人を待つ。君子の謙は、以て己に反り自ら克くして道に進むを求むるなり、以て人を悦ぶに非ず。故に内卦は君子を両言し（初六と九三）、外卦は戒辞有り。謙謙とは、不足の地（初六の謙の位）に処り、而も之を持するに歉《けん》（謙）を以てするなり。初六は、潜蔵の位に当る。初めて学び志を立つるの始め（『論語』為政に、「子曰く、吾れ十有五にして学に志す」という）、道の広大なるを知り行の逮ばざるを知り、其の心を柔輯して以て遜《したが》いて道に志すは、君子の修むるなり。用て大川を渉りて吉なりとは、下学して上達し（『論語』憲問）、日に不足を見れば則ち日に益す。以て浩渺として窮まり無きの域を渉ると雖も、之を馴致して吉ならざる无きなり」という。

六二の爻辞に「鳴謙す。貞にして吉なり」といい、『周易内伝』は「鳴とは、鳥の相呼告するなり。九三は謙《けん》の主為り、二（六二）は近くして之を承け、上六は其（九三）の応なり。（中略） 皆《とも》に相応じ求むる者なり、故に鳴と曰う（六二が九三を求めて鳴き、上六が九三を求めて鳴く。上六の爻辞に、「鳴謙す」という）。自ら不足を見、三（九三）を呼びて之に告げ、以て益を求むるなり。二（六二）は三（九三）と体を同じくし（下卦艮《ごん》に在る）、三（九三）は陽道を以て下済し、其の労を吝まず（九三の爻辞に、「労謙す」という）。二（六二）は益を求むと雖も、位に当り（陰が二の陰位に居る）中を得て、艮《ごん》の止むるを受く。則ち鳴きて其の正（貞）を失わず、貧約を以て節を屈し其の類に非ざる者に媚ぶるに非ず、故に吉なり」という。九三については、すでに示した。

彖辞に「謙《けん》は亨る。君子は終り有り」といい、彖伝に「謙《けん》は尊にして光あり、卑《ひく》くして踰ゆ可からず。君子の終りなり」という。彖伝について、『周易内伝』は「尊にして光ありとは、艮《ごん》（下卦）の徳なり。一陽（九三）を以て群陰の主と為り、内卦（艮《ごん》）の上（三の位）に処り、其（群陰）の淫泆《いんいつ》を止《とど》むるは（艮《ごん》は止める）、其の道は尊なり。其（艮《ごん》）の、三陰（上卦の坤《こん》）の下に退伏するは、自ら不足（謙）を見《しめ》すも、以て物に媚ぶるに非ず。志は大いに天下に白《あき》らかにす可きは、其の光なり。卑《ひく》くして踰ゆ可からずとは、坤《こん》の徳なり。天尊地卑は、坤《こん》順の徳の固然なるも、其の道は上行し、理に順いて以て升り（彖伝に「地道は卑くして上行す」という）、山（艮《ごん》）は高しと雖も、終に地中（上卦坤《こん》の下）に在るは、踰ゆ可からざるなり。君子は以て己の徳を養いて天下の情に順い、志は正しくして量は弘し。斯れ謙《けん》を以て始め、謙《けん》を以て終る、君子に非ざれば能わず」という。これが、「謙《けん》は、是に於いて陰の用有り」の意である。

なお外卦は戒辞ありといい、六五と上六についてはすでに述べたので、六四について補う。六四の爻辞に「利しからざる无し。謙を撝《ち》（散）らす」といい、『周易内伝』は「内卦は謙《けん》の徳已に成り、四（六四）に至りて則ち出でて以て物に接す。人情の好に順い、鬼神の害を避け、柔遜して退譲（四は退爻である）すれば、利しからざる无し。然れども必ず謙《けん》の道を推広し、撝散《きさん》して（推広と同じ）之を平施し、鰥寡《かんか》（老いて妻なきものを鰥といい、老いて夫なき者を寡という）を侮る勿《な》く、彊禦（強梁のもの）を畏るる勿きなり。如《も》し謙を恃みて善術と為し固く之を守れば、則ち奄然《えんぜん》として（暗愚のさま）媚を求むるの郷原《きょうげん》（『論語』陽貨に、「子曰く、郷原は徳の賊なり」という。いわゆる善人）と為り、物求めて厭《あ》く無きに逮《およ》べば、侵伐して師を行《や》るに已む容《べ》からず、謙《けん》は終えず」という。

䷏　豫《よ》（坤《こん》下震《しん》上）

陽は求め、陰は与う。一陽の卦は、衆陰争いて焉《こ》れ（一陽）に与う。唯比《ひ》（䷇）のみ天位（九五）を得るが為に、其の帰する（五陰が帰付する）を允協《いんきょう》する（和合する）も、此より外なる者は各々疑い有り。謙《けん》（䷎）に在りては三（九三）に与え、豫《よ》（䷏）に在りては四（九四）に与う。物の与うるを受けて固く内（内卦）に処れば（謙《けん》をいう）、則ち自ら其の不足（謙、慊）を見《しめ》す。物の与うるに因りて往きて外（外卦）に出ずれば（豫《よ》をいう）、則ち自ら其の志の行わるるを楽しむ（豫は、よろこぶ意）。乃ち不足を見《しめ》す者（謙《けん》の九三）は、二陰（初六と六二）の上に長じて自ら其の塁を立つ。志の行わるるを楽しむ者（豫《よ》の九四）は、六五の尊に近くして藉《よ》りて以て功を立つ。故に謙《けん》の三（九三）は尸号《しごう》して民と曰い（九三の小象に、「万民、服す」という）、豫《よ》の四（九四）は正号して朋と曰う（九四の爻辞に、「朋、盍《なん》ぞ簪《あつ》まらざらん」という）。民と云うは、各々其の国に君たり。朋と云うは、衆其の権を分つ。各々其の国に君たるは（謙《けん》）、五（六五）の統するを得ざる所、侵伐の必ず起る所由《ゆえん》なり（謙《けん》の六五の爻辞にいう）。衆其の権を分つ（豫《よ》）は、五（六五）の統するを得る所、中道の亡びざる所以なり（豫の六五の小象による）。

此の故に縁《よ》り、勢い迫りて動けば（豫《よ》の上卦震《しん》、震《しん》は動）、未だ敵を為す能わず。位遠くして静なれば（謙《けん》の下卦艮《ごん》――艮《ごん》は止まるなり、静なり――、反りて以て戎を起す（六五の爻辞に、「用て侵伐するに利し」という）。則ち猜庸《さいよう》（猜疑にして凡庸）の主（豫《よ》の六五）は、英傑（九四）を肘腋《ちゅうえき》の下に維繫《いけい》して以て其の権を掣制《せいせい》し、夫の宴安を幾倖《きこう》する（ねがう）は、是れ或いは一道なり。

一陽の卦の内、比《ひ》䷇だけが九五の中位を得、衆陰が心から一陽に帰属する。比《ひ》の象伝に、「比《ひ》は吉なり（彖辞）とは、比は輔くるなり、下（群陰）順従するなり」といい、その大象に「先王は以て万国を建て、諸侯を親しむ」という。しかし謙《けん》䷎は九三の一陽に衆陰が与え、豫《よ》䷏は九四の一陽に衆陰が与え、不足と功を立つべき卦であり、そこに疑忌が生ずる。謙《けん》の九三は内卦が艮《ごん》、すなわち九三の一陽が二陰の上に居り、固く謙（不足）を示して自らの塁を守り、豫《よ》の九四は内卦坤《こん》を出て外卦震《しん》に往き、六五の尊に近づきわが志を行おうとするからである。豫《よ》の九四の小象に「由豫《ゆうよ》す、大いに得る有り（爻辞）とは、志大いに行わるるなり」といい、『周易内伝』は、「四（九四）の志は、本より群陰（五陰）を振起して（九四は、上卦震《しん》の主である）其の鬱滞を散ぜんと欲す。静極まりて動くは、（下卦坤《こん》の三陽の上に、震《しん》の主の九四が動く）、一に道に由る。孰《たれ》か能く之を禦がん」という。

豫《よ》の象辞に「豫《よ》は、侯を建て師を行《や》るに利し」といい、『周易内伝』は「豫とは、大なり、快なり。一陽（九四）は積陰（下卦の坤《こん》）の上に奮興し（上卦は震《しん》）、幽滞の中より抜出す。其の気は昌盛にして快暢たり、故に豫と為す。乃ち静極まりて（下卦の坤《こん》）動き（上卦の震《しん》）、順いて（下卦坤《こん》は順）以て時を待ちて功有るの象なり。天下既に順えば、諸侯を建てて以て治を出《いだ》し、民情既に順えば、有罪を討ちて以て師を興す。乃ち王者命討の大権は、褻用《せつよう》す可き者に非ず」という。

謙《けん》の九三の小象に「労謙す、君子（爻辞に、「労謙す、君子は終り有り」という）とは、万民服するなり」といい、豫《よ》の九四の爻辞に「疑う勿れ、朋盍《なん》ぞ簪《あつ》まらざらん」という。尸号とは、かりに称する意。謙《けん》は九三に民と称するように、衆陰がそれぞれの国に君として立ち、六五に統率されていない。それに対し、豫《よ》は九四に朋と正号するように、衆陰が権を分ち、六五の君に統率されている。かくして謙《けん》は侵伐が起るが（六五の爻辞に、「用て侵伐するに利し」という）、豫《よ》は中道が亡びない（六五の小象に、「恒に死せず（爻辞）とは、中未だ亡びざればなり」という）。

以上の点からすれば、坤《こん》下震《しん》上の豫《よ》は、象伝に「聖人は順（坤《こん》）を以て動（震《しん》）けば、則ち刑罰清くして民は服す」というように、六五の君に敵対するものはいない。それに対し艮《ごん》下坤《こん》上の謙《けん》は、九三の位が六五の君に遠く、静（止、艮《ごん》）であるから、却って戦いが起る。かくして豫《よ》の六五は陰柔にして猜庸の君であるが、その小象に「六五の貞疾（爻辞）とは、剛（九四）に乗ずればなり」というように、英傑（九四）を擁しているから、侵伐のない宴安（豫《よ》はよろこぶ意）を期待することができる。一道なりというのは、後に示す例を以てすれば、玄宗が英傑を擁していたがために、宴安しても安史の乱に亡びなかったことをいう。

象伝について『周易内伝』は、「帝王の刑罰を用いるや、其の威は赫たり。而れども過ぎず忒《たが》わず（繫辞上伝第四章に、「天地と相似たり、故に違《たが》わず。知は万物に周《あまね》くして、道は天下を済《な》す、故に過ぎず」という）、適《まさ》に其の恒《つね》の如く、万民は咸《みな》服し、各々其の志を満たすは、何ぞや。天地は其の度に順い、聖人は理に順う。其の順う所以の者は、静にして（下卦の坤《こん》）動の誠（上卦の震《しん》）を廃せざれば、則ち動は忽ち生ず可く、其の幾に昧《くら》からざればなり。坤《こん》（下卦）の徳為《た》る、純乎として虚静なり。虚なる者は私意生ぜず、静なる者は私欲乱れず。故に虚にして実を含み、静にして善く動くの理存す。虚静（下卦の坤《こん》）以て陽の、時に起りて功を建つる（上卦の震《しん》）に聴《まか》す。故に一旦奮興して、群昧を震驚す（上卦の震《しん》）。人は視て不測の恩威と為すも、其の理は已に虚静の中に裕かにして、行う所に随いて順ならざる無きを知らず。必ず此《か》くの如くにして、而る後に時は以て之を限るに足らず、位は以て之を拘するに足らず。心に於いて逆う無く、人に於いて払《もと》る無く、担然として快適にして（豫はよろこぶ意）可ならざる所無し。豈静は其の幾に昧《くら》く、動は変に乗じ、遽《にわ》かに思いて志を快《こころよ》くする者の任ずるに勝《た》うる所ならんや」という。

夫れ謙《けん》の三（九三）の卑戢《ひしゅう》して（卑い位にとどまる、下卦に居る）以て民を分てば、吾れ其の他无きを保せず（保証できない）。豫《よ》の四（九四）の奮出して以て事に任ずれば、或いは亦幸いに其れ制し易からん。乃ち（然るに）衆（豫《よ》の下卦坤《こん》の三陰）は疏遠の地に建ち、利は傾かざるに在り、害は掉《ふる》わざるに在り。而して廉級（階層）既に定まれば、卒《つい》に服せざる有り。天下を率いて以て一夫を征するは、功は就《な》り易く、勢いは弱む可からず。若し疑忌の情（豫《よ》の六五）に因り、之を耳目及び易きの地に拘維《こうい》し（つなぎとめる）、其（九四）の威霊を削り、其の等級を降せば、四（九四）は民礼を以て衆を使う能わず、衆も亦民礼を以て四（九四）に事《つか》えず。苟且《こうしょ》（かりそめ）の安きを取り、終年の楽しみに席《お》り、而して豫《よ》の五（六五）の疾（六五の爻辞に、「貞疾あり」という）は、亦此に自りて深し。

以上のように、謙《けん》の九三が内卦の艮《ごん》に止まって衆陰がそれぞれ国に君となれば、何が起るか分らない（侵伐が起る）。それに対し、豫《よ》の九四が外卦の震《しん》に奮出して輔弼の事に任ずれば、或いは衆陰を制することができるかもしれない。ところが豫《よ》の卦は、衆陰が疏遠の下卦の地（坤《こん》）に在り、国威が傾かざるをよしとし、また尾大にして掉《ふる》わざる（『春秋左氏伝』昭公十一年、臣下が強勢で君主が弱いこと）ことを恐れる状況である。かくては反乱の兆しが起りかねない。このとき九四はその力によって起てば、一夫を忽ちにして征することができる勢いがある。一夫は、『孟子』梁恵王下に「残賊の人、之を一夫と謂う。一夫の紂を誅するを聞くも、未だ君を誅するを聞かず」という。

九四の爻辞に「由豫《ゆうよ》す。大いに得る有り。疑う勿れ、朋盍《なん》ぞ簪《あつ》まらざらん」といい、『周易内伝』は「由豫すとは、其の道に由りて豫《よろこ》ぶなり。盍とは、何不（何ぞ……ならざらん）なり。簪とは、聚まるなり。積陰の中に動き、而も其の位に非ざる（陽が四の陰位に居る）は、不測の動くが若し。而れども実は則ち、天道人情の正に由り、動くに大順を以てすれば、行きて快（豫《よろこ》ぶ）ならざる無し。大いに得る有りとは、群陰は皆陽（九四）の得る所と為るなり。陽一たび震起すれば、陰は皆其の材を効《いた》し、百昌（万物）は栄《はなさ》かざる無し。王者奮興すれば（上卦の震《しん》）、百辟（辟は君侯）

は皆欣《よろこ》びて（豫）之を戴く。之を以て師を行《や》れば、三軍は皆踴躍して以て命を効《いた》す」という。なお盍について、朱子『周易本義』は「合して之に従う」という。

しかし豫《よ》の六五の君が九四を疑忌し、その力を削りその等級を下せば、九四は孤陽の力を振うことができず、衆陰は九四の陽に服さなくなる。かくして六五はかりそめの安き（豫はよろこぶ意）を貪り、いつまでも楽しみ（豫）に居ろうとし、六五の疾は深まるばかりである。六五の爻辞に、「貞疾あり、恒に死せず」といい、『周易内伝』は「貞とは、常なり。四（九四）は大順の理に因り、静中（下卦の坤《こん》）に奮興し（上卦の震《しん》）、勢い禦ぐ可からず。五（六五）は陰柔を以て其の上に処り、之を抑うるも能くせず。而も亦、之と相得て以て欣暢（豫ぶ）せず。幽憂して疾を致し、歳月を淹弥《えんび》す（久しにわたる）。四（九四）は凌奪の心無く、（六五は）以て死せざる可しと雖も、而れども生人の気は亦微《かす》かなり」という。

なお衆陰である下卦坤《こん》の三陰と上六の爻辞について示す。初六の爻辞に「鳴豫す。凶なり」といい、『周易内伝』は「初六は九四と相応ず、故に九四の奮興するを見て、往きて告ぐる（鳴）に豫（悦び）を以てす。乃ち（然るに）柔弱なるは徳既に勝《た》えず、時に於いては方《まさ》に潜蔵（初）に在り。時を度《はか》り義を審らかにせず、妄りに悦び（豫）を取らんと欲するは、志淫にして才は堪えず、故に凶なり」という。

六二の爻辞に「介《かた》きこと石の于《ごと》し。日を終えず。貞にして吉なり」といい、『周易内伝』は「二（六二）は坤《こん》（下卦）の主なり、柔は位を得て（陰が二の陰位に居る）中なり、順徳の至れる者なり。静正にして以て居り、妄りに動かざるは、介きこと石の于し。動きて静の体無きは、善く動くに非ず。静かにして動の体無きは、善く静かなるに非ず。介きこと石の于く、中立ちて物に倚らざれば、則ち至正にして万変は其の枢機より出でず。善悪の幾は審らかにするを待たずして自ずから著らかに、以て日を終うるを待たずして之に応ずること速やかなる可し。故に九四の奮興して以て為す所を快《こころよ》く（豫）するは、其の本は此の大正（貞）にして吉ならざる無き（六二）に在り」という。

六三の爻辞に「盱《く》豫す。悔ゆ。遅ければ悔有り」といい、『周易内伝』は「盱とは、上視するなり。九四の動きて豫《よろこ》ぶは、物情の震う所なり、抑《また》物情の喜ぶ（豫）所なり。六三は四（九四）と相近づきて之を承く、然れども体を異にし（下卦と上卦を異にする）相親しみ易からず。徒《ただ》瞻望して覬《うかが》い、其（九四）の欣暢（豫）を分つのみ。四（九四）は方《まさ》に奮興するも（上卦は震《しん》）、（六三は）与に縁を為さず、将に自ら悔いんとす。既に其（六三）の躁動して（三は進爻である）以て己を失うを悔い、遂に退沮し遅滞して相就《な》さず。又且つ大いに為す有るの世に自ら絶ち、以て功を見《しめ》す無し。時過ぎ幾は失い、而して復《また》之を悔ゆ。定情無く、則ち往く所として悔いざる無きは、幾を審らかにする能わざるが故なり。柔を以て剛（三の陽位）に居り、躁にして（六三は進爻である）自ら立つ能わず、故に其の象此くの如し」という。

上六の爻辞に「冥豫す。成りて渝《かわ》る有り。咎无し」といい、『周易内伝』は「上（上六）は、四（九四）より遠し。時は方に奮起するも（上卦は震《しん》）、陰暗にして上（上六）に居り、与に倶に興らざるは、豫《よ》に昧き（冥）者なり。四（九四）は順いて以て動き、之を能く遏《とど》むる莫し、志行われて必ず其の功を成す。其の功既に成れば、上（上六）は其の情を変ぜざるを得ず（渝る）、之と交々暢《よろこ》ぶ（豫ぶ）。卦の終りに居り、其の勢いは危うく、其の上は更に之を閼抑《あつよく》（止める）者無し。五（六五）の中位を有《たも》ちて安んず可く、而も重陰（上六）之を覆うが若きに非ざれば、徒《ただ》自ら苦しみて以て身を終うるのみ。能く自ら渝《かわ》れば、則ち咎无し」という。

常疾の者は疾を見ず、死せざる者は其の死を重んず。天位の上に寄生し餬食《こしょく》（寄食）して、孤零にして弱仆《じゃくふ》（弱くて倒れる）なり。夷狄盗賊起ちて之に乗ずれば、則ち死せざる者は奄然《えんぜん》（気息が絶えるさま）として遽《にわ》かに尽く。而るに亦、孰《たれ》か与《ため》に之を救わんや。故に安史（安禄山と史思明の乱）は以て天宝（唐の玄宗年間）を亡ぼすに足らず、岳韓（岳飛と韓世忠）は炎興（高宗の建炎年間と紹興年間）を起すに足らず。侵伐は利しく（謙《けん》の六五の爻辞に、「用て侵伐するに利し」という）貞疾は危うき（豫《よ》の六五の爻辞）は、亦来茲（将来）の永鑒なるのみ。

六五の爻辞に、「貞疾あり、恒に死せず」という。常に疾に在るものはその疾を知らず、まだ死なないものはいつ死ぬかと恐れる。死に瀕する常疾をもちながらその疾を見ず、辛うじて死なないだけの六五に比せられるものは、南宋の高宗についていう。『周易内伝』は、六五の小象「恒に死せずとは、中（上卦の中）未だ亡びざればなり」について、「未だ亡びずとは、特《ただ》未だ亡びざるのみ。終に亦、此を以て亡ぶ」という。高宗が亡びるに至らなかったのは、中たる六五の位を保っていたにすぎず、結局は亡びざるを得なかった。岳飛と韓世忠は、この常疾の高宗を救って宋を再興することができなかった。それを来茲（将来）の永鑑なりと嘆ずるのは、明の滅亡を見た船山の思いからである。

䷐　随《ずい》（震《しん》下兌《だ》上）

随《ずい》は、否《ひ》（䷋）の陽（上九）、初（初九）に来りて以て陰（六二と六三）に従い、否《ひ》を消す者なり。蠱《こ》（䷑）は、泰《たい》（䷊）の陽（初九）、上（上九）に往きて以て陰（泰《たい》の上六）を召《まね》き、泰《たい》を壊《こわ》す者なり。随とは従うなり、故に其の世に於ける、下は皆《とも》に上に随いて以て進む。蠱《こ》は治を待つ者なり、故に其の世に於ける、上は下に臨みて之を治む――随《ずい》は、初（初九）と五（九五）の陽は陰に随い（初九が六二に随い、九五が上六に随う）、三（六三）の陰は陽（九四）に随い、又内卦の一陽（初九）は二陰（六二と六三）に随い、外卦の二陽（九四と九五）は一陰（上六）に随う。蠱《こ》は、上（上九）と二（九二）の陽は陰を治め（上九が六五を治め、九二が初六を治める）、四（六四）の陰は陽（九三）を治め、又内卦の二陽（九二と九三）は一陰（初六）を治め、外卦の一陽（上九）は二陰（六四と六五）を治む。之を蠱《こ》と謂うは、陰、陽の内に入りて之を惑乱すればなり。故に治を待つ――。

随《ずい》䷐は否《ひ》䷋の上九の陽が初に下り、初九が六二に随い、九五が上六に随い、六三は九四に随い、また内卦の初九が六二と六三に随い、外卦の九四と九五が上六に随うことによって否塞を消すが、蠱《こ》䷑は泰《たい》䷊の初九が上に往き、上六の陰を初に招いて泰安を壊すものである。随《ずい》の彖伝に、「随《ずい》は、剛来りて柔に下る。動きて（下卦の震《しん》）説《よろこ》ぶ（上卦の兌《だ》）は、随《ずい》なり」といい、蠱《こ》の彖伝に「蠱《こ》は、剛上りて柔下る。巽《したが》いて（下卦の巽《そん》）止まる（上卦の艮《ごん》）は、蠱《こ》なり」という。

随《ずい》の彖辞に「随《ずい》は、元《おお》いに亨り貞しきに利し」といい、『周易内伝』は「下を以て上に従う、之を随《ずい》と謂う。此の卦は震《しん》（下卦）の陽（初九）下に生じて、以て二陰（六二と六三）に従い、兌《だ》（上卦）の陽（九四と九五）漸く長じて、而も猶一陰（上六）に従う。その後《あと》を躡《ふ》み之に順いて行く、故に随《ずい》と為す。陽は陰に随うと雖も、初（初九）の陽は資《と》りて始む（乾《けん》の彖伝にいう）の気を得、以て帝の出ずるを司り（説卦伝第六章に、「帝は震《しん》に出ず」という）、乾《けん》の元亨の徳を得たり（乾《けん》の彖辞にいう）。四（九四）と五（九五）は漸く長じ、陽盛んにして中（九五）に居り、大正（九五が陽の大を以て五の陽位に居る）を以て物を利し、乾《けん》の利貞の徳を得たり（乾《けん》の彖辞にいう）。是《か》くの如くなれば、則ち陰に順いて以て升り、自主する能わざるが若しと雖も、長男（震《しん》）の少女（兌《だ》）に随うが如く、陽剛は其の健行を損わず、以て咎无かる可し」という。なお、否《ひ》の上九の爻辞に、「否《ひ》を傾く」という。

然れども二と五とは、皆《とも》に相応ず。則ち随《ずい》は相躡《ふ》む（随う）と雖も、蠱《こ》は相圧《おさ》う（治める）と雖も、未だ嘗て其の唱和（陽が倡《とな》え陰が和する）を為す所の者を廃せず。故に随《ずい》の二（六二）の失う（六二の爻辞に、「丈夫を失う」という）、随《ずい》の五（九五）の孚ある（九五の爻辞に、「嘉に孚あり」という）は、貞淫の情別る。蠱《こ》の二（九二）の「母を幹《ただ》す」（九二の爻辞）、蠱《こ》の五（六五）の「父を幹す」（六五の爻辞）は、剛柔の克《よ》（能）くすること審らかなり。乃ち是れに繇《よ》りて之を思えば、随《ずい》の功有ること、孰《なん》ぞ初（初九）より盛んなる者有らんや。

以上のように、随《ずい》は下に在る陽が上に在る陰に従い、蠱《こ》は上に在る陰が下に在る陽を治めることがあっても、この随《ずい》と蠱《こ》の二卦の二と五の陰陽の処し方には、必ず陽が倡え陰がそれに和するという理が通貫している。すなわち随《ずい》の六二の陰は初九の陽を失って六三に係る淫となり、九五の陽は己の尊を守って上六に随う貞となる。また蠱《こ》の九二の陽が陰たる母を幹《ただ》し、六五の陰が陽たる父を幹すのは、剛の陽と柔の陰がその用を善く用いたからである。
　随《ずい》の六二の爻辞に「小子（六三）に係《かか》れば、丈夫（初九）を失う」といい、九五の爻辞に「嘉（嘉礼）に孚あり、吉なり」というのは、六二の淫と九五の貞を示す。『周易内伝』は六二の爻辞について、「二（六二）は三（六三の小子）に随いて、初九（丈夫）の交を失う。咎吝と言わざるも、自ずから見《あらわ》る」という。また九五の爻辞について、「五（九五）は陽剛を以て尊位に居り、其の往きて上（上六）に随うは、利に歆《よろこ》びて欲に動くには非ず。陰陽翕合《きゅうごう》して、以て嘉礼を成すなり。四方、己に随い、之と相孚《まこと》あり、相率いて上（上六）に随い、嘉会成る。故に吉なり」という。また蠱《こ》の九二の爻辞に「母の蠱を幹す、貞なる可からず」といい、六五の爻辞に「父の蠱を幹す、用て誉《ほまれ》あり」というのは、九二の剛と六五の柔がそれぞれのなすべきことを知っているからである。随《ずい》の世に在って功を成すのは、初九以外にはない。以下に、そのことを述べる。

　陽の亢して否《ひ》を成す所以の者は、自ら其の群を惜しみて、陰に従うを屑《いさぎよ》しとせざるのみ。孰《たれ》か之が閫閾《こんよく》（門の界限）を為し、或いは之を尼《なず》むが若《ごと》くするや。難き所の者は、奮然として一たび出ずるのみ。否《ひ》に震《うご》く者は、天下の大いに驚く所の者なり。陰に随う者は、天下の大いに疑う所の者なり。天下の驚きと疑いを冒して、以て其の不測の勇を行うは、将《はた》軽試を為す勿《な》らんや。曰く、非なり。

否《ひ》は固より必ず傾く（否《ひ》の上九の爻辞による）、是れ天下相渝《かわ》るの日なり（随《ずい》の初九の爻辞による）。天下未だ渝《かわ》らざるに、其の身を非類の中に投ずれば、則ち志は未だ以て白《あき》らかにするに足らずして、先ず己を失う。天下将に渝《かわ》らんとして、非類の比付を嫌う無し。則ち天下の驚きと疑いを犯すも、固より自ら失わず。故に、「時に随うの義、大なる哉」と曰う（随《ずい》の彖伝）。其の時に非ずして其の人に即《つ》くは、未だ可ならず。其の人に非ずして其の時に即くは、未だ可ならず。況んや与に従う所の者は、柔の中する六二なるをや。専心、壱《いっ》に（ひたすら）好みて、以て我（初九）と相纏綿《てんめん》して（まつわりつく）舎《お》かず。斯れ豈、堂堂鼎鼎（盛大のさま）として、万物を陰霾《いんばい》閉塞の中より釈《と》き、萌蘗《ぼうげつ》（芽生え）を発し蟄伏《ちっぷく》を啓《ひら》きて、以て昭蘇に向うの時に非ずや。而るに又、何ぞ待たん。

否《ひ》☰☷は三陽が上に亢し、陽が陰に従うことを屑しとせず、わが群陽を守っている。否《ひ》は上卦乾《けん》と下卦坤《こん》がそれぞれ上下の界域を定め、上卦乾《けん》は上に安んじ下卦坤《こん》は下に安んじて相交わらない否塞の象をなす。この否塞の世を閉している闔闢から奮然として出ることは、まことに困難である。それを敢えて行って否塞の世に震動し陰に従ったのは、随《ずい》の初九である。随《ずい》の下卦は震《しん》であり、初九の陽が二陰に従っている。このように天下が驚き疑うことを冒して、敢えて測らざる勇を行うのは、軽はずみの試みなのではないか。しかし、決してそうではない。「将……勿からんや」は、……ということになるではないかとの意。

否《ひ》の上九の爻辞に「否《ひ》を傾く」といい、随《ずい》の初九の爻辞に「官、渝《かわ》ること有り。貞なれば吉なり。門を出でて交われば、功有り」といい、その小象に「門を出でて交われば功有りとは、失わざればなり」という。『周易内伝』は随《ずい》の初九の爻辞について、「官とは、上に在りて下に臨むの称なり。上爻（否《ひ》の上九）は高きに居るも、君位（五）に非ず。故に官と曰う。此れ卦変（否《ひ》が随《ずい》に変る）を以て言う。否《ひ》の上の陽（上九）は変じて陰（随《ずい》の上六）と為り、陽（否《ひ》の上九）は来りて初（随《ずい》の初九）に居る。否《ひ》の上九の「否《ひ》を傾く」と謂う所なり（否《ひ》の上九の爻辞）。変じて正を得（否《ひ》の上九が随《ずい》の初九となり、陽が初の陽位に居る）、以て陰（六二）に交わる、故に吉なり。否《ひ》は則ち、上下交わらず（否《ひ》の象伝）。陽（初九）は既に下に居り、出でて（否《ひ》から出る）位に当り（初九が初の陽位に居る）、中を得たる陰（六二）に随う。否《ひ》を傾くるの功、大なり」という。また初九の小象について、『周易内伝』は「二（六二）に従いて則ち陽は下済し（否《ひ》の上九が随《ずい》の初九に来る）、而して陰（六二）は其の中正（陰が二の陰位に居る）を保つ。陽（初九）は位を得たり（陽が初の陽位に居る）、故に従うと雖も自ら失わず」という。

天下が渝ろうとして、初九が否《ひ》の闔闢を出て非類の陰に交わって功があるのは、初九が陽の貞を失わないからである。初九が比する（上下相隣りする）爻は、柔（陰）にして中位に居る六二である。この時とこの人を得た初九は、時を待たずして陽の功、すなわち震《しん》のはたらきをなすべきである。堂堂鼎鼎は、陸游の詩に「残歳堂堂として去り、新春鼎鼎として来る」という。象伝の「時に随うの義、大なる哉」について、『周易内伝』は「卦下の一陽（初九）は、本否《ひ》自り変ず（否《ひ》の上九が初九に変ずる）、乃ち否《ひ》を傾く（否《ひ》の上九の爻辞）の卦なり。乾《けん》（否《ひ》の上卦）の徳屈して下り、乱を撥《おさ》め正に反すは（『春秋公半伝』哀公十四年に、「乱世を撥め、諸《こ》れを正に反す」という）、唯聖人のみ天道に順いて以て大用を行い、然る後に以て時に随う可し。故に其の時義の大なるを歎ず、軽々しく用いて以て道を枉《ま》げて人に従う可きに非ず」という。

嗚呼、初陽（初九）の僩然《かんぜん》（震怒するさま）として其の類（否《ひ》の上卦乾《けん》）を絶ちて以て下に居りて自《よ》り、天下は遂に随《ずい》の時を成す。初（初九）は門を出ずるの交を吝まず（初九の爻辞による）、則ち二（六二）は丈夫（初九）の失を恤《うれ》えず（六二の爻辞による）、三（六三）は乃ち策を丈夫（九四）の係るに決して、小子（六二）の朋を恋わず（六三の爻辞に、「丈夫に係れば、小子を失う。随いて求むる有れば得たり。貞に居るに利し」という）。五（九五）も亦、嘉（嘉礼）は上（上六）と与にし（九五の爻辞に、「嘉に孚あり」という）、而して上（上六）は維係《いけい》を為さざる能わず（上六の爻辞に、「之を拘《とど》め係《つな》ぎ、乃ち従いて之を維《つな》ぐ」という）。然らば則ち、昔の否塞《ひそく》晦蒙にして、天地の通理を絶てるは、亦豈陽の世を棄つるに恝《かい》（愁い無く平然たるさま）として、僅かに陰の方《まさ》に長ずるを咎む可きのみなるに非ずや。

随《ずい》の初陽（初九）が否《ひ》の否塞晦蒙の世を転じて随《ずい》の世を成したのは、否《ひ》の上九が僩然として上卦乾《けん》の類と袂を分って随《ずい》の初位に下ったからである。門を出ずるの交を吝まずは、初九の爻辞に「門を出でて交われば、功有り」といい、丈夫の失を恤えずは、六二の爻辞に「小子（六三）に係れば、丈夫（初九）を失う」という。初九の爻辞についての『周易内伝』は、すでに示した。六二の爻辞について、『周易内伝』は「二（六二）の陰は陰（六三）に随い、四（九四）の陽は陽（九五）に随うは、皆《とも》に随うなり。陰は小（小子）なり陽は大（丈夫）なり、係恋して相属《つ》ぐなり」という。六三の爻辞について、『周易内伝』は「陽は実にして陰は虚なり、二（六二）を舎《お》きて四（九四）に従うは、往きて求めて得る有るなり。顧《ただ》、陰の陽に従うは、道の正なり。得る有るを以て往くは、豈其の期望する所ならんや。能く得る有るを以て故《ことさら》に求めずして貞を守れば、則ち義に合して利し」という。

九四の爻辞に「随いて獲る有り、貞しけれども凶なり。孚有りて道に在り、以て明なれば何ぞ咎めん」といい、『周易内伝』は「獲るとは、其（九五）の心を得るなり。五（九五）の陽は位を得（陽が五の陽位に居る）、四（九四）之に随いて、必ず其の心を獲たり。乃ち随《ずい》の時に当り、方《まさ》に競いて陰に随う。而るに四（九四）は、独り貞を守りて以て主（九五）に依る。（中略）貞なりと雖も、凶なり。然れども其の孚にする所の者は、固より道なり。能く倡和の義、上下の分に明らかなれば、身は死すと雖も志は天下に白《あき》らかなり。亦何ぞ咎めん」という。九五が陽剛を以て尊位に居りながら、上六に随って陰陽翕合して嘉礼を成すことは、さきに示した。上六の爻辞について、『周易内伝』は「周回縈繫《えいけい》して釈《お》かざるを、維《つな》ぐと曰う。上六、五（九五）の聯繫して離れ使めざる所と為るを謂う」という。

以上、六二、六三、九四、九五、上六がそれぞれ相随うのは、すべては否《ひ》の上九が初位に下ったことによる。とすれば、乾《けん》上坤《こん》下の否《ひ》が天地の通理を断絶させていたのは、否《ひ》の上九が無位の隠者の位に恝然《かいぜん》として甘んじ、下卦坤《こん》の陰が長ずるのをひたすら抑えていたからに他ならない。この否《ひ》の上九の責任をこそ問うべきであり、またこの否《ひ》を傾けたのは、随《ずい》の初九の功であることを知るべきである。

孔甲の器を抱えて以て陳渉に帰せるは、苦心有るも其の徳无し。魯の両生の漢高（漢の高祖）を謝《さ》りて百年を需《ま》てるは、抑《また》其の徳を恃みて其の時を失えり。軽々しく出ずる者は天下の笑いと為り、物を絶つ者は尺寸の義を抱きて以て天人を蔑《なみ》す。然る後に、随《ずい》の初（初九）の貞は、四徳（乾《けん》の元亨利貞）を備えて未だ嘗て咎有らず。君子の身を否極の世に託する者は、流俗の能く測る所に非ず。天を体して徳と為す、則ち「我を知る者は其れ天か」（『論語』憲問）。

『史記』儒林列伝に、「陳渉の王たるや、魯の諸儒、孔氏の礼器を持し往きて陳王に帰す。是に於いて孔甲（孔鮒）、陳渉の博士と為り、卒に渉と倶に死す」という。またその叔孫通列伝に、「叔孫通、魯の諸生三十余人を徴せ使む。魯の両生、肯《あ》えて行かず。曰く、……礼楽の由りて起る所、徳を百年に積みて而る後に興る可しと」という。その徳無くして軽々しく出ずる者は孔甲であり、わが徳を恃んでその時を失う者は魯の両生である。それに対し、随《ずい》の初九はその徳と時を併せもつ点で、元亨利貞の乾《けん》の四徳を備えている。随《ずい》の象辞に「随《ずい》は元いに亨りて貞しきに利し」といい、初九の爻辞に「貞にして吉なり」という。天を体して徳と為すものは、乾《けん》の陽剛の徳を体する初九である。

䷑　蠱《こ》（巽《そん》下艮《ごん》上）

蠱《こ》の上（上九）は、亦随《ずい》の初（初九）なるも――綜の象なり――、情と事とは交々殊なれり。蠱《こ》の上（上九）は、亦随《ずい》の上（上九）なるも――随《ずい》は陰往き、蠱《こ》は陽往く――、徳と時とは交々異なれり。蠱《こ》の上（上九）の如き者は、乃ち以て「王侯に事《つか》えず、其の事を高尚にす」（上九の爻辞）可し。

綜卦は、二卦が上下顛倒する象、蠱䷑䷐。蠱《こ》の上九が随《ずい》の初九と情と事が殊なることは、あとに述べる。また随《ずい》䷐が否《ひ》䷋から変じ、否《ひ》の初六の陰が随《ずい》の上六に往ったように、蠱《こ》䷑は泰《たい》䷊から変じ、泰《たい》の初九の陽が蠱《こ》の上九に往くが、徳と時はそれぞれ異なる。これもあとに述べる。かくして、蠱《こ》の上九は、「王侯に事えず、其の事を高尚にす」ることができる。

蠱《こ》が泰《たい》から変じたことは、象伝に「蠱《こ》は、元《おお》いに亨り（象辞）、天下治まる」といい、『周易内伝』は「卦変を以て言えば、泰《たい》（䷊）の上（上六）の陰、来りて初（蠱《こ》の初六）に居る。泰《たい》は上下交わり（泰《たい》の象伝に、「上下交わりて其の志同じきなり」という）、治道の自りて開く所と為す。而して蠱《こ》は則ち陰は陽の交わるを受け、陽を承けて以て養を致すは、治の成るなり。天下治まるは、承平の世なり」という。

船山は朱子『周易本義』が蠱を蠱壊（乱）というのに対し、蠱は治なりという。彖辞について、『周易内伝』は「蠱の字を為すや、蟲に从（従）い皿に从う。伏羲の時に当り、民は佃漁《でんぎょ》（鳥獣を捕え魚介を得る）を用い、未だ粒食有らず。養を人に奉ずる者は、皿を以て蟲（羽蟲の鳥と毛蟲の獣、鱗蟲の魚と介蟲の貝）を盛りて之を進む。毛（毛蟲）羽（羽蟲）鱗（鱗蟲）介（介蟲）昆（昆蟲）は、皆蟲なり。故に伏羲は此を以て義を取り、之を蠱《こ》と謂う。後世粒食するに至り、民は養う所を得たり。而して蟲を食い或いは毒に遇いて壊爛す、故に毒と為し壊と為すは、伏羲の本旨に非ず（朱子『周易本義』は、「蠱壊の乱を極むれば、当に復治むべし」という）。此の卦は剛上りて柔下り（彖伝にいう）、下は柔を以て上を承け、臣は君に事え、子は父を養うの象と為す。皿に鮮食を盛りて之を進め、下の上を養うは、柔の道なり。陽は尊《たか》くして上に在り、陰は卑《ひく》くして下に在るは、随《ずい》（☱☳）と道を異にす（随《ずい》の彖伝に、「随《ずい》は、剛来りて柔に下る」という）。名分は正しく、事使（陰が事え陽が使う）は順なり。陰は力を竭《つ》くして以て陽に事え、天下は治まる。故に、蠱《こ》は治なりと曰うは、世方《まさ》に治まりて未だ乱れざるを言う」という。

『周易内伝』は上九の爻辞について、「爻は皆子の父に事うるを言うに、上九の義は別なるは、高間の地に処り、時を為すこと已に過ぎ、安んじて中を得る（六五についていう）の養を受くるは、固より然る所の者なればなり。得失無し、故に吉凶無きこと、占を待たず。故に別に象を、逸民は事を受くる所無く、高く亢して自ら養うの道に取る」という。「爻は皆子の父に事うるを言う」とは、初六の爻辞に「父の蠱を幹《ただ》す」といい、九二の爻辞に「母の蠱を幹す」といい、九三の爻辞に「父の蠱を幹す」といい、六四の爻辞に「父の蠱を幹す」とい、六五の爻辞に「父の蠱を幹す」という。

なお九二の爻辞に「母の蠱を幹す」といい、それを子が父に事えることをいうとは、九二の爻辞について『周易内伝』は次のようにいう。「内卦（巽《そん》☴）は一陰（初六）を以て二陽（九二と九三）を上に承け、父母（九三の父と九二の母）

同《とも》に養うの象あり。二（九二）は陰位にして中に在り、母と為す。三（九三）は陽位にして上に在り、父と為す。此の二爻（九二と九三）に於いて本爻の徳を言わずして、初六の之に事うる所以を言うは、蓋し蠱《こ》は本より陰の養を陽に承くるを以て義と為し、而して承くる所の陽は、其の得失は論ずる勿《な》かる可きのみ。易の本爻値《あ》う所の時位を以て他爻の旨を発すること、此くの若き類は衆し、読む者に在りて善く之を通ず」という。

また初六の爻辞について、『周易内伝』は「蠱《こ》の象を為すや、柔は以て剛を承く。象（文王の象辞）は其の已に然る自り言い、則ち君は令し臣は共《つつし》（恭）みて朝廷治むるの象と為す（象辞に、「蠱《こ》は元《おお》いに亨る。大川を渉るに利し」という）。周公（爻辞）は其の理を繹《たず》ね思い、臣の君に事え（上九の爻辞）、子の父に事うる（初六と九二と九三と六四と六五の爻辞）を以てするは、一なり。而れども臣は柔順なりと雖も、其（君）の過亢なるに当りては、且に匡正し命を革むるの道有らんとす。唯子の父に事うるは、意に先だちて志を承け（『礼記』祭義にいう）、気を下し声を怡《やわら》げ（『礼記』内則《だいそく》にいう）、隠す有りて犯す無く（親の過ちを隠し親の顔色を犯して諫めない）、而して柔に傷《やぶ》らず。故に爻辞は、義を父子に取る」という。

故に随《ずい》の初（初九）は其の道に反りて功有るも、随《ずい》の上（上六）は其の往くを同《とも》にして必ず窮まる（随《ずい》の上六の小象に、「上窮まるなり」という）。随《ずい》の上（上六）は柔なり、窮まるも五（九五）は猶之を維係し（上六の爻辞に、「之を拘《とど》め係《つな》ぎ、乃ち従いて之を維《つな》ぐ」という）、五（九五）は相随いて孚なる者なり（九五の爻辞に、嘉に孚あり」という）。蠱《こ》の上（上九）は剛なり、五（六五）は柔にして治を上（上九）に受けざるは、孚无し。泰《たい》（☷☰）に因りて変じ、上下交わるも固ならず、王侯は礼を以て相虚しく拘《とど》む。賢に下るの誉《ほまれ》（六五の爻辞に、「用て誉あり」という）を貪りて其の実无し、則ち之を去るも其の急にする所に非ず。賢に下るの実无くして徒《いたず》らに其の誉を貪る、則ち之を去るも終に我（上九）を尤めず。此に於いて裵回《はいかい》（徘徊）顧恋して、以て功名を蠱壊《こかい》の日に冀《ねが》うも、其れ将《はた》能くせんや。

否《ひ》の上卦（乾《けん》）の上九が乾《けん》の道に反ることによって、随《ずい》の初九の功があったことは、さきの随《ずい》についてすでに述べたところである。初九の爻辞に、「門を出でて交われば功あり」という。しかし随《ずい》䷐の上六は、否《ひ》䷋の初六が上卦の二陽とともに往ったもので、必ず窮まる。随《ずい》の上六の小象に、「之を拘め係ぐとは、上窮まるなり」という。ところが随《ずい》は正中を得た九五が之を維係しているから、蠱《こ》の上九のように「王侯に事えず、其の事を高尚にす」ということはない。

蠱《こ》䷑の上九は剛であり、六五の柔はその治を受けないから、随《ずい》の九五が上六に従うような孚がない。蠱《こ》は泰《たい》䷊の初九が上九に往き、上下の乾坤《けんこん》が交わったものであるが、随《ずい》の九五と上六のように交わりは固くない（随《ずい》の上六の爻辞に、「之を拘め係ぎ、乃ち従いて之を維ぐ」という）。蠱《こ》の六五の王侯は、ただ礼の名において上九に対するにすぎない。

六五の爻辞に「父の蠱を幹《ただ》し、用て誉《ほまれ》あり」といい、『周易内伝』は「六五は柔順にして中を得、道を尽くして以て其の親に事うる者なり。用て誉ありとは、「（子曰く、孝なる哉、閔子騫《びんしけん》。）人、其の父母昆弟の言に間《こと》ならず」と謂う所なり（『論語』先進）。夫子の親に事うるは、豈以て誉れを要《もと》めんや。然れども其の情に率《したが》いて以て行い、人情の然否を問わざれば、自らは過ち無しと謂《おも》うも、疚《うれ》いを天人に抱く所の者多し。故に誉に至りて、人子の心は以て差《いささ》か安んず可し」という。ここでは、蠱《こ》の六五は上九の賢に対し、随《ずい》の九五が上六に対するような孚の実がなく、ただ誉を求めるだけであることをいう。従って、上九が六五の王侯を去るのは孔子のように速やかであり、決して己を咎めることはない。『孟子』万章下に、「孔子の斉を去るや、淅《せき》（洗った米）を接して（手に受けて）行く。……以て速やかなる可くして速やかなり」という。また尽心下に、「斉を去るに、淅を接して行くは、他国に去るの道なり」という。このような蠱壊の世に在っては、徒らに恋々として功名を願うことはできないのであるから、上九のように其の事を高尚にするという志を示す。

『周易内伝』は上九の小象「王侯に事えずとは、志は則《のっと》る可きなり」について、「爻に事と言い（上九の爻辞に、「其の事を高尚にす」という)、象伝(小象)に志と言う(小象に、「志は則《のっと》る可きなり」という)。既に高尚にし、事の見《しめ》す可き無し。志とは、即ち其の事なり。天下は宴安し、上下各々其の分に循《したが》う。慮《おもんばか》る所の者は、人は火を厝《お》き薪を積むの憂い(災禍が生ずる憂い)を忘れて仕進に競い、逸民は朝廷に在るを楽しまずして爵禄を軽んず。所以《ゆえ》に、天下に風示して、富貴利達の外に廉恥を重しと為す有るを知ら使め、則ち冒昧偸安《とうあん》の情は懲《こ》る所を知る。以て人心を正し僭濫を止《とど》むること、其の功は大なり」という。

申屠蟠《しんとはん》の召を辞し、陶弘景の冠を掛くる(官を辞する)は、之を以《もち》うるに庶幾《ちか》し。而るに范希文(范仲淹)は以て厳光を謂えるは、則ち其の類に非ず。光(厳光)の如き者は、交わりは門を出ずる(随《ずい》の初九の爻辞にいう)を待たずして固より合し、意は以て考(父)を承けて(蠱《こ》の初六の小象に、「意は考を承く」という)疑い亡《な》かる可し。奚《なん》ぞ其れ文叔(光武帝)に傲りて相臣とし、君房(侯覇)の要領(腰と頸)を惜しむを致さんや。

申屠蟠は後漢末の人、たびたびの徴召にも応じなかった。『後漢書』巻五十三申屠蟠列伝に、「唯蟠のみ乱末に処り、終に高志を全うす。年七十四、家に終る」という。陶弘景は斉の高帝の相となり、「永明十年、上表して禄を辞す」(『梁書』巻五十一、処士列伝)。のち山中に隠れ、華陽隠居と号し、山中宰相と称される。船山は申屠蟠と陶弘景が王侯に事えずしてその高志を全うしたことは、蠱《こ》の上九を用いるに近いが、真の上九の道ではないという。それに対し、范仲淹が「厳先生(厳光)祠堂記」に述べた言葉こそ、申屠蟠や陶弘景とは類を異にする真の上九の道を体した厳光の志を述べたものである。

范仲淹は厳光について、「蠱《こ》の上九は、衆為《な》す有るに方《あた》りて、独り王侯に事えず、其の事を高尚にす。先生、之を以てす」といい、また「光武微《な》かりせば、豈能く先生の高きを遂げんや」という。随《ずい》の初九の爻辞に、「門を出でて交われば功有り」というが、厳光は光武帝と同学で、門を出て仕えるまでもなくかねてからの交友があった。また蠱《こ》の初六の小象に「父の蠱を幹《ただ》すとは、意は考(父)を承くるなり」というように、厳光は子として父の志を承ける誠をもち、陽たる光武帝に抗する意はもともと抱いていなかった。従って厳光は光武帝に傲って臣下扱いしたのではなく、また侯覇の要領（腰と首）が絶たれることを惜しんだのではなかった。すなわち王侯に従わないことを殊更に標榜したのではなく、ただ己の事を高尚にしたに他ならない。光武帝に傲って相臣すとは、厳光が共に偃臥したとき厳光が足を帝の腹上に加え、翌日太史が「客星、御坐を犯す」と奏したこと。厳光は司徒侯覇が光武帝の意を承けて厳光を招こうとしたとき、「光（厳光）、答えず。乃ち札を投じて之に与え、口授して曰く、君房（侯覇）足下、位は鼎足に至りて甚だ善し。仁を懐き義を輔くれば天下悦び、阿諛して旨に順えば要領絶たれん」（『後漢書』巻八十三、逸民列伝）と戒めた。申屠蟠や陶弘景が単に禄を辞したのとは異り、厳光が其の事を高尚にした志をこそ知るべきである。

故に釈氏は生死《しょうじ》を以て大事と為し、君子は出処を以て生死《せいし》と為す。鐘鼎と林泉は、皆《とも》に命なり、而して性有り。性尽くして命は以て貞なり、君子は命と謂わず（『孟子』尽心下）。若し其れ然らざれば、見る所を画して以て門と為し、其の情を放ちて則《のり》无し。則ち且に偽周（則天武后）已に革まりて姚崇《ようすう》の涕《なみだ》猶《お》零ち、蒙古已に亡びて王逢の悲しみ已《や》まざること有らんとす。官已に渝《かわ》りて（随《ずい》の初九の爻辞）、志抑《また》尚ぶ可き者无し。否塞《ひそく》晦蒙に迷留し溺れて以て槁死《こうし》するは、小人の志節なり。亦悪《いずく》んぞ紀《ただ》すに足らんや。

鐘鼎の廟堂に坐するか、林泉の野に隠れるかは命である。しかし君子は、わが性を尽くすことによって貞となることにつとめる。『孟子』尽心下に、「焉《こ》れを性とする有り。君子は命と謂わず」という。それに反して狭い見識を画して（限る）出処の門となし、わが情を放って法度がない小人の例として、姚崇と王逢を示す。姚崇は唐の中宗が復辟し則天武后が上陽宮に遷ったとき、「王侯已下《いか》皆欣躍して慶びを称するも、元之（姚崇）独り嗚咽して流涕す」という（『旧唐書』姚崇列伝）。王逢は、『明史』文苑列伝一に「張士誠、呉に拠り、その弟の士徳、逢（王逢）の策を用い、北のかた元に降りて以て明を拒《へだ》つ。太祖、士誠を滅ぼし、之（王逢）を辟用せんと欲するも、堅臥して起たず。上海の烏涇に隠れ、歌咏して自適す」という。否塞晦蒙というのは、随《ずい》は否《ひ》から変ったものであるからである。船山が姚崇と王逢を小人の志節として斥けるのは、官が已に渝ったときにおいて、かれらが徒らに前朝の志節に恋々としたからである。それに対し、船山は同じく官が渝った明末清初において、いわゆる逸民とは異なる君子としての志節を守ろうという。

䷒ 臨《りん》（兌《だ》下坤《こん》上）

一

臨《りん》を以て道と為す、故に陰は治むるを得《う》可し。夫れ生殺は万物の命なり、剛柔は万物の性なり。必ず之を治めんと欲するは、異端の、聖人の強《つと》めて陰陽に与《あずか》るを訾《そし》る所以なり。而れども、然るに非ざるなり。聖人は人の徒なり、人は生の徒なり。既已《すで》に是の人有れば、則ち其の生を珍《たっと》ばざるを得ず。生は、天地の気を舒《の》ばし、盈つるを病まざる所以なり。生は、人に於いては息（生息）を為し、天地に於いては消を為す。其の亢する所を消し、其の僅かなる所を息し、三才（天地人）は胥《みな》成を聖人に受けて、理は以て流行す。陰は、性は柔にして徳は殺なれば、則ち既に其の生くる所以に反せり。治めざらんと欲すと雖も、其れ将《はた》能くせんや。而るに、何ぞ其の強《つと》めて与ると云うや。

臨《りん》䷒は、初九と九二の二陽が地位から出て、四陰を治めようとする象。しかも九二が中位を得、陽が進んで四陰に臨んでいる。万物の命である生殺と万物の性である剛柔に対して、聖人は必ずそれを治めることをすすめる。すなわち、聖人は陰陽の際に強めて参与するが、異端はそれを否定しようとする。それはなぜか。聖人は陰の柔と殺を治め、人を生に向わせようとするからである。「強めて陰陽に与る」とは、乾《けん》の大象に「天行は健なり。君子は以て自ら彊《つと》めて息まず」という、陽が自ら強《つと》めることを、聖人がすすめることをいう。

　聖人は人の徒なりは、『論語』微子に「夫子憮然《ぶぜん》として曰く、鳥獣は与に群を同じくす可からず。吾れ斯の人の徒と与にするに非ざれば、誰と与にかせん」といい、『孟子』告子上に「故に凡そ類を同じくする者は、挙《みな》相似たり。何ぞ独り人に至りて、之を疑わんや。聖人は我と類を同じくする者なり」という。聖人は人の徒であり、人は生の徒であるから、聖人は人の生を重んずる。生とは人が天地の気を伸ばし、あくまで生を遂げようとするものである。人に於いて生が息すれば、天地に於いては消するのが自然の常である。聖人は陽の亢する所を消し、陰の不足を息して陰陽を治める。かくして天地人の三才は聖人が治めることによって、理は周く流行する。陰は性が柔であり殺の徳（はたらき）をもつ点で、生とは相反するものである。聖人はこの陰を治めざるをえないものであるのに、なぜ強めて陰陽に与るというのか。

　象辞に「臨《りん》は、元《おお》いに亨り貞しきに利し」といい、『周易内伝』は「臨《りん》とは、時已に至りて之を治むるなり。卦為《た》る、二陽（初九と九二）は地位（初と二の位）に生出し、以て人事を興起し（六三と六四は人位）、将に事有らんとす。以て陰（四陰）の過ぐるを治め、陽（初九と九二）は進みて陰（六三以上の四陰）に臨む。元亨利貞にして（臨《りん》の象辞にいう）乾《けん》の四徳を備うるは、陽（初九）長じて中（九二）を得、乾《けん》道方《まさ》に興らんとするなり。未だ其の用を訖《お》えずと雖も、其の体を具う」という。

　彼は固より曰く、「蕭条は形の君なり、寂寞は気の母なり」と。宜《うべ》なり、其の夜行を奨《すす》めて（『淮南子』覧冥訓）、雌黒を守る（『老子』第二十八章）や。夫れ蕭条の館、寂寞の宮は、天地同《とも》に消するの墟なりと雖も、由りて以て其の敢えて殺《さい》するの功名を致す所は、則ち陰独り之に任ず。陰は既に日に其の惨心を蓄《たくわ》えて以て陽の衰うるを伺い、与《ため》に之を治むる无くして、以て功名を蕭条寂寞の日に立てんことを覬《うかが》う。而も猶之に聴《まか》せて与《ため》に折《くだ》くこと无ければ、則ち万物を歴して皆其の耗《こう》（衰滅）に逢う。

彼は、且つ曰く、「不言の教を行い、不為の徳を尸《つかさど》る」と。教は教うる無く、徳は徳ならず。徳ならざる者は刑するのみ、教うる無き者は乱すのみ。夜行の雄に非ざれば、孰《たれ》か敢えて然らんや。

彼というのは、聖人の教を批判する異端のもの、老荘の徒をいう。『淮南子』斉俗訓に、「故に蕭条は形の君なり、寂寞は音の主なり」という。気の母は、『荘子』大宗師に見える。夜行は、『淮南子』覧冥訓に「唯夜行する者は、独り有《たも》つ」といい、その高誘の注に「夜行とは、陰の行くに喩う。陰は神化を行い、故に能く天下を有つ」という。また『鶡冠子《かつかんし》』夜行に、「故に聖人は夜行を貴ぶ」という。雌黒は、『老子』第二十八章に「其の雌を守り、……其の黒を守る」という。蕭条、寂寞、すなわち死の世界は、天地自然の帰滅する世界ではあるが、敢えて殺のはたらきを行うものは陰である。陰は常に惨殺の心を以て陽が衰えることを窺い、陽を治めることなく蕭条寂寞を成して己の功名を立てようと狙っている。陰の殺意に委ねてそれを阻止しなければ、天地万物はすべて衰滅に陥る。

かれらが更にいう不言の教、不為の徳は、『老子』第四十三章に「不言の教、無為の益は、天下之を希及す」といい、第三十八章に「上徳は徳あらず、……上徳は為す無し」という。それに対し易は繫辞上伝第十章に「易は思う無く、為す无し。寂然として動かず、感じて遂に天下の故《こと》に通ず。天下の至神に非ざれば、其れ孰《たれ》か能く此に与からん」といい、またその第十二章に「黙して之を成し、言わずして信なるは、徳行に存す」という。同じく不言と不為をいうが、その意は自ずから異なる。

且つ夫れ、君は群の主なり、母は子の養なり。剛に匪ざれば克《よ》く主と為らず、生に匪ざれば其の養を用うる蔑《な》し。故に変蕃（変化育成）は形の君なり、絪縕《いんうん》（気の盛んに交わるさま）は気の母なり。蕭条にして寂寞なる者は、何《いず》くに帰するや。形の離れ、気の萎するに帰するのみ。終りに反りて以て始めと為し、讐《あだ》に任じて以て恩と為し、而る後に以て治めざる可し。治めざる者は、乱なり。夷狄、女主、獄吏を師とし、盗賊を任ずるは、皆《とも》に此れ自《よ》り興る。夫れ安《いずく》んぞ臨みて之を治めざるを得んや。

船山は異端の「蕭条は形の君なり、寂寞は気の母なり」の言に対して、「変蕃は形の君なり、絪縕は気の母なり」という。君の主は陽の剛により、母の養も陽の生によるものであるから、聖人は陽が自ら強《つと》めることをすすめる。かれらのいう蕭条にして寂寞なる者は、変蕃する形が離れ絪縕する気が萎したものに他ならない。ところがかれらは形気の帰滅を始元とし、讐（殺）の空無を恩と見なすことによって、陰陽絪縕の気を治めることを放棄する。陽が自ら強《つと》めて治めなければ、乱となる。なお、夷狄は金、元、清など中国を征服した異民族、女主は則天武后のような女皇をいう。獄吏を師とすとは秦が苛法を以てしたこと、盗賊は国柄を窃む者をいう。このような乱に臨んで、君子たる者は之を治めざるをえないのである。

然らば則ち、復《ふく》（䷗）は何を以て治めざるや。植《た》つこと未だ固からざればなり。泰《たい》（䷊）は何を以て治めざるや。功已に成ればなり。我自《よ》り先ならず、我自り後ならず（『詩経』小雅の正月、大雅の瞻卬《せんぎょう》）。臨《りん》は、独り労して辞す可からず。大いに亨りて以て正しく、剛浸《ようや》く長じて（臨《りん》の彖伝による）天の体立つ。乾《けん》の四徳（元亨利貞、臨《りん》の象辞にいう）を具えて、以て之に予《あた》う。易を作る者の、臨《りん》を寵する所以なり。

復《ふく》䷗は初九のみ陽であり、泰《たい》䷊は内卦が三陽である。復《ふく》は初の一陽だけでまだ根が固くないから、治めることはできない。泰《たい》は三陽に長じすでに功を成しているから、治める必要がない。しかし二陽の臨《りん》は、治めざるをえない。「我自り先ならず、我自り後ならず」は、『詩経』の小雅の正月及び大雅の瞻卬に見える。いまこの時において、困しみを承ける意。我自り先は一陽の復《ふく》の世、我自り後は三陽の泰《たい》の世である。その何れでもない二陽の臨《りん》の世に在っては、その臨治する労を避けることができない。

臨《りん》の象伝に、「臨《りん》は剛浸《ようや》く長じ、説《よろこ》びて（下卦の兌《だ》）順い（上卦の坤《こん》）、剛は中（九二）にして応ず。大いに亨りて以て正しきは、天（乾《けん》）の道なり」という。『周易内伝』は象伝について、「説びて（兌《だ》）順う（坤《こん》）は、陰の徳なり。説べば則ち相随い、順えば則ち逆らわず。故に剛は之に臨み、柔は治を受く。剛（九二）は既に中を得、未だ尊位（五の位）に居らずと雖も、以て臨む可し。応ずとは、六五下りて其（九二）の臨むに聴《まか》すなり。剛は浸く長じて中（九二）を得、天道（乾《けん》道）は上行す。故に四徳は施す可し」という。

また九二の爻辞に「咸（感）じて臨む。吉にして利しからざる无し」といい、『周易内伝』は「九二の感の道（九二の爻辞に、「咸じて臨む」という）を以て六五に臨むこと、猶《なお》初九のごとし（初九の爻辞に、「咸じて臨む。貞にして吉なり」という）。六五は中を虚しくして以て之に応じ、之に居ること安んじ（『孟子』離婁下に、「君子は深く之を造《いた》すに道を以てす、其の之を自得せんと欲するなり。之を自得すれば、則ち之に居ること安んず。之に居ること安んずれば、則ち之を資《と》ること深し」という）、行（九二の行）は利しからざる无し」という。乾《けん》の四徳は、元亨利貞。臨《りん》の彖辞に、「臨《りん》は、元いに亨りて貞しきに利し」という。彖辞を作った文王、象伝を作った孔子が、この二陽の臨《りん》をとりわけ重んじた所以である。

二

臨むとは治むるなり、咸ずとは感ずるなり（初九と九二の爻辞に、「咸じて臨む」という）。之を治むるに威を用い、之を感ぜしむるに恩を用う。咸ぜしめて以て臨むを為すは、道は固より異建にして同功なる者有るか。臨《りん》は、剛浸《ようや》く長じ（象伝）、来りて（初九と九二の二陽）以て往く（四陰）を消す。初（初九）と二（九二）は、陽の質を秉《と》りて兌《だ》（☱）の体を為す。貞（下卦）と悔（上卦）は地を殊にし、上（上卦の坤《こん》）と下（下卦の兌《だ》）は位を異にするも、性情は相近く、母（上卦の坤《こん》）と女（下卦の兌《だ》、少女）は功を合す。卑《ひく》きを以て尊《たか》きを治め、義を以て恩を制す。勢いは、固より競うを得ざる者有り。而れども終に此を用いて以て臨《りん》の績を底《いた》すは、則ち何《なん》居ぞや。

初九の爻辞に、「咸（感）じて臨む。貞にして吉なり」といい、九二の爻辞に「咸じて臨む。吉にして利しからざる无し」という。威を用いず恩に感ぜしめることによって臨（治）をなすのは、威を以て治めることと異なりながら、同じ効果があるからではないか。臨《りん》は初九と九二の剛（陽）が長じ、下位に来た二陽が上位に往った四陰の過を消し治める象である。下卦は兌《だ》☱、上卦は坤《こん》☷。兌《だ》を貞（下卦）とし坤《こん》を悔（上卦）とし、上卦と下卦の位の違いがある。しかし兌《だ》は少女、坤《こん》は母であり、兌《だ》は悦ぶ、坤《こん》は順うという性情は相近い。初九が六四に相応じ、また九二が六五に相応じ、六五を咸ぜしめて臨むことをいう。しかし二陽は下位に在り、四陰は上位に在るから、陽は威を振うことができない。にも拘わらず、恩に感ぜしめることによって臨（治）の績を成すことができるのはなぜか。

夫れ陰は疑いて戦う、而るを況んや、其の数の多きを得て位の尊に処る者をや。陰の性は賊《そこな》い、而して勢いは後に起つに便なり。生死を己に操《と》りて、兵端を人に授く。藉《も》し揣《はか》らずして急に之を犯せば、則ち勝敗の数は恒に彼（陰）に在りて、我（陽）は其の権を失う。

「咸じて臨む」（初九と九二の爻辞）者は、名は正しきも居らず、力は強きも尚《たっと》ばず。其の素位に循《したが》い、報は応ずるを以て得、機無く形无し。禍は己に自《よ》らざれば、彼は且に相忘れて、我に示すに懐《おも》う所を以てせんとす。其の示す所に因り、其の蔵する所を発《ひら》き、其の淫する所を替《す》て、其の害する所を緩くし、罙入《びにゅう》して（深く入る）功を致せば、風を移し化を革めて怨みは起らず。是くの如くなれば、乃ち以て臨む可く、命に順わざるの憂い有る无し。故に咸（感）を以て臨（治）を為すは、臨《りん》の道なり。

坤《こん》の上六の爻辞に「龍、野に戦う」といい、文言伝に「陰は、陽に疑わしきときは必ず戦う」という。まして二陽四陰の臨《りん》は、陰の数は多くしかも尊位に居る。陰の性は陰鷙であり、しかも陽が先に事を起したあとから勢いを逞しくする。陰柔の性は自ら事を起さず、相手に争端を与え、それを口実にして相手を滅ぼそうとする。このような陰の性情を知らずに急にそれを犯せば、陽は必ず敗れるに至る。陽はこのときいかに処すべきか。

陽は、この陰鷙《いんし》の術に乗ぜられないようにしなければならない。たといわが名義は正しくても示さず、わが陽剛の強きを自ら恃まず、初と二の素位に下り、禍端を自ら開くことをしなければ、陰の方から我（陽）に感ずるところを示すことになる。陰が示したところに因って陰が深く蔵した情を外に表し、陰の淫情をなくし陰の害する情を発揮させず、かくして陽が陰を導いて功をなせば、移風易俗を行って陰の怨みは起らない。このようにしてこそ、はじめて陽は陰を治めることができ、陰が陽の命に順わないという憂いは生じない。それが感じて臨（治）むという、臨《りん》の道である。

『周易内伝』は初九の爻辞「咸じて臨む。貞にして吉なり」について、「咸じて臨むとは、感の道を以て之に臨むなり。臨むとは、陽を以て陰に臨みて之を消すなり。而して初九は六四と相応じ、威厳を以て相迫らず、徳を以て其の心を感ぜしめ、治を受け使む。各々位に当りて正を得（初九が陽の位に居り、六四が陰の位に居る）、吉なること尚《くわ》うる莫し」という。また九二の爻辞に「感じて臨む。吉にして利しからざる无し」といい、『周易内伝』は「九二の感の道を以て六五に臨むは、初九のごとし。而して六五は中を虚しくして以て之に応じ、之に居ること安んじ（『孟子』離婁下）、利しからざる无し」という。

抑も此の術は、陰は善く之を用いて陽を消す。臨《りん》すら且つ尤《ゆう》として之を効《いた》すは、則ち又何ぞや。曰く、其の情に因らざる者は以て制するに足らず、其の迹に循わざる者は以て反すに足らず。今夫れ兌《だ》（臨《りん》の下卦）は、外は柔にして、中は狠《こん》なる者なり。柔を以て之に因り、狠を以て之を反す。之を以て陽を消せば則ち賊と為り、之を以て陰を臨（治）すれば則ち正と為る。小人之を用うれば則ち機と為り、君子之を用うれば則ち智と為る。天に愧《は》じず、人に怍《は》じず、其の動くや功を為し、其の静かなるや失わず。是くの如き者、以て大いに亨りて正しかる可し（臨《りん》の彖伝による）。而して、豈名実の拠る有るを恃むこと、硜硜《こうこう》（鄙しいさま）悻悻《こうこう》（怒るさま）として、継ぐに優柔の自ら其の功を喪うを以てする者の若《ごと》くならんや。

本来、このやり方は陰が陽を消すために用いる術であるが、臨《りん》の二陽がとりわけそれを用いるのはなぜか。相手の情に因らなければ相手を制することはできず、相手の事に即さなければ相手を感ぜしめて正に返すことはできない。下卦の兌《だ》☱は、外の一陰は陰柔で内の二陽は陽剛である。すなわち柔を以て相手の情に因り、また剛を以て相手を正に返すことができる。しかしこの兌《だ》の陰柔を以て陽を制しようとすれば徳を賊《そこな》い、兌《だ》の陽剛を以て陰を治めれば徳の正となる。また陰の小人が用いれば機（機巧、術策）となり、陽の君子が用いれば智となる。天人に恥じず、動いて功をなし静かに自らを守る者こそ、大いに亨り正しき者である。臨《りん》の彖伝に、「臨《りん》は、剛浸《ようや》く長じ、説《よろこ》びて順い、剛は中にして応ず。大いに亨りて以て正しきは、天の道なり」という。臨《りん》は、陽が陰を治める君子の道である。硜硜は、『論語』子路に「硜硜然として小人なる哉」といい、また憲問に「鄙なる哉、硜硜乎たり」という。婞婞は、『孟子』公孫丑下に「予《われ》、豈是の小丈夫の若《ごと》く然らんや。其（小丈夫）の、君を諫めて受けざれば、則ち怒り婞婞然として其の面《おもて》に見《あらわ》る」という。臨《りん》の大象に「沢（兌《だ》）の上に地（坤《こん》）有るは、臨《りん》なり。君子は以て教思すること窮まり無く、民を容れ保つこと疆《かぎ》り無し」というように、小人が名実を恃みそのあげく優柔のまま功を遂げることができないのと異なる。

『周易内伝』は大象について、「沢（下卦の兌《だ》）の上に地（上卦の坤《こん》）有るは、川沢の両岸は平陸を為すなり。兌《だ》は、言説為り。以て教うとは、坤《こん》は厚く物を載せ（坤《こん》の彖伝）、其の不肖を容れて其の賢を保つ。教えて之を容れ保てば、則ち善を嘉《よみ》し、能くせざるを矜《あわ》れみ、教うること窮まり無し。教思の後に容れ保てば、教に若《したが》う者は善に進み、教に若わざる者も終に棄てず。則ち之を保つこと、疆り無し（坤《こん》の彖伝に、「徳は无疆に合し、……地を行くこと疆り無し」という）。兌《だ》は、抑《また》悦ぶなり。民に臨む者、嘉言を以て教を立て、苟くも悦を民に取らざるは、兌《だ》を用うるに善き者なり」という。

韓退之の仏を闢《しりぞ》くるや、其の蔵を測らず、之を駁すること也《また》粗なり。故に、以て緇流《しりゅう》（仏者）の淫詞に勝つに足らず。景延広の契丹を拒《しりぞ》くるや、未だ其の恵に酬いず、之を怒ること也《また》軽し。故に、適《まさ》に以て胡馬の狂逞を激するに足る。使《も》し之を感ぜしむるを知れば、乃ち以て之を治め、而して貞吉を損《そこな》う无し。邪の正に勝たざるや、自ずから徐ろに其の効を収む可し。

韓愈は「仏骨を論ずる表」を憲宗に奉って仏教批判を行ったが、釈氏の思想の本質を知らず、また批判の仕方も粗雑であった。後晋の景延広（『旧五代史』晋書十四）は高祖（石敬塘）の死を契丹に告げる表に、「先帝（高祖）は則ち北朝（契丹）の立つる所なるも、今上（出帝）は則ち中国の自策なり。鄰と為し孫と為すは、則ち可なり。臣とするの理無し」として契丹を斥けたが、石敬塘が契丹の援助によって帝となったことを無視し、終に捕らえられて自殺するに至った。ともに相手を感じさせて治める臨《りん》の道を知らなかったが故である。邪は正に勝つことができないのであるから、徐ろに感臨することによって功を収めるべきである。貞吉は、初九の爻辞に「咸じて臨む、貞にして吉なり」といい、九二の爻辞に「咸じて臨む、吉にして利しからざる无し」という。

なお初九と九二が臨治する四陰について、その『周易内伝』を示す。六三の爻辞に「甘んじて臨む。利しき攸无し。既に之を憂うれば、咎无し」といい、『周易内伝』は「六三は二陽（初九と九二）と相比し、己の已に消するに即《つ》きて、而も居は其の位に非ざる（陰が三の陽位に居る）を知らず。恋いて舎《お》かず、徒《ただ》陰柔を以て容悦（媚び諂う。『孟子』尽心上にいう）を成すのみ（下卦は兌《だ》）。陽の我を容るるを幸《ねが》うも、豈能く久しからんや。故に利しき攸无し。其の能く自ら憂懼を知り、斂《おさ》めて退くに就き、以て陽の臨むを聴けば、以て咎を免る可し。三（六三）は進爻為り、必ず往くに終る。而れども柔（陰）を以て剛（三の位）に居り、二陽（初九と九二）と内卦（兌《だ》）の体を為す。故に猶施して以て戒めを教う可く、其の能く憂うるを望む」という。

六四の爻辞に「至りて臨む。咎无し」といい、『周易内伝』は「至るとは、猶来るがごとし。陰は、治を陽に待つ者なり。若し自ら亢して以て陽を拒めば、則ち陽も亦治を施さず。（中略）六四は柔を以て柔（四の陰位）に居り、陰は過ぎたり、宜しく咎有るべき者なり。乃ち（然るに）位に当り（陰が四の陰位に居る）以て初（初九）と相応ず、則ち初（初九）は自ら来り臨す。「四海の内、千里を軽しとして来り告ぐるに善を以てす」と謂う所なり（『孟子』告子下）、陰は咎无し」という。

六五の爻辞に「知りて臨す。大君の宜しきなり。吉なり」といい、『周易内伝』は「柔を以て尊（君位）に居り、而して下は九二の臨むを聴く。我を治むる者（九二）の我を善くするを知り、分位（六五の位）を恃みて以て之（九二）を拒まざるは、君道得たり。人の相臨みて以て相治むるは、其の情正しきも其の迹は相違《たが》う。苟くも惛《くら》くして知らざれば、則ち必ず傲愎《ごうふく》（強戾）にして受けず。唯中（心）を虚しくし順を体して曲《つぶさ》に其（九二）の忠愛を喩《さと》れば、乃ち能く其の臨（治）を受けて以て侮ると為さず。君道得れば、則ち吉は焉《こ》れより尚《たか》しは莫し」という。

上六の爻辞に「敦《あつ》く臨す。吉にして咎无し」といい、『周易内伝』は「上六は坤《こん》順の至りなり（上卦坤《こん》の上に居る）、而れども卦の上に処り、陰は将に逝かんとす。時は已に過ぎ、権は已に謝《さ》り、委順して（上卦坤《こん》の徳）以て陽の臨（治）を受く。己は悋《りん》（吝）留する所無く、柔の道の敦厚なる者なり。陽と亢せず、履むを終えて（上六の位を履むに至って）吉に安んじ、而して義に於いても亦正し。徒《ただ》に躬を斂《おさ》め難を避け、消沮して退蔵するのみに非ず」という。

然らば則ち、賈捐之《かえんし》の機を用いて身名倶《とも》に隕《お》つるは、豈其れ孔融より賢ならんや。夫れ捐之は、感を知るも貞を知らざる者なり。好みて遯《のが》る（遯《とん》の九四の爻辞）の時に当りて、感じて臨むの事を行う。徳は薄くして望（名望）は軽く、位は卑くして権は固からず。其の敗るること、宜《うべ》なり。浸《ようや》く長ずるの剛に乗じ、人を治むるの責に膺《あた》り、初（初九）と二（九二）の、心を同じくし間无き者に非ざる自《よ》りは、固より未だ此の道に由り易からず。陰陽の際は、存亡の大なり。天下の至幾なる者に非ざれば、其れ孰《たれ》か能く斯に与《あずか》らんや。

賈捐之は中書令石顕をしばしば誹ったために召見されず、復帰を謀って友人の長安の令楊興の計を用い、楊興を推薦するとともに石顕に関内侯の爵を賜わることを上奏したが、石顕の知るところとなり、棄市の刑を受けた（『漢書』巻六十四下）。その機策は、明らさまに曹操を罵ったために殺された孔融に比べて、決して賢といえるものではない。貞を知らないからである。好みて遯《のが》るは、遯《とん》の九四の爻辞に「好みて遯る（初六の正応の交好を得て去る）。君子は吉にして、小人は否《しか》らず」という。遯れ去るべき時に、臨《りん》の初九と九二の感じて臨む事を行ったためである。以上の例のように、陰陽の際は存亡の大であるが、陰陽の際の至幾を知るものでなければ、陰陽の際に参与することはできない。終りの文は、繋辞上伝第十章の「天下の至精（至変、至神）に非ざれば、其れ孰か能く此に与からん」の文による。

䷓　観《かん》（坤《こん》下巽《そん》上）

治を積むの世は、富有なる者は居り易からず。乱を積むの幾は、僅かに留まる者は存し易からず。観《かん》は否《ひ》（䷋）の後を承け、固より已に乱は積みて揜《おお》う可からず。而れども位（天位）は未だ去らず、中（九五）は未だ亡びず。位は未だ去らざれば、聖人は為に其の名を正す。中は未だ亡びざれば、聖人は為に其の救いを善くす。

観《かん》䷓は否《ひ》䷋の後を承け、陰の乱が六四にまで積んだ象。僅かに留まる二陽が、存亡の危機にさらされている。しかし九五と上九は天位に在り、九五は中を得ている。聖人がその名を正し、陽を救おうとするのが観《かん》である。『論語』子路に、「子曰く、必ずや名を正さん」という。なお、治を積むの世は、乾《けん》をいう。その上九の爻辞に、「亢龍、悔有り」という。

其の名を正すとは何ぞや。来る者（四陰）は既に主たり、往く者（二陽）は既に賓たり。主は朋類（四陰）を挟《さしはさ》みて以て厚実を収め、賓は天歩（九五と上九の天位）を擁して僅かに虚名なるのみ。百姓は心を改め、君臣は勢いを貿《か》う。然れども、其の名は焉《こ》れを存す。

名は天の経なり、人の紀《のり》なり。義夫志士の、生死もて焉《こ》れを争う所の者なり。庶幾して（願う）之を望みて曰く、「群英（群陰）の来るは、以て相凌《しの》ぐに非ずして、以て相観るなり——平（平声）——。我の「大観——去（去声）

――上に在り」（観《かん》の象辞）と為すは、固より終古にして易《かわ》らず」と。然り而して、聖人の善く已往の陽を救う所以の者は、亦即ち此に在り。

孔子が名を正すと述べた意は何か。観《かん》卦の下に来て主となっているのは四陰であり、上に往って賓となっているのは二陽である。四陰は類を集めて坤《こん》の厚実を収め、二陽は天位を得ているが虚名である。天歩は、『詩経』小雅の白華に「天歩艱難」といい、乾《けん》の大象に「天行は健なり」という。この四陰が長じて二陽に迫る世に在って、百姓は既往の世を忘れて新しい時を待ち、君臣はかつての勢を逆転させている。しかし虚名ではあっても、二陽はまだ天位を存している。

観は平声で、観る、観《しめ》すと訓ずる。また去声の観は、「闕門、法を懸くるの楼を観と曰う」（『周易内伝』）という、楼観の意。「大観（九五）上に在り」は、象辞のことば。群英（四陰）である義夫志士がそれを仰ぎ観て、大観となすところのものである。相凌ぐは、陰が陽を犯す、相観るは、陰が陽を観る意。義夫志士が天位に在る二陽を仰ぎ観て、これこそ天の経、人の紀であり、永久に変わらぬ名であると見なしている。天位に往って僅かに虚名を保つ二陽を聖人が善く救うことができるのは、この義夫志士の願いにこそ在る。

象辞について、『周易内伝』は「此の卦は、四陰浸《ようや》く長じ、二陽は将に消えんとす。而れども、九五は其の尊を失わずして以て下に臨む。斯の時に於いて、之（四陰）を抑うるも能くせず、之を避くるも可ならず。唯高きに居りて自ら媟《けが》さず、位を正して以て俯して之を待つ。則ち群陰は尊厳（九五）を瞻望《せんぼう》して（仰ぎ望む）、敢えて逼《せま》らず」という。

夫れ陰逼《せま》り陽遷《うつ》りて、虚しく天位を擁するは、之を救うに容《まさ》に夙《はや》からざるべからず。而して、尤も其の善くせざるを懼る。其の救いを善くする者は、其の時に因る。観《かん》の時為《た》る、陰は富みて陽は貧しく、生は衰えて殺は王《さか》（旺）んに、上は陵《おとろ》えて下は固く、邪は盈ちて正は虚しく、人は耗《こう》して鬼は霊たり。凡そ此は、威は用う可き无く、之を用うれば牀は且に剥《はく》せられんとす（剥の初六と六二と六四の爻辞にいう）。恩は感ぜしむ可く无く、之を感ぜしむれば膏《めぐみ》は毎《つね》に屯《とどこお》る（滞る）に逢う（屯《ちゅん》の九五の爻辞による）。然も且つ、褻《みだ》りに其の恩威を試みて、以て与《ため》に一勝敗を力争すれば、敗れて乃ち亡ぶを速《まね》き、勝つも亦自ら斂《やぶ》る。此れ、既に其の明験あり。且つ陰は先には動かず、陽の虚に乗ず。陽は遽《にわ》かには虚ならず、動くに由りて斂《やぶ》る。禨《き》（きざし、祟り）興りて鬼瞰《うかが》い、妖は人自《よ》り興る。然らば則ち、消息の蔵に通じ、性命の正を存する者に非ざれば、亦悪《いずく》んぞ能く大観――去（去声）――を以て天位を保たんや。

観《かん》は四陰に迫られて二陽が天位に遷り、虚しく天位を保つのみである。この二陽を救うには夙《はや》くしなければならず、しかも善く救うことが必要である。善く救うには、その時に因る。観《かん》の時は、四陰は多く二陽は少なく、陽の生は上に窮まり陰の殺は下に旺んであり、天位の二陽は陵夷し地位と人位の四陰は固く集まり、四陰の邪は満ち二陽の正は虚名を保つのみであり、陽の人為は力尽き陰の鬼霊が盛んである。このような時に陽の威は用いることができず、威を用いれば一陽が上に剥せられるに至る。牀を剥すは、剥《はく》䷖の初六と六二と六四の爻辞にいう。また恩を以て陰を感ぜしめることはできず、その恩膏は必ず屯るに逢う。屯《ちゅん》䷂の九五の爻辞に、「其の膏《めぐみ》を屯《とどこお》らす」という。しかもこの恩と威を妄りに用いて乾坤一擲の勝敗を争えば、敗れて自ら滅亡を招き、たとい勝っても自ら弊するのみである。明験有りとは、船山が明末に在って自ら体験したことをいう。『周易内伝発例』の後序に当る二十五の項に、「戊子（隆武五年、一六四八年、船山三十歳）、戎（戦乱）を蓮花峯に避け、益々之（易）を講求せり。初め観《かん》卦の義を得、其の理に服膺し、以て険阻に出入して自ら靖《やす》んぜず」という。

しかも陰は決して先に動かず、陽の虚に乗ずる。また陽は忽ち虚になるのではなく、陽の動によって自ら弊する。この陰陽固有の性情から邪悪の幾が興って陰の鬼が時に乗じようとし、かくして邪悪の人によって妖異の事が起る。従って陰陽消息の深蔵に通じ、人の性命の正を己に存する者でなければ、人が仰ぎ観る大観（象伝に、「大観、上に在り」という）によって天位を保つことはできない。

是の故に、観――去（去声）――とは我（陽）なり、観る――平（平声）――者は彼（陰）なり。彼を忘れて我を得、我を以て彼を治むるに、不言の教有り、无用の徳有り。故に麋鹿《びろく》前に興るも視ず、疾雷《しつらい》柱を破るも驚かず。然りと雖も、又豈孱主《せんしゅ》（懦弱な君主）羸国《るいこく》（疲弊した国）の晏安（無事和平）を懐《おも》いて存亡を遺《わす》るるが若《ごと》くならんや。言を以て名を起し、用を以て功を起すは、大人の治を開く所以なり。言は以て言わず、用は以て用いざるは、君子の危うきを持する所以なり。

象伝に「大観、上に在り」という観は二陽の我をいい、九五の爻辞に「我が生を観る。君子は咎无し」といい、上九の爻辞に「其の生を観る。君子は咎无し」という観る者は四陰が観ることをいう。

九五の爻辞について、『周易内伝』は「言と行は、皆《とも》に身の生起する所の事なり、故に生と曰う（九五の爻辞に、「我が生を観る」という）。四（六四）自《よ》り以下（初六から六四までの四陰）は、皆陰に奨《すす》むるに陽を観るを以てし、其の逮《およ》ばざるを責む。陰盛んなるを以て、陽は且に往かんとす。故に必ず名を正し分を定め、以て陽を扶けて之を尊ぶ。九五に至り、群陰方《まさ》に興り且に迫らんとするの勢いに当り、固より位の尊きを恃みて、人の必ず己を観ると謂《おも》う可からず。能く人の観（大観）と為る者は、必ず先ず自ら観る。語黙動静、一の君子に協わざるの道有れば、則ち時は去り勢いは孤にして、位すら且つ保たず。徒《ただ》に在下の者の侵陵を咎む可からざるのみならず、咎は実に己に在り。故に此の位に当る者は、必ず我が生を観る。果して其れ君子為《た》りて、而る後に咎无し。其の剛健中正の道未だ亡びざるを以て、之に責《もと》むること備われり」という。

また上九の爻辞について、「其とは、外に在るの辞なり、物情嚮背の幾を謂う。上九は九五の位無し、而も陽は将に往かんとす。其の大観を失わざらんと欲するは、尤も難し。内は之を己に度《はか》り、抑《また》必ず外は之を物に度る。果して其れ邇《ちか》きを発《ひら》きて遠きを見る所以の者は、物理に中《あた》らざる無く、以て攜《そむ》けるを招き遠きを懐《なつ》く可く（『春秋左氏伝』僖公七年に、「攜けるを招くに礼を以てし、遠きを懐くるに徳を以てす」という）、允《まこと》に君子為《た》りて、然る後に咎无し」という。

『周易内伝』は彖辞について、「陽の僅かに位に存し、而も以て陰に俯臨す。人君は民情紛起の際に於ける、君子は小人群起の日に於ける、中国は夷狄方《まさ》に張るの時に於ける、皆唯自ら矩範を立て、感化を期せずして、而も自ら敢えて志を異にせず。若し其れ然らずして、競いて与に相争い、褻《けが》して与に相暱《なず》めば、自ら其の観《しめ》す可きの徳威を失い、未だ反りて其の凌《しの》ぐ所と為らざる者有らず。然れども、豈徒《ただ》に位の拠るに足るのみならんや。言は必ず忠信、行は必ず篤敬（『論語』衛霊公に、「子曰く、言は忠信、行は篤敬なれば、蠻貊《ばんばく》の邦と雖も行われん」という）、動くに必ず荘もて涖《のぞ》み（『論語』為政に、「子曰く、之に臨むに荘を以てすれば、則ち敬す」という）、確然として己を端《ただ》して、威の畏る可き有り、儀の象《かたど》る可き有り、礼の敬す可き有り、義の服す可き有り、顒若《ぎょうじゃく》として其れ大正なり（彖辞に、「孚有りて顒若たり」という）。而る後に、方《まさ》に長ずるの陰をして、潜《ひそ》かに其の侵陵を消し其の令儀（大観）を観るを楽《ねが》わ使む可し」という。

このような観《かん》の世に在っては、君子は彼の四陰を忘れて我が陽の徳を守り、我が陽を以て四陰を治めるには、不言の教と无用の徳を以てしなければならない。かくして麋鹿（大鹿と鹿）が目前に飛び出しても視ず、疾雷が柱を撃っても心を驚かさない。とはいえ、この不言と无用は懦弱な君主や疲弊した国がひたすら安逸を願って国家の存亡を忘れることとは異なる。言を以て名を立て、用を以て功を起すのは、大人が治世を開く所以であるが、この観《かん》に在って言を言わず用を用いないのは、君子が危うきに在って自らを持するものである。彖伝に「観《かん》は天の神道なり、而して四時忒《たが》わず。聖人は神道を以て教を設け、而して天下服す」といい、『周易内伝』は「不言不動にして、自ずから其の化を妙にする者なり」という。また『論語』陽貨に、「子曰く、予《わ》れ言うこと無からんと欲すと。子貢曰く、子如《も》し言わざれば、則ち小子何をか述べんと。子曰く、天何をか言わんや。四時行われ、百物生ず。天何をか言わんや」という。それは、『老子』第四十三章にいう「不言の教、無為の益は、天下之を希及す」とは異なるものである。繫辞上伝第八章に「言行は、君子の天地を動かす所以なり。慎まざる可けんや」といい、その第十章に「易は思う无く、為す无し。寂然として動かず、感じて遂に天下の故《こと》に通ず」といい、同じく第十二章に「黙して之を成し言わずして信《まこと》なるは、徳行に存す」という。

今夫れ、薦《すす》めて而る後に孚見《あらわ》れ、盥《てあら》う者は且《しばら》く未だ薦《すす》めず。神の徠《きた》るは期无く、神の往くは景（影）无し。斎戒の身を抱き、往きて之を陰暗窅冥《ようめい》の際に求むるに、蓋し降格（神が降臨する）は端无くして、杳《よう》として自ら揣《はか》り難き者有り。而して「仁孝の心は、鬼神の宅なり」と曰わずや。此を以て之を推すに、類（四陰）は幽にして度る可からず、勢いは絶（絶大）にして相与《とも》にせず。凡そ眇躬《びょうきゅう》を以て不測の幾に際する者は、胥《みな》此に視《なら》う。而して君子は此に於いて、乃ち薦めざるを以て孚と為す。

観《かん》の彖辞に「観《かん》は、盥いて薦めず。孚有りて顒若《ぎょうじゃく》たり（恭敬のさま）」といい、『周易内伝』は「盥うとは、将に献ぜんとして先ず手を濯《あら》うなり、献《けん》（宗廟に供える）の始めなり。薦むとは、已に爵（酒器）を奠《さだ》めて而る後に俎《そ》（牲を載せる器）を薦むるなり、献の余なり。陽を以て陰に接し、明を以て幽に臨み、人を以て鬼に事《つか》うるの道なり。故に象を祭に取る。（中略）唯未だ献ぜざるの先に、主人自ら其の誠敬を尽くして鬼を相瀆《けが》さざれば、則ち其の神に孚なる者は威儀盛大にして、干《おか》す可からざるの象有り」という。盥っても薦めない献の始めの誠敬の心こそ、孚である。鬼神は、『中庸』第十六章に「子曰く、鬼神の徳を為すは、其れ盛んなるかな」といい、張載『正蒙』の大和篇に「鬼神は、二気（陰陽）の良能なり」という。観《かん》の世は、四陰は陰暗で測り難く、しかもその勢いはまことに強大で、陽に感じて和そうとはしない。眇躬は眇身と同じく、君王自称のことば、九五をいう。不測の幾は、観《かん》の卦のように四陰に迫られた二陽の危機をいう。君子はこのような時に於いては、盥いて薦めないことを孚とする。

其の薦めざるの孚とは何ぞや。陰の陽に感ずるや与《とも》にするを以てし、陽の陰を制するや欲を以てす。其の与にするを受けざる者は、先ず其の欲を浄む。利を以て我（陽）に中《あ》つるも、利は清明の志（陽）に入らず。勢いを以て我を盪《うご》かすも、勢いは彊固の躬を驚かさず。宮庭は盥《てあら》うの地なり、夙夜は盥うの期なり。典型を恪守《かくしゅ》して（つつしみ守る）喜怒妄ならざる者は、其の坌起《ふんき》（むらがり起る）の塵を盥う。其の尊高を養いて金車乞《こ》う勿《な》き者は、其の霑濡《てんじゅ》の垢を盥う。天位を履みて慙《は》ずる无く、神威を試みざるに畜《やしな》う。彼は固より「其の薦むるを伺いて、之に狎《な》れんことを庶幾《ねが》う」と曰うをや。

而れども終日薦むるの事无く、則ち終日薦むるの形有り。故に道盛んなるも吐く可からず、力全きも茹《くら》う可からず。彼の駸駸然《しんしんぜん》として（忽ち）起ちて我を干《おか》す者も、亦且つ前《すす》み且つ卻《しりぞ》き、迎えんと欲し随わんと欲し、両つながら端无し。乃ち以て危うきに瀕せるの鼎を奠《さだ》めて、気数の定まるを俟《ま》つ。「君子は咎无し」（九五と上九の爻辞）とは、良《まこと》に是を以てなるか。

九五と上九の天位を履む二陽が四陰に対処する仕方は、薦めない孚に在ることを述べる。陰は陽に交わる（与にする）ことを求めるが、陽はまず己の欲を浄め、わが清明の志と強固の躬（陽の心身）を守ることによって、陰が陽に狎れ干《おか》すことのないように努める。坌起の塵は、四陰が陽に迫ること。金車は、困《こん》の九四の爻辞に「金車に困しむ」といい、朱子『周易本義』は九二をさすというが、『周易内伝』は「金は剛、車は行く所以の者なり、五（九五）を謂う」という。すなわち、九五が尊高を養って敢えて陽剛の志を試みないこと。かくして霑濡、陽が陰に染まる垢を浄めることができる。二陽は天位を履みながら、しかもその神威を用いることをせず孚を養う。薦めるということを行為を示せば、四陰はそれにつけ込んで狎れ親しもうとするからである。

しかし二陽は決して薦めるという事は行わず、しかも絶えず薦めるという威儀を正している。すなわち陽剛の二陽は道は盛んであるがそれを外に示さず、陰柔の四陰は力は充分であるがそれにつけ込むことができない。『詩経』大雅の蒸民に、「人亦言有り、柔なれば則ち之を茹《くら》い、剛なれば則ち之を吐くと。維れ仲山甫は、柔なるも亦茹わず、剛なるも亦吐かず」という。かくして、四陰は陽に対して進退ともに対応する手立てを失うに至る。これこそが危うきに瀕する鼎（鼎の足が折れて倒れようとする危機）を定めて、自ずと気数の定まることを俟つ君子たり得るのである。

故に其の薦む可からざるに因りて、其の瀆すを戒むれば、則ち地天の通は已に絶つ。其の必ず盥うを尽くして其の素を治むれば、則ち陰凝の氷は堅からず。是に於いて、下は観て化し、天下は治まる（彖伝による）。高宗、乱を承けて恭黙して言《ものい》わざる（『書経』説命《えつめい》上）は、仲康の胤征（『書経』胤征）宣王の南伐（『史記』周本紀）に異なる所由《ゆえん》なり。故に、「聖人は神道を以て教を設く」と曰う（彖伝）。陰は鬼を以て来るも、我は神（神道）を以て往く。之（教）を設くること妄ならず、之（神道）を教うること勤ならざれば、功は俄頃にして消を萌《きざ》し害を積むこと无し。

観《かん》の彖伝に「観《かん》は盥いて薦めず、孚ありて顒若たり（彖辞）とは、下観て化するなり。観《かん》は天の神道なり、而して四時忒《たが》わず。聖人は神道を以て教を設け、而して天下服す」という。『周易内伝』は彖伝について「観《かん》とは、天の神道なり。不言不動にして、自ずから其の化を妙にする者なり。二陽（九五と上九）は天位に在り、天（天位）自り以下は皆陰なり。天は剛健を以て道と為し、法象を上に垂れ、而して神は其の中に存す。四時の運行するや、寒暑、風雷、霜雪は、皆陰気の感ずる所の化にして、自ずから順行して忒《たが》わず。聖人は此に法《のっと》り、身を以て教を設く。愚賤頑冥の嗜欲風気、雑然として繁興するも、顒若たるの誠、但《ただ》盥いて軽々しくは薦めず。自ずから巧者をして其の辯を施す所無く、悍者をして其の争いを施す所無から令め、而して天下服す」という。

陽が薦めざるの孚を守って陰の塵に瀆されないようにすれば、地天（四陰が二陽に迫る）の道は断たれる。また陽が本来の剛健の心を治めれば、陰威が侵すことを避けることができる。陰凝の氷は、坤《こん》の初六の爻辞に「霜を履みて堅冰至る」といい、観《かん》の下卦坤《こん》についていう。陽が己の大観を観《しめ》すことによって、下の群陰はそれを観て化するのである。

九五と上九の大観を観る四陰について、その『周易内伝』を示す。初六の爻辞に「童観す。小人は咎无し。君子は吝なり」といい、『周易内伝』は「童観とは、所謂童子の見なり。初六は柔弱にして、卑疏に安んず。大観は上に在るも、之に近づきて以て自ら其の見聞を拡ぐる能わず。小人は其の便安の習を怙《たの》み、其の鄙瑣の識を守り、挹りて己の有と為す。深く喩《さと》れば以て道は是《ここ》に在りと為すも、方《まさ》に且つ自ら咎无しと謂《おも》い、以て君子の遠大の規（はかりごと）を信せざるは、君子の道の明らかならず行われずして、吝を成す所以なり」という。

六二の爻辞に「闚《うかが》い観る。女の貞に利し」といい、『周易内伝』は「六二は中にして位に当り（陰が二の陰位に居る）、亦之を貞と謂う可し。而して内卦（坤《こん》）に主と為り、以て陰の盛満を成す。大観は上に在る有るを知るも、且つ信じ且つ疑い、門内従《よ》り之を窃視し、敢えて応ずるに決せず。女子の貞なるのみ、其の利しき所の者は是《ここ》に在り」という。

六三の爻辞に「我が生を観て、進退す」といい、『周易内伝』は「六三は柔にして坤《こん》（内卦）と体を為し、則ち退きて陰（初六と六二）に就くは、其の時然るなり。三は進爻為り、較《はか》りて五（九五）に近づき、則ち進みて陽（九五）に就くは、其の志然るなり。退きて時を失わず、進みて以て志を遂げ、両者（進退）皆《とも》に過ぐる無し。道は我の行く所を観るに在りて、物に在らず。自ら其の身を修め、内に省みて疚しからず（『論語』顔淵）。斯《ここ》に以て、退きては順わざるに狎れず、進みては時に違《たが》うに迫らず。其れ庶幾《ちか》し」という。

六四の爻辞に「国の光を観る。用《もっ》て王に賓たるに利し」といい、『周易内伝』は「三（六三）は身を修めて以て時を俟ち、四（六四）は則ち進むに決す可し。陽の光に近づくは、陽の求むる所なり。古者、郷太夫、士を天子に進むるに、飲射に賓して以て之を興《あ》（挙）ぐ。四（六四）は五（九五）を承けて弥々《いよいよ》近づく、故に利しきは賓して興《あ》ぐるの礼を受けて以て進むに在り」という。

殷の高宗（武丁）のことは、『書経』説命《えつめい》上に「台《われ》の四方に正たるを以て、台、徳の類せざるを恐る。茲《こ》の故に言《ものい》わず、恭黙して道を思う。夢に帝、予に良弼を賚《たま》う。其れ予に代りて言わん」という。夏の仲康が胤后に命じて羲和《ぎか》を征伐させたことは、『書経』胤征に見え、周の宣王（姫静）が南方の荊蛮・淮夷を討伐したことは、『史記』周本紀に見える。このように神道によって教を設け、徒らに神道を教えることにつとめず、恭黙して孚を保てば、忽ちにして陰の殺が生じて害が積むようなことは決して起らない。

大象に「風（上卦の巽《そん》）、地（下卦の坤《こん》）の上に行くは、観《かん》なり。先王は以て方を省《かえり》み、民を観て教を設く」といい、『周易内伝』は「上に居りて下を察するを、省みると曰う。坤《こん》は地為《た》り、方とは地の方所なり。陽は君なり、陰は民なり。民を観て教を設くとは、五方（中国と四方の夷狄）の風気を観て之を調治し、彝倫《いりん》の教に率《したが》わ使むるなり。風（巽《そん》）、天（乾《けん》）の上に行くは（乾《けん》下巽《そん》上の小畜《しょうちく》。その大象に、「風、天の上に行くは小畜《しょうちく》なり。君子は以て文徳を懿《よ》くす」という）、君は以て中和の極を建て、風化の原（源本）を開くなり。風（巽《そん》）、地（坤《こん》）の上に行く（観《かん》）は、君は以て風俗の偏に因りて、寛に在るの教を設く（『書経』舜典に、「敬《つつ》しみて五教を敷き、寛に在れ」という）。体用交々得、而して風教は上下に達す」という。

聖人は、固より已《や》むを得ずして観《かん》を用う。然れども彼の已《や》むを得るも已めざる者、其の後は竟《つい》に之を如何《いか》んせん。以て鑒《かんがみ》る可し。故に堂に歌舞すれば則ち魅《み》は室に媚び、戸に磔禳《たくじょう》すれば則ち厲《れい》は庭に嘯《うそぶ》く。鬼神を極め、治乱を通じて、道は一なるのみ。然れども且つ、重きを極めて反し難きの勢を承け、其の明威を褻用《せつよう》して其の瞻《せん》聴《ちょう》（見ると聴く）を戒めざる有らば、潰敗をして一旦に起りて之を救う莫から使め、徒らに後に恤《うれ》いを銜《ふく》む者をして悲憤膺《むね》を填《うず》め控洩《こうえい》する所无から令む。哀しい哉。

聖人は、やむをえずしてこの観《かん》の道を用い、不言の教を設け天下がそれを観て化することをねがう。しかし彼の四陰がその勢いを恃んで干《おか》すことをやめなければ、後世のものはその害を身に受けて如何ともなし得ない。このことは常に留意すべきである。堂上に歌舞し、九門に磔禳して（羊を裂き、禍を除く季春の祭り。『礼記』月令に見える）神道を設けるとき、同時にまた魑魅鬼厲の陰気がうごめいている。鬼道と神道を極め、治と乱を通じて、一なる道がある。この際において道を誤れば、如何ともなし難い時の勢いを承け挽回できぬ敗亡の中、ひたすら歎きを抱いて訴えるところのない悲運に陥る他ない。これはまた、明末の崩壊に際会した船山の哀しみである。

䷔ 噬嗑《ぜいこう》（震《しん》下離《り》上）

噬嗑《ぜいこう》は、獄を用い法を敕《ただ》す者なり。而るに、初（初九）と上（上九）は何を以て刑せらるるや。

噬嗑《ぜいこう》は獄を用い法を敕すものである。とすれば初九と上九がなぜ刑を受けるのかを問う。彖辞に「噬嗑《ぜいこう》は亨る。獄を用うるに利し」といい、大象に「先王は以て罰を明らかにし法を勅《ただ》す」という。また初九の爻辞に「校（足かせ）を屨《は》いて趾《あし》を滅《おお》う」といい、上九の爻辞に「校（首かせ）を何《にな》（荷）いて耳を滅《おお》う」という。『周易内伝』は彖辞について、「噬嗑《ぜいこう》の義は、彖伝備われり（後に示す）。卦為《た》る、一陽（九四）は三陰（六二と六三及び六五）の中に入り、而も其の位を失い（陽が四の陰位に居る）、陰と相合せず。三陰は類を連ねんと欲するも、一陽（九四）の間《へだ》つる所と為り、合する能わず。頤《い》（䷚）の道為《た》る、虚（中の四陰）以て養（飲食）を受くるも、而れども位を失うの陽（噬嗑《ぜいこう》の九四）は、実を以て之（養）を碍《さえぎ》り、合する能わず。否《ひ》（䷋）自り変じ（否《ひ》の九五が、初九に下ったのが噬嗑《ぜいこう》）、下を陽とし上を陰とし（九四が六五の下に在る）、皆《とも》に位に当らず（九四が陰位に居り、六五が陽位に居る）。其の交わり固かれざれば、合する能わず。合せざるの勢いを積み（以上、「相合せず」「合する能わず」と、四回述べている）、初（初九）と上（上九）の二陽は、其の剛制の才を以て、強いて雑乱の陰陽を中《うち》に函《ふく》み、之を合せ使む。是れ齧み合すなり」という。

陰陽の合離するに数有り、而して其の離由《よ》り以て合するに道有り。物の相協《かな》うや、之を感ぜしめて以て正せば、則ち配偶すること宜《うべ》なり。時の已に乖《そむ》くや、之を強《し》いて以て合すれば、則ち怨慝《えんとく》生ず。九四の陽は、其の位に非ず（陽が四の陰位に居る）。陰（六二と六五）は朋を得て以て中に居るも、然れども且つ（九四は）強いて入りて其の上下の際に与《あずか》る。則ち之を時を知り其の辨（上下の界）を大にすと謂う可からず。初（初九）と上（上九）を為す者は、乃ち頗心（不正の心）を挟《さしはさ》みて以て物を平らかにし、甘頤《かんい》を含みて以て怨みを和す。其れ能く必ず彼（九四）の吐く无からんや。理を以て争いを止《とど》むれば、狂戻は之が為に心を銷《け》（消）す。餌を以て競うを勧むれば、猜疑の妒を増す所由《ゆえん》なり。初（初九）と上（上九）は頤《い》（䷚）の体にして、二（六二）と五（六五）は頤《い》の虚なり。業《すで》に実（九四）を虚中（六二・六三と六五の間）に投じて以て相離れ使め、而も又之を合す。初（初九）と上（上九）の自ら以て功と為すも、其の罪の積むを知らず。此れ、蘇秦の車裂せる所以なり、李厳の謫死《たくし》せる所由《ゆえん》なり。

陰陽が合しまた離れるには数（時）があり、また離から合するには道を以てしなければならない。物が相調うには、陽が陰を感ぜしめるのに正を以てすれば、陰陽相合することができるが、時が乖いているのに強いて合せようとすれば、怨匿、すなわち陽が怨み陰が匿《かく》すことが生ずる。噬嗑《ぜいこう》の陰陽の合離が道に合せず、強合して怨慝が生ずる所以を述べる。

まず九四の陽は、陽を以て四の陰位に在るから位を失っている。また六二と六五の陰は中に居り、頤《い》䷚の六三と六四を含む四陰が類を連ねているのに、九四は強いてこの陰中に入り、上卦離《り》と下卦震《しん》との際に在る。このような九四は、時を知り内卦と外卦の辨を明らかにするものということはできない。

一方、初九と上九の二陽は、「其の剛制の才を以て、強いて雑乱の陰陽を中に函《ふく》みて、之を合せ使む」（彖辞についての『周易内伝』）という頗心をもっている。彖伝に「頤（あご）中に物有るを、噬嗑《ぜいこう》と曰う」といい、『周易内伝』は「物とは、固有する所の物に非ず。位を失う（陽が四の陰位に居る）の九四を謂う。頤中は、豈物有る可けんや。又従《よ》りて噬《か》みて以て之を嗑《あわ》すは、其の妄を増す」という。また「剛柔分れ、動きて（下卦の震《しん》）明らかなり（上卦の離《り》）。雷（震《しん》）と電（離《り》）合して章らかなり。柔（六五）は中を得て上行す。位に当らず（陰が五の陽位に居る）と雖も、獄を用うるに利し」といい、『周易内伝』は「否《ひ》（䷋）の変自り之を言う。否《ひ》の陰陽は聚まるも、此の卦は之を分つ。分ちて下る者（否《ひ》の九五が初九に下る）は、躁動せず（下卦震《しん》の初九についていう）。分ちて上る者（否《ひ》の初六が六五に上る）は、則ち離《り》明の主と為る（上卦離《り》の六五についていう）。雷（下卦の震《しん》）は不測に起り、電（上卦の離《り》）之を章らかにすれば、則ち明（上卦の離《り》）は以て動（下卦の震《しん》）を燭《て》らして其（震《しん》）の妄を止むるに足る。位に当らずとは、六五を謂う（陰が五の陽位に居る）。否塞の道を変え、柔（否《ひ》の初六）は初自り上行して以て中を得たり（噬嗑《ぜいこう》の六五となる）。其（下卦の震《しん》）の妄を炤《あき》らかにし治むるに刑を以てするは、義に合す。故に利しきなり。両造（原告と被告）は、訟と曰う。上、下の悪を察して之を治むるは、獄と曰う」という。

　初九と上九が頤中にあるべきでない九四を平らかにしようとし、位を失った九四の怨みを表面上甘き頤《あご》を以て和そうとする。その心を頗心といい、いよいよその妄を増すのみである。かくして初九と上九が噬《か》み嗑《あわ》そうとしても、結局九四を吐き出さざるをえない。『周易内伝』は九四の爻辞について、「初（初九）と上（上九）は、勢を審らかにし徳を度《はか》らず。強いて之を折服せんと欲し、四（九四）は必ず亢して之と争う」という。かくして九四は、理を以てすれば狂戻はその心を消すが、餌を以て陰中に争うことを勧めれば、猜疑してその妒を増すだけの存在である。噬嗑《ぜいこう》☲☳は、頤《い》☶☳の初九と上九の二陽の中に九四の陽を投じて陰陽を離れさせ、かつ噬嗑《ぜいこう》して（かみ合す）無理に合せようとする象である。

　蘇秦は六国合従の策を弄して車裂され（『史記』蘇秦列伝）、李厳は李自成に人を殺さず人心を収めることを勧め、のち金星のために殺された（『明史』巻三百九）。ともに合すべからざるものを無理に合せようとし、却って罪が積むことを知らぬものたちである。

　且つ初（初九）と上（上九）の噬《か》みて以て之を嗑《あわ》さんと欲するは、将《はた》何をか為すや。陰（六二と六三及び六五）を強いて以て陽（九四）に従わしめんと欲し、則ち衆（三陰）を屈して以て寡（陽）に就かしむ。陽（九四）を強いて以て陰に順わしめんと欲し、則ち党（初九と上九の類である九四）を堕《おと》して以て讐《しゅう》（陽の仇である三陰）を崇《たか》くす。衆を屈して寡に就かしむるは、武断にして不智なり。党を堕しめて讐を崇くするは、本に背きて不仁なり。労を疑戦の世に施し、利を壺飧《こそん》の間に取るは、小人の鉗鈇《かんぷ》（首かせと斧、刑具）を甘しとすること、飴の如き所以なり。豈恤《うれ》うるに足らんや。

噬嗑《ぜいこう》の初九と上九は、下顎と上顎の象。初九と上九の二陽が、六二と六三と六五の衆陰を己の陽剛によって噬み嗑せようとするのは、武断の不智である。また本来上九と初九の党（仲間）である九四を衆陰に順わせるのは、陰を治めるべき陽の本に背く不仁である。疑戦は、あらかじめ戦期を約せず突然戦端を開くことをいう（『春秋穀梁伝』荘公十年）が、また坤《こん》の文言伝に「陰の陽に疑わしきときは必ず戦う」という。初九と上九が、三陰の勢い盛んな疑戦の時に乗じて九四を陰に順わせようとすることをいう。壺飧は、壺に入れた食物。晋の文公が原を滅ぼしたあと、寺人勃鞮に原の大夫の人物を問うたとき、「対えて曰く、昔趙衰《ちょうし》、壺飧を以て径《みち》に従い、餒《う》うるも食わずと。故に原に処《くら》ら使む」（『春秋左氏伝』僖公二十五年）という。ここでは初九と上九が甘頤を以て九四の怨みを和し、噬み嗑すという利を貪ることをいう。初九と上九が刑せられることは、すでに始めに述べた。

六二の爻辞に「膚《ふ》（肉）を噬《か》みて鼻を滅《おお》う。咎无し」といい、『周易内伝』は「初（初九）と上（上九）は、噬む者なり。中の四爻は、噬むを受くる者なり。大臠《たいれん》（大きな肉片）の骨無きは、膚と曰う。鼻を滅うとは、大臠を捧げて噬めば、上は其の鼻を掩《おお》いて見えず、噬むの剛躁なる者なり。（中略）二（六二）は柔（陰）を以て柔（二の陰位）に居り、初（初九）に近く噬み易し。膚の若き者、初（初九）の上を噬むは、先ず二（六二）を噬み、故に迫りて鼻を滅うの象有り。然れども初（初九）方《まさ》に動きて二（六二）遽《にわ》かに之を掩うは、噬むを取るの道有り。則ち之を噬む者も、亦咎无かる可し」という。

六三の爻辞に「腊肉《せきにく》を噬みて毒に遇う。小（陰）は吝なるも咎无し」といい、『周易内伝』は「乾兎（干した兎肉）は腊と曰う。三（六三）は柔（陰）を以て剛（三の陽位）に居り、体は小なりと雖も堅く、噬み易からざる者なり。強いて之を噬まんと欲すれば、則ち命を聴かずして必ず相害す。彼（初九）噬みて此（六三）は之を拒ぐ、三（六三）は亦吝なり。小とは、陰を謂う。然れども噬嗑《ぜいこう》の義は、噬むを受けざるを以て正と為す。則ち相持して従わざるは、固より咎无し」という。

六五の爻辞に「乾肉《ほしにく》を噬む。黄金を得たり。貞にして厲《はげ》し。咎无し」といい、『周易内伝』は「黄金は、金の貴き者なり。五（六五）は離《り》（上卦）の主為り、而して尊貴の位を得たり、故にに黄金と為す。（中略）乾肉は胏《し》（骨付きのほし肉）に較べて骨無しと雖も、然れども亦堅韌《けんじん》にして噬み易からず。六五は中に居り、離《り》明の主為り。乃ち上九は与に近きを以て之を噬まんと欲し、其（六五）の位尊く柔なるを見て、寵を邀《むか》えて其の利を分つを得んと覬《うかが》う。而れども五（六五）は大明中正の徳を以て其の情を灼見し、貞を守りて惑わず、厳厲以て法を行う。則ち上（上九）は且つ罪を蒙りて、敢えて犯さず。威を立つること已《はなは》だ過ぐと雖も、咎に非ず」という。

然らば則ち、初（初九）の悪は浅くして、上（上九）の悪は積むは何ぞや。初（初九）は震《しん》（☳）の主にして、奔走の勢いに任じ、下頷（下あご）は堅きを齧むを以て力を致す。上（上九）は離《り》（☲）の終りにして、微明の慧（離《り》は明、また知の慧。上九は上卦離《り》の終りであるから、微明という）を衒《てら》い、上齦《ぎん》（上の歯ぐき）は味を貪るを以て栄と為す。震《しん》は離《り》に合するを求めて、噬む所は他（下卦震《しん》ではない上卦離《り》の九四）に在り。故に二（六二）と三（六三）は、以て怨み亡《な》かる可し。離《り》は震《しん》を合するを求めて、噬む所は我（離《り》の九四）に在り。故に、九四は早已《すで》に傷心す。則ち上（上九）の悪は積みて揜《おお》う可からず、五（六五）は其れ能く之を揜わんや。

夫れ己を虚しくして争わず、中を履みて昵《なず》まず、強合して親しまざるの世に游び、厲《れい》（厳厲）にして其の貞を失わざる者（六五の爻辞に、「貞厲なれば、咎无し」という）は、唯五（六五）のみ其れ能く（咎を）免れん。

初九の悪よりも、上九の悪は揜い隠すことができないことを述べる。初九の爻辞に「咎无し」といい、上九の爻辞に「凶なり」という。初九の爻辞「校を履《は》きて趾を滅《おお》う。咎无し」について、『周易内伝』は「校（足かせ）を履くとは、械を足に施すなり。滅とは、掩うなり、没するなり。其の足に械し、械を見るも足を見ず。初（初九）は上（上九）

と頤（あご）の体を為し、陰陽の雑を翻合して其の安きを恤《うれ》えざるは、其の罪なり。故に、獄を用うる者は、施すに刑を以てす。然れども、初九は剛以て動くと雖も、卑下に処り、妄動するに堅きの力無し。（中略）二（六二）は又柔を以て己（初九）に乗じ、噬む可きの道有り。刑を議する者の、加うるに重刑を以てせざる所なり、其の足に械するのみ。薄く之を懲らせば、則ち悪は且《しばら》く止む。故に咎无かる可し」という。

上九の爻辞「校を何《にな》（荷）いて耳を滅《おお》う。凶なり」について、『周易内伝』は「校（首かせ）を何いて耳を滅うとは、其の項（うなじ）に械して其の耳を掩うなり。六五は貞厲にして、刑を上九に施す。已に校を何うも、猶耳を滅いて聴かず。強いて之を噬みて以て合するを求めんと欲す。之を噬むは不仁なり、之を合するは不義なり、自ずから死亡に罹《かか》らざれば止まず。（中略）五（六五）は虚中にして明炤《めいしょう》なり（上卦離《り》は明）、噬む可き者に非ず。之を懲らして戒むるを知らず、剛強を恃みて制す。故に罪は初（初九）よりも烈しく、允《まこと》に凶人為り。刑を用うる者の、宜しく加うるに怙終《こしゅう》の賊刑（怙《たの》む所をもち再犯する者に対する刑、『書経』舜典に見える）を以てすべき所なり」という。

噬嗑《ぜいこう》は、震《しん》下離《り》上。初九は、震《しん》（奔走の動）を起す唯一の陽である。上卦の離《り》に合し九四を噛もうとするもので、下卦震《しん》の六二と六三は関わりない。それに対し、上九は同じ上卦の九四、すなわち象伝に「頤中に物有り」という物を噬もうとする。従って九四は同じ上卦の上九に噛まれる悲しみを抱いている。それを敢えてする上九の悪は、蔽いかくすことのできないものである。六五の君は陰であるから、上九の悪を如何ともすることができない。

上九の悪を止めることができない六五について、咎を免れるその厳厲にして貞を失わないことを付言する。六五は陰の虚心を以て上九と争わず、中位を履んで上九に昵まず、このような無理に合せようとする噬嗑《ぜいこう》の世に在って己の貞厲を守るからである。その爻辞についての『周易内伝』は、すでに示した。六五の小象に「貞厲なれば咎无し（爻辞）とは、当を得ればなり」といい、『周易内伝』は「明（上卦の離《り》）以て之を察し、柔（陰）にして能く断じ、法を持して其の当を得たり」という。

䷕　賁《ひ》（離《り》下艮《ごん》上）

一

噬嗑《ぜいこう》は合する所に非ず、賁《ひ》は飾る所に非ず。

頤《い》（䷚）は外は実（上九と初九の陽）にして、中は虚（六二と六三と六四と六五の陰）なり。外は実にして以て形を成し、中は虚にして以て養を待つ。中を虚しくして以て静かなれば、物の養は自ずから至る。飲食男女は、師无くして感じ、応ずるに因りて受く。則ち倫類は戒めずして孚あり、礼楽は之に因りて以て起る。其の合するや仁と為り、其の飾るや礼と為る。太和の原（仁）、至文の撰（礼）は、咸《みな》斯に在り。故に、無欲なれば故に静かなりと曰う。無欲なる者は、先には動かず、動きて雑ならざる者なり。

陽の四に入りて以て陰に逼《せま》りて自《よ》り、陰は始めて疑い（噬嗑《ぜいこう》䷔についていう）、三に入りて以て陰を間《へだ》てて、陰は始めて駁（雑）なり（賁《ひ》䷕についていう）。疑いて乃ち已むを得ずして、合するを初（初九）と上（上九）に聴《まか》す（噬嗑《ぜいこう》）。駁にして乃ち姑《しばら》く相与《とも》に用いて、飾るを二（六二）と四（六四）に交《まじ》う（賁《ひ》）。皆《とも》に実を虚に増すを以て、既に疑い既に駁にして之を理《おさ》む。故に、噬嗑《ぜいこう》は合する所に非ず、賁《ひ》は飾る所に非ずと曰う。

噬嗑《ぜいこう》䷔は頤《い》䷚の四の位に陽が入った象であり、賁《ひ》䷕は頤《い》の三の位に陽が入った象である。ともに頤《い》の陰陽の構造を乱すものであるから、噬嗑《ぜいこう》は合する所に非ず、賁《ひ》は飾る所に非ずという。このことばは、あと三度繰り返して用いる。

頤《い》は、象辞に「貞しければ吉なり」という。外の二陽が顎の形を成し、中の四陰が物を受け容れ養う象を成す。四陰が虚であり無欲であるから、陰陽合して仁となり、陽を外に飾って礼となる。太和の原（源）は仁をいい、至文の撰

（事）は礼をいう。頤《い》の四陰は無欲で静であるから、次にいう噬嗑《ぜいこう》と賁《ひ》のように動いて雑とはならない。

しかし陽が四に入った噬嗑《ぜいこう》と三に入った賁《ひ》は、頤《い》の四陰の虚静を乱したもので、疑によって噬嗑《ぜいこう》の初九と上九が強いて合し、駁によって賁《ひ》の六二と六四をかりそめに飾るだけである。ともに九四と九三の実を頤《い》の虚中に増し、陰が疑い陰が駁となったものを治める象である。これまた、噬嗑《ぜいこう》は合する所に非ず、賁《ひ》は飾る所に非ずという所以である。

賁《ひ》の彖辞に「賁《ひ》は亨る。小（陰）は往く攸有るに利し」といい、『周易内伝』は「賁《ひ》の卦為《た》る、一陽（初九）甫《はじ》めて立ち、即ち間《へだ》つるに一陰（六二）を以てす。五（六五）に至りて又其の常度を改め（初九と六二、九三と六四が、一陽一陰する常度を改め）、一陰（六五）にして間つるに一陽（上九）を以てす。萋斐《せいひ》として以て貝錦《ばいきん》を成し（『詩経』小雅の巷伯に、「萋たり斐たり、是れ貝錦を成す」という。人の細過を集めて、大罪のように粉飾すること）、人為の巧は畢《ことごと》く尽くし、陰陽の変は此に至りて極まる。是れ天地の大文に与《あずか》るに足らず、徒《いたずら》に賁飾を為すのみ。陽は性と為り徳と為り、陰は情と為り養と為る。陰を以て陽を文《かざ》れば、則ち人の情に合して亨る可し。陽を以て陰を文れば、則ち人の情に順いて以て往くと雖も、之を縁飾して以て道に詭《いつ》わらず。則ち小は往く攸有るに利しきなり。小とは、陰を謂う。亨ると雖も利しきと雖も、大始自ずから然るの美利に非ず（乾《けん》の文言伝に、「乾《けん》始は能く美利を以て天下を利す」という）、而して貞なるに足らず。象（彖辞）は四徳（元亨利貞）に於いて、亨利有るも元貞無し。夫子、筮して賁《ひ》を得て懼るる（『呂氏春秋』慎行論の壱行に、「孔子、卜して賁《ひ》を得たり。孔子曰く、吉ならず」という）は、此を以てなるかな」という。

夫れ頤《い》（䷚）は虚を含むを以て徳と為し、而して陽は焉《こ》れに入る。其の能く品節の用を効《いた》す者は、唯損《そん》（䷨）なるか。二（九二）と初（初九）とは類を連ねて以て生じ、未だ雑ならず。故に「二簋《にき》用て享《まつ》る可し」と曰う（損《そん》の彖辞）。猶未だ其の静虚の道を傷《やぶ》らず。

若し乃ち損《そん》（䷨）を以て約と為し、更に動かんと思えば、則ち分ち上りて柔を文《かざ》り、柔来りて剛を文る（賁《ひ》の彖伝による）の事起り、終に賁《ひ》（䷕）を成す。損約の余に処り、猶因りて飾るを致す。此れ、夫子の筮して賁《ひ》を得て懼るる所以なり。
夫子の世は、賁《ひ》の世なり。夫子の文は、賁《ひ》の文に非ず。其の世を履み、其の家を成して、君子は猶自ら反りみ、世を謂わず、是《ここ》を以て懼る。夫の賁《ひ》の若《ごと》きは、則ち悪《いずく》んぞ以て天人の大文に当り、四時の変を善くし、天下の化を成すに足らんや。

頤《い》䷚の二の位に陽が入った象は、損《そん》䷨である。初九と九二が類を連ねて下に生じ、賁《ひ》のように陰陽がかりそめに交わる雑ではない。品節は、『礼記』檀弓下に「斯れを品節す、斯れを之れ礼と謂う」という。損《そん》の象辞に「二簋用て享る可し」というように、二つの簋（竹器、粗末な祭具）を以て損《そん》の世に処し、しかも頤《い》の静虚の道を損わない。しかしこの損《そん》の世を約（貧困）と思い、そこに安んぜず動こうとするのが賁《ひ》である。賁《ひ》の彖伝に「賁《ひ》は亨る（彖辞）とは、柔来りて剛を文《かざ》る、故に亨る。剛を分ち上りて柔を文る、故に小（陰）は往く攸有る有るに利し（彖辞）」という。『呂氏春秋』慎行論の壱行に、「孔子、卜して賁《ひ》を得たり。孔子曰く、吉ならずと」という。

孔子が懼れたのは、賁《ひ》の世に対してではなく、賁《ひ》の虚飾がまかり通ることについてである。小人は時代が悪いといって己を顧みることをしないが、君子はその世に生き一家を成しても、なお「反りみて諸《こ》れを己に求むるのみ」（『孟子』公孫丑上）である。孔子が懼れたのは、自ら真の大文を求めようとしたからである。賁《ひ》は、頤《い》の象伝に「天地は万物を養い、聖人は賢を養いて以て万民に及ぼす」という天人の大文ではない。

彖伝について『周易内伝』は、「賁《ひ》は亨る（彖辞）とは、賁《ひ》の亨る所以の者は、陽の亨るを言う。小（陰）は往く攸有るに利し（彖辞）とは、陰の利しきなり。上自り下に接するを、来ると曰う。一陽（初九）の上に一陰（六二）即ち至り、相錯する（陰陽が隠現する）を以て之を文る。陽道は本より質実にして剛正なり、陽甫《はじ》めて動きて陰即ち来り、虚柔（六二）にして以て人の情に適《かな》う。剛は物を戻《やぶ》らず、而して貴賤と霊蠢《れいしゅん》（知愚）は皆《とも》に楽しみ観て之に就くは、陽の道亨るなり。分つとは、泰《たい》（䷊）の変を謂う。三陽の中（泰《たい》の下卦乾《けん》の九二）従《よ》り、分ちて上に往く（賁《ひ》䷕の上九となる)。柔(泰《たい》の上卦坤《こん》)は上に在りて流れ易く、或いは情欲に泥《なず》みて理に違《たが》うに至る。剛は中位(泰《たい》の九二)を含《お》き、其の類(下卦乾《けん》の三陽)を離れて上り(賁《ひ》の上九となる)、以て陰の過を止《とど》む(賁《ひ》の上卦は艮《ごん》、艮《ごん》は止める意)。則ち声色と臭味は皆《とも》に節有りて理に払《もと》らず、陰の往くは乃ち以て利し(彖辞に、「小(陰)は往く攸有るに利し」という)。剛を文《かざ》るとは、陽を余り有るに宣《の》ぶるなり(上九についていう)。柔を文るとは、陰の不足を節するなり(六四と六五を上九が艮《とど》める)。斯れ亦天理の節文にして、亨利に止まる者なり(彖辞に、亨と利のみをいい、元貞をいわない)。君子の道は、時に行き時に止まり、即ち質にして即ち文なり(『論語』雍也に「子曰く、質、文に勝てば則ち野なり。文、質に勝てば則ち史なり。文質彬彬《ひんぴん》として、然る後に君子なり」といい、顔淵に「棘子成曰く、君子は質なるのみ。何ぞ文を以て為さんと。子貢曰く、……文は猶質のごとし、質は猶文のごとし」という)。而るに斤斤然《きんきんぜん》(明察のさま)として周密調停して、以て人の情と事の理に合せんと求むるは、則ち抑も末にして本に非ず」という。

礼は仁の実なり、而して虚に成る。无欲なり、故に天下の物を用いるも以て泰(驕侈)と為さず。无私なり、故に独制の極を建つるも以て専(専横)と為さず。其の静かなるや正しく、則ち其の動くや章を成して雑ならず。之を頤《い》の受けざる所に増せば、則ち雑なり。之を損《そん》に動かして文を相為せば、則ち章を成さず。分ちて上り、来りて文《かざ》ること、何ぞ汲汲たるや。此を以て文と為せば、則ち忠信は涯(限)有りて、音容は外に貸す。故に老子は以て之を譏《そし》るを得て、「礼は忠信の薄にして、乱の首《はじめ》なり」と曰う(『老子』第三十八章)。彼は悪んぞ礼を知らんや、賁《ひ》を知るのみ。則ち礼を以て賁《ひ》と為すのみ。

はじめに無欲無私の頤《い》䷚こそが、仁と礼を成すことをたたえる。冒頭に述べたように、中の四陰が虚静であり、無欲無私であることによって、上下の二陽が之を合せ、ここに仁と礼が自ずと成るからである。

頤《い》の受けざる所に増すとは、頤《い》の四陰の中に九三が入って賁《ひ》となること。損《そん》に動かして文を相成すとは、前段に「分ちて上りて柔を文り、柔来りて剛を文るの事起り、遂に賁《ひ》を文るの事起る」と述べていた。このように外面を飾ることに汲々たる賁《ひ》は、真の文章たる礼とはいうことができない。老子が譏ったのは、この賁《ひ》の虚飾についてである。老子は、決して礼の大文を知るものということはできない。

夫れ情、予めする所無くして自ずから生ずれば、則ち礼楽は容《まさ》に閟《とど》むべからず。文、外自り起りて以て情を成せば、則ち忠信は与に存するに足らず。故に哀楽は其の歌哭を生じ、歌哭も亦其の哀楽を生ず。然れども辨（区別）有り。哀楽、歌哭を生ずるは、則ち歌哭止《や》むも哀楽は余り有り。歌哭、哀楽を生ずるは、則ち歌哭已《や》めば哀楽は拠る无し。然らば則ち、其の方《まさ》に生ずるの日に当り、早已《すで》に倘《しょう》として（自然に生ずるさま）无根に至れば、物の動くに徇《したが》う。此れ、「物至りて知《ち》知る」（『礼記』楽記）と謂う所なり、与に倶に化する者なり。故に曰く、「賁《ひ》は、飾る所に非ず」と。飾る所に非ざれば、其れ以て文と為す可けんや。

情が予め期することなく自然に生ずれば、礼楽の大文は限りなく著らかとなる。しかし礼楽の文に従って情を起こせば、忠信の情は存することができない。すなわち哀楽の情から歌哭の礼が生じ、歌哭の礼から哀楽の情が生ずるが、両者には違いがある。哀楽の情から歌哭が生ずれば、歌哭の礼が終っても哀楽の情は尽きない。これは頤《い》の大文についていう。しかし歌哭の礼から哀楽の情が生ずれば、歌哭の礼が終れば哀楽の情は起らない。これは賁《ひ》の飾ることについていう。『礼記』楽記に、「人生まれて静かなるは、天の性なり。物に感じて動くは、性の欲なり。物至りて知知り、然る後に好悪形《あらわ》る」という。倘は、『読四書大全説』の『論語』先進三に、「倘然として生じ、溘然《こうぜん》として死す」という。人がこの世に生まれ、静なる天の性のままであるときは、物に循って知のはたらきが起る。これは、さきに「其の静かなるや正しく、則ち其の動くや章を成して雑ならず」という頤《い》である。しかし、自ら飾る賁《ひ》はこの頤《い》の大文とは異なる。これまた、賁《ひ》は飾る所に非ずという所以である。

天は上に虚にして日月は自ずから明らかなり、地は下に静かにして百昌（万物）は自ずから栄《はなさ》く。水は質無くして漪《い》（波）流れ、火は体無くして景（光）章らかなり。寒暑は相侵さず、玄黄（天地の色）は相間《へだ》てず。丹堊《たんあく》（赤や白の色を施す絵画）は素（白絹）に麗《つ》けて采（五采）を発し、簫管は寂（静寂）に処りて以て声（音声）を起す。文未だ出でざれば忠信見《あらわ》れざること多く、文已に成れば忠信見れざること少なし。何ぞ分ちて来る可けんや、何ぞ文は飾る可けんや。老子は固より未だ之を知らず。而るに之を摘《と》りて「乱の首《はじめ》なり」と曰う（『老子』第三十八章）を得んや。

天は虚清であることによって日月の明が輝き、地は静寧であることによって百昌の栄華が花開く。水の漪の流れと火の光の美しさも、水と火が質と体をもたないからである。寒暑は水火の文（あや）についていい、玄黄は天地の采（色）についていう。それと同じく絵画と音楽が五采を発し五音を奏するのも、素と寂という虚静による。すわなち、文采と文章（礼楽）によってこそ、忠信を表すことができる。分ちて来るは、賁《ひ》についていう。賁《ひ》の彖伝にいうように、賁《ひ》は泰《たい》䷊の九二を分け上九に上せて六四と六五の柔を飾り、初九と九三の二陽の間に六二の柔を来らせて剛を文《かざ》るものである。老子が礼は忠信の薄にして、乱の首なりといったのはこの賁《ひ》であり、それは頤《い》の礼文を知らぬものである。なお、『礼記』礼器に「忠信は礼の本なり、義理は礼の文なり」という。

至実なる者は大虚なる者なり、善く動く者は至静なる者なり。頤《い》は之を以てす。師无くして感じ、応ずるに因りて受く。情、相得て和すれば、則ち楽《がく》興り、理、違《たが》う可からずして節具《そな》われば、則ち礼行わる。故に礼楽は、皆《とも》に虚静の中に生ず。

而るに礼を記す者、「礼は外自り来る」と曰う（『礼記』楽記）。是れ賁《ひ》の九三、一陽の掲至《けつし》する（思いがけずに至る）者なり。乃ち以て滅裂する者の囂訟《ごうしょう》（争い）を啓《ひら》き、人道を馬牛に夷《ひと》しくし、礼法を疾《にく》むこと仇怨の如くす。皆《とも》に、其の以て之を激する有ればなり。故に夫子の懼るるは、徒《ただ》に其の世を以てするのみに非ず。賁《ひ》の、文に疑わしく、大文の、以て天下に昭らかなるに足らざるを、甚だ懼るるなり。賁《ひ》は、飾る所に非ず、豈文の謂ならんや。

はじめに頤《い》の虚静によって礼楽が興ることを述べ、後に賁《ひ》の九三が陰中に雑わり礼の虚静を乱すことをいう。頤《い》䷚

☳の初九と上九は至実なるものであり、中の四陰は大虚なるものである。また上顎の上九と下顎の初九は善く動き、中の四陰は至静にして養を致す。冒頭に、「飲食男女は、師无くして感じ、応ずるに因りて受く。則ち倫類は戒めずして孚あり、礼楽は之に因りて以て起る。其の合するや仁と為り、其の飾るや礼と為る」という。

しかし、礼は外から起ると記す者がある。『礼記』楽記に、「楽は中由《よ》り出で、礼は外自《よ》り作《おこ》る。楽は中由り出ず、故に静なり。礼は外自《よ》り作る、故に文なり」という。揭至は、何時《いつ》至るや、すなわち思いがけずに至るの意。頤《い》の虚静を破る賁《ひ》の九三の陽剛をいう。船山は情が相得て和することによって楽は起り、理が違うことなく節が具わることによって礼は行われると考えるから、この「礼は外自り来る」ということばを、礼法を疾《にく》む者の言として斥ける。皆《とも》にというのは、さきの老子の言と並べていう。なお人道を馬牛に夷しくするとは、『孟子』告子上に見える、牛の性と人の性を同じとし、馬の長を長とすることと人の長を長とすることを同じとする告子の説をふまえていう。孔子がトして賁《ひ》を得、不吉なりと懼れたのは、世を懼れただけではなく、賁飾を文明と誤まり、真の大文を明らかにしないことを懼れたためである。最後に、「賁《ひ》は飾る所に非ず」の言を以て、この論を終える。

二

情に及ぶ者は文なり（頤《い》をいう）、情に及ばざる者は飾なり（賁《ひ》をいう）。情に及ばずして強いて之を致す、是に於いて支離漫瀾（支離滅裂）として、然らざるの理を設けて以て一時の辨慧を給する者之れ有り。是の故に、礼は文なり、理の常を著らかにして、人治の大なる者なり。天子に非ざれば則ち議せず、庶人には則ち下さず。政は飾なり、理の変を通じて、人治の小なる者なり。愚者は由る可く、賤者は知る可し。之を張るも急を嫌わず、之を弛《ゆる》むるも緩を嫌わず。故に子貢の蜡《さ》を観るや、其の狂える若《ごと》きを疑う。

礼は以て治を統べ、政は以て俗に因る。況んや、其の庶（庶政）に在る者をや。是を以て、賁《ひ》は与《ため》に礼を制す可からざるも、与に庶政を明らかにす可し（賁《ひ》の大象に、「君子は以て庶政を明らかにす」という）。飾る所の者、小なればなり。

礼と政との別を述べる。人の情の中から生ずるのが頤《い》の文であり、情からではなく外から飾るのが賁《ひ》の飾である。情に中《あた》らないことを無理に飾り、支離滅裂の余りわけの分からない理屈を設けて、その場限りの口舌を弄する老子のような説が起る。すなわち、礼は理の常を著らかにする大文であり、人治の大なるものである。頤《い》の彖伝に、「頤の時、大なる哉」という。『中庸』第二十八章に「天子に非ざれば礼を議せず」といい、『礼記』曲礼上に「礼は庶人に下さず」という。それに対し、政は理の変である飾を通ずるものであり、人治の小なるものである。賁《ひ》の彖辞に、「小は往く攸有るに利し」という。また『論語』泰伯に、「民は之に由ら使む可し。之を知ら使む可からず」という。政は俗に因り理の変を通ずるものであるから、時の張弛に応じて緩急何れにも変ずることができる。子貢のことは、『礼記』雑記下及び『孔子家語』観郷射に見える。蜡は十二月の万神を祭る。

治を統べる礼に対し、政は俗に因るものである。まして庶政に因ることはいうまでもない。「其の庶に在る者」とは、賁《ひ》の大象にいう庶政のこと。『周易内伝』は、「庶政とは、事物の小なる者なり」という。賁《ひ》は頤《い》のように人治の大なる礼に与ることはできないが、飾る所が小である庶政を明らかにすることはできる。

夫の刑の若きは、則ち大なり。五礼の属は三千、五刑の属は三千なり。彼（礼）より出でて此（刑）に入り、生殺を錯綜して以て用と為す。先王の之（刑）を慎むは、猶其の礼を慎むがごとし。而るに之を増し之を損し、虚静の好悪に因らずして、強いて剛を以て入りて之を縁飾（外面を飾る）すれば、則ち刀鋸の憯《さん》（惨）は、其の雕刻（文飾）の才を資《と》る。韓嬰の「文士の筆端は、壮士の鋒端なり」と謂う所なり。良《まこと》に畏る可し。故に文致と曰い、深文と曰い、文《かざ》りて害亡《な》しと曰う。致とは、至る所に非ずして之を致すなり。賁《ひ》の陽（初九）来りて端无き者、焉《こ》れ有り。深とは、其の蔵に入りて之を察するなり。賁《ひ》の陽（九三）陰中に入りて其の虚を間《へだ》つる者、焉れ有り。害亡しとは、其の過ちを求むるも得ざるなり。賁《ひ》の柔（六二）来りて剛（九三）を文《かざ》る者、焉れ有り。之を戒めて「敢えて獄を折《さだ》むる无し」と曰う（賁《ひ》の大象）。敢えて无しとは、忍びざるの心の、肌を悚《おそ》れしめ魄を震う所の者なり。刀筆を操りて以て嬉笑し、鈇鑕《ふしつ》（斧と刑台、刑具）に臨みて眉を揚げ、民の涙尽きて血窮まり、骸（なきがら）に霜あり、胔《し》（肉のついた骨）に露ある者、勝《あ》げて道《い》う可からず。然れども且つ、楽しみて其の賁《ひ》を用いて恤《うれ》えず。則ち敢えてするの禍を為すこと、亦烈《はげ》しきかな。

刑は礼より出で、礼が人治の大であることに応じてまた大なるものである。賁《ひ》の大象に「敢えて獄を折《さだ》むる无し」というように、賁《ひ》は刑に用うべきでないことを述べる。五礼は『書経』舜典に、「五礼（吉・凶・賓・軍・嘉）を修む」といい、『中庸』第二十七章に「礼儀三百、威儀三千」という。五刑は『書経』舜典に「五刑（墨・劓《び》・剕《ひ》・宮・大辟）服する有り」といい、『書経』呂刑に「五刑の属、三千」という。彼は礼をいい、此は刑をいう。頤《い》の虚静を増損したのは、賁《ひ》の九三である。賁《ひ》はかりそめに陰陽を飾るのみか、刑の僭なることをも文《かざ》ろうとする。

文致とは、法文を弄して無実のものを罪に陥れること。初九が端無く（いわれなく、忽然として）初の位に来て、賁《ひ》の卦を飾ることをいう。深文とは、法文を苛酷に用いること、『史記』酷吏列伝に見える。九三が六二と六四の陰中に入って、その苛酷を用いることをいう。害亡しとは、六二の柔が九三の剛を文る過ちを自覚せず、従ってその責任を追及できないことをいう。『周易内伝』は六二の小象「其の須《ひげ》（鬚）を賁《かざ》る（爻辞）とは、上と与に興るなり」について、「上とは、九三を謂う。興るとは、動くなり。二（六二）は初（初九）と猶《なお》交々飾るを為し（一陽一陰）、三（九三）に於いては則ち飾るを受くるのみ。柔は自ら明らかにする能わず（下卦は離《り》、離《り》は明）、陽に因りて顕らかなり。則ち亦物に随いて動くのみ」という。六二の柔は初九と九三の陽に従って動くだけであると、自ら文ることを二陽に責任転嫁し、己の過ちを知ることができない。

大象に「敢えて獄を折《さだ》むる无し」といい、『周易内伝』は「敢えて獄を折むる无しとは、小過を赦《ゆる》すも、而も情を得て喜ぶ勿《な》く（民が罪を犯さざるをえない実情を知って悲しむ）、以て民の命を全うするを矜《あわ》れむなり。使《も》し法を飾りて以て之を文致すれば、則ち人は以て自ら容るる無し。大象は皆法を卦徳の美に取るも、独り賁《ひ》と夬《かい》の二卦に於いては戒辞有り。智、仁、勇は皆天徳なるも、仁以て之が本と為すに非ざれば、則ち智（賁《ひ》）は察に傷れ、勇（夬《かい》）は傲に傷れ、自ら恃みて徳と為して以て天下を損う。故に君子は徳を慎み、尤も此に於いて警めを致す」という。敢えて獄を折めることをしないとは、忍びざる仁の心が刑を用いることを心から懼れるからである。刀筆（文筆）を執り嬉笑しながら法文を草し、ためらうことなく刑を執行し、そのあげく民が泣血し死骸が霜露にさらされるに至ることは、数えきれぬことである。しかも刀筆の吏が楽しんで賁《ひ》の文ることをなして恤れまないのは、まことに敢えてする無惨という他ないではないか。

三

賁《ひ》の世に居りて、与に縁を為す无く、虚を含みて物に与《あず》からざるは、其れ唯初（初九）と上（上九）なるか。頤《い》の道は未だ喪わず、与《とも》に身を守る可く、与に世を閲《けみ》す可く、礼楽は以て君子を俟ち、己は尤《とが》无し。三（九三）は、賁《ひ》の主為《た》り。二（六二）は因りて与に賁《かざ》（飾）るを為し、四（六四）は近くに付して飾るを分ち、五（六五）は漸く遠ざかりて貞を含む。故に功は三（九三）より尚《たか》きは莫く、愚は二（六二）より甚しきは莫し。賁《ひ》に居りて以て功を為し、労極まりて功小しく就《な》る。功成りて美を矜《ほこ》り、志得て気は已に盈つ（九三をいう）。三（九三）の自ら処すること、亦危うし。其の吉なるは、貞に非ざれば致す莫し（九三の爻辞に、「永貞なれば吉なり」という）。豈、美を襲《かさ》ぬる（一陰一陽、仁と義を合せもつ）の孔昭《こうしょう》有らんや（甚だ明らかの意。『詩経』小雅の鹿鳴に、「我に嘉賓有り、徳音は孔昭たり」という）。

賁《ひ》䷕の世に在って、初九と上九は下卦の下と上卦の上に居て互いに関係をもたず、虚の三陰を中に含みしかも物（陰）と交わらない。しかも頤《い》䷚の道を初九と上九は失わず、それぞれ独立して己を守り賁《ひ》の世に生きることができる。頤《い》の礼楽はこの初九と上九の君子に在り、それぞれ咎无きを得る。初九の爻辞に「其の趾を賁《かざ》る。車を舎《お》きて徒《かち》す」といい、『周易内伝』は「初九は剛を以て下に居り、介然として独立す。二（六二）来りて己（初九）を飾るも、己は飾るを人に施す所無し。則ち其の践履を修め、淡泊にして志を明らかにす。錫《たま》うに車を以てすと雖も、受けずして徒歩に安んず」という。また上九の爻辞に「白く賁《かざ》る。咎无し」といい、『周易内伝』は「上（上九）は剛を分ちて以て柔（六五）を文《かざ》るも、物の賁《かざ》るを受けず。蓋し其の誠素（白）に率《したが》いて、以て柔（六五）の太《はなは》だ過ぐるを節し、栄を求むるの心無き者なり。位を得ず（陽が上の陰位に居る）と雖も、固より咎无し」という。

しかし、もう一つの九三の陽が問題である。頤《い》の虚静の四陰の中に強いて三に入って、六二と六四と六五の陰を文《かざ》っているからである。六二の爻辞に「其の須《ひげ》（鬚）を賁《かざ》る」といい、『周易内伝』は「賁《ひ》は頤《い》の象有り。須とは、頤《あご》を繞《めぐ》りて生ずる者なり。二（六二）は陰を以て初（初九）と三（九三）の陽を飾り、三（九三）も亦陽を以て二（六二）を飾り、上下交々飾りを受く。物を飾りて、徒らに美観を為す。其の文（文飾）為るや、抑も末なり」という。また六四の爻辞に「賁如《ひじょ》たり、皤如《はじょ》たり」といい、『周易内伝』は「皤《は》とは、老人の髪白き貌にして、文無き者なり。（中略）賁《ひ》の卦は倶に陰陽交々錯するも、四（六四）は六五を承け、純にして雑わらず（六四と六五はともに陰であるから、陰陽は交わらない）。下は三（九三）を飾りて賁如たりと雖も、上は固より五（六五）を飾る無くして皤如たり」という。ただ六五だけは、九三から遠ざかって貞を含む。六五の爻辞に「吝なれども終には吉なり」といい、『周易内伝』は「六五は中に居り、正（貞）に静なり。其の徳有りて、上（上九）之を賁《かざ》る。其の蔵する所を抒《の》べて、以て下（六五）を光《おお》いに済《な》さんと欲するも、五（六五）は柔退して、外飾するの情無し。倹以て物を待つ、故に吝なり」という。六二の柔が九三に従って賁るだけの愚であるのに対し、九三は下卦離《り》の上に在って離《り》の美を矜《ほこ》り気が満盈するものである。

九三は功を為すが処すること危ういのは、九三の爻辞に「賁如たり、濡如《じゅじょ》たり。永貞なれば吉なり」という。『周易内伝』は、「三（九三）は下は二（六二）を飾り、上は四（六四）を飾り、二（六二）と四（六四）は抑《また》交々三（九三）を飾る。陰は物を潤す能有るも、未だ相染まるを免れず。故に濡如の象有り。必ず永貞にして、而る後に吉なり。永貞の吉有る可き所以の者は、陽剛を以て位を得（陽が三の陽位に居る）、即《たと》い其の潤を受くるも、其の染を受けざる可し。六二の若きは位に当る（陰が二の陰位に居る）と雖も、柔（六二）の剛（九三）を文《かざ》るは、情に徇《したが》い道を貶《おとし》めて、悦を人に取るを以て美と為す。剛の柔を文るに、道の情を飾るを以て節有りと為すに如《し》かず」という。

頤《い》（䷚）の用を為すや、以て養を為すに利しきも、養は其（賁《ひ》）の任に非ず。損《そん》（䷨）の用を為すや、致す所の者は一（泰《たい》の九三を上九に致す）なるも、一は其（賁《ひ》）の堪うるに非ず。人に因りて事を成し、物と倶に靡《なび》く。然れども且つ、其の小文を詡《ほこ》り、其の令色（美色）を矜《ほこ》り、唇輔（唇とあご）に付して旒《りゅう》（旗の垂れ、玉の垂れ）の如く、談笑に随いて以て沢（恩沢）を取る。則ち有識者、豈其の細の已甚《はなはだ》しきを笑わざらんや。

頤《い》䷚は養の道であるが、賁《ひ》䷕は九三が入っているから養に任ずることができない。損《そん》䷨は泰《たい》䷊の九三の一陽を損して上九に致し、「孚有れば元吉なり。咎无ければ貞なる可し。往く攸有るに利し」（損《そん》の彖辞）であるが、賁《ひ》は損《そん》のように九三の一陽を致すことができない。賁《ひ》は陰陽相雑わって飾る小文なのである。唇輔に付し談笑に随うとは、六二の爻辞に「其の須《ひげ》を賁る」という鬚の象であることをいう。六二はまことに有識者に笑われる細人である。

夫れ陽に近き者は亨り、陽に遠き者は吝《おし》むは、爻の大凡《たいはん》にして、栄辱の主なり。而るに賁《ひ》は陽（九三）に遠きを以て喜びと為し（六五の小象にいう）、陽に近きを疑いと為す（六四の小象にいう）は何ぞや。陽（九三）は、主と為すに足らざればなり。

未だ迎えずして至り、動き易くして以て興り、鄰右《りんゆう》の鬚眉を飾り、干戈を以て燕好（たのしみ）と為す。是《か》くの如くにして以て飾を為し、而も人は我（九三）を凌ぐ莫し（九三の小象に、「終に之を凌ぐ莫し」という）。則ち君子は、唯其の之を遠ざくるの夙《はや》からざるを恐るるのみ。剛柔の方《まさ》に雑わるに当り、其の功名を見《しめ》すを楽しむ。三代以下、綿蕞《めんさい》（野外で礼儀を習う所）の徒、何ぞ「其の須を賁る」（六二の爻辞）者の繁《しげ》く有るや。此れ、大文の終に天下に喪わるる所以なり。

陽に近いものが亨るという栄をうけ、陽に遠いものが吝むという辱をうけるのが一般の爻の在り方であるが、賁《ひ》の場合その逆であるのはなぜか。九三に遠いことを喜びとするのは六五である。六五の小象に「六五の吉（爻辞にいう）とは、喜び有るなり」といい、『周易内伝』は「其の道を楽しめば、則ち物自ずから之を宜しくす」という。九三に近いことを疑いとするのは六四である。六四の小象に「六四は位に当りて（陰が四の陰位に居る）、疑うなり」といい、『周易内伝』は「四（六四）自り以下、陰陽各々其の位を得て（初九が陽位に居り、六二が陰位に居り、九三が陽位に居り、六四が陰位に居る）以て相飾る。四（六四）に至りて、五（六五）に望む所の者は、陽の来りて飾ることなり。乃ち（然るに）五（六五）は上（上九）と交々飾るも、四（六四）に於いては則ち両陰相若《ひと》しく、賁《かざ》る所無し。四（六四）の疑いて寇と為す所以なり（六四の爻辞に、「寇に匪ず、婚媾するなり」という）」という。六四の爻辞について『周易内伝』は、「陰陽雑糅《ざつじゅう》の世に於いて、初めて此の相承くるの交を得たり（六四と六五の陰が相承ける）、故に相就くは速やかなり。五（六五）は飾るを上（上九）に受けて我（六四）を飾らず、故に寇を為すかと疑う。而れども同類相求め、其の貞素を保てば、則ち固より与に相和合す。陰陽交わるに非ずして婚媾すと言うは、相錯する世は、則ち徳を合するを以て相好くすと為すなり」という。

賁《ひ》の九三は頤《い》の四陰が迎えないのに強いて陰中に入り、三は進爻であるから動き易く、近くの六二の須を賁り、陽剛の干戈を以て楽しむ。このような九三から、君子は早く遠ざかるべきである。陰陽が互いに雑わるときに、僅かにその小文を誇りその功名を示すのは、九三である。このような賁《ひ》の小文がはびこるから、真の大文が失われるに至ったのである。綿蕞の徒は、『史記』巻九十九叔孫通列伝に「弟子百余人と与に綿蕞を為《つく》り、野外に之を習う」という。

䷖ 剥《はく》（坤《こん》下艮《ごん》上）

卦は爻の積むなり、爻は卦の有《たも》つなり。爻に非ざれば卦無く、卦に於いて爻を得たり。性情は総別（全体と個別）有るも殊なる無く、功効は以て相因りて互いに見《あらわ》る。豈、異なる有らんや。剥《はく》の占を為すや、往く攸に利しからず（彖辞に、「往く攸有るに利しからず」という）。五（六五）は孤陽（上九）に逼《せま》り、上（上九）は群陰（五陰）に臨む。消長の門なり、咎の府（集まるところ）なり。而るに五（六五）は魚を貫くを以て寵を承け（六五の爻辞による）、上（上九）は碩《おお》いなる果《このみ》を以て輿《よ》を得たり（上九の爻辞による）。吉凶善敗、大いに彖の占（彖辞）に異なるは何ぞや。

一卦は六爻が初から上に積むことによって成り、六爻は一卦の時位の中に在る。爻がなければ卦は成立せず、卦に於いて爻の時位は定まる。その点で性に当る卦は総であり情に当る爻は別であるが、ともに殊なることなく、卦の功と爻の効もまた相因ってそれぞれが示される。すなわち卦と爻は、基本的に異なるものではない。

ところが剥《はく》の彖辞に「往く攸有るに利しからず」といいながら、六五と上九の爻辞に吉をいうのはなぜか。六五は衆陰の勢いを恃んで孤陽の上九に迫り、上九は群陰に独りさらされている。消長の起るところ、また咎の生ずるところである。ところが六五の爻辞に「魚を貫き、宮人を以《ひき》いて寵せらる。利しからざる無し」といい、上九の爻辞に「碩いなる果は食《くら》われず。君子は輿を得たり」という。

夫れ陽は一なり、陰は二なり。一（陽）は翕《とざ》し、二（陰）は闢《ひら》く。翕す者は、変を極むるも致す所は恒に一なり。

闢くは則ち、二自り以往、支分れ派別れ、万を累《かさ》ぬるも終に合するを得可からず。是の故に、一を立てて以て衆に応ずるは、陽の徳なり、衆至りて斉しからざるは、陽の遇なり。

遇は豊歉《ほうけん》（多と少）有り、徳は盈虚无し。時、其の豊かならざるに値《あ》うは、天の已《や》む容《べ》からざる所なり。而るを況んや、万物に於いてをや。其の徳の若《ごと》きは、則ち豈豊歉の疑しき有らんや。而れども一を以て衆に応ずる者（陽）は、高くして親无く、亦屢々顧みて其の阯《し》（基、あし）を失わんことを恐る。其の阯を失わんことを恐るれば、道は止まるに安んじて以て居を固くするに在り。剥《はく》の一陽は、艮《ごん》（剥《はく》の上卦）の由りて成る所なり。位に貞しくして遷らざるは、則ち止まるに安んじて以て居を固くする者と謂う可し。

陽⚊は一であり、陰⚋は二である。陽の⚊は陰⚋の間を貫いて翕《とざ》し、陰の⚋は間を闢いて陽を受ける。翕す陽は陰の万変を極めても常に一を施し、闢く陰は二から万に至っても一となることはできない。すなわち一を立てて万変に応ずるのが陽の徳であり、その結果陽は陰の万変の不斉に出会うことになる。

陽が出会う陰の万変には量の多少があるが、陽の施す徳は一であって盈虚はない。たとい豊かでない陰に出会っても、それは已むべからざる天の時である。まして万物に於いて、豊歉の不斉に出会うことはいうまでもない。陽の徳は一であって、疑しきことをもたないはずである。しかし一を以て衆に応ずる陽は、高く自らを持して親しむことがなく、従ってまた己の根拠が失われることを恐れる。己の根拠を失うことを恐れる陽は、高く亢することを止《とど》め（艮《ごん》）、自ら居を固くしなければならない。それが剥《はく》の上卦艮《ごん》☶の徳である。

さきの設問を受けて、六五と上九が居る上卦艮《ごん》☶が止まるに安んじ居を固くする徳をもつことを述べる。艮《ごん》は、止まる意。上九の一陽が衆陰に応じ、豊かならざる剥《はく》の世に遇い、艮止することによって安んずることができる。また大象に、「山（艮《ごん》）の地（坤《こん》）に付くは、剥《はく》なり。上は以て下を厚くし宅に安んず」といい、『周易内伝』は「上と言うは、先王の盛世の事に非ず、抑《また》君子の志を尚《たか》くして枉《ま》げざるの義に非ず。一陽孤立して僅かに高位を有《たも》ち、固きを保ち存するを図れば、則ち此の象を用て得たりと為す。下を厚くすとは、坤《こん》（下卦）の物を載するに取り、欲を養い求むるに給して、以て固く人心を結ぶなり。宅に安んずとは、艮《ごん》（上卦）の止まるに安んずるに取り、自ら其の位を奠《さだ》むるなり。民は君に依り、君も亦民に依れば、則ち危うしと雖も存す」という。

物の性の感ずるや、一（陽）は危うく二（陰）は安んじ、一は実にして二は虚なり。危うき者は物に資《と》りて俯し、安んずる者は感ずるを喜びて仰ぐ。実なる者は余り有りて与え、虚なる者は足らずして求む。始めて感じて妄従し、既に求めて節无き者は、陰の性なり。喜ぶを以て往き、求むるを以て干《もと》め、与うるに給《た》らずして其（陰）の厭（厭悪《えんお》）を生ず。則ち怨みを抱きて以て返り、其（陰）の凌削《りょうさく》を召《まね》くは、陽の窮するなり。唯、陽の徳の善なる者は、其（陰）の来りて感ずるに於いて、其の往きて求むるを絶ち、其（陰）の迎うるを歓《よろこ》ばず、其の至るを拒まず。彼（陰）の用を尽くして、而も我（陽）を以て之に殉ぜず。是《か》くの若き者、艮《ごん》は固より優に其の徳有り。

船山は、陰陽の感応から論を起す。陽は一の実にして危であるから上から下に臨んで与え、陰は二の虚にして安であるから下から上を仰いで求める。陽の実は余り有るものであるから与え、陰の虚は不足であるから求める。しかし陰の性は妄従して求めることに節無きものであるから、陽の与えるものを不足として陽を厭《いと》い悪む。かくして陰は怨みを抱いて返り、この陰の凌削を受けざるを得ないのが、陽の窮である。しかし艮《ごん》のように陽の徳の善なるものは、陰が来て求めるときその求めを絶ち（艮《ごん》は止める）、陰が陽を迎えることには応じないが、決して陰を拒むことはしない。すなわち群陰の用を尽くしながら、陽は陰に殉ずることをしない。剥《はく》の上卦艮《ごん》の上九は、まさしくその徳をもつものである。

彼（陰）の用を尽くして、其の以て輿《よ》と為す可きを知り（上九の爻辞に、「君子は輿を得たり」という）、我（陽）を以て殉ぜずして、授くるに魚を貫くの制を以てし（六五の爻辞に、「魚を貫く」という）、而も就きて与に耦を為さず。

則ち民の君を載するの分は定まり、男の女を統ぶるの勢いは順なり。民、君を載すれば、則ち眇躬《びょうきゅう》（君）は万姓の上に立ちて孤ならず。男、女を統ぶれば、則ち情欲は礼儀の防（界限）を節して、乱は自ずから息《や》む。故に五（六五）と上（上九）の交わるは、陰陽の制なり、治乱の門なり。而して卒《つい》に以て其の利しからざる所を自ら利しとして、惟《ただ》往かず。故に象（象辞）に、「往く攸有るに利しからず」と曰う。往かざれば、則ち利しきなり。蓋し、往くは止まるの反なればなり。而して物の往く者は、必ず之に先んずるに来るを以てす。其（上九）の能く往かざる者は、必ず其（五陰）の来る无き者なり。剥《はく》の世に当り、止まるの道（上卦の艮《ごん》）を以て其（五陰）の来るを制して以て其（一陽）の往くを絶つ能わざれば、則ち之を時を知ると謂う可からず。

陰の用を尽くして、それを己の駕御する輿とすることを知っているのは上九である。上九は六五に従わず、六五に対して衆陰を率いて上を承けるよう制する権を授ける。上九の艮《ごん》止の徳によって衆陰の民は君を尊ぶことを知り、六五の制する権によって男は女を統べることができる。眇躬は、君主の自称。かくして、一陽の上九は五陰の上に孤立せず、男女の乱も礼儀によって節することができる。

上九の爻辞に「碩いなる果は食われず、君子は輿を得たり」といい、『周易内伝』は「剥《はく》の世に当りて、功は与に立つ可き無く、道は与に行う可き無し（『論語』微子に、「君子の仕うるは、其の義を行うなり。道の行われざるは、已に之を知れり」という）。上（上九）は高蹈して遠引し、止まるに安んじて其の志を降さず（『論語』微子に、「子曰く、其の志を降さず、其の身を辱めざる者は、伯夷叔斉か」という）。食われずと雖も、濁世を俯臨す。其の以て駕御《がぎょ》す可きの道は、自ずから輿を得るに在り」という。

また六五の爻辞に「魚を貫き、宮人を以《ひき》いて（率いて）寵せらる。利しからざる无し」といい、『周易内伝』は「魚を貫くとは、下自り上るの序なり。以いるとは、猶率《ひき》いるがごとし。六五は柔にして、中に居り尊に位し、以て上は陽（上九）を承け、陽は一にして陰は衆し。后（皇后）、群妾を率いて、以て君寵を分つの象なり」という。

すなわち六五と上九の交は、陽が陰を制止するか否かによって、治まるか乱れるかが分れるところである。上九は五陰が迫る剥《はく》の世に在って、本来上に往くのが陽の性であるのに、己にとって利しからざる艮《ごん》止の徳を利しとして、自ら止まりまた下を止める。彖辞にいうのは、そのことである。往かないという艮《ごん》止によって、上九は利しきを得ることを述べている。なぜならば、往くと止まるは相反するものであるから、利しからざる往くことに相反して、止まるという利しきを得ることができる。しかも上九が往くのは、必ず五陰が先に来ることによる。このような時に於いて上九が往かずに止まれば、必ず五陰も迫って来ることはない。上九こそ剥《はく》の世に在って、艮《ごん》止の徳を以て五陰を止め自ら往くことを絶つものというべきである。

彖辞の「往く攸有るに利しからず」について、『周易内伝』は「外自り割削《かっさく》残毀して、以て内に及ぶを、剥と曰う。此の卦は、陰は下自り生じて、以て孤陽（上九）の去るを迫る。害は内自り生ずるに、而も之を剥《はく》と曰うは、陽を主とし陰を客とするなり、君子の辞なり。往く攸有るに利しからざる者は、陽なり。陰柔の凶徳は、時に於いては方《まさ》に利しきも、即《も》し悪極まれば必ず傾く。而れども、易は之（陰）が為に謀らず。唯陽の往くを戒むるのみ。行く所有るは、皆之を往くと謂う。艮《ごん》は止まるを以て徳と為す。陰の盛んなること已に極まるの世に処り、止まりて行かざれば、猶害を免る。害は即《たと》い免れざるも、猶自ら失わず。若し更に往く攸有れば、但《ただ》に凶危なるのみならず、尤も義の許さざる所なり。義の許さざる所の者は、以て物に利しきに足らず」という。

五陰の内、六五についてはすでに述べたので、他の四陰についての『周易内伝』を示す。初六の爻辞に「牀を剥するに足を以てす（足に及ぶ）。貞を蔑《なみ》すれば凶なり」といい、『周易内伝』は「牀は、安んじて処る所の者なり。以てとは、猶及ぶがごとし。見る所明らかならず、有るを知らずして之を藐忽《びょうこつ》する（軽蔑する）は、蔑すと曰う。陰は以て陽を載せ、安んじて上に居ら使むるは、陰の正（貞）なり。初六は卑下柔暗にして、積陰の下に沈溺して自ら振う能わず。力は以て陽を剥するに足らずと雖も、実は邪に陥り、以て陽を傾くること深し。貴を貴び賢を尊ぶの義に迷い、大人を藐して（軽んじて）畏敬するを知らず。自ら凶人と為り、天下も亦其の凶危を受く」という。

六二の爻辞に「牀を剥するに辨を以てす（辨に及ぶ）。貞を蔑して凶なり」といい、『周易内伝』は「辨とは、牀の幹なり。足（初六）に較べて近し。其の正（貞）有るを知らざるは、猶初（初六）のごとし。故に凶も亦之（初六）の如し」という。

六三の爻辞に「之を剥して咎无し」といい、『周易内伝』は「剥《はく》の世に於いて、独り能く咎无きを謂う。群陰と与に居り、抜出して自ら奮い、以て陽を拯《すく》い其の傾くを定むる能わず。而れども心は貞順（下卦坤《こん》の徳）を忘れず、上（上九）と相応ず。（中略）君子は曲《つぶさ》に其の志を諒とす」という。

六四の爻辞に「牀を剥するに膚《はだ》（牀の上に寝臥する上九）を以てす（膚に及ぶ）。凶なり」といい、『周易内伝』は「四（六四）は陽（上九）に近く、艮《ごん》（上卦）と体を為す。貞有るを知らざるに非ざるも、茫昧以て自ら沈溺する（四は退爻である）者なり。爻は退位に値《あ》い、下りて群陰と相比し、以て陽（上九）に迫りて之を剥す。（中略）凶とは、上九は剥を受けて凶なるを謂う」という。

危うき者（陽）は安んずるを求め、情迫りて其の求むること恒に速やかなり。虚なる者（陰）は実を求め、情隠れて其の求むること恒に緩《ゆる》し。速やかなるを以て緩きに交わる、故に陽は方《まさ》に求めて屢々之を求む。緩きを以て速やかなるを持す、故に陰は実は求めて名は求めず。往きて求むるの数、陽は之を得ること多く、陰は之を得ること少なし。而れども其の継ぐや、陰は往くを虚にして帰するを実にし、陽は往くを実にして帰するを虚にす。則ち陽は剥せらる。善く剥《はく》に処らざる者は、孤子《こけつ》にして懼る。陰の盛んにして、我を遐心《かしん》するを懼るるなり。既にして彼（陰）は喜ぶを以て動き、則ち歆然《きんぜん》（喜ぶさま）として己（陽）を忘れて之に殉ず。己を忘るる者（陽）は己を喪い、陰に殉ずる者（陽）は力尽きて殉ずるに給《た》らず。憊《つか》れざらんと欲すと雖も、其れ将《はた》能くせんや。是くの如く、則ち往きて必ず来り、来りて必ず往けば、利は室に在りて、害は門に在り。唯其の道に反りて艮《ごん》の止を用い、陰を以て輿と為し、己を載せて以て動けば、己は固より静なり。則ち陰も亦自ら其の壼範《こんはん》（婦人のすぐれた行状）に安んじ、則ち終に敢えて相凌《しの》がず。則ち彖（彖辞）の「往く攸有るに利しからざる」者、正に其の止まるに利しきなり。而して五（六五）と上（上九）の、寵を承け以て輿を得るや、唯行かざれば之れ利しきを得たり。卦と爻と、其の旨は一なり。

危うき陽は安んずることを求め、その情は切迫している。虚なる陰は実を求めるが、その情は表に示さず、待つという緩に在る。陽は切迫の情を以て陰に交わるから求める数は多く、陰は緩の情を以て陽に対するから実は求めながら表面は求めず、従って求める数は少ない。しかし一陰一陽相継ぐ際において、陰は往くことよりも帰することを実とし、陽は帰することより往くことを実とし、かくして陽は陰に剥せられるに至る。一陽が群陰に逼られている剥《はく》の世において、一陽が善く対処できなければ、己の孤子であることを懼れ、群陰が盛んな勢に在り己を疏んずるのではないかと懼れる。遐心は、『詩経』小雅の白駒に見える。疏遠にする心をいう。陰は喜んで陽を求めて動いているのであるから、懼れていた陽も歆然として己を忘れて陰に殉じようとする。かくして陽は、力尽き疲れ果てるに至る。彖伝に「剥《はく》は、剥するなり。柔、剛を変ずるなり」といい、『周易内伝』は「重ねて剥すと言うは、陽の剥喪するは、陰之を剥するを言う。変ずとは、陽は退きて幽（上九）に之《ゆ》き、陰は進みて明（陽爻）に之き、其の幽明の常を変易するなり。初と三と五は皆剛爻なるも、柔は之に居る。陰の権に乗ずるを甚言（強調）するなり」という。

このように陰陽往来の繁を極めれば、利は陽の来訪を受ける（室に居る）陰に在り、往来の門たる動の陽は害せられるのみである。しかし上九のように民（陰）の載せる輿を得る艮止《ごん》の徳を守れば、六五も宮人を率いて寵せられ、陰が陽を凌ぐことにはならない。かくして艮《ごん》の道を守ることによって、陰陽ともに利しきを得ることができる。はじめに設問した彖辞と爻辞の吉凶善敗の違いが、往かずという艮止《ごん》の徳において一致することをいう。

嗚呼、陰陽多少の数、俯仰して求め与うるの情の、人事の大に見《あらわ》るる者は、君民男女の間に若《し》くは莫し。君は一にして民は衆く、男は一にして女は衆く、虚実安危なること、数は之を過ぐる莫し。壻《せい》の女に下るや、親迎して綏《すい》を授く（『儀礼』士昏礼）。君の民に下るや、先に悦びて後に労す。以て室家に宜しく、以て万国を懐《なつ》くるは、固より其の効なり。

然れども、夫の剥《はく》の時に非ざるなり。不幸にして剥せらる、而るに艮《ごん》止の道を以て上に宅《お》るに安んぜず。男を惑わして已まざるも猶其の恩に徇《したが》い、人満ちて政无きも猶其の誉を沽《う》る。燕寝の私に耽り、衆に媚ぶるの術を行えば、則ち未だ僨《つか》れざる者有らず。声色に逐逐（追い求める）たらざる者は、女は以て戎（仇）と為すに足らず。天位に汲汲たらざる者は、民は挾《さしはさ》みて以て相叛く无し。韋后は房州の誓いを要《もと》め、李密は敖倉《ごうそう》（興洛倉の誤り）の粟を散ず。往く攸の利しからざること、其の大なる者なり。而るに、豈但《ただ》に此のみならんや。

陰の数が多く陽の数が少なく、陽が俯して与え陰が仰いで求める情が、人事の大に示されるものは、君民と男女の間が好例である。君が一で民が多く、男が一で女が多い場合、その間に虚実と安危の関係が必ず起る。しかし男が女に下り、君が民に厚くすれば、家は治まり国も安泰である。親迎して綏を授けるは、車に乗るときのつなを与える、『儀礼』士昏礼に見える。先に悦びて後に労すとは、兌《だ》の彖伝に「説《よろこ》びて以て民に先だてば、民は其の労を忘る」という。室家に宜しは『詩経』周南の桃夭に見え、万国を懐くは師《し》の九二の小象に「万邦を懐く」という。

しかしそれは剥《はく》の世のことではない。不幸にして剥せられたとき、上卦艮《ごん》の止の道を以てせずに衆陰と交われば、陽はただ疲れるのみである。剥《はく》の大象に「上は以て下を厚くし宅に安んず」といい、『周易内伝』に「宅に安んずとは、艮《ごん》の止まるに安んずるに取り、自ら其の位を奠《さだ》むるなり」ということは先に示した。逐逐は、頤《い》の六四の爻辞に見える。一陽が艮《ごん》止の道を守り、女の声色を求めることをしなければ、陰の女は陽を仇とせずして相和し、また君位を汲々として求めなければ、民はそれを擁立して叛くことをしない。韋后は、唐の中宗の后。中宗が武后に廃せられて房州に在ったとき、中宗は「一朝、天日を見れば、誓いて相禁忌せず」と韋后に愛を誓い、その誓いの通り寵愛された韋后は権を専らにしたあげく中宗を弑し、のち臨淄王隆基（玄宗）に殺され、東市に梟首された（『旧唐書』巻五十一后妃上）。中宗が韋后の声色に逐逐したために、韋后は戎として中宗を弑したのである。李密は隋末大業十三年（六一七）、翟譲のために謀り、興洛倉を襲って之を破り、「倉を開きて人の取る所を恣にし、老弱は襁負して道路絶えず、衆は数十万に至る」という（『旧唐書』巻五十三）。その功によって魏公となるが、のち唐に帰し、盛世彦のために討斬された。なお、敖倉は秦が敖山に設けた倉。韋后は男女についていい、李密は君臣についていう。しかし剥《はく》の世は、この君民男女の例だけにとどまらないというのは、夷狄の清朝によって中華の文化が喪われたことをいう。

䷗ 復《ふく》（震《しん》下坤《こん》上）

聖人を説く者曰く、「太虚と体を同じくす」と。夫の太虚と謂う所の者は、象有るか、象无きか。其れ象无きは、耳目心思の窮まる所なり、是非得失の廃する所なり、明暗枉直《おうちょく》の施さざる所なり、親疏厚薄の設けざる所なり。将《はた》其の聖人為る者は、形无く色无く、仁无く義无く、礼无く学无く、流散澌滅《しめつ》（滅びつきる）して、別に以て「滌《てき》除《じょ》して玄覧す」（『老子』第十章）と為す有る母《な》からんや。

夫の其れ象有るが若き者は、気成りて天なり、形成りて地なり。火は其の爇《ねつ》（焼く）有り、水は其の濡《じゅ》（潤す）有り。艸木は其の根茎有り、人物は其の父子有り。統ぶる所の者は之が君と為り、合する所の者は之が類と為る。是《ぜ》有り故に非有り、欲有り斯《ここ》に理有り。仁は其の沢有り、義は其の制有り。礼は其の経有り、学は其の効有り。則ち固より太虚を以て之に名づく可からざる者なり。

無象の世界は耳目心思によってその形色を捉えることができず、是非得失によって仁義を立てることができず、明暗枉直を判断する学がなく、親疏厚薄を設ける礼がないものである。無象の太虚を以て聖人に比するものは、「滌除して玄覧す」（『老子』第十章）ということになるではないかの意。

しかし象があるのは、陽の気によって天となり、陰の形によって地となる。火は焼くという用があり、水は潤すという用がある。草木には根茎があり、万物には父子がある。それを統べる者は君となり、合する者は類となる。是《ぜ》とすることがあれば非が立ち、欲があれば理が立つ。仁は恩沢を施し、義は是非を制する。礼は親疏厚薄の経を定め、学は明暗枉直を定める効がある。固よりそれは太虚というべきものではない。

故に夫の乾《けん》の六陽は、乾《けん》の位なり、坤《こん》の六陰は、坤《こん》の位なり。乾《けん》始めて坤《こん》に交わりて復《ふく》を得るは、人の位なり。天地の生は、人を以て始めと為す。故に其の霊（善）を弔《いた》して美を聚め、物（万物）に首《はじめ》たりて以て家を克《おさ》め、聡明睿哲《えいてつ》、流動して以て物の蔵に入り、天地の妙用を顕らかにするは、人実《まこと》に之に任ず。人は、天地の心なり。故に「復《ふく》は、其れ天地の心を見るか」と曰う（復《ふく》の象伝）。聖人は、亦人なり。本に反り自ら立ちて、天地の生を体す、則ち人に全し。何ぞ其の已生を堕《おと》し、未有を淪《ほろ》ぼして、以て所謂太虚に肖《に》るを求むるを事とせんや。

復《ふく》の象辞に「復《ふく》は亨る」といい、『周易内伝』は「其の故《もと》に還帰するを、復と曰う。一陽（初九）初めて積陰の下に生じ、之を復《ふく》と謂うは、陰陽の撰は各々六にして、其の位も亦十有二なり。半ば隠れ、半ば見《あらわ》る。見るる者は明を為すも、忽ち有るには非ず。隠るる者は幽を為すも、竟《つい》に無きには非ず。天道と人事、皆《とも》に然らざる無し。（中略）陽（初九）一たび出でて其の故居に帰り（下卦震《しん》の初九となる）、則ち復《また》襲ぐ可からず（震《しん》が動くのを襲ぐことができない）。陰は主（二陽）を得て、其の化を受けんことを楽《ねが》う。故に、亨ると曰う」という。

はじめに「夫の乾《けん》の六陽は、乾《けん》の位なり、坤《こん》の六陰は、坤《こん》の位なり」というのは、船山の乾坤《けんこん》並建論と十二陰陽論によって述べる。六陽が表に現れる乾《けん》の象には必ず六陰が裏に隠れて在り、乾坤《けんこん》は陰陽が表裏に隠言する錯卦をなす。

この乾《けん》の一陽が坤《こん》に交わった復《ふく》こそ、天地の生の始めである人の位である。かくして人は天地の霊美を集め、万物の首《はじめ》として万物を治め、聡明睿哲の知が周く動いて万物の深きを極め、天地の妙用を明らかにすることができる。弔霊は、『書経』盤庚下に「霊（善）を由《もち》うるに弔《いた》る」という。家を克むは、蒙《もう》の九二の爻辞に「子にして家を克む」という。聡明睿哲は、『書経』洪範に見える。

人は天地の心であり、聖人も人であり、しかも天地の生を体する聖なる人である。聖人は已に生じた現有の生を有《たも》ち、これからの生を有つべくつとめるものであるから、かれらのいうような太虚の無に擬することはできない。彖伝に「復《ふく》は、其れ天地の心を見るか」といい、『周易内伝』は「此れ、全体大用を推して之を言う。則ち聖と作《な》り天に合するの功は、復《ふく》に於いて見る可し。人の生ずる所以の者は、天地の心に非ずや。之を見て、而る後に以て生を知る可し。生を知りて、而る後に以て天地の徳を体す可し。徳を体して、而る後に以て化を達す可し。（中略）天地の心は見易からず、吾が心の復するの幾（きざし）に於いて之を見るのみ。天地は無心にして化を成し、形気方《まさ》に営むの際に始を資《と》り生を資り、必ず然るにして已《や》む容《べ》からざる所の者有るが若《ごと》し。之を人に擬すれば、則ち心なり」という。

今夫れ人の生有るや、天の事は惟れ父なり、地の事は惟れ母なり。天地の際は、間に髪を容れず。而して陰陽の畔《はん》（界）无き者は、之を沖《ちゅう》と謂う。其の清濁は用を異にし、分剤《ぶんせい》の斉《ひと》しからざるを多少にするも、而も功を同じくして忤《もと》る无き者は、之を和と謂う。沖和は、天地に行《めぐ》りて天地は倶に之を有《たも》ち、相会して以て所生を広くするなり、天地を離れて別に一物を為すに非ず。

故に保合すれば則ち沖和と為り、位を奠《さだ》むれば則ち乾坤《けんこん》と為る。乾《けん》は任じて父と為り、父は施すこと少なし。坤《こん》は任じて母と為り、母は養うこと多し。少なきを以て多きを化し、而して人生ず。少なき者は翕《とき》して一を致し、多き者は闢《ひら》きて衆を賅《そな》う。少なき者は蔵して有に給し、多き者は散じて无に之《ゆ》く。少なき者は清にして貴を司り、多き者は濁にして賤を司る。

沖和既に凝《こ》り、相涵《ふく》み相持して、疆畔（境界）有る无し。而して清なる者（陽）は、恒に深く処りて以て性を成し、濁なる者（陰）は、恒に周《あまね》く廓して（画する）以て形を成す。形は外にして著らかに、性は内にして隠る。著らかなる者は実を輪廓《りんかく》して（形をなす）、陰の闢くを得、動きて物と交わる。隠るる者は虚に退蔵して、陽の翕《とざ》すを得、専にして道と応ず。物に交わり因りて動くも、之が主と為る无ければ、則ち内逼《せま》りて危うし。道に応じて能く専なるも、其の用を致さざれば、則ち孤守して微なり。

陰陽均しく其の沖和を有《たも》つも、其の各々人に致すに逮《およ》びては、性情に因りて貴賤を分つこと、亦甚だ区別するに已《や》む容《べ》からず。然れども、此《か》くの若きは、陰陽の咎に非ず。陰陽は、初めより人に授くるに危微を以てし、天地の心を失わ使めざる者なり。聖人は此を曙《さと》り、人道を存して以て天地に配し（泰《たい》についていう）、天心を保ちて以て人極を立つる（復《ふく》についていう）こと、科（科条）以て教を為ず。則ち功を同《とも》にして、用を異にする者有り。

人が生まれるとき、父は天の事を施し母は地の事を行う。天地の際は密邇たるものであり、陰陽が界域なきことを沖という。しかも陰陽が清濁の用を異にし、陰陽が分剤を異にして多と少の差があっても、交合して一体の全を保持することを和という。この沖と和は、天地に周《あまね》く行《めぐ》り天地はともにそれを有《たも》ち、天地は交合していよいよ沖和を広くするのであって、天地の他に別の一物があって主宰するのではない。

すなわち天地が保合して沖和となり、それぞれ位を定めることによって乾《けん》と坤《こん》となる。説卦伝第十一章に、「乾《けん》は天なり、故に父と称す。坤《こん》は地なり、故に母と称す」という。乾《けん》は父となり、陽が施すことは少ない。坤《こん》は母となり、陰が養うことは多い。施すことの少ない父が養うことの多い母を化して、ここに人が生まれる。少ない陽⚊は中を閉して一を施し、多い陰⚋は中を開いて二を具える。少ない陽は内に蔵して多い陰に施し、多い陰は外に開いて无の陽に化する。少ない陽は清として貴を司り、多い陰は濁として賤を司る。

父母によって沖と和が凝り、沖の陽と和の陰は保合してまたそれぞれ主持して、その際には界がない。しかし清の陽気は常に深く蔵して性を成し、濁の陰気は常に広く画して形を成す。形は外に著らかに示され、性は内に深く蔵される。著らかな形は実を画して、陰は開くことができ、形は動いて他物と交わる。隠れている性は虚に蔵されて、陽は閉すことができ、性は専一にして道に応ずる。形は物に交わり動くが、その主である性がなければ、心迫って危うい。性は道に応じて専一であるが、その用を施さなければ、孤守して微となる。危と微は、『書経』大禹謨に「人心惟れ危うく、道心惟れ微なり」という。

陰陽の沖和が人の性情となって貴賤の別が生ずるが、それは決して陰陽が人に危微を与え、天地の心を失わせようとするものではない、やむをえざるものである。聖人はそのことを知るがゆえに、人道を存する泰《たい》の道と天心を保つ復《ふく》の道とを、それぞれ科を別にして教えとする。泰《たい》の大象に「后《きみ》は以て天地の道を財成し、天地の宜を輔相し、以て民を左右す」といい、復《ふく》の象伝に「復《ふく》は、夫れ天地の心を見るか」という。後段の文に、「復《ふく》は以て天地の心を見るは、化と倶にして天道を体する者なり」といい、「体は以て天地の宜を相《たす》くる（泰《たい》）は、化の盛に因りて人道を尽くす者なり」という。泰《たい》と復《ふく》は用を異にするが、功を天地になす点では同じである。

其の用を異にすとは、奈何《いか》なるや。人は未生自《よ》り以て生有り、生有りて自り以て生を尽くす。其の、陽を得ること少なくして内なり、陰を得ること多くして外なり、専を翕《とざ》し（陽）動を闢《ひら》きて（陰）以て生の始めを為すこと、蓋し相若《し》く。復《ふく》の道なり。陰気は善く感じ、陽に感じて変じ、既に変じて陽の功を分ち、交々其の用を起し、則ち多少は量を斉しくして、功効は殊なる无きこと、亦相若《し》く。泰《たい》の道なり。此の両者は、動は時を異にし、静は体を異にするも、要は以て成能を善を継ぐに致すを求むるは、則ち焉《こ》れを同じくす。故に仲尼の教え、顔曽（顔回と曽参《そうしん》）の受くるは、此に于《お》いて別る。

復《ふく》と泰《たい》がその用を異にすとは何か。未生自り生有りは復《ふく》をいい、生有りて自り生を尽くすは泰《たい》をいう。復《ふく》は、陽が一で内卦の初に居り、陰は五陰でその上に在るが、陽が専一を守り陰が動を開いて生の始をなす点では、陰陽はともに活らきを同じくしている。泰《たい》☷☰は、上卦坤《こん》の陰が下卦乾《けん》の陽に交わり、陰と陽が三陰三陽の量を斉しくして共に功効をなしている点では、陰陽の活らきは同じである。孔子は復《ふく》の道を顔淵に授け、泰《たい》の道を曽参に授けたが、易の繋辞上伝第五章に「一陰一陽、之れ道と謂う。之を継ぐ者は善なり」という点では同じである。顔淵と曽参が孔子から別の教えを受けたことは、次の段に論ずる。

子（孔子）の顔子に許して「顔氏の子は、其れ庶幾《ちか》からんか」と曰えるは（繋辞下伝第五章）、復《ふく》に庶幾《ちか》きなり。復《ふく》は、陽は一にして陰は五なるの卦なり。陽は一なり、故に微なり。陰は五なり、故に危うし。一陽は内に居りて性を為し、性に在りて天則を具え、而して性は礼と為る。五陰は外に居りて形を為し、形に由りて以て物状に交わり、而して形は己と為る（礼と己は、『論語』顔淵による）。

少なきを取りて以て多きを治め、内を貴びて以て外を賤しくす。是に於いてか、陰の繁多に於いて尊寵し――中位を得たり――、厚く吾が生を利し、皆心を戒めて以て之に臨み、唯其の相犯さんことを恐る。

故に六二以上は、礼に由りて之を言えば、則ち見て己と為す。己に由りて之を言えば、則ち見て人と為す。礼に対するの己は、物に随いて化するを慮《おもんぱか》る、則ち己に克つを尚ぶ。己に対するの人は、性を以て遷るを慮る、則ち人に由るを戒む。精以て之を択び、一以て服膺し、乃ち専翕の孤陽を妙用するを以て、其の畸重畸軽の数を平らかにし、斟酌《しんしゃく》損益して以て権衡を立つ。則ち沖和凝《こ》りて、道体は定まる。

此れ其の教は、之を尊ぶに有生の始めを以てす。舜之を昉《はじ》め、孔子之を述べ、顔子之を受く。邵子すら猶、将《はた》之を見る。故に「玄酒は味は方《まさ》に淡く、大音は声は正に希《き》なり」と曰う。其の少なきを貴ぶなり。

顔氏は顔回の父の顔路、顔氏の子は顔回（字は子淵）。繋辞下伝第五章は、この引用の文のあとに「不善有れば、未だ嘗て知らずんばあらず。之を知れば未だ嘗て復《また》行わざるなり。易に曰く、遠からずして復る。悔に祇《いた》ること无し。元吉なりと」という。易に曰くというのは、復《ふく》の初九の爻辞である。『周易内伝』は初九の爻辞について、「初爻は筮の始画為《た》り、一たび象を成して陽即ち見《あらわ》る。故に遠からずと曰う。之を心徳に推すに、一念初めて動き、此に即して之を察識し拡充すれば、則ち条理は皆此れ自り順成し、過ちて悔有るに至らず。此れ乾《けん》元の剛健の初幾（きざし）にして、「以て衆理を具え万事に応じて」（朱子『大学章句』、経にいう）、皆吉なり」という。陽が一で微、陰が五で危というのは、『書経』大禹謨に「人心惟れ危く、道心惟れ微なり。惟れ精惟れ一、允《まこと》に厥《そ》の中を執る」というによる。一陽は内に在る性をいい、天則は乾《けん》の文言伝に、「乾《けん》元の用九は、乃ち天則を見《しめ》す」という。一陽の性が、この天則を具えて礼となる。五陰は外に在る形をいい、形に由って物に交わり己となる。これは、『論語』顔淵に「顔淵、仁を問う。子曰く、己に克ちて礼に復るを仁と為す。一日己に克ちて礼に復らば、天下は仁に帰す。仁を為すは己に由る、而して人に由らんや」というによる。

初九は一陽を以て五陰を治め、内の心を尊んで外の形を賤しくする。かくして五陰に対しても、中位を得た六二と六五があるから尊寵して己の生を利し、五陰に対して心を戒めて之に臨み、陰から犯されないようにつとめる。初九の小象に「遠からざるの復（初九の爻辞に、「遠からずして復る」という）とは、以て身を修むるなり（『大学』経）」といい、『周易内伝』は「身とは、最も其の遠からざる者なり。乃ち動きて出でて以て物に応ずれば、得失と休咎（休は善）は、之を物に聴《まか》せて能く自ら必する莫し。意を刻して善を求むと雖も、悔は亦多し。（中略）誠の幾を以て、官骸と嗜欲を御して之をして順なら使む。則ち所謂「仁を為すは己に由る」（『論語』顔淵）、「帯より下らずして道存す」（『孟子』尽心下。帯より下らずとは、『礼記』曲礼下に見え、至近にある心をいう）」という。

すなわち、六二以上の五陰は、「己に克ちて礼に復るを仁と為す」ということからいえば、初九は五陰に対して己に克って礼に復る己と見なす。五陰に随って、己の性が化することを恐れるからである。また「仁を為すは己に由る、而して人に由らんや」ということからいえば、初九は五陰を由るべきではない人と見なす。性を具えながら、五陰のために遷ることを恐れるからである。『論語』陽貨に、「子曰く、性は相近し、習えば相遠し」という。精と一は、さきの『書経』大禹謨に、「惟れ精惟れ一、允に厥《と》の中の執る」という。服膺は、『中庸』第八章に「子曰く、回（顔回）の人と為りや、中庸を択び一善を得れば、則ち拳拳《けんけん》として服膺し、之を失わず」という。専翕は、この精一の徳をもつ初九をいう。初九の徳によって五陰の情を平かにし、かくして危うき人心が凝り微なる道体が立つ。以下、六二以上の五陰について示す。

六二の爻辞に「復に休《いこ》う、吉なり」といい、『周易内伝』は「人、樹蔭に依りて以て息《いこ》うを、休うと曰う。六二は柔にして中を得、下は陽（初九）に近く、其（初九）の復するに依るを楽しむ。「其の士の仁者を友とす」（『論語』衛霊公）と謂う所なり、吉人と居れば則ち吉なり」という。

六三の爻辞に「復に頻（瀕）す、厲《はげ》しければ咎无し」といい、「頻は瀕と通ず。字は渉に从（従）い、頁に从い、隷文は水を省《はぶ》けるのみ。近くして（瀕して）未だ即ち親しまざるの辞なり。六三は初（初九）を去ること較《やや》遠く、二（六二）の仁に下る（六二の小象に、「復に休うの吉とは、以て仁に下ればなり」という）が如くなる能わず。而して震《しん》（復《ふく》の下卦）と体を為し、進みて（六三は進爻）外卦に臨す（瀕す）、其の復《ふく》の道に於けるは遠からず。然れども必ず厳厲自ら持し、上六と相応ぜずして、而る後に咎无し」という。

六四の爻辞に「中行きて独り復す」といい、「五陰に就きて之を言えば、四（六四）は中なり、上下の四陰（上卦の六五と上九及び下卦の六二と六三）の中に処り、四陰は環拱《かんきょう》し（取り巻く）、之を奉じて主と為さんと欲し、自ら抜く能わざるに幾《ちか》し。乃ち（然るに）柔にして位を得（陰が四の陰位に居る）、又退爻為《た》り。同類（四陰）を舎《お》きて下は初（初九）に応じ、其（初九）の復するに聴《まか》すを楽しむ」という。

六五の爻辞に「復に敦し、悔无し」といい、「六五は尊位に居り、以て陽（初九）と相亢して、其（初九）の復するに聴《まか》さざる可きかと疑わる。乃ち（然るに）坤《こん》（復《ふく》の上卦）の主為《た》りて、厚く重んじて自ら持す。則ち陽（初九）方《まさ》に長ずるも己は拒まず、静（上卦の坤《こん》）以て動（下卦の震《しん》）に聴せ、悔无きの道なり」という。

上六の爻辞に「復に迷う、凶なり、災眚《さいせい》有り」といい、「四（六四）は群陰の中に処るも退き聴《まか》せ、五（六五）は至尊の位を履むも大いに順う。皆《とも》に陽（初九）の来り復するを禁《とど》めず。上六は陽（初九）より遠きこと已甚《はなはだ》し、其の荒遠を恃みて、群陰の長と為らんと欲す。亢して屈せず、徳を度《はか》らず、時を相《み》ず、迷いて凶なり。（中略）之に克つの難きこと此《か》くの如し、特に初九の為に重く之を戒む」という。

有生の始めは、復《ふく》の初九をいう。舜が昉《はじ》めたとは、『書経』大禹謨にいう、舜が道心と人心の危微について禹に教えたことをいう。なお邵康節の「玄酒は味は方に淡く、大音は声は正に希なり」について、『周易内伝』では批判を加えて、「玄酒は味は方に淡なりと曰うは、是れ半ばを得るの説なり。淡は以て五味を生ず可きも、五味を含《お》きて其の淡を求むるに非ず。亦、大音は声は正に希なりと曰うは、則ち愈々非なり。希声は、声の余なり」という。『老子』第四十一章に、「大音は希声なり」という意に近いからである。ここでは、少なきを貴ぶ点において許している。

其の曽子に授くるが若きは、則ち別有り。一もて貫くと曰う（『論語』里仁）は、則ち己と礼とは多少するを得可からざるなり。忠恕と曰う（里仁）は、則ち人と己とは多少するを得可からざるなり。己に殊ならざる者は、形に于いて性を見る。人に殊ならざる者は、動に于いて静を見る。則ち己は克つを事とせず、而して人は由る可からざる无し。此れ、以て陰を奨《すす》めて陽に敵するには非ず。

人の初めて生ずるや、天と倶に生ず。天は人の理を具うるを以てなり。人の方《まさ》に生ずるや、天に因りて生ず。人は天の気を資《と》るを以てなり。其の初めて生ずるの理を凝らして「礼に復る」（『論語』顔淵）と為し、其の方に生ずるの気を善くして「気を養う」（『孟子』公孫丑上）と為す。理は天の貞常なり、気は天地の均用なり。

故に「天は子《ね》に開き、人は寅《とら》に生ず」と曰う（魏伯陽『周易参同契』）。子に開く者は復《ふく》なり、寅に生ずる者は泰《たい》なり。復《ふく》に主為る者は、陽少なく陰多く、陽を養い陰を治めて、以て太和を保つ。故に復《ふく》は「至日に関を閉し、后《きみ》は方を省みず」と曰う（復《ふく》の大象）は、陽を養うを大とするなり。泰《たい》に用を為す者は、陰は陽に感じて変じ、陰陽斉しく致して以て大中を建つ。故に泰《たい》は「天地の道を財成（裁成）し、天地の宜を輔相す（たすける）」と曰う（泰《たい》の大象）は、善く陰を用うるなり。復《ふく》は以て陽を養う、故に己は以て礼と為す可からず。泰《たい》は以て陰を用う、故に形色にして即ち天性と為す（『孟子』尽心上による）。

然れども、其の財成して輔相を為す者（泰《たい》）は、先に己を立てて広く物に及ぼし、端本（末と本）を大にして内外を辨《わか》つこと、秩敘（秩序）井然たり。抑も釈氏の作用《さゆう》を以て性《しょう》と為し、仏身は法界《ほっかい》（万有の諸物）に充満すと謂うが若きに非ず。泰《たい》の伝に「君子を内にして小人を外にす」と曰う（泰《たい》の彖伝）は、則ち其の潔静精微（『礼記』経解に、「其の人と為りや、……絜静《けっせい》精微なるは、易の教えなり」という）にして、陽を主として陰を賓とすること、蓋し慎むの至りなり。是の故に、身を守りて以て体と為し、物を正して以て用と為す。

此れ其の教は、之を方《まさ》に生ずるの成るに謹む。孔子之を昉《はじ》め、曾子之を述べ、孟子之を著らかにす。程子は、固より将《はた》之を守る。故に「万物静観して皆自得し、四時佳興して人と同じ」と曰う。泰《たい》は其の交なり。

『論語』里仁に、「子曰く、参《しん》（曾参）よ、吾が道は一以て之を貫くと。曾子曰く、唯《い》と。子出ず。門人問いて曰く、何の謂ぞやと。曾子曰く、夫子の道は忠恕のみと」という。孔子のいう一貫と曾子の解説した忠恕の道が、泰《たい》の道をいい、さきの顔子に教えた復《ふく》の道とは異なることをいう。一貫というのは、復《ふく》のように「己に克ちて礼に復る」ものではなく、己と礼とは一以て貫く連続性に在る。忠恕というのも、復《ふく》のように「人に由らんや」と戒めることなく、人と己は忠恕において誠である。多少にするを得可からずというのは、復《ふく》が一陽五陰の多少であるのに対し、泰《たい》が三陽三陰の斉しきを得ていることをいう。己と礼を別にせず一貫というのは、形の陰に性の陽を見るからである。また人と己を別にせず忠恕というのは、動の陽に静の陰を見るからである。泰《たい》の大象に、「天地交わるは、泰《たい》なり。后《きみ》は以て天地の道を財成し、天地の宜を輔相し、以て民を左右す」という。陰陽互いにその功を致すことを一貫といい、忠恕という。その意はまた後に詳しく述べる。とはいえ、これは陰の用をすすめて陽と対等（匹敵）にする意ではない。

復《ふく》とは異なる泰《たい》の道を説くために述べたものである。

人の初めて生ずる云々は復《ふく》についていい、人の方に生ずる云々は泰《たい》についていう。初めて生ずる理を凝らすから礼に復るといい、方に生ずる気を善くするから気を養うという。気を養うは、『孟子』公孫丑上に「吾れ善く吾が浩然の気を養う」という。

「天は子に開き、人は寅に生ず」は、魏伯陽『周易参同契』に見える。復《ふく》の大象に「先王は以て至日（冬至）に関を閉し、商旅行かず、后《きみ》は方を省みず」といい、『周易内伝』は「至日とは、冬至なり。后とは、諸侯を曰う。方を省みるとは、野に行きて民事を省みるなり。（中略）身に反りみて自ら治め、本を立つる所以なり」という。一陽来復する冬至に、陽を養うことを重んずるのである。泰《たい》の大象に「天地の交わるは泰《たい》なり。后は以て天地の道を財成し、天地の宜を輔相し、以て民を左右す」といい、『周易内伝』は「地を裁成する者は天なり、天を輔相する者は地なり。天道は下済して以て地の実を用い、之を成すに道を以てす。地気は上升して以て用を天に効《いた》し、其の宜しき所を輔く」という。大中は、大有《たいゆう》䷍の彖伝に「大有《たいゆう》は、柔（六五）は尊位を得、大中にして上下之に応ずるを大有《たいゆう》と曰う」という。泰《たい》は陰が陽に感じ、陰陽ともにその用を致す点で、陰を用いる。方に生ずる気を用いることであり、孟子が浩然の気を養うと述べたそれである。また『孟子』尽心下に、「形色は天性なり。惟聖人にして、然る後に以て形を践む可し」という。形色は陰である。

泰《たい》が陰を用いるといっても、己を本とし物を末とし、君子と小人を分つ秩序は井然たるものがある。釈氏が作用《さゆう》を性《しょう》となすのみで、本末を明らかにしないのとは異なる。泰《たい》が陰を用いるといっても、その彖伝に「君子を内にして小人を外にす」というように、乾《けん》の君子を主とし坤《こん》の小人を賓とする秩序は、井然と明らかである。『周易内伝』は彖伝について、「君子を内にして小人を外にすとは、君子は坐して道を論じ、小人は器使す。（中略）之を内にすれば、則ち道行われて賢者は彙進《いしん》し（次々と進む）、善は日に以て長ず。之を外にすれば、則ち讒賊《ざんぞく》行われずして枉者は直に化し、悪は日に以て消す」という。

孔子が一貫といい、曽子はそれを忠恕と述べ、孟子はわが浩然の気を養うと著らかにしたのは、天地が交わって方に生ずる泰《たい》に、君子が生を尽くすに慎むことを述べたものである。程子のことばは、程伊川『易伝』には見えない。

未生自り以て生有り、生有りて自り以て生を尽くす。霊（知）は一にして蠢《しゅん》（愚）は万なり、性は一にして情は万なり。其の始めを迎うるに非ざれば、後は裁し易からず。復《ふく》は以て天地の心を見る（彖伝による）は、化と倶にして天道を体する者なり。陰は陽に感じて変じ、変じて陽と功を同じくす。性情は互いに其の宅に蔵し、理気は交々其の用を善くす。泰《たい》は以て天地の宜しきを相《たす》くるは、化に因りて盛んにして人道を尽くす者なり。而れども要は以て功を天地に為し、以て其の生を息《や》めず。故に功を同じくすと曰う。生ずる者は実なり、生ぜざる者は虚なり。而るに、心は太虚の如しと曰う。則ち智は舜の如くなるも、其の危うきを戒め其の微なるを保ち、允《まこと》に執りて（『書経』大禹謨に、「人心惟れ危く、道心惟れ微なり。惟れ精惟れ一、允に其の中を執る」という）、以て為に其の蔵を匱《とぼ》しくせざるは、又何為《す》れぞ。

前述をまとめていう。未生自り生有る復《ふく》の場合は、一陽の霊性を迎え、「天地の心を見る」という天道を体するものである。また生有りて自り生を尽くす泰《たい》は、陰陽が互いに功を成し、性情と理気が用をなす、「天地の宜しきを輔相する」という人道を尽くすものである。

かくして復《ふく》も泰《たい》も天地の間のはたらきであり、生生息まざる化をなす点では同じである。生生するものは実有であり、生じないものは虚無である。ところが仏老は「心は太虚の如し」という。舜のような知者が、人心の危うきと道心の微なることを戒め、天地の蔵を豊かにすることにつとめるのはなぜか。

嗚呼、天地の生は亦大なり。未生の天地は今日是れなり、已生の天地は今日是れなり。唯其れ日に生ず、故に前は生ぜざる無く、後は生ぜざる無し。（繋辞上伝第五章に、「生生之れ易と謂う」という）、冬至は子の半、暦の元にして、天の開くなり。七日にして来復す（復《ふく》の象辞）とは、冬至、子の半なればなり。如《も》し其れ「天は昔者《むかし》にして子《ね》に開き、数の紀《ただ》すを得可き有り。而れども、此より前なる者は有る亡《な》し」と曰わば、則ち復《ふく》は宜しく一陽を沖寂无画の際に立つべし。而るに何為《す》れぞ五陰を上に列ねて、一陽以て出ずるや。然らば則ち、天の未だ開かざるとき、将《はた》在るとして坤《こん》地の体に非ざる无く、充牣《じゅうじん》（充満）障塞《しょうそく》（ふさがる）して間隙有る无く、天は乃ち徐《おもむ》ろに其の下を穴《あな》して、以て光を舒《の》べて象を成す毋《な》からんや。天の未だ出でざる者は何を以て次舎（宿るところ）と為すや、地の穴する所の者は何を以て帰余と為すやを識らず。

未生の天地は復《ふく》の天地をいい、已生の天地は泰《たい》の天地をいう。天地陰陽が生生して息まない点では同じであり、かくして今日の生は生生変化の中に在る。船山が未生の天地と已生の天地を生生の連続性の中に置くのは、邵雍やそれに因る朱子が先天の易と後天の易を別々に設定する考え方を斥けるからである。復《ふく》の大象にいう至日は子の半であり、天が開けて一陽来復することをいう。象辞に「其の道に反復し、七日にして来復す。往く攸有るに利し」というのも、子の半の冬至に陰陽が往来することをいう。『周易内伝』は象辞について、「七とは、少陽の数なり。数は六（老陰）に極まり、復《また》滅ず可からず。必ず上生して七に至れば、陽は復《また》萌す」といい、象伝について「七日とは、数極まりて則ち反るの大概なり。旧説（朱子『周易本義』）に姤《こう》自り復《ふく》に至ると謂うは、易の卦に於いて天数は倶に合わず。今、之に従わず」という。

もし未生の天地と已生の天地が、虚と実の断絶の関係に在るとすれば、復《ふく》は沖寂無画の太虚からの創造ということになる。しかし復《ふく》は、五陰の下にすでに一陽が萌しているではないか。もしかれらのいう通りであれば、天が開かない世界は坤《こん》だけの陰が充満して間隙のないものとなり、天がその後からこの地に穴をあけて光をさし入れるということになるではないか。しかも地だけがあって天が生じないとき、天はどこに次舎していたのであろうか。しかも天によって地に穴をあけた所は、どこに帰することができようか。天と地はともに位を設けるものであり、この天地の間に生生の道が行われる。復《ふく》は、この天地の心を見るものである。

初九に曰く、「遠からずして復る」と（復《ふく》の初九の爻辞）。遠からずの言為《た》る、七日に較べて更に密なり。陽（初九）一たび交わらざれば、則ち陰（五陰）は過ぎて生を息《や》む。生は息む可からず、復るは遠からず。自ずから然るは天地なり、主持する者は人なり、人は天地の心なり。息まざるの誠（『中庸』第二十六章）は、一念の復するに生ず。其の賢人君子に頼《よ》る所の者は、大なり。

過ち有れば、未だ嘗て知らずんばあらず。知れば、未だ嘗て復《また》為さず。過つ者は陰なり、知る者は陽なり。陽を陰中に存すれば、天地の生は、顔氏の知に永し。此れ「予を喪ぼせり」の嘆き（『論語』先進）にして、「学を好む」の窮なり（同）。絶学して伝うる无きは、夫子の其の憂患を深くする所以なるか。

復《ふく》の初九の爻辞に「遠からずして復る」といい、『周易内伝』は「初爻は、筮の始画《しかく》為り。一たび象を成して、陽即ち見《あらわ》る」という。復《ふく》の一陽が、天地の生生を鼓動することをいう。下卦は震《しん》である。息まざるの誠は、『中庸』第二十六章に「故に至誠は息む無し。息まざれば則ち久しく、久しければ則ち徴《あき》らかなり、徴らかなれば則ち悠遠なり、悠遠なれば則ち博厚なり、博厚なれば則ち高明なり」という。自然の天地において、人極を立てて主持するものは人である。一陽が復することによって一陰一陽の道を継ぎ、生生の道を実現するものは賢人君子である。孔子が顔回を復《ふく》の道を得たものとして許したことをいう。

『論語』述而に「子曰く、丘や幸いなり。苟くも過ち有れば、人必ず之を知る」といい、子張に「君子の過つや、日月の蝕するが如し。過つや人は皆之を見、更《あらた》むるや人は皆之を仰ぐ」という。また学而に「過てば則ち、改むるに憚る勿れ」といい、衛霊公に「過ちて改めざる、是れ過ちと謂う」という。陰の過ちを知るのが陽であり、復《ふく》の初陽が天地の心を見るのである。顔氏の知とは、孔子が顔氏の子すなわち顔回に許したこと。繫辞下伝第五章に、「顔氏の子は、其れ殆ど庶幾からんか」というのは、顔淵が復《ふく》の道を知るに至ったことを孔子が許したことをいう。「予を喪ぼせり」の嘆きは、『論語』先進に「顔淵死す。子曰く、噫《ああ》、天予《われ》を喪ぼせり、天予を喪ぼせり」という。学を好むの窮とは、同じく先進に「季康子問う、弟子孰か学を好むと為すと。孔子対えて曰く、顔回なる者有り、学を好む。不幸にして、短命にして死す。今や則ち亡し」という。ともに孔子がこの顔子を失った嘆きと窮をいう。絶学して伝えられないことを夫子が憂えたというのは、その深意をいまここに船山が明らかにしたとの自負を含む。

☰☳ 无《む》妄《ぼう》（震《しん》下乾《けん》上）

上を天にし下を地にし（乾《けん》上坤《こん》下の否《ひ》☰☷をいう）、清寧にして位に即くに、震《しん》（无《む》妄《ぼう》の下卦）の一陽、地（否《ひ》の下卦坤《こん》）の中に生ず。来るは期する所无く、群有を造始して、以て天（无《む》妄《ぼう》の上卦乾《けん》）に応ず。尋常の見の、疑いて妄至りて誠ならずと為す所の者なり。

夫れ以て妄と為すは、則ち陰陽より妄なるは莫し。陰陽は道を体するも、道は従《よ》りて来る无きは、則ち道より妄なるは莫し。道は陰陽有り、陰陽は群有を生じ、相生ずるの妙、其の実を求むるも亟《すみ》やかに見る可からざるは、則ち又生より妄なるは莫し。生ぜずして无く、生じて始めて有るは、則ち又有より妄なるは莫し。

无《む》妄《ぼう》は、震《しん》下乾《けん》上。下卦の震《しん》☳は、坤《こん》☷すなわち地の初に一陽が生じた象である。清寧は天が上に清く、地が下に寧んずる否《ひ》☰☷の象。また『老子』第三十九章に、「天は一を得て以て清く、地は一を得て以て寧し」という。无《む》妄《ぼう》はこの乾《けん》上坤《こん》下の清寧を破るものとして、震《しん》の一陽が突如として初の位に来て万物を創始し、上卦の乾《けん》に応じたものである。通常の見方からすれば、それは妄にして不誠と考えるはずである。それをなぜ易は无妄というのか。以下、釈氏と老子が妄と見なすことに対し、易が敢えて无妄なりという理を解き明かす。

かれらが妄と見なす論理は、まず陰陽を妄となし、陰陽が道を体としながらその道が見えない点で道を妄となし、陰陽による群有の生に相生の妙の実を知ることができない点で生を妄となし、かくて生じて有ることを妄とするに至るからである。

无妄《むぼう》の彖辞に「无妄《むぼう》は、元いに亨り貞しきに利し」といい、『周易内伝』は「无妄《むぼう》と云うは、妄なるかと疑いて而も其の妄无きを言うなり。若し妄有るに非ざれば、則ち无妄とは言わず。時は陰の上に積むに当り（下卦震《しん》についていう）、陽（初九）は天化（上卦乾《けん》の化）を乗《と》りて、以て震起して之を照蘇するは、則ち誠の固有する所の幾なり。乃ち此の卦は、天道（上卦の乾《けん》）は上に運《めぐ》りて固く其の位を奠《さだ》むるも、二陰（六二と六三）は下に処り、其（乾《けん》）の盛を極むるに非ず。而も初陽（初九）震動するは、其の時を以てするに非ず。理の無き所にして、時の或いは有るは、妄なり。然れども人自り言えば、則ち見て妄と為すも、天自り言えば、則ち常有りて以て時を序し、変有りて以て不測の化を起す。既に時の有する所と為れば、即ち理の無からざる所と為る。理とは、天理なり。天に在る者は、即ち理と為す。縦横《しょうおう》に出入し、感に随いて物の利するを憂えず。則ち人の妄と謂う所の者は、皆无妄なり。君子は天の本より妄有るに非ざる者に於いて、天に順いて天の時を奉ず。妄なる者に於いて、深く其の无妄なるを信じ、以て諸《こ》れを天理の固有に帰し、時に因りて消息して以て進退し、敢えて天を希《ねが》いて以て或いは妄を詭《いつ》わらず。故に天道は上に全く（上卦の乾《けん》）、天化は下に起り（下卦の震《しん》）、「元いに亨り貞しきに利しく」（无妄《むぼう》の彖辞）、四徳（乾《けん》の文言伝に、「君子は此の四徳を行う者なり。故に乾《けん》は元亨利貞と曰う」という）は爽《たが》わず」という。

真を索《もと》めて得ざれば、妄に拠りて宗と為す。妄は依る可き无ければ、別に真主を求む。故に彼は之が説を為して曰く、「因に非ず縁に非ず、和に非ず合に非ず、自に非ず然に非ず。夢の如く幻の如く、石女児《うまずめ》（子を生まない女）の如く、亀毛と兎《と》角《かく》（亀に毛が生じ兎に角が生ずる、ありえない喩）の如し。目を捏《こ》ねて花を成《じょう》じ、梅を聞きて液（唾液）を生ず。而して真人は位无く、肉団（肉体）に浮寄し、三寸、鉤を離れて、金鱗は別に覓《もと》む」と。

其の見る所に率《したが》えば、真を以て妄と為し、妄を以て真と為す。故に其の至るや（挙句の果てに）、此の身を厭棄《おんき》し、以て浄垢《じょうく》を揀《えら》ぶ。有の既に妄なれば、死に趣《おもむ》くを楽《ねが》いと為す。生の既に妄なれば、倫（人倫）を滅するを浄と為す。何ぞ其の天彝《てんい》を裂き、人紀を毀《こぼ》つを怪しまんや。

仏者が、有と生を妄とすることを論ずる。かれらは真を求めても得られないために、妄を宗とするに至る。しかしまた妄は依ることができないために、妄を超脱する真如を別に立てざるをえない。かくして因縁の和合と自然の現有を否定し、現世を夢幻と観じ、生生の理を知らず、すべてを偶合の生滅《しょうめつ》と見なすのである。目を捏ねて花を成ずは、現実に花を見なくとも幻花を見ること。梅を聞きて液を生ずは、梅ということば或いは梅の香を聞くだけで、酸味を思って唾液が生ずること。三寸、鉤を離れて、金鱗は別に覓むは、実際に鉤によって魚を釣るのではなく、真如を別に求めることをいう。

かれらの説は、真と妄とを逆にするものである。その揚句、現有の真であるわが身体を厭棄《おんき》し、煩悩の垢《く》と悟脱の浄との二者択一を求める。かくして往生を至願とし、人倫を滅定《めつじょう》するに至る。人紀は『書経』伊訓に「先王、肇《はじ》めて人紀を修む」といい、天彝は『書経』洪範に彝倫といい、また君奭《くんせき》に彝教という。

夫の有を以て迹と為し、无を以て常と為すが若き、陰を背にして陽を抱き、中虚を実と成し、真を斥けて仁ならずとし、妄に遊びて自得す。故に抑《また》之が説を為して曰く、「吾れ大患有り、吾れ身有るが為なり（『老子』第十三章）。反以て用と為し、弱以て動と為す（『老子』第四十五章）。仁義を糠秕《こうひ》（ぬかとしいな、つまらぬもの）とし（『荘子』逍遙遊）、万物を芻狗《すうく》とす（用があれば使い、無用となれば棄てる）」と（『老子』第五章）。其の帰する所を究むれば、得るを以て妄と為し、喪うを以て真と為す。器の外に道を求め、性の外に命を求む。陽は化するに任ぜず、陰は凝るに任ぜず。故に其の至るや、聖智を絶棄し（『老子』第十九章）、生死を顛倒す（『老子』第五十章）。有を以て妄と為して、斗衡（はかり）は折《こぼ》つ可し。生を以て妄と為して、哀楽は倶に捨つ。又何ぞ其の昼夜の常を規避し（巧みに逃れる）、以て長生の陋説を冀《ねが》うを怪しまんや。

道家の徒が有を迹（現象）となし、无を常（原理）とすることを批判する。「陰を背にして陽を抱く」は、『老子』第四十二章に「万物は陰を負い陽を抱く」といい、また「古太極図」（本冊一九五頁）に画く形象をいう。『老子』第十三章に「吾の大患有る所以の者は、吾れ身有るが為なり」といい、第四十章に「反は道の動にして、弱は道の用なり」といい、第十八章に「大道廃れて仁義有り」という。また『荘子』逍遙遊に、「是れ其（神人）の塵垢粃糠、将に猶《なお》堯舜を陶鑄（造り出す）せんとする者なり」といい、『老子』第五章に「天地は不仁なり、万物を以て芻狗と為す」という。

かれらの説の要諦は、現有の生を得ることを妄となし、現有を失うことを真如とする。具体的な器の他に超越する道を求め、天の命ずる性の他に他在的な命を求める。繫辞上伝第十二章に「形而上なる者は之を道と謂い、形而下なる者は之を器と謂う」といい、船山は形而下の器があることによって形而上の道があるという（下冊の当該の項参照）。また『中庸』第一章に、「天の命ずる之れ性と謂い、性に率《したが》う之れ道と謂う」という。かれらの陽は陰を化することができず、陰は陽の化によって形を凝らすことができない。かくして聖智を絶棄することを利とし、生を斥け死を願うに至る。『老子』第十九章に「聖を絶ち智を棄つれば、民利百倍す」といい、第五十章に「生を出でて死に入る。生の徒は十に三有り、死の徒は十に三有り」という。『論語』先進には、「未だ生を知らず、焉んぞ死を知らん」というではないか。かれらは現有を妄とすることによって己の生を権《はか》ることを忘却し、生を妄とすることによって哀楽の情を没却する。そのあげく日夜変化する常を逃れて、ひたすら長生の陋説を願うに至る。昼夜の常は、陰陽日月の変化の道。繫辞上伝第四章に、「昼夜の道を通じて知る」という。

請う、之を析《わか》つを得ん。釈（仏陀）の言を為す者も、亦妄の依る可からざるを知る。老（老子）の言を為す者も、亦妄の常とす可からざるを知る。然らば則ち、依る可くして常有る者の无妄なること、尺喙《せきかい》（口舌）有りと雖も、其れ能く此を破して以て自ら怙《たの》まんや。王鮪《おうゆう》は、水、腹に入れば死す。水は依る可きも、鮪は依る所に迷えばなり。粤犬《えつけん》（南方の犬）は、雪を見れば吠ゆ。雪は本より常なるも、犬は見ること常ならざればなり。彼固より大千、八極を驕語するは、乃ち巧みに一端を測り、因りて自ら纆棘《ぼくきょく》する（拘束する）こと、鮪と犬の知に同じ。豈哀しからずや。鮪は依る所に迷う、則ち水は即ち其の毒なり。犬は常无きを目す、則ち雪は即ち其の患なり。故に老（老子）は大患と曰う（『老子』第十三章）。故に釈（釈氏）は三毒と曰う。夫れ以て毒患と為して、急に之を舍《お》かざる者有らんや。則ち其の懼るること甚しく、傹《くる》しむこと甚し。速やかに其の生の理を捐《す》てて恤《うれ》えず、亦溺るるを畏るる者の迫りて自ら淵に投ずるなり。

仏者と道家が、无妄なる生を自ら妄とする陋説を批判する。かれらとて妄は依ることができず、妄を常とすることができないことを知っていることからすれば、依ることができるものの中に常という無妄なるものが存在することは、誰も否定し得ないことである。ただかれらが誤った点は、依るべき所に迷い、常とするものを見失ったがために他ならない。王鮪は、鮪（まぐろ、しび）の大なるもの。水に依って生きる王鮪が依る所を失えばその水によって死に、南方の犬が見なれない雪を見ればそれを怪しんで吠えるようなものである。

大千世界は『維摩経』に見え、八極は『荘子』田子方に見える。纆棘は、坎《かん》の上六の爻辞に「係《つな》ぐに徽纆《きぼく》（より合わせた縄）を用い、叢棘《そうきょく》に寘《お》く」という。かれらが現実の生を見ず、大千世界とか八極とか、超現実の言を弄し、わが生の毒患を懼れる余り、わが生の理を棄てるに至ったにすぎない。三毒は、貪毒、瞋毒、痴毒の煩悩。溺れることを畏れる余り自ら淵に身を投げて死に急ぐかれらは、空と無という死の世界を至極のものと観ずるものである。

夫れ依る可き者は有なり、至常なる者は生なり。皆《とも》に无妄にして、之を妄と謂う可からず。奚《なに》を以て、其の然るを明らかにするや。

既已《すで》に人と為れり。蟻の仰行（首をあげて歩く）に非ずして、則ち地に依りて住む。螾《いん》（みみず）の壌《つち》に穴するに非ずして、則ち空（天）に依りて住む。蜀山の雪蛆《せつそ》（ゆきむし、氷蛆）の煖《だん》を求めざるに非ずして、則ち火に依りて住む。火山の鼠（ひねずみ、火鼠）の潤を求めざるに非ずして、則ち水に依りて住む。以て粟《ぞく》に依りて飢を已《や》め、漿に依りて渇を已《や》むに至る。其の然らずして飢渇を已むる者は、則ち人に非ず。粟は土に依りて長じ、漿は水に依りて成る。（粟は）種に依りて生じ、（漿は）器に依りて挹《く》む。荑《てい》（いぬびえ）を以て粟を種《う》うれば粟は生ぜず、磈《かい》（土）を以て水を取れば水は挹まず。相待ちて有るにして、待つ无ければ无し。夫の粟を以て粟を種え、器を以て水を挹み、楓に柳枝无く、粟に棗実《そうじつ》无く、功を成して退きて以て将来を生じ、取用爽《たが》わずして物物相依り、依る所の者の依るに足るが若きは、毫髪も疑似の或いは欺く无し。而るに、此れ妄なりと曰う。然らば則ち、彼の真空と謂う所の者は、将に一たび成りて易《かわ》らざるの型有らんとす。何ぞ両間（天地）の霊蠢《れいしゅん》（智と愚）と姣醜《こうしゅう》（美と醜）の生ずること、一印の文（模様）の如く、均しく差別无きを取らざらんや。是の故に、陰陽は位を奠め（坤《こん》下乾《けん》上の否《ひ》）、一陽内に動きて（无妄《むぼう》の下卦震《しん》）、情は吝む容《べ》からず、機は止《とど》む容からず、磈（否《ひ》の下卦坤《こん》）を破り蒙（否塞）を啓《ひら》き、燦然として皆《みな》有なり。静かなる者（坤《こん》）は地を治め（否《ひ》についていう）、動く者（无妄《むぼう》の下卦震《しん》）は功を起す。地を治むる者は有にして富有し、功を起す者は有にして日に新たなり。形を殊にし質を別にし、用うるに利しく身を安んず（繫辞下伝第五章）。其の有を以て依る可からざる者と為して、之を妄と謂うを得ざること、其れ亦明らかなり。

さきの仏老の説に対し、有に依り至常なる生が无妄であることを明らかにする。

人として生まれたからには、地に依りまた天に依って住む。また人は暖を求めない雪蛆と異なって火に依り、潤を求めない火鼠と異なって水に依って住む。かくして天地の間に住む人は、粟と漿という物に依って飢渇をとどめる。ところで粟は土（地）に依って長じ、漿は水に依って成る。のみならず粟は粟という種から生じ、荑から生ずるものではない。また漿は器によって挹《く》むことができ、土によっては挹むことができない。ともに種と器という物に依って、粟と粢が人の飢渇をとどめる用を成すのである。このように種の別がありまた器の用があり、種の粟は人の用をなしてまた新たな粟を生じ、器によって挹まれた粢は人の用をなして器と粢という物が相依る。かくして天地に依る人が粟と粢に依って生を継ぐことは、些かも疑うことができない。

この生生の世界は、かれらのいう一定不変の超越性に包摂されるものではなく、個別が燦然として多様の生を展開する世界である。この多様を否定して真空を立てるかれらは、天地の智愚美醜は一つの印が同じ形をなすように、差別なき一定不変の型を立てることになるのではないか。碗を破り蒙を啓くは、否《ひ》の下卦坤《こん》（碗）の初六が初九の陽となった无妄《むぼう》の下卦震《しん》☳をいう。震《しん》の初九は吝むことなく、その陽の動を止めることができない。かくして否塞の蒙を啓いて、无妄《むぼう》となる。坤《こん》下乾《けん》上の否《ひ》が震《しん》下乾《けん》上の无妄《むぼう》となるのは、静かなる否《ひ》の下卦坤《こん》が地を治めて碗を成すのに対し、動く无妄《むぼう》の下卦震《しん》が否塞を破る功を起したからである。ここに震《しん》が、地を治める坤《こん》の有を有《たも》ちまた功を起すことによって、富有と日新の天地が生生する。万物は形質を殊にする多様性を具えることによって、人はそれを用いて徳を崇くすることができる。異端の説のように、有を依ることのできぬ単なる現象と見なし、それを妄ということはできない。富有と日新は、繫辞上伝第五章に「富有之れ大業と謂い、日新之れ盛徳と謂う」という。用うるに利しく身を安んずるは、繫辞下伝第五章に「用うるに利しく身を安んずるは、以て徳を崇くす」という。

又、既已《すで》に之が人と為れり。生死は昼夜なり、昼夜は古今なり。祖禰《そでい》（先祖の廟と父の廟）の日月は、昔に来る有るなり。子孫の日月は、後に往く有るなり。其の同生に繇《よ》りて其の同死を知り、其の同死に繇りて其の同生を知る。同死する者は退き、同生する者は進む。進退相禅《うつ》りて、生ぜざるの日月无し。春は暄《あたた》かく夏は炎《あつ》く、秋は清く冬は凛たり。寅（午前四時）は明るく、申（午後四時）は晦《くら》し。芽に非ざれば蕊《ずい》（花芽）あらず、蕊に非ざれば花さかず。花さくに非ざれば実《みの》らず、実に非ざれば芽ぶかず。進みて之を求むるに、陰陽、裁を定むるに非ざれば、荄茎《がいけい》（根と茎）有らず。陽動き陰感ずるに非ざれば、相柎蕚《ふがく》（柎は花房）せず。今歳の生、昔歳の生は、巧暦（数術や暦法に詳しい人）有りと雖も、其の形埒《けいらつ》（形界）を分つ能わず。物の情は妄に非ず、皆以て徴を生ず。人に徴ある者は、情は尤も顕らかなるを為す。跽折《きせつ》（ひざまづく）すれば必ず喜び、箕踞《ききょ》（あぐらをかく）すれば必ず怒る、墟墓は必ず哀しみ、琴尊（琴と酒樽）は必ず楽しむ。性の静かなるは无きに非ず、形の動くは必ず合す。天下の至常なる者と謂わざる可けんや。夫の其の未だ嘗て生ぜざる者の若き、一畝の土は、粟す（穀物が実る）可く莠《ゆう》す（実らない）可し、一罌《おう》（かめ）の水は、沐す（沐浴に用いる）可く灌《そそ》ぐ（作物に水を注ぐ）可し。型範未だ天に受けず、化裁未だ人に待たざれば、乃ち人は亦之を利用するを得ず。動かざるの常は、唯動くを以て験あり。既に動けるの常は、反推する（考える）を待たず。是れ、静は動に因りて常を得、動は静に因らずして一を載すればなり。故に動きて生ずる者は、一歳の生ずる、一日の生ずる、一念の生ずるは、無窮に放《いた》り、範囲して過ぎず（繫辞上伝第四章に、「天地の化に範囲して過ぎず」という）。参差《しんし》（殊なる）傀異《かいい》（異なる）して、或いは作《おこ》り或いは輟《や》むの情形有るを得るに非ず。其の、生を以て常とす可からざる者と為して、之を妄と謂うを得ざること、抑《また》又明らかなり。

人の生死は、かれらのいうような無への帰滅ではなく、有の往来であり、陰陽の進退消長であることを述べる。人として生まれたからには、必ず死ぬことがある。人の生死は一日の中に昼夜があるのと同じく、また昼夜があるのは古今の時間があるのと同じである。先祖は昔に生れたものであり、子孫は後に死ぬものである。先祖も子孫もともに生まれることによってともに死ぬものであり、またともに死ぬことによってともに生まれたものであることが分る。生と死は進退であり、進退することによって新しい日月が生ずる。すなわち四季の寒暖の変化、昼夜の明暗の変化に応じて、植物が芽から花芽がつき、花が咲いて実がみのり、そして実から芽へと生死が循環する。更に根源的にいえば、陰陽がそれぞれ殊なる裁成をしなければ根茎は生ぜず、陽が動き陰が感じなければ花房と花萼は生じない。古今の生生の多様性は、いかに数術に通じたものでも、その形態を知ることはできない。繫辞上伝第四章に「始めを原《たず》ね終りに反る、故に死生の説を知る」といい、また「昼夜の道を通じて知る」という。日月について、繫辞上伝第六章に「陰陽の義は日月に配す」といい、繫辞下伝第一章に「日月の道は、貞にして明らかなる者なり」という。寒暑について、繫辞下伝第五章に「寒往きて則ち暑来り、暑往きて則ち寒来る。寒暑相推して、歳は成る」という。

人の情に喜怒哀楽があるように、性の静と形の動によって人の性情が起る。これこそ至常の有というべきものではないか。生じないように見えるものも、人の用によって動の生となる。それは天地から型範の体を受け、人がそれを化裁して変じたからである。化裁は、繫辞上伝第十二章に「化して之を裁するは変に存す」という。すなわち動かない常は人が用いる動によって、それが動であることが確められるのであり、既に動いた常についてはいうまでもなくそれは動である。「静は動に因りて常を得、動は静に因らずして一を載す」とは、静の常は人の動によって確認されるが、その動は一以て貫くという陽動を貫徹することをいい、また震《しん》☳が坤《こん》☷の初に一陽が動いた无妄《むぼう》をいう。一は陽の徳である。かくして天地の間に、富有の多様性と日新の生生が行われる。一年、一日、そしてわが一念が一瞬の中に生じて無窮に至るが、それは天地の生生の変化の中に行われそれを超えることはない。生生の際は至密であり連続性の中に在り、生滅の断絶なきものである。かれらのように、それを妄ということはできない。

初九の爻辞に「无妄なり。往けば吉なり」といい、『周易内伝』は「无妄《むぼう》の往く攸有るに利しからず（无妄《むぼう》の彖辞）とは、業已《すで》に无妄の世を成せば、更に往く可からず。往けば吉なりとは、其の无妄を以て往くなり。初九は天（上卦の乾《けん》）の命を承け、其の元亨利貞（无妄《むぼう》の彖辞にいう。また乾《けん》の彖辞にいう）の徳を以て諸《こ》れを心に信《まこと》にする者なり。動きて（初九は下卦震《しん》の主である）大いに為す有り、非常の功を立つ」という。

初九に応ずる九四の爻辞に「貞なる可し。咎无し」といい、『周易内伝』は「四（九四）は初（初九）と相応じ、剛（九四）を以て剛（初九）を済《な》す、能く静以て无妄に処する者に非ず。然れども動くに誠を以て動き、唱うる（先に倡《とな》える）有れば和する（後に和する）有り、之を作《おこ》す者有れば必ず之を成す者有り。其の誠を諒として与に道を同じくすれば、亦其の正を失わずして咎无きを得たり。可しとは、僅かに之を可《よし》とするの辞なり」という。

また上九の爻辞に「无妄の行くは眚《せい》(災)有り。利しき攸无し」といい、『周易内伝』は「初(初九)は陽剛を以て震起し(初九は下卦震《しん》の主である)、天(上卦の乾《けん》)に代りて非常の事を行う。上九は最も高き地に晏居し、消えんと欲するの勢いに処り、安靖して以て之を撫馭する能わず。而して志を亢して行かんと欲すれば、則ち時に違《たが》い妄動して、自ずから眚を成して利しき攸无し」という。

夫れ然り、其の常にして依る可き者は、皆其の生じて有なるなり。其の生じて有なる者は、妄に非ずして必ず真なり。故に、雷(无妄《むぼう》の下卦震《しん》)は天(上卦の乾《けん》)を受けて以て動き、物の生を起し、物の有を造《な》す。而して物ごとに无妄を与え、于《ここ》に以て時に対し、于に以て物を育す(无妄《むぼう》の大象による)。豈、他有らんや。

常として人が依ることができるものは、一定不変の法則ではなく、日に生生してやまない生の現有である。日に生生して現有するものは、妄ではなく真なるものである。かくして下卦震《しん》の主である初九は上卦乾《けん》を受けて震動し、万物の生を起し、万物の現有を生ずる。万物それぞれに妄ならぬ真を与え、その不測の時に対して万物の生を育する。それ以外の何ものでもない。

无妄《むぼう》の大象に、「天(上卦の乾《けん》)の下に雷(下卦の震《しん》)行き、物ごとに无妄を与う。先王は以て茂《さか》んに時に対し、万物を育す」という。『周易内伝』は大象について、「茂とは盛んなるなり、対すとは猶応ずるがごとし。雷(震《しん》)は天(乾《けん》)を承けて発生の令を行い、必ずしも定方定候(定まった方位と時候)有らず。要は、物生ずるの時に当る。物ごとに之が无妄を与うとは、物物にして之を与え、其の蟄を啓《ひら》き其の萌を達し、霊蠢(智愚)と良楛《りょうこ》(美悪)は択ぶ所無く、各々其の材質の如く、皆妄ならざるなり。択ぶ無きを以て盛と為し、測らざるを以て時と為す。此れ其の无妄為るは、妄有るが若しと雖も、固より妄无し」という。

是に因りて之を論ずれば、凡そ生じて有なる者は、胚胎を為す有り、流盪を為す有り、灌注を為す有り、衰減を為す有り、散滅を為す有り。固より因縁和合すること自ずから然るの妙合にして、万物の出入する所なり、仁義の張弛する所なり。

胚胎とは、陰陽充ち、積聚定まり、其の基なり。流盪とは、静躁（陰の静と陽の躁）往来し、陰在りて陽感ずるなり。灌注とは、形有り情有り、自りて生ずる所に本づき、同類は牖納《ゆうのう》し（収め納れる）、陰陽の施予して（陽が施し陰が与える）倦《う》まざる者なり。其の既《つ》くれば、則ち衰滅す。基の量は窮まり有りて、之を予えて多く受くる能わざればなり。又其の既《つ》くれば、則ち散滅す。衰滅の窮まるや、与《とも》にして茹《くら》わず（『詩経』大雅の蒸民による）。則ち故《ふる》きを推して、別に其の新しきを致す。

新しきを致すに由りて之を言えば、則ち死も亦生の大造なり。然り而して、事を合するは喜びに近く、事を離るるは憂いに近し。乍《たちま》ち往くは必ず驚き、徐《おもむ》ろに来るは故《ふる》きに非ず。則ち哀戚して哭踊《こくよう》する（哭泣して地団太をふむ）は、陰陽の生を留むる所以なり。其の離るるを靳《お》しみ其の合するを惜しむは、則ち人の天地の生の理を紹《つ》ぎ、依依として（依帰する）其の常を舍《お》かざる所以の者なり。然り而して、之を以て哀と為すも、之を以て患と為さざるは、何ぞや。哀は必ず真にして、患は必ず妄なればなり。

无妄《むぼう》の大象によって、生じて有なる者の「時に対し万物を育す」ことを述べる。陰陽消長の面からいえば、胚胎から流盪、灌注、そして衰滅、散滅に至るまで、すべて陰陽の妙合であり、万物が出入して動く所、仁義が発揮されるか否かの所である。

胚胎とは、陰陽が充ちて積聚の量が定まった基をいう。流盪とは、この基によって剛柔の気が往来し、陰は静かに在り陽は動いて感ずる運動をいう。灌注とは、形体をもった個体についていい、形と情は一陰一陽の道に本づき、同類は相応じ、陽は施し陰は与えて運動し続けることをいう。灌注が既《つ》きることによって、衰滅が起る。胚胎の基には限りがあり、与えることがあって新たに受けることができないからである。更に衰滅が極まれば、散滅するに至る。

なお、「与にして茹わず」は、『詩経』大雅の蒸民に「人亦言う有り、柔なれば則ち之を茹《くら》い、剛なれば則ち之を吐く。維れ仲山甫は、柔も亦茹わず、剛も亦吐かず」というによる。ここでは、剛柔（陰陽）ともに衰滅し尽くし、陰陽が天地に散滅することをいう。しかし新陳代謝して、また新たなるものが生ずる。かくして陰陽の気の構造が転換し、死からまた新たな生が起る。

散滅してまた陰陽絪縕により新しい生が起ることからいえば、死も生生の展開の一環である。ただ生が散滅して陰陽に合することは喜びに近く、生を離れて死ぬのは憂いに近い。人が忽然として死ねば必ず驚くが、陰陽絪縕によってやがて新しい生が生ずるのは、かつての死から生じたものである。人が死に際して哀しむのは、陰陽が生じて人の生を成したことを留めようとするからである。人が生を離れ陰陽に合することを哀しむのは、人が天地の生の理を継いでいこうとする表れなのである。『老子』第十三章に、「吾の大患有る所以の者は、吾に身有るが為なり」という患とは、本質的に異なる。

且つ天地の生は、則ち人を以て貴しと為す。艸木は生に任じて其の死を恤《うれ》えず、禽獣は死を患《うれ》えて死を哀しむを知らず。人は死を哀しむを知りて、必ずしも死を患えず。哀しむは以て天地の生を延《ひ》き、患うは以て天地の化を廃す。故に哀しむと患うとは、人と禽の大別なり。

而るに、庸夫は恒に其の患いを致す、則ち禽心長じて人理は短し。愚者は死の必ず生ずるを知らず、故に死を患う。巧者は生の必ず死するを知る、則ち且つ患い生ず。患うる所の者は、必ず之を離れんことを思う。離れて其の中に閃鑠《せんしゃく》し（目が眩む）規避する（巧みに逃れる）者は、老（老子）の、反を以て用と為すなり（『老子』第四十章に、「反とは道の動なり」という）。離れて其の外に超忽し游佚《ゆういつ》する者は、釈（仏者）の鉤を離るるを以て金鱗と為すなり。其の患いと為すこと均しく、而して死を其の情に致して以て生を求むることも亦均し。

「乃ち其の情に若《したが》えば、則ち以て善を為す可し」（『孟子』告子上）。情は陰陽の幾にして、性に凝りて其の能を効《いた》す者なり。其れ死す可けんや。故に无妄《むぼう》の象、上を剛とし下を柔とする（上卦乾《けん》の三陽の下に、下卦の六二と六三が居る）は、情の交わらざる所なり、是れ否塞と謂う（乾《けん》上坤《こん》下は、否《ひ》☰☷の象）。陽は情に因りて動き、期无くして来りて、陰の主と為り、昔の哀しみ（否《ひ》）に因りて、今の楽しみ（无妄《むぼう》）を生ず。則ち天下の生は、日に繁富に就く。

天地の間に生ずるものの中で、人が貴いのは死を哀しむからである。草木は生のみを求めて死を思わず、禽獣は死を患えて死を哀しむことを知らない。ただ人だけが死を哀しみ、必ずしも死を患えない。それは死を哀しむことが天地陰陽の生を留めようとするからであり、それに対し死を患えることは天地陰陽の生を廃するからである。死を哀しむか死を患えるかは、人と禽獣が分れる所以である。

にもかかわらず凡夫は常に死を患える。ここに禽心が長じて人理は塞がる。愚者は生が必ず死に至ることを知らず、かくして死を患える。巧者は生が必ず死に至ることを知って、死に至ることを患える。死を患える者は、必ず死を免れようと考える。すなわち死を離れることによって恍惚として死を免れたと考えるものは、老子が反を以て道となす説である。また死を離れて生死《しょうじ》の外に超越し寂滅を恃むものは、仏者が実際に魚を釣る針の他に真如が別にあるとする考えである。ともに死を患える余り死のことにのみ情を致し、実はそれによって己の生を求めるのである。

『孟子』告子上にいうように、情は善を為すことができる。情は陰陽の幾微なるもので、性（陽）となって情（陰）の能を効すことができる。情は性となっても死んだのではない。剛（乾《けん》）上柔（坤《こん》）下は、否《ひ》☰☷の象。その否塞を破るものとして、初陽が動いて（震《しん》）陰（内卦の六二と六三）の主となったものが、无妄《むぼう》の象である。否《ひ》の下卦坤《こん》の初六に陽が来て无妄《むぼう》の初九となり、かつての否塞の哀しみからいま下卦震《しん》が動く楽しみが生ずる。かくして天下の万物の生は、日に日に豊かになる。

彖伝に「无妄《むぼう》は、剛（初九）外自《よ》り来りて、内に主と為るなり」といい、『周易内伝』は「外卦（乾《けん》）は、皆陽なり。陽は陽と類を為すも、一陽（上九）其の群を離れ、二陰（六二と六三）に間《まじ》わりて下に在り（下卦震《しん》の初九）、以て陰に主たりて化を施す。又遯《とん》（䷠）の変自り之を言えば、九三の陽入りて初に来り、将に遯《のが》れんとするの世に於いて、返りて内（内卦）に帰り、以て二陰（六二と六三）に主たり。其（九三）の来るや、以て主と為らんと欲するなり、情無きに非ず。情有れば、則ち不測の変と雖も、固より妄に非ず」という。

六三の爻辞に「无妄の災あり。或いは之を牛に繫ぐ。行人の得るは、邑人の災なり」といい、『周易内伝』は「此れ遯《とん》（䷠）の変を以て言う（遯《とん》の九三が初九に来たのが、无妄《むぼう》䷘である）。或いは之を牛に繫ぐとは、遯《とん》の「執りて黄牛の革を用う」と謂う所なり（六二の爻辞に、「之を執りて黄牛の革を用う」という）。行人とは、初九を謂う。邑人とは、則ち三の固より其の位に居る者なり（遯《とん》の九三についていう）。二（六二）は陽を三に繫がんと欲するも、陽は来りて初（无妄《むぼう》の初九）に居り、初の得る所と為る。三（六三）は柔を以て位に当らず（陰が三の陽位に居る）、而も外卦（乾《けん》）の健行は且つ其（六三）の敏（敏速）ならざるを責む（三は進爻であるが、六三は陰であるから敏ではない）、故に災あり。災とは、外自り至る者なり。三（六三）の自ら取るに非ず、初（遯《とん》の上九が外卦から来た初九）之をして然ら使むるなり」という。

夫れ生の理の運行は、情を極めて量を為す。其の灌注するに迨《およ》びては、量に因りて増を為す。情は所生（父母）を尽くさず、故に生は限る所有り。量は本より至正に受く、故に生は乖《そむ》く容《べ》からず。則ち既に生じて以後、百年の中に物の万を閲《けみ》し、事の賾《さく》（幽深）に応ず。事物に因りて理を得、理を推して必ず生に合す。生に因りて仁を得、仁に因りて義を得、仁義に因りて礼楽刑政を得たり。極まりて死に至り、之を哀しみて以て生の理を延袤《えんぼう》（大地）に存すること、亦盛んなるかな。終日労労として、逮《およ》ばざらんことを恐る。何ぞ焉《こ》れを患うるに暇《いとま》あらん。之に堯の名を授くれば喜び、之に桀の号を授くれば戚《いた》む。事を喜ぶは生に近く、事を戚むは死に近し。生に近き者は、依る可くして常有り。然らば則ち、仁義の蔵（倉《くら》）は、礼楽刑政の府（集まるところ）なり。亦、孰《なん》ぞ妄なる所有らんや。故に形を賤《いや》しめば必ず情を賤しみ、情を賤しめば必ず生を賤しむ。生を賤しめば必ず仁義を賤しみ、仁義を賤しめば必ず生を離る。生を離るれば、必ず无を謂いて真と為し、生を謂いて妄と為す。而して二氏

（釈氏と老子）の邪説は、昌《さか》んなり。

情の量は、次にいうように胚胎、流盪、灌注、衰滅、散滅のそれぞれの場合をいう。所生は、『詩経』小雅の小宛に、「爾《なんじ》の所生（父母）を忝《はず》かしむる無れ」という。情はそれぞれの限定をもつが、また至正なる生の理の運行に基づく。かくして個別の生は、仁義の徳及び礼楽刑政の節目を果すべき命を担っている。たとい衰滅散滅して死に至っても、人はその死を哀しみ、天の生生の理を地に生きる人が受け継いでゆく。日日の生を営むことにつとめ、死を患えるいとまはない。労労は、辛労、煩忙のさま。『論語』先進に、「（子路）曰く、敢えて死を問うと。（孔子）曰く、未だ生を知らず、焉《いずく》んぞ死を知らん」という。

堯の名を聞けば喜び、喜べば生につとめ、ここに民の依るべき常が生ずる。それが生民にとって、仁義及び礼楽刑政の基となるものである。かれらのように生を賤しめば、そのはては死の无を真となし、生の有を妄となすに至る。かくして、仁義を賤める老子と釈氏の説が昌んとなる。

夫の胚胎を為す有り、流盪を為す有り、灌注を為す有り、衰滅を為す有り、散滅を為す有るが若き者は、情の量なり。則ち生は栄を苟くもす可からず、死は賤しむを致す可からず。賤しむを致す可からざれば、則ち疾（病）は強いて薬するを為す可からず。強いて薬するを為す者は、其の当に尽くすべきの量を忘れて、之を无益に求む。豈、悖《もと》らずや。

単豹《ぜんぴょう》は之を外に薬し、張毅は之を内に薬す。老氏は之を腠理《そうり》（皮膚の間）の推移に薬し、釈氏は之を无形の罔両《もうりょう》（影の外の蔭、『荘子』斉物論にいう）に薬す。故に生を愛するに始まり、生を患うるに中し、生无きに卒《おわ》る。嗚呼、是の薬するを以て之を試むるも、吾れ未だ其の禽獣の鶩走《ぶそう》（奔走）するより愈《まさ》れるを見ず。

生の理の運行は胚胎から流盪、灌注、衰滅、散滅に変化する情の量なのであるから、かられのように生を貴び死を賤しむことはできない。疾病を無理に薬治しようとするものは、いまあるわが量を尽くさず、無益の試みをしているにすぎない。九五の爻辞に「无妄の疾あり。薬する勿《な》くして喜び有り」といい、『周易内伝』は「天位は至尊なり、而るに初（初九）は震《しん》主の威を擁し、以て非常の功を立つるは、五（九五）の疾なり。然れども五（九五）は中正にして位を得（陽が五の陽位に居る）、坦然として之に任じ、其（初九）の己を妨ぐるを疑わずして、治を施すに亟《すみ》やかなり。初九の志（初九の小象に「无妄の往くは、志を得るなり」といい、『周易内伝』は「心安んじて人は服せざる莫し」という）は、本より上に逼《せま》るに非ず、功成りて坐《いながら》にして其の福を受く」という。またその小象に「无妄の薬するは、試む可からず」といい、『周易内伝』は「之を疑えば則ち姑《しばら》く之を試むるも、其の疾の固より无妄なる者は薬する勿《な》かる可きを知らず」という。

単豹と張毅は、『淮南子』人間訓に見える。「単豹は世に倍《そむ》き俗を離れ、巌に居り谷に飲し、糸麻を衣《き》ず、五穀を食わず。行年七十にして、猶童子の顔色有り。卒に飢虎に遇い、（虎）殺して之（単豹）を食《くら》う」といい、「張毅は恭を好み、宮室廊廟に過《よぎ》れば必ず趨り、門閭聚衆を見れば必ず下る。廝徒《しと》（雑役）馬圉《ばぎょ》（馬飼い）も、皆《とも》に与に伉礼《こうれい》す（尊卑の差をつけずに相礼する）。然れども其の寿を終えず、内熱して死す」という。老子が内を忘れて外形のみを整え、釈氏が有の生を賤しんで無形の超忽に趨くのも、それと同じである。むしろ鳥獣が薬を用いず、自然のままに飛走する方が、余程すぐれているではないか。

夫れ妄を治むるに真を以てすれば、則ち无妄を治むる者は必ず妄を以てす。真を治むるに妄を以てし、妄に拠りて真と為す。拠るを竊《ぬす》みて真と為し、愈々妄に詭《いつわ》る。其の末流に逮《およ》びては、是に於いて彼の家の罏火《ろか》の事有り、唄咒《ばいじゅ》観想の術有り。則ち硇礜《どうよ》雑投して、復詰《またただ》す可からず。彼の始めて其の説を為す者、亦悪んぞ死を患うることの相縁《よ》り、生を患うることの俑《よう》を作《な》し（先例をなす）、其の邪妄の一に此に至るを知らんや。

妄を超克するために真を立てるものは、この生生の无妄を治めるために、无妄ならぬ妄を以てするに至る。无妄の真をこの妄を以て治めるかれらは、その妄を真と誤り、妄に拠りながら真と考える。すなわち正しき拠を失いながらそれを真とするのであるから、いよいよ妄の迷蒙に陥ることになる。爐火の事は、長生錬丹の方術、唄咒観想の術は、呪文をとなえ瞑想の術をいう。硇は薬名、塩化アンモニア、礜は砒素を含む薬名。このように末流に及ぶと、長生を求めるためにさまざまな術を用い、またあらゆる薬を用いるに至る。そもそもそのような説を始めて立てた者は、死を患えることから事が起り、生を患えることから始まって、このような邪妄に至ることを知っていたであろうか。俑を作すは、『孟子』梁恵王上に「仲尼曰く、始めて俑を作る者は、其れ後無からんか」という。

是の故に、聖人は人道を尽くして天徳に合す。天徳に合する者は、健以て生の理を存す。人道を尽くす者は、動以て生の幾に順う。百年一心、戦戦慄慄《りつりつ》（恐れ慎む）として、其の真を践《ふ》むも未だ逮ばず。又何ぞ、敢えて此を以て妄と為し、軽々しく之が薬を試みんや（九五の爻辞による）。故に曰く、「先王は以て茂《さか》んに時に対し、万物を育す」と（无妄《むぼう》の大象）。蓋し、生じて有なるを言えるなり。

かくして聖人は、人道を尽くして天徳に合しようとつとめる。天徳に合するものは、天行健なる乾《けん》（上卦）の徳によって生の理を存する。人道を尽くすものは、震《しん》（下卦）の動によって生の幾に順う。无妄《むぼう》の彖伝に、「動きて健なり。剛中にして応ず。大いに亨りて以て正しきは、天の命なればなり」といい、『周易内伝』は「其の動くや（下卦震《しん》の初九）、健（上卦乾《けん》）を受けて動く。五（九五）は剛中にして、二（六二）は之に応じ、其の正を失わず。則ち稟承《りんしょう》する所無くして動く者には非ず。時序に非ずと雖も、天の固有の四徳（元亨利貞）を承け、唯其の施す所のままにして可なり。天道は恒有るも、命は恒無し。故に命に非ざる莫し、順いて其の正を受くる者は（『孟子』尽心上に、「命に非ざる莫し。順いて其の正を受く。是の故に、命を知る者は、巌牆の下に立たず」という）、君子に存するのみ」という。

また六二の爻辞に「耕さずして獲《え》、菑《し》せずして畬《よ》すれば、則ち往く攸有るに利し」といい、『周易内伝』は「田間、歳にして墾する（一年間墾した耕地）を菑と曰い、歳耕して（一年耕して）成熟するを畬と曰う。耕やさずして獲、墾せずして熟するは、之を先に代る者（初九）有ればなり。初九は震《しん》の主為り、其の妄ならざるの誠（初九の爻辞に、「无妄なり。往けば吉なり」という）を以て、常に非ざるの業を創む。二（六二）は柔にして位を得《え》（陰が二の陰位に居る）、中に居る。震《しん》と体を為すと雖も、動くは己に自《よ》らず、静かに聴《まか》せて其の成るを収むれば、則ち往きて利し」という。

百年一心は死を患えて唯心を真如とする仏者、戦戦慄慄は生を患えて無為を道の真とする老子の徒をいうとも考えられるが、乾《けん》の九三の爻辞に「君子は終日乾乾し、夕べに惕若たり」といい、『詩経』小雅の小旻に「戦戦兢兢として、深淵に臨むが如く、薄冰を履むが如し」というように、君子が日日の生に恐れ慎み、なおかつ逮ばないことを懼れることをいう。孔子も「未だ生を知らず、焉《いずく》んぞ死を知らん」（『論語』先進）と述べているではないか。わが生の真を妄となし、軽々しくそれを薬治しようなどと試みてよいであろうか。大象にいうように、生じたわが生の現有の无妄を信じその真を実践するのが君子である。

䷙　大畜《たいちく》（乾《けん》下艮《ごん》上）

畜とは、止《とど》むるなり、養うなり。養うを以て之を止むるは小畜《しょうちく》なり、止むるを以て之を養うは大畜《たいちく》なり。小畜《しょうちく》は、陰の弱き者なり、其の畜《やしな》うや微なり。大畜《たいちく》は、陰盛んにして中なり、其の畜《やしな》うや厚し。而れども、僅かに然るのみならず。小畜《しょうちく》は巽《そん》（上卦）之を畜《やしな》い、大畜《たいちく》は艮《ごん》（上卦）之を畜《とど》む。艮《ごん》は体は剛にして止むるを以て徳と為し（大畜《たいちく》）、巽《そん》の柔にして養うを以て止むるを為す（小畜《しょうちく》）の術に異なれり。

夫れ乾《けん》（大畜《たいちく》の下卦）は位を方《まさ》に来れる（下卦）に奠《さだ》め、其の性の健行の如くする无し。行けば則ち其の方に来れるの位を舎《お》きて、且に往（上卦）に之《ゆ》かんとす。往けば則ち基を失い、基を失えば則ち命は凝らず。其の来るを止めざれば、必ず往くを成す。故に之を止むるは、功を乾《けん》に為す所以なり。

大畜《たいちく》䷙と小畜《しょうちく》䷈を比べると、小畜《しょうちく》は巽《そん》☴の養を以て畜《やしな》っているが、六四の一陰のみである。大畜《たいちく》は艮《ごん》☶の止を以て養い、陰は六四と六五の二陰であるばかりか、六五は中を得ている。その点で大畜《たいちく》は小畜《しょうちく》に比べて、厚く畜《やしな》っている。さらに、大畜《たいちく》は上卦艮《ごん》の一陽二陰の剛体が下卦乾《けん》を止めている。この大畜《たいちく》の徳こそ、小畜《しょうちく》が養うことによって止める術とは本質的に異なる。

大畜《たいちく》の下卦乾《けん》は下卦に位を定めたばかりであるから、その天行健なる性を十分発揮することができない。すなわちその性に従って行けばいま来たばかりの位を舎《す》てて上卦に往き、かくして乾《けん》は己の基を失い、その命を凝らすことができない。上卦艮《ごん》がこの下卦乾《けん》を止めなければ、乾《けん》は必ず上に往って基を失うに至る。艮《ごん》が止めるのは、乾《けん》が徳の基を養うようにするためである。大畜《たいちく》の彖伝に、「剛上りて賢を尚《すす》（進）む。能く健を止むるは、大正なり」といい、『周易内伝』は「尚むとは、進むるなり。剛（上九）は二陰（六四と六五）の上に出で、高きに居りて以て倡《とな》え、陽（下卦乾《けん》の三陽）を引きて之を進む。進むるの道を以て之を止《とど》め、誘掖奨進して、其の義を精《くわ》しくせ使む。故に利しきなり（彖辞に、「貞しきに利し」という）。健行する者は、敏（敏速）に過ぐるを恐る。止むるの道を以て之を進め、其の徳を敦厚なら使む。大正に非ざる者は能くせず、故に貞なり（彖辞に、「貞しきに利し」という）。

『周易内伝』は大畜《たいちく》の彖辞について、「大とは、陽なり。大畜《たいちく》は、陽を以て陽を畜《とど》むるなり。艮《ごん》（上卦）は、乾《けん》道の成にして、止むる以て徳と為す。一陽（上九）を以て二陰（六四と六五）を中に止め、因りて以て乾《けん》（下卦）を止む。其の用は柔（止めるという用）なりと雖も、志は則ち剛なり」という。また小畜《しょうちく》の彖辞について、「小とは、陰を謂う。（中略）巽《そん》（小畜《しょうちく》の上卦）の一陰（六四）は二陽（九五と上九）の中に入り、陰は主と為り（一陰であるから巽《そん》の主である）、位を得たり（陰が四の陰位に居る）。乾《けん》（小畜《しょうちく》の下卦）の健行は方《まさ》に鋭きも、一陰（六四）は柔の道（四はまた退爻である）を以て其の健を止《とど》め、五（九五）と上（上九）の二陽は、皆《とも》に陰の用と為り、以て巽入《そんにゅう》の徳を成す。故に小畜《しょうちく》と曰う」という。

下卦乾《けん》の三陽について、その爻辞の『周易内伝』を示す。初九の爻辞に「厲《あや》うき有るも己に利し」といい、『周易内伝』は「三陽（初九と九二と九三）具わりて而る後に乾《けん》を成し、艮《ごん》の体（上卦）具わりて而る後に之を畜《とど》め、険を渉りて皆利し（彖辞に、「大川を渉るに利し」という）。一爻（初九）に在りて之を言えば、則ち剛健行かんと欲して止むるを受けず。此れ爻（初九の爻辞に「己に利し」という）と彖（彖伝に、「能く健を止む」という）の小しく異なる所以なり。乃ち止道を以て人の徳を養う者（上卦艮《ごん》が下卦乾《けん》を養う大畜《たいちく》）は、剛躁の動に施すに、自ら未だ遽《にわ》かに受くる能わず。故に日に新たなるの徳（彖伝に、「日に其の徳を新たにす」という。下卦の乾《けん》についていう）も、亦必ず志を抑えて止むるを受けて而る後に成り、驟《にわ》かに之を止めて即ち受くるに非ず。則ち三陽（初九と九二と九三）に於いて戒辞有るは、彖（彖伝）と亦相悖らず。初九は陽剛始めて進み、而して四（六四）は柔を以て之を早きに止む。固より危厲にして安んぜざるの意有るも、之を戒めて以て己に利しければ、己も亦止まる」という。

九二の爻辞に「輿、輹《ふく》を説《と》く」といい、『周易内伝』は「車は、載せて以て行くに健なる所の者なり、故に象を焉《こ》れに取る。大畜《たいちく》の乾《けん》（下卦）に専ら行くを言うは、艮《ごん》の止むるに対して言い、時に因りて義を立つるなり。輹とは、車軸の縛するなり。輻を説く（脱）とは、其の軸の縛を解くなり。（中略）九二は中に居り、躁進の心無く、六五の止むるに遇いて遂に止まる、乃ち静退して徳を修むるの象なり」という。

九三の爻辞に「良馬は逐《お》い、艱《くる》しみて貞なるに利し」といい、『周易内伝』は「三（九三）は剛を以て剛に居り（陽が三の陽位に居る）、而も進爻為り、良馬の象有り。上九は与に徳を合して賢を尚び、其の才を已に裕かなるに養いて之を延きて進むれば、以て騁《は》す可し。而れども四（六四）と五（六五）の二陰は中に居りて礙《さまた》げを為し、未だ遽かに以て志を得可からず。故に必ず難を知り正を守りて乃ち利し」という。

凡そ功を剛健の才に為さんと欲する者は、其の道に二有り。彼は方《まさ》に剛なり、而して我は柔を以て之を治む。姑《しばら》く之に養を与えて、以て其の踸踔《ちんたく》（滞って常なきさま）の気を調う。微《わず》かに其の陰を用い、厚く予うるに陽を以てす。一は之を規《ただ》すが若く、一は之を承くるが若し。此の道を得る者は、以て諷諫を為す。是れ其の術為《た》る、荘周の人間世の篇に倡え、而して東方朔・司馬相如の流は、以て百を勧めて一を諷す。識者は固より将《はた》之を賤しめて、「此れ優俳の技なり」と曰う。昔者《むかし》、優旃《ゆうせん》は以て秦の暴主を畜《とど》め、朔（東方朔）と相如（司馬相如）は以て漢の鷙君《しくん》を畜め、将に我を承けんとすれば規（規諫）は焉《こ》れに寓すと謂う。能く大いに其の徳を改むる無くして、祇《ただ》以て自ら辱しむるのみ。流俗は審らかにせず、猶楽しみて之を称説し、「諫に五有り、諷を上と為す」と曰う。嗚呼、蘇軾・李贄の以て人心を惑わす者、庸夫は之を喜ぶも、道の喪わるること久し。

剛健の才をもつ乾《けん》に対して、巽《そん》を以てする小畜《しょうちく》と艮《ごん》を以てする大畜《たいちく》との違いを述べる。柔と養の巽《そん》を以てする小畜《しょうちく》は、巽《そん》の柔を以て乾《けん》の剛を承け、六四の一陰が衆陽を厚く養う。あるいは規《ただ》して畜《とど》めるかの如く、あるいは巽《そん》の柔を以て承け養うのは、諷諫の道である。『荘子』人間世は、顔回と仲尼の問答以下八つの説話に託して、聖人を諷諭する。船山は『荘子通』において、「庸人（凡人）の前は、直説は曲説よりも拙なり、忮人《しじん》（乱人）の前は、諷言は正言よりも危うし。（中略）韓非は説の難を知るも（『韓非子』に説難《ぜいなん》の篇がある）、説を以て誅さる。揚雄は白（人間世に、「虚室に白を生ず」という。無心によって白光が生ずる）の守る可からざるを知るも、玄を以て死す（玄は黒、また揚雄は易に擬して『太玄経』を作る）。其の心を用うるは殊なるも、害は均し。則ち胡《なん》ぞ其の害する所以を尋《たず》ねざる。危世を履み、乱人に交わり、身の不幸にして不材（人間世に、不材の木が伐られず、害を免れることをいう）に非ざるを悲しむ。斯れ豈計較《けいこう》（利害を比べる）を以て吉凶の準則と為す可けんや」という。また東方朔と司馬相如は漢の武帝に対し、多言を弄して些かの諷諭を託した。しかし識者からすれば、優徘の戯言の技にすぎない。

優旃は、秦の侏儒俳優。戯言を以て始皇帝及び二世を諷して諫めた。また東方朔と司馬相如は漢の武帝を諫め、己の言に従うことがあればそこに諷諭が託されているという。しかしかれらは漢の武帝の徳を改めることはできず、自ら己の志行を辱めるものに他ならない。流俗は道を知らず、五諫の中で諷諭こそ最上であるとたたえる。五諫は、『説苑』正諫に、「諫に五有り。一に正諫と曰い、二に降諫と曰い、三に忠諫と曰い、四に戇諫《とうかん》と曰い、五に諷諫と曰う。孔子曰く、吾は其れ諷諫に従わん」という。蘇軾と李卓吾を斥けるのは、仏説を雑えて諷諭するところがあるからである。以上は、二つの道の内、小畜《しょうちく》についていう。

彼は方《まさ》に剛なり、而して患いは行きて反るを知らざるに在り。我は亟《すみ》やかに之を止《とど》め、而して実は以て之を養う。邪を閑《ふせ》ぐ者は其の誠を敦篤《とんとく》して、其の中を舎てず（乾《けん》の文言伝による）。此の道を得る者は、君心の非を格《ただ》す（『孟子』離婁上）。人は適《かな》わざる有り、政は間《ゆるがせ》にせざる有り。伊尹は之を以て桐《とう》に放ちて疑わず、傅説《ふえつ》は之を以て昌言して諱《い》まず、孔孟は之を以て行うに老いて悔いず（『論語』述而）。而るに流俗は或いは之を譏《そし》りて、「此れ迂にして、効寡《すく》なし」と曰う。

昔者、程子は柳枝を折るを諫むるを以て怪（疑念）を母后に致し、朱子は「惟《ただ》此の四字」を以て党人に忌まる。嗚呼、合すれば則ち行い、合せざれば則ち去るのみ。又、其の誼（義）の去る可からざる者は、龍比（関龍逢と比干）に九京（九原、墓地）に従うのみ。藉《も》し其れ百を勧めて一を諷し、諷する所に従わずして其の勧むるを楽しめば、将《はた》之を如何《いかん》せん。馬融の広成の頌は、亦朔（東方朔）と相如（司馬相如）に効《なら》い、之を終うるに諂《てん》（へつらい）を以てするのみ。

剛と止の艮《ごん》を以てする大畜《たいちく》は、それとは異なる。下卦乾《けん》が上に行って反ることを知らない健行を、艮《ごん》が速やかに畜《とど》めかつ之を畜《やしな》う。乾《けん》の文言伝に、「庸言は之を信にし、庸行は之を謹み、邪を閑ぎて其の誠を存す」という。『孟子』離婁上に、「惟大人のみ、能く君子の非を格すことを為す」という。殷の伊尹が太甲を桐に放ったことは『書経』太甲に見え、殷の傅説が昌言したことは同じく説命《えつめい》に見える。老いて悔いずは、『論語』述而に「其の人と為りや、憤りを発して食を忘れ、楽しみて以て憂いを忘れ、老の将に至らんとするを知らずと爾《しか》云う」といい、『孟子』梁恵王上に「吾が老を老として以て人の老に及ぼす」という。

程伊川が諫めたことは、『伊川先生年譜』に「一日講罷《おわ》りて、未だ退かず。上（神宗）忽ち起ち、檻（欄干）に憑《よ》り戯れに柳枝を折る。先生進みて曰く、方春発生す、故無くして摧折す可からずと」（馬永郷編『劉諫議語録』）という。母后というのは不詳。朱子の惟此の四字は、『大学』経の「正心誠意」の四字。『宋史』巻四百二十九、道学三に、「熹（朱子）曰く、吾の平生学ぶ所は、惟此の四字のみ。豈隠黙して、以て吾が君を欺く可けんや」という。党人は、韓侂《かんたく》冑《ちゅう》の偽学の禁の党人。程伊川と朱子はともに小畜《しょうちく》のような諷諫をせず、大畜《たいちく》の艮《ごん》を以て正諫して止めた。合すれば行い、合せざれば去ったのは孔子である。『論語』公冶長に「子曰く、道行われざれば、桴に乗りて海に浮ばん」といい、『孟子』万章下に「以て処る可くして処り、以て仕う可くして仕うるは、孔子なり」という。しかし去るべからざる誼がある場合は、正諫して死するのみである。夏の関龍逢は桀を諫めて殺され、殷の比干は紂を諫めて胸を剖《さ》かれた。馬融は天初二年に「広成頌」を奏して諷諫したが、太后の怒りを買い禁錮六年の罪を得た（『後漢書』巻六十上）。しかしそれは基本的に俳優東方朔や司馬相如と同じく、諷の意は遂げられず、最終的には諂諛に堕したものというべきである。

故に大畜《たいちく》は、道の正を畜《とど》むる者なり。牛は牿《こく》（角木《つのぎ》）するが故に（六四の爻辞による）載するに任じ、豕は豶《ふん》（去勢）するが故に（六五の爻辞による）飼うに任ず。初めより彼（初九と九二）の我（六四と六五）を喜ぶを謀らざるも、慶びは固より自ずから来る。剛は正にして道は孚《まこと》なるに至りては（上卦艮《ごん》の上九をいう）、彼（九三）に在りては輿《よ》衛《えい》の閑《ふさ》ぐ（九三の爻辞にいう）を受け、我（上九）に在りては、大いに行わるる（上九の小象にいう）の志を得たり。然る後に、吾が之を養うの心は、上下に昭示し、鬼神に質告（正告）して歉《か》くる無し。

大川の渉る（大畜《たいちく》の象辞にいう）に、其の楫《かじ》を理《おさ》め風を占い、津泊に鄭重なること、一日に非ず。故に君子は君に事うるを言わず、自ら靖んずるのみ。友に交わるを言わず、自ら正すのみ。学博くして徳は厚く、徳厚くして志は伸び、志伸びて威望は詘（屈）せず。可否は一に（ひたすら）道に準じ、進退は一に誠に秉《と》る。故に、「唯（惟）大人のみ、能く君心の非を格《ただ》す」と曰う（『孟子』離婁上）。己を正して求むる无く、端凝《たんぎょう》して（正しいさま）妄ならず。然る後に、以て家食《かしょく》せずして吉なる可し（大畜《たいちく》の彖辞による）。

大畜《たいちく》の彖伝に、「能く健を止むるは、大正なり」という。下卦乾《けん》の健行を、上卦艮《ごん》が止（艮）めることをいう。大畜《たいちく》の六四の爻辞に「童牛の牿《こく》するなり、元吉なり」といい、『周易内伝』は「木を牛角に施して以て触るるを禁《とど》むるは、牿すと曰う。初九は始めて出ずるの剛にして、下に位す。故に童牛と為す。其の童に及びて之を牿す、『本義』（朱子『周易本義』）に「未だ発せざるに禁むるは、之れ予めすと謂う」と謂うは、是《ぜ》なり」という。『周易本義』にいうように、これは『礼記』学記の文である。また六五の爻辞に「豶豕《ふんし》の牙なり、吉なり」といい、『周易内伝』は「豕の去勢するは、豶と曰う。豶すれば則ち、馴れて牙は妄りには噬《か》まず。六五は、九二に応じて之を畜《とど》む。九二は剛にして位に当らず（陽が二の陰位に居る）、妄躁して物を噬むの防（備え）有り。五（六五）は之を豶して以て其の暴を制すれば、則ち剛柔は相得て安んず。故に吉なり」という。大畜《たいちく》の上卦艮《ごん》の六四と六五は、予め彼（初九と九二）が吾（六四と六五）を喜ぶことを謀らないけれども、元吉という慶びが自ずと至ることをいう。六四の小象に「六四の元吉（爻辞にいう）とは、喜び有るなり」といい、『周易内伝』は「徳教を初九に施し、予め福を獲るを期するに非ざるも、乃ち士を養いて百年の用を収む」という。また六五の小象に「六五の吉（爻辞にいう）とは、慶び有るなり」といい、『周易内伝』は「期せずして至るの慶びなり」という。

剛は正にして道は孚なりとは、上卦艮《ごん》の主である上九の陽をいう。九三の爻辞に「輿衛を閑《ふせ》ぐと曰うは、往く攸有るに利し」といい、『周易内伝』は「曰うとは、戒令の辞なり。輿は輿人を謂い、衛は従行する者なり。九三は進み、初（初九）と二（九二）の両陽は且に之に従わんとす。其の輿衛なり。閑ぐとは、之を防制し、其の職を守ら使むるなり。己（九三）既に艱《くる》しみて貞し（爻辞にいう）、尤も必ず其の戒令を申《の》べ、輿衛（初九と九二）をして各々敬忌有りて其の度を失わざら使むれば、乃ち往く攸有るに利しきなり」という。朱子『周易本義』は「日は当に日月の日と為すべし」といい、船山は「日は、『本義』に当に日に作るべしと云う。今、文義を按ずるに、読むこと字の如し」という。また上九の小象に「天の衢《ちまた》を何《にな》（荷）うとは、道大いに行わるるなり」といい、『周易内伝』は「道とは、陽剛健行の道なり」という。九三が上九と志を合して、乾《けん》の道を行うのである。

上九の爻辞に「天の衢《ちまた》を何《にな》う、亨る」といい、『周易内伝』は「何とは、負《せお》うなり。路の四達するを、衢と曰う。天の衢を何うとは、荘周の謂う所の「雲気を負い、青天を背にする」なり（『荘子』逍遙遊に、「背に青天を負い、之を夭閼《ようあつ》する者莫し」という）。艮《ごん》の乾《けん》を畜《とど》むるは、之を抑遏《よくあつ》するに非ず。其の躁を止め、其の徳を養いて、以て行くに裕かなら使む。上九に至りて、賢を尚び陽と徳を合す。乾《けん》の徳は已に固く、引きて上に升せば、則ち三陽（初九と九二と九三）は之（上九）に依負して以て翺翔《こうしょう》し、左に宜しく右に宜しく、唯往く所として通ぜざる無し」という。なお、『周易稗疏』は「何天之衢」について、「旧（旧説）は、何の字に於いて皆置きて解せず。若し以て賛嘆の辞と為さば、則ち之衢の二字と文義は相通ぜず。何は亦、負何の何（荷）なるを知るに足る」という。朱子『周易本義』は、「何天之衢は、何ぞ其の通達の甚しきやを言えるなり」という。

大川の渉るは、大畜《たいちく》の彖辞に「大川を渉るに利し」という。大川を渉るには、津泊する（港に停泊する）とき準備が周到でなければならない。君に事え友に交わる結果を予め期せず、自ら靖んじ自ら正すのみである。かくして君子は学は博くして徳を積み、徳は厚くして志は伸び、志は伸びて威望は屈することなき健行に至る。事の是非はひたすら道に則し、出処進退はひたすら己の誠による。その結果、君心の非を格《ただ》す大人となることができる。それは君子が道に則して己を正し、誠によって正を得るからである。象伝に「大畜《たいちく》は、剛健にして篤実輝光あり。日に其の徳を新たにす」といい、『周易内伝』は「剛健とは、乾《けん》の徳なり。篤実輝光ありとは、艮《ごん》の徳なり。艮《ごん》の篤実を為す所以の者は、陰の道は斂《おさ》めて質あり、静にして方あり、内に止まりて亢せず。則ち本を務め信を敦くするの道なり。乾《けん》の剛健は、力行して倦まず。而るに艮《ごん》は静を以て之を斂め、又光明の志を以て外に著らかに見《しめ》す。乾《けん》をして其の誠を信にし、益々進修に務め、日に畜《やしな》いて日に新たならしむ」という。

家食せずとは、君に仕えて禄を受けることをいう。彖辞に「家食せずして吉なり」といい、『周易内伝』は「家食せずとは、禄を受けて道行わるるなり。剛健にして大いに為す有るの才（下卦の乾《けん》）を以て、止まりて内（内卦）に聚まり、以て行くを苟くもせざるは、家修の事なり。而るに之を止《とど》むるは、将に以て其の養を厚くして大いに之を用い、其の汲引を待ちて以て進まんとす。艮《ごん》の一陽と、志・道は合して見《まみ》ゆるに利しく、禄を受けて誣いざるなり」という。

淫行逞しくして邪説興り、禄を懐《おも》い寵を固くするの邪心を以て、虎を飼い鱗を探るの巧技を矜《ほこ》る。進みては以て容《よう》悦《えつ》（媚びへつらう）の実を取り、退きては以て寒蝉（鳴かない蝉）の咎を謝《さ》り、施施然《ししぜん》（得意なさま）として「諌に五有り、諷を上と為す」と曰う。月は望にして（小畜《しょうちく》の上九の爻辞にいう）太陽は虧け、輿は説《と》（脱）きて（小畜《しょうちく》の九三の爻辞にいう）征けば凶もて終る。将《はた》誰をか尤めん、将誰をか尤めん。

もし下卦乾《けん》の三陽が自らを戒めず、ひたすら志欲をほしいままにすれば、いかなることになるのか。わが情のまま節度なく行を逞くし邪説を弄び、禄を求め君寵を得ようとする邪心を以て、虎狼を養い君心を得る巧技を振りまく。かくして優俳の徒となって君に媚びる一方、誠を以て正諌する咎を避け、わが諷諭こそ最上の技であると誇る。このような陰の徳だけがはびこり、真の陽たる徳を失い、友を失い事を行えば凶に至る他ない。すべて己の咎によるのであり、他に転嫁することはできない。虎を飼い鱗を探るは、虎狼の部下を養い君主の寵愛を求めること。驪龍《りりゅう》（黒龍）を探りその頷下の珠を得るは、『荘子』列禦寇に見える。容悦は、『孟子』尽心上に、「君に事うる人なる者有り。是の君に事うれば、則ち容悦を為す者なり」という。寒蝉は、「善を知るも薦めず、悪を聞くも言わず、情を隠し己を惜しみ、自ら寒蝉に同じくす」（『後漢書』杜密伝）という。沈黙を守ることをいう。月望と征凶は、小畜《しょうちく》の上九の爻辞に「月、望に幾《ちか》し。君子征けば凶なり」といい、輿説くは、小畜《しょうちく》の九三の爻辞に「輿、輻を説（脱、解）く。夫妻反目す」という。大畜《たいちく》の上九が「天の衢を何《にな》う」太陽であり「亨る」（上九の爻辞）に対し、また大畜《たいちく》の九三が「往く攸有るに利し」（九三の爻辞）であるのに対し、小畜《しょうちく》の上九と九三が凶であることをいう。

䷚ 頤《い》（震《しん》下艮《ごん》上）

一

頤《い》は、象なり。其の頤（あご）為るを象り、未だ其の養為《た》るを象らず。然らば則ち、頤を此《ここ》に設くれば、養は期せずして自ずから至るや。聖人は何を以て、天下を耕稼漁猟に労するや。抑《また》象を此に設け、而も復《また》養を他に邀《むか》うれば、則ち養は固より外に待つ。頤を朶《た》るるを観る者、又何を以て凶なるか（初九の爻辞にいう）。

頤《い》は、震《しん》下艮《ごん》上。『周易内伝』は象辞について、「頤《い》の卦為る、卦画の象を以て名を立つ。上下の二陽（上九と初九）は、上齶《がく》（上あごのはぐき）と下頷《がん》（下あご）の象なり。四陰（六二と六三と六四と六五）中に居るは、歯の象なり。頤《あご》の体為る、下頷は動きて以て齧《か》み、上齦《こん》（上あごのはぐき）は止めて之を断つ。震《しん》（下卦）は下に動きて、艮《ごん》（上卦）は上に止むるは、亦頷（あご）の象なり」という。

船山は二つの問いを発する。頤《あご》の体があれば、養の用は自ずと至るのか。聖人が耕稼漁猟に勤めたのは、養を求めることに労したのであって、頤《あご》があれば養は自ずと至るものではないからである。また頤（あご）の体と養の用が別であるとすれば、初九の爻辞に「爾《なんじ》の霊亀を舎《お》き、我を観て頤《あご》を朶《た》る。凶なり」といい、『周易内伝』は「全卦を以て言を立て、初（初九）を謂いて爾と為し、我は二（六二）より上の四陰を謂う。霊亀とは、従《よ》りて得失を問う所の者なり。初九は動（下卦の震《しん》）の主なり、得失の幾は焉《こ》れに在り。本より霊亀なるに、乃ち躁動して四陰を望みて以て頤を垂れ、自ら観ずして物に侈《ほしいまま》なり。宜しく其の凶なるべし」という。養を外に求めれば凶となるのであって、養は頤《あご》の用い方にあることを知るべきである。

夫れ頤《い》の象を成すや、固より陰陽の、位に即《つ》きて形体を為せばなり。而して頤《い》の用を成すや、資《と》りて養うの具は、亦陰陽互いに致して精腴《せいゆ》（腴は肥、美）を為す。故に二気（陰陽）は形を構えて、形以て成る。二気は形を輔けて、形以て養う。能く其の養に任ずれば、其の養を給する所は、百年を終うるも、足るを陰陽に取るに非ざる无し。是れ大造する者は、即ち万物を生ずるの理気を以て、人の形質を成すの撰と為し、交々其の実を用い、資りて以て匱《とぼ》しからず。則ち老子の「沖にして之を用いて或いは盈たず」と謂う所（『老子』第四章）は、其れ亦誣（いつわり）なり。

船山は、そのことを陰陽の交用から述べる。初九と上九の二陽が上齶と下頷の象を成し、中の四陰が歯の象を成して、ここに頤（あご）の形体が成る。とともに陽が資り陰が養うこの頤が、陽の精と陰の腴を致すのである。すなわち陰陽二気が頤という形体を為すことが、同時に養うという効用を致すことができる。かくしてその養は百年を経ても陰陽交合の効用を尽くし、万物を生ずる理気と人の形質を成す事が互いに実を用い、「万物は資りて始む」（乾《けん》の彖伝）という大造のはたらきは尽きることがない。『老子』第四章を引くのは、頤《い》の四陰が沖虚のように見えるが、そのはたらきが「盈たず」ではなく、「匱しからざる」陰陽の生生であることを反証するためである。

夫れ頤《あご》は、中の虚なる者なり。中の虚なるは沖に似、受くる所は盈たず。而れども、有生の養は焉《こ》れに資《と》る。則ち老子の言は、肖《に》たるかと疑わる。而れども、抑又《また》然らず。

其れ将《はた》、頤《あご》の用の、虚を以て実を邀《むか》うる者を以て沖と為さんか。則ち頤《あご》の或いは動き或いは止《とど》め、輔車（ほぼ骨と歯）と唇頷（唇とあご）の各々効《いた》すに在る者は、実を用うるなり、虚を用うるに非ず。仮令《もし》物を以て頤《あご》に非ざる虚に投ずれば、其の虚は均しきも、人と漠として相与《あず》からず。則ち頤中の虚は、輔車と唇頷の動止の実に資りて以て用を為すこと、明らかなり。

将《はた》、頤の体の、外は実にして中は虚なる者を以て沖と為さんか。則ち死者の頤は、未だ嘗て窒塞《ちっそく》する（ふさがる）所有らず、而して何を以て殊ならんや。外は実にして霊なり、中は虚にして動き、屈伸翕闢《きゅうへき》（閉開）の気、焉《こ》れに行わる。則ち頤中の虚は、自ずから其の虚ならざる者有り。特《ただ》睹聞（目と耳）を以て測る可からざること、明らかなり。

彼の其の説くや（老子の説）、生を養うに精専なるも、養を知らず抑《また》生を知らざること、此《か》くの如き有り。故に誣《し》うと曰う。

頤《あご》は、内が虚である。内が虚であるのは老子の沖に似、従って老子がいうように頤《あご》は物を受けても虚を盈たさない。しかし生あるものは、この頤《あご》によって養を資る。その点では、老子の言は似てはいるが異なる。

また頤《あご》の用が動いて、動の虚によって物の実を受けることを沖であるとしても、頤《あご》が動きまた止め、輔車と唇頷がそれぞれ動くのは、輔車と唇頷という実を用いており、決して虚を用いているのではない。もし物を頤《あご》とは異なる虚中に入れれば、同じく虚であっても、頤《あご》ではない虚は人に養を与えることはできない。その点からすれば、頤中の虚が輔車と唇頷が動止するという実によって養う用をなしていることは明らかである。

さらに頤《あご》の体が、外は実であり中が虚であることを沖であるとしても、死者の頤《あご》はたしかに窒塞することのない虚であり、生者の頤《あご》とは異ならない。しかし生者の頤《あご》は、外は実であるが霊の体を具え、内は虚であるが動の用を具え、その間に屈伸し開閉する陰陽の気がはたらいている。その点からすれば、生者の頤中の虚は、いうまでもなく虚とだけいえないものがある。ただ耳目を以て知ることができないだけである。

生を養うことを説く老子は、頤中の虚が養う用をもつことを知らず、従ってまた生が養によって保たれることを知らぬものである。

夫れ聖人は深く陰陽を察して、以て養の道の正を辨《わか》つに、則ち道有り。万物を養う者は陰陽なり、陰を養う者は陽なり。

陽は天に在りて象を成し、陰は地に在りて形を成す。天は地外を包みて地中に入り、无形にして用を成す。地は天中に処りて天の持するを受け、有形にして体を結ぶ。无形（陽）は无涯なり、有形（陰）は有涯なり。无涯は有涯を生じ、有涯は无涯を息《や》む。无形は有形に入り、有形は无形を止《とど》む。陰は静かにして善く取り、陽は動きて善く変ず。盈を取りて積まず、厚く継ぐ所を資《と》る。陽は動きて停まらず、陳《ふる》きを推して新しきを致す。分れて栄衛《えいえい》（血気と生気）と為り、四末（手足）に暢《の》ぶ。四末は以て強く、九官（九竅の器官）は以て霊なり。一に皆動きて能く変ずる者は、象を以て之を運らす。故に、陰を養う者は陽なりと曰う。

其の万物を養う者の若きは、陽は功を専らにせず、材を陰に取る。然れども、大化の行わるるや、不言の利を啓《ひら》き、則ち亦終に陽に帰す。陽は春夏に任じ、陰は秋冬に任ず。春夏は華栄し（華は草の花、栄は木の花）、秋冬は実を成す。迹を以て之を言えば、陰は陽の具為《た》り。然れども、陽は徳し陰は刑し、徳は生じ刑は殺す。秋冬は物を成して止息し、春夏は物は穉《ち》（幼）にして方《はじ》めて来る。実を凝らして自ら終うるは、陰は物を利するの志无ければなり。是の故に、陽の言為《た》るは養なり、陰の言為るは幽なり。

然らば則ち、「其の養う所を観る」（彖伝）とは、物は陽に養わるるなり。「其の自ら養うを観る」（彖伝）とは、陰は陽に養わるるなり。天の道に順い、人の生を知れば、「正を養う」（彖伝）の道は迷わず。

頤《い》の彖伝に、「貞しければ吉なり（彖辞）とは、正を養えば則ち吉なるなり」といい、また「天地は万物を養い、聖人は賢を養いて以て万民に及ぼす」という。船山は「万物を養う」者は陰陽であり、陰を養う者は陽であるという。

はじめに、陽が陰を養うことを述べる。无形の陽の天は有形の陰の地中に入り、陽の動が変化する中で陰の静がそれを受け、かくして无涯の陽の用が有涯の陰の体に結実する。すなわち陰は盈（体の有形）を取って一体を成し、一陰一陽の継承によって陽の用を資って生が始まる。乾《けん》の彖伝に、「大なる哉、乾《けん》元。万物資りて始む」といい、坤《こん》の彖伝に「至れる哉、坤《こん》元。万物資りて生ず。乃ち順いて天を承く。坤《こん》は厚く物を載す」という。陽の動の変化の中に新しい生生が起り、栄衛と四末と九官の万象と妙用が現れる。その点で、陽は陰を養うという。

天地が万物を養う場合は、陽だけがはたらくのではなく、陰の材を用いる。しかし天地の大化の周行において、ものいわぬ天地の利を生ずる点では、さきと同じく結局は陽が養うことになる。すなわち春夏の陽が花を開き、秋冬の陰が実を結ぶ。結果からいえば、たしかに陰は陽に用いられている。しかし陽の徳は物を生じ、陰の刑は物を殺すものである。秋冬の陰は物を結実させて終息し、春夏の陽はその後を承けてまた新たな生を始める。陰が実を結んで終息するのは、陰は陽のように万物を利する志がないからである。すなわち陽とは生の養であり、陰とは殺の幽である。

彖伝に「頤を観る（彖辞）とは、其の養う所を観るなり。自ら口実を求む（彖辞）とは、其の自ら養うを観るなり」という。「其の養う所を観る」というのはこの万物が陽に養われることをいい、また「其の自ら養うを観る」というのはさきの陰が陽に養われることをいう。万物が養われる天の道に順い、自ら養う人の生を知ることによって、正を養うことができる。それはともに陽が養っているからである。

『周易内伝』は彖伝の「頤を観る（彖辞）とは、其の養う所を観るなり」について、「君子は、人を養うを以て道と為す者なり。然らば、豈以て人の欲に徇《したが》わんや。既に人を養うを吝《おし》まず、而れども君子を養い小人を養い、老を養い幼を養うに、人は等（等級）有り、物は宜しき有り。（中略）食は時を以てし、用は礼を以てし、審らかに察し観て度《はか》り、而して正と不正は見《あらわ》る」という。「自らは口実を求む（彖辞）とは、其の自ら養うを観るなり」について、「君子は道を謀りて食を謀らず（『論語』衛霊公）、口実（口を実たすもの）を求むる者に非ず。然れども天下に資するの物を養うは、豈求めずして自ずから至る者有らんや。之を求むるに道有り、則ち食を謀るは即ち道を謀るなり。（中略）繫る所の者は大なり、而して必ず之を微に慎み、審らかに察し観て度《はか》り、貞と不貞、吉と不吉は、斯において辨《わか》る」という。聖人の万民を養う（彖伝による）は、陽の富なるに法《のっと》る。君子の飲食を節する（大象にいう）は、陽の清に法る。大（陽）を養いて小（陰）を舎《お》くこと有るは、陽は貴にして陰は賤なるに法る。養を捐《す》てて仁を成すこと有るは、陽は剛にして陰は柔なるに法る。是くの如くにして、則ち陰は養を陽に聴《まか》せ、道は固より宜しきのみ。而るに四陰（六二から六五）は養を致すに、何を以て顛《さかしま》と云い（六二と六四の爻辞にいう）、払《もと》ると云うや（六二と六三と六五の爻辞にいう）。陽は君なり陰は民なり、陽は少なく陰は多し。民は義として君を奉じ、少なき（陽）は多き（陰）に給せざるは、其の義は悖《もと》れり。乃ち養の道為る、順なれば則ち流れ、逆なれば則ち節す。故に顛《さかしま》ならず払《もと》らずして、養を用う可き者有る无し。故に「人を以て欲に従うは実に難し」と曰う（『春秋左氏伝』僖公二十年）。経（六二と六五の爻辞に、「経《つね》に払る」という）は、恃む可からず。

彖伝に「聖人は賢を養いて、以て万民に及ぼす」といい、大象に「君子は以て言語を慎み、飲食を節す」という。ともに陽の富と陽の清にもとづき、陽が陰を養うことをいう。また陽は貴であり陰は賤であるから小の陰をすてて大の陽を養い、陽は剛であり陰は柔であるから陽はわが養をすてて仁を成す。『論語』衛霊公に、「志士仁人は生を求めて仁を害する無く、身を殺して仁を成す」という。かくして陰は陽に養を委ねることによって、道の宜しきを得ることができる。

しかし六二から六五までの四陰が初九と上九の陽を養うとき、顛《さかしま》にといい経に払《もと》るというのはなぜか。『周易内伝』は六二の爻辞について、「下の上を養うは順なり。上自り下を養うは逆（顛）なり」といい、また「経とは、上下相応ずるの常理なり」という。六二の爻辞に「顛《さかしま》に頤《やしな》う、経に払る」といい、六三の爻辞に「頤《やしな》うに払る」といい、六四の爻辞に「顛に頤《やしな》う」といい、六五の爻辞に「経に払る」という。六二は正応の六五に応ずべき経に払って初九を養い、また六二が二の上位から初九の下位を養うのは逆である。六三は内卦震《しん》の初九に応ずるのが経であるのに、それに払《もと》って上九に応じて養う。六四が初九に応じてそれを養うのは、上が下を養う顛である。六五は六二に応ずべき経に払って、上九に比し（陰陽が相並ぶ）、上卦艮《ごん》の体を成して養う。

陰の民がこのように義として陽の君を奉じて養い、また陽の少が陰に給していないのは、ともに義が払《もと》っている。それは養うということは、欲に順えば流れ、欲に逆うことによって節することができるからである。すべて顛《さかしま》（逆）に、また経に払ることによって、養を用いている。「人を以て欲に従うは実に難し」は、『春秋左氏伝』僖公二十年に、「臧文仲、之を聞きて曰く、欲を以て人に従えば則ち可なり。人を以て欲に従えば済《な》す鮮《な》し」という。すなわち己の欲するところを人に及ぼせば人もその欲することを得ることができるが、人を己の欲するところに従わせようとすれば事はなすことができない。『論語』顔淵と衛霊公に、「子曰く、……己の欲せざる所は、人に施す勿れ」という。欲に順うのではなく、経に払るという逆を用いなければならない。常理は、不易の法として恃むことができないものである。

乃ち初（初九）と上（上九）は胥《とも》に陽なり、皆《とも》に陰を養う者なり。而るに上（上九）は「由りて頤《やしな》わる」（上九の爻辞）と為し、初（初九）は「（我を）観て頤（を朶《た》る）」（初九の爻辞による）と為すは何ぞや。頤《あご》の能く動きて物を咀《か》む所以の者は下（下あご、初九）なり、而して上（上あご、上九）は則ち静かなり。凡そ剸割《せんかつ》（断ち切る）の用は、皆上自りして下る。而るに頤《あご》の物を咀《か》むは、是れに反す。動く者（初九）は欲を以て興りて労を尸《つかさど》り、止《とど》むる者（上九）は静を以て俟《ま》ちて自ずから得たり。欲を以て興る者（初九）は、労すと雖も賤しく、静を以て俟つ者（上九）は、得たりと雖も貪《たん》ならず。此れ亦、君子と小人の別なり。之を均しくして養を為すも、初（初九）は欲す可きを見れば即ち動く。亦憊《つか》れずや。功名の会、迫りて起つ者は、陽鱎《ようきょう》（はや）の羞《はじ》なり。而るを況んや、飲食をや。故に君子は言語を慎み、飲食を節す（大象による）。皆《とも》に之を其の動くに戒む。

嗚呼、鄙夫の欲に動くは、道《い》うに足らざるのみ。覇者は養の道を以て民に市《う》りて刑心を挟《さしはさ》み、異端は沖の用を以て生を養いて生の理に逆く。皆《とも》に陰の教なり。陰の成す无く、陽の養に任ずるを知り、虚に於いて実を得、欲に順うを賤しみ、正に静なるを楽しめば、尚其れ庶《ちか》からんか。

頤《い》は震《しん》下艮《ごん》上。内卦震《しん》の初九と外卦艮《ごん》の上九は、ともに陰を養う陽であるが、初九は小人の欲であり、上九は君子の剛正であることをいう。上九の爻辞に「由りて頤《やしな》わる。厲《はげ》しけれども吉なり。大川を渉るに利し」といい、『周易内伝』は「人は下頤（初九）の動きて以て物を齧《か》みて養を効《いた》すを知るも、上頤（上九）の止むるに非ざれば、則ち動く者は施す所無きを知らず。故に頤《い》の功を為すは、必ず上（上九）に由る。上九は剛を以て高きに居り、艮《ごん》止の主為《た》り。静正無欲にして、動（初九）を発するに止《とど》む。其の以て自ら養う者正しければ、則ち徳威立ちて、人は敢えて妄りに之を干《おか》さず。養を人に施す所の者は、其の正に非ざる罔《な》し、吉の道なり。之を以て険を渉り、己を正して私無く、利を貪りて妄動せざれば、則ち利しからざる无し。険を渉る者は、小人の情を得るに務むと雖も、必ず端厳（厲《はげ》し）以て自ら処す」という。初九の爻辞について、「乃ち躁動して四陰を望みて、以て頤を垂る。自ら観ずして物に侈《ほしいまま》なること、宜しく其の凶なるべし」と述べたことは、さきに示した。

凡そ物を剸割するときは上から下を切るものであるが、頤《い》の場合は、逆に下の初九が嚙み上の上九は艮《ごん》止の道を以てその効用を得る。初九は己の欲によって動き（下卦震《しん》の主である）労力を用いるが、上九は艮《ごん》止の静を以て俟ち（上卦艮《ごん》の主である）自ずと養を得る。初九は労しても賤しく、上九は得ても貪ではない。初九は小人の欲に従い、上九は君子の徳を具える。ともに頤《い》の養をなすが、初九が欲を見て忽ち動くのは、まことに労する者である。功名に際して、躁動して赴くものは、陽鱎と同じく恥ずべきことである。陽鱎は、『説苑』政理に「綸《いと》を投げて餌を錯《お》くに、迎えて之を吸う者は陽驕（陽鱎）なり」という。初九の躁動についていう。まして飲食については、初九のように欲に迫られて動くことを戒めなければならない。大象に「君子は以て言語を慎み、飲食を節す」といい、『周易内伝』は「飲食と言語は、皆《とも》に口に由る。言出さんと欲して之を慎み、食入れんと欲して之を節す。志を宣べ欲を導かざること、当に山下の雷（大象に、「山（艮《ごん》）の下に雷（震《しん》）有るは、頤《い》なり」という）の如く、迫らず濫《みだ》れざら使むべし。枢機慎みて心存し、嗜欲制して理得るは、皆《とも》に徳を養う所以なり」という。

小人が欲のまま動くのは、問題とするまでもない。覇者が民を養うと標榜しながら密かに民を刑する心を抱き、異端が沖虚の用を以て生を養うと称して民の生の理に逆くのは、ともに陰の教である。しかし陰は物の利を成さず、陽こそ物を養うものであることを知り、陽の虚において陰の実を得、陰の欲に順うことを賤しめ、正を養う（彖伝）ことを楽しめば、道に近いということができよう。

二

均しく（四陰すべて）顛《さかしま》に（六二と六四）と払る《もと》（六二と六三と六五）を為すも、二（六二）と三（六三）は何を以て凶なるや。君子の養に於けるや、嫌《まぎらわ》しきを別ちて遇う所に安んず。二（六二）と三（六三）は初（初九）と体を為すも、今は初（初九）の貪りて戢《おさ》めざるを以て、乃ち分に非ずして養を上（六五と上九）に需《もと》む。上（上卦）は艮《ごん》止為り、恩は裁つ所有り。特《ただ》に経に払《もと》るのみならず、欲も亦遂げず。故に二（六二）は邱に于いてすの凶（六二の爻辞による）に逢い、三（六三）は十年の利蔑《な》し（六三の爻辞による）。邱は高位なり、十年は遠期なり。位は疎にして期は遠し、其の相給するを望むも、亦難からずや。

震《しん》は卯位に臨み、十年にして丑に至る。艮《ごん》は丑寅の交に居り、即い《たと》施す所有るも、必ず十年の後を待つ。晨煙続《つ》がず、陌を越えて相求む。涸鮒《こふ》は留まり難く、河清は誰か俟たん。復《また》能く永年ならざるなり。貞廉に託すと雖も、凶は還《また》自ら致す。則ち何ぞ嫌らわしきを別ちて遇うに安んじ、以て早く自ら十年の前に決するに似《し》かんや。

頤《い》の四陰に顛にといい払るというが、六二の爻辞に「邱に頤《やしな》わる、征けば凶なり」といい、六三の爻辞に「貞なれども凶なり」といい、六四と六五については凶といわず「吉なり」というのはなぜか。君子は陽を受けるとき、不正なるものを避けて正しきものに安んずる。下卦震《しん》に在る六二と六三は初九と体を同じくするが、初九が欲を貪ってやまないのを見て、六二と六三の陰は下卦に在るという分ではないにも拘わらず、それぞれ六五と上九に養を求める。しかし上卦は艮《ごん》であり、恩を軽々しく施さない。経に払る（六二と六五の爻辞にいう）だけではなく、六二と六三の欲も逃げられずに止められる。かくして六二は凶を得、六三も利を得ることができない。たとい養を求めても、容易に得ることはできないのである。

凶という六二と六三について示す。六二の爻辞に「顛《さかしま》に頤《やしな》わる。経に払る。邱に于いて頤わる。征けば凶なり」といい、『周易内伝』は「陽は求め、陰は与う。凡そ物の人を養う者は、皆地の産なり。故に初（初九）は自ら養を求むと為し、二（六二）以上の四陰は人を養うと為す。顛《さかしま》にとは、逆なるなり。野人は君子を養い、下は上を養うは、順なり。上自り下を養うは、逆なり。払るとは、違《たが》うなり。経とは、上下相応ずるの常理なり。邱とは、高きなり、五（六五）を謂う。二（六二）は五（六五）と正応為《た》り、義として当に上に養うべし。即使《たと》い小人を下に養うも、亦必ず君命を受けて以て行い、敢えて専らにせず。今、初（初九）の貪求するや、近き（六二）に就きて之と相応ずるを見る。君臣令共する（君は令し臣は恭《つつ》しむ）の大義に払り、命を奉せずして私恩を市《う》る。行けば必ず凶なり」という。

六三の爻辞に「頤《やしな》うに払《もと》り貞なるも凶なり。十年用うる勿れ。利しき攸无し」といい、『周易内伝』は「頤うに払るとは、人の養うを待つの情に払りて養わざるなり。六三は震《しん》（内卦）と体を為し、初（初九）の養うを望む所の者なり。乃ち（然るに）位は剛（三の陽）にして志は進み（三は進爻である）、上九の尊厳にして静止する者（外卦の艮《ごん》）と相応じ、初（初九）に払りて之に頤《やしな》うを与えず。多欲の世に当りて与うるを吝み、二（六二）の恩を市《う》りて物に徇《したが》うに異なり、其の貞を得ると為すと雖も、亦凶の道なり。小人の欲は徇《したが》う可からず、亦払る可からず。上（上九）は既に剛正にして其の養を受けず、又小人の情欲に払り、物を絶ちて以て居り、世に用いる無し、故に利しき攸无し。物を利する能わず、義に合せず。易に屢々十年と言うは、要は皆終に竟《おわ》るの辞なり。（中略）聖人は終に人を絶たず、而して天道は十年にして一変す。得失吉凶、其の変を通じて民をして倦まざら使む。筮は十年以後を占わず、其の意は深し」という。

吉という六四と六五について示す。六四の爻辞に「顚《さかしま》に頤《やしな》いて吉なり。虎視眈眈《たんたん》たり、其の欲逐逐《ちくちく》たり。咎无し」といい、『周易内伝』は「六四は初（初九）に正応し、之（初九）に養を施す。上（六四）を以て下（初九）を養うは、亦顚《さかしま》に頤《やしな》うなり。位に当りて（陰が四の陰位に居る）其の応に養うべき所を養う、故に吉なり。虎視とは、初九を謂う。眈眈とは、耳を垂るる貌なり（眈眈に作る）。虎は怒りて噬《か》むときは、則ち耳は竪《た》つ。眈眈（耳が垂れる）なるは、順いて求むる有るなり。初九は剛躁なり、本《もと》虎なり。逐逐の欲有るを以て、己を養う者に媚ぶ。四（六四）は養うを以て之を撫し、小人の欲に徇《したが》うかと疑わる。然れども其の位に居りて、君子の小人を畜《やしな》うの道を以て之をして馴服《じゅんぷく》せ使むれば、則ち固より咎无し」という。

六五の爻辞に「経に払《もと》る、貞に居れば吉なり。大川を渉る可からず」といい、『周易内伝』は「六五は二（六二）と応ぜず、上は下を養うの常経に払る。而れども上は上九に比し、以て止の体を成す（上卦は艮《ごん》）。之を以て常に処り正を得て吉なり。然れども小人の欲を厭《おさ》えざれば、則ち緩急与《ため》に力を効《いた》す無し。之を以て険（大川）を渉るは、危うきかな。（中略）飲食の人に於けるは、大なり。『礼記』礼運に、飲食男女は、人の大欲存す」という）。己の貞に居るを以て人に己に同ずるを強うる勿《な》く、君子は人の情を達すれば、天下に険阻無し」という。

下卦震《しん》と上卦艮《ごん》の間が十年であることを、文王八卦方位図（本冊一一五頁）によって述べる。震《しん》は東方、卯の位に在り、艮《ごん》は東北、丑寅の位に在る。朝の炊煙が立たず、隣家に求めざるをえない貧窮に陥り、恰も車轍の水たまりの鮒が僅かの水も得られず（『荘子』外物）、百年河清を待つ絶望の境に在る。十年というのは決して永遠に続くものではないが、現下の凶に陥ったものにとっては、如何ともなしがたい凶である。六三の爻辞に、「貞なるも凶なり」という。

そもそも十年の前に嫌しきを避けていれば、そのような凶を受けずにすんだはずである。

上（上九）は、三（六三）の応なり。而るに三（六三）に与《お》いて以て養わざるは、何ぞや。貴にして位无く、処る所は亦危うし。惟《ただ》大公を奉じて以て物を養えば、斯《ここ》に徳は施すこと光《おお》いにして（六四の小象による）自他に慶び有り（上九の小象による）。私に係《かか》りて以て酬酢《しゅうさく》するは、上（上九）の義の出でざる所なり。四（六四）は艮《ごん》の体を為す、気を同じくして先に施す。之を挹《と》りて労せず、之を受けて怍《は》じず。眈眈逐逐たるも（六四の爻辞にいう。初九についていう）、其れ何の咎あらん（六四の爻辞による）。於陵《おりょう》の仲子をして此の義を知ら使むれば、口腹を母兄の側に潔《いさぎよ》くすること无かる可し。嗚呼、取舎の間、蓋し忽《ゆるがせ》にす可けんや。

上九は、六三の正応である。しし上九が六三を養わないのはなぜか。上九は天位の上の貴であるが、上という無位に居り危うきに在る。しかし大公を奉じて六三を養えば、六四が初九に徳を施して光いに明らかであるように、六三は自ずから上九に順って自他ともに慶びを得ることができる。上九が六三に正応する私によって六三を養わないのは、上九が義として対応しないからである。六四は上九と同じく、上卦艮《ごん》の体をなす。六四は上九と気を同じくし、上九よりも先に艮《ごん》止を初九に施している。上九はこの六四の施をとって労することなく、また六四の施を後から受けて恥ずることはない。かくして初九がその欲をほしいままに遂げようとしても、咎を受けず吉を得ることができる。

上九の爻辞に「由りて頤《やしな》わる。厲《はげ》しけれども吉なり。大川を渉るに利し」といい、その小象に「由りて頤わる。厲しけれども吉なりとは、大いに慶び有るなり」という。『周易内伝』は小象について、「人の己に順うを期せざるも、人自ずから服するなり」という。施すこと光いなりは、六四の小象に「顛《さかしま》に頤《やしな》わるるの吉なる（爻辞にいう）とは、上（六四）の施すこと光いなるなり」といい、『周易内伝』は「上とは、四（六四）の上（上卦）に居りて、初（初九）に臨むを謂う。光いなりとは、君子は民を養うの道有り、以て小人に徇《したが》うに非ず。其の志は、光いに明らかなり」という。

於陵の仲子は、『孟子』滕文公下に見える斉の陳仲子。廉潔を守り、兄に贈られた生鵝を不義の賄賂と斥け、母が料理したそれを知らずして食べ、兄にそのことを告げられて吐き出した。孟子はその狷介清狂を批判している。もし於陵の仲子がこの上九が義として六三に応じない深意を知れば、徒らに廉潔を守ることを誇ることはなかっであろう。義を取るか捨てるかは、まことに君子の忽にすることができないものである。

䷛ 大過《たいか》（巽《そん》下兌《だ》上）

位有る者は、物の貴きなり。類を同じくする者は、気の求むるなり。位を択びて中を得、族を聚めて与《とも》に処る。己に異なるを擯逐《ひんちく》し、遠く裔夷《えいい》に居《お》く。甘言も之が為に動かず、害機も之が為に傷《やぶ》らず。斯れ亦、天下の至りて愉快なる者ならずや。大過《たいか》は之を以てす。

四陽（九二から九五）を同席に聚め、四位の奥区《おうく》に宅《お》り、彼の初（初六）の上（上六）に与《お》ける、若《たと》い其の藩棘（いばらのかき）を窺わんと欲するも、得可からず。其の利を択びて蹈み、己に異なるを絶拒すること、峻なりと謂う可し。嗚呼、峻なる者の甚しと為す所以なり、甚しき者の過と為す所以なり。天下、小人を待つに其の道を以てせざること此《か》くの如き有り。能く其の君子を謫《つみ》するを免れんや。

象伝に、「大過《たいか》は、大なる者過ぐるなり」という。大すなわち陽が類を同じくし、四陽が集まって過ぎている。乾《けん》の文言伝に九五について、「子曰く、同声は相応じ、同気は相求む」という。しかも九二と九五がそれぞれ巽《そん》☴と兌《だ》☱の中位を得、また初六と上六の陰を上下の遠くに擯逐している。裔夷は、辺境のえびす（『春秋左氏伝』定公十年）。このような過剛の四陽は、陰の甘言を以てしても動かず、また陰の害機を以てしても傷れず、まことに心満ち足りたものではないか。

四位の奥区は、九二と九三と九四と九五という、大過《たいか》の中心部位を占めていること。初六と上六がその固く守る四陽を窺っても、いかんともし難い峻険を保っている。小人に対してこのような道ならぬ過峻を以てすることは、君子が過峻を用いて道を誤まったものではないか。

『周易内伝』は彖辞の大過《たいか》の意について、「卦の六位、初（初六）は地（初と二の地位）の下に在り、潜蔵して未だ見《あらわ》れず、体有るも用うる能わず。上（上六）は天位（五と上の天位）の上に寄居し、人（三と四の人位）に近からず、用有るも体は虚に託す。皆《とも》に物の居るを楽しまざる所なり。中の四爻（四陽）は地の上（二の位）に出で、人（三と四）は其の能を効し、而して天位（五の位）に登る。固より陽の宜しく処るべき所と為す。而るに天の化、人の事、物の理は、陽無ければ生ぜず、陰無ければ成らず。理無ければ則ち欲は濫《みだ》れ、欲無ければ則ち理も亦廃す。君子無ければ小人を治むる莫く、小人無ければ君子に事《つか》うる莫し。而るに大過《たいか》は内に整居し（四陽すべてが、初六と上六の間に集まる）、既に二と五の中に処り、復《また》三と四の人位に拠りて以て其の才を尽くし、二陰（初六と上九）を重泉の下（初六）、青霄の上（上六）に擯《しりぞ》く。豈、陽の過に非ずや」という。

他爻については後に述べるので、ここに初六について示す。初六の爻辞に「藉《し》くに白茅を用う。咎无し」といい、『周易内伝』は「白茅とは、茅の秀なり、柔潔にして樸素なり。古者《いにしえ》、上帝を郊に祀るに、地を掃いて祭り（『礼記』郊特牲に、「地を掃いて祭るは、其の質に於いてするなり」という）、茅の秀を以て俎籩に藉くは、慎を致す所以なり、而して敢えて華美を以て至尊に加えず。初六いは積陽（九二と九三と九四と九五）を上に承け、卑柔にして自ら謹むは、此の象有り。君子は身を守りて以て親に事え、仁人の帝を享するが如くするは、咎无きを求むるのみ」という。

夫れ陰陽の始めは、善悪の垠鄂《ぎんがく》（極限）、邈《ばく》（遠い）として河漢（天の河）の如きこと有るに非ず。翕闢《きゅうへき》（閉開）する者は、一気なり。情は各々其の幾有り、功は各々其の効有り。生は道の生なり、殺も亦道の殺なり。情有れば則ち各々其の願い有り、功有れば則ち各々其の時有り。厳しく防ぎ力《つと》めて之を拒ぐと雖も、其の願いを平らかにする能わず、其の志を得るの時を抑《おさ》う。故に怨みは陽に開きて陰に成り、勢いは陽に極まりて陰に反《そむ》く。則ち亦、寧ろ此（陽）を戒めて其の平を持する无からんや。又況んや、性情功効の相需《もと》めて相舎《お》かざるをや。

大過《たいか》のように陽が陰に過ぎることが、陰陽の平を失っていることを述べる。陰陽は一気の翕闢であり、陰と陽は河漢のように遠く離れて存在するのではない。同じ道の生として陽があり、その殺が陰なのである。たとい陽が過峻を以て止めても、陰の情の願いを平らかにすることはできず、志を得る時は塞がれ、かくては陽が怨むことによって陰も怨み、勢いは陽が亢し陰は拒けられる。むしろ陽の過峻を戒めて、陰陽の平衡をはかった方がよいではないか。まして陽の性と陰の情、陽の功と陰の効は相俟つものなのではないか。

是の故に君は民を以て基と為し、生は殺を以て輔と為す。民无ければ君は立たず、殺无ければ生は継がず。其の力を資《と》り其の用を合すれば、則ち陽は時有りて位を舎《す》つるも吝まず、陰は時有りて位に即《つ》くも慙《は》じず。而るに独り之（陰）をして散地（上と初）に浮游し、拠を失い群を離れ、相怨むの門を開き、相傾くるの勢いを激せ使むるは、則ち大（陽）の過なり。亦、自ら撓《たわ》みて、自ら弱くす。故に栄観（宮殿）に高居する者は、鱗甍《りんぼう》翼閣もて雄壮の観を示すも、而も棟《むなぎ》は則ち阯（基）を卑下に託す。其の卑下を撓《たわ》むれば、則ち其の崇高を危うくし、未だ能く安んずる者有らず。

すなわち君が民を基とするように、陽の生は陰の殺を己の輔けとする。民がなければ君が立たないように、陰の殺がなければ陽の生は継ぐことができない。繫辞上伝第五章に、「一陰一陽、之れ道と謂う。之を継ぐ者は善なり、之を成すものは性なり」という。もし陰が陽の力を資り陽の用を合することができれば、陽はその時に因って陽の尊位を舎てて吝むことなく、また陰も陽の位に即いて慙じることはない。

ところが大過《たいか》は初六と上六を初と上に浮遊させ、二陰はその基を失い上と下に離れ、陰が陽を怨み陽を傾けようとする勢を激成させるのは、四陽が過盛であるからである。撓《たわ》むは、彖辞に「大過《たいか》は、棟《むなぎ》撓む」といい、『周易内伝』は「之を擬するに屋を以てすれば、三（九三）と四（九四）は其の棟なり、初（初六）と上（上六）は下垂の宇（軒）なり」という。ここでは、初（初六）を屋棟を支える阯（基）にたとえる。棟が重すぎて阯を弱くすれば、棟たる四陽自身も撓み崩れるに至る。九三の爻辞に「棟撓む。凶なり」といい、『周易内伝』は「三（九三）と四（九四）は皆《とも》に凸起して、棟を為す者なり。三（九三）は剛（陽）を以て剛（三）に居り、進むに躁にして（三は進爻）、下の弱きを恤《おも》わざれば、下は必ず折る」という。

且つ夫れ、陽の過ぐるは、以て一時の往くを保つなり。乃ち其の援引して固く結び、相与《とも》に以て意を得るを明らかにする者（四陽）は、其の小人の噂沓《そんとう》背憎を去ること、志は異なりと雖も、情は殊ならず。情殊ならざれば、則ち物或いは之を瞷《うかが》う。物或いは之を瞷えば、則ち勢いは孤立し難し。為さんと欲する所有るも、陰の用を欠けば、則ち必ず求むる所有りて、陰に偸合《とうごう》（迎合）す。

故に年は老少を謀らず、士は従違を卜せず。白首は慙ずる無く、弱齢は待つ无し。相鄰《となり》すれば靡《なび》き、苟くも得れば歓ぶ。昔の党を怙《たの》みて中に居りしを将《もっ》て、陰を无位の初志に絶ち、亦茫然として復《また》問う可からず。而して三（九三）と四（九四）の、二（九二）と五（九五）に倚りて以て応ずる所に睽離《けいり》せる者も、且つ孤危に沮喪し、或いは凶或いは吝にして保つ可からず。故に始めは攻撃を為し、継ぎて調停を為し、志を須臾《しゅゆ》に快《こころよ》くするも、堅壁は久しくし難し。古今覆敗の林、何ぞ此《ここ》に醸成せざること有らんや。而して君子は、早已《すで》に其の輔無くして久しくする能わざるを辨《わか》てり。

大過《たいか》の四陽が党を恃んで得意になっていることは、一時の往（往く、進む）でしかない。四陽の志は小人の噂沓背憎（『詩経』小雅の十月之交にいう。人前では調子を合わせ、かげでは憎む面従腹背）とは異なっているが、情は同じである。孤立は、大象にいう「君子は以て独立して懼れず」の独立と同じ、陽の独往をいう。四陽が固く結んで一時の往を保つ情が小人と同じであれば、必ずその情につけ込む者がいる。物につけ込まれると、四陽は本来の独立して懼れずという志を保つことができない。かくして陽は陰の用を失って事を為すことができず、陽は己の過に乗じて求め、道の正に背いて陰に迎合しようとする。

年少を謀らずは、九二の爻辞に「枯楊、稊《ひこばえ》を生じ、老夫、其の女妻を得たり」といい、九五の爻辞に「枯楊、華《はな》を生じ、老婦、其の士夫を得たり」という。九二の老夫が初六の若い妻を娶り、上六の老婦が九五の若い男と睦み合うこと。陽が道の正に背いて陰に迎合することをいう。白首はこの老夫と老妻、弱齢はその相手。慙《は》ずる无しは、九五の小象に「老婦士夫は、亦醜《は》ず可し」という。九二と九五がそうであるばかりでなく、九三の応ずべき上六が九五に親しみ、九四の応ずべき初六が九二に親しみ、凶となり吝となる。九三の爻辞に凶といい、九四の爻辞に吝という。以上、四陽の過盛である大過《たいか》が覆敗の林（集まるところ）であることを述べる。

九二の爻辞について、『周易内伝』は「楊は陽木なり、陽は亢すれば則ち枯る。稊は、根下に旁出せるの白荄《はくかい》なり（荄は、草の根）。女妻とは、室女なり。陽剛は過ぐと雖も、二（九二）は中を得て柔（陰位）に居り、以て下は初（初六）の稺陰に接す。故に此の象有り。稊を出せば則ち再び栄え、女妻を得れば則ち以て嗣を育す可し」という。

九五の爻辞について、「陽過ぎて已に極まり、居を亢《たか》くして位を奠む（九五についていう）。下は相済《な》すの陰無く（九五の応は九二の陽である）、唯上六は与に比して（九五と並ぶ）相悦ぶ（上卦は兌《だ》）、一時の浮栄なり。故に枯楊、華を生じ、老婦、士夫を得るの象と為す。五（九五）は主と為りて、以て上（上六）に比す。士夫、老婦を得たりと言わずして、老婦、士夫を得たりと言うは、五（九五）は陰（上六）に就くの志無し、上（上六、老婦）は兌《だ》の主と為り、悦びて之（九五、士夫）に就くなり」という。また九五の小象について、『周易内伝』は「下に輔《たす》け無くして上に栄を求む、終りは必ず危うし。亢極して（九五）所を失うの孤陰（初六）に屈するは、自ら辱しむるのみ」という。

九四の爻辞に「棟隆《たか》く、吉なり。它《た》（他）有るは吝なり」といい、『周易内伝』は「四（九四）は剛を以て柔に居り

(陽が四の陰位に居る)、隆しと雖も亢せず(四は退爻である)。二(九二)と三(九三)の両陽は輔《たす》けて之を持し、其の隆きを保つ可し。然れども外卦の体(兌《だ》)は、上爻(上六)を以て藉《よ》ると為すも(上六は兌《だ》の主である)、上(上六)は弱くして以て任に勝《た》うるに足らず、亦為す有る能わず。四(九四)は退爻にして内(内卦)に就く、故に上(上六)を以て它と為す」という。

然らば則ち、大過《たいか》は取る无きか。曰く、之を「独立して懼れず、世を遯《のが》れて悶《うれ》うる无し」(大象)に取れば、則ち得たり。故に夷斉(伯夷と叔斉)は之を兵《う》つも畏れず、巣許(堯のときの隠士、巣父《そうほ》と許由)は之を招くも来らず。自ら其の位に位して、人の争う所の位に位せず。孤《ひと》り深幽を保ち、土に敦《あつ》くして仁を求む(繫辞上伝第四章による)。金刑(刑具)上に居り、勢を得て下を戕《そこな》うと雖も、頂を滅するの凶(上九の爻辞による)は、以て咎むるに足らず。此れ所謂、奈何《いかん》ともす可く無くして、命に安んじて以て命を立つる者なり。此れ過《よ》り以往は、則ち吾れ之を知らず。

大象に「沢(兌《だ》)の木(巽《そん》)を滅するは、大過《たいか》なり。君子は以て独立して懼れず、世を遯れて悶《うれ》うる无し」といい、『周易内伝』は「滅すとは、湮《うず》めて之を沈めんと欲するなり。沢(上卦の兌《だ》)は木(下卦の巽《そん》)を滅せんと欲するも、木の性は上浮し、終に抑う可からず。君子の行いは、流俗の表《おもて》に独立し、世に知られざるも懼れず悶えず。之を抑うれば愈々光あり、之を晦《くら》くせんとすれば弥々《いよいよ》章らかなり、過剛なるに嫌《まぎらわ》しからず」という。土に敦くして仁を求むとは、繫辞上伝第四章に「天を楽しみて命を知る、故に憂えず。土に安んじて仁を敦《あつ》くす、故に能く愛す」という。頂を滅するの凶は、上六の爻辞に「過ぎて渉り、頂(頭の上)を滅す。凶なるも咎无し」という。頭まで没する深い川を渉る危難をいう。

上六の爻辞について、『周易内伝』は「過ぎて渉るとは、陽已に過ぎ(九二と九三と九四と九五の四陽)、而して己(上六)は之を渉りて以て其の上に出ず。水盛んに漲《みなぎ》りて徒渉するが如く、必ず頂を滅するの凶に至るを謂う。然れども過ぐる者は陽なり、陰の咎に非ず。上（上六）は柔を以て剛を済《すく》わんと欲するも剛は聴かず、反りて之（上六）を外に擯抑《ひんよく》す。柔和の説《せつ》（兌《だ》は説）を剛厳の主に進め、此を以て罪を獲《う》る者多し。其の心は、諒《まこと》とす可し。頂を滅すと言うは、卦は三（九三）と四（九四）を以て脊と為し、上爻の上（上六）を覆えばなり」という。

船山は過剛の大過《たいか》においてとるべきものは、如何ともなし難い世に在って、その命に安んじわが命を立てることに在るという。『論語』衛霊公に「子曰く、之を如何《いかん》せん、之を如何せんと曰わざる者は、吾れ之を如何ともする末《な》きのみ」といい、また憲問に「道の将に行われんとするや、命なり。道の将に廃せられんとするや、命なり。公伯寮、其れ命を如何せん」という。また『孟子』万章上に、「之を為す莫くして為す者は天なり。之を致す莫くして至る者は命なり」といい、尽心上に「殀寿貳《たが》わず、身を修めて以て之を俟つは、命を立つる所以なり」という。「此れ過り以往は、則ち吾れ之を知らず」とは、大象にいうこの意以外に君子の道がないことを断言する。

䷜ 坎《かん》（坎《かん》下坎《かん》上）

夫れ貌《かたち》を得て其の心を遺《わす》れ、天地陰陽の撰《こと》の、以て邪説を導き淫思を啓《ひら》くに足る者、繁く之れ有り。而るを況んや、其の他をや。是の故に、天一は水を生じ、地六は之を成す（『乾坤鑿度』）。内に生ずる（一陽）を心と為し、外に成す（二陰）を貌と為す。心は生ずる所（乾《けん》）に肖《に》、貌は成す所（坤《こん》）に肖る。然らば則ち、水は其れ天を以て心と為すか。

生ずるの事は先に近く、成すの事は後に近し。而るに其の之を生ずるに方《あた》りて、旋《たちま》ち与に成すを為し、其の之を成すに方りて、猶与《とも》に生を為す。中（一陽）は先には立たず、成す（二陰）は後には建たず。摶造《たんぞう》は功を共にし、道の行わるるは間无し。又、坎《かん》の僅かに天を以て心と為すのみならず。

はじめに外貌と内心を述べるのは、坎《かん》の彖辞に「習坎《かん》は、孚有り。維れ心亨り、行けば尚ばるる有り」というによる。『周易内伝』は彖辞について、「坎《かん》（☵）は、内（一陽）は明らかにして外（二陰）は暗く、体は剛（中男）にして用は柔（水）なり。剛徳を陰を主るの原（源）に蔵して測る可からず。故に坎坷《かんか》不平の象と為し、而して化を効《いた》す者を水と為す。其の微自《よ》り之を言えば、則ち呵嘘《かきょ》（息を吹きかける）の蒸して湿を為す者、気は甫《はじ》めて聚まりて未だ涓滴《けんてき》を成さざるも、皆坎《かん》の性を含む。陰に依りて以て虚に流盪すること、固より測られず。其の盛大なるに及べば、則ち江海の険にして踰《こ》え難きこと、亦此れのみ。（中略）坎《かん》にして又坎《かん》なり（大成の卦についていう）、其の機は深し。而るに聖人は易に於いて、元化の善なる者を択び取りて以て徳と為し、其の足らざる所を効《いた》さず。故に特に剛中の象（☵）に於いて、其の孚有る（彖辞にいう）を著らかにす。其の剛直（一陽）内に充つるは、貌の柔にして以て狙詐《そさ》（いつわり欺く）を行い、以て人を溺らし易き者の貴ぶに足るに非ざるを謂う」という。

天地陰陽の撰は、乾坤《けんこん》六子の象である震《しん》（雷）、巽《そん》（風）、坎《かん》（水）、離《り》（火）、艮《ごん》（山）、兌《だ》（沢）、すなわち天地自然の化についていう。ともに内卦と外卦が重なる象である。其の他というのは、乾坤《けんこん》の父母とこの六子以外の五十六卦、すなわち物化人事の変をいう。『周易内伝』は彖辞について、「蓋し他の卦は、物化人事の変を為し、象に随いて改む。而るに雷（震《しん》）、風（巽《そん》）、水（坎《かん》）、火（離《り》）、山（艮《ごん》）、沢（兌《だ》）は、地を易《か》え時を易え、大小（陽と陰）は殊なるも、初めより異なる無し。重ぬる者（大成の卦）は、仍《なお》其の故《もと》の如し。源流（源水と流水）相因るを以て象を成す者有り、坎《かん》（䷜）なり。前後相踵《つ》ぐを以て象を成す者は、震《しん》（䷲）、巽《そん》（䷸）、離《り》（䷝）なり。上下相畳《かさ》なるを以て象を成す者は、艮《ごん》（䷳）なり。左右相並ぶを以て象を成す者は、兌《だ》（䷹）なり」という。『乾坤鑿度』上巻に、「天は一に本づき、一を立てて数の源と為す。地は配して六を生じ、天地の数を成す。数合して（水を）成す」という。これは邪説を導き淫思を啓く例として引用する。乾《けん》は物を生じ、坤《こん》は物を成す。心（坎《かん》の中の一陽）は天の生ずるところに肖《に》、貌

(坎《かん》の外の二陰)は地の成すところに肖ているから、坎《かん》は天(乾《けん》)を心となしているかに見える。生が先で成は後であるかのように見えるが、しかし生と成とは同時に起るものである。中の一陽は生の先に立つものではなく、成の二陰も後に立つものではない。陰陽の道は先後の間なきものである点からすれば、坎《かん》は天を以て心となすだけではない。その理は、次に述べる。

其の已に成すを顧みるに、動を効《いた》して静を性とす。其の初めて生ずるに方《あた》りては、静を効《いた》して動を性とす。静かなる者は陰なり、動く者は陽なり。動く者は生を効す、則ち万物の生ずるは、皆陽を以て心と為す。而して水の生ずるも、亦性の動の幾に乗じて以て生の主と為す。則ち坎《かん》は、固より壱《いつ》に陽を以て心と為す。故に其の象を為すや、剛は以て中を為す。剛は以て中を為して、剛は貌に見《しめ》さず。心の退きて密に蔵し(繋辞上伝第十一章にいう)著らかならざる者なり。心は密に蔵し、而も成す所に肖《に》て以て貌を為す。水の険なる所以なるか。

すでに水となれば、陽が動いたあと陰の静を性とするが、水が始めて生ずるときは、静の陰を動かす陽の動を性とする。万物が生ずるとき動の陽を心とするように、水の坎《かん》もまた動の幾に乗じて生の主となし、陽を心とする。坎《かん》☵は、二陰の中に一陽が居る象。一陽は坎《かん》の心であり、二陰の外貌にその内心を示さない。繋辞上伝第十一章に「聖人は此を以て心を洗い、退きて密に蔵す」というように、天道の不可測の密に蔵し、行為に示さない心である。心を密に蔵しながら、しかもすでに成った水の陰と同じ外貌を呈している。内心と外貌が異なるのに、恰も肖《に》ているかの様態を示す坎《かん》は、まことに険なるものである。

『周易内伝』は象辞について、「陰の凝るや、堅濁にして以て静かなり、而して地の形を成す。陽の舒《の》ぶるや、変動して居らず、而して天の気を為す。故に、陰は静かにして陽は動くと曰う。陽は静無きに非ず。其の静かなるや、動の性は失わず。陰は動無きに非ず。其の動くや、静の体は自ずから存す。水は亦有形を成す者なり、而るに性は固より動く。静なれば則ち平易なるも、動けば則ち険なり。已に形を成すも、動く者は存す。是れ静中の動の、幾は隠れて知り易からざる者なり。坎《かん》の徳は、亦危うきかな。而して陰陽必ず有るの幾は、天地の無き能わざる所なり。聖人は易簡を体して以て徳と為すと雖も、亦自ずから淵深にして測られず、静以て動を含むの神有り。則ち抑但《まただ》に機変の士の、剛を柔中に伏して以て陥阱《かんせい》を為す者の然るのみに非ず」という。

然らば則ち、「流れて盈たず」（象伝にいう）は陰の用なり、行の険なり。陰は虚にして善く随い、陽は実にして屈せず。実以て体と為し、虚以て用と為す。万物に給するに柔靡を以てし、佯《いつわ》り退きて自ら其の堅悍を怙《たの》む。則ち天下の機変の刻深なること、水は辞するを得ず。

而るに老氏は猶之を宗として以て教父と為し、「上善は水の若し」と曰う（『老子』第八章）。則ち亦、其の貌を用うるを楽しみて之を師とし、以て険を衷《うち》に蘊《つつ》む。是の故に、天下の至険なる者は、老氏に若《し》くは莫し。

象伝に、「習坎《かん》は、重険なり。水は流れて盈たず」といい、『周易内伝』は「其の著らかなる者自りして之を言えば、坎《かん》は固より天地自然の化にして、人為機詐《きさ》の険に非ざるを見《しめ》す所以なり。水は、流るる有り、止《とど》まる有り。坎《かん》（☵）は、其の止まる所なり。而るに重坎《かん》（䷜）に洊《しき》りに至れば（大象に、「水洊りに至るは、習坎《かん》なり」という）、則ち流る。流るれば則ち、淫泆して其の居る所を踰《こ》え易し。変詐の測る叵《べからざ》る所以なり」という。上下に坎《かん》を重ねた習坎《かん》は、流れて盈たざる陰の行の険を成し、まことに天下の機変の刻深なるものといわざるをえない。

ところが、外貌の柔靡を宗とする老子は、「上善は水の若し」（『老子』第八章）という。なお教父は、『老子』第四十二章に「人の教うる所、我も亦之を教う。強梁なる者は其の死を得ず。吾れ将に以て教父と為さんとす」という。

試みに与《ため》に之を論ぜん。終に盈たざるに帰する者は、豈徒《ただ》に水のみならんや。火、木、土、金は、相与《とも》に終古にして其の積むを見ず。則ち消帰して捖運《かんうん》する（変化する）者は、皆盈たずして以て功と為す。而るに水は特《ただ》其の盈たざる者を出《いだ》して、以て人に相見《しめ》す。則ち其の険なること、亦水の儇薄《けんはく》（軽薄）にして、未だ深幾する能わざる者なり。深幾するに与《あずか》る足らず、而して水は亦其の毀れ易きを憂う。乃ち（然るに）終古にして毀れ易きの憂い无き者、聖人は其の退蔵を極めて之を表章して、盈たずして険を行くと曰う（彖伝による）は、何を恃むや。其の信を失わざるを恃むのみ。

盈たざるに帰すとは、あとに積むを見ずというと同じ。水は火木土金と同じく、流れ続けて止まることがない。消帰しながら変化する者は、盈たないことを以て功用とする。ところが坎《かん》の水は、彖伝に「盈たず」ということを特に示す。その険なることは、深幾することができない軽薄なるものというべきである。深幾は、繋辞上伝第十章に、「唯深なり、故に能く天下の志を通ず。惟幾なり、故に能く天下の務を成す」という。水はこのように深幾することができなければ、柔弱にして毀れ易ことを憂えるはずである。ところが彖伝に「水は流れて盈たず、険を行きて其の信を失わず」といい、水はそれを憂えることがないとして、聖人が表章するのはなぜか。退いて密に蔵する坎《かん》の一陽の孚について、その信を失わないことをたたえるのである。その理については、次に述べる。

何を以て、其の信の失わざるを知るや。生の建つや、知は以て始を為し、能は以て成を為す。乾《けん》は知なり、坤《こん》は能なり。知は剛なり、能は柔なり。知は先に自ら知り、能は必ず物に及ぶ。物に及べば則ち中は出でて物に即《つ》き、自ら知れば則ち物を引きて以て中を実たす。物を引きて中を実たせば、晶耀は光を含みて、之を改むる有る无し。故に乾《けん》道の剛を以て明と為す者は、惟《ただ》此れのみ。而して水は始めて之を得て、以て内景（光）と為す。物過《よぎ》れば之を納れて以て照を取り、照らして其の形を遷さず。水は固より主（一陽）有りて乱れず。

生の積むや、初めて生じて盛んなるも、生を継ぎて減ず。減ずれば則ち嬗《せん》（変化）に因りて以て相済《な》す。故に木火と金とは、皆《とも》に憑藉《ひょうしゃ》する（頼る）所有りて以て生ず。而るに水は藉《よ》る所无し。藉る所无き者は、天の始化に藉《よ》る。藉る有りて生ずる者は、時有りて殺《さい》す。故に木は時に萎え、火は時に滅し、金は時に蝕（腐蝕）するも、水は時に窮まらず。升降は相資《と》り、波流は相続《つ》ぎ、藉《よ》る所の者は真なり、生ずる所の者は常なり。彼に藉りて以て盛んならず、彼に嬗《うつ》りて減ぜず。則ち水は恒に居りて間《へだ》てず。乱れず間てざるは、水の、信を以て体と為せばなり。

坎《かん》の一陽が中に在ることが、信を失わないことである理を述べる。乾《けん》は知であり、坤《こん》は能である。繋辞上伝第一章に、「乾《けん》は易《い》を以て知り、坤《こん》は簡を以て能くす」という。生が始めて生ずるとき、乾《けん》の知を始とし坤《こん》の能を以て成る。乾《けん》の知は自ら知り、坤《こん》の能によって知は物に及ぶ。知が物に及んで内の知は外の物に即くが、自ら知る乾《けん》の知は物の能を以て中を実たす。かくして乾《けん》の知は、光を含み中を実たして自らを改めることはない。坎《かん》の水はこの乾《けん》道の明（知）を中に得て、内景とする。水面に物が過ればそれを映すが、水の形は変ることがない。それは坎《かん》中の一陽が主となり、陽の知が物を照らしているからである。

また生を継ぐとき、初めて生じたときは盛んであるが、次第に盛は減ずる。減ずれば、減じた変化によって生を継ぐ。木火と金は、それぞれ変化したところに頼って生を遂げるが、水は減ずることなく変化しないために、始めて生じた天の始化を常とする。木が衰え火が滅し金が蝕することがあるのは、変化したところによって生ずるからである。水は頼るところがないから、窮まることがない。水は升と降は相因り、波と流は相続ぎ、頼るところと生ずるところのものは共に変らない。他者によって盛となるものではなく、また他者に変化しても自らを減ずることはない。水は恒常に在って間断なきものであり、すなわち水は信を体とする。『論語』子罕に、「子、川の上《ほとり》に在りて曰く、逝く者は斯くの如きか。昼夜を舎《お》かず」という。

彖辞に「維れ心亨る。行けば尚ばるる有り」といい、『周易内伝』は「維れ心亨るとは、外の柔（二陰）は以て亨るに足らざるも、中の剛（一陽）は乃ち亨るなり。剛中敦信の心（一陽）を以て険（坎《かん》）に行き、而も変動して居らざる者（二陰）は、皆《とも》に有形の静体に依りて妄ならず。則ち行けば功有る可く、尚ぶに足る。君子の坎《かん》に貴ぶ所の者は、此なり」という。

乃ち其の用の若《ごと》きは、坎《かん》は正北に居り、時は冬至に在り。陽は陰中に動き、室に徳ありて野に刑す。乾《けん》の為に子を長じ、天に代りて生を潤す。物は以て昌を為し、人は以て栄を為す。乾《けん》の徳は生に任じ、用を致すは水に在り。

故に腎は命枢《めいすう》子父の府と為し、黄鐘は律紀十二宮の準と為す。終古にして生を給し、運至して爽《たが》わず、潤して依る可く、用を給して匱《とぼ》しからざるは、水の信を以て用と為せばなり。

前段に水の体をいい、ここに水の用を述べる。腎と黄鐘は五行では水に宛てる。律紀は音律の規準、十二宮は六律六呂の音階。坎《かん》は正北に居り時は冬至に在りとは、あとにいう陽は陰中に動く、すなわち冬至の陰中に陽気が萌すこと。室に徳ありとは、坎《かん》の中（室）に在る一陽の生の徳をいい、野に刑すとは、外の二陰が冬の刑殺を施すことをいう。かくして坎《かん》は乾《けん》のため天に代って、物を生じ水によって生を潤す。子は、長男の震《しん》、中男の坎《かん》、少男の艮《ごん》、そして長女の巽《そん》、中女の離《り》、少女の兌《だ》の六子をいう。

是に由りて之を観れば、体用を合せて皆《とも》に信なり。乃ち其の貌を捷取する者は、焉《こ》れを見易からず。故に坎《かん》は孚《まこと》有り（彖辞にいう）、孚は亦維れ心なり（彖辞による）。坎《かん》の心は、天の心なり。亨るは、此を以てなるのみ。

然りと雖も、心と貌は致を異にし、信は中に在りて未だ外に孚ならず。則ち固より険なり。物の険は、信を以て之を平らかにす。己の険は、信を以て之を守る。則ち其の信を為すや、亦危疑に介して一心に孤《ひと》り保つ。故に「失わず」と曰う（彖伝に、「険を行きて其の信を失わず」という）。失わずとは、豈靳靳乎《きんきんこ》（惜しむさま）として其れ之を失うを恐れざらんや。

彖辞に「習坎《かん》は孚有り。維れ心亨る」という意を、体用の二点から論証する。それは坎《かん》の外貌を捷取（早計）する者には、見ることができない内心である。彖辞にいう坎《かん》の孚の心は天の心であり、この天の心によって坎《かん》は亨るのである。

とはいえ、内心と外貌は異なり、一陽の信は内に在り外の二陰は孚がない。すなわち坎《かん》は、険の象であることはいうまでもない。外物の険に対しては信を以て平らかにし、己の険については信を以て守らなければならない。すなわち坎《かん》が信を以てするのは、外物の危と内心の疑に際会するとき、わが一心によってのみ信を保つことをいう。「失わず」

は、象伝に「水流れて盈たず、険を行きて其の信を失わず」という。失わずというのは、失われることを恐れる心によって、辛うじて失わずにすむに他ならない。

『周易内伝』は象伝について、「而るに水は然らず。流ると雖も、必ず其の付く所に依る。器に在りては器に止まり、壑《たに》に在りては壑に止まり、其の涯量を踰《こ》えて以て虚に憑《よ》りて旁溢《ぼういつ》せず。是れ、陽の陰に依りて以て質と為せばなり。険を行く者（水）は、性は下ると雖も、危石巨磧《せき》（磧は河原）を迂折縈回《えいかい》して以て必ず達す。乃ち高山の伏泉、渇烏《かつう》（水を汲み上げる器）の漏を吸うに至るも、難を避けて姑《しばら》くも止まらず。而して往く者は過ぎ、来る者は続《つ》ぎ、其の有を尽くして、以て物に循いて違《たが》わず。此れ、水の孚有る者なり。善く此を体する者は、以て徳と為す。則ち行くに果（果敢）なるも、天下は其の誠を諒《まこと》とす」という。

また険について、象伝に「天険は、升る可からず。地険は、山川邱陵なり。王公は、険を設けて以て其の国を守る。険の時用、大なる哉」といい、『周易内伝』は「此れ又、険は亦自ずから然るにして廃す可からざるの理を推言す。而して必ず険の時に因り、其の険の用を善くし、険を憑《たの》みて以て物と相難《かた》んずるに非ず。天は升る可からざるを以て険を為して其の高きを全うするも、以て人を絶ちて自ら私《わたくし》するに非ず。地は山川邱陵を以て険を為して其の厚きを成すも、以て人を危うきに阻むに非ず。王公は城郭溝池を以て険を為して其の守を固くするも、以て険を負《たの》みて虐を肆《ほしいまま》にするに非ず。険を用いる者は、其の人に非ざれば可ならず」という。

故に、信は土徳なり。而して水は土と相依りて、暫くも舎《お》かず。土を以て水を制すれば、水は其の制を受くるを楽しみて、以て自ら存す。制すれば信は存し、制せざれば信は失わる。未だ此を審らかにせず、凝滞せずして物と推移せんと欲し（『楚辞』漁父による）、顧みて別に甚だ真なるの信を窈冥《ようめい》の中に求むるは（『老子』第二十一章による）、其の徳に居ること亦険ならずや。

故に君子は徳行に於いては則ち之を常とし、教事に於いては則ち之を習い（大象による）、而して終に其の盈たざるに法《のっと》らず。斯に以て、水の貌に惑い、其の柔にして質无き者を取りて以て上善（『老子』第八章にいう）と為さざるなり。

信は、土の徳である。水は土に依って、一刻も息まず流れ行くものである。『論語』子罕に、「子、川の上《ほとり》に在りて曰く、逝く者は斯くの如きかな。昼夜を舎《お》かず」という。この水を土によって制すれば（堤防を築いて流れを導く）、水はその制を受けることを楽しみ、水の流れを保つことができる。土が制することによって水はその信を保ち、土が制しなければ信は失われる。この理を知らず、ひたすら滞らずに物を推移しようとして、別に窈冥の中に特別の真を求める老子は、自ら徳を立てることまことに険（けわしい、また険悪）なるものではないか。『老子』第二十一章に、「窈たり冥たり、其の中に精有り。其の精は甚だ真なり、其の中に信有り」という。

徳行、教事は、大象に「君子は以て徳行を常とし、教事を習う」という。『周易内伝』は大象について、「水の相沓《とう》して以て至るは、科《あな》を盈たして進み、昼夜を舎《お》かず（『孟子』離婁下に、「原泉混混として、昼夜を舎かず。科を盈たして進み、四海に放《いた》る」という）。君子の学ぶと誨《おし》うるは之を以てし、則ち厭《いと》わず倦《う》まず（『論語』述而に、「学びて厭わず、人に誨えて倦まず」という）。徳行を常にする者は、月に（日の誤りか）其の能くする所を忘るる無し。教事を習う者は、故《ふる》きを温《たず》ねて新しきを知る（『論語』為政）」という。「上善は水の若し」（『老子』第八章）という老子と君子との違いは、盈たすことがない水の外貌に惑うか、その信を失わない誠をわが心とするかに在る。

䷝ 離《り》（離《り》下離《り》上）

聖人は、万物と其の憂患を同《とも》にする者なり。生きては其の利を得、死しては其の神を畏れ、亡びては其の教を用う。故に棺を闔《と》ずるも、情は未だ息《や》まず。夫の任達（放縦）して以て生を怡《よろこ》び、情を恣《ほしいまま》にして恤《うれ》い亡《な》きが若きは、誕曼《たんまん》（荒誕）にして波流し、心を捐《す》て慮を去り、憂いの存せず、明の衰うるなり。易に曰く、「缶《ふ》を鼓《う》ちて歌わざれば、則ち大耋《だいてつ》の嗟《なげき》あらん。凶なり」と（九三の爻辞）。豈、以て憂いを忘るるを奨《すす》めて、患を同《とも》にするを廃せんや。

『周易内伝』は九三の爻辞について、「九三は剛（陽）を以て剛（三の陽位）に居り、而も進爻（内卦の上）為り。前明（内卦の離《り》、離《り》は明である）尽くるに垂《なんな》んとし、命に安んじ自ら逸《たの》しむ能わず。忿忮《ふんし》（怒り）を懐きて継起（外卦の離《り》）と勝を争い、克たざれば則ち嗟《なげ》く。所謂、日暮れて途《みち》窮まり、倒行逆施する（正道に逆って横車を押す）者なり。生死は屈伸なり。楽しみて以て憂いを忘るる（『論語』述而）は、唯此を知るのみ。衛の武公、耋《てつ》にして学を好むは、自ら労するに非ず。一日の生有れば、則ち一日の道を尽くす。吾が生を善くする者は吾が死を善くす、楽しみ其の中に在り（『論語』述而）。大耋の嗟《なげき》は、豈以て道を憂えんや。富貴利達して、名誉妻子を之れ忘るるに忍びざるのみ」という。衛の武公が九十五歳にして「懿戒《いかい》」（『詩経』大雅の抑）を作って厲王を刺《そし》り、亦自ら儆《いまし》めたことは、『国語』楚語上に見える。耋は八十歳、また七十歳という。

繋辞下伝第七章に、「易を作る者は、其れ憂患有るか」という。聖人が万物と其の憂患を同にするのは、「一日の生有れば、則ち一日の道を尽くす」という、道を尽くすことができるか否かを憂えるのである。従って聖人がこの世に在るときは人はその利を受け、この世を去るときは人はその神を畏れ、その没後はその教を用いる。すなわち聖人はたとい棺に収められても、その情は決して息まない。それは聖人が万物と憂患を同《とも》にするからである。また聖人の楽しみは、わが生を怡《よろこ》び情を恣《ほしいまま》にして恤《うれ》い亡《な》き放達の士とは異なる。「発憤しては食を忘れ、楽しみては以て憂いを忘れ、老の将に至らんとするを知らざるのみ」（『論語』述而）、「楽しみは亦其の中に在り。不義にして富み且つ貴きは、我に於いて浮雲の如し」（同）であるからである。九三の爻辞にいう「缶を鼓ちて歌う」楽しみである。それは、決して憂患を忘れることを奨め、また憂患を同《とも》にすることを廃するのではない。

嘗《こころ》みに之を論ぜん。大器を定むる者は以て利を為すに非ず、大功を成す者は以て名を為すに非ず。聖人の生ずるや、其の顓蒙《せんもう》（聰明でない）を為すの耳目を以てし、則ち以て天地の日月と為す。故に物憂えば与に憂え、物患えば与に患う。胥《とも》に天下は明を以てして暗を離れ、而して聖人は（憂患を）釈《と》く。生きては身之を致すは、聖人の力なり。没しては人之を継ぐは、聖人の心なり。力尽くし心周《あまね》くして、憂患は釈く。豈其れ、沾沾然《ちょうちょうぜん》（軽薄なさま）として以て己の功名と為して、之に利頼せんや。是の故に、大器を撫し大功を成すは、特《ひと》り付託するに人を得るに詳し。之を暗（愚者）に付するは其の憂いなり、之を明（賢者）に付するは則ち喜びなり。其の明を以て明を継ぐを幸いとし、人に在るは己に在るに異なる无し。其れ何ぞ焉《こ》れを吝みて、其の嗟《なげき》を労するに足らん。

なぜかといえば、大器を定める者は己の利益を求めるのではなく、また大功を成す者は己の名誉を求めるのではないからである。大器は、天下、国家をいう。大器はまた天地より得た耳目をいい、大功は耳の聴と目の明をいう。象伝に、「離《り》は麗《つ》くなり。日月は天に麗《つ》き、百穀草木は土に麗《つ》く。重明（離《り》は上卦下卦ともに離《り》）以て正に麗《つ》き、乃ち天下を化成す」といい、『周易内伝』は「此れ麗くの義を広言して、以て卦徳を賛するなり。麗くとは、質に依りて文を生ずるの謂なり。日月は天の気に付きて以て運《めぐ》り、百穀草木は地の徳に依りて以て栄《はなさ》く。未だ麗く所無くして、能く其の位を奠め其の美を発する者有らず。離《り》の徳は重明なり、而して唯柔は中して（六二が中に居る）、以て剛の正に麗《つ》く（六五についていう）。故に明は息《や》まず。人君は此の道を以て、尊に拠りて以て孤立せず。而して行は道に依り、治は賢に依る。則ち礼楽文章は、大美を天下に効《いた》し、而して化成す」という。

聖人は人として天地の間に生まれ、時に暗に蔽われる耳目をもつ、それは天地の日月が明から暗、暗から明に変転すると同じである。万物が暗に蔽われればともに憂患し、天下が暗を離れて明となれば、聖人は憂患を釈く。生きては聖人自ら明に麗《つ》くことに力《つと》め、死しては人が己の明を継ぐことを心から願う。生の力を尽くし死後の願いが継承されれば、聖人の憂患は釈けるのであり、決して己の功名となすものではない。従って大器を用いて大功を成すことは、然るべき人に付託することに心を用いる。愚者に付託することを憂え、賢者に付託することを喜ぶ。明を以て明を継ぐとは、下卦離《り》の明を上卦離《り》の明が継ぐ離《り》の卦をいう。明を継ぐことが大事なのであって、聖人はそれが己に在るか人に在るかを問わない。

明を継ぐは、大象に「明両《ふたた》び作《おこ》るは、離《り》なり。大人は以て明を継ぎ、四方を照らす」といい、『周易内伝』は「明とは、日（太陽）を謂う。象を火に取らずして、象を日に取るは、火は相迫れば則ち上に在る者は滅び、若し其の已に熄《き》（消）えて更に然《も》（燃）ゆれば、異火有り。日は則ち、今日已に地に入れば、明旦《また》復出で、其の故（旧来の体）を改めず。両び作ると言うは、卦体を以て言うのみ。実は則ち、相続《つ》ぐこと窮まり無きなり。（中略）四方を照らすとは、事は日に変り、道は日に新たなり。明継《つ》がざれば、則ち自らは以て明を知らざる無く、当るに処らざる無しと為すも、固より明ならず当らざる者有り。人の情を求め、物の理を通ずるは、豈窮まり有らんや」という。離《り》は習坎《かん》と同じく、離《り》を重ねた象である。大人は日月の明を継ぐだけではなく、次々と然るべき人に付託する。そこにはわが明を吝《おし》んで嗟《なげ》くことはありえない。

菁華《せいか》（精華）既に竭《つ》くれば、古人は以て異姓に蹇裳《けんしょう》して（すそを掲げて赴く）傷《いた》まず。遂に閒人と為れば、後世は以て其の子を妬媢《とぼう》（嫉妬）して広からず。然らば則ち、歌うと嗟く（九三の爻辞による）は意を異にし、付託の際は、之を言い難し。而して其の吝心有るより陋なるは莫し。

吝心有る者は、近くしては吝は身に留まり、遠くしては吝は子孫に留まる。天下を握固《あくこ》して、死生の与《とも》に共にするが如し。藉《たと》い賢智有るも、棘《いばら》を編み藩《まがき》を樹《た》て、以て左に掣《ひ》きて右に之を曳く。気は餒《う》え援は孤にして、卒に老婦孤児の手に隕穫《いんかく》し（困窮に陥る）、以て之を夷狄と盗賊（国柄を盗むもの）に授けて恤《うれ》えず。陸機の魏武（曹操）を哀しむ（「魏武帝を弔する文、並びに序す」）は、豈徒《ただ》に稚妻少子の依依たる（恋恋たる）者に在るのみならんや。

才は相均しく、徳は相若《し》き、情は相合し、時は相嬗《つ》ぎて、先後は体を異にするも明を同じくす。此にして焉《こ》れを嗟《なげ》くは、則ち気は暮年に萎えて、情は敝屣《へいし》(破履)に長ず。已《はなは》だ陋ならずや。

内卦の離《り》の明が尽きようとする九三が、「缶を鼓ちて歌う」と「大耋の嗟あり」との差異を述べる。精華たる離《り》の大明が消滅するとき、古人が異姓、別の王朝にやむをえず仕えたのは、前朝の明を継ぐべき新たなる明を信じたからである。しかし閒人、すなわち然るべき明に付託する心を失ってわが身のみを思う閑人となれば、後世はその子に付託することを吝み、その明は四方を照らすことができない。古人は明を継ぐことを信じて歌い、後世は明を吝んで嗟く。付託の際は、まことに言い難きものである。九三が外卦の明に付託して喜ぶか、わが耋を嗟くかの違いは、この吝心があるか否かによる。

日月の明を付託できない吝心をもつ者は、わが身のみか子孫にまで吝は及ぶ。天下を己の手に固く握り、わが死に至るまで離さないかの如くである。たとい賢智ある者も、世を棄て隠棲遁居して、僅かにわが身の貞節を孤守する他ない。掣と曳は、自らを控制することをいう。老婦孤児の手に隕穫し以て之を夷狄と盗賊に授けたとは、南宋末崖山の舟戦において、陸秀夫が帝昺《へい》(孤児)を背負って海中に投じ、楊太后(老婦)がその死を知って海に投じて死に、かくして南宋が元によって滅亡したことをいう。このような事態を招いたことは、文天祥に責任があると論じた文は、『宋論』の終りに「君を愛するも愛する所以に非ず、国を有《たも》つも固より存す可からず。信国(文天祥)の忠は、洵《まこと》に忠なるも過《あやま》てり」という。内卦と外卦はともに離《り》であり明を同じくし、才と徳と情は同じく、また先後の差はあっても同じ明である。この離《り》の世に在って後世に付託せず、徒らにわが暮年を嗟くのは、その心が吝である陋による。

なお、陸機の「魏武を弔う文」に、「其(曹操)の冢嗣《ちょうし》に顧命し、謀を四子に貽《おく》るを観るに、経国の略は既に遠く、隆家の訓は亦弘し。……曩《さき》に天下を以て自ら任じ、今は愛子を以て人に託す。……然り而して、房闥《ぼうたつ》(皇后の部屋)の内に婉孌《えんれん》し(親しみ愛する)、家人の務めに綢繆《ちゅうびゅう》たり(恋々とする)」という。

惟其れ然り、故に九四の来るは、亦物理の恒なるも、突如の勢いを成す（九四の爻辞に、「突如として其れ来如たり」という）。帆低く浪湧き、扃《とざ》すこと固きも盗は窺う。剛以て相乗じ、返りて迫らる。悲と歓は室を異にし、賓と主は交々疑う。前薪は灺《た》（もえかす）尽き、後焔は根无し。我（九三）の吝むを以て、彼（九四）の攘《ぬす》むを成す。天を欺き人を絶ち、容るる所无くして忌まず。三（九三）と四（九四）の際は、誠に古今寒心の至りなり。

九四の爻辞に、「突如として其れ来如たり」といい、『周易内伝』は「前明（九三）甫《はじ》めて謝《さ》り、余照は猶存す。而して位を失う（陽が四の陰位に居る）の剛（九四）、遽《にわ》かに起ちて之に乗ず」という。帆低く浪湧き、扃《とざ》すこと固きも盗は窺うとは、九三が前明の余燄を惜しむときに新たな九四の浪が起り、たとい九三が固く守ろうとしても九四が九三の余燄を盗むことをいう。剛以て相乗じ、返りて迫らるは、九四が九三に乗じても、反って九三に迫られて滅ぼされること。かくして上卦の九四は嗟《なげ》き下卦の九三は歓び、九三の主と九四の賓は互いに疑い争う。前薪は下卦離《り》に在る九三をいい、後焔は上卦離《り》に在る九四をいう。かくして九三が吝むことによって、九四が攘むことを成すに至る。九三が九四に明を付託しなかったためである。容るる所无しは、九四の小象に「突如として其れ来如たりとは、容るる所无きなり」といい、『周易内伝』は「前明の余燄（九三）、猶以て始めて然《も》ゆるの浮火（九四）を灼《や》きて之を滅ぼすに足る」という。このように九三と九四の際は、誠に畏るべきものである。

嗚呼、失わざるの天歩无く、毀《こぼ》たれざるの宗祧《そうちょう》（宗廟）无し。而れども晦昧なる可きの人心无く、陰幽なる可きの日月无し。夏商（夏と殷）の聖人（周の文王）に授くるは、周の強国（秦に授ける）より賢なり。周の強国に授くるは、漢の姦臣（王莽に授ける）より賢なり。漢の姦臣に授くるは、唐の盗賊（五代に授ける）より賢なり。唐の盗賊に授くるは、宋の夷狄（元に授ける）より賢なり。我を継ぐ者の重明を必する能わざれば、則ち禍を択ぶは軽きに如《し》くは莫し。亦早く余地を留め、以て儔伍《ちゅうご》を揖延《ゆうえん》して（招き進める）之を進むる毋《な》からんや。暗昧の情を操《と》り、継ぐ可き者に於いて之に予《あた》うるを吝めば、則ち継ぐ可からざる者進む。子曰く、「大道の公、三代の英は、丘（孔子）未だ之に逮ばず」と（『礼記』礼運）。周の継ぐ所を失うを憂うるなり。惟聖人のみ、為に能く其の憂うる所を憂え、其の楽しむ所を楽しむ。則ち聖人は、終に憂いを以て天下の患を治む。豈苟くも以て楽しむ可くして且《しばら》く自ら楽しむと曰わんや。

王朝の命運は必ず失われ、かくして宗廟は必ず毀たれるに至る。しかしそのとき人心は晦昧であるはずはなく、日月は陰幽であるはずはない。重明は、彖伝に「重明以て正に麗《つ》けば、乃ち天下を化成す」という。内卦外卦ともに明である離《り》をいう。天下万物には必ず盛衰がある。離《り》の重明を期することができなければ、禍は軽きを択ぶ他ない。そのためには、九三はいち早く儔伍たる九四を進める余地をもたなければならない。かくして九三と九四は争わず、禍を避けることができる。亦毋《な》からんやは、やはり……ではないかとの意。

孔子が大道の公、三代の英に逮ばずといったのは、わが賢を恃まず、大道が失われるのを憂えて、三代の英に返るべきことを願ったからである。聖人が憂世の思いを以て天下の患難を治める深意は、かの老荘の徒が一時の楽しみに心を委ねるのとは異なる。

はじめに王朝の交替を述べ、夏商が周の文王に授け、周が秦に授け、漢が王莽に授け、唐が五代に授け、宋が元に授け、時代が下るに従って遂に国柄を盗賊夷狄に授けるに至ったというのは、船山自ら明清鼎華の際に当り、夷狄の清によって明室が崩壊したことを目撃した悲憤をいう。

以上乾坤《けんこん》から坎離《かんり》に至る三十卦を上経とし、以下咸恒《かんこう》から既済未済《きせいびせい》に至る三十四卦を下経とするのが通説である。船山は上下の経の目は孔子が立てたものではなく、また六十四卦は乾坤《けんこん》並建による一天下であるから、咸恒《かんこう》を以て乾坤《けんこん》に対峙すべきではないとして、上経と下経に分けることを斥ける。詳しくは『周易内伝発例』の二十に述べる。

周易外伝　巻三

䷞　咸《かん》（艮《ごん》下兌《だ》上）

卦の以て用うるに利しきは、則ち皆《みな》人の事に親しきなり。而るに唯咸《かん》のみ、則ち近く諸《こ》れを身に取るは何ぞや。義は始めに親しむより重きは莫く、道は成るを観るより備わるるは莫し。始めを以て親しむを為す、故に寂光鏡《じゃっこう》影の、量は乍《たちま》ち現れ性は体无き者は、以て本と為すに足らず。成るを以て観るを為す、故に溷淖《かどう》（汚濁）纖靡《せんび》（微細）の、視れば則ち希《き》にして、聴けば則ち夷《い》なる者（『老子』第十四章にいう）は、用うるを得可からず。此れ聖人の、天の道に本づき、物の理を観、人の事を起して、以て用うるに利しく、異端の乱すを得る所に非ざること、久し。

咸《かん》が近く身に取るは、初六の爻辞に「其の拇《ぼ》（おやゆび）に咸（感）ず」といい、六二の爻辞に「其の腓《ひ》（こむら）に咸ず」といい、九三の爻辞に「其の股《こ》（もも）に咸ず」といい、九五の爻辞に「其の脢《ばい》（せじし、背中の肉）に咸ず」といい、上六の爻辞に「其の輔《ほ》（上あご）頬《きょう》（ほほ）舌《ぜつ》に咸ず」という。なお九四の爻辞に「憧憧《しょうしょう》として（心の定まらないさま）往来すれば、朋は爾《なんじ》の思いに従わん」というのは、心についていう。卦が例として用いるものは、人にとって身近なものであるが、なぜ咸《かん》だけが身体に例をとるのか。船山がまずこの問いを発するのは、咸《かん》が天地陰陽の感によって万物が化生する点で最も始めに在り、また身体が父母より生じて成った点で大成、完結した現実体であるからである。また咸《かん》の下卦艮《ごん》☶は陽が初に在る震《しん》☳の長男、二に在る坎《かん》☵の中男を承けて、終りに三に在る少男を成し、また上卦兌《だ》☱は陰が初に在る巽《そん》☴の長女、二に在る離《り》☲の中女を承けて、終りに三に在る少女を成すからである。

『周易内伝』は初六の爻辞について、「陰陽交々感ずるは、三（九三）と上（上六）とのみ。而るに六位に皆感を言うは、天地万物の情、外に感ずれば則ち必ず内に動けばなり。故に感ぜざれば則ち已《や》むも、一たび感ずれば則ち能く静かなる者有る無し。故に君子は其の感ずる所を利害情偽の交わるに慎み、一たび触るれば自ら持する能わざるを恐る。爻の象を人身に取るは、陰陽感じて物生ず。陽は艮《ごん》（☶、咸《かん》の下卦）を成して、乾《けん》道は男（艮《ごん》は少男）を成す。陰は兌《だ》（☱、咸《かん》の上卦）を成して、坤《こん》道は女（兌《だ》は少女）を成す。形の已に成るや、形開き神発して、情は焉《こ》れに生ず。感の生ずる所は、一《いつ》に形を成して以後に因る。物の生ずるや、類《おおむ》ね然り。独り象を人身に取るは、易の占有る、人の為に告げて人をして諸《こ》れを身に反求し、以て感ずる所を験せ使む。内卦（艮《ごん》）の感ずる者は、股なり（九三）。外卦（兌《だ》）の感ずる者は、口なり（上六）。股は屈伸の幾なり、口は情偽の生ずる所なり。拇（初六）と腓（六二）は、皆《とも》に股に随いて動く者なり。初（初六）は三（九三）を去ること遠しと雖も、倶に陽爻為《た》り（初と三は陽位）、股（九三）動けば拇（初六）必ず感ずるの象なり、下（初）に居りて柔（陰）は自主する能わず」という。

象伝に、「天地、感じて万物化生し、聖人、人心を感じて天下和平す。其の感ずる所を観て、天地万物の情、見る可し」という。始めに親しむことと、成るを観ることとを併せ述べている。ところが無始無明《むみょう》の本源を始と崇め、寂光鏡影のように偶然に現れた量で性に体無きものを守る仏者は、始めに親しむという本を知らぬものである。量は仏語の三量（現量、比量、聖教《しょうぎょう》量）の意、従って性も仏語の性《しょう》をいう。後段ではそれをいい変えて、「其の現れて以て量と為り、体として以て性《せい》と為る者は、則ち唯陰陽の感のみ」という。見ることができず聞くことができない微妙なものを立てて、「之を視れども見えず、名づけて夷《い》と曰う。之を聴けども聞えず、名づけて希《き》と曰う」（『老子』第十四章。船山は、夷と希を逆にしている）という老子は、成るを観るという道の備わることを知らぬものである。聖人が咸《かん》の象伝に述べた、天の道に本づき物の理を観て、人の事に用うるに利しきものとは、本質的に異なる所以である。

『周易内伝』は象伝について、「夫れ物の感を受けて之に応じ、与に物を感じて通ぜんと欲する者は、必ず其の中に由り、必ず其の則《のり》に順い、必ず動くに漸を以てす。而るに咸《かん》の無心なるや、一たび動けば即ち応ず。此れ浅人の情偽相感ずるの情なり、君子の取らざる所なり。然れども天地は偶然の施生有り、聖人は泛《ひろ》く応ずるの功化有り。道大にして憂い無ければ、則ち幾は甫《はじ》めて動きて時位を択ぶ無し。故に陰陽一たび相接して万物怒生し（勢よく生ずる）、待つ所無し。聖人は物に触れて応じ、仁義沛然《はいぜん》（盛大のさま）として、江河を決するが若し。深く之を求むる者は固より之に感ずるに深きを以てし、浅く之を求むる者は即ち感ずるに浅きを以てす。其の欲する所に従いて、終に矩《のり》を踰《こ》えず（『論語』為政による）。天下は乃ち以て聖人の従い難きを疑わずして、和平は旋《たちま》ち効《いた》す。則ち天地と聖人の無心以て感ずるに在りて、自ずから正し。咸《かん》の道為る、固より神化の極致なり」という。

天、地、人は、三始なる者なり。天有りて地无きこと无く、天地有りて人无きこと无く、道有りて天地无きこと无し。道は陰陽を以て体と為し、陰陽は道を以て体と為す。交々与に体を為し、終に虚しく懸け孤《ひと》り致すの道有る无し。故に「无極にして太極」と曰う（周濂渓「太極図説」）は、則ち亦太極にして无極なり。

天と地と人が三始であるとは、乾《けん》の象伝に「大なる哉、乾《けん》元。万物資《と》りて始む」といい、繋辞下伝第十章に「易の書為る、広大悉く備わる。天道有り、人道有り、地道有り」という。従って天だけが有って地がないということはなく、天地だけが有って人がないということはなく、道だけが有って天地がないということはない。道は陰陽を体とし、陰陽は道を体とする。道と陰陽は互いに体をなし、決して道だけが虚しく立ち道だけが主宰することはない。繋辞上伝第五章に、「一陰一陽、之れ道と謂う」という。聖人の道が、仏釈、老荘と異なる所以である。无極にして太極という体は、また太極にして无極という用とともに在るからである。船山は、无極とは極まらざる所无き運動であるという（序卦伝の終りに論ずる）。

人の自りて始まる所の者は、其の混沌にして開闢《かいへき》するなり。而して其の現れて以て量と為り、体として以て性と為る者は、則ち唯陰陽の感のみ。故に父に溯《さかのぼ》りて天下の陽は此《ここ》に尽き、母に溯りて天下の陰は此に尽く。父母の陰陽は定質有り、而して性情は倶に感じて以て生ずるに已《や》む容《べ》からず。則ち天下の大始は、此に尽く。身由《よ》り以上、父祖高曽（高祖は曾祖の父、曽祖は祖父の父）、以て綿邈《めんばく》（悠遠）として知る可からざるの祖に及ぶまで、皆之に感じて以て始めと為す。身由り以下、子孫曽玄（曽孫は孫の子、玄孫は曽孫の子）、以て綿邈として知る可からざるの裔《えい》（末裔）に及ぶまで、皆之に感じて以て始めと為す。故に感は、終始の无窮にして、要《かなら》ず其の最も始めに居る者なり。

人は混沌の中から開闢する（開く、生ずる）ものであるが、具体的な分量をもち、その体が用を具えるのは、陰陽父母の交感による。説卦伝第十一章に、「乾《けん》は天なり、故に父と称す。坤《こん》は地なり、故に母と称す」という。父母の陰陽に定質があることによって、その性情がともに感じかくして父母から子が生ずる。大始は繫辞上伝第一章に、「乾《けん》は大始を知る」という。此に尽くとは、この乾坤《けんこん》父母の交感以外に天下の大始がないことをいう。

わが身がそうであるばかりでなく、父祖曽祖に遡り、子孫曽玄に至るまで、すべて感ずることを始めとする。従って始めがあって終り、また終ることから始まる無限循環の中で、感は必ず最も始源に在る。終始は、乾《けん》の彖伝に「大明は終始す」といい、繫辞下伝第九章に「易の書為る、始めを原《たず》ね終りを要《もと》めて、以て質と為す」という。

男有りて女无きこと無く、女有りて男无きこと無く、男女有りて形気无きこと无し。形気充ちて情は具わり、情具わりて感は生ず。諸《こ》れを懐来（徳によって招来する）に取り、陰陽は固より有りて、情定まり性は凝る。則ち篤実にして其の光輝を生ぜざる莫し（大畜《たいちく》の彖伝にいう）。故に今日卓然として固有せる身の、現前に立ちて形色爽《たが》わざる者は、即ち咸《かん》の咸《かん》為る所以なり。豈、別に之を種子《しゅうじ》を含蔵する先に求むるを待ちて、以て立命の区と為さんや。

男だけが有って女がないということはなく、逆に女だけが有って男がないということもない。また男女があれば、必ず形気の実が具わる。形気の実が充ちて情は具わり、情が具われば感が生ずる。情の感は懐来することに示され、そこには固より陰陽があり、陰は情となり陽は性となる。かくして篤実にして光輝ある剛健の徳が生ずる。大畜《たいちく》（乾《けん》下艮《ごん》上）の象伝に、「大畜《たいちく》は、剛健篤実にして輝光あり。日に其の徳を新たにす」という。いまここに在るわが身体形気は、そのまま陰陽交感の大成なのである。仏者のように種子（万有を生ずる種、功能）を含蔵する先に、現存を超えるものを想定する必要はない。

彖伝に「咸《かん》は、感なり」といい、『周易内伝』は「咸とは、皆《とも》にするなり。物の相与に皆《とも》にするは、必ず其の相感ずる者なり。咸《とも》にして心有れば、則ち感を為す。咸とは、無心の感なり。外に動きて即ち感ずるなり、心有りて熟審するに出でて已《や》む容《べ》からざるの情に非ず。故に咸《かん》と曰う」という。

若し其れ身の既に有れば、則ち人の天地に於けるは、又其の大成せる者なり。乾《けん》は一索して震《しん》なり、再索して坎《かん》なり、三索して艮《ごん》なり（説卦伝第十一章による）、則ち乾《けん》道成る。坤《こん》は一索して巽《そん》なり、再索して離《り》なり、三索して兌《だ》なり（同上）、則ち坤《こん》道成る。故に、「乾《けん》道は男を成し、坤《こん》道は女を成す」と曰う（繋辞上伝第一章）。然らば則ち、坎離《かんり》にして上るは、亦陰陽の方《まさ》に経し方に綸して、未だ成に即《つ》かざる者なるか。

乾《けん》の一陽が初と二と三に往く象は、震《しん》☳と坎《かん》☵と艮《ごん》☶であり、坤《こん》の一陰が初と二と三に往く象は、巽《そん》☴と離《り》☲と兌《だ》☱である。三索して得た艮《ごん》と兌《だ》は、ともに乾《けん》と坤《こん》の成であり、咸《かん》は艮《ごん》下兌《だ》上である。人が天地陰陽の感によって生ずるのは、天地乾坤の大成なのである。咸《かん》の象伝に「天地、感じて万物化成す」という所以であり、また繋辞上伝第一章に「乾《けん》道は男を成し、坤《こん》道は女を成す」という。とすれば、一陽が二に在る坎《かん》☵と一陰が二に在る離《り》☲が更に三に上ろうとするのは、経綸しつつあるものということになる。これは次にいう、巽《そん》下震《しん》上の恒《こう》と離《り》下坎《かん》上の既済《きせい》が、それぞれ乾坤《けんこん》の一索と二索によるものであり、艮《ごん》下兌《だ》上の咸《かん》が三索の成に至っているのとは異なることをいう。なお、経綸は、屯《ちゅん》の大象に「雲雷は屯《ちゅん》なり、君子は以て経綸す」という。屯《ちゅん》は、震《しん》（雷）下坎《かん》（雲）上の象であり、乾坤《けんこん》の次に置かれる。

故に坤《こん》立ちて乾《けん》は斯に交わり、乾《けん》立ちて坤《こん》は斯に交わる。一たび交わりて命を成し、基は乃ち立つ（恒《こう》をいう）。再び交わりて性を為し、蔵は乃ち固し（既済《きせい》をいう）。三たび交わりて形を成し、道は乃ち顕らかなり（咸《かん》をいう）。性と命と形と、三始は同原にして、漸く実に即く。故に乾坤《けんこん》の道の、艮兌《ごんだ》に抵《いた》りて而る後に之が性と命を為すは、人の身有るに凝聚すること堅固にして、保和すること充実せるなり。

坤《こん》中に乾《けん》の一陽が初と二と三に交わって震《しん》☳と坎《かん》☵と艮《ごん》☶となり、乾《けん》中に坤《こん》の一陰が初と二と三に交わって巽《そん》☴と離《り》☲と兌《だ》☱となる。坤《こん》が一索した巽《そん》☴と、乾《けん》が一索した震《しん》☳より成るのが恒《こう》䷟である。また既済《きせい》䷾は、坤《こん》が二索した離《り》☲と、乾《けん》が二索した坎《かん》☵より成る。凝集すること堅固なりとは艮《ごん》をいい、保和すること充実すとは兌《だ》をいう。艮《ごん》下兌《だ》上は、咸《かん》である。乾坤《けんこん》の大成である身体についていう。命は坤《こん》が一索した巽《そん》と乾《けん》が一索した震《しん》より成る恒《こう》についていい、性はその二索した離《り》と坎《かん》より成る既済《きせい》についていい、形は乾《けん》が三索した艮《ごん》と坤《こん》が三索した兌《だ》より成る咸《かん》についていう。漸く実に即くとは、一索した命と二索した性を経て、三索した形が始めてここに形色を具えた咸《かん》が成ることをいう。『中庸』第一章に、「天の命ずる之れ性と謂い、性に率《したが》う之れ道と謂う」という。乾坤《けんこん》が一たび交わった恒《こう》の命は基が立ち、二たび交わった既済《きせい》の性は内に蔵すること固く、かくして三たび交わった咸《かん》の形は性と命を具えて道は顕らかとなる。

象辞に「咸《かん》は、亨りて貞しきに利し」といい、『周易内伝』は「咸《かん》と恒《こう》の二卦は、皆《とも》に否《ひ》（䷋）と泰《たい》（䷊）の変自《よ》り言う。此れ陰陽の動の幾なり。（中略）咸《かん》（䷞）は、坤《こん》（否《ひ》の下卦）の三（六三）の六（陰）を以て、上（咸《かん》の上六）に往きて悦（上卦の兌《だ》）を成す。乾《けん》（否《ひ》の上卦）の上（上九）の九（陽）を以て、三（咸《かん》の九三）に来りて苟くも安んじて以て止まる（下卦の艮《ごん》）。三と上は、浮動の幾なり。陰陽相感じて、遂に相易《かわ》りて以て往来す。「物在りて知は知り、物と倶に化す」（『礼記』楽記による）と謂う所の者なるのみ。四と初とは、退きて自ら立つの位なり。恒《こう》（☳☴）は潜《ひそ》かに下に移り（一陰が泰《たい》の下卦乾《けん》の初に移り、一陽が上卦坤《こん》の四に移る）、以て相入りて（下卦巽《そん》は入る意）相動かす（上卦震《しん》は動の意）。進めば則ち以て為す可く（震《しん》）、退けば抑《また》以て守る可し（巽《そん》）。是を以て久しくして固守するの道（恒）と為すも、遷る所の其の位を失い（陰が初の陽位に居り、陽が四の陰位に居る）、則ち相持するも終に以て功を為すに足らざるを知らず。此の二卦は、陽は皆《とも》に内に閟《かく》れ、陰は皆に外に著らかなり。陰は其の功を見《しめ》すを得るも、陽は反りて内に蔵《かく》る。以て否《ひ》を消し（咸《かん》についていう）泰《たい》を保つ（恒《こう》についていう）を求むは、難きかな」という。この難きに在る咸《かん》が「亨りて貞しきに利し」となることについては、後に示す。なお外伝は乾坤《けんこん》の通の二象と、陽が陰中に動くと陰が陽中に動く変の二象によって述べるのに対し、周易内伝は卦変によって説き、その意は異なる。

且つ夫れ泰《たい》は天地の交なり（泰《たい》の大象に、「天地交わるは泰《たい》なり」という）、然れども性情は交わるも功効は未だ起らず。泰《たい》由り恒《こう》、恒《こう》由り既済《きせい》、既済《きせい》由り咸《かん》なるは、皆一を致すの感有るも、必ず咸《かん》に抵《いた》りて而る後に其の極に臻《いた》る。其の極に臻りて、外は性情を護り、欣暢し（上卦の兌《だ》）凝定して（下卦の艮《ごん》）、以て其の陰陽の郛廓《ふかく》（外郭）を固くする者は、道乃ち盛んにして加う可からず。陽は外に護らざれば（艮《ごん》）、則ち陰は波流して止まる所を知らず。陰は外に護らざれば（兌《だ》）、則ち陽は燄起《えんき》して其の和を烊《とか》（融）さず。我れ身有りて自り、而る後に情を護りて質に帰し、性を護りて虚に帰し、人道は乃ち正し。藉《も》し其れ然らざれば、亦両間（天地）に流盪《りゅうとう》往来して、其の知と能を効《いた》す所无し。

泰《たい》☷☰は乾《けん》下坤《こん》上、恒《こう》☳☴はその乾坤《けんこん》がそれぞれ一索した震《しん》☳と巽《そん》☴より成り、既済《きせい》☵☲は乾坤《けんこん》がそれぞれ二索した坎《かん》☵と離《り》☲より成り、咸《かん》☱☶は乾坤《けんこん》がそれぞれ三索した艮《ごん》☶と兌《だ》☱より成る。乾《けん》下坤《こん》上の泰《たい》は、陽の性と陰の情は交わっているが、陽の功と陰の効はまだ十分に尽くされていない。泰《たい》から恒《こう》、恒《こう》から既済《きせい》、既済《きせい》から咸《かん》となるのは、それぞれ初と二と三に一索を致す陰陽の感を以てするが、三索による咸《かん》こそ天地陰陽の交わりの極に至り功効を尽くすものである。咸《かん》の上卦兌《だ》☱は欣暢し、下卦艮《ごん》☶は凝定することによって、兌《だ》の上六の陰は二陽の性を護り、艮《ごん》の九三の陽は二陰の情を護って、それぞれ陰陽の外郭を固くしているのは、一陰一陽の道の盛んなるものというべきである。もし艮《ごん》の一陽が外に在って二陰を護らなければ、陰はその情のまま遷って艮《ごん》の止を受けることができない。また兌《だ》の一陰が外に在って二陽を護らなければ、陽は炎上する性のまま上行して兌《だ》の陰陽融和を受けることができない。人はこの三索の艮兌《ごんだ》によって形色ある身体を具え、かくして艮《ごん》の陽は陰の情を護って質たる能となし、兌《だ》の陰は陽の性を護って虚たる知となし、ここに人道の正が立つ。この咸《かん》の艮《ごん》と兌《だ》がそれぞれ外に外郭を固くしなければ、陰陽は天地に流動往来して、陽の知と陰の能を人の身体に致すことができない。知と能は、繋辞上伝第一章に「乾《けん》は易《い》を以て知り、坤《こん》は簡を以て能くす」という。

『周易内伝』は彖辞について、さきの文を承けて次のようにいう。「二卦（咸《かん》と恒《こう》）に即《つ》きて之を較ぶるに、咸《かん》（䷞）は愈《まさ》れると為すは、九（陽）の三に居り（九三）、六（陰）の上に居る（上六）は、感じて猶自ら失わざる者なればなり。恒《こう》（䷟）は初（初六）と四（九四）とは、則ち尤も安きを偸みて其の正を失えり（初六は陰が初の陽位に居り、九四は陽が四の陰位に居る）。是を以て咸《かん》は固より亨り、物に於いては其の利しきを傷《やぶ》らず、己に於いては其の貞を喪わず。恒《こう》は則ち亨れば乃ち咎无く、貞しきに利しくして而る後に往く攸有るに利し（恒《こう》の彖辞による）。咸《かん》の亨るは、已に否《ひ》を成せば、則ち動きて（否《ひ》の下卦坤《こん》の六三が上六に往って兌《だ》となり、上卦乾《けん》の上九が九三に来て艮《ごん》となる）、以て感ぜざるを得ず。感ずること浅しと雖も、志は亦此れ自り通ず。夫の感の得失の若きは、其の後に視る。而れども、已に否塞の故（旧）に非ず。貞しきに利しきは、陽下りて陰の逼《せま》るを止《とど》め（下卦の艮《ごん》）、陰上りて陽を悦びて以て流れざる（上卦の兌《だ》）は、固より義に合す。而して二（六二）と五（九五）の中は其の位を得（陰が二の陰位に居り、陽が五の陽位に居る）、固より其の貞を保つ。故に恒《こう》に視《くら》べて愈《まさ》れりと為す」。

是の故に、我を以て子と為して乃ち父有り、我を以て臣と為して乃ち君有り。我を以て己と為して乃ち人有り、我を以て人と為して乃ち物有り。則ち亦、我を以て人と為して乃ち天地有り。器と道は、相須《ま》ちて大成す。未だ生ぜざる以前、既に死せる以後は、則ち其の未だ成らずして（未生以前についていう）、已に成らざる（既死以後についていう）者なり。故に形色と道とは、互いに体を相為して、未だ離るる有らず。是れ何ぞや。其の成れるを以てなり。故に其の已に成れるに因りて其の大いに備わるを観、断然として近く取り、見て吾が身と為す。豈、妄有らんや。

父子君臣、人物天地は、それぞれ我を立てることによってそれぞれの関係が立つ。器と道、形色と道が相俟つことも同じである。すなわち我が身に大成と大備を観るから、咸《かん》は近く身体をたとえに引くのである。孟子が「万物皆我に備われり」（尽心上）といい、「形色は天性なり」（同）と述べた所以である。未だ生ぜざる以前を未だ成らざるものとし、既に死せる以後を已に成らざるものと見なすのは、いまここに成って現存する吾が身を立て人道となすからである。妄というのは、未生以前の寂光を願う釈氏と、既死以後を患える老子についていう。

然らば則ち、艮《ごん》（䷳）の亦身に取るは何ぞや。艮《ごん》は、乾《けん》道の男を成すなり（繫辞上伝第一章に、「乾《けん》道は男を成す」という）。陰は成す无くして終り有り、故に兌《だ》（☱）は以て身を象るに足らず。陽は陰を涵《ふく》みて始めを知る（繫辞上伝第一章に、「乾《けん》は大始を知る」という）、故に艮《ごん》（☶）は以て身を象るに足る。禽狄は母を知りて父を知らず、細人は小を養いて大を養わず。惟能く人道を尽くして以て極を立つる者は、陽を尊びて陰を賤しむ。然りと雖も、艮《ごん》は陰无き者に非ざるも、兌《だ》の之を尚ぶが如くならず。咸《かん》は始むる所を兼ね、艮《ごん》は成す所を専らにす。聖人は実に天性を形色の中に見、之を擬《はか》りて而る後に言う。豈、虚しく之を加えんや。

艮《ごん》䷳は初六の爻辞に趾《し》（あし）といい、六二に腓《ひ》（こむら）といい、九三に限《げん》（腰）といい、六四に身といい、六五に輔《ほ》（上あご）といい、咸《かん》と同じく身体をたとえに引く。咸《かん》は艮《ごん》下兌《だ》上である。なぜその艮《ごん》だけが咸《かん》と同じく身体をたとえに引き、兌《だ》がそうではないのかと問う。それは以上に論じたように、身体の成が始めを知る乾《けん》道（乾《けん》は知であり、また始である）の成すところである点で艮《ごん》がそれに当り、兌《だ》は成すことが無いからである。説卦伝第六章に、「万物の終りを成す所にして、始めを成す所なり。故に艮《ごん》に成言すと曰う」という。小を養うと大を養うは、『孟子』告子上にいう小体（耳目）と大体（心）であり、また小は陰、大は陽をいう。人道を尽くす者は、陽を尊び陰を賤しめる。その陰を艮《ごん》☶は含むが、兌《だ》☱が陰を尚ぶのとは異なる。艮《ごん》は一陽が二陰を止《とど》めているが、兌《だ》は二陽が一陰を悦ぶものである。咸《かん》䷞が始める所を兼ねるとは、乾《けん》と坤《こん》の三索した艮《ごん》と兌《だ》を併せもつからであり、艮《ごん》䷳が成す所を専らにするとは、上卦と下卦は乾《けん》道が男を成すという艮《ごん》のみで兌《だ》を含まないからである。天性を形色の中に見るとは、『孟子』尽心上に「形色は天性なり」という。咸《かん》が艮《ごん》下兌《だ》上であることは乾坤《けんこん》の成を示し、身体によって天性を明らかにしたことをいう。豈、虚しく之を加えんやとは、咸《かん》と艮《ごん》の爻辞に身体について周公が述べたことをいう。

䷟ 恒《こう》（巽《そん》下震《しん》上）

以て居れば則ち「亨り」、以て行けば則ち「往く攸有るに利し」（恒《こう》の彖辞）。而れども恒《こう》の時に値《あ》いて、凶ならざる无き（初六と六五と上六の爻辞に、「凶なり」という）は何ぞや。恒《こう》は、咎の徒なり。恒《こう》の以て咎を致すに非ず、其の時は咎あるなり。故に亨りて咎无かる可きも、亦斬斬乎《きんきんこ》として（かりそめに）其れ僅かに咎を免るるのみ。

恒《こう》の彖辞に、「恒《こう》は、亨りて、咎无し。貞しきに利し。往く攸有るに利し」という。また、初六の爻辞に「貞しければども凶なり、利しき攸无し」といい、六五の爻辞に「婦人は吉なるも、夫子は凶なり」といい、上六の爻辞に「恒《こう》を振《おさ》む、凶なり」という。恒《こう》は彖伝に「天地の道は、恒久にして已まず」というように、凶であるはずがないのに、なぜ爻辞に凶というのか。恒《こう》の時が然らしめるからである。

恒《こう》の象辞について、『周易内伝』は「咸《かん》は、動き易きの情なり、焉《こ》れに感ずれば即ち動く。恒《こう》は、動き難きの志なり、相持して相就《な》さず。（中略）咸《かん》（䷞）の否《ひ》（䷋）を消さんと欲するや、迫れり。上に浮動し（上六）、中に籌度《ちゅうたく》する（心に計る）を待たずして即ち感ず。恒《こう》（䷟）の泰《たい》（䷊）を保たんと欲するや、堅し。一陰（初六）已に下に起り（下卦は巽《そん》）、一陽（九四）已に四に動き（上卦は震《しん》）、而して二（九二）と五（六五）は猶《なお》中に堅処して以て之を抑う。初（初六）の陰、四（九四）の陽は、各々陰降り陽升るの常理を以て、根を植《た》つること深固にして内（下）に処る。相応ずと雖も、相応ずるの情無し。其の応ずるは、皆《とも》に位の固然なる所を以て相応じ、焉《こ》れに情有りて以て相接するには非ず。（中略）咸《かん》は感じ易きを以て貞しきに難く、恒《こう》は遷り難きを以て利しきに難し。否《ひ》を消すの道は感ずる（咸《かん》）に在らず、泰《たい》を保つの道は久しき（恒《こう》）を須《ま》たず、と謂うに非ず。之を用うる所以の者の何如《いか》なるかを視るのみ」という。

陰陽の相与にするや、各々其の類に従いて以て匹合を為す。其の道は、皆《とも》に泰《たい》と否《ひ》より出ず。雷（震《しん》）と風（巽《そん》）は相際して、或いは恒《こう》（巽《そん》下震《しん》上）なり、或いは益《えき》（震《しん》下巽《そん》上）なり。水（坎《かん》）と火（離《り》）は相合して、或いは済（既済《きせい》、離《り》下坎《かん》上）なり、或いは未（未済《びせい》、坎《かん》下離《り》上）なり。山（艮《ごん》）と沢（兌《だ》）は相偶して、或いは咸《かん》（艮《ごん》下兌《だ》上）なり、或いは損《そん》（兌《だ》下艮《ごん》上）なり。

泰《たい》は通じ否《ひ》は塞がり、咸《かん》は感じ損《そん》は傷《やぶ》り、既済《きせい》は往き未済《びせい》は来り、恒《こう》は息《や》み益《えき》は生ず。沢を以て山に注げば（咸《かん》）、則ち潤いて滋を生じ、山を以て沢に臨めば（損《そん》）、則ち涸れて物は蔽わる。水を以て火を承くれば（未済《びせい》）、則ち蘊《つ》みて和を養い、火を以て水を煬《や》けば（既済《きせい》）、則ち沸きて竭《つ》くるに就く。雷を以て風を起せば（益《えき》）、則ち興りて遠きに及び、風を以て雷に従えば（恒《こう》）、則ち止まりて窮まるに嚮《むか》う。

泰《たい》䷊と否《ひ》䷋は内卦と外卦が上下し、以下恒《こう》䷟と益《えき》䷩、既済《きせい》䷾と未済《びせい》䷿、咸《かん》䷞と損《そん》䷨も、同じく内卦と外卦が上下する。恒《こう》は巽《そん》（風）下震《しん》（雷）上、益《えき》は震《しん》下巽《そん》上であり、既済《きせい》は離《り》（火）下坎《かん》（水）上、未済《びせい》は坎《かん》下離《り》上であり、咸《かん》は艮《ごん》（山）下兌《だ》（沢）上、損《そん》は兌《だ》下艮《ごん》上である。すなわち、恒《こう》と益《えき》は長男の震《しん》と長女の巽《そん》が匹合をなし、既済《きせい》と未済《びせい》は中男の坎《かん》と中女の離《り》が匹合をなし、咸《かん》と損《そん》は少男の艮《ごん》と少女の兌《だ》が匹合をなす。また陰陽が隠現することからいえば、泰否《たいひ》以下咸損《かんそん》に至るまでそれぞれ錯卦をなす。

この八卦は錯卦であるから、その徳は相反する。泰《たい》が通ずるに対して否《ひ》は塞がり、咸《かん》が感ずるに対して損《そん》は損傷を受け、既済《きせい》は往って事を成すに対して未済《びせい》は新たに事を起し、恒《こう》は止まり益《えき》は生ずる。すなわち艮《ごん》下兌《だ》上の咸《かん》は沢（兌《だ》）が山（艮《ごん》）に注いで滋潤するが、兌《だ》下艮《ごん》上の損《そん》は山（艮《ごん》）が沢（兌《だ》）に臨んで水は涸れて損傷を受ける。坎《かん》下離《り》上の未済《びせい》は水（坎《かん》）が火（離《り》）を上に受けて和を養うが、離《り》下坎《かん》上の既済《きせい》は下の火（離《り》）が上の水（坎《かん》）を沸騰させて竭きさせる。震《しん》下巽《そん》上の益《えき》は雷（震《しん》）によって風（巽《そん》）を起して遠くに及ぼすが、巽《そん》下震《しん》上の恒《こう》は風（巽《そん》）が上の雷（震《しん》）に従って風は止まり窮まるに至る。

恒《こう》は、既に然るの卦なり。陽は老い陰は壮んにして、日を為すこと夙《はや》し。昔の日月は追う可からず。而して陽は地を離れて以て且に碧虚に散ぜんとし、陰は其の居に反りて以て旋《たちま》ち穴壑《けつがく》に帰す。苟くも天地貞常の道を体し、聖人息《や》まざるの誠を敦くするに非ざれば、未だ其の久しくして衰えざる者を見ず。故に恒《こう》は凶吝の府（集まるところ）にして、位に当る者は尤も甚しと為す。三（九三）と上（上六）の、大いに其の咎に逢う所以なり。

恒《こう》は既に然るの卦というのは、恒《こう》が泰《たい》の一陰一陽を変じて恒久の道を保守することをいう。『周易内伝』は象辞について、「恒《こう》の泰《たい》を保たんと欲するは堅し。一陰（初六）已に下に起り（下卦は巽《そん》、すなわち風が起る）、一陽（九四）已に四（九四）に動き（上卦は震《しん》、すなわち震動する）、而して二（九二）と五（六五）は猶《なお》中に堅処して以て之を抑う」ということはすでに示した。陽が老いるとは泰《たい》の下卦の三陽が老いて九四に升ったことをいい、陰が壮んとは恒《こう》の下卦に起った初六をいう。陽が地を離れるとは、泰《たい》の地位に在る初九が上卦の四に遷り、上卦の碧虚に消滅しようとしていることをいい、陰が居に反るとは、陰の居るべき下卦に反った初六についていう。前段に、巽《そん》が震《しん》に従う恒《こう》は、止まりて窮まるに嚮うと述べたことと同じ。このような恒《こう》の時は凶咎の府であり、とくに九三と上六が甚しい。九三の爻辞に「其の徳を恒にせず、或いは之が羞《はじ》を承く。貞なるも吝なり」といい、また上六の爻辞に「恒を振《おさ》む、凶なり」という。九三は陽が三の陽位に居り、上六は陰が上の陰位に居り、ともに位に当るものである。『周易内伝』は九三の爻辞について、「卦は唯三（九三）と上（上六）のみ、位に当ると為す。而るに其の凶（上六）と吝（九三）を占するは、恒《こう》は変じて能く常なる者なるに、三（九三）と上（上六）とは其の位の正を恃み、一時の安んず可きを見て、久しくするに其の道を以てせず。則ち恒なる能わざること必せり」という。また上六の爻辞について、「振《おさ》むとは、玉、之を振む（『孟子』万章下）の振の如く、収むるなり。上（上六）は、柔にして位を得たり（陰が上の陰位に居る）。陰陽は、方《まさ》に相入り（下卦巽《そん》は入る）相動かす（上卦震《しん》は動かす）に、己（上六）は其の高きに居りて位を得たるを恃み、苟且《かりそめ》に柔和し、収拾する（振《おさ》む）を以て久しかる可きと為さんと欲す。凶の来るや、以て之を禦ぐ無し」という。朱子『周易本義』は、「振《ふる》うとは、動くの速きなり」という。

気は内に在りて出ずるを得ざれば、則ち奮撃して雷と為る。出でて風の上に升りて（巽《そん》下震《しん》上の恒《こう》）、陽の志（恒《こう》の九四）は愜《み》（満）つ。気は外に在りて入るを得ざれば、則ち周旋して舎《お》かずして風と為る。雷の下に降り、且つ入りて（震《しん》下巽《そん》上の益《えき》）、陰の情（益《えき》の六四）は慰む。風末《おとろ》え雷収まるとき、亢旱（大旱、ひでり）之に乗ずるに非ざれば、則ち曀霾《えいばい》（陰風と土を降らす風）斯に起る。故に陰は常に散じて緩《ゆる》く、交わりを陽を受く。而して風雨の時あり、寒暑の正しき者は、此れ益《えき》の四（六四）の「公に告げて従わる」（六四の爻辞）なり、恒《こう》の初（初六）の「求むること深し」（初六の小象による）の獲《う》るに非ず。

恒《こう》は、巽《そん》（風）下震《しん》（雷）上の象である。それは泰《たい》䷊の初九の陽気が奮発し、九四に升って震《しん》（雷）となり、雷が風（巽《そん》）の上に在る象であり、かくして九四の志が満ちる。それに対して、否《ひ》䷋の九四が初九に降って震《しん》下巽《そん》上の象をなすのが益《えき》䷩である。益《えき》の六四は、その象辞に「益《えき》は、上を損して下を益す。……上自り下に降る」というように、否《ひ》の九四の陽が初九に降ることによって下を益することができ、かくして六四の情は慰められる。風雷が調和を失えば、亢旱になるか噎霾《えいばい》になるかの凶となる他ない。かくして陰が陽に交わりを受け、風雨が時宜を得て寒暑が正を得るものは、益《えき》の六四の陰であって、決して恒《こう》の初六の陰ではない。

益《えき》の六四の爻辞に「中行なれば、公に告げて従わる」といい、『周易内伝』は「三（六三）来りて告げ、四（六四）は之に従う。因りて其の陽の固より足る者（否《ひ》の上卦乾《けん》の九四）を以て、初（初九）を益す（益《えき》☴☳は、否《ひ》☰☷の上卦乾《けん》の九四を以て、初九に益したものである）」という。公とは六四をいう。九五の尊位に近く、三公であるからである。また恒《こう》の初六の小象に「恒を浚《ふか》くするの凶なる（爻辞）は、始めに求むること深ければなり」といい、『周易内伝』は「立卦の始め、其の巽《そん》入の巧（初六は下卦巽《そん》の主である）を恃みて、即ち陽（九二と九三）の下に入らんことを求む。拠るを以て安しと為し、人の情は宣べず、天の理は順ならざるも、自ら深きを得たりと謂《おも》いて、以て人の浅きを譏《そし》り、而して執りて以て恒と為す」という。以上、恒《こう》が凶であることを述べる。

故に之の六卦は、皆泰否《たいひ》と情を同じくし、下を陽とし上を陰とするを以て正と為す。情は極む可からず、勢は因る可からず、位は怙《たの》む可からず。其の位を怙みて、以て其の固然を保つ。故に恒《こう》の四（九四）は馬を躍らし弓を関《ひ》くも、禽は終に獲ず（九四の爻辞に、「田《でん》して禽无し」という）。恒《こう》の初（初六）は陸沈隠蔽して、貞は以て孤危す（初六の爻辞に、「貞しけれども凶なり。利しき攸无し」という）。斯の時に当り、自ら以て永年なる可しと謂《おも》うも、桑楡《そうゆ》（晩年）の且《まさ》に迫らんとするを知らず。何をか施して可ならんや。

故に地は其の余り有るを留むるを貴び、情は其の未だ順ならざるを形《あらわ》すを貴ぶ。其の宜しく上なるべく宜しく下なるべきの常を挟《さしはさ》み、求めて焉《こ》れを得るも、此より後なる者は将《はた》何をか継がん。是《ここ》を以て、君子は其の成るの夙《はや》くして払《もと》る所无きを、甚だ危ぶむ。

泰《たい》☷☰は下を陽とし上を陰とする正であるが、また否《ひ》☰☷の九四が初九に下った益《えき》☴☳、否《ひ》の九五が九二に下った未済《びせい》☲☵、そして否《ひ》の上九が九三に下った咸《かん》☱☶も正である。それに対して否《ひ》は不正であるが、また泰《たい》の初九が九四に上った恒《こう》䷟、泰《たい》の九二が九五に上った既済《きせい》䷾、そして泰《たい》の九三が上九に上った損《そん》䷨も不正である。陽の情と勢と位は、怙む可からざるものであるからである。その固然を怙む恒《こう》も、また同じ。

恒《こう》の九四の爻辞に「田（田猟）して禽无し」といい、『周易内伝』は「剛は下（泰《たい》の下卦乾《けん》）自り来りて四に処り、安んずる所に非ざるも焉《こ》れに安んず（陽が四の陰位と退爻に居るのは、陽の安んずべき位ではない）。以て動きて功有らんと欲するは、所謂株を守りて免を待つ者なり（『韓非子』の五蠹《ごと》）」という。

また初六の爻辞に、「恒を浚《ふか》くす、貞なるも凶なり。利しき攸无し」といい、『周易内伝』は「浚くすとは、深く入るなり（下卦巽《そん》は入る意）。泰《たい》の変自り之を言う。初（初六）は陰を以て外（泰《たい》の外卦坤《こん》の六四）自り来りて、二陽（九二と九三）の下に入り、根を持すること深固にして以て恒と為さんと欲す。故に、恒を浚《ふか》くすと曰う。初（初六）と四（九四）とは、恒《こう》の主なり（それぞれ巽《そん》の一陰と震《しん》の一陽である）。而るに初（初六）は尤も其の恒を求むるの始志なれば、僻は尤も甚し。上は剛（九二と九三）を承け、貞順の象有りと雖も、凶徳は之を以て成り、行くも未だ能く利しき者有らず」という。かくして初六と九四は、たとい恒久を願っても、わが晩年が迫ることを知らず、何を行っても凶となる他にない。

余りあるものを余りなく施さず留めることが坤《こん》の徳であり、その順の情のまま従わないことを示すことが必要である。陽が上で陰が下であるべき常理を恃んで、ひたすら求めれば、一時の得ることがあっても、正しき一陰一陽を継いで善をなすことはできない。「成るの夙き」は、さきに「恒《こう》は既然の卦なり。陽老いて陰壮んにして、日を為すこと夙し」と述べた恒《こう》をいい、「払る所无き」は、泰《たい》の初九が九四に上って陽上陰下の理を恃む恒《こう》をいう。恒という一定不変の常を怙《たの》むことを、君子は危ぶむのである。

陽は上に奮い、亢して窮すれば、則ち災を為す（乾《けん》の文言伝に、「亢龍、悔有り（上九の爻辞）とは、窮まるの災あるなり」という）。陰は下に散じ、抑えられて相疑わるれば、則ち戦う（坤《こん》の文言伝に、「陰の陽に疑わしきときは、必ず戦う」という)。天地、雷風、水火、山沢は、之《ゆ》くとして陽升り陰降るを以て凶咎の門と為さざる无し。道を体する者は、其の故常に安んじ、其の静躁(陰陽)の気を調うる能わず。「吾は吾が性情の恒に率《したが》わん」と曰うも、其の能く其の徳を恒にして羞《はじ》无き者は、鮮《すく》なし(九三の爻辞に、「其の徳を恒にせず、或いは之が羞を承く」という)。恒に非ずして、而る後に以て恒なる可し。恒は、且つ恒ならず。

天地の久しく照らし久しく成し、聖人の久しく道とするや(恒《こう》の彖伝による)、豈不易《ふえき》の方を立てて(恒《こう》の大象にいう)、遂に之を恃むに終古を以てせんや。故に「大匠は能く人に与うるに規矩を以てするも、人をして巧なら使むる能わず」と曰う(『孟子』尽心下)。規矩とは恒なり、巧とは天地聖人の恒なる所以なり。而るに僅かに天は尊《たか》く地は卑《ひく》く、雷は出で風は入るの規矩を恃まんや。

陽がその性のまま上に奮い、その結果亢して窮すれば災を受ける。また陰がその性のまま下に散じ、そのため抑えられて陽かと疑われれば戦う。このように陽が上に升り陰が下に降ることによって凶咎が起ることは、天地と雷風、水火と山沢の自然の現象に必ず見られることである。天地は乾《けん》と坤《こん》、雷風は震《しん》と巽《そん》、水火は坎《かん》と離《り》、山沢は艮《ごん》と兌《だ》の象であるから、この小成の卦を上卦と下卦に含む泰《たい》と否《ひ》、恒《こう》と益《えき》、既済《きせい》と未済《びせい》、咸《かん》と損《そん》は、陽が升り陰が降ることを凶咎の門とすることは同じである。従って道を体する君子は、陰陽がその性情のまま上に奮い下に散ずる故常に安んずることによって、陰陽静躁の気を調えることはできない。我は我が静情の恒のまま行動するのだと称しても、その徳を恒にすることによって益を受けないものはない。すなわち恒の故常を執らないことによってこそ、己の志を通貫する真の恒をもつことができる。恒とは、また恒ならざることをいう。

恒《こう》の九三の爻辞に「其の徳を恒にせず、或いは之が羞を承く。貞なるも吝なり」といい、『周易内伝』は「卦は、唯三(九三)と上(上六)とのみ、位に当ると為す(陽が三の陽位に居り、陰が上の陰位に居る)。而るに其の凶と吝を占するは(上六の爻辞に凶といい、九三の爻辞に吝という)、恒は変じて能く恒なる者なればなり。三(九三)と上(上六)とは其の位の正を恃み、一時の安んず可きを見て、久しくするに其の道を以てせず。則ち恒なる能わざること必せり。初（初六）は方《はじ》めて入りて以て恒を求め、三（九三）は剛にして進むを求む（三は進爻）。其の相迫るを憂えず、適《まさ》に以て初（初六）の恥辱を召《まね》く。或いはとは、倘《も》しくは至るの辞なり。初（初六）と三（九三）は、相応ずるの爻に非ず。期せずして其の辱を受く。故に或いはと曰う。下自り来るを、承くと曰う。位を得たり（陽が三の陽位に居る）、故に貞し。羞を受く、故に吝なり」という。

天地が永く照らすと成すというはたらきを続け、また聖人が道を守り続けるのは、決して不易の法則を立ててそれを永遠に固執しようとしたのではない。孟子のいう大匠が巧たりうるのは、恒である規矩よりも、天地聖人が恒となりうる巧を以てしたのである。それは天地が天尊地卑の規矩にのみよらず、雷風が雷出風入の規矩にのみよらないことによって知ることができる。

象伝に「日月は天を得て能く久しく照らし、四時は変化して能く久しく成し、聖人は久しく其の道に於いて天下化成す。其の恒とする所を観て、天地万物の情見る可し」といい、『周易内伝』は「天を得るとは、天の運行の常度に合するなり。変化して能く久しく成すとは、時に因りて変じ、而も爽《たが》わざるなり。聖人の道は、諸《こ》れを中に存する所の者大正なれば、則ち天下の風俗は万変して卒《つい》に其の化を成し、未だ嘗て内に潜運する者を以て久しかる可きの理と為さずんばあらず。而して要は、未だ物の義に循いて以て大正と為さざる者有らず。若し蔵を密にし滞を執るを以て恒と為し、貞と淫未だ審らかならずして、皆《とも》に之に抛れば、是れ天地は疾風迅雷を以て常と為すも、天地の情に非ず。万物は発して斂《おさ》まらず、枯れて栄《はなさ》かざるを以て恒と為すも、万物の情に非ず。其の執りて毀《こぼた》れ易き者を以て、其の貞にして常に存するを知る。君子の諒《まこと》（小信）ならずして貞なるは（『論語』衛霊公に、「子曰く、君子は貞にして諒ならず」という）、此を知るのみ」という。また大象に「君子は以て不易の方を立つ」といい、『周易内伝』は「君子の世に行うや、時に因り順応して執《しゅう》せず。唯其の自ら立つ所以の者、其の志を持して遷らず」という。大匠云々のことばは、『孟子』尽心下に「梓匠《ししょう》（木工）と輪輿《りんよ》（車工）は、能く人に規矩を与うるも、人をして巧なら使むる能わず」という。なお告子上に「大匠は人に誨《おし》うるに必ず規矩を以てし、学ぶ者も亦必ず規矩を以てす」といい、「離婁の明、公輸子《こうしゅし》の巧は、規矩を以てせざれば、方員（方円）を成す能わず」というのは、規矩の重んずべきことをいう。船山は不易の方を時に因り順応して執せずと解するように、規矩の恒に執しない、巧という恒なる所以を強調する。

䷠ 遯《とん》（艮《ごん》下乾《けん》上）

陰長ずるの卦は、剥《はく》（䷖）由り下りて、観《かん》（䷓）より盛んなるは莫し。姤《こう》（䷫）由り往きて、遯《とん》より穉《ち》（若い）なるは莫し。観《かん》は処るに偪《せま》らるるも嫌《まぎらわ》しき無く、遯《とん》は時に先んじて早く去るは、何ぞや。時に乗ずる者は位より大なるは莫く、位を正す者は中より尚《たか》きは莫し。乍《たちま》ち尚ぶ所を得れば、小（陰）は喜ぶと雖も志は行わる。猶《なお》尊を斬《おし》めば、将に盈たんとすと雖も意は歉《あきたら》ず。故に観《かん》は四（六四）の五（九五）を視ること、邈《ばく》として天帝の若《ごと》くして陵《しの》ぐ可からず。遯《とん》は二（六二）の三（九三）を視ること、易きこと振落《しんらく》するが若くして忌む所無し。陽は積剛を恃みて以て逝《ゆ》かざらんと欲すと雖も、其れ得《う》可けんや。然らば則ち、陽の遯《のが》るる所以の者は、二（六二）を以てなり。

陰が最も長じた剥《はく》䷖に次ぐものは観《かん》䷓であり、陰が最も穉（若い）である姤《こう》䷫が往く（二に進む）ものは遯《とん》䷠である。二陽が四陰に迫られる観《かん》よりも、遯《とん》が僅か二陰のために四陽が時に先んじて去る（遯れる）のはなぜか。象辞について『周易内伝』は、「尊《たか》き者出でて外に在るを遯と曰う。（中略）立卦の体は、下の二爻（初六と六二）は地位なり。地位は、陽の、深きに蔵し根を植《た》てて以て用を起す所の者なり。陰（六二）は長じて二に居り、陽（上九）は虚て以て往かんとす。下卦の三の陽（九三）は猶在りと雖も、三（九三）は進爻為《た》り。且に進みて三陽（上卦の乾《けん》）と類を連ね（上）に退く。

時に乗ずる者以下は、観《かん》についていう。位が大であり、しかも中を得て位を正すものは、観《かん》の九五である。観《かん》の象辞に、「中正（九五が剛を以て、五の中に居る）以て天下に観《しめ》す」という。すなわち観《かん》は六四の爻辞に「国の光を観る、用て王（九五）に賓たるに利し」といい、その小象に「国の光を観るとは、賓を尚ぶなり」というように、六四の小（陰）が喜ぶけれども、九五の陽の志は行われる。しかし六四が九五を尊ばなければ、四陰は初六から六四に積んで盈ちようとしながら、陰の意は決して喜ばない。かくして、観《かん》の六四は九五の尊を天帝の如く見て、決して陵ぐことをしない。ところが遯《とん》の六二は九三に対して風が木の葉を振い落すように、陽に迫って忌むところがない。かくして遯《とん》は四陽を積んで動くまいとしても、遯れざるをえない。

九三の爻辞に「繋《つな》がれて遯《のが》る。疾有りて厲《あや》うし。臣妾を畜（止め養う）すれば、吉なり」といい、『周易内伝』は「三（九三）は、二陰（六二と初六）と合して艮《ごん》の体を為す。艮《ごん》は止むるの道有り。二（六二）は之（九三）を執ること固く、三（九三）は其の繋ぐ所と為る。進退自ら決する能わず、心戦《おのの》きて疾は危うし。斯の道は、唯之を以て臣妾を畜（止め養う）すれば、則ち可なるのみ。臣妾は情は己（九三）に順い、之と近くして之を撫し、而も其の剛（九三）を失わざれば、則ち既に不孫（遜）の憂い無く、而も能く容れて以て怨み無から使む。畜とは、止めて之を養うなり、艮《ごん》の道なり」という。

九四の爻辞に「好くして遯る。君子は吉なり、小人は否《しからず》」といい、『周易内伝』は「九四は、初六の正応有り。故に其の交好を全くして以て去るを得、而して悪声（罵声）を出さず。君子は身を引きて之を退くるは、吉の道なり。小人は君子に悪《にく》まれざるを恃み（『論語』陽貨に、「子貢問いて曰く、君子も又悪む有りやと。子曰く、悪む有り。人の悪を称する者を悪む」という）、而して昧を冒し依付して（『論語』為政に、「子曰く、君子は周して比せず。小人は比して周せず」という）

以て為す有るは、凶なり。初六の災ある所以なり（初六の小象に、遯尾の厲《はげ》しき（爻辞）は、往かざれば何の災あらん」という）」という。

九五の爻辞に「嘉《よ》くして遯る。貞しければ吉なり」といい、『周易内伝』は「二（六二）は志を固くして以て五（九五）を執り（六二の小象に、「執るに黄牛を用うとは（六二の爻辞による）、志を固くするなり」という）、五（九五）は容《かたち》を雍《やわら》げ礼を成して退くを得、遯るるの嘉くする者なり。然れども其の吉なるは、其の貞しきを以てなり、其の嘉くするを以てに非ず。五（九五）は、豈二（六二）の執るを徼《もと》めて以て栄と為す者ならんや」という。

上九の爻辞に「肥かに遯る。利からざる无し」といい、『周易内伝』は「上九は陰（初六と六二）を去ること遠く、而して下に応ずる无し。則ち其の遯《のが》るるは、超然として自ずから遂げ、心広くして体は胖《ゆた》かなり（『大学』伝の第六章）。夫れ往く者は来る所以なり、屈する者は伸ぶる所以なり。或いは暗に屈するも明に伸ぶ、太公（太公望呂尚）は紂を辟《さ》けて終に以て周を開く。或いは一時に屈するも万世に伸ぶ、孟子は斉を去りて百世の師と為る。利しからざる无し」という。

二（六二）は小（陰）の主為りて（六二の陰が中に居る）、「小は貞しきに利し」（彖辞）。吾が世に当り、陽剛に迫りて以て処らざらしめ、陸沈して拯《すく》う可からず。則ち小は亦、何ぞ貞なること之れ有らんや。

曰く、陰の陽に偪《せま》りて以て遯《のが》れしむるは、時なり。六（陰）の二に居るは正なり（陰が二の陰位に居る）。正にして柔を思い、艮《ごん》（遯《とん》の下卦）と体を為して、止を三（九三）に受く。此れ其の情を為すや、豈常に陰賊刑害有りて、其（陽）の去るを幸いとして以て僭侈《せんし》（分を越えたおごり）の心を遂げんや。而るに其の時に当りては、則ち固より人に授くるに疑いを以てす。其の心无きも、疑いを人に授く。二（六二）は亦、遇う所の不辰（時を得ない）なるか。

六二は、小（陰）にして中を得ている。彖辞に「遯《とん》は亨る。小は貞しきに利し」といい、『周易内伝』は「遯《とん》は、陰長ずるなり。而るに初（初六）と二（六二）に凶咎無きは、二（六二）は下（下卦）の中を得ればなり。位は中より美なるは莫し」という。陸沈は、『荘子』則陽に、「方《まさ》に且つ世と違《たが》い、心は之と倶にするを屑《いさぎよ》しとせず。是れ陸沈せる（水なくして沈む）者なり」という。四陽が二陰に迫られて遯れることをいう。六二は陰の主となり、四陽に迫って安居させず四陽を外に遯れ去らしめている。象辞に「小は貞しきに利し」というが、なぜそうなのか。

船山はそれは時に因るからであり、六二の情と心に即して論ずべきであるという。六二が下卦艮《ごん》の中位に居り、また九三に止められている。六二が陰位の中に居るのは正であり、また陽に従う柔順の徳をもつ。六二の情は陽を刑害して、陽が遯れ去るに乗じて僭侈の心を遂げるはずはない。ただ時に当って、人から疑われるに他ならない。六二に僭侈の心がないのに人から疑われるのは、時を得ないからである。

則ち将に之に告げて曰わん。疑いは人に在り、而れども自ら信ずる者は志なり。志は僭せざれば、疑いは嫌《まぎらわ》しき所に非ず。然りと雖も、陽（四陽）は終に疑いて逝けば、則ち二（六二）は其の志を達せんと欲するも（六二の小象に、執るに黄牛を用うるとは、志を固くするなり」という）、得可からず。其の位は正しく、其の勢いは親しみ、以て将に駕せんとするの轅《ながえ》を挽《ひ》く可きも、而も之を挽く莫し。或いは之を挽くも、而も情は文《かざ》るに及ばず。文《かざ》れば、志を達せず。掔固《かんこ》（掔は固い、厚い意）にして舎《お》かざるの情無く、流連して已《や》む无きの意无し。則ち且つ之を挽かんと欲するも、終に得可からず。是れ何ぞや。

陽の必ず遯れんとするの勢いを成すに決せるは、前《すす》む可く卻《しりぞ》く可きの幾无ければなり。而るに又、孰《たれ》か与《ため》に二（六二）の相挽《ひ》くの心を諒《まこと》にせんや。故に白駒（『詩経』小雅の白駒）の詩は、之に似たり。其の留む可くんば、則ち之を縶維《ちゅうい》し、其の留む可からざれば、尤も音を遐心《かしん》の後に懐《おも》う。「之を勝《よ》く説《と》（脱、解）く莫し」（六二の爻辞）、而も猶且つ説かんか、抑亦《また》以て咎を天人に謝《さ》る可し。然りと雖も、二（六二）は豈苟くも其の咎を謝《さ》る者を以《こと》て、自ら終に陽を留むるの志と謂わんや。

船山の解は、まことに委曲を尽くす。時に処する六二の志と情に即して論ずべきことをいう。六二の貞は、自らを信ずるものである。たとい陽が疑っても、わが志は決して陽を僭しないという志を信ずれば、六二の貞志は保たれる。しかし、陽が最後まで遯れるというのであれば、たとい六二が貞志を保とうとしても、真に貞志を遂げたことにはならない。船山は更に、六二が陽を挽き留めることができない事由を述べる。六二の位が中を得て正しく、しかも陰が陽に親しみ、陽が去ろうとするのを引き留めることができるはずであるのに、敢えて留めようとはしないのはなぜか。すなわち六二は引き留めたいという情を表に示さず、陽を艮止する情がなく、また陽に流連する意がないからである。それはなぜか。

陽が遯れざるを得なくなったのは、陽自身進退窮まって遯れる他ない勢いに在るからである。その時たとい六二が引き留めようとしても、六二の心を信ずるものは誰もいない。九三の爻辞に「繋がれて遯る」といい、九四の爻辞に「好くして遯る」といい、九五の爻辞に「嘉《よ》くして遯る」といい、上九の爻辞に「肥《ゆた》かに遯る」といい、四陽はすべて遯れざるをえない勢いに在る。『詩経』小雅の白駒に、「皎皎たる白駒、我が場の苗を食《は》む。之を縶し（つなぐ）之を維し（つなぐ）、以て今朝を永くせん」というように、六二は退隠しようとする賢者（九三）を引き留めようとする。また白駒に「爾《なんじ》の音を金玉にして、遐心《かしん》有ること毋《なか》れ」というように、空谷に去る賢者を引き留めることができなければ、六二は爾（賢者）の金玉に比すべき音信を無沙汰にしないでほしいと願い、せめて去ったあとに賢者の徳を思うだけである。

「之を勝《よ》く説く莫し」は、六二の爻辞に「之を執るに、黄牛の革を用う。之を勝《よ》く説く莫し」といい、『周易内伝』は「黄は中（地）の色なり、牛は順（陰）物なり、陰道の正なり。革は、堅韌《けんじん》（艮《ごん》が固く止める）の物なり。勝《よ》くとは、能くなり。六二は柔にして中を得て位に当り（陰が二の陰位に居る）、其の情は順なり。陽（九三）に比して（陰と陽が並ぶ）近く、而も五（九五）と応ず。陽の遯るるを見て、堅く之を留めんと欲す。故に陽は去らんと欲するも、情は忘るる能わず。乃ち（然るに）陽は遯るるに決して（志を定める）、挽く可からず。吉なる能わざるも、其の志は嘉《よみ》す可し。則ち凶咎より遠ざかる」という。また「説は、吐活の反」、すなわち脱《だつ》（解く）という。六二の志が堅くて、脱解できないことをいう。もし六二が貞堅の志に固執しなければ、天人に咎を受けずにすむかもしれない。しかし、六二は咎を受けないがために、わが志を全うするのではない。そうせざるを得ないから、わが貞を守る他ないのである。また六二の小象に「執るに黄牛を用うとは、志を固くするなり」といい、『周易内伝』は「其の志の固きに非ざれば、則ち虚しく君子を拘《とら》う。「我を執えて仇仇《きゅうきゅう》たるも（固く執えるさま）、亦我を力《つと》めしめず」（『詩経』小雅の正月）と謂う所の者なり。六二は五（九五）に順応す、故に其の志は深く信ず可し」という。

なおもう一つの陰である初六の爻辞に「遯尾なり、厲《はげ》し。往く攸有るに用うる勿れ」といい、『周易内伝』は「遯尾とは、遯の尾と為るなり。尾は、後に繋がりて曳く可き者なり。初（初六）は四（九四）と応じ、陽（九四）は遯《のが》れんと欲し、初（初六）は眇小の才を以て、柔の道を以て之を牽曳せんと欲するも、必ず其（九四）の厳厲の斥絶を蒙る。往く攸有るに用うる勿れとは、其（初六）の陽（九四）の遯るるに聴《まか》せ、強いて往き之を曳止する勿きを戒む」という。その小象に「遯尾の厲しきは、往かざれば何の災あらん」といい、『周易内伝』は「柔にして下（初）に在るは、本より陽に逼るの嫌《まぎらわ》しき無し。而して位は卑《ひく》く力は弱く、留まりて行くの客と作《な》る能わず。但安処して其の事に与る勿《な》ければ、自ずから君子に絶たれず」という。

魚石の華元を止《とど》め、呂夷簡の富（富弼）と范（范仲淹）を薦《すす》むるは、其の情は似たるも、其の徳は則ち非なり。殷の将に亡びんとするや、紂は遯《とん》の徳无し。而して殷の先王の廟社は、則ち遯《とん》の時に遘《あ》えり。汝墳《じょふん》の子弟を率《ひき》い（『詩経』周南の汝墳）、燬《や》くが如きの王家に勤めて（同上）、以て成湯（殷の湯王）の墜緒《ついしょ》を維繫《いけい》すること、文王の如き者にして、而る後に「志を固くす」（六二の小象）と謂う可し。嗚呼、之を言い難し。

宋の司馬蕩沢が公子肥を殺したとき、右師華元の亡命を黄河の岸で引き止めたのが左師魚石である（『春秋左氏伝』成公十五年)。また南宋の呂夷簡は富弼と范仲淹を推薦したが、必ずしもそれは呂夷簡の本心ではなかった。それに対して、殷が亡びようとするとき、殷の湯王の墜緒をつないだ周の文王こそ、六二の小象に「執るに黄牛を用うとは、志を固くするなり」という者である。『詩経』周南の汝墳に、「彼の汝墳に遵《したが》い、其の条枚を伐る」といい、「魴魚頳尾《ほうぎょていび》、王室(殷室)燬《や》くが如し」という。紂王は、遯れるべき遯《とん》の時に当って、その徳をもつことができなかった。文王は六二の貞志を守って殷を守ろうとし、しかも留め得ぬとなれば遙かに殷の湯王の徳を思い続けたのである。嗚呼、之を言い難しと嘆ずるのは、文王が殷に僭侈する心がなく、殷の西伯として六二の貞志をあくまで守ることによって、殷の湯王の徳を文王が受けることになったことを嘆ずる。

䷡ 大壮《たいそう》(乾《けん》下震《しん》上)

一

大壮《たいそう》の世は、陰(六五)は中位に留まる。陽の長ずること、泰《たい》(䷊)に視《くら》べて盛と為すと雖も、復《ふく》(䷗)と機を同じくす。復《ふく》の三(六三)の陰は、陰(上六)に応ぜずして、頻りに復《かえ》りて且つ厲《あや》うし(復《ふく》の六三の爻辞による)。大壮《たいそう》の三(九三)の陽は、陰(上六)に応じて、其の藩《まがき》に触るるの志(九三と上六の爻辞にいう)を同じくす。豈僨《つか》れずや。

陽の壮を陰に施すや、四(九四)に非ざれば功を為さず。震《しん》(大壮《たいそう》の上卦)の主にして嫌《まぎらわ》しからず、類(下卦の乾《けん》)を犯して恤《うれ》えず。四(九四)は方《まさ》に壮に労労して、未だ寧《やす》んずる有らず。其の俯して将伯(下卦の乾《けん》)の助けを呼ぶも、亦比鄰に之れ是を求むる无し。乃ち其の同気（下卦乾《けん》の陽）を舍《お》きて、以て陰（六五と上六）の暱《なず》むに甘んず。甚しいかな、三（九三）の迷うや。

大壮《たいそう》は二陰四陽で、三陰三陽の泰《たい》☷☰よりも陽が長じているが、陽が長ずる象である点では一陽五陰の復《ふく》☷☳と同じである。大壮《たいそう》の彖辞に「大壮《たいそう》は、貞しきに利し」といい、『周易内伝』は「大とは、陽を謂う。壮とは、其の盛を極むるの辞なり。陽動は充実して（下卦の乾《けん》）動に嚮《むか》い（上卦の震《しん》）、志は盈ち気は盛んなるも、未だ天位を得ず。則ち強壮は余り有るも、未だ時に乗ぜざるの象と為す。故に僅かに其の壮と言い、之を勉め之を惜しむ有るの辞の若《ごと》し。乾《けん》の四徳（元亨利貞）は、大壮《たいそう》の有《たも》つ可き所なるも、元亨を言わざるは、未だ天位を得ざるを以て、尚《なお》以て天を統べ其の雲行き雨施す（乾《けん》の彖伝に、「大なる哉、乾元。万物資りて始む。乃ち天を統ぶ。雲行き雨施し、品物、形を流《し》く」という）の大用を達するに足らざればなり。「貞しきに利しきは性情なり」（乾《けん》の文言伝）、性情は則ち已に足れり。美利は己（乾《けん》についていう）に足れば、以て天下を美利す可く（乾《けん》の文言伝に、「乾《けん》始は能く美利を以て天下を利す」という）、純陽にして雑無ければ（乾《けん》☰☰であれば）、則ち正（貞）にして固し。陰は尚《なお》其の上に拠り（大壮《たいそう》の六五と上六）、相応ずるを疑う。而れども貞しければ則ち必ず利し、其の利しきは貞を以てするなり」という。

復《ふく》の六三の爻辞に「頻りに復る。厲《あや》うけれども咎无し」といい、大壮《たいそう》の九三の爻辞に「貞しけれども厲《あや》うし。羝羊《ていよう》、藩《まがき》に触れて、其の角《つの》を羸《くる》しむ」という。復《ふく》と機を同じくする大壮《たいそう》は、九三が上六に応じても、九三の藩に触れる厲《あや》うさは、六三が上六に応じない復《ふく》と同じである。また、大壮《たいそう》の上六の爻辞に、「羝羊、藩に触れ、退く能わず、遂ぐる能わず。利しき攸无し」という。九三の陽が上六の陰に応じても、その藩に触れる志は同じである。その点で、九三は大（陽）の壮（盛）を用いても、「厲うく」「利しき攸无き」労を費すだけである。

九三の爻辞について、『周易内伝』は「羝羊は本《もと》剛なり、牝を求むるを以ての故に、前進するに急なり（九三は進爻である）。而るに九四は震動の才を以て（九四は上卦震《しん》の主である）其の前に当り、之を限りて其の角を困しむ。乃ち反りて前《すす》まず、幸いに其の貞を保つのみ」という。また『周易内伝』は上六の爻辞について、「陽長じ、陰は将に退かんとす。上六は六五の尊位を得たるを恃み、己は之に藉《よ》りて以て安んじ、去るを欲せざるの象有り、而して下は九三の己に応ずるを望む。乃ち（然るに）三（九三）は既に藩に触るるの羊と為り（九三の爻辞による）、上（上六）は繋恋《けいれん》観望して退く能わず。陽は已に壮にして、四（九四）は方《まさ》に往くを尚ぶ（九四の小象にいう）。固より其の位を固くするの志を遂ぐる能わず、利しき攸无し」という。

大壮《たいそう》において、陽が陰に震《しん》の壮を施して功を収めるのは、九四である。九四は上卦震《しん》☳の主であり、下卦乾《けん》☰と同じく陽である。その小象に「往くを尚ぶ」というように、下卦の同類たる三陽を顧みず上卦の二陰に進もうとし、近く下卦乾《けん》に居る三陽の将伯と共にせず、上卦の二陰と情を交えようとする。この点でもまた、九三は進もうとして迷わざるをえない。

九四の爻辞に「貞しければ吉にして悔亡ぶ。藩決《まがきひら》きて羸《くる》しまず。大輿の輹《ふく》に壮んなり」といい、『周易内伝』は「九四は震動の主為り、前は二陰（六五と上六）に臨み、繋応する所無し。陽は実なり陰は虚なり、至実を以て至虚に馳騁《ちてい》し、阻蔽する所無し。藩決《ひら》きて羸《くる》しまざる象と為す。輹とは、車箱なり。三陽（下卦の乾《けん》）は下に在り、実を積むこと已に盈つ。故に壮なること焉《こ》れより盛んなるは莫し。震《しん》の壮（九四）は、乾《けん》（下卦）之を壮んにす。大正にして吉なり、位に当らず（陽が四の陰位に居る）と雖も、固より悔无し」という。

なお九三とともに下卦乾《けん》に在る初九と九二について補う。初九の爻辞に「趾に壮なり。征けば凶なり。孚有り」といい、『周易内伝』は「大壮《たいそう》は、大（陽）自ずから壮なるなり。剛徳は已に固く（下卦の乾《けん》）、而して以て動くは則ち壮なり（上卦の震《しん》）。初（初九）は四（九四）の己（初九）と道を同じくするを以て、遂に之（九四）に感じて与に倶に動くも、壮は趾を以てするのみ。妄動すれば必ず折る、故に凶なり。唯其（初九）の四（九四）の孚（陽が陽に応ずる）を恃むのみ」という。

九二の爻辞に「貞にして吉なり」といい、『周易内伝』は「陽剛は中（二の位）を得、乾《けん》（下卦）の主と為る。大（陽）の正（貞）なるは、正に此を以てす。故に直《ただ》其の吉を言うのみ、辞は簡なり。（中略）陽は位に当らず（陽が二の陰位に居る）、而るに「悔亡ぶ」と「咎无し」を言わざるは、乾《けん》道は渾成し、凡そ位は皆其の位なり。故に凡そ卦に乾《けん》の体有る者は、九二は皆悔咎の戒め無し」という。

壮は、陽の用なり。陽は陰を化せば、則ち陰は陽の為すに効《なら》う。陰は陽を化せば、則ち陽は陰の志に従う。物至りて知は知り（『礼記』楽記）、偕《とも》に与にし偕に化し、而る後に陽徳の壮は、反りて陰の用と為る。陰（上六）も亦且つ須臾の権に乗じ、内応（九三）を恃みて一触を争い、「我も亦壮なり」と曰う。是れ三（九三）は本より君子なるも、特《ただ》私かに暱《なず》むに荏苒《じんぜん》たる（長くすごす）を以て、足を網羅（九三の爻辞に、「君子は罔（網）を用う」という）の中に投じて厲《あや》うく復る（復《ふく》の六三の爻辞による）を成す。誰か之を原《たず》ねて、「此れ小人の壮に非ず」と曰うを得んや。甚しいかな、上六は不逞を挟《さしはさ》みて以て難を犯し、而して三（九三）は其の罔する所と為るや。

前段を承けて、九三が上六に化して陰の志に従うことをいう。九三の爻辞に、「小人は壮を用い、君子は罔を用う。貞しけれども厲うし」といい、『周易内伝』は「罔は、網と通ず。（中略）九三は、上六と相応ず。小人（上六）は君子（九三）の壮を見て、之を用いんと欲し、九三は因りて之（上六）を網羅して、以て己の用と為さんと欲す。自ら失わずと雖も、亦危うし」という。なお朱子『周易本義』は、「罔は、无なり。視て君子の勇に過ぐる者无きが如き有り」と解する。

壮は、陽のはたらき（用）であり、陽が陰を化せば陰は陽に従う。しかし九三のような羝羊（壮なる牡の羊）が上六の牝を求めて進むと、却って小人（上六）の陰が壮（九三）の陽を用いることになる。「物至りて知は知る」は、『礼記』楽記に見える。物（陰）が至って知（陽）が動き、陽が陰と共に化することをいう。かくして上六は上という須臾（暫時）の権に乗じ、内応（内卦の九三の応）を恃んで、一時の藩に触れることを争い（上六と九三の爻辞に、「藩に触る」という）、上六は陰でありながら「我も亦壮なり」という。陽の壮が陰の用となったのである。すなわち、九三は本来君子の陽であるにも拘わらず、私《ひそ》かに上六の陰に暱《なず》むことによって、上六を網羅（とり込む）しようとして、結局は厲うきに陥る。厲うく復るは、前段に大壮《たいそう》は陰が長ずる点で復《ふく》と同じく、復《ふく》の六三の爻辞に「頻りに復る。厲うけれども咎无し」と述べていた。以上、九三が上六を罔しようとして、却って不逞の上六のために厲うきに陥ることを歎ずる。

嗚呼、壮の世（大壮《たいそう》）に処ること、蓋し亦難きかな。徳を以てすれば、則ち陽は陰を消す。位を以てすれば、則ち臣は君を干《おか》す。湯（湯王）は桀を南巣に放ちて、「後世、台《われ》を以て口実と為さん」と曰えるは（『書経』仲虺之誥《ちゅうきしこう》）、則ち聖人（湯王）慙《は》ずるなり。公羊（公羊高）は趙鞅の叛を奨め（『春秋公羊伝』定公十三年）、王敦・蕭道成は之を尸祝（尊ぶ）して、「君側の悪を清む」と曰う。往くを尚びて（九四の小象にいう）止まらざれば、乱臣は焉《こ》れに借《か》る。三（九三）為《た》るは可ならず、四（九四）為るは極めて難し。大壮《たいそう》の吉なるは、貞しきに非ざれば何ぞ利しからん（彖辞に、「貞しきに利し」という）。故に「尹尹の志有らば則ち可なり、尹尹の志無くんば則ち簒《さん》なり」と曰う（『孟子』尽心上）。「正大にして天地の情見《あらわ》る」（大壮《たいそう》の彖伝）。其の情を以て天地に絜《はか》る者に非ざれば、鬻拳《いくけん》の自ら刖《あしき》るも（『春秋左氏伝』荘公十九年）、屈子（屈原）の放逐に如《し》かず。

大壮《たいそう》の九三と九四の陽は、上卦の二陰（六五と上六）を化すべき徳をもっているが、三と四の人位に位し、五と上の天位を犯す位に在る。『書経』仲虺之誥に、「成湯、桀を南巣に放ちて、惟れ徳を慙《は》ずる有り。曰く予は、来世の台《われ》を以て口実と為さんことを恐る」という。湯王は臣にして君を干《おか》すことを慙じる徳をもっていたがゆえに、わが放伐が後世の口実の資となることを恐れた。その逆の例は、『春秋公羊伝』定公十三年に、「晋の趙鞅、晋陽の甲を取りて以て荀寅と士吉射とを逐《お》う。荀寅と士吉射とは、曷為《なんす》る者ぞ。君側の悪人なり。此に君側の悪を逐うに、曷為《なんす》れぞ叛を以て之を言うや。君命無ければなり」という。君側の悪を逐うことを口実にして、臣が君を犯すことを許したがゆえに、王敦は晋の元帝に逆き、蕭道成は宋の順帝を弑して斉の高帝となった。九三が憊《つか》れ且つ迷うことは、はじめに述べた通りであり、九四たることは更に難しい。貞の徳を守ることの難しさである。

大壮《たいそう》の彖辞に「大壮《たいそう》は、貞しきに利し」といい、彖伝に「大壮《たいそう》は貞しきに利しとは、大なる者（陽）、正しきなり。大を正して天地の情見る可し」という。『周易内伝』は彖伝について、「純剛（下卦の乾《けん》）は則ち自ら強《つと》むる（乾《けん》の大象による）の道を尽くし、陰私の累無く、而して陰（六五と上六）を震《ふる》いて以て退くを知ら使む（上卦震《しん》の主である九四についていう）。剛は以て成るを養い（下卦乾《けん》の三陽）、動は以て時に興る（上卦震《しん》の九四）は、皆《とも》に正なり。正なれば則ち、義に合して利しからざる無し。正大とは、其の大を正すなり。此れ人能く其の大を正す者は、則ち以て天地の情を見る可く、陰陽の変の惑わす所と為らざるを言う」という。鬻拳が楚子を強諫し、自らを咎めて刖の刑を受けたことは、『春秋左氏伝』荘公十九年に見える。たとい鬻拳が自ら罰したにしても、君を干《おか》したことは貞を失うものである。屈原が懐王を諫め、容れられずして放逐されたのに比べれば、天地の情を知らず己の大を正すことができぬものというべきである。大象に「君子は以て礼に非ざれば履まず」といい、『周易内伝』は「君子の壮は、己に壮なり、人に壮なるに非ず。自ら強むる（乾《けん》の大象にいう）の道を積みて餒《う》えざる者（『孟子』公孫丑上にいう）は、唯礼のみ。孟子は之を集義と謂う（同上）。礼は、義の事物に顕らかなる者なり」という。なお『論語』顔淵に、「子曰く、礼に非ざれば視る勿れ、礼に非ざれば聴く勿れ、礼に非ざれば言う勿れ、礼に非ざれば動く勿れと」という。

二

拠る所に非ざるの位に処り、能く勢いの留まらざるに因りて之を去るは、其れ猶以て過ちを補うに足るか。紀侯は其の国を大去し（『春秋』荘公四年）、伝に「其の争わずして去るを与《ゆる》す」と曰うは非なり。紀侯の国は紀侯の拠なり、大壮《たいそう》の五（六五）に非ず。其の猶《なお》紀侯と称するは、猶《なお》晋の虞公を執うるがごとし（『春秋』僖公五年）。其の位を著らかにして、其の亡ぶるの易きを閔《あわ》れみ、其の悔无きの劣れるを甚しくす。斉湣（斉の湣《びん》王）は靦然《てんぜん》（大笑するさま）として衣帯の肥を侈《ほこ》り（『史記』巻四十七）、晋恭（晋の恭帝）は欣然として禅詔（譲位の詔）を操《と》る（『晋書』巻十）。人の心有る者、亦何を以て斯《ここ》に処らん。唯、壮（大壮《たいそう》）の五（六五）のみなるか。則ち藩に触るるの羊（上六をいう）は、虎皮を蒙りて僅かに天歩に立つのみ。其の亡ぶるは忽焉《こつえん》たり、其の勢いは与《とも》にせんや。其の理なればなり。

六五の去就について論ずる。六五は陰を以て陽の君位に居り、四陽に迫られる勢いに因って、陰の拠る所ではない五の位を去ることができれば、それで過ちを補うことができるのかと問う。六五の爻辞に、「悔无し」というからである。

『春秋』荘公四年に「紀侯、其の国を大去す」といい、『春秋左氏伝』は「夏、紀侯其の国を大去するは、斉の難を違《さ》くるなり」といい、『春秋公羊伝』は「大去とは何ぞ。滅ぶるなり。孰か之を滅ぼせるや。斉、之を滅ぼせるなり。曷為《なんす》れぞ、斉之を滅ぼすと言わざるや。襄公（紀侯）の為に諱むなり。春秋は、賢者のために諱む」という。船山がその語を非なりと断ずるのは、大壮《たいそう》の六五のように「拠る所に非ざるの位に処りて、能く勢いの留まらざるに因りて之を去る」のではなく、紀侯の国は紀侯の拠るべきところであるからである。むしろ、『春秋』僖公五年に「冬、晋人、虞公を執う」というように、紀侯という位をわざわざ記したのは、紀が速やかに亡びたことを閔れみ、しかも悔いることがない劣を斥けた文と解すべきである。

紀侯が拠る所の位に在って去ったのに対し、拠る所でない位に在って去ったものは、斉の湣王や晋の恭帝の場合である。斉の湣王は、秦の昭王の西帝に対して東帝と称したが、燕の楽毅に攻められて衛に入り、「衛君、宮を辟《さ》けて之を舎せしめ、臣と称して共具す（酒食をすすめる）。湣王、不遜にして、衛人之を侵す。湣王は去りて鄒魯に走り、驕色有り。鄒魯の君、内《い》れず。遂に莒《きょ》に走る」（『史記』巻四十六）。湣王はその不遜と驕色により、遂に淖歯《とうし》に殺されるに至った。晋の恭帝は、劉裕の密旨を承けた傅亮《ふりょう》に禅位を諷され、「帝、欣然として左右に謂いて曰く、晋氏久しく已に之を失えり。今復《また》何ぞ恨みんと。乃ち赤紙に書して、詔を為《つく》る」（『晋書』巻十）。「藩に触るるの羊」は、上六をいう。虎の威を借りる狐のように、九三の陽の虎皮をかぶる上六の羊が上の位（天歩）に居るだけであるから、亡びるのは目前に在り、六五は同じ陰であっても勢いを共にすることができない。このようなときに、六五はどのように処し、「悔无し」を得ることができるのであろうか。

天は久しく厭《あ》くの心に遅回《ちかい》（逡巡）するも、期を需《ま》つこと已に届《いた》れり。人は君无きの憾《うら》みに憤懣するも、旦《あした》を待ちて方《まさ》に興る。藩《まがき》は決《ひら》き、輿は壮なり（九四の爻辞による）。是れ積靄澂《す》まんと欲し、東光初めて起るの候なり。之を易《えき》（場《えき》）に喪う（六五の爻辞による）は、羊の不幸に非ず。其の易（場）を知り、其の喪うに驚かざれば、則ち以て自ら保つ可く、以て其の子孫を保つ可く、以て惨毒を生民に貽《おく》らざる可く、以て天誅を旦暮に羈《き》（拘束）せざる可し。閏《じゅん》に帰有りて朔旦は正しく、蛙《あ》已に静かにして雅楽は聞ゆ。則ち以て前者の妄りに窃《ぬす》むの辜《つみ》を謝《さ》れば、亦何ぞ悔いること之れ有らんや。

六五において「悔无し」を得る所以を述べる。天は久しく厭くの志に遅回（進退できぬさま）すとは、下卦乾《けん》の三陽が上卦の二陰のため上卦に進むことができないことをいう。人は君无きの憾みに憤懣すとは、六五の陰が君位を占めていることをいう。しかし三陽は時を需《ま》つこと久しく、新しき君は旦を待って興ろうとしている。すなわち九四に至って、至実の陽を以て至虚の陰に馳騁する壮の盛を得ることをいう。この時こそ、積靄の二陰を澄まし陽光が初めて昇る旦《あさ》である。このように六五は、大壮《たいそう》の卦の全象から見れば、積靄、陰雲が消えようとする候である。

六五の爻辞に「羊を易《えき》（場）に喪う。悔无し」といい、『周易内伝』は「此れ、卦外に立ちて以て卦の全象を説く。四陽は類進して、此に至りて忽ち変じて陰なるは、羊を喪うの象なり。易は、『本義』（朱子『周易本義』）に「或いは疆《きょう》場《えき》の場に作る」と云うは、是《ぜ》なり。両つながら界を相交うるの地なり。春秋伝（『春秋左氏伝』桓公十七年）に、「疆場の事は、一彼一此なり」と云う。悔无しとは、既に壮にして其の貞を以てすれば、則ち（陽は）未だ天位を得ずして陰（六五と上六）之に拠ると雖も、亦悔无かる可きを言う。六五の得失を以て占を為さざるは、陽の為に慰め、陰の為に危ぶまず。君子の辞なり」という。易について『周易本義』は、「易は容易の意、忽然として其の亡きを覚らざるなり。或いは疆場の場に作る、亦通ず」といい、船山は後者に従う。なお、『春秋左氏伝』は「疆場の事は、慎みて其の一を守り、其の不虞に備う。姑《しばら》く備うる所を尽くし、事至りて戦う」という。国境守備の事は、備えるときは守り、戦うべきときには戦うことを、船山は一彼一此という。ここでは、四陽と二陰が相交わる界域である六五についていう。

すなわち船山の解に従えば、六五の爻辞は陽の立場から述べたものであり、九四の陽が壮であって陽の貞を守れば、自らは天位を得ず六五と上六の陰が天位に拠っていても、陽は悔いることはないという。陰陽の交わる界を知り、羝羊たる陽が喪われて六五の陰となっても驚かないのは、九四の陽である。九四の爻辞に、「貞しければ吉にして悔亡ぶ」という。かくして己と子孫を保つばかりでなく、生民を惨毒せず、一朝にして天誅を受けずにすむ。閏と蛙声《あぜい》（淫声）は、『漢書』王莽列伝の賛に、「紫色蛙声、余分閏位は、聖王の駆除と云うのみ」という。朔旦は、正月元旦。天子の正朔。余分の年月（閏）は、閏月を設けることによって、暦を正すことをいう。前者の妄りに竊むの辜《つみ》とは、王莽が平帝を弑し、孺子嬰を立てて仮皇帝と号し、遂に漢位を簒して国を新と称したことをいう。その辜を謝《さ》ったのは、後漢の光武帝である。閏位と蛙声の王莽を駆除し、天子の正朔が立ち聖人の雅楽が起ることによって、悔无きことを得ることができる。清の世に在って、中華の光復を願う船山の思いを託する。

故に妥懽帖睦爾《トゴンチムール》（元の順帝）の沙漠に浩然たるや、君子は之を謂いて順（順帝）と曰い、其の悔无き（六五の爻辞にいう）の情を嘉《よみ》す。完顔《ワンヤン》氏（女真の金）の遑《いとま》あらずして（忙しく）、人膏を糜《び》し人骨を析《くだ》き、死亡を蔡州に争うは、角《つの》の羸《くる》しむ（九三の爻辞による）なり、亦心の僭《さん》（惨）なり。金源（金の別称）は胤（子孫）を絶つも、蒙古の族は今に至るまで存す。「禍福は己自り之を求めざる者无し」（『孟子』公孫丑上）とは、豈諒《まこと》ならずや。

元の最後の順帝は、朱元璋（明の太祖）に追われて応昌（熱河省の西北）に逃れたが、敢えて争わなかったために順帝と称された。それに対し、金の最後の哀宗（完顔守緒）は、元に蔡州（河南省）に攻められ、城守して士民の骨肉を滅尽し、遂に自縊するに至った。まさしく九三がわが壮を恃んで、「羝羊、藩に触れて其の角を羸しむ」ものというべきである。かくして金は子孫を絶ち、蒙古は今に至るまで血胤が続いている。孟子がいうように、禍福は自ら求めたものであり、六五たる蒙古は「悔无し」となるが、九三を観望する上六たる金はたとい「我も亦壮なり」と称しても「利しき攸无し」（上六の爻辞）に陥ったのである。

䷢　晋《しん》（坤《こん》下離《り》上）

晋《しん》とは、之を進むるなり。陰を延《ひ》きて、之を進むるなり。夫れ物は同類を以て朋と為し、類は相従うを以て協うと為す。晋《しん》は観《かん》（䷓）自り来り、陰は四（観《かん》の六四）を舎《お》きて上りて五に処る。是れ殆ど其の類（観《かん》の四陰）を絶てるなり。而るに悪《いず》くんぞ知らん、其の類を絶つ者（六五）は、尊に即《つ》きて（六五の尊位に就く）其の進むを開くの逵径《きけい》（大道）為《た》るを。

晋《しん》の彖伝に、「晋《しん》は、進なり」という。観《かん》䷓の六四が六五に上った象が晋《しん》であることからすれば、六五は同類の四陰を絶ったものである。しかし、同類を絶つ六五が、五の尊位に即いて下卦坤《こん》の三陰を進める大道であることを知らなければならない。始めに「陰を延きて、之を進むるなり」と述べたことばを承けていう。

晋《しん》が進める下卦坤《こん》の三陰についての『周易内伝』を示す。初六の爻辞に「晋如たり摧如たり。貞にして吉なるも孚罔《な》し。裕《ゆた》かなれば咎无し」といい、『周易内伝』は「初（初六）は下に居りて即ち（即座に）進む能わず、摧如たるの象有り。然れども柔静にして以て下位に安んじ、其の進むは迫らず、是を以て貞にして吉なり。陰は自ずから陰に応じ、陽は自ずから陽に応ず。道同じくして相信ずるは、之れ孚と謂う。初（初六）は四（九四）と応じ、柔（初六）を以て剛（九四）に遇うは、孚罔《な》きなり。四（九四）は与に孚にする罔く、将に其（初六）の進むを止めんとす。而るに初（初六）は進むを求むるに急なるの心無く、之に処ること裕如たり。則ち摧かるるも咎无し」という。

六二の爻辞に「晋如たり愁如たり。貞にして吉なり。茲《こ》の介《おお》いなる福を受く。其の王母に于《お》いてす」といい、『周易内伝』は「愁とは、固きなり（自注に、「礼（『礼記』）郷飲酒義に、「秋の言為る、愁なり。音は揫《しゅう》なり」という。また『広雅』釈詁に、「揫は固なり」という）。介とは、大なり。王母とは、六五を謂う。陰、尊位（六五）に居るは、乃ち母后の象なり。六二は六五に正応し、其（六二）の柔順の節を堅固にして以て上（六五）を承く。故に能く馬を錫い三たび接す（象辞による）の大福を受く」という。

六三の爻辞に「衆、允《まこと》なり。悔亡ぶ」といい、『周易内伝』は「衆とは、初（初六）と二（六二）の二陰を謂う。三（六三）は進爻に当り、類を連ねて以て進み、衆（二陰）の信従する所、首《はじ》めて六五の延《ひ》きて接するを受く。故に柔（陰）を以て剛（三の陽位）に居り、上は九四に礙《さまた》げらると雖も、心を協せて順を効《いた》す、故に悔亡ぶ」という。

晋《しん》の五（六五）の、陽（上卦の九四と上九）に於ける、需《じゅ》（䷄）の五（九五）の、陰（上卦の六四と上六）に於けるは、罙《ふか》く入りて其の尊（五の位）に拠り、彼（上卦の陰と陽）の従違を操《と》りて、我の儔伍《ちゅうご》（同類）を招くに、情を同じくする有り。需《じゅ》は陽（下卦乾《けん》の三陽）を需《ま》ちて、以て陰（上卦の六四と上六）に主たり、晋《しん》は陰（下卦坤《こん》の三陰）を晋《すすめ》めて、以て陽（上卦の九四と上九）を簒《さん》す。情は相若《し》くも、道は相反す。晋《しん》は、君子の卦に非ず。則ち何ぞ侯を康《やす》んずるの績（晋《しん》の象辞にいう）を取るや。

晋《しん》の六五が尊位に拠り、上卦の九四と上九の陽の意に逆って、同類たる下卦坤《こん》の三陰を晋《すすめ》めることは、需《じゅ》の九五が上卦の六四と上六の陰の意に逆って、同類たる下卦乾《けん》の三陽を需《ま》つことと同じ情である。しかし需《じゅ》の九五が上卦の二陰の主となるのに対し、晋《しん》の六五が同類の陰を進めて陽を簒するのは、相反する道である。需《じゅ》の九五の小象に、「酒食《しゅし》の貞吉とは、中正なるを以てなり」という。九五が中に居るのは、陽が五の陽位に居る正である。六四と上六の陰に、需《じゅ》の九五は主となっている。ところが六五の陰が九四と上九の主となっている晋《しん》は君子の卦であり得ないのに、なぜ晋《しん》の彖辞に「侯を康《やす》んじ、用《もっ》て馬を錫《たま》うこと蕃庶《ばんしょ》（多い）にして、昼日に三たび接す」というのか。

『周易内伝』は彖辞について、「康んずとは、之を安撫するなり。三陰、土（下卦の坤《こん》）を分ちて下に主為るは、諸侯の象有り。六五は、柔以て之を撫し、其の位に安んぜ使む。其の用て之を錫《たま》う所の者は、馬の蕃庶なり。馬は以て地を行き（坤《こん》の象伝に、「牝馬は地の類なり、地を行くこと疆《かぎ》り无し」という）、坤《こん》は利しきを主る（坤《こん》の象辞に、「牝馬の貞に利し」という）。昼日に三たび接すとは、既に之に錫い、又体を屈してを以て下りて之を延《ひ》く。昼日とは、離《り》明（上卦は離《り》、離は明）の象なり。三たび接すとは、天は同姓を揖《ゆう》し（礼拝する）、時は異姓を揖し、土は庶姓を揖し、偏《あまね》く三陰（下卦の坤《こん》）を晋《すす》むるなり」という。

離《り》（晋《しん》の上卦）は、麗《つ》くなり。陽（離《り》☲の九四と上九）に麗《つ》く者（離《り》中の六五）は、以て陽（離《り》の明）を消すを求むるに非ず。陽は明なり、陰は暗なり。陰は自ら明なる能わず、故に往きて焉《こ》れに麗《つ》く。陽（需《じゅ》の下卦乾《けん》）は翕《あつ》まりて専なり、陰（需《じゅ》の上卦坎《かん》の二陰）は闢《ひら》きて化す。陽（需《じゅ》の上卦坎《かん》中の九五）は陰中に処りて、陰の暗に随わず。故に水（需《じゅ》の上卦坎《かん》☵）は内景なり。陰（晋《しん》の上卦離《り》中の六五）は陽中に処り、陽に随いて明なり。故に火（晋《しん》の上卦離《り》☲）は外景なり。

陰は陽に麗《つ》き、陽に依りて外は著らかなり、延きて三陰（晋《しん》の内卦坤《こん》）を照らし、往く所に迷わざら俾《し》む。故に、離《り》（晋《しん》の上卦）は、位は午（南）に在りて、徳は明に嚮《むか》うに任ず。然らば則ち、五（六五）の、其の類（下卦の坤《こん》）を晋《すす》めて以て升《のぼ》すは、将に祓濯《ふったく》し（はらい清める）照蘇して、其の夙滞《しゅくたい》を革《あらた》め、以て清朗に登《のぼ》さんと欲す。観《かん》（䷓）の四（六四）に在りてすら、且つ光を他（九五）自りするの耀きを観る（観《かん》の六四の爻辞に、「国の光を観る」という）。而るに今自ら之を有《たも》つ。則ち人と己の互いに栄とする者と謂わざる可けんや。夫れ然らば、九四の其の中に閡《かぎ》りて以て陰の進むを塞ぐは、亦鄙なり。宜しく初（初六）の傲りて命を受けず、其の裕《ゆた》かなるを失わざるべし（初六の爻辞に、「裕《ゆた》かなれば咎无し」という）。

晋《しん》の六五が尊位に即《つ》いて、陰を進める意を明らかにする。晋《しん》の彖伝に、「明（離《り》）は地（坤《こん》）の上に出で、順いて大明に麗《つ》き、柔進みて上行す」といい、『周易内伝』は「柔進みて上行すとは、陰は四（観《かん》の六四）を離れて五に進み、柔（離《り》は中女）の主と為り、以て三陰（下卦の坤《こん》）を延《ひ》く」という。需《じゅ》䷄は乾《けん》下坎《かん》上、九五の陽が陰中に在って陰の暗に従わない坎《かん》☵が、内に景（光）をもつ。それに対し、晋《しん》は坤《こん》下離《り》上、六五の陰が陽中に在って陽の明に従う離《り》☲は、外に景（光）を耀やかす。

このように下卦坤《こん》の三陰を照らし、坤《こん》が往く所に迷わないようにさせるのが、晋《しん》の六五である。坤《こん》の彖辞に、「先にすれば迷い、後にすれば主を得たり」という。晋《しん》の大象に、「明（離《り》）の地（坤《こん》）の上に出ずるは、晋《しん》なり。君子は以て自ら明徳を昭らかにす」という。観《かん》の六四の爻辞に「国の光を観る」というように、外に在る九五の光を観るのが六四の徳であったが、観《かん》の六四が六五に升った晋《しん》は、六五がわが明徳を昭らかにするばかりでなく、三陰までも照らす光をもつ。

六五の爻辞に「悔亡ぶ。失得は恤うる勿れ。往けば吉にして、利しからざる无し」といい、『周易内伝』は「陰を以て尊に居り、柔に一にして（六五は上卦離《り》の一陰である）下（下卦の坤《こん》）を待つは、宜しく悔有るべし。然れども二陽（九四と上九）の間に麗《つ》き（上卦離《り》は麗）、虚明（六五は上卦離《り》☲の明の陰虚）を以て下（下卦）を炤《てら》し、下は皆之に順う（下卦坤《こん》の徳は順）。此に率《したが》いて以て往き、三陰（下卦の坤《こん》）を延《ひ》きて之を進む。九四の沮《はば》む有りて、進む者（下卦坤《こん》の三陰）をして首鼠両端し（躊躇逡巡する）、其の失うか其の得るかは未だ知る可からずと雖も、一意柔（下卦坤《こん》の三陰）を懐い、労来して倦まざれば、則ち其の位に安んじて吉なり、物に宜しくして利しからざる无し」という。

この六五の陰が三陰を進めることを間に在って阻むのが、九四である。九四の爻辞に「晋むこと鼫鼠《せきそ》の如し。貞しけれども厲《あや》うし」といい、小象に「鼫鼠貞しけれども厲うしとは、位当らざればなり」という。陽が四の陰位に在るから、厲ういのである。『周易内伝』は九四の爻辞について、「鼫は碩《せき》と通ず、大鼠なり。鼠の行くや、且つ前《すす》み且つ卻《しりぞ》く。所謂首鼠両端なり（進退決し難いこと）。三陰（下卦の坤《こん》）は志は上行に在り、五（六五）は方に延きて之を晋《すす》む。四（九四）は陽を以て退位（四は退爻）に処り、其の間に横亘《おうこう》して（遮断する）、三陰の行くをして前卻（進退）に疑忌し、速やかに進むを得ざること、鼫鼠の如く然ら使む。陽を以て陰を止むと雖も、為に其の貞を得ること、亦危うし」という。

この九四に対して、初六の方がすぐれている。初六の小象に、「晋如たり摧如たり（爻辞）とは、独行して正なるなり。裕かなれば咎无し（爻辞）とは、未だ命を受けざればなり」といい、『周易内伝』は「独行とは、幽独の行なり。摧かるるも（初六は下位に居て進むことができない）、其の柔静の操を失わず。故に正なり。未だ命を受けずとは、陰を進むる者は五（六五）なり。尊に居りて命を制し、而も応は二（六二）に在り。初（初六）は、未だ其の登進の命を受けず。故に当に隠居自適して、以て時を待つべし。所謂碩人《せきじん》（大人）の寛なり（『詩経』衛風の考槃《こうはん》）」という。

> 是の故に、陰陽は定質有るも定情无し、君子小人は定品有るも定性无し。則ち亦、其の自ら処する者の何若《いか》なるかを観るを楽しむ。五（六五）は唯自ら昭らかにして、物を昭らかにす。故に福は其の類（下卦の三陰）に錫《たま》い、以て天位（六五）を履みて慙ずる无かる可し。
>
> 然りと雖も、四（九四）は且つ之を疑い、上（上九）は且つ之を伐つ（上九の爻辞にいう）。陽（九四と上九）は位を失いて（陽が四と上の陰位に居る）志平らかならざること、亦其れ宜《うべ》なり。『春秋』は五覇の績《の》を序べ、易は晋《しん》の「侯を康《やす》んずる」（晋《しん》の彖辞にいう）を許すは、其れ聖人の已《や》むを得ざる者なるか。

陰と陽は定まった質があるが、陰が賤しく陽が貴いと定っているのではない。いかに自ら処するかの情を見ることによって、判断しなければならない。その点において、六五は自ら明徳を昭らかにし、また三陰の諸侯を安撫しているから、陰であっても五の天位を履むことを許すのである。『周易内伝』は彖辞について、「易の教を為すや、陽を扶け陰を抑う。而るに観《かん》に於ける、晋《しん》に於ける、鼎《てい》に於けるや、陰を悪《にく》むの辞無く、晋《しん》に於いては尤も之を与《ゆる》すが若《ごと》きは、陰陽剛柔は皆天地の大用にして、時有りて柔の道は貴ければなり。則ち亦、其の用を廃せず」という。

とはいえ、上九と九四の二陽は、六五を或いは疑い或いは伐つ。九四は六五が下卦坤《こん》の三陰を晋《すす》めるのを疑ってそれを阻み、上九はその爻辞に「晋みて其れ角す、維れ用《もつ》て邑を伐つ」という。六五の陰が下卦坤《こん》の三陰を進めるのを、上九の陽が禦ぐのである。『周易内伝』は上九の爻辞について、「角は、上に在りて物に触るる者なり。晋みて其れ角すとは、物は方に進みて此《ここ》に角を為し、触れて之を禦ぎ、其の進むをして已に過ぎ使めざるなり。（中略）上九は、剛を以て上に居る。柔の過ぐるも（六五をいう）、三陰は方に順なれば（下卦坤《こん》の徳は順）、威を用う可き無し。唯私邑の率《したが》わざる者を取りて之を伐ち、以て威を建てて萌を銷《つ》くすのみ」という。このように陽が五の位を得ず、王者の治が期待できないときに、六五の覇者が諸侯を康んずることを許すのは、聖人のやむを得ざることである。孔子が『春秋』に五覇の績を述べたことについて、船山は『春秋世論』定公の条に、「孟子は恒文（斉の恒公と晋の文公）を羞ずるも（『孟子』梁恵王上）、春秋の事は恒文の事なりと曰う（『孟子』離婁下）。覇を賤しむるは、其（覇者）の天の民を過用するを賤しむ。覇者の事を以て事と為すは、覇を存して以て諸侯の国を存す」という。

䷣ 明夷《めいい》（離《り》下坤《こん》上）

陽は進みて三（九三）に上り、陰は退きて二（六二）に下る。進みて上る者（九三）は志は外に在り、退きて下る者（六二）は志は内に在り。皆《とも》に群を絶つの爻なり。
明夷《めいい》の象は、二（六二）は順いて服事するも（六二の小象に、「六二の吉は、順いて以て則《のり》あればなり」という）、三（九三）は用て逆取し（九三の爻辞に、「于《ここ》に南狩し、其の大首を得たり」という）、五（六五）は貞にして自ら靖んずるも（六五の爻辞に、「箕子の明夷《やぶ》る。貞しきに利し」という）、四（六四）は出でて師を迎う（六四の爻辞に、「于《ここ》に門庭に出ず」という）。則ち君臣内外の勢、其れ亦変ぜり。

明夷《めいい》の九三は陽を以て三の陽位に居り、しかも進爻であるから上卦に往くことを志し、六二は陰を以て中位に退き自ら徳を修める。九三は陽を以て上卦の陰に進もうとし、六二は陰を以て内卦離《り》の二陽の中にその明を養う点では、ともに類を絶つものである。陽は初九の群を絶って九三に進み、陰は上卦坤《こん》の群を絶って六二に降るのが、明夷《めいい》の爻である。あるいは船山が序卦伝に明夷《めいい》を大壮《たいそう》䷡の属としていることからすれば、大壮《たいそう》の九二と九四が四陽の群を絶って六二と六四の陰となったことをいうか。

象辞に「明夷《めいい》は、艱《くる》しみて貞しきに利し」といい、『周易内伝』は「夷とは、傷《やぶ》るるなり。離《り》（下卦）は大明為《た》り、豈能く之を傷る者有らんや。唯時は地（上卦の坤《こん》）の下に処り、積陰幽暗の揜《おお》う所と為る。光輝（下卦離《り》の明）は物に及ぶを得ず、則ち其の志は傷る。君子の傷ると謂う所の者は、其の身を傷るの謂に非ず。徳、物に施さざれば、則ち民の傷るるを視ること己の傷るるが如くす。文王は紂の時に当りて、蓋し此くの如し。艱しみて貞しきに利しとは、二（六二）は柔を以て中に居り位を得たり（陰が二の陰位に居る）。而して其の明（下卦の離《り》）を養いて、以て上は暗王（上卦坤《こん》の六五）に事《つか》う。合する所の義は、艱難に在りて其の貞を失わず、蓋し文王の志なり」という。

六二の爻辞に「明夷《やぶ》れ左股を夷《やぶ》る。用て馬壮なるを拯《すく》えば、吉なり」といい、『周易内伝』は「此れ文王の事に象る。左股を傷るとは、大行する（大の陽が健行する）能わざるなり。左股と言うは、手足は右を尚ぶ。其の左を傷るは、尚未だ大いには傷らず、羑里《ゆうり》の釈《ゆる》さるるを得る（文王についていう）に象る。馬の地に行くは、坤《こん》の象なり。馬壮なりとは、陰盛んにして、紂の悪盈つるに象る。馬の壮なるを拯うとは、（文王が）殷民を救いて以て殷の祀を全うせんことを冀《ねが》えるなり」という。六二の小象に、「六二の吉なるは、順いて以て則あればなり」という。また彖伝に、「明（離《り》）、地（坤《こん》）の中に入るは、明夷《めいい》なり。内は文明（離《り》）にして外は柔順（坤《こん》）なり、以て大難を蒙る。文王は之を以てす」という。

九三の爻辞に「明夷《やぶ》れ于《ここ》に南狩して、其の大首を得たり。疾《すみ》やかなる可からず、貞なり」といい、『周易内伝』は「此れ周公、武王を相《たす》けて紂を伐つの事に象る。南狩とは、明（離《り》）を以て暗（坤《こん》）を治むるなり。其の大首を得たりとは、紂を誅するに象る。疾とは、速やかなり。疾《すみ》やかなる可からずとは、晦を養い時を待ち、必ず天命既に固く人心既に順なるの後なれば、則ち事は常に非ずと雖も固より正しきなり。九三は上六と相応じ、明の盛（下卦離《り》の九三）を以て、進みて（九三は進爻）柔暗の将に消えんとする（上六は上卦坤《こん》が窮まる）に克つは、其の時なり。貞と言いて吉と言わざるは、道に合するの正（貞）を期し、利を謀り功を計るに非ざればなり」という。逆取といのは、文王が殷に順って西伯であったのに対し、武王が紂を討って殷を亡ぼしたことをいう。

六五の爻辞に「箕子の明夷《やぶ》る。貞しきに利し」といい、『周易内伝』は「上（上六）は暗王為《た》り、而して五（六五）は之に近し。同昏の廷に相比し（六五と上六が並ぶ）、其の明（上卦の離《り》）を顕らかにせずして以て自ら晦《くら》ます。故に箕子の象と為す」という。箕子は、殷の諸父。紂を諫めて聴かれず、佯《いつ》わり狂して奴となる。彖伝に、「艱《くる》しみて貞なるに利し（彖辞）とは、其の明を晦《くら》ますなり。内難にして能く其の志を正すのは、箕子之を以てせり」という。

六四の爻辞に「左腹に入り、明夷《やぶ》るの心を獲て、于《ここ》に門庭に出ず」といい、『周易内伝』は「此れ商容（殷の紂王を諫めて貶せられたが、武王は殷に克ったあと其の閭を表彰した。『書経』武成に見える）と膠鬲《こうかく》（紂の乱に隠れ、文王は己の臣とした。『孟子』告子下に見える）の事に象る。左腹とは、肝は左に居りて謀を主る。予め其の周を甚《そこな》うの謀を聞《ぶん》する（通報する）なり。明夷《やぶ》るの心とは、乃ち殷民の傷を被《こうむ》りて周を望むの心なり。于に出ずとは、猶爰《ここ》に出ずと言うがごとし。門庭に出ずとは、周に輸《いた》して其の伐つを勧むるなり。六四は坤《こん》（上卦）と体を為し、蓋し暗邪（坤《こん》の陰）に居る者なり。四（六四）は退爻為り、下りて内卦の明（下卦の離《り》）に就く、故に此の象有り。吉と利を言わざるは、人臣の常道に非ざれば、軽々しく其の功を奨めざるなり」という。

以上、六二と九三、六四と六五の去就は、紂に服事した文王とその紂を伐った武王、また紂に自らの明を隠した箕子と敢えて紂に逆って周に従った商容と膠鬲をいう。内外は六二と九三の内卦と六四と六五の外卦をいい、君臣は上六の紂の君に順った文王と箕子、また九三の武王を君としてその師を迎えた商容と膠鬲の臣をいう。

夫れ四（六四）は坤《こん》（上卦）と体を為すも、上（上六）は晦《くら》くして知られず。初（初九）と応を為すも、初（初九）は高くして継ぐ可からず。則ち時に乗ずるの士の、晦（上卦の坤《こん》）を棄てて明（下卦の離《り》）に従い、反思して自ら南狩（九三の爻辞にいう）を効《いた》すは、紂に在りては其れ商容為りて、祖伊《そい》為らざるか。

前段に述べた六四の商容と膠鬲のことをいう。六四は上卦坤《こん》の暗中に在り、同体の上六（紂王）に知られず、また初九と応をなすが、初九は太公望の高きものであるからその志を継ぐことができない。上六の爻辞に「明らかならずして晦《くら》し。初めは天に登るも、後は地に入る」といい、『周易内伝』は「此れ、則ち紂の象なり。明らかならずして晦しとは、君は昏《くら》くして天下皆之が為に暗きなり。初めは天に登るとは、先王（湯王）の克《よ》く上帝に配する（『詩経』大雅の文王に、「殷の未だ師を喪わざりしとき、克く上帝に配せり」という）を謂う。後に地に入るとは、殷の後王（紂）の師を喪うなり」という。

初九の爻辞に「明夷《やぶ》れ于《ここ》に飛び、其の翼を垂る。君子は于に行き、三日食《くら》わず。往く攸有れば、主人言有り」といい、『周易内伝』は「初九は、則ち太公（太公望、呂尚）の象なり。二陽（初九と九三）は明の麗《つ》く所為り。周公は自ら九三に当り、太公は初九に当り、以て清明の運を夾輔す（周公と太公望が、六二の文王を補佐する）。初（初九）は三陰（上卦の坤《こん》）を去ること遠く、疏遠にして外（初の位）に在り。故に宜しく地を避けて遠く去るべし。飛ぶとは、之を去ること速やかなるなり。其の翼を垂るとは、困窮の象なり。君子于に行くとは、其の君子の道を懐きて、往きて海浜に之《ゆ》くなり（『史記』斉太公世家に、「呂尚は処士なり、海浜に隠る」という）。三日食わずとは、窮已に至れるなり。往く攸有りとは、往きて六二（文王）に麗《つ》き、以て明徳を昭らかにす、周（文王）に帰するの象なり。主人言有りとは、殷の余民（主人）は、固より其（呂尚）の異志を譏《そし》るも、恤《うれ》うる勿《な》き所なり」という。

上六の暗主の紂を戴き初九の太公望の志を継ぐことができないときは、九三の爻辞に「明夷《やぶ》れ于に南狩して、其の大首を得たり」というように、周公と武王の紂王放伐を行わせる者がいる。南狩とは、天子が南に巡狩すること。ここでは明（離《り》）の九三の周公が武王を相《たす》けて、暗（坤《こん》）の紂王を伐つことをいう。このことを効《いた》した者は祖伊ではなく、商容である。祖伊は、『書経』西伯戡黎《かんれい》に見える。西伯（文王）が黎国の諸侯の無道を討ったとき、祖伊は西伯の徳威が盛んになり、紂王が悪を改めなければ必ずその威は殷に及ぶであろうと、紂王を諫めた。それに対し、商容は暗愚の紂を棄て、ひそかに周の新主を迎える謀りごとをなしたのである。

坤《こん》（上卦）と離《り》（下卦）は分を殊にし、臣と主は勢を異にす。上（上六）は暗極まると雖も、厚きを積みて尊に居り、四国は朋を為し（上六の小象に、「四国を照らす」という）、同悪（上卦坤《こん》の三陰）は相倚る。六四は、身は与に儔《とも》を同じくし、地（上卦の坤《こん》）は与に国を同じくす。其の虚実前郤《ぜんきゃく》（進退）の故《こと》は、之を知ること深し。故に陽は（表面は）与に事を共にするも、密かに其の釁《さん》（隙）を観、心を獲て（六四の爻辞に、「明夷るの心を獲て」という）彼の情形を尽くし、門に出でて（六四の爻辞に、「門庭に出ず」という）新主に輸《いた》す。則ち甲子の朝《あした》、戈を倒《さかしま》にして北嚮するは（『書経』武成にいう、殷に叛いて敗走する）、以て之が内応を為す有る无きに非ず。故に暗主淫朋の離心離徳の隠微なること、久しく已に大邑（周）の区画に聴ゆ。五（六五）は婉孌《えんらん》（若く美しい、箕子の徳をいう）にして以て宗邦に暱《した》しみ、麦秀の漸漸たりと雖も、狡童を秘地に謀る能わず（箕子の「麦秀歌」にいう）。故に鳴条の誓辞（『書経』湯誓）は、靳靳《きんきん》（惜しむさま）として其れ未だ宣《の》べず。武王の紂の罪を暴《あば》くや（『書経』武成）、宮壼《きゅうこん》（宮中の道）游観・老夫孕婦《ようふ》（『書経』泰誓上にいう）の、毫毛纖芥《せんかい》（些末なこと）にして悉《つ》くさざる無く、士女玄黄・震動臣付（『書経』武成にいう）の、合離早暮にして其の料《はか》る所に爽《たが》わず。誰か之を伝え令めしや、誰か与《ため》に之を験せしや。我れ、心を獲て門に出ずる者（六四の爻辞による、商容をいう）の、夙《つと》に輸《いた》して南狩（九三の爻辞にいう、周公と武王の征討）の資と為せしを知る。

明夷《めいい》は、離《り》下坤《こん》上である。殷の西伯であった文王（六二）は臣であり、上六の紂は暗愚とはいえ君であった。上六の小象に、「初めて天に登るとは、四国を照らすなり。後は地に入るとは、則《のり》を失うなり」といい、『周易内伝』は「四国とは、四方の国なり。照らすとは、明徳之を被《おお》うなり。昏暗にして喪亡するに、僅かに則《のり》を失うと云うのみなるは、道は二、仁と不仁とのみなればなり。堯舜の則を失えば、則ち桀紂と為るなり」という。同悪とは、上卦坤《こん》の三陰をいう。

六四に比せられるのは、殷の商容である。下卦六二の文王とは異なり、上卦六四の商容は紂（上六）と地（上卦の坤《こん》）を同じくしているから、紂のことはそのすべてを知り悉くしている。「心を獲」「門に出ず」は、六四の爻辞に「明夷《やぶ》るの心を獲て、于に門庭に出ず」という。殷の民が紂に傷られて周を待望する心を抱いていることを知り、商容が周に紂を伐つ謀を勧めたことをいう。周の武王が紂を討ったとき、「甲子の昧爽《まいそう》（夜明）、受（紂）は其の旅を率いること林の若く、牧野に会す。我が師に敵する有る罔《な》し。（紂の）前徒は戈を倒《さかしま》にし、後を攻めて以て北《に》ぐ」（『書経』武成）という。それは、六四の商容が九三の周公と武王に殷の内情を通報したからである。かくして紂の君臣の隠微なことまで、商容によって周に伝えられていた。それに対し、紂の諸父であった箕子（六五）はまことに賢者であって、「麦秀《ひい》でて漸漸たり、禾黍油油《ゆうゆう》たり。彼の狡童（紂）、我と好からざりき」（麦秀歌）と歎いたにしても、紂王を秘かに葬ることは謀らなかった。婉孌は、『詩経』斉風の甫田、曹風の候人に見える。かくして、かつて湯王が夏の桀王と鳴条の野で戦ったとき、湯誓（『書経』）において細くは桀の罪の宣べなかったのに対し、武王が紂を孟津に伐ったときは、泰誓三篇（『書経』）を作り、「沈湎《ちんめん》（酒に）冒色（女に）して、敢えて暴虐を行い、……惟れ宮室台榭、陂池侈服《しふく》して、以て爾《なんじ》の万姓を残害し、忠良を焚炙《ふんしゃ》し、孕婦《ようふ》を刳剔《こてき》す」（泰誓上）と、細事にわたって紂の悪事を挙げつくし、また紂に克ち馬牛を華山・桃林の牧地に帰したときは、武成（『書経』）を作り、「肆《ここ》に予は東征し、厥の士女を綏《やす》んず。惟れ其の士女、厥の玄黄（玄黄の糸帛）を篚《はこ》にして、我が周王を昭らかにす。天休（天の美）震動して、用《もっ》て我が大邑周に付く」と、殷民の帰服が早々に武王の思い通りになったことを述べている。明夷《やぶ》れる心を獲て門庭に出た六四の商容が、九三の周公と武王の南狩のために情報を伝えていたことは、このことによって知ることができる。

然らば則ち、聖人は将に以て陰の謀を崇びて乱を奨《すす》めんとするか。曰く、上（上六）の暗は、其の位を失えり。其の位を失えば、則ち天下の臂《ひじ》を攘《かか》げて（腕まくりする）之を覬《うかが》う者、豈但《ただ》に我（九三）のみならんや。之を人に授けんか、則ち我に在るに如《し》かず。内は己の徳を揆《はか》り、天に麗《つ》きて明らかなれば、以て征す可し。然れども且つ、孤注（乾坤一擲の賭）にして寡謀なれば、以て敗を召《まね》かん。彼憯《すなわ》ち終に以て登天の勢（上六の爻辞に、「初めは天に登る」という）を延《ひ》くに足らざるを知らざれば、則ち盗窃すること紛紜として、晦以て晦を承くる者、天下は終に昭蘇の一旦无し。豈但《ただ》に、十五王の令緒（すぐれた功績）地に墜ちて、以て憂いと為すのみならんや。大公の情を絜《はか》り、同患の志を求め、「上帝、汝に臨めり、爾の心に貳《たが》う勿れ」（『詩経』大雅の大明）。則ち功名謀略の士は、亦進むを楽《ねが》い、復《また》望むに松筠《しょういん》の節を以てせず。

船山は、明夷《めいい》の卦が決して六四の謀を尊び乱を奨めるものではないことを述べる。上六の暗主が位を失っているのであるから、天下の武を恃み天位を窺う者は、決して九三の周公と武王だけではない。他人に授けるより、九三自らから行った方がよい。己の徳を考えそれが天の大明を承けるものであれば、紂王を征討することができる。しかしただ乾坤一擲の賭をして謀ることがなければ、紂王に勝つことができない。ここに謀るというのは、武王を相《たす》けた周公をいう（後に述べる）。彼の紂王は湯王が天位に即いた殷の勢威を継ぐ徳をもたぬことを知らないのであるから、国柄を窃む者が次々と起り、かくして暗主が暗主を継ぎ、上卦坤《こん》の晦を開いて昭蘇することができない。なお僭は惨としても訓めるが、『詩経』大雅の民労によって乃ちと訓む。十五王は、伏羲・女媧・神農の三皇と、太昊・炎帝・少昊・顓頊《せんぎょく》・黄帝の五帝と、尭・舜・禹・湯王・武王・周公・孔子（素王）の十五王。『詩経』大雅の大明に、「上帝、女に臨めり。爾の心に貳《たが》う無《なか》れ」というのは、文王が大公の情を絜り、同患の志を求めたことをいう。かくして、功名謀略の士はその徳に従い、ただ松筠の節（松と竹の忠節）を全うするだけのことをしないであろう。殷の功名謀略の士が紂王に対する忠節を全うせず、殷に逆《そむ》いて周に従ったことをいう。

宋襄の愚なるや、子魚の謀を卻けて、荊蛮は気盛んなり（『春秋左氏伝』僖公二十二年）。固より鄢陵《えんりょう》の役に、賁皇《ふんこう》は側に在りて、一矢もて中原の勢を壮んにせる（『春秋左氏伝』成公十六年）に如《し》かず。成れば則ち天に配し、敗るれば則ち祚《そ》（天子の位）は隕《お》つ。岌岌然《きゅうきゅうぜん》（危ういさま）として、得失は俄頃《がけい》の間に在り。而るに敢えて天命民生を以て、浪《みだ》りに擲《なげう》ちて恤《うれ》えざらんや。

是の故に、西周の滅ぶるや、犬羊は鎬京《こうけい》（西周の都）を蹂《ふみにじ》り、幽王は賊手に死す。秦は是の時に于《お》いて、進みては王国を匡《ただ》して以て臣義を靖んずる能わず、退きては豺狼を覊《き》りて以て天命を請う能わず。窃取に苟安し、西陲（西隅）に偃臥《えんが》す。数十世の後、乃ち始めて詐詒《さい》（詐欺）毒劉（殺害）し、帝を戈鋋《かせん》（鋋は小さい戈）の下に争う。正統を失うこと三十余年、殺運に際すること四百余歳なり。幾は失われ事は非なり、混一にして名は終に正しからず。再伝して、天下は瓦解す。豈徒《ただ》に攻守勢を異にするの末流に在るのみならんや。故に之を謀ること周《あまね》く、之を行うこと決にして、時に乗ずるの士を進め、与に功名を共にす。未だ事とする所に貳《たが》うを以て、之を厭薄《えんはく》す（疏んずる）可からず。

前段を承けて、時に乗じて事を謀り速やかに決断しなければ、夷狄に敗れ中原を支えることができないことを述べる。宋襄の仁は、『春秋左氏伝』僖公二十二年に見える。宋が泓水《おうすい》で楚と会戦したとき、子魚は楚軍が泓水を渡り終えない内に攻撃するよう進言したが、宋の襄公は敵の険隘に乗じて危襲しないのが古の戦法であるといい、そのため期を失い大敗したこと。荊蛮は、楚をいう。鄢陵の役は、『春秋左氏伝』成公十六年に見える。晋侯が楚軍と鄢陵で会戦したとき、苗賁皇が晋侯の側に居て謀を授け楚軍を攻撃し、晋の呂錡《りょき》が楚の共王に矢を放ってその目に命中させ、楚軍を破ったこと。天に配すは、『詩経』大雅の文王の「克く上帝に配す」による。

西周の幽王が西夷の犬戎に攻められ驪山の下で殺されたとき、秦は然るべき行動に出なかったのみならず、始皇帝に至って武力を以て天下を争い、かくして正統は失われ、前漢後漢の四百年にわたって殺運に瀕した。数十世の後というのは、秦の始皇帝は西北の地に三十五代にわたって秦を保った後裔であることをいう。正統を失うこと三十余年とは、始皇帝の統治三十七年をいい、再伝して天下は瓦解すとは、二世胡亥が立って郡県の天下が崩壊したことをいう。以上のことからいえば、為すべき時に謀を定めて断乎として行動し、宋襄の仁のように徒らに遷延すべきではないのである。

然りと雖も、明夷《めいい》の変を極め、南狩の績を序《の》ぶる者は、周公なり。文王の此に当るや、則ち「艱《くる》しみて貞しきに利し」と曰うのみ（明夷《めいい》の象辞）。故に周徳の至りは、必ず本を文王に推す。而して武（王）周（公）の事は、仲尼は焉《こ》れを詳かにする勿《な》し。武周の功は、王の終りにして、覇の幾見《あらわ》るればなり。其の世に当りて君子たるを有《たも》つ者は、「于に飛び」「食わず」（初九の爻辞）、主人の言（初九の爻辞にいう）を恤《うれ》うる勿し。豈、正に非ずや。商容の閭は式す（『書経』武成にいう）と雖も、雒邑の頑民は、公（周公）も亦飛廉の罰に視《くら》べて以て之を翦除《せんじょ》するを得ず。初九の義は、公（周公）の廃するを得ざる所なり。南狩の世（九三）は、「于に飛ぶ」の君子（初九）无し。君臣の義、熄《や》めばなり。義とは、事を制して以て理を裁《た》つるなり。王逢は晋《しん》の世に処りて、而も明夷《めいい》の飛ぶを効《いた》す。人の此を称して「食わず」（初九の爻辞）を以てするは、何ぞ義ならんや。

明夷《めいい》の変を極め、武王が紂を伐ってその大首を得ることまで書き記したのは、周公である。周公が述べた九三の爻辞に、「明夷《やぶ》れ于《ここ》に南狩して、其の大首を得たり」という。しかし彖辞を記した文王は、殷の西伯として「艱しみて貞しきに利し」とのみ述べるだけであった。従って孔子は「(西伯)天下を三分して其の二を有《たも》ち、以て殷に服事す。周の徳は、其れ至徳と謂う可きのみ」(『論語』泰伯)と文王をたたえたが、武王と周公の事は詳かにしなかった。易の伝に詳しく述べないことをいう。紂を伐つことに、覇者の幾《きざし》が現れているからである。

初九の爻辞に、「明夷《やぶ》れ于に飛び、其の翼を垂る。君子于に行き、三日食わず。往く攸有れば、主人言有り」という。明が夷《やぶ》れる世に在って君子の義を行うものは、「于に飛び、其の翼を垂る。君子于ち行き、三日食わず」という道を守り、決して「往く攸有れば、主人言有り」ということを憂えない。周公武王は、「箕子の囚を釈《ゆる》し、比干の墓を封じ、商容の閭を式し」(『書経』武成)たが、殷の頑民に対しては、「飛廉を海隅に駆りて之を戮す」(『孟子』滕文公下)ようなことはせず、「殷の頑民を毖《つつ》しみ、洛邑に遷す」(『書経』畢命)だけであった。飛廉は紂王の佞臣、武王は殷に克ち之を罰した。視とは、それと同じになぞらえる、比べる意。初九の義を重んじたからである。王逢は、明の人。台臣に薦められたが辞し、太祖の洪武中に文学を以て徴されるが赴かず、烏涇に隠れて歌詠自適した(『明史』巻二百八十五)。晋《しん》䷢という進(晋)むべき明初に居りながら、明夷《めいい》䷣の初九の飛(隠)に効《なら》ったのは、たとい「食わず」を称されようとも、義ということはできないと断ずる。初九の小象に「義として食わず」といい、『周易内伝』は「其の親暱《しんじつ》の臣に非ざれば、無道を避けて去り、其の禄を食わざるは、義なり。夫子の但此(「君子于に行き、三日食わず」)を釈きて義と為すは、蓋し亦其の往く攸にして言有る(爻辞に、「往く攸有れば、主人言有り」という)を取らず、唯伯夷のみ能く其の于に飛ぶ(「明夷《やぶ》れ于に飛び、其の翼を垂る」)の義を終うればなり」という。明末に在って事えるべき主を失って君子の義を行わざるをえなかった船山は、王逢を斥けて伯夷の義に従うことを述べる。

䷤ 家人《かじん》（離《り》下巽《そん》上）

尊《たか》きに居れば則ち喜び、卑《ひく》きに処れば則ち忮《うら》むは、情の常なり。陰陽と雖も、吾れ其の且つ然るを知る。家人《かじん》の体は、九（九五）は位を五に正し、二（六二）は敢えて干《おか》さず、四（六四）は敢えて逼《せま》らず。分を以て情を正して、忮《うら》みは下に消ゆ。則ち陰（六二と六四）は、固より自ら処するに貞しきを以てす。陽（九五）は、中に居りて正を得、大正にして以て物を率《ひき》ゆ。何ぞ陰の従わざるを患《うれ》えんや。而るに家人《かじん》の訓を申《の》ぶるや、惟《ただ》「女の貞しき」（彖辞に、「女の貞しきに利し」という）にのみ在るは、何ぞや。

高い地位に在れば喜び、低い地位に在れば怨むのは、人の情の常である。それは陰陽についても同じである。家人《かじん》の陰陽の位を見ると、九五が陽を以て尊位に居り、九五に応ずる六二は陰が二の陰位に居りしかも中の位を守り、六四は陰が四の陰位に居りしかも退爻であるから、九五の尊を犯す情をもたない貞である。九五の陽は大の陽が五の陽位に居る正であるから、陰については何の患いもあるはずがないのに、なぜ彖辞に「女の貞しきに利し」というのみであるのか。以下、この問いに答える。

彖辞について『周易内伝』は、「家人《かじん》は、中の四爻は皆其の位を得（六二と九三と六四と九五が、それぞれ陰陽にふさわしい位に居る）、而して初（初九）と上（上九）は剛を以て之を閑《とざ》す。陽の徳為《た》る、充足して間無し。其（中の四爻）の浮游するを禦《ふせ》ぎて之を閑すの象なり。故に化は近くに行われ、遠きに及ぶ可し。（中略）家人《かじん》は、一家の人聚《あつ》まり順うの象なり。各々其の位を正して（六二と九三と六四と九五が、それぞれ陰陽に当る位に居る）以て其の道を尽くし、而して剛厳（初九と上九）を以て之を統ぶ、利しからざる無し。陰陽各々得たるも、独り女の貞しきに利し（彖辞）と言いて、美を二（六二）と四（六四）に帰するは、聖人は人の情と世の変に暁《あき》らかにして、家を斉《ととの》うるの道は、唯女の貞しきの切為《た》るを知ればなり。陽の徳は本より和にして行くに健なり、初めより貞しからざるの憂い無し。貞しからざる所以の者は、陰は其の間に雑わり、陽の位を干《おか》し、反りて陽を御して以て行き、是《ここ》を以て陽は其の固有の貞を失い、之に随うに邪を以てすればなり」という。

九五の爻辞に「王、有家に仮《いた》る。恤うる勿《な》くして吉なり」といい、『周易内伝』は「仮とは、至るなり。猶《なお》詩（『詩経』大雅の思斉《しさい》）の「兄弟に至る」の至るがごとく、徳（文王の徳）は以て之に及ぶに足るなり。九五は剛中にして位を得（陽が五の陽位に居る）、二（六二）と正応し、徳を以て相感じ、格《いた》りて其の家を正し、而して家正し。則ち化は未だ遠きに及ばざるも、憂いと為すに足らず。而して風教の被《おお》う所、邦国天下は自ずから化す。王と言うは、唯聖王の徳のみ以て之に当るに足ればなり」という。

六二の爻辞に「遂ぐる攸无し。中に在りて饋《すす》め、貞しくして吉なり」といい、『周易内伝』は「遂ぐる攸无しとは、其の志と欲を遂げざるなり。婦人の志遂ぐ可からざるは、欲よりも甚し。饋《すす》むとは、祭礼に主婦親しく敦黍《たいしょ》（敦《たい》は、黍を盛る器）を饋《すす》むるなり。中に在りとは、房中自《よ》り室に入りて之を設くるなり。敬慎して夫に従い、以て祀事を奉じ、婦の職を修むるなり。六二は柔順にして中を得て位に当り（陰が二の陰位に居る）、婦道の正を得て吉なり」という。六四の爻辞に「家を富ます。大吉なり」といい、『周易内伝』は「陰は利を主り、六四は陰爻を以て陰位に居る、故に富なり。富は大吉の道に非ざるも、唯柔順静退（四は退爻）して驕らず、以て長く其の富を保ちて大吉なる可し」という。陽剛は余り有り、陰柔は足らず。余り有る者は盛んなり、足らざる者は争う。同《とも》に処りて争えば、陽の尊は保たず。故に陰の陽に乗じ、女の男に亢するは、天下亦繁く之れ有り。

家人《かじん》の体、巽《そん》（上卦）と離《り》（下卦）とは、皆《とも》に陰なり。陰は主なり陽は賓なり、而して陰は能く自ら其の位を守る。其れ猶《なお》女道の本正しくして、頗《は》（邪）无き者なるか。然りと雖も、各々其の位に処りて、未だ歉《か》くる有らず。之をして止まりて泆（逸）せず、静にして競わず、剛明（陽）は外（初九と上九）に護りて、以て女の貞しきを成して過ぎざら使むる者は、閑《ふせ》ぐを為し（初九の爻辞に、「有家を閑《ふせ》ぐ」という）威を為す（上九の爻辞に、「孚有りて威如たれば、終に吉なり」という）。初（初九）と上（上九）の功は、亦大なるかな。

一般に言えば陽剛は力が余り有るものであり、陰柔は力が足らないものである。余り有るものは盛んであるが、足らないものは争う。陰が陽とともに在って陰が陽と争えば、陽の尊は保たれず、陰が陽に乗じ女が男に亢することは、世間一般に見られることである。

家人《かじん》は、離《り》下巽《そん》上、離☲と巽《そん》☴はともに二陽一陰であるから陰はそれぞれの主であり、また卦としても離《り》は中女であり、巽《そん》は長女である陰である。従って六二と六四の二陰がそれぞれ陰位を守っているは、女道の正しきものである。しかしこの二陰は陰にふさわしい位に居り、充足しているから、ともすればその分を越えて陽と争いかねない。その陰を争わしめず、その静を守らしめるものは、初（初九）と上（上九）の陽である。剛明は外に護るとは、初九と上九の剛が中の四爻を上下から護ることをいう。剛は、乾《けん》の彖伝に「大明は終始す」というように、明なる知である。

初九の爻辞に「有家を閑《ふせ》ぐ、悔亡ぶ」といい、『周易内伝』は「閑ぐとは、其の邪を禦ぎ、之を護りて正なら使むるなり。家人は本より正ならざる無きも、尤も必ず従《よ》りて之を閑ぐ。之を微に謹むは、母の教なり。剛厳に過ぐるが若しと雖も、而る後に悔は必ず亡ぶ」という。内卦に在る初九は、家内の邪を禦ぐ母の教である。その初九の剛厳は過であるように思われるが、剛厳によってこそ悔无きことを得る。

また上九の爻辞に「孚有りて威如たれば、終に吉なり」といい、『周易内伝』は「孚有りとは、初九の剛徳と合するを謂う。初九は剛厳を以て之を内（内卦）に閑ぎ、上九は復《また》剛正にして以て其の上（上卦）に莅《のぞ》む。威は瀆《けが》れずして、家は自ずから正し。終に吉なりとは、初め吉ならずして而る後に乃ち吉なるを謂うに非ず。永く其の吉を保つを言う」という。

故に、陰陽位を得るの卦は四あり。漸《ぜん》（䷴）と曰い、既済《きせい》（䷾）と曰い、蹇《けん》（䷦）と曰い、家人《かじん》（䷤）と曰う。彼の三卦（漸《ぜん》と既済《きせい》と蹇《けん》）は、皆陰を増して其の競泆《きょういつ》を啓《ひら》く。漸《ぜん》は下の靡（弱）なるに疑う、則ち初（初六）

は小子に厲《あや》うし（初六の爻辞による）。既済《きせい》は上（上六）の濫に嫌《まぎらわ》し、則ち上（上六）は首を濡らすに厲《あや》うし（上六の爻辞による）。蹇《けん》は戸を闢《ひら》きて以て四達するも、終に以て陽を陥れて幾《ほとん》ど出ずるを得ず。其れ唯家人《かじん》のみ、之を下（初九）に閑《ふせ》ぎて、子の以て母を制するを許し、之を上（上九）に威ありて、主を尊びて以て従うを治む。而る後に、陰は忮《し》忌《き》柔曼にして以て情と為すと雖も、終に以て貞を保ちて失う勿《な》し。

陰陽が位を得る卦とは、九五と六二の正応を得たこの四卦をいう。しかし漸《ぜん》は三陰、既済《きせい》は三陰、蹇《けん》は四陰であり、陰が陽と争う卦である。漸《ぜん》の初六の爻辞に「小子は厲《あや》うし」といい、下位に在る陰が靡（弱）なる小子である。既済《きせい》の上六の爻辞に「其の首を濡らす、厲《あや》うし」といい、上位に在る陰が濫に泆している。蹇《けん》は艮《ごん》下坎《かん》上、下卦艮《ごん》（止）の戸を開いて、上卦坎《かん》（水）の四達に向う象である。しかし蹇《けん》の彖伝に「険（坎《かん》）は前に在り」というように、上六が柔であるから、九五は陰中に陥って行くことができない。以上の三卦に比べて、この家人《かじん》のみ初九は母が厳を以て家を治め、その結果漸《ぜん》の初六のように「小子は厲うし」とはならず、母の教を得た子は母の過ちを正すことができる。また上九は父が威を以て家を治め、その結果既済《きせい》の上六のように「其の首を濡らす、厲うし」とはならず、主を尊んで陽に従う道を得ることができる。この初九と上九の父母の教によって、陰は他をねたみ害し陰柔を以て媚びる情があっても、最終的には貞を保って失わない。

彖伝に「家人《かじん》は、女は位を内に正し、男は位を外に正す。男女正しきは、天地の大義なり」といい、『周易内伝』は「此れ、中の四爻（六二と九三と六四と九五）に就きて之を言う。先に女を言うは、二陰の卦は、陰を以て主と為し、亦彖詞（彖辞）の「女の貞しきに利し」の意なり。位を正すとは、剛柔各々其の道に循い、内外各々其の職に安んずるなり」という。また彖伝に「家人に厳君有りとは、父母の謂なり」といい、『周易内伝』は「此れ、初（初九）と上（上九）の二爻を言う。厳とは剛の徳なり、君とは之が綱と為りて之を治むるなり。上（上九）は父為り、初（初九）は母為り。天は尊《たか》く地は卑《ひく》く、父は尊く母は親しむの道なり。母道は慈なり、而るに亦厳と云うは、父の厳は、言に物あり行に恒あり（大象に、「君子は以て言に物有り、行に恒有り」という）、以て徳威を示すのみ。（中略）故に家を閑ぎ悔亡ぶ（初九の爻辞による）の道は、之を初九に責《もと》め、母は尤も厳ならざる可からず」という。

或いは曰く。徳は以て順に綏《やす》んじ、威は以て逆に涖《のぞ》む。二（六二）は中にして離《り》明（下卦の離《り》）の内主と為り、四（六四）は退きて巽《そん》順（上卦の巽《そん》）の令徳（すぐれた徳）を成す。是れ物は本より正しきも、其の剛を過用するは、已甚《はなはだ》しからずやと。

則ち将《はた》之を釈きて曰わん。以て天地の間を言うに、其の初めは豈不正有らんや。哲婦（才を恃む賢婦）有りと雖も、始めは必ず夫に従う。嚚子《ぎんし》（愚かな子）有りと雖も、生まれては必ず父に依る。是れ、位は本正しければなり。閨《けい》闥《たつ》（婦人のねや）の内、愛を絶てば則ち夫婦は楛《こ》（苦）なり。庭卮《ていし》（庭のみぎり）の間、恩寡なければ則ち父子は離る。是れ、情は本正しければなり。

其の正位に因り、其の正情を用いるも、習いて以て相沿えば、倒施戻出《れいしゅつ》の機は至微に成りて、揜《おお》う可からざるに終る。故に君子は強いて裁するに分の无き所を以てせず、名の本正しきを忽《ゆるが》せにせず。然る後に、正なる者は終に正にして渝《かわ》らず。故に、「情に発し、理に止まり、和楽して淫せず、怨誹して傷《やぶ》らず」と曰う。其の既に淫し既に傷るるに逮びて之を治むれば、則ち恩を戕《そこな》い性を害するの事起る。

さきに、「女の貞しきに利し」とだけいうのはなぜかと問い、それは初九と上九の陽が陰の貞を守らせたからであると説いていた。それに対し、家人《かじん》の六二と六四はそれぞれ離《り》の中と巽《そん》の順徳を成しているのに、初九と上九は陽剛を用いすぎるのではないかと、更に問う。

船山は答える。天地の間に生ずる万物についていえば、その本始はすべて正である。哲婦も始めは夫に従い、不肖の子も生まれたときは父に依るのは、夫婦と父子の位の正に因る。閨房において夫が愛情を絶てば夫婦は反目し、家庭において父が恩情を薄くすれば父子は相離れる。本来正しい情に背いたからである。

正位に因り正情を用いるにしても、陰陽が互いに争う倒施戻出（倒行逆施）の機が隠微に積み、そのあげく如何ともなし得ない局面を形成することがある。『論語』陽貨に、「子曰く、性は相近し、習えば相遠し」という。陽が陰を裁つといっても、その分にないことを強制するのではなく、本来の正を保つように、絶えず心を用いなければならない。正というのも、絶えず正を維持しようとすることによって正たることができる。『詩経』の大序に、「情は声に発し、声は文を成す。之を音と謂う。治世の音は、安んじて以て楽しむ。其の政、和すればなり。乱世の音は、怨みて以て怒る。その政、乖《そむ》けばなり」といい、『礼記』楽記にもほぼ同文がある。また『史記』屈原列伝に、「国風は色を好みて淫せず、小雅は怨誹して乱れず。離騒（『楚辞』）の若きは、之を兼ぬと謂う可し」という。

象伝に「父は父たり、子は子たり。兄は兄たり、弟は弟たり。夫は夫たり、婦は婦たり。而して家道正しく、家を正して天下定まる」といい、『周易内伝』は「父は父たりとして、母を言わざるは、母を父に統ぶるなり。初（初九）と上（上九）の剛厳なるは、父は父たるなり。中の四爻の位を得るは、子は子たるなり。三（九三）と四（六四）の追随するは、兄弟なり。兄（六四）は慈愛を以て友と為す、故に柔なり。弟（九三）は荘敬を以て恭と為す、故に剛なり。夫は夫たりとは、五（九五）は位を外（外卦）に正すなり。婦は婦たりとは、二（六二）は位を内（内卦）に正すなり。其の功を原本する（たずねる）に、父道の厳を本と為す。故に家人《かじん》の徳は、初（初九）と上（上九）に成る。天下定まるとは、風化は近き自《よ》り遠きに及ぶなり」という。

言の前に信有るは以て物と為し、行の余に道有るは以て恒と為す（大象による）は、初（初九）と上（上九）の、位外（初と上）に立ちて、位中（中の四爻）を治むる所以なり。位に渉《わた》れば則ち情は已に発し、情已に発すれば則ち変は必ず生ず。三（九三）は二陰（六二と六四）の中に入り、赬色《ていしょく》（赤い色）危顔（厳しい顔）して以て得失を争う。「婦子嘻嘻《きき》たる」（九三の爻辞）こと、終に免れず。顔之推曰く、「梁の元帝の世、中書舎人の厳刻にして度を失う有り。妻妾は刺客に貨し、酔を伺いて之を殺さしむ」と（『顔氏家訓』治家第五）。身を以て女子小人の間に試み、授くるに不正を以て之が怨みを開けば、又徒《ただ》に吝なるのみに非ず。大象に「君子は以て言に物有り、行に恒有り」といい、『周易内伝』は「物有りとは事理に切なるなり、恒有りとは其の常度を修むるなり。君子は法を風火（家人《かじん》の離《り》下巽《そん》上）に取り、言行は平易にして情に近く、遠きを致すに速やかなるの心無くして、自ずから以て遠きを致すに足る。家修の道、然るなり」という。

言葉に発する前にすでに信があることが大象にいう「言に物有り」の意であり、事を行った結果道があることが大象にいう「行に恒有り」の意である。初と上という位の外に立つ初九と上九が、二と三と四と五という位に在る四爻を治めることができるのは、この「言に物有り、行に恒有り」という君子であるからである。それに対し、位に居り具体的な事物に対処すれば己の情が発し、己の情が発すれば必ず恒は失われ変が生ずる。かくして二陰の中に居る九三は、顔色を赤くし厳厲を以て得失を争い、婦子は嘻嘻として怒り恐れる吝に陥いる。

九三の爻辞に「家人嗃嗃《こうこう》たり。厲《はげ》しきを悔ゆれば吉なり。婦子嘻嘻《きき》たれば、終に吝なり」といい、『周易内伝』は「嗃嗃、嘻嘻は、皆《とも》に火声なり。（中略）嗃嗃は火の烈なり、嘻嘻は火の余燄の声なり。九三は剛（陽）を以て剛（三の陽位）に居りて、中ならず。故に厳厲太《はなは》だ過ぐるの象と為す。未だ和洽《わこう》する能わず、故に悔ゆ。然れども、終に家を正して吉なり。乃ち三（九三）は離《り》火の余為《た》り（下卦離《り》の上に居る）、其の炎は且に殫《つ》きんとす。厳の太甚《はなはだ》しき者、威は且に窮まらんとす。則ち其の厳を悔いて、其の厲《はげ》しきを終えず。是を以て、終に吝なりの戒め有り」という。頳色は、下卦離《り》（火）の色をもつ九三、危顔は「剛を以て剛に居りて中ならず、故に厳厲太だ過ぐるの象」である九三をいう。顔之推のことばは、過度の厳刻を女子小人に施したあげく、わが身を亡ぼすに至ったことをいう。或ひとが問うた、陽がその剛を過用することは九三にのみ当り、初九と上九の功はそれとは異なるのである。

䷥ 睽《けい》（兌《だ》下離《り》上）

一

陰陽は位を失いて、睽《けい》に至る。則ち猜忌乖離《かいり》すること、固より情理の外に出ずる有り。而れども其の世に値《あ》う者は、恬《てん》として怪しむを知らず。陽は、屈して二（九二）と四（九四）に処る。其の睽《そむ》けること、何ぞ尤《ゆう》なる（極まる）。陰は、進みて三（六三）と五（六五）に宅《お》り、以て睽《そむ》く无かる可し。而れども燥溼《そうしゅう》（下卦兌《だ》は沢の溼、上卦離《り》は火の燥）は其の性情を異にし、分に非ずして其の矜忌《きょうき》（驕慢）を生じ、傲《おご》りて群を恤《おも》わずして離泮《りはん》（乖離）を成す。甚しい哉、小人の、時に乗じて駕するを得使む可からざること。

彖辞について、『周易内伝』は「睽とは、乖異する（そむく）なり。中の四爻（九二と六三と九四と六五）は皆其の位を失い、初（初九）と上（上九）は剛強を以て之を束合《そくごう》するも、固より親しまず。故に睽《けい》を成す」という。九二と九四の陽が陰位の二と四に居ることは睽《そむ》くことの大であるのみか、六三と六五の陰が陽位の三と五に居る。これは家人《かじん》䷤の九三が九二に下り九五が九四に下り、また六二が六三に上り六四が六五に上って、中の四爻がそれぞれ陰陽の位を失った睽《けい》䷥についていう。六三と六五はともに陰であるから睽くべきでないのに、六三は下卦兌《だ》の沢の溼に在り、六五は上卦離《り》の火の燥に在り、その性情を異にする。すなわち六三と六五は陰でありながら陽位に在るから、自ら矜《ほこ》って驕慢の心を生じ、その結果六三と六五は同じ卦に在る二陽を顧みず、燥溼相乖《そむ》く離泮の象を成すに至る。小人の陰は、まことに時に乗じて振舞わせるべきものではないのである。

然りと雖も、其れ猶《なお》差等有り。五（六五）は天歩（五は天位）を履みて明（上卦離《り》は明）なり、三（六三）は争地（三は進爻）に処りて穢《わい》（下卦兌《だ》は沢）なり。其の寧謐《ねいひつ》の世をして戈《か》鋋（鋋は小さい戈）横流せ使むる者は、三（六三）

は其れ戎首為《た》るか。才は均しくして相逼《せま》り、激して以て恩寡《すく》なし。故に蔡攸は其の毛裏（僅か）の仁を全うするを得ず、張陳（張耳と陳余）は其の刎頸《ふんけい》の誼《よしみ》を保つ能わず。然りと雖も、天下は将《はた》其の終りを凶にするを視て、之を平らかにする莫きか。曰く、初（初九）と上（上九）は、其の之を平らかにする者なり。

六五と六三を比べると、六五は上卦離《り》の天位に在る明であるが、六三は上卦と下卦の際に在りまた進爻であるから、六三こそ争いを起す戎首というべきである。六三は陰でありながら陽の才と均しくして九四に逼り、争いを激成して恩を無みするに至る。六三の爻辞に「輿《よ》の曳かるるを見る。其の牛、掣《ひ》かる（制せられる）。其の人、天《かみき》られ（髪を切る）且つ劓《はなき》らる。初め无くして終り有り」といい、『周易内伝』は「睽《けい》の爻を用うるや、皆其の位を失う（初九を除く五爻は、九二と九四と上九が陰位に居り、六三と六五が陽位に居る）。而るに三（六三）は柔を以て剛（三の陽位）に居り、志は躁進するに在り。其の乖異すること、尤も甚し。方《まさ》に行くに急なり。下の二陽（初九と九二）は、其の乗る所の輿なるも、之と心を同じくせず。則ち輿の曳かるるを見て、急に其の牛を鞭《むちう》たんと欲す。乃ち柔（六三）は任ずるに堪えずして、牛は又掣《ひ》かる。上九は其（六三）の乖躁を見、弧《ゆみ》を張りて之を射んと欲す（上九の爻辞に、「先に之が弧を張る」という）。三（六三）は乃ち順いて与に応じ、是に於いて施すに髠劓《こんび》（髪を切ると鼻を削ぐ）の薄刑を以てし、其の悋《つつ》しまざるを懲らす。而して三（六三）は懲を知り、則ち是れ能く過ちを改めて以て善に服す。故に初め无くして終り有り」という。

六五が六三と異なるとは、六五の爻辞に「悔亡ぶ。厥《そ》の宗、膚《はだえ》を噬《か》む。往くも何の咎かあらん」という。『周易内伝』は、「厥《そ》のとは、彼に在るの辞なり。厥の宗とは、彼（六五に応ずる九二）の依りて以て主（宗）と為す者、二（九二）は初（初九）を以て依（宗）と為すを謂う。膚は、噬み易き者なり。卦（☲☱）は噬嗑《ぜいこう》（☲☳）と相類す（噬嗑《ぜいこう》の六二が九二となったものが睽《けい》）、故に膚を噬むと言い、又齧《か》み合す（初九と上九が囓み合す）の象有り。六五は柔もて尊に居り、其の位に非ず（陰が五の陽位に居る）。九二の剛に逼られ、其（九二）の己を傷る（膚を噬《か》む）を疑い、下に往きて以て交わるを欲せず。故に二（九二）は、廷に見《まみ》ゆる能わずして巷に在るの象有り（九二の爻辞に、「主に巷に遇う」という）。乃ち二（九二）の依りて以て其の剛を輔くる所の者は、初（初九）なり。則ち固より剛（初九と九二の陽）を以て異（六五）を束ねて以て同と為す者なり。既に（初九が）二（九二）と志合して相入れば、必ず二（九二）と五（六五）との相応ずるを噬みて（齧み合せ）、以て終に乖《そむ》か使めず。則ち五（六五）は往きて二（九二）に応ずるも、抑《また》何ぞ焉《こ》れを患《うれ》えん。故に咎无し」という。

蔡攸は蔡京の長子、「父子各々門戸を立て、遂に仇敵と為る」。かつて攸は父の脈を診て身体の不調を問い（毛裏の仁）、蔡京はそれは攸が自分を罷めさせようとしているのだと思い、数日後に致仕す（辞職する）という（『宋史』巻四百七十二）。陳余は初め「余（陳余）は年少にして、張耳に父事し、両人相与に刎頸の交わりを為す」が、項羽が張耳を王とし陳余を侯としたことから争いが生じ、張耳は陳余に敗れて漢の劉邦に帰する。のち劉邦が項羽を撃つとき陳余に協力を求めるが、陳余は「漢、張耳を殺さば乃ち従わん」といい、劉邦は張耳に似た者を殺してその頭を陳余に示し、かくしてその助勢を得たが、のち陳余は張耳が生きていることを知り、漢に叛くに至る（『史記』巻八十九）。この六三の睽《そむ》く凶を平らかにするものは、初九と上九の陽である。

初（初九）と上（上九）の家人《かじん》（䷤）に於けるや、之を本より合するに閑《ふさ》ぐは、則ち功を為し易し。睽《けい》（䷥）に於けるや、之を已に離るるに合するは、則ち力を為し難し。位の已に失わるるに逮びて、初（解《かい》の初六）と上（解《かい》の上六）は柔の道を以て之を散じ、陽（解《かい》の上卦震《しん》）を奉じて主と為せば、則ち解《かい》（䷧）は険（下卦坎《かん》）を免る。初（睽《けい》の初九）と上（睽《けい》の上九）の剛の道を以て之を固くするも、反りて陰の用と為れば、則ち睽《けい》は終るに孤（上九の爻辞にいう）を以てす。孤にして且つ難あり、初（初九）と上（上九）の技は亦窮まる。然れども、其の平らかならざるを平らかにし、其の乖《そむ》けるを治むる者は、天の道なり、陽の任なり。初（初九）と上（上九）は、亦何の道ありて以て此に当りて傷《やぶ》る无きか。

さきに見たように、家人《かじん》䷤は六二と六四の陰、及び九三と九五の陽がすでに正位に居るから、初九と上九の陽が閑《ふせ》いで功を為し易い。しかし睽《けい》䷥は六三と六五の陰、及び九二と九四の陽がすでに位を失っているから　初九と上九の陽がそれを合せようとしても功を収めることができない。解《かい》䷧は睽《けい》䷥と同じく、内の四爻が位を失っているが、初六と上六の陰は柔を以て下卦坎《かん》の険を散ずることができる。解《かい》（坎《かん》下震《しん》上）の彖伝に、「解《かい》は、険（坎《かん》）以て動く（震《しん》）。動きて険を免るるは、解《かい》なり」といい、『周易内伝』は「此れ、震坎《しんかん》の象を以て之を言う。然れども、唯初（初六）の柔なり、故に其の険（下卦の坎《かん》）を知りて、敢えて易《い》の心を以て之に臨まず。唯上（上六）の柔なり、則ち動きて（上卦の震《しん》）、窒がる所無くして以て相競う。故に能く険を免る」という。陽を奉じて主と為すとは、上卦震《しん》の動をいう。ところが睽《けい》は柔を用いる解《かい》とは異なり、初九と上九は陽剛を以て固くすることによって、反って六五の陰の用となり、睽《けい》の終りの上九は孤となる。上九の爻辞に「睽《そむ》きて孤なり」といい、『周易内伝』は「六五は方《まさ》に陰を以て尊に居るも、上九は位を失うの陽（陽が上の陰位に居る）を以て其の上に寄処するは、孤なり」という。難ありとは、上九の爻辞に「家の塗《どろ》を負うを見、鬼を一車に載す」という。とはいえ、初（初九）と上（上九）は陽としてこの平かならざることを平らかにすべき任をもつ。その道とは何か。

夫れ情は時に称《かな》う者なり、事は位に因る者なり。桅《がい》（帆柱）に刻するも以て剣を得可からず（『呂氏春秋』察今）、尸祝は以て饔《よう》（料理）を佐《たす》く可からず（『荘子』逍遙遊）。均しく陽剛為るも、位異なれば則ち嚮《むか》う所を異にし、時殊なれば則ち施す所を殊《こと》にす。睽《けい》の初（初九）と上（上九）に処り、道は各々相反するを以て相成し、而る後に術は以て窮まらず。

『呂氏春秋』察今に、「楚人、江を渉る者有り。其の剣、舟中自り水に墜つ。遽《にわ》かに其の舟に刻して曰く、是れ吾が剣の従《よ》りて墜つる所なりと。舟止まり、其の刻する所の処従《よ》り、水に入りて之を求む。舟は已に行き、剣は行かず。剣を求むること此《か》くの若きは、亦惑わずや」という。すなわち、情は時に称うべきことについていう。また『荘子』

逍遥遊に、「庖人は、庖を治めずと雖も、尸祝（祭りを司るかんなぎ）は樽俎を越えて之に代らず」という。すなわち、事は位に因るべきことについていう。睽《けい》の初九と上九は、同じく陽であるが、時は殊なり位も異なるから、互いに反する術を用いて相成さなければならない。以下、その術を述べる。

上（上九）は尊《たか》きに居り俯臨して以て下を治め、初（初九）は卑《ひく》きに処り門を出でて以て交を合す。下を治むるには刑を用い、交を合するには礼を用う。初（初九）は三（六三）と同体を為し、上（上九）は三（六三）と君臣を為す。小人の忿争《ふんそう》して洽《あ》わざるや、其の党を責望（責め怨む）するに類を連ぬるの戈矛を以てするも、猶其の君は己を正すの鈇鉞《ふえつ》有るを懼る。同体にして相規《ただ》せば、則ち激して室に怒るの色を赬《あか》くす。高きに居りて我を治めざれば、則ち狃《な》れて攻撃の力を尽くす。初（初九）にして弧《ゆみ》を張れば（上九の爻辞にいう）、則ち闘（争い）を救いて搏撠《はくげき》す（撃つ）。上（上九）にして逐《お》う勿ければ（初九の爻辞にいう）、則ち焚を救い溺を拯《すく》う（危急の難を救う）に采斉《さいし》・肆夏《かいか》の周旋を用う（『礼記』玉藻にいう）。

上九は天位の尊きに居り下を治め、初九は地位の卑きに居り門から出て物に交わる。下を治める上九は刑を用い、物に交わる初九は礼を用いる。初九は六三に於いては下卦兌《だ》の体を同じくし、上九は六三に対しては君臣の関係に在る。小人が相争うとき、同じ仲間を責めるのに同類の戈矛（小人の武器）を用いるが、君主が鈇鉞（君主の武器）を以て己を正すことを懼れる。しかし初九が同体の六三を規《ただ》せば、六三は激して怒りを露《あらわ》にする。「室に怒りて市に色す」（『春秋左氏伝』昭公十九年）は、室内の怒りを公衆の前に八つ当りすること。また君位に在る上九が己（六三）を正さなければ、六三は上九に狃《な》れて上九を攻撃しようとする。初九が上九のように六三を治める弧《ゆみ》を張れば（上九の爻辞に、「先に之が弧を張る」という）、六三との争いを収めようとしていよいよ争いが激成する。また上九が初九のように礼を守って逐《お》うことがなければ（初九の爻辞に、「馬を喪うも逐う勿れ。自ずから復る」という）、危急の難を治めるべきときに礼を用いるという結果に陥る。『史記』孫子列伝に「孫子曰く、闘を救う者は搏撠《はくげき》せず」といい、『礼記』玉藻に「古の君子は、……趨るに采斉《さいし》（路門から趨るときの楽節）を以てし、行くに肆夏《かいか》（堂に上るときの楽節）を以てし、周還《しゅうせん》（旋）は規に中《あた》り、折還は矩に中る」という。

初九の爻辞に「悔亡ぶ。馬を喪うも逐う勿れ。自ずから復る。悪人を見るも、咎无し」といい、『周易内伝』は「睽《けい》の乖異《かいい》を為す所以の者は、陰は亢して剛に乗じ、尊位に居り（六五）、進爻に処り（六三）、而して終に自ら安んぜざればなり。陽は抑うるも陰を承け（初九と九二が六三を承け、九四が六五を承ける）、志は陽を求めて以て自ら輔くるに在り、而して陰に順わず。故に貌（外見）は相応ずと雖も、情は固より離る。初（初九）の四（九四）と相応ぜざるは、悔有るかと疑われ、馬を喪いて行く能わざるの象有り。然れども此の卦は、唯此の爻（初九）のみ位に当ると為す（陽が初の陽位に居る）。上は柔の乗ずる所と為らず（九二が初九の上に在る）、而して四（九四）は徳を同じくする（九四と初九はともに陽である）を以て相感ず。閑勒《かんろく》（馬を制御するおもがい）は手に在り、物の制し難きを憂えず。故に逐う勿くして自ずから得、悔は亡ぶ。且つ初（初九）は、豈徒《ただ》に四（九四）の志を同じくするを恃みて御する所を得るのみならんや。凡そ中の四の不正の爻（九二と六三と九四と六五は、それぞれ陰陽の位が当らない）は、皆悪人なりと雖も、剛柔自ら任じ、出でて之に見《まみ》えて以て其の乱を遏《とど》め、志を矯め物を裁ちて自ら処すること過ぐる無く、固より以て人の邪を閑《ふせ》ぐ可し」という。

上九の爻辞に「睽《そむ》きて孤なり。豕の塗《どろ》を負うを見、鬼を一車に載す。先に之が弧《ゆみ》を張り、後に之が弧を説《と》（脱）く。寇《あだ》するに匪ず、婚媾するなり。往きて雨に遇えば則ち吉なり」といい、『周易内伝』は「六五は方に陰を以て尊に居るも、上九は位を失う（陽が上の陰位に居る）の陽を以て其の上に寄処するは、孤なり。乃ち上九の志の睽《そむ》かんと欲するは、初（初九）と道を同じくする者なり。故に剛に任じて其の乖異《かいい》を懲らして以て安んぜ使めんと欲するも、正応する所の者（六三）は位を失い（陰が三の陽位に居る）陰濁躁突《そうとつ》の三（六三）にして、豕の泥塗に溷《けが》るるが若《ごと》し。徧《あまね》くして在下の爻を視るに、陰陽錯乱し（九二が陰の二に居り、六三が陽の三に居り、九四が陰の四に居り、六五が陽の五に居る）、車を盈たすは皆鬼なり。是に於いて其の戢《おさ》めざるを憤り、弧《ゆみ》を張りて之を射んと欲す。三（六三）は乃ち畏服し、敢えて寇《あだ》を為さずして婚を求め、因りて弧《ゆみ》を説《と》（脱）きて以て之と相応ず。三（六三）は異志無ければ、則ち陽（上九）は争わざる可く、陰（六三）の志も亦斂《おさ》まる。晴霾《せいばい》（晴れと土が降る）定まらざるの宇（天空）にして、雨を得て以て解くるが若く、以て吉なる可し。雨に遇えば則ち吉なりとは、遇うと遇わざるは未だ定む可からざるの辞なり」という。

是の故に、朋党相傾くるの世も、始めは亦忌む所无きに非ず。其の上は禍端を養いて辨《わか》たず、其の下は清議を操りて戢《おさ》めず。建安（後漢の献帝）は論を遣《いた》して紹（袁紹）瓚《さん》（公孫瓚）益々争い、天復（唐の昭宗）は和を講じて邠《ひん》（洛陽の朱全忠）岐《き》（李茂貞が関中に建てた国）愈々搆す（争う）。唐文（唐の文宗）は之を河北に擬《はか》りて難を為すを見、宋徽《き》（北宋の徽宗）は之を持するに建中（建中靖国の元号）を以てするも国は卒に靖んずるを得ず。誰か実に臣に非ずして、給を我の膏雨に仰ぎ、而も其の斧衮《ふこん》（天子）を操《と》る能わざらんや。則ち何をか憚りて、気に任じて以て雄を競わざるか。乃ち之が下為る者、処士は道塗に浮議し、小吏は亟々《しばしば》其の長短を持す。引去するを以て孤高と為し、禍を蒙るを以て栄誉と為す。而して陰邪狠鷙《こんし》（悪逆）なる者、柔主の権を仮《か》り、俯して排撃す。偃月（唐の李林甫、偃月堂）は威張り、風波（岳飛が囚われ殺された大理寺獄風波亭、杭州にある）は獄起り、燎原（の火）は益々逞しく、四海は分崩す。

朋党の小人が互いに争う世も、その始めはそれを恐れる心がないわけではなかった。しかし上に在る君主は禍端を醸成しながら事態を認識できず、下に在る臣は徒らに清議を弄して論争をやめなかった。このような世に在って、上九の天子が刑を以て治めず、初九の臣が礼を以て正さなければ、いかなる事態に陥るのか。献帝と昭宗、文宗と徽宗は、上九の陽剛を用いることができなかったため、争いを激化させ国を亡ぼすに至った。そのとき下に在る者が臣として振舞うことができず、君の恩沢を受けながら天子の斧鉞を操ることができないなどということがあろうか。臣下が己の気に任じてその権を揮うことができないような、何か憚ることがあったのであろうか。決してそうではなく、すべて上九が剛を用いなかったことによる。その結果、処士小吏は互いにその些末の睽を争い、そのあげく世に背いてわが孤高を恃み、禍を受けることをわが栄誉とするに至る。かくしてこの睽《そむ》き合う状況につけこむ六三が六五の権を借り、四海は崩壊するに至る。

若令《もし》之を早きに辨《わか》ち、上は典刑（型）を秉《と》り、下は礼譲を敦《あつ》くすれば、則ち豈此の患有らんや。嗚呼、能く此の道を以て睽を治むる者は寡なし。漢より以来、敗亡の軌は轍を一にするが若し。夫れ天下は睽无き能わず、而れども以て之に処する有らば、則ち天地、男女、万物の「以て同じくして異なる」（大象にいう）者、異に於いて能く同じくし、咎を辟《のぞ》き（初九の小象にいう）、疑は亡ぶ（上九の小象にいう）。豈、其の之を散じて収む可からざるを憂えんや。

もし事態を早く認識し、上九が典型を秉《と》って治め、初九が礼譲を敦くすれば、このような亡国に至る患いはなかったはずである。「嗚呼、能く此の道を以て睽《けい》を治むる者は寡なし」と嘆ずるのは、明末の東林党の争いから明が亡びるに至った船山の哀しみに重ねていう。漢からわが明室に至るまで、王朝の亡国はすべて睽《けい》の世に処する道を誤ったからである。そもそも争い睽《そむ》くことのないことは、天下にありえないことである。しかし睽《けい》に処する道を以てすれば、天地から男女万物に至るまで、それぞれの異の争いを治め、咎を除き、群疑をなくすことができる。上九の小象に「雨に遇うの吉（上九の爻辞に、「往きて雨に遇えば、則ち吉なり」という）とは、羣疑亡べばなり」といい、『周易内伝』は「雨ふれば則ち陰の気は洩《も》れ、而して陽も亦舒《の》ぶ」という。

睽《けい》の大象に「上に火（離《り》）あり、下に沢（兌《だ》）あるは、睽《けい》なり。君子は以て同じくして異なる」といい、『周易内伝』は「火は炎上し、沢は流下す。火は沢を熯《や》かず、沢は火を熄《け》さず、相害せずして、各々其の用を成す。君子の人に与《お》けるや、同《とも》に君子為れば、則ち異を以て相切磋《せっさ》し、雷同して以て相襲わず。故に異なるも、其の和を傷らず（『論語』子路に、「君子は和して同ぜず」という）。若し其の類に非ずして、之と異を立てて以て高きを明らかにすれば、則ち水火は交々争い、孤立して与にする無くして危うし。善く睽《けい》を用いる者は、之を同じき所に用いて党せず（『論語』述而に、「君子は党せず」という）、之を異なる所に用いずして則ち争わず（『論語』八佾に、「君子は争う所無し」という）。また、『論語』衛霊公に、「子曰く、君子は矜《きょう》（厳）にして争わず、羣して党せず」という。

初九の小象に「悪人を見る（爻辞）とは、以て咎を辟《のぞ》くなり」といい、『周易内伝』は「辟とは、除くなり。中の四爻（九二と六三と九四と六五）は咎の徒なり。之（悪人）を見るは、之を辟除するなり」という。朱子『周易本義』は、「然らば亦、必ず悪人を見て、然る後に以て咎を辟《さ》（避）く可く、孔子の陽貨に於けるが如し（『論語』陽貨）」という。朱子が辟を避けると訓ずるのに対し、船山は積極的にそれを除く意であるという。

なお『周易稗疏』は、初九の小象「以辟咎也」について、「辟は、旧音避（ひ）は非なり（朱子『周易本義』の説を斥ける）。当に音は必亦の反（へき）なるべし。禳《はら》うなり、除くなり、去るなり。咎を避くるは、咎已《すで》に成りて之を逃るるなり、小人の幸いに免るるなり。辟《のぞ》くとは、咎未だ成らずして之を除くなり、君子の大用なり。（中略）九二以上の位を失うの爻は、皆悪人なり。初九は剛を以て之を早きに制し、之を見れば乃ち以て之を治む。故に其の不祥を未だ乱れざるに除き、咎无きを得たり」という。

然らば則ち、二（九二）と四（九四）とは、其れ責无きか。位を失いて卑きに処り、争世に居りて争いは自《よ》りて已《や》まず。二（九二）は中を守り、四（九四）は退（四は退爻）に居る。間関（辛苦）勤困し、偶する所を求め、託するに誠を以てするは、自ら固くするの道なり。久しいかな、其の復《また》能く他に及ぼさざること。故に恕を以て之を待ち、施すに悔吝の辞を以てせず。

睽《けい》の四陽の内、初九と上九以外の九二と九四の責任を問う。九二と九四は陽でありながら二と四の陰位に居り、しかも九二は六三の下、九四は六五の下の卑きに居る。しかし九二は中を守り、九四は孚を以て睽《けい》の世に処している。この二陽は辛苦して勤め、九二は正応の六五を求め九四は元夫の初九を求め、誠を以てそれぞれ託するのは、自ら陽の道を固く守るものである。恕を以て之を待つとは、九二の爻辞に「咎无し」といい、九四の爻辞に「厲うけれども咎无し」といい、悔吝の辞を用いないことをいう。九二と九四が中を守り退に居る誠を以てし、決して他爻に陽剛を施さないことをたたえる。久しいかなとは、いうまでもないとの意。

九二の爻辞に「主に巷に遇う。咎无し」といい、『周易内伝』は「巷とは、宮中の甬道《ようどう》（楼閣の間の複道）なり。六五は柔を以て尊に居り、下は九二の剛中に臨む。心は焉《こ》れ（六五の陰が五の尊位に在ること）を嫌う有り、自ら斧扆《ふい》（天子の座の屏風）の間に安んずる能わずして、以て二（九二）に接す。二（九二）は剛なりと雖も、中を得て亢せず。巷に就きて以て見《まみ》えて之に遇い、之と相応ず」という。

また九四の爻辞に「睽きて孤なり。元夫に遇いて、交々孚あり。厲《あや》うけれども咎无し」といい、『周易内伝』は「四（九四）は位を失うの陽（陽が四の陰位に居る）を以てし、三（六三）と五（六五）とは権に乗じて（六三は進爻）中を得たり（六五は中に居る）。或いは（六三は）迫進して相干《おか》し、或いは（六五は）尊に拠りて相乗じ、睽きて孤なり。元夫とは、剛の長ずる（初九）なり。四（九四）は初（初九）と相応じて道合し、之（初九）を恃み以て自ら輔けて交々孚あり（陽と陽が相応ずる）。勢いに処ること危うしと雖も、能く剛正の者（初九）と志を合す。故に咎无し」という。

二

陰陽の用、君子は恒に其の壮を用い、異端は恒に其の穉《ち》（幼）を用う。其の壮を用う、故に直もて養いて害《そこな》う無ければ、天地の間に塞がる（『孟子』公孫丑上による）。其の穉を用う、故に錞《ひく》（低）きに居りて柔を致し（『老子』第十章に、「気を専らにし柔を致すは、能く嬰児なるか」という）、苟くも其の躯を全うし妻子を保つの術を善くす。蓋し陰陽の功効は、各々其の性情に自りて生ず。陽は、直なるも躁なり。躁なれば、則ち其の終に窮まるを憂う。陰は、静なるも緩なり。緩なれば、則ち其の後に裕《ゆた》かなるを楽しむ。故に震《しん》（☳）は奮い巽《そん》（☴）は弱く、坎《かん》（☵）は険しく離《り》（☲）は付き、艮《ごん》（☶）は衰止し兌《だ》（☱）は欣説《きんえつ》（悦）す。陽の壮（震《しん》）を用うれば、則ち迅起して功有り。陰の壮（巽《そん》）を用うれば、則ち披払《ひふつ》（散乱）して制し易し。其の穉なる者は、陽（艮《ごん》）は其の功を替《す》て、陰（兌《だ》）は制し難し。異端は顧みて之を利用し、其の弱の動、反の用を以て、形の君、気の母と為して、之を宝とす。甚しいかな、其の倡和の経に逆《そむ》きて、以て天地の家を克《よ》くする无きこと。

君子は陰陽の壮を用いるが、異端はその穉を用いる。睽《けい》は兌《だ》下離《り》上、少女の兌《だ》と中女の離《り》である。陰の穉を用いるから、異端に利用され易い。『孟子』公孫丑上に、「其（浩然の気）の気為たるや、至大至剛、直を以て養いて害う無ければ、天地の間に塞がる」という。それは、陽の壮を用いるものである。それに対し陰柔を尚ぶ老子は、「反は道の動、弱は道の用なり」（『老子』第四十章）といい、「天下の至柔は、天下の至堅を馳騁《ちてい》す」（『老子』第四十三章）といい、また「天下は、水より柔弱なるは莫し、而るに堅強を攻むる者は、之に能く勝つ莫し」（『老子』第七十八章）という。それは、陰の穉を用いるものである。陽は直であるが、躁のために終りは窮まる。長男の震《しん》は壮であり奮起するが、中男の坎《かん》は険に陥り、少男の艮《ごん》に至って衰止する。陰は静であるが、緩のため後には裕かになる。長女の巽《そん》は弱いが、中女の離《り》は付き、少女の兌《だ》に至って説《よろこ》ぶ。

このように、陰陽の壮である長男震《しん》と長女巽《そん》を用いれば、陽の功を成し陰を制することができるが、穉である少男艮《ごん》は陽の功を成し難く、少女兌《だ》は制する力をもたない。このような穉を用いる異端の老子は、陽が倡え陰が和する常経に逆き、乾坤《けんこん》の天下を治めることができない。なお、形の君は『淮南子』斉俗訓に見え、気の母は『荘子』大宗師に見える。

故に易の陰陽を順用する者は、四あり。雷（震《しん》）水（坎《かん》）にして解《かい》（䷧）なり、風（巽《そん》）火（離《り》）にして家人《かじん》（䷤

☲）なるは、皆《とも》に其の壮を用うる者なり。水（坎《かん》）山（艮《ごん》）にして蹇《けん》（☵☶）なり、火（離《り》）沢（兌《だ》）にして睽《けい》（☲☱）なるは、皆《とも》に其の穉を用うる者なり。

雷水にして解《かい》なりとは、解《かい》は則ち闢《ひら》く。闢けば則ち、陽は以て陰に交わりて、其（陰）の広生を成すを得たり。風火にして家人《かじん》なりとは、家人《かじん》は則ち翕《とざ》す。翕せば則ち、陰は以て陽に交わりて、其（陽）の大生を相《たす》くるを得たり。故に勾芒《こうぼう》（木神、春）甲坼《こうたく》（種が発芽する）は解《かい》に生じ、夫婦父子は家人《かじん》に生ず。生は壮に因りて形を成し、形は壮に因りて性を凝《こ》らす。性凝り気盛んにして、乃ち以て天地の間に塞《ふさが》りて（『孟子』公孫丑上にいう）慙《は》ずる无し。

坎《かん》下震《しん》上の解《かい》は中男の坎《かん》と長男の震《しん》、離《り》下巽《そん》上の家人《かじん》は中女の離《り》と長女の巽《そん》。ともに各々陰陽の壮を用いる。艮《ごん》下坎《かん》上の蹇《けん》は少男の艮《ごん》と中男の坎《かん》、兌《だ》下離《り》上の睽《けい》は少女の兌《だ》と中女の離《り》。ともに各々陰陽の穉を用いる。

陽の壮を用いる解《かい》は、陽が動いて陰に交わり、かくして陰の広生を成す。陰の壮を用いる家人《かじん》は、陰が静であることによって陽に交わり、かくして陽の大生をたすける。広生と大生は易の繋辞上伝第六章に、「夫れ乾《けん》は其の静なるや専らにして、其の動くや直なり。是を以て大生す。夫れ坤《こん》は其の静なるや翕《とざ》し、其の動くや闢《ひら》く。是を以て広生す」という。甲坼は解《かい》の彖伝に、「雷雨作《おこ》りて、百果草木、皆甲坼す」といい、夫婦父子は家人《かじん》の彖伝に「父は父たり、子は子たり。兄は兄たり、弟は弟たり。夫は夫たり、婦は婦たり。而して家道正し」という。すなわち、解《かい》と家人《かじん》は陰陽の壮を用いるが故に陰陽互いに交わる。生（陽）が形（陰）を成し、形（陰）が性（陽）を凝らすのは、ともに陰陽の壮に因る。かくして浩然の気となり、「其の気為るや、至大至剛にして、直を以て養いて害《そこな》う無ければ、則ち天地の間に塞る」（『孟子』公孫丑上）ことができる。

夫の、陰は穉にして睽《けい》なり、陽は穉にして蹇《けん》なるが若《ごと》きは、則ち是れに異なれり。陽は衰止して以て生ずるに足らず、陰は熟嘗《じゅくしょう》して（狎れて試みる）殺に果す（結果する、終る）。故に「険を見て止まる」者（蹇《けん》の彖伝）は、彼の所謂虎兕《こじ》も其の攫《つか》むを施す所无きなり（『老子』第五十章）。「柔進みて上行する」者（睽《けい》の彖伝）は、彼の所謂万物の生ずるは脆弱《ぜいじゃく》なるなり（『老子』第七十六章）。亦聊《たの》しみて以て自ら其の生を固くして、卒に其の殺に浜（瀕）するを知らず。

蹇《けん》は、険（上卦の坎《かん》）を以て主と為す。故に其の流れて申（申不害）商（商鞅）と為るや、天下を艱難に納めて、苟《かりそめ》に其の功に居る。睽《けい》は、争うを以て道と為す。故に其の流れて陰符（『陰符経』）と為るや、天下を機械（機巧を用いる術）に闘わし、密かに其の盗を用う。此れ陽は穉にして弱く、陰は穉にして蕩《うご》く者の、必ず然るの数なり。陰陽を択びて用いるに利しき者、其れ尚《ねが》わくは諸《こ》れを辨《わか》たんことを。

兌《だ》下離《り》上の睽《けい》は、少女の兌《だ》と中女の離《り》、すなわち陰の穉を用いる。艮《ごん》下坎《かん》上の蹇《けん》は、少男の艮《ごん》と中男の坎《かん》、すなわち陽の穉を用いる。蹇《けん》は陽が衰止する艮《ごん》をもつから物を生ずることができず、睽《けい》は陰が欣悦する兌《だ》をもつから自ら殺に至る。あとに「亦聊《たの》しみて以て自ら其の生を固くす」というように、睽《けい》の兌《だ》が欣悦して静なるべき陰が自らその生を限定して、その結果自らを亡ぼすに至ることをいう。蹇《けん》は、険（坎《かん》）を見て止（艮《ごん》）まる（蹇《けん》の彖伝に、「険を見て能く止まる、知なる哉」という）。それは『老子』第五十章に、「蓋し聞く、善く生を摂する者は、陸行して兕虎《じこ》に遇わず、軍に入りて甲兵を被《こうむ》らず。兕は其の角を投ずる所無く、虎は其の爪を措《お》く所無し」というに当る。睽《けい》は、陰柔が説《よろこ》んで上行する。それは『老子』第七十六章に「人の生まるるや柔弱にして、其の死するや堅強なり。万物草木の生ずるや柔脆にして、其の死するや枯槁す。堅強は死の徒、柔弱は生の徒なり」というに当る。

蹇《けん》は険難を主とするものであるから、申不害や商鞅など法家の術となり、天下を艱難の世と見なし、それを術によって巧みに免れることを己の功とする。睽《けい》は争い睽《そむ》くことを道とするものであるから、陰符の兵家の術となり、天下を機巧によって戦う世と見なし、密かに国柄を盗もうとする。それは陽が幼弱であり、陰が静に安んずることができないからである。陰陽の壮を用いる君子は、よくこの理を辨えなければならない。

䷦ 蹇《けん》（艮《ごん》下坎《かん》上）

一

困《こん》（䷮）は剛揜《おお》われ（困《こん》の彖伝）、蹇《けん》も亦剛揜わる。而れども蹇《けん》は甚しと為す。困《こん》は外之を困し、蹇《けん》は自ら前《すす》む能わず。困《こん》は陽は盛んにして（上卦兌《だ》の二陽）憤盈し、蹇《けん》は陽は孤にして（下卦艮《ごん》の一陽）自ら保つ。故に吉凶を以て之を言えば、蹇《けん》は困《こん》より優なり。志盛んなる者（困《こん》）は、時命の夙《はや》からざるを怨む。情孤なる者（蹇《けん》）は、惴志《ずいし》（懼れる心）を抱きて以て淵（上卦の坎《かん》）に臨む。然らば則ち、困《こん》は且に伸ぶるを求めんとし（上卦の兌《だ》）、蹇《けん》は終に自ら圉《とぎ》せるか（下卦の艮《ごん》）。乃ち（然るに）君子の、困《こん》を伸ばさんと欲し、蹇《けん》を自ら圉《とぎ》さざるに勉むるは、其の情同じきなり。

困《こん》の彖伝に「困《こん》は剛揜《おお》わる」といい、『周易内伝』は「上（上六）は五（九五）と四（九四）を揜い、三（六三）は二（九二）を揜い、初（初六）は復《また》下従《よ》り之（九二）を揜う」という。蹇《けん》も九五と九三の二陽が四陰に揜われている点では、困《こん》と同じである。しかし困《こん》の上卦兌《だ》の陰が困《こん》の象を成しているのに対し、蹇《けん》の下卦艮《ごん》の陽が進むことを自ら止めている点では、蹇《けん》の難は困《こん》より甚しいといわなければならない。しかし、上卦兌《だ》の二陽の困《こん》が憤盈して怨むのに対し、下卦艮《ごん》の一陽の蹇《けん》が「険を見て能く止まり」（彖伝）自ら保つ点では、蹇《けん》の吉凶は困《こん》よりも優れている。それは二陽の志盛んな困《こん》が時に遅れることを怨むのに対し、孤陽の蹇《けん》は上卦の坎《かん》（深淵）に臨んで自ら懼れる心を抱いているからである。とはいえ、坎《かん》下兌《だ》上の困《こん》が二陽を以て伸（兌《だ》、説ぶ）びようとすることを君子が求め、また艮《ごん》下坎《かん》上の蹇《けん》がただ自らを圉《とぎ》す（艮止）ことなく徳を修めることを君子が勧めているのは、基本的に同じである。困《こん》の大象に「君子は以て命を致して志を遂ぐ」といい、蹇《けん》の大象に「君子は以て身に反りみて徳を修む」という。

小喜有る者（困《こん》）は、必ず大憖《たいぎん》（大憂）有り。深疑有る者（蹇《けん》）は、必ず定慮有り。其（蹇《けん》）の止まる（下卦の艮《ごん》）を許すも、其の終に止まるを許さず。三（九三）は進み、五（九五）は中す。況んや、其の位の未だ亡びざる者（六二と六四と上六は、陰がそれぞれ陰位に居る）をや。五（九五）の為に慰めて曰く、「大いに蹇《なや》めば、則ち必ず朋の来る有り」と（九五の爻辞による）。何ぞ層波危岸（上卦の坎《かん》）の下に憂疑する所にして、険を出ずるに其の期无しと謂わんや。

困《こん》は上卦の兌《だ》すなわち小の陰が悦ぶ小喜があるが、困《こん》という大なる憂いがある。しかし、蹇《けん》は下卦艮《ごん》が深く疑うがゆえに、定慮の知をもつことができる。蹇《けん》の彖伝に、「険（坎《かん》）は前に在り。険（坎《かん》）を見て能く止まる（艮《ごん》）は、知なる哉」という。しかし蹇《けん》に止まることを許しても、最後まで止まることを許しているのではない。彖伝に「大人に見ゆるに利し（彖辞）とは、往きて功有るなり。位に当り貞にして吉なり（彖辞）とは、以て邦を正すなり」という。それは九三が進爻であり、九五が中位に居るばかりでなく、六二と六四と上六の柔が陰位に在って、正を保っているからである。

『周易内伝』は彖伝の「険は前に在り。険を見て能く止まる。知なる哉」について、「険は前に在りとは、上（上六）の柔なるを以て、故に陽（九五）は遂に陰中に陥り（上卦は坎《かん》）、暢遂《ちょうすい》し坦行《たんこう》せんと欲するも得ず。険は、天下の必ず有るなり。剛果の気を以て之に臨めば、則ち険有りと雖も其の険を見ず。柔慎の心を以て之に処すれば、則ち木に集まり淵に臨むこと、常に心目の間に存す。是に於いて柔に始終し（初六と上六）、止まりて迫らざれば（下卦の艮《ごん》）、則ち天下の情理は得ざる無し。大知の善く其の止（艮《ごん》）を用うる所以なり」という。木に集まるは、『詩経』周南の葛覃《かったん》に「黄鳥于《ここ》に飛び、灌木に集まる。其の鳴くこと喈喈《かいかい》たり（和《やわ》らぎ鳴くさま）」といい、平穏のときをいう。淵に臨むは、『詩経』小雅の小旻《しょうびん》に「戦戦競競として、深淵に臨むが如く、薄冰を履むが如し」といい、危難のときをいう。

九五の爻辞に「大いに蹇《なや》みて朋来る」といい、『周易内伝』は「大いに（蹇《なや》む）とは、朋（の蹇《なや》む）を謂う。九五は剛健の徳を以て、中正の位に居り、陽道の盛んなる者なり。徳と位とは、皆《とも》に以て大いに為す有る可し。而るに二陰(上六と六四)の中に居り、蹇《なや》みて行くに速やかならず。之を審らかにして愈々固く、之に居りて愈々謙なり。智と名、勇と功は、皆《とも》に尚ばざる所なり。以て深く天下の険阻を体し、匹夫の予《われ》に勝つの懼れを凛《つつ》しむ(『論語』子罕に、「匹夫も志を奪う可からず」という)。是れ聖人君子の、就《な》るを楽しみて以て相益す所の者なり(『論語』顔淵に、「子曰く、君子は人の美を成し、人の悪を成さず」という)。蓋し人君(九五)は、位は人の上に居りて、已に天下の憚る所と為る。而るを況んや、才は美にして道は正しきも、則ち天下の忠を効《いた》さんと欲すること愈々難きをや。強智多聞を恃み、敏速剛断を以て自ら用うれば、則ち讒諂《ざんかん》面諛の人至りて、善者は退く。君は為す無くして善く人と同《とも》にし、相《しょう》(宰相)は技無くして寔《まこと》に能く容るれば、唯大いに蹇《なや》みて而る後に朋は来り、朋来りて道は愈々盛んなり」という。はじめに「大いにとは、朋を謂う」というのは、九五の蹇《なや》むことに共感して朋が蹇むことをいう。また小象に「大いに蹇みて朋来るとは、中の節するを以てなり」といい、『周易内伝』は「中に居りて位を得(九五)、而も初(初六)と上(上六)に資《と》りて以て其の剛を節す。故に大いにして能く蹇み、以て朋来るの盛を致す」という。層波危岸の坎《かん》の下に艮《ごん》がある蹇《けん》に朋が蹇《なや》むことによってこそ、険(坎《かん》)から出る期が生ずる。

象辞に「大人に見ゆるに利し。貞しければ吉なり」といい、『周易内伝』は「大人とは九五を謂う。陽剛にして中を得、以て天位に居り、而も柔(六四と上六)の以て相輔《たす》くる有り。敬慎柔和の道を以て、各々正しき者(六四と上六がそれぞれ陰位に居る)をして険阻(上卦の坎《かん》)の戒めを忘れざら使む。之に見ゆれば則ち、其の徳教に沐して利し。故に天下の見ゆるに利しき所と為る。貞しければ吉なりとは、又一卦を統べて言う。位に当りて正を得たり(九五の陽が五の陽位に居る)、急に見《しめ》すの功無しと雖も、自ずから誉問有りて(名誉。初六の爻辞に、「往けば蹇《なや》み、来れば誉あり」という)充碩《じゅうせき》し(上六の爻辞に、「往けば蹇《なや》み、来れば碩《おお》いなり」という)、吉ならざる蔑《な》し」という。

夫れ五(九五)の望む所の者は朋なり、而れども朋は亦未だ致し易からず。水(上卦の坎《かん》)は高きに居りて流るるに給《た》らず、其の利は薄し。山（下卦の艮《ごん》）は水（上卦の坎《かん》）を載せて以て厚くするに足らず、其の勢は夷《たいら》ぐ。夫れ為す有らんと欲する者の、死を功名に効《いた》すは、利之を勧むるのみ、勢之を動かすのみ。此を舎《お》きては、其の術は窮まる。況んや其の相顧みて前《すす》まざるも、名は亦損われず、居は亦帰する有り、同《とも》に来るに亦群有るをや。仳仳《しし》の屋（小さい家）すら尚尓《なおなんじ》の廬を廬とし、蔌蔌《そくそく》の穀（貧しい穀）すら尚《なお》尓の田を田とす。何ぞ楽土の優游を舎《す》て、王都の多故（多事）に遷る者を為《こと》さんや。

故に一念以て往くを為し、一念以て来るを為す（初六と九三と六四と上六についていう）。来るの名実未だ喪わず、往けば則ち其の蹇《なや》むこと均し。将に以て乱を止めんとするも、乱を定むるの期无し。士を懐《おも》うかと疑わるるも、抑《また》土に安んずるの義有り。則ち忠孝の情、裴回《はいかい》（徘徊）して未だ決せず。時は実に之を為し、道は之を咎吝するを得ず。大いに蹇むの勢を成し、其の大いに蹇むの心を息《や》めず。然る後に以て天下の憤心を激し、躑躅《てきちょく》（逡巡）する者も亦之が為に杖に扶《よ》りて起つ可し。人なり、抑《また》天なり。天すら抑《また》自ら蹇《けん》に処りて、以て気機の復するを激す。而るを況んや、人に於いてをや。

九五に朋が来て、蹇《けん》を破ることの難しさを述べる。蹇《けん》は艮《ごん》下坎《かん》上、坎《かん》（水）は上卦に居るから充分に水を流すことができず、艮《ごん》（山）は水の下に在るから山の厚きを積むことができない。蹇《けん》の世に起《た》っても、水の利と山の勢を得ることができないことをいう。まして蹇《けん》の世に起って難を済《すく》わなくても、わが貧賤を守り楽土の優游を楽しめばそれですむ。わざわざ多難な国事に奔走する必要はない。同《とも》に来るに群有りとは、次にいうように初六と九三と六四と上六が共に退隠する（来る）意。仳仳《しし》の屋、蔌蔌《そくそく》の穀は、『詩経』小雅の正月に、「仳仳として彼に屋有り、蔌蔌として方《まさ》に穀有り」という。

往と来は、初六の爻辞に「往けば蹇み、来れば誉《ほまれ》あり」といい、『周易内伝』は「出でて天下に行くを往くと曰い、退きて自ら正すを来ると曰う。初（初六）と上（上六）の柔の行くを欲せざるは、蹇《けん》の道を為す所以なり。三（九三）

と四（六四）、初（初六）と上（上六）の柔なるは、之を蹇《なや》まして来ら使むる（退隠させる）者なり。故に皆《とも》に往来と曰う。旧説（朱子『周易本義』）は、以て往くは則ち険中に入ると為す（『周易本義』に、「往きて険に遇い、来りて誉を得たり」という）は、未だ是《ぜ》ならず。上六の如きは已に険（坎《かん》）を出ず、何ぞ亦往けば蹇むと云うや。往けば蹇み来れば誉ありとは、能く往くに蹇めば、則ち来りて自ずから誉を得るなり。初六は、柔静にして退きて下に居る。行く無きの意なり。以て静かに其の正を俟てば、則ち中の四爻（六二と九三と六四と九五）の美は皆之に帰す。誉を期せずして、誉は自ずから至る」という。

九三の爻辞に「往けば蹇み、来れば反る」といい、『周易内伝』は「九三は剛（陽）を以て剛（三の陽位）に居り、而も進爻為り、往くに志無き者に非ず。乃ち（然るに）上六と相応じ、上（上六）は柔の道を以て之を撫す。則ち反りて二陰（初六と六二）と相合し、以て艮《ごん》止を成す（下卦は艮《ごん》）。故に其の往くや、亦能く蹇む」という。

六四の爻辞に「往けば蹇み、来れば連《つら》なる」といい、『周易内伝』は「六四は柔にして位に当り（六四が四の陰位に居る）、静退（四は退爻）を以て徳と為す。能く往くに蹇めば、則ち其の位に安んじ、二陽（九三と九五）と相協いて自ら失わず」という。

上六の爻辞に「往けば蹇み、来れば碩《おお》いなり」といい、『周易内伝』は「上六は陰陽各々正す（六二と九四、六四と九五が、それぞれ陰が陰位に居り陽が陽位に居る）の余に当り、尤も柔の道を以て其の終りを慎む。飽満を斟酌し、以て回（曲邪）を釈《と》きて美を増す。其の道は、充実して博大なり」という。

すなわち蹇《けん》の時に起ち上って天下を安んじようという一念と、退いて自ら徳を修めようという一念とが交錯する。土を懐うは、『論語』里仁に「君子は徳を懐い、小人は土を懐う（安楽の居所を思う）」といい、土に安んずは、繋辞上伝第四章に「土に安んじ仁に敦《あつ》し、故に能く愛す」という。出処往来を決断できないのは蹇《けん》の時であるからであり、それは誰も咎めることができない。彖伝に「蹇《けん》の時用、大なる哉」といい、『周易内伝』は「其の行かんと欲して未だ行かざるの際に当りて、以て天下の機宜を熟審し、百年の治忽（治乱、『書経』益稷に見える）を斟酌す。君子の大用、正に此に於いて定まる」という。この大いに蹇む勢を成しているときは、その徘徊して決し得ない大いに蹇む心を抱き続けることによってこそ、天下の人心を激成させ、たとい逡巡する者もそれによって呼応することができる。それは人であるが、天においても同じである。天は蹇《けん》の難に於いて、気機が復することを激成するのであるから、まして人に於いてはいうまでもない。

是を以て、石室に已に囚えられて而る後に種（文種《ぶんしょう》）蠡（范蠡《はんれい》）は奮い、三戸已に徙《うつ》りて而る後に陳（陳勝）項（項梁・項羽）は起ち、漸台既に改まりて而る後に諸劉は興る。夫椒《ふしょう》に未だ敗れざるの前、壽春に未だ滅びざるの日、孺子（孺子嬰）の名尚《なお》在りて、元后（元帝の后、王莽の姑）の璽《じ》未だ投ぜざるとき、忠志の士は未だ嘗て悲閔《ひびん》の心无くんばあらず。而るに時は争い難きに在り、名は猶未だ正しからず。則ち中の節するの大人（九五の小象に、「大いに蹇みて朋来るとは、中の節するを以てなり」という）を以てすら、天下を往来に必する能わず。況んや、其の寖《ようや》く衰え寖く微にして、伸ぶるを求むるの心无き者をや。

蹇《けん》の世において、忠志の士が出処に決し難い悲閔の心を、歴史に例を引いて述べる。呉王夫差のため石室に囚われた范蠡は、大夫種とともに越王句践のため会稽の恥を雪《すす》いだが、それは呉王夫差のため夫椒（太湖中の夫椒山）で敗れ会稽に逃れる前、かれら忠志の士が蹇難の中に悲閔の心を抱いていたからである。楚は秦に攻められ三戸（楚の大夫、昭・屈・景氏、また三戸津）のみとなったが、「楚は三戸なりと雖も、秦を亡ぼすは必ず楚なり」（『史記』項羽本紀、楚の南公のことば）と、復仇の念を抱いた陳勝・項氏が起って秦を亡ぼした。それは楚が壽春（郢《えい》）で秦に亡ぼされる前、楚の忠志の士（屈原を含む）が楚の亡国を憂えていたからである。また王莽が劉玄に攻められて漸台で殺され、かくして劉氏の族が起って漢を再興したが、それは王莽が孺子嬰の摂政となり、元后から玉璽を与えられない前、漢の忠志の士がひそかに閔《うれ》えていたからである。中の節する大人とは、九五をいう。九五の大人すら去就を決することができない蹇《けん》の世に於いて、志が衰微に傾いたものは如何ともなし得ないのはいうまでもない。九五の小象についての『周易内伝』は、さきに示した。もう一つの陽爻九三については、次に述べる。

二

夫れ情は遇いて乍ち矜《あわ》(憐)れめば、則ち投じて或いは先んずるを免る。感は因りて類を同じくすれば、則ち代馬(胡馬)は必ず悲しむ。誼に準《よ》り情を推すに、曽ち悠悠たる者(多くのもの)の終に靳《おし》む无きなり。奚ぞ況んや、夫の類は剛正を同《とも》にし、分は君臣に繋《かか》り、呼号相聞え、泥中恤《うれ》えざるをや。而るに乃ち、情を牽きて小喜し、険に遇い倦《う》みて帰る。斯れ亦、刻薄にして恩寡《すく》なく、孱庸《せんよう》(凡庸)にして振わざる者ならずや。

物の情が相合して愛憐の思いが生ずれば、互いに先後齟齬することなく情は相通ずる。また代馬(胡馬)は同じ類の北風に依って感が相因れば、必ず悲しみの情が生ずる。「古詩十九首」の第一首に「胡馬は北風に依り、越鳥は南枝に巣《すく》う」といい、『文選』の李善注に引く『韓詩外伝』に、「詩に曰く、代馬は北風に依り、飛鳥は故巣に棲むと」という。これが万物の情である。まして九三の九五に対する情は、尚更であるはずである。九三はさきに示したように、その爻辞に「往けば蹇み、来れば反る」といい、『周易内伝』は「九三は剛(陽)を以て剛(三)に居り、而も進爻為り。往くに志無き者に非ず。乃ち(然るに)上六と相応じ、上は柔の道を以て之を撫す。則ち反りて二陰(初六と六二)と相合し、以て艮止(内卦の艮《ごん》)を成す」という。九三は九五と同じく剛正であり、また君臣の関係であるから、戦陣に在って互いに呼号し、泥中に陥っても身命を惜しまないものである。ところがこの九三が、情は初二と六二に牽かれて小喜し(九三の小象に、「往けば蹇み来れば反るとは、内之を喜ぶなり」という)、上卦坎《かん》の険に遇って下卦艮《ごん》の止に反る。九三のこの行いは、まことに刻薄にして寡恩のもの、孱庸にして振わないものというべきではないか。九三の小象について、『周易内伝』は「初（初六）と二（六二）の二陰は、志は柔静に在り。三（九三）は剛にして能く止まる（艮《ごん》）、故に其の反るを喜び、相与に慎みて持す」という。

三（九三）は艮《ごん》の主為り、五（九五）の求むる所なり。来りて反り安きを偸《ぬす》むは、実は斯の吝を兼ぬ。而るに聖人は其の能く止まるを奨《すす》め、許すに智の名を以てす（象伝にいう）。則ち何を以て、夫の二（六二）の険を越ゆるに身を忘るるを以てし、上（上六）の高きに居り下応する者を服さんや。三（九三）は智為れば、則ち二（六二）と上（上六）は愚為り。抑《また》相率いて以て乖離《かいり》し、而る後に時に違《たが》うの誚《そし》りを免るるを得んや。

九三は内卦艮《ごん》の主であり、九五が求める朋（九三と九五はともに陽）である。九三が九五の求めに応ぜず、内卦の二陰に反って艮《とど》まり安易を偸むのは、刻薄にして恩寡なくまた孱庸にして振わざる吝を併せもつものというべきである。ところが象伝に「険を見て能く止まるは、知なる哉」といい、この九三の行為を許している。このような九三は、そもそも六二と上六を服することができるであろうか。

六二の爻辞に「王臣蹇蹇《けんけん》たり、躬《み》の故《こと》に匪ず」といい、『周易内伝』は「蹇蹇とは、蹇《なや》みて亦蹇み、慎むの至りなり。六二は九五の剛健中正の君に遇い、以て大いに為す有る可し。而るに猶、謙譲して遑《いとま》あらざるの徳有り。若し位に当り（陰が二の陰位に居る）中を得るを恃みて、自ら試むるに急なれば、則ち君を愛するの誠は皆虚なり。柔静以て初六と徳を合せ、靖共《せいきょう》し（職務につつしむ）詳審し、其れ難《かた》んじ其れ慎む。過ちを補わんことを思い、功を徼《もと》め名を求むるの志無し。斯れ以て蹇《けん》道の純と為す」という。六二が上卦坎《かん》の険を越えるのに身を忘れるを以てすというのは、六二の爻辞の「躬の故に匪ず」というによる。

また上六の小象に「往けば蹇《なや》み来れば碩《おお》いなり（爻辞）とは、志内に在るなり」といい、『周易内伝』は「志内に在りとは、中の四爻（六二と九三と六四と九五）は各々其の正を得（六二と六四が陰位に居り、九三と九五が陽位に居る）、相与に其の美（上六）を弥縫《びぼう》するなり」という。下応するとは、上六が上の高位に居りながら、その志は下の四爻に在ることをいう。

象伝にいうように九三を智とすれば、この六二と上六は愚ということになるではないか。以下、船山はこのことについて、九三は六二と上六とは別の道を以てするものであるがゆえに、九三は時に違《たが》うという誹《そし》りを免れ、かつ能く止まるという智が許されることを述べる。

曰く、智を以て蹇《けん》に処るは、是れ或いは一道なるも、豈臣子の奉じて典要と為すを許さんや。夫れ三（九三）は、能く往くの志无きに非ず（九三は進爻である）。而れども、往く可きの時有るに非ず。水（坎《かん》）は流れ、山（艮《ごん》）は峙《そばだ》ち、既に終古にして相知らず。彼（九五）の徳、我（九三）の才、亦諧《とも》にせんと欲するも其の事に非ず。且つ患を拯《すく》う者は拯わざる有るも、自ら固くする者は固くせざる无し。今、三（九三）をして袂を攘《かか》げて（腕まくりする）起ち、疆（境界）を越えて遠きを図《はか》ら使むるも、進めば次に非ざるの居に即《つ》く。則ち抑萃《またすい》（☱☷）の九四と為り、疑い釈《と》けずして道は愈々孤なり。又奚《なん》ぞ益さん。身安んじて而る後に動き、交定まりて而る後に求む（繋辞下伝第五章による）。亦自ら止まるに敦《あつ》きの地（艮《ごん》の上九の爻辞にいう）に固くし、初（初六）と二（六二）の交を合せて、以て声援の在る有るを示す无からんや。大智は智の色無く、愚を用うる者は智の功有り。況んや均しく剛揜《おお》わるるの中に在り、未だ其の力の独り五（九五）に優なるのみを見ざるをや。則ち抑《また》、其の力を養いて以て時を需《ま》つは可なり。夫《か》の妻子を顧みて以て懐《おも》いを縈《めぐ》らし、邅回《てんかい》（行きなやむ）を畏れて歩を卻け、鄙夫の情は飼豬《しちょ》（豚を飼う）に短く、壮士の魂は高会（盛宴）に移すが若き、庸流は以て智と為すも、君子は以て愚と為す。

九三は智を以て蹇《けん》に処るのではなく、時が往くべきでないから、艮《ごん》止の道を養うことをいう。蹇《けん》は艮《ごん》下坎《かん》上、水が流れ山が聳えるこの蹇難に処すべき道は、永久に知ることができるものではない。九五の徳とわが九三の才を以て共に患難を拯《すく》おうとしてもできず、それよりもわが艮《ごん》止の道を固く守った方がよい。艮《ごん》の上九の爻辞に「止まるに敦《あつ》し、吉なり」という。蹇《けん》の下卦艮《ごん》の九三を、艮《ごん》の上九に比していう。蹇《けん》の九三が進んで九四に往った象は、萃《すい》☱☷である。彊を越えるとは、九三が内卦を越えて外卦に進むこと、次に非ざる居とは、萃《すい》の九四が陽の居るべきでない四の陰位に居ることをいう。しかし、萃《すい》の九四の小象に「位、当らず」というように、何の益もない。

繫辞下伝第五章に、「子曰く、君子は其の身を安んじて而る後に動き、其の心を易くして而る後に語り、其の交わりを定めて而る後に求む。君子は此の三者を修む、故に全し」という。九三はあくまで内卦艮《ごん》の道を守り、初六と六二とともに陰陽相交わることによって、九五に対し間接的に声援を示した方がよい。智を直接示さないことが真の大智であり、愚によってこそ智の効果をもたらすことができる。ましてや、九三と同じく九五は剛が揜われており、九五のみ力が優れているとはいえない。九三は九五に直ちに応えず、艮《ごん》止の道を守り、時の来るのを需《ま》つことこそ、真の智というべきである。妻子に恋々として艱難にゆきなやむことを畏れ、鄙夫が豚飼いに甘んじ、壮士が一時の高会に思いを晴らすことを庸流は智とするが、それは君子の大智ということはできない。

然りと雖も、三（九三）の己を先にして公を後にし、利害を恤《おも》いて以て万全を図るは、抑《また》二（六二）に絜《はか》りて慙《は》ずる有り。何となれば、五（九五）の終に大いに蹇む（九五の爻辞にいう）を免れざるを以てなり。故に智を以て蹇《けん》に処るは、功立ちて蹇《けん》の釈《と》くるを期す。蹇《けん》を以て蹇《けん》を終うるは、道は智を詘《しりぞ》けて愚を伸ばすに在り。蘧瑗《きょえん》の身を保ち、甯兪《ねいゆ》の主を衛《まも》るは、道同じからざるも、亦各々其の時に因るのみ。

とはいえ、九三が己の利害と万全を図り、蹇難の世を救う公を後にするのは、六二がわが躬を顧みず九五の王臣として献身するのに比べて、慙じないわけにいかない。九五が大いに蹇むことを免れないのを、九三が坐視するからである。しかし九三が智を以て蹇《けん》に処るのは、時を得て功が現れ、蹇難が消えることを期するためである。また蹇《けん》の世に蹇《けん》を以て終えるのは、わが智を隠して愚を示すことに道があるからである。蘧瑗（蘧伯玉）は、『論語』衛霊公に「君子なるかな、蘧伯玉。邦に道有れば則ち仕え、邦に道無ければ則ち巻きて之を懐《いだ》く（隠棲する）」という。甯兪（甯武子）

は、『論語』公冶長に「甯武子は、邦に道有れば則ち知なり、邦に道無ければ愚なり。其の知は及ぶ可きも、其の愚は及ぶ可からず」という。九三が智であるのは、時に応じて智を守り、また愚を守ることによる。

䷧ 解《かい》（坎《かん》下震《しん》上）

一

夫れ動きて険に浜（瀕）する者は、我に在ると物に在ると、同《とも》に淪胥《りんしょ》（共に滅びる）の憂い有り。其の能く免るるや、物免れて我も亦免る。而れども独り任ずるの労を矜《ほこ》り、功名の盛に拠れば、則ち徳量は損して令業（よき業績）は終えず。其れ此を損《す》てて、大信を天下に昭らかにする者有らんか、則ち豈賢ならずや。

解《かい》は坎《かん》下震《しん》上。象伝に「解《かい》は険（下卦の坎《かん》）以て動く（上卦の震《しん》）。動きて険を免るるは、解《かい》なり」といい、『周易内伝』は「此は、震《しん》と坎《かん》の象を以て之を言う。唯初（初六）の柔は、故《もと》より其の険（下卦の坎《かん》）を知りて敢えて易き心を以て之に臨まず。唯上（上六）の柔は、則ち動きて（上卦の震《しん》）窒《とざ》す所無くして以て相競う。故に能く険を免る。則ち卦画の義（震《しん》の動と坎《かん》の険）と亦相通ず」という。

動いて険難に際する者は、己も他人も共に滅びる憂いがある。この淪胥の憂いを免れるのは、他人が難を免れることによって己も難を免れることができる。我独り険難を済《すく》う功を誇るようでは、徳量と令業ともに優れたものとはいえない。わが功を示さず大信を天下に昭らかにする者こそ、賢というべきではないか。解《かい》の九四の徳についていう。

大信は、九四の爻辞に「朋至りて斯に孚あり」の孚をいう。

是の故に、解《かい》の四（九四）の、解くを以て己が任と為すや、奮撃して以て之を解く（九四は上卦震《しん》の主）。二（九二）は則ち其の朋なり、而れども相応せず。五（六五）と上（上六）は則ち其の長なり、而れども相協わず――陰陽異なればなり――。初（初六）と三（六三）は則ち其の敵（九四の陽に対応する陰）なれば、固より相謀らず。二（九二）に諒《まこと》ならざるは、朋友（九二）は以て己を疏《うと》んずと為せばなり。五（六五）と上（上六）に合せざるは、君長（六五と上六）は以て己に偪《せま》ると為せばなり。初（初六）と三（六三）に格《あた》（敵）らざるは、異類（初六と六三）は以て己を傷《そこな》うと為せばなり。

百里を驚かして群幽を破り、免るるを得て喜ぶも、乍《たちま》ち免れて疑う。将に駆除せんとするの績未だ終らざるに、戈矛の釁《さん》（争い）は内に起る。我れ将に四（九四）の為に之を危ぶまんとす。而るに四（九四）の以て孚を得る（九四の爻辞に、「朋至りて斯に孚あり」という）は、何ぞや。

解《かい》の象辞について、『周易内伝』は「解《かい》とは、其の紛乱を解散するなり。中の四爻（九二と六三と九四と六五）は、陰陽各々其の位を失い（九二と九四の陽が陰位に居り、六三と六五の陰が陽位に居る）、交々相間《まじ》わりて以て雑処す。是に於いて、疑悖《ぎはい》を成す。之を解くの道は、陰陽をして各々其の類に従いて以て相孚にし、君子小人をして各々其の欲する所に適《かな》わ使むれば、則ち雑処すと雖も争わず」という。

九四は上卦震《しん》の主であり、陽の奮撃の力によって、この解《かい》の紛乱を解こうとする。しかし九二は九四と同じ陽（朋）であるのに、二と四では位が相応じない。九二は九四が己を疏遠にしていると思うからである。六五と上六は天位に居り、人位に在る九四の長であるが、陰陽が異なるから九四を協《たす》けない。六五と上六は、九四が己に逼《せま》っていると思うからである。また下卦の初六と六三は、上卦の九四と陰陽相敵するから九四のために謀らない。九四の正応である初六は、九四が位を失いまた九五に逼っているから謀らず、また六三は上六と応ずるから九四とは謀らない。すなわち九四が初六と六三に格《あた》らないのは、初六と六三の異類は九四が己を傷うと思うからである。

九四は百里を驚かす雷（震《しん》）を以て群幽（初六と六三と六五と上六の四陰）を破（解）ろうとしても、一時は免れるだけで忽ち疑争が起る。徒らに奮撃駆除の雷声を鳴らすだけで、中の四爻の争いは息《や》まない。震《しん》の彖辞に、「震は百里を驚かす」という。九四は、まことに危うきものである。ところが、九四の爻辞に「朋至りて斯に孚あり」というのはなぜか。

九四の爻辞に「而《なんじ》の拇《ぼ》を解く。朋至りて斯に孚あり」といい、『周易内伝』は「拇とは、足の大指なり、初（初六）を謂う。四（九四）と初（初六）とは、正応を為す。四（九四）の剛は其の位を失い（陽が四の陰位に居る）、五（六五）に逼《せま》るの嫌い有り。初（初六）は柔を以て之を解かんとするも、卑柔にして下に居り、力弱くして情は殊なり、固より未だ解く能わず。結びを解く者の、手指を以てせずして足拇を以てするが如し。但、二（九二）は初（初六）に近くして、解くを初（初六）に聴《まか》す。二（九二）は、本より四（九四）と道を同じくし（ともに陽である）、朋と為り相待つ者なり。両陽（九二と九四）交々孚ありて（陽と陽が相応ずる孚をもつ）、二（九二）解きて四（九四）も亦漸く解くも、勢いは容《まさ》に以て終に自ら怙《たの》むべからず」という。

初六の爻辞に「咎无し」といい、『周易内伝』は「解《かい》の道為る、近きを以て相解く。結びを解く者の如く、先ず其の緒に於いてす。其の近きを先にして其の遠きを後にし、其の易きを先にして其の難きを後にす。則ち漸を以て解く。故に初（初六）は以て二（九二）を解き、上（上六）は以て五（六五）を解く。初（初六）は四（九四）に応じ、之を解く者は必ず朋至るの孚を持つ（九四の爻辞に、「朋至りて斯に孚あり」という）。上（上六）は三（六三）と道を同じくし（ともに陰である）、之を解く者は、必ず高きに乗ずるの射有り（上六の爻辞に、「公用《もっ》て隼を高墉の上に射る」という）。初六は柔（陰）以て剛（初の陽位）に乗じ、静以て動を待つ。則ち二（九二）は、中に安んじて疑わざる可し。未だ功有らずと雖も、自ずから咎无し（爻辞）。此を占う者は、自ら省みて過ち無く、順いて以て物を受くれば、則ち吉なり。道は咎无きに在り、故に其の詞は简なり」という。

夫れ自ら信ぜざる者は疑いを召《まね》き、甚だ高きに処る者は与寡《とも》なく、功有るを期する者は忌《うら》み来る。是の故に、位に当りて行くに利しき者は、功の帰する所なり、望（名望）の集まる所なり。為す有りて為し、獲る有りて返る。凡そ此の四者は、同類すら且つ之を忮媢《しぼう》す（ねたむ）。況んや、己に異なるもの（四陰）の、其の懲創（懲罰）を蒙る者をや。

夫の解《かい》の四（九四）の、位に当らざる（陽が四の陰位に居る）が若きは、則ち終古にして位に当るの日无し。之を先にしては物の望む所に非ず、之を後にしては功の帰する所に非ず。為す所无くして為し、尊に居るを獲ずして退く——四は退爻なり——。故に其の解くや、適《まさ》に淪陥（下卦の坎《かん》）の平らかにし難きを見て、之が為に寧《やす》んぜず。同志の先に要《もと》むるを待たずして、引きて己が任と為す。亦但《ただ》、「険は終う可からず、而れども物は険を終う可からず」と曰うのみ。手を拊《う》ちて揮散《きさん》し（音が拡散する）、孤掌独り鳴り、天位は苟くも覬《うかが》うの心无く、将伯は予《われ》を助くるの望无し。

己を信じない者は他人の疑いを招き、高位に処る者は朋は少なく、功名を立てようとする者は他人の妬みを受ける。従って位に当り進んで事を済《な》すことができるものだけが、功と望と為すことと獲るという四つのことをなし得る。しかし九四は位に当らず、しかも九四の陽と類を異にする群陰が陽の懲創を受けていると思っているのであるから、九四はこの四つのことをなすことができない。

九四は陽を以て四の陰位に居り、永遠に位に当ることがないものである。まずは群望を得ることができず、従って功名を己に帰することができない。また退爻であるから為す所なく、尊を獲ることもできない。かくしてこの四者をなすことができない九四は、下卦の坎《かん》難を救うことができず、そのために心は寧んじない。九四は上卦震《しん》の主であり、震動して寧んじない。同志が己に求める前に、すでに退くことを己の任となし、ただ「この世の険難は尽きることがないが、万物は険のまま放置すべきではない」と戒めるのみである。かくして九四は独り退いて孤掌するだけで応えるものはなく、天位を窺う心はなく、将伯が助ける望もない。

是の故に、三陰の狐（六三と九四と六五）、六五の黄矢（九二の爻辞による）は、以て獲るを二（九二）に帰す。尊に居りて解く有り（六五の爻辞による）、人（上六）に因りて功を成し、以て吉を五（六五）に帰す。震《しん》（上卦）の功成りて隼獲《え》られ（上六の爻辞にいう）、坎《かん》（下卦）の道夷《たいら》ぎて悖《はい》解き（上六の小象にいう）、以て利を上（上六）に帰す。而る後に二（九二）の険（下卦の坎《かん》）に処るより遠ざかるも、二（九二）は以て疎と為さず。五（六五）と上（上六）の陰柔に臨むも、五（六五）と上（上六）は以て偪《せま》ると為さず。自ら信ぜざる无ければ則ち疑いは去り、処るに高きを綦《きわ》めざれば則ち忌《うら》みは忘れ、功は有《たも》つを期せざれば則ち誹《そし》りは消ゆ。此れ、朋来るの孚（九四の爻辞にいう）、疾《はや》からずして速やかなるは（繋辞上伝第十章にいう）、蹇《けん》の五（九五）の朋（蹇《けん》の九五についていう）と、需《じゅ》の或いは然り或いは然らずして其の来るを幸いとする（需《じゅ》の上六についていう）とに異なる所由《ゆえん》なり。

九四が功を己のものとはせず、九二と六五と上六に帰することをいう。九二の爻辞に「田《でん》（狩猟）して三狐を獲《え》、黄矢を得たり。貞にして吉なり」といい、『周易内伝』は「狐の獣為《た》る、邪にして善く疑う。三（六三）自り以上の三爻（六三と九四と六五）、皆位を失いて（六三が陽位に居り、九四が陰位に居り、六五が陽位に居る）安んぜざるは、其の象なり。九二は剛中にして自ら任じ、険（下卦の坎《かん》）に因りて功を立つ。田して之を獲るの象有り。狐を得れば、則ち且に其の矢を委《す》てんとす。乃ち（然るに）初（初六）は柔を以て之を解く、故に殺すに急ならず、而して矢は失わず」という。また黄矢について、「黄とは中の色なり。狐を獲るの才有るも、能く解くを（初六に）聴《まか》せて以て自ら喪わず。則ち其の貞を失わずして吉なり」という。「能く解くを聴す」とは、初六の爻辞について『周易内伝』は「初（初六）は、以て二（九二）を解く」といい、また九四の爻辞について『周易内伝』は「二（九二）は初（初六）に近くして、解くを初（初六）に聴《まか》す」という。初六が解くことによって、九二が黄矢を喪わずにすむことをいう。黄矢は九二についていうが、ここに「六五の黄矢」というのは、六五の狐に中てる九二の黄矢をいう。六五は九二の正応である。以上、九四が九二にその功を帰することをいう。

六五の爻辞に「君子維れ解く有れば、吉なり。小人に孚有り」といい、『周易内伝』は「五（六五）は、柔を以て尊に居り、道は足らず。而して二（九二）は、婞直《こうちょく》（剛を恃む）を以て自ら用う。則ち其（六五）の憂疑は釈けず、将に激して小人（六三）と党し、以て上を犯し正を醜《にく》まんとす。幸いに上（上六）の柔和にして迫らず、従容として之を解く。維れ其の解く有り、是を以て吉なり」という。「人に因りて功を成す」とは、六五が上六の柔和によって、「解く有る」の功を成すこと。以上、九四が六五にその功を帰することをいう。

上六の爻辞に「公用《もっ》て隼を高墉の上に射る。之を獲て利しからざる無し」といい、その小象に「公用て隼を射るとは、以て悖を解くなり」という。『周易内伝』は上六の爻辞について、「公とは、三公なり。坐して道を論じ、師保の尊、君（六五）の上に臨み、以て君子（六五）の眩惑を解く者なり。隼とは、鷙戻《しれい》の鳥なり。高墉とは、上に居るの辞なり。上（上六）は柔を以て紛を解き、豈情を、陰慝を去りて以て善類を安んずるに忘れんや。密勿《みつぶつ》（君主の機密を掌る）の地に就きて、君子の惑を解く。君子は其の解くに聴せ、以て小人（六三）を治むること易し。（中略）柔を以て治むる者は、用を柔に蔵して時に乗じ以て断を行う。解《かい》の上（上六）の射て獲る所以なり。六三の飛揚して攫撃《かくげき》するの志戢《おさ》まり、則ち陰陽の争いは興らず。利しからざる無し」という。以上、九四が上卦震《しん》の主として震動し、下卦坎《かん》の険難を平らかにしながら、その利を上六に帰することをいう。

このように九四は九二と六五と上六に功を帰することにより、それぞれ疑いと忌みと誇りとを去ることができる。それは九四は坎《かん》中に居る九二から遠く離れた外卦震《しん》に在っても、九二が疏遠と思わず、また九四は上卦震《しん》の主として六五と上六に臨んでいても、六五と上六が己に偪《せま》ると思わないからである。九四は自らの陽剛の徳を信じ、四の退爻に居て尊位を極めず、また功を己のものとせず九二と六五と上六に帰するからである。九四の「朋来りて斯に孚あり」の孚は、「唯神なり、故に疾《はや》からずして速やかに、行かずして至る」（繫辞上伝第十章）というのに当る。それは蹇《けん》の九五の爻辞に「大いに蹇《なや》みて朋来る」という蹇むこととも異なり、また需が需遅逡巡して「速《はや》からざるの客三人来る」（上六の爻辞）ことを幸いとするのとも異なる。蹇《けん》と需《じゅ》の項参照。

二

能く其の情を得る者は、必ず才を同じくする者と与《とも》にす。能く其の妄を治むる者は、必ず時に乗ずる者に於いてす。才は相肖《に》ざれば、言うも親しまず。時は権に乗ぜざれば、之を威するも未だ服せず。是《ここ》を以て、叔鮒（羊舌鮒）説きて季孫（季平子）は帰り、城濮《じょうぼく》に勝ちて衛侯は讋《おそ》る。故に卞璧《べんへき》（卞和《べんか》の玉璧）は暗《ひそ》かに投じて疑われ、虚舟は偶々触れて怨み无し。盛心有りて与うるに那福《だふく》（多福）を以てすと雖も、才は相如《し》かず、時は方《まさ》に未だ集まらざれば、固より未だ以て危疑を当世に消すに足らず。

陰陽が才を異にし時に乗じない解《かい》の世に在って、九四がその危疑を解くことができることを述べる。一般にいえば、才が同じでなければその言は聞かれず、時に乗じなければ威を以てしても従われないのが通常である。晋に拘留されていた魯の季孫意如（季平子）を帰すについて、叔向の弟叔鮒（羊舌鮒）が説いて帰すことができた（『春秋左氏伝』昭公十三年）のは、その才が同じであったからである。晋侯（文公）が城濮の戦いに勝って衛侯（成公）が楚に出奔した（『春秋左氏伝』僖公二十八年）のは、晋侯が時を得て威したからである。逆に卞和が玉璞を楚の厲王に献じて左足を刖《あしき》られ、また武王に献じて右足を刖られた（『韓非子』和氏）のは、その才が同じでなかったためであり、のち文王に献ずることにより和氏の璧《かし》として尊ばれるに至った。虚舟の例は、時に乗ずることよって怨みが生じないことをいう。たとい盛心多福があろうとも、才が相応じ時が至らなければ、危疑の世に事を済《な》すことはできない。那福は、『詩経』小雅の桑扈に、「福を受くること那《おお》（多）からず」という。

今、解《かい》の四（九四）の震動して寧からざるを以て、天下を険阻より釈《と》くは、徒《ただ》に四（九四）之を享《う》くるのみに非ず、徒に二（九二）に贈りて分ちて之を享けしむるのみに非ず。亦、群陰に主と作《な》りて天下の怨みを調うる所以なり。然らば則ち、陰陽才を異にし、剛健位を失うは、豈特《ただ》に負い乗ずる（六三の爻辞にいう）の六三のみならんや。即ち初（初六）も亦、必ずしも其れ孚ならず。是れ何ぞや。彼（六三と初六）は方《まさ》に一陽（九二）を錮《とざ》して、其の険（下卦の坎《かん》）を堅持すればなり。

陽の九四が位を失いながら、上卦震《しん》の動を以て下卦坎《かん》の険阻を解き、自らその福を享けるばかりでなく、九二にその功を帰したことは、すでに一に見たところである。解《かい》の世に陰陽が位を失うのは、六三ばかりか初六もまた然りである。六三の爻辞に「負い且つ乗じ、寇の至るを致す」といい、『周易内伝』は「睽《けい》と解《かい》の位を失うの爻は、唯三（六三）のみ尤も妄なりと為す。上は九四の剛を承け（負う）、本より屈して卑賤に居るも、下は九二の剛に乗じ、躁進して（三は進爻である）憑陵《ひょうりょう》す（勢い盛んに上を犯す）。是れ担負《たんぷ》（荷物をかつぐ）の役人にして、而も軒《けん》（大夫以上の車）に乗るなり。兵の外自り至るを、寇と曰う。居は得る所に非ざれば（陰が三の陽位に居る）、寇は必ず之を奪う」という。また初六は九四に応ずるが、九四の爻辞に「而《なんじ》の拇（足の大指、初六）を解く。朋（九二）至れば、斯に孚あり」という孚を、初六の陰はもつことができない。このような初六と六三が九二を閉して険阻を固く保っているのが、下卦坎《かん》☵の象であるからである。九四を援けるものが、ないことをいう。

六五に迨《およ》びては、時は天位に乗じ、才は陰柔を（上六と）共にす。小人（六五の爻辞に、「小人に孚有り」という。六三をいう）の跂足《きそく》して望む（足をつま立てて望見する。『詩経』衛風の河広にいう）者は、与に情を同じくせんことを冀《ねが》う。而れども五（六五）は則ち、解くを四（九四）に藉《よ》りて、以て其の君子を成す（六五の爻辞に、「君子維れ解く有れば、吉なり」という。六五をいう）。歓然として相得、其の昭蘇（険が解けて万物が蘇る）を納《い》る。是に於いて、同類（初六と六三）を晋《すす》めて与に謀り、険（下卦の坎《かん》）を出ずるの利しき攸を詔《つ》ぐ。則ち特《ただ》に剛（九二）に際するの初六は、与に功を同じくするを楽しむのみならず。即ち三（六三）は方《まさ》に君子の器を窃み、亦援（初六）を失いて（坎《かん》の険を）消帰し、之に継ぐに孚を以てして貳《たが》わず。是れ何ぞや。

群心は已に喩《さと》り、物難は已に夷《たいら》ぐ。退かざれば何をか待たん、孚ならざれば何をか求めん。険を用うる所无く、則ち解《かい》を用うる所有るは、亦勢いの自ずから然るなり。而る後に狙詐《そさ》を捐《す》て戈矛を罷《や》め、雷雨の余に泮渙《はんかん》（消散）し銷融（溶解）す。倘《も》し其れ孚ならざれば、上（上六）は抑《また》弓を関《ひ》き矢を注ぎて（上六の爻辞による）、无名の師に非ざる可し。

天位に乗ずる時を得、上六と陰柔の才を共にする六五が、九四に藉《よ》って険難を解くことをいう。六五の爻辞に「君子維れ解く有れば、吉なり。小人に孚有り」といい、『周易内伝』は「君子と小人は、位を以て言う。五（六五）は尊に居りて君子為り、三（六三）は則ち負い且つ乗ずる（六三の爻辞）の小人なり。五（六五）は柔を以て尊に居り、道は足らず。而して二（九二）は婞直《こうちょく》（自ら剛を恃む）を以て自ら用い、則ち其の憂疑は釈けず。将に激して小人（六三）と党し、以て上を犯し正を醜《にく》まんとす。幸いに上（上六）の柔和にして迫らざるや、従容として之を解く。維れ其の解く有り、是を以て吉なり。君子既に解くを得れば、則ち且つ道を以て小人を感孚し、小人も亦化す」という。

この六五に対して、下卦の上に在る進爻の六三は足をつま立てて、同類の六五と情を同じくしようとする。しかし一の項に述べたように、六五は九四によって解き、自ら君子たることができる。六五と九四は陰陽相感じて歓び、上卦震《しん》の主である九四によって万物が蘇ることができる。かくして六五は同類の初六と六三を晋《すす》めて与に謀り、かれらが下卦坎《かん》の険を出て利しきを得ることを告げる。そこで九二に際する初六は、近くの九二を解く楽しみを得る。初六の小象に「剛柔の際、義として咎无し」といい、『周易内伝』は「際とは、交わるなり、遇うなり。柔（初六）を以て正に非ざるの剛（陽が二の陰位に居る九二）に遇い、自ら静処して以て過ち寡なきは、義として当に然るべきなり」という。それだけでなく六三は六五の君子の儀形に従い、すでに初六は六五に応じて晋んでいるのであるから、六三が初六によって下卦坎《かん》の険をなしていたことが消滅する。六三の小象に「負い且つ乗ずる（爻辞）は、亦醜《にく》む可し。我自り戎を致す、又誰をか咎めん」といい、『周易内伝』は「上六の解くを承け、将《はた》人を咎めず自ら咎むれば（『論語』憲問に、「子曰く、天を怨みず、人を尤めず」という）、猶貞為るを得たり」という。ここに六三は自ら咎める貞によって、孚を得ることができる。

このように初六と六三の陰は自ら知ることによって、下卦坎《かん》の難は平らかとなる。陰が静退に居り孚を得ることによって、険を用いず難を解くことができるのは、勢いの自ずから然ることである。かくして小人の陰は欺詐を忘れて孚を得、小事に争うことをやめ、坎《かん》下震《しん》上の雷（震《しん》）雨（坎《かん》）のあとに、解《かい》の沖渙と銷融を得ることができる。大象に「雷雨（震《しん》と坎《かん》）作《おこ》るは解《かい》なり。君子は以て過ちを赦し罪を宥《ゆる》す」といい、『周易内伝』は「五（六五）の陰は陽（九四）に乗じて中に居り、未だ邪に至らず、過ち有るの象なり。三（六三）の陰は剛（九二）に乗じて陽を陥《おとしい》るるは、則ち其の罪なり」という。もし六五が孚でなければ、上六の爻辞に「公用て隼を高墉の上に射る」というように、上六は弓を放って六五の邪陰を抑えるに至る。師は、上六の爻辞について『周易内伝』は「師保の尊、君（六五）の上に臨みて、以て君子（六五）の眩惑を解く者なり」という。无名の師に非ずとは、上六が実際に弓矢を用いて戒めることをいう。

雷の興るや、気は地中に動き、功は地上に出で、至高に徹《とお》りて、而る後に凝陰《ぎょういん》を解くに既に雨ふるを以てす。則ち是れ、五（六五）は震《しん》の功の盛と為りて、上（上六）は乃ち震《しん》の変の通なり。盛功に処る者（六五）は労せず、変を通ずるを極むる者（上六）は吝《おし》む无し。故に上（上六）に于いて、時を待つの辞有り。然らば則ち、四（九四）は其れ時の未だ至らざるか。時未だ至らずして、而も剣を援《と》り車を叱して、生を凴《たの》むの憂患を濯《あら》う。故に終に四（九四）の徳の盛んなること、聖人に非ざれば以て之に当るに足らざるを歎ず。

象伝に「天地解《と》けて雷雨作《おこ》り、雷雨作りて百果草木皆《とも》に甲坼《こうたく》す（芽生える）。解《かい》の時、大なるかな」といい、『周易内伝』は「陰亢して剛に乗ず（六三が九二に乗じて坎《かん》☵の象をなし、六五と上六が九四に乗じて震《しん》☳の象をなす）、故に難は結びて解けず。其の天地の化に在るや、則ち陰は上に凝り、陽は伏して興らず、而して寒凍曀霾《えいばい》（曇って風が吹き土砂を降らす、『詩経』邶風《はいふう》の終風にいう）を為し、草木は以て生ずるに足らず。乃ち柔和の気は上下に動き、雷乃ち以て升り、雨乃ち以て降り、晦蒙の気は消え、陰陽各々其の類に従い、則ち百果草木の函錮《かんこ》せる（内に閉される）者は皆《とも》に啓《ひら》く。解《かい》の功大なるは、唯其れ時なり。義の用を言わざるは、解《かい》は用無きを以て用と為し、義を執らず。其の時を待ちて、自ずから解く。唯聖人のみ、能く時に因るを為す」という。

船山は、最後に九四の徳の盛を聖人に比する。九四が上卦震《しん》の雷を動かし、解《かい》の群陰を解き、雨を降らすことによって、九四と同じ上卦震《しん》の六五は震《しん》の功の盛となり、また上六も震《しん》の変を通ずることができる。九四の労によることなく、また九四の変動を通ずる上六も吝むことなく通ずる。上六に時を待つの辞有りとは、上六の爻辞について『周易内伝』は「柔を以て治むる者は、用を柔に蔵し、時に乗じて以て断を行う。解《かい》の、上（上六）の射て獲る所以なり」という。上六が時を待って断を行い変を通ずることを極めるものであるとすれば、九四は時未だ至らざるときに、すでに坎《かん》の難を解くべき戦いの手だてを講じ、俗世の憂患を濯う聖人である。生を馮《たの》むは、『史記』伯夷列伝に「賈生（賈誼）曰く、貪夫は財に徇《したが》い、烈士は名に徇い、夸者は権に死し、衆庶は生を馮む」という。

䷨ 損《そん》（兌《だ》下艮《ごん》上）

泰《たい》（䷊）は、天地の正なり。惟《ただ》至正なる者は、能く大通するを為す。故に、「一陰一陽、之れ道と謂う」と曰う（繫辞上伝第五章）。自ずから然るに建立して、品物の亨らざるを憂えず。乃ち（然るに）性は静かにして止まり、情は動きて流る。止まりて以て畜《たくわ》うるを為し、畜うること厚ければ則ち流る。其の既に流るるに迨《およ》びて、其の長ずるを需《もと》めず、随応して変じ、往きて損を得るは、亦固然の勢いなり。

然りと雖も、其の往くに亦差有り。恒《こう》（䷟）は、初（泰《たい》の初九）往きて四（恒《こう》の九四）に変じ、无位（初）を舎《す》てて以て有位（四の人位）に就くは、用を致すを為すなり。既済《きせい》（䷾）は、二（泰《たい》の九二）往きて五（既済《きせい》の九五）に変じ、中未だ失わずして其の尊を得るは、正に居る（陽が五の陽位に居る）を為すなり。皆《とも》に、未だ損すること有らず。損《そん》は三（泰《たい》の九三）往きて上（損《そん》の上九）に変じ、高くして位无く、極まりて返らざるは、陰に賓たるを為し、陽に疎遠なり。則ち往きて損するなり。

乾《けん》下坤《こん》上の泰《たい》は、天地の正である。彖伝に「泰《たい》は小（坤《こん》）往き大（乾《けん》）来る、吉にして亨る（彖辞）とは、則ち是れ天地交わりて万物通ずるなり」というように、一陰一陽の自ずから然る道による泰《たい》は、万物が通じ亨るものである。ところが性の陽が止まって三陽を積めば、その厚きのために陰の情となって流れる。坤《こん》の彖伝に「坤《こん》は厚くして地を載す」というように、厚は坤《こん》の徳をいう。陰に変じて流れ、陽が長ずることなく、時位に応じて変化し陽が損するに至ることは、勢いの固然である。

しかし、泰《たい》の下卦乾《けん》の陽が往くとき、初九と九二と九三が往く三つの場合がある。泰《たい》の初九が九四に変じたのが恒《こう》䷟であり、泰《たい》の九二が九五に変じたのが既済《きせい》䷾である。恒《こう》は九四の位に就いて上卦震《しん》☳の動という用を致し、既済《きせい》は九五の中と尊を得て正に居り、ともに損することをしない。それに対し、泰《たい》の九三が上九に変じた損《そん》䷨が、上九という無位に居り、中の三陰の賓となり、初九と九二の陽から離れているのは、まさしく損するものというべきである。

是の故に、損《そん》の将に下を損して以て上を益さんとするや（彖伝にいう）、初（初九）は損するの心有るも、勢いは遠くして致し難し。則ち謙謙として酌む（初九の爻辞にいう）。二（九二）は損するの責有るも、中を怙《たの》みて舎《お》かず。

則ち自ら保ちて、以て貞に居る（九二の爻辞にいう）。貞に居る者（九二）は、既に損するを以て三（六三）の遇に委ね、酌を用うる者（初九）も、亦損するを以て夫の三（六三）の才に任す。
地は近くして遷り易く、剛を懐きて進（進爻の三）に処る。故に家（泰《たい》の下卦乾《けん》）を毀《こぼ》ちて上（損《そん》の上九）に紆《まと》い、綢繆《ちゅうびゅう》（まつわりつく）し膠固《こうこ》（固く結ぶ）して、以て少男（艮《ごん》）と少女（兌《だ》）の交わりを合すは、三（六三）の独り任ずるところと為りて辞する所无し。道は貧（乾《けん》を損する）に逢うに在るも、心は往くを憚る无し。交わりて其の位を失うと雖も恤《うれ》えず、蘋藻《ひんそう》（婚礼の幣物）を薦《すす》めて絪縕《いんうん》（少男艮《ごん》と少女兌《だ》の陰陽の交わり）を永くするは、損《そん》の孚有り（象辞にいう）と為す所以なり。然り而して、君子の損《そん》を用うるや、亦此に止まるのみ。僅かに此のみなれば則ち専なり、而れども此を過ぐれば則ち疑う（六三の小象による）。

象伝に「損《そん》は下を損して上を益し、其の道は上行す」といい、『周易内伝』は「上行すとは、上なる者行くなり。三（六三）は陽（初九と九二）の上為《た》り、上（上九）は陰（六四と六五）の上為り。上なる者は余り有るの勢いに処り、道は進むに在り。宜しく行くべき所の者なり」という。しかし初九は自ら損する心をもっているが、下卦の下に在り遠く及ぼすことができず、卑位に安んじて酌むだけである。初九の爻辞に「事を已《や》めて遄《すみ》やかに往けば、咎无し。酌みて之を損す」といい、『周易内伝』は「初九は剛（陽）を以て剛（初の陽位）に居るも、下に潜処し、未だ必ず損するの情有らず。故に此の爻を占う者に於いて之を戒めて曰く、能く其の陽道の潜蔵するの事（乾《けん》の初九の爻辞に、「潜龍、用うる勿れ」という）を輟《や》めて、遄やかに往きて以て上（上九）を益せば、則ち咎无かる可しと。且つ申《かさ》ねて之を釈きて曰く、初（初九）の損するを欲するに非ず、乃ち往きて宜しく損すべき所の者を酌みて之を損せよと。損すると益すとは、自ずから然るの理なり。徳に於いては、本より得失無し。故に但《ただ》占者を戒め、其の時位に当りて、則ち善く之に処する所以を思えと。他卦の義例と同じからず」という。

また九二は損すべき責任をもつが、中位を怙んで自ら損せず、かくして自らを保って貞に居ることができる。九二の爻辞に「貞しきに利し。征けば凶なり。損せずして之を益す」といい、『周易内伝』は「二（九二）は中に居りて陽剛の主と為り、損するの事を尸《つかさど》る者なり。剛（陽）を以て柔（二の陰位）に居り、情は自ら固くする能わず、則ち損するに急なるの心有り。損する者は必ず余り有りて而る後に損す可く、本を立てて而る後に以て時に趨《おもむ》く可く、是を以て孚有りて乃ち吉なり。故に之を戒むるに、正を守れば則ち利しく、往きて損すれば則ち凶なるを以てす。二（九二）は但其の剛を固守し、内に充足せ使むれば、則ち損するを待たずして自ずから以て上（上九）を益す有り。又戒辞なり。初（初九）は退きて二（九二）は進み、初は剛にして（初の陽位）二は柔なり（二の陰位）。故に一は則ち其（初九）の往くを勧め、一は則ち其（九二）の往くを止むるは、裁成の道なり」という。

かくして貞に居る九二は損することを六三に委ね、損すべきことを酌む初九もまた損することを六三に任せる。九二の小象に「九二は貞しきに利し（爻辞）とは、中以て志と為せばなり」といい、『周易内伝』は「位は既に中なれば、則ち当に其の中を固守して妄動せず、以て三（六三）の損するに聴《まか》すべし」という。三の遇とは、六三が陰を以て進爻に在ることによって自らを損し、六三が六四と六五の二陰とともに地（坤《こん》☷）を成そうとすることをいう。

六三は下卦の上に居て、上卦の六四と六五と三陰の地（坤《こん》）の象を成しているから上に遷り易く、もと泰《たい》の下卦乾《けん》の剛の才を抱き、しかも三の進爻に在る。六三は敢えて乾《けん》の象を毀（損）して上九に応じ、かくして兌《だ》下艮《ごん》上の損《そん》を成して、少男少女の交わりを成す。六三の爻辞に「三人行けば、則ち一人を損す。一人行けば、則ち其の友を得たり」といい、『周易内伝』は「内卦は本乾《けん》（☰）なり。変じて兌《だ》（☱）と為るは、其の三（初と二と三）の中の一（三）を損するなり。三（六三）は余り有るの地（泰《たい》の下卦乾《けん》の上）に処り、既に損して陰と為れば、四（六四）と五（六五）と道を同じくして相友とし、坤《こん》道成る。三（六三）を損して、交々（初九と九二）得たるなり」という。泰《たい》の下卦乾《けん》の九三が自ら損して六三となるのは九三の専断により、もし九三が六三に損するに決しなければ、初九と九二は疑う。六三の小象に「一人行く。三なれば、則ち疑う」といい、『周易内伝』は「六三の独り損して以て往く所以の者は、三人倶に損するの理無きを以てなり。而して損する所の者（六三）は、必ず其の宜しく損すべき所なれば、則ち之を損して各々（初九と九二）其の情の安んずる所を得たり。初（初九）は損するに吝み（初九の爻辞に、「酌みて之を損す」という）、二（九二）は損するに志あり（九二の小象に、「中以て志と為せばなり」という）。皆《とも》に理を失いて疑う。六三行けば、則ち疑い亡《な》し」という。

なお、彖辞に「損《そん》は、孚有りて元吉なり」といい、『周易内伝』は「孚有りとは、初（初九）と二（九二）と剛は相孚《まこと》あり（陽と陽である）、四（六四）と五（六五）と柔は相孚あり（陰と陰である）。陰陽交々内に足り、自ら信じて以て憂い無しと為す。而る後に其の余り有るの者（泰《たい》の九三）を以て下を損して上を益す。剛を損して柔を益すも、陽は固より充実して、未だ其の中位（九二）を喪わず。而して陰（六三）は已に以て其の用うるに利しきに足る（彖辞に、「往く攸有るに利し」という）。内足らずして外に徇《したが》う者に非ず」という。

六三とともに坤《こん》道をなし、また互いに陰の孚をもつ六四と六五について示す。六四の爻辞に「其の疾を損す。遄《すみ》やかなら使むれば喜び有り。咎无し」といい、『周易内伝』は「内卦（兌《だ》☱）は、本乾《けん》（泰《たい》の下卦）の体にして三（九三）損せるなり。使《も》し其れ損せざれば、則ち陽（泰《たい》の下卦乾《けん》の三陽）は陰（泰《たい》の上卦坤《こん》の三陰）を擯け、陰は陽に乗じ（上卦坤《こん》が下卦乾《けん》の上に居る）、四は其の衝《しょう》（陰陽の衝突）を受けて、病す。三の損するは、四の疾を損するなり。上（上九）の益すを受くるを待たずして、早く其の位（六四）に居るの安きを得たるを喜び、固より相与に相得て友と為る（六四が、六三とともに坤《こん》の友となる）。夫れ彼（泰《たい》の下卦乾《けん》の九三）の損するを利として、柔（六四）を以て相暱《なず》むは、咎有るかと疑わる。而るに四（六四）は位に当る（陰が四の陰位に居る）の柔なり、静正にして益すを求むるの心無し、故に咎无し」という。

六五の爻辞に「或いは之に十朋の亀を益す。違《たが》う克《あた》わず。元吉なり」といい、『周易内伝』は「或いはと言うは、三（六三）は五（六五）の正応に非ず、五（六五）の其（六三）の益すを望まざる所の者なり。両貝を朋と為す（一対の貝を朋という。十朋は二十貝、貝は古の銭)。亀は、国を守るの宝なり。三(六三)は本より損して以て上(上九)を益し、五(六五)を益すに非ず。乃ち(然るに)三陰(六三と六四と六五)は外に居りて消えんと欲するも、上(上九)の益して以て止まる(上九は上卦艮《ごん》の主)を得て、尊位(六五)に安んず、是れ五(六五)の宝なり。違う克わずとは、理数の自ずから致すなり。元吉とは、待つ所無くして自ずから吉なるなり」という。

なお上九について補う。上九の爻辞に「損せずして之を益す。咎无し。貞にして吉なり。往く攸有るに利し。臣を得て家无し」といい、『周易内伝』は「此《ここ》に損せずして之を益すと言うは、九二の義と異なり、損する所無くして益すを受くるを謂う。上の下に於けるは、宜しく己(上)を損して以て之(下)を益すべし。而して陰の数は六(老陰)に止まり、益す可き有るも損す可き無し。則ち義に於いて咎无く、正を守り益すを受くるを以て吉と為す。既に益せば、則ち往く攸有るに利し。上は君為り、下は臣為り。内卦は陽(初九と九二)を損して以て上(上九)を益すは、家を忘れ国を憂うるの臣なり。而して上(上九)は三(六三)と正応して之を得たるは、固より分義の受く可き者なり」という。

夫れ陰陽の未だ用いざるや、先ず体を正して以て位を定む。陰陽の既に用うるや、尤も体を立てて以て権を達す。体を立て権を達すれば、則ち志は貞にして靡《なび》かず。権に任じ体を堕《こぼ》てば、則ち游惰にして帰るを忘る。乃ち陽の陰を載するや、浮くを喜びて亟《すみ》やかに往く。陰の陽に乗ずるや、沈むを喜びて便《すなわ》ち来る。来る者は日に安んじ、往く者は日に危うし。陽其の居を喪いて以て陰の来り返るを助くれば、則ち損すること極まりて傷《やぶ》る。陽体を故に之を酌みて其の慎に過ぐるを嫌わず、享《まつ》ること薄くして其の已に涼《うす》(薄)きを責めず(彖辞にいう)。不窮に立て、陰情を節して以て各々正しき所以なり。

陰陽が交わらずに体を正し位を定めるものは泰《たい》であり、陰陽が交わったものは恒《こう》と既済《きせい》と損《そん》をいう。損《そん》についていえば、兌《だ》下艮《ごん》上の体を立て、泰《たい》の正が変じた権(常ではない権変)を遂げようとするから、志は貞である。損《そん》の象辞に、

「咎无し、貞なる可し」という。権のみに任じて体を堕ち游惰となったものは、後にいう「游惰を以て否塞の帰と為す」仏釈と老荘である。『周易内伝』は彖辞について、「泰《たい》(䷊)の三の陽(九三)進みて上(損《そん》の上九)に往き、上の陰(上六)退きて三(損《そん》の六三)に来るは、損《そん》(䷨)と為す。(中略)泰《たい》の外卦(坤《こん》)は本《もと》より陰なり、陽は三(九三)の中実(陽⚊は中が実)を以て、上(上六)の中虚(陰⚋は中が虚)を補い、陽の数は損す。(中略)内卦は本を立てて以て体を定め、外卦は時に趣《おもむ》きて以て用を起す者なり。陽の体を損して陰の用を益し、而して陽は損す」という。

三陽が下卦に在って上卦の三陰を載せる泰《たい》は、三陽が上に浮くことを喜んで速やかに上に往き、また三陰が三陽に乗ずる泰《たい》は、三陰は下に沈むことを喜んで下に来ようとする。それは否《ひ》䷋の象であり、下に来た三陰の坤《こん》は安んじ、上に往った三陽の乾《けん》は危うい。すなわち泰《たい》の下卦乾《けん》がすべてその居を失って上卦に往くことによって上卦坤《こん》が下卦に来ることを助ければ、陽の損することが極まって否《ひ》となる。そこで泰《たい》の下卦乾《けん》の中、九三の陽のみを損して上卦坤《こん》の上六を補うという慎用を以てする。また六三は、泰《たい》の九三の陽を損して二簋《にき》の薄きを以て享《まつ》っても構わない。損《そん》の象辞に「曷《なに》をか之れ用いん。二簋用《もっ》て享《まつ》る可し」といい、『周易内伝』は「二簋とは、特牲の饋《き》(『儀礼』特牲饋食《きし》礼に見える。天子の士ではない諸侯の士が、祖廟を祭る礼をいう)にして、祭饗の薄き者なり。損するに当りては、何ぞ損せざらんことを言う。二簋にて可なり。陽の三に居る者(泰《たい》の九三)は、陽の余なり。之を損するも、其の実を傷らざる者なり」という。かくして損《そん》は、その体を立て権を達し、上卦艮《ごん》によって下卦兌《だ》(少女)の陰情を節することができる。

此を遇ぐれば、固より疑う(六三の小象にいう)を免るるを得ず。陽の浮くに任ずれば、往きて止まらず。陰の沈むに徇《したが》えば、来りて嫌う无し。(陰は)汚垢を受けて以て量と為し、(陽は)虚曠を楽しみて以て高と為す。極まりて裁《た》つ(損する)を知らざれば、否《ひ》(䷋)に変ぜざれば已《や》まず。是に於いて、地(坤《こん》)は天(乾《けん》)を絶ち、柔は剛を制し、虧減《きげん》(損する)の帰するや、人道は以て息《や》む。善く泰《たい》を保つ者は、能く心を此に戒む勿《な》からんや。

損《そん》は、六三が泰《たい》の三陽の余(九三)を損することによって、その体を立てることができる。しかし六三の小象に「一人行く。三なれば則ち疑う」というように、六三の一人でなくそれを過ぎて三爻すべてが行けば疑いが生ずる。すなわち泰《たい》の下卦乾《けん》の三陽が上に浮び、上卦坤《こん》の三陰が下に沈めば、否《ひ》☰☷とならざるを得ない。否《ひ》の彖伝に「大（陽）往き小（陰）来る（彖辞）とは、則ち天地交わらずして、万物通ぜざるなり。上下交わらずして、天下は邦无きなり。内は陰にして外は陽なり、内は小人にして外は君子なり。小人は道長じ、君子は道消す」という。この坤《こん》下乾《けん》上の否《ひ》☰☷は、下卦坤《こん》は下に安んじて上卦乾《けん》に交わらず、内卦の陰の小人が外卦の陽の君子を制し、小人の道が長じ君子の道が消帰したあげく、人道を行うことはできない。君子は泰《たい》を保つためには、このことを戒めなければならない。

故に君子の損《そん》を用うるや、之を忿《いか》りを懲《こら》す（大象）に用う。而して忿り暴《にわ》かに発するに非ざれば、懲すを得《う》可からず。之を欲を窒《とざ》す（大象）に用う。而して欲已に濫《みだ》るるに非ざれば、窒《とざ》すを得《う》可からず。此れ二篇の必ずしも其れ豊かならずして、盈虚の必ず時を偕《とも》にする（象伝による）者なればなり。是れ何ぞや。已に泰《ゆた》かなるの余に処り、厚きを畜えて流れ、性は甫《はじ》めて正にして情興る。則ち抑《また》其の遇を酌み其の才に称《かな》い、因りて之に授くるに節するを以てするのみ。夫の性情の本正しき者の若きは、固より遷るを得可からず、替《すた》るを得可からず。

大象に「山（艮《ごん》）の下に沢（兌《だ》）有るは、損《そん》なり。君子は以て忿りを懲し欲を窒す」といい、『周易内伝』は「陽已に過ぐれば、則ち亢して忿りを成し、陰已に極まれば、則ち靡《なび》きて欲を成す。陽の外に発する者（泰《たい》の下卦乾《けん》）を損するに虚（六三）を以てし、而して悦（兌《だ》）べば則ち忿りは息《や》む。陰の将に衰えんとする者（泰《たい》の上卦坤《こん》）を益すに剛（上九）を以てし、而して止（艮《ごん》）むれば則ち欲は遏《とど》まる。欲窒《とざ》せば、則ち志行高くして山（艮《ごん》）の峙《そばだ》つが如し。忿り懲せば、則ち恵沢行われて沢（兌《だ》）の潤うが如し」という。損《そん》がもと泰《たい》の下卦乾《けん》の陽が極まって忿りを発するのを損して兌《だ》となし、上卦坤《こん》の陰が消えようとして欲が濫れるのを損して艮《ごん》となし、かくして志行と恵沢ともに行われる。それは忿りが暴発するの懲し、また欲が淫濫するのを窒《とざ》したためであり、決して老子や仏釈のようにすべて情欲を杜塞することを意図するのではない。

それは二篇の薄きを以てし、また盈虚の時を得ることによる。彖伝に「剛を損し柔を益すに、時有り。損益盈虚は、時と偕に行わる」といい、『周易内伝』は「乾《けん》道は上行し、行く者は時を以て行きて損す（泰《たい》の九三）。坤《こん》道は下行し、之を益すに陽（損《そん》の上九）を以てして情は順う。乾坤《けんこん》の交わるは方《まさ》に泰《たい》なるに、変通を以て其の用うるに利しき（損《そん》の上九）を益し、其の至足に乗じて其の余る所（泰《たい》の九三）を用う。則ち剛を損し柔を益すも、陽を傷るを以て褻《みだ》りに陰に交わるに非ず。乃ち損す可きの時に因りて損す」という。

人は神を享《まつ》るとき、心を泰《ゆた》かにして神を迎え、泰の厚きが自ずと流れるように、性の正から情が興る。かくしてまたその時と位に応じて、損するという節、すなわち二篇の薄きを以てする。恰も損《そん》が泰《たい》の九三を損して上九に益したように、性情の正なるものは変わらない。彖伝に「曷《なに》をか之れ用いん、二簋用《もっ》て享る可し（彖辞）」とは、二簋は応に時有るべきなり」といい、『周易内伝』は「陽道（泰《たい》の下卦乾《けん》）方《まさ》に盛んにして、其の余（泰《たい》の九三）を損して憂えず（損《そん》の下卦兌《だ》）。陰道（泰《たい》の上卦坤《こん》）消えんと欲して、之を益すに一陽（損《そん》の上九）を以てして固きを得たり（損《そん》の上卦艮《ごん》）。故に二簋は薄しと雖も、人神と賓主の情は自ずから応じ、唯其の時なるのみ」という。

性は陽を主として以て壮を用い、大勇浩然として、王侯に亢するも忿りに非ず。情は陰を賓として善く感じ、好楽して荒《すさ》む无く、思い輾転《てんてん》たるも欲に非ず。而るに尽く其の懲すを用うれば、益々其の壮を摧《くだ》く。竟《つい》に加うるに窒《とき》すを以てすれば、終に其の感を絶つ。一は自ら以て馬と為し、一は自ら以て牛と為し、才を廃して錞《ひく》（低）きに処る。一は以て寒巌と為し、一は以て枯木と為し、情を滅して其の生を息《や》む。

彼の仏老なる者は、皆《とも》に損《そん》に託して以て其の修を鳴らす。而るに豈知らんや、損《そん》と謂う所の者は、三人の行くに因りて之を酌みて損し（六三の爻辞にいう）、唯其の才の任ず可きも遇い難きの辞なるを。豈其の清明の嗜欲、彊固の気質を並《あわ》せて、概して（一律に）之を衰替し（替は滅ぼす）、游惰を以て否塞の帰と為さんや。

大象に「君子は以て忿りを懲し欲を窒す」というが、性情は忿りと欲とは異なるものである。陽を主とする性は、大勇浩然たる（『孟子』公孫丑上に、「昔者《むかし》、曽子、子襄に謂いて曰く、子は勇を好むか。吾れ嘗て大勇を夫子に聞けり。……我れ（孟子）善く吾が浩然の気を養うと」という）、壮として王侯に亢し、陰を賓とする情は、好楽して佚蕩《いっとう》に流れず、善く感じて輾転《てんてん》（『詩経』周南の関雎《かんしょ》に、「悠なる哉、悠なる哉、輾転反側す」という）たる思いをなすことができる。性情の正しき者は、陽の性を用い陰の情を用いる。その性情を否塞すれば、仏老の徒となる。牛馬となり錞きに処るとは老子の道をいい、寒巌となり枯木となるとは仏釈の道をいう。

かれらは性情の正をすべて廃棄し、陰陽の交わりをすてて游惰を旨とするものである。それは損《そん》の六三の爻辞「三人行けば、則ち一人を損す」の真意を知らず、ただ損すればよしとするにすぎない。『周易内伝』は六三の爻辞について、「則ちとは、自ずから然るの辞なり、理数の必ず爾《しか》るを言う。卦の画は三に成り、三なれば則ち盈つ。三人行きて、数は已に盈ち、気は已に足る。則ち必ず其の一を損す。倶に損するの理無く、亦損せざるの道無し」という。

故に性を尊ぶ者は必ず其の才を録（省察）し、情を達する者は以て其の性を養う。故に未だ変ぜざれば則ち泰《たい》にして必ず亨り、已に変ずれば則ち損《そん》にして時有り（彖伝にいう）。既に才情を登《すす》（進）めて以て性を輔け、抑《また》性を凝らして以て才情を存す。損《そん》は、衰世の卦なり。其の変に処りて、而る後に懲すと窒ぐの事（大象にいう）起る。夫の未だ変ぜざるに、其の或いは変ぜんことを億《はか》り、早く自ら貶損《へんそん》して、以て意外（意想外）の遷流を防ぐが若きは、

是れ羹《あつもの》に懲りて韲《なます》を吹き、金鼓の声（攻撃の音）を畏れて自ら車下に投ずるなり。亦愚ならずや。

損《そん》は、泰《たい》が変じたものである。すなわち衰世に当り、性情を損する懲忿と窒欲によって盈虚の時を得、かくして泰《たい》の性情を輔《たす》ける。変じないときに予め変を予測し、貶損という否塞を立てて現世に超然たろうとする仏老の徒は、まことに愚といわざるをえない。恰も金鼓の声を聞いただけで戦意を失い、戦わずして自ら降伏する者である。

時について彖伝に「曷《なに》をか之を用いん、二簋用て享る可し（彖辞）とは、二簋は応に時有るべきなり。剛を損し柔を

益すに時有り。損益盈虚は、時と倶に行わる」といい、『周易内伝』は「此れ、損《そん》の密用を極言す。而して必ず動くの幾を推すに、一に皆自ずから然るの理なり。陽は已に盈てば則ち損し、陰は虚に極まれば則ち益す。（陽）損すれば則ち盈つる者（陽）は虚なり、（陰）益せば則ち虚なる者（陰）は盈つ。時と倶に行わるとは、時の中に行われて変化不測なるも、時は以て滞らざるなり。（中略）時は其の正を行い、損益は其の権（その時に応ずる時宜）を行う。乃ち既に損し既に益し、時は因りて以て変遷す。則ち損益行われ、時は因りて与に倶に行わる。一元（王朝の元号）の開闔、一歳の啓閉より、乃ち一日の旦暮、一刻の推移に至るまで、皆損益は其の間に存する有るも、人は特《ただ》未だ之を覚らざるのみ。愚者は其の虚を見て以て損と為し、其の未だ嘗て損せざるを知らず。其の盈つるを見て以て損す可からずと為し、其の固より損するを知らず。苟くも此に明らかなれば、則ち節宣して其の理勢に順い、調燮《ちょうしょう》（調和）して其の性情に因り、質文、刑徳、哀楽、取捨は、執滞するを容るる無く、余り有るを節して足らざるを相《たす》く。一念の其の幾を廃す可き無く、時と倶に行わるるの大用を得るに庶幾《ちか》からんか」という。

䷩ 益《えき》（震《しん》下巽《そん》上）

一

命を受くる者は其の生ずる所（天地）に肖《のっと》らんことを期し、生に報いる者は其の利しき所を推すに務む。今夫れ天地の、生を以て徳と為す者（繋辞下伝第一章に、「天地の大徳を生と曰う」という）は、水火木金にして、人物（人を含む万物）と与に生を天地に同じくす。其の已に生ずるに迨《およ》びては、水火木金は自ら養わずして、天地は之を養う。

天地は以て人物を養う无くして、水火木金は相化して以て之を養う。生ずる者は受くる所なり、養う者は利しき所なり。水火木金の相効《いた》して以て化し、養を推して人物に施すは、其の以て天地の生を続《つ》ぎ、其の恩育に効法して（ならう）、以て報称（酬いる）を為す者なり。

益《えき》は震《しん》下巽《そん》上、象伝に「木（巽《そん》）道乃ち行わるるなり」という。船山はまず、水火木金の五行を論ずることから始める。生を受けたものは天地の生に従うが、生じたあとは生に利しき養を推し及ぼすことにつとめる。その点で、水火木金は万物とともに天地から生を受けたものであるが、生じたあとは水火木金は天地に養われ、また水火木金は養を人物に施して、天地の生を続ぎ天地の養の恩育に効《なら》って報称する。効法は、繋辞上伝第五章に、「効法之れ坤《こん》と謂う」という。

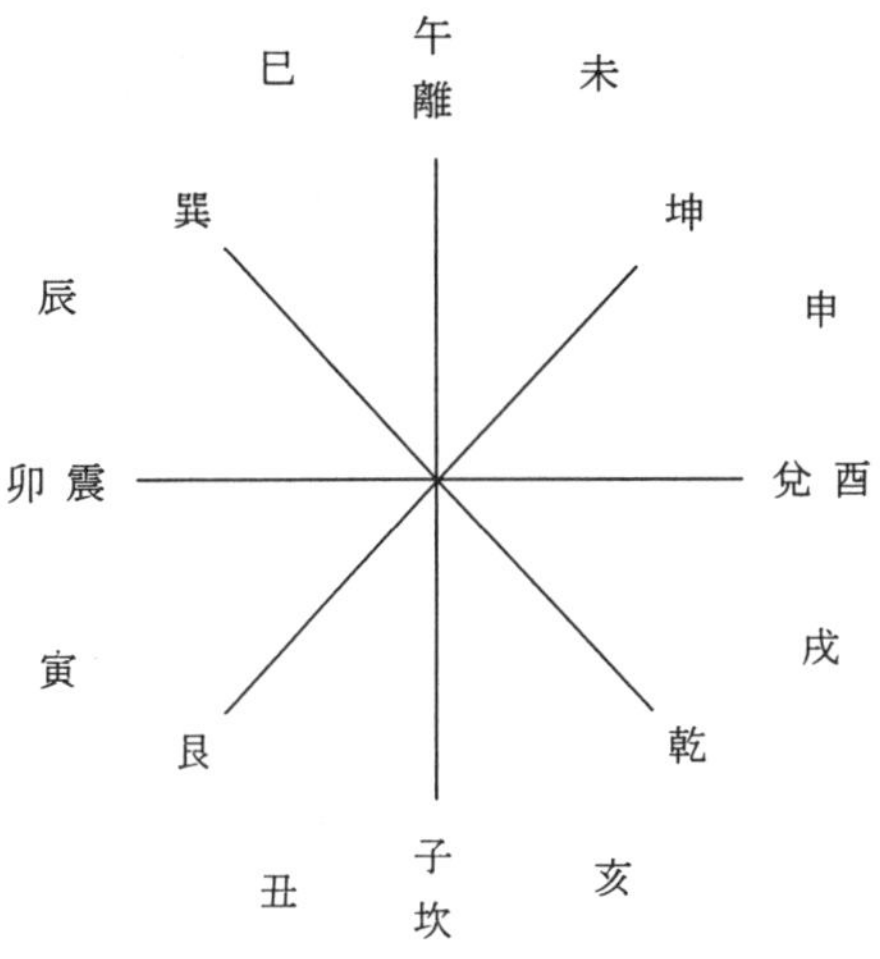

文王後天図

是の故に、五行は相養いて以て群有を養い、養を受けて壮と為り、養を施して老と為る。震《しん》は寅卯（東）に位し、水（北の坎《かん》）に近くして滋を受く。木の壮なる者なり。巽《そん》は巳（東南）に位し、火（南の離《り》）に近くして爇《ねつ》（熱）を施す。木の老なる者なり。震《しん》由り陽は巽《そん》に上行し、木は老に漸《すす》む。故に此を見る无き者は曰く、「木は卯（東）に王《さか》（旺）んに、辰（東南東）に衰え、巳（南南東）に病《へい》す」と。其れ然らば、将に養うを怙《たの》みて施すを吝み、苟くも其の形質を全くして以て繁富に居り、功用に沮喪して以て菁華《せいか》（精華）の竭《つ》くるを避けんとす。其れ亦鄙なるかな。

故に象（象伝）に曰く、「大川を渉るに利し（象辞）とは、木道乃ち行わるなり」と。

朱子の文王八卦方位図によるいわゆる文王後天図によれば、震《しん》は水の滋の養を受けて、木の壮なる者であり、巽《そん》は火の熱を施して（与えて）、木の老なる者である。益《えき》は震《しん》下巽《そん》上、すなわち震《しん》☳から陽が上行して巽《そん》☴となったもの、陽が壮から老に往った象である。彖伝に「大川を渉るに利し（彖辞）とは、木道乃ち行わるるなり」というのは、陽が他に施すことによって、大川を渉るに利しきを得ることをいうのであって、施すことをせず自らの繁富と精華を守ろうとするのではない。

『周易内伝』は彖伝について、「木とは、巽《そん》を謂う。京房は震巽《しんそん》は皆《とも》に木に属すと謂い、八卦を屈して以て五行に就かしむ。其の説通ぜず。行とは、之を動かして（震《しん》）行か使むるなり。之を動かして巽《そん》（順いて）以て行き、行きて以て漸進して遽《にわ》かならず。舟行の象と為す。涯に循《したが》いて日に進み、遠きの届《いた》らざる無きは、行舟の利しきの禦《ふせ》ぐ可からざる所以なり」という。すなわち、震《しん》の壮から巽《そん》の老に漸進する周行することをいい、京房のように震巽《しんそん》を木の東に固定することを斥ける。

董子（董仲舒）曰く、「聖人は仁を以て人を愛し、義を以て我を制す」と。震《しん》は巽《そん》を生じて、其（震《しん》）の窮まるを憂えず。則ち義を以て我を制し、己を保ちて以て其の利を貪《むさぼ》らず。巽《そん》は震《しん》を達して、以て普《あまね》く其（巽《そん》）の材を散ず。則ち仁を以て人を愛し（繋辞上伝第四章に、「土に安んじ仁に敦し、故に能く愛す」という）、恩を靳《おし》みて以て其の私を怙《たの》まず。

其の極に迨《いた》りては、火は木を受けて生じ、木は火に因りて息《や》む。薪にして餤《も》（燃）え、餤えて灺《た》（もえかす）となる。木は、且つ以て存するに足らず、萌えて栄《はなさ》き、栄きて実り、歳に云《ここ》に落ち、黄（実）隕《お》ちて人物の養に資す。木は、抑《また》僅かに存する者有るのみ。大なる哉、終に私《ひそ》かに其の滋栄を靳《おし》まざること。木の道は、仁の全を体し、抑《また》自ら裁ちて以て養う。是れ何ぞや。其の生ずる所に肖《のっと》り、其の利する所を推せばなり。木（春）は四時（春夏秋冬）に長たり。首《はじ》めに天地の功臣と為り、道は必ず行きて已む容《べ》き无き者に在り。是に及ばざれば、道は未だ以て行くに足らず。故に「木道乃ち行わる」と曰う（彖伝）。道の益すや、豈器の損するを問わん。

益《えき》の下卦震《しん》は、さきに見たように震《しん》☳の陽が上行して巽《そん》☴を生じ、自ら陽が窮まることを憂えない。すなわち董仲舒がいうように義を以て我を制するものであり、決して己を保つことによって利を求めるものではない。震《しん》は水の養を受け木の壮なるものであるが、巽《そん》は養を施して木の老なるものであるから、益《えき》の上卦巽《そん》は普く己の材を散じて震《しん》の志を達成させようとする。すなわち董仲舒のいうように仁を以て人を愛するものであり、決して己の恩を施すことを惜しむことによって私を恃むことをしない。

震《しん》から巽《そん》を生じたあと、離《り》が生ずる。すなわち離《り》の火が震巽《しんそん》の木の壮老を受けて生じ、かくして木は火によって燃え尽きる。木は燃え尽きるもので己を存しようとはせず、また植物の木が萌芽から栄花、そして実が落ちて人の養となり、自らを存しようとはしない。

このように仁の全を体する木の道は、まことに大というべきである。木は春であり、四時の長として天地乾坤の功臣である。道とは木道のように、わが器（材）を損することを問わず、やむべからざる道を行く他ないものなのである。

或いは曰く、「聖人は本を立てて以て親しく用い、生を厚くして以て物の生を厚くす。使《も》し己を損して往きて益せば、則ち何を以て墨釈（墨子と仏釈）に異ならんや」と。

曰く、聖人を陰陽の器数に擬するに、則ち各々道有り。聖人は、必ず陰陽に於いて之に刻肖（極似）するに非ず。陰陽は万物と功を為すも、与に憂いを同じくせず。聖人は万物と憂いを同じくして、因りて以て功を為す。故に匱《とぼ》しくして給《た》らざるの患いは、陰陽は患えず、聖人は之を患う。推移往来し、陰陽は涯无きを以て遞《たが》いに出ず。

博く施して己を忘れ、聖人は涯有るを以て或いは病む。

聖人は、五行を節宣し、斟酌して之を用う。之を同じくするに功有るを以てし、之を異にするに憂い有るを以てす。其の施を仁義に権《はか》り、其の事を知能に止《とど》む。長裕して設けず（繋辞下伝第七章）、因りて以て利を興す（同）。亦、材を尽くして以て陰陽に配す可し。故に益《えき》は、聖人憂患の卦なり。

このように己を損して他を益するのが益《えき》の道であるとすれば、兼愛をいう墨子、捨身を説く仏教と同じではないかという問いに、以下答える。

聖人を陰陽の器数に比擬することはできない、それぞれ道を殊にするからである。器数とは、陰は⚋の偶であり、陽は⚊の奇であることをいう。陰陽は一陰一陽の変化によって万物に功をなすが、万物と憂いを共にするものではない。それに対し、聖人は万物と憂いを共にすることによって万物に功をなす。聖人は、陰陽のはたらきを己の徳とするものではないからである。かくして聖人は匱しく給《た》らないことを憂えるが、陰陽は決して憂えることをしない。陰陽はひたすら推移往来し、無限に交々その用を発揮する。それに対し、聖人は万物に博く施して己の利を忘れ、そのとき普く施すことができないことによって憂患を抱く。匱しくして給らざるの患いは、『論語』季氏に「丘（孔子）や聞く、邦を有《たも》ち家を有つ者は、寡なきを患えずして均しからざるを患え、貧しきを患えずして安からざるを患う」という。

聖人が五行を用いるときも、仁義によって節宣斟酌し、ただ五行のように功を求めるだけではない。憂えるからである。知は乾《けん》のはたらき、能は坤《こん》のはたらき。聖人は乾坤《けんこん》の徳に効法して、知と能を行うだけである。繋辞下伝第七章に、「益《えき》は、徳の裕なり」といい、「益《えき》は、長裕して設けず」といい、「益《えき》は、以て利を興す」という。『周易内伝』は、「裕とは、其の理の未だ充たざるを進むるなり」といい、「益《えき》は善に遷り過ちを改め、日に新たにして以て徳を進め、先に一止境を立てて以て自ら画せず。故に徳の裕為りて、其の益すこと疆《かぎ》り无し」という。この利を興すことにおいて、益《えき》は陰陽と同じ功をなす。しかし聖人が憂患をもつことにおいて、益《えき》は憂患の卦というべきである。

二

陽は清にして亢し、利を軽んじて気に任ず。陰は濁にして幽《かく》れ、実を取りて名を後にす。初の陰（否《ひ》の初六）を益し（益《えき》の初九）、遷りて四（益《えき》の六四）に居り、四の陽（否《ひ》の九四）を貿《か》えて、下（益《えき》の下卦震《しん》）に主と為る（益《えき》の初九）。為すを得るの地（初九は地位）に居り、否《ひ》を消すの権を行う。則ち陰は益し、陽は損するに非ず。

益《えき》☴☳は、否《ひ》☰☷の九四の陽を損して六四となり、初六の陰を益して初九となった象。かくして初九は下卦震《しん》の主となり、否塞を消すことができる。それは陰が益したのであり、決して陽が損したのではない。

『周易内伝』は益《えき》の彖辞について、「益《えき》も亦、乾《けん》の剛（否《ひ》の九四）を損して坤《こん》の柔（否《ひ》の初六）を益す。而して之を益《えき》と謂いて損《そん》と謂わざるは、剛（否《ひ》の九四）は四に損して（益《えき》の六四）以て陰（否《ひ》の初六）を初に益す（益《えき》の初九）と雖も、方《まさ》に生ずるの爻（下卦の震《しん》）と為り、陽道は且つ本を立てて日に長ず。則ち陰は益して（否《ひ》の初六が益して益《えき》の初九となる）、陽も亦益せばなり（下卦震《しん》の陽となる）。損《そん》（☶☱）の三を損して（泰《たい》の九三を六三に損する）以て上（損《そん》の上九）に居り、已往の爻（上卦の艮《ごん》）と為り、居を天位の上（損《そん》の上九）に寄せ、実は自ら（泰《たい》の九三）損して以て彼（損《そん》の上九）を益すが若きに非ず」という。

初九の爻辞に「用《もっ》て大いに作すを為すに利し。元吉なれば咎无し」といい、『周易内伝』は「初（初九）は既に益すを受け、乾《けん》道は下に施して長子（震《しん》は長男）と為る、以て大いに為す有る可し。乃ち陽（否《ひ》の九四）の、下に施して以て初（初九）を恵むは、徒《ただ》に其の生ずるに利しきのみならず、実に以て其の能（大いに作すの作）を成すなり。乾《けん》元の徳を体して以て天の祐くるを承くるに非ざれば、則ち以て其の任に勝《た》うるに足らず。故に必ず元吉にして、而る後に咎无し」という。

四（六四）の象（爻辞）に曰く、「公に告げて従わる」と。往きて告げ其の従うを幾《ねが》うは、喜詞有り。則ち唯其の従わざるを恐れ、其の従うを幸いとす。是を用て、陰陽否塞の代に、陰は化に嚮《むか》うの心无きに非ざるも、特《ただ》其の情は柔にして幽を用い、陽に依りて以て益を為さんことを願うと雖も、先に陽に干《もと》むるの事无きを見《しめ》す。乃ち陽（否《ひ》の上卦乾《けん》の三陽）は尊高に拠りて相拒《へだ》て、時過ぎて必ず去らんとするに愒《かい》す（放置する）。則ち下に観望する者（否《ひ》の下卦坤《こん》の三陰）は、慙《はじ》ずるに始まり、忍ぶに中し、忮害《しがい》（人を害する）に終りて、与に敵と為る。曰く、「彼も亦一たび時に乗ずるなり、我も亦一たび時に乗ずるなり。時は方に我に在り、彼（否《ひ》の上卦乾《けん》）は且に孤高峭潔《しょうけつ》にして、終に我を酬酢の途《みち》に絶たんとす。則ち我も亦茅《ちがや》を抜きて彙進《いしん》し（否《ひ》の初九の爻辞による）、塁を建てて以て相拒つ可し」と。

六四の爻辞にいうように、六三が六四に往って告げ六四がそれに従うことを願うのは、六三の喜びをこめたことばである。それは六四が己の言に従わないことを恐れ、逆にいえば六四が従うことを幸いとすることばである。すなわち坤《こん》下乾《けん》上の陰陽が交わらない否《ひ》☰☷の世において、下卦坤《こん》の三陰は陽によって化せられる心がないわけではないが、陰の情は柔で幽を用いるものであるから、たとい陽によって化せられる益を得ようと願っても、先に陽に求めることをしない態を示している。かくして否《ひ》の上卦乾《けん》の三陽は上卦の尊に居座って下卦坤《こん》の陰を斥け、時が過ぎれば何れ陰は去るであろうと放置する。下卦に在ってそれを観望する三陰は、初めは慙じ次に忍び終には三陽を忮害しようとして、陽の敵となる。陰の思いは次の如くである。「三陽が尊位に居るのが時に乗じたものであるとすれば、我が三陰が卑位に在るのも時である。時はまさに我に在る。かの上卦乾《けん》は孤高峭潔にして、我が交わりの道を絶とうとしているからには、我も三陰の類を集めて進み、堡塁を築いて三陽と敵対するのだ」と。否《ひ》の初六の爻辞に、「茅茹を抜くに、其の彙を以てす」という。

六四の爻辞に「中行なれば（六三についていう）、公（六四）に告げて従わる。用て依るを為し国を遷すに利し」といい、『周易内伝』は「中行なれば、公に告げて従わるとは、三（六三）来り告げて四（六四）は之に従い、因りて其の陽の固より足る者（否《ひ》の九四）を以て初（益《えき》の初九）を益すなり。国を遷すとは、陽（否《ひ》の九四）下りて初（益《えき》の初九）を益し、則ち陰（否《ひ》の初六）遷りて此《ここ》（益《えき》の六四）に居るなり。（中略）四（益《えき》の六四）は既に陽（否《ひ》の九四）を損して以て初（益《えき》の初九）を益し、三（益《えき》の六三）の告ぐるに従う。則ち三（六三）と其の柔徳を同《とも》にし、相比して（三と四と相連なる）以て其の位を奠《さだ》め、居る所を得たり」という。

六三の爻辞に「益すの用は凶事なり、咎无し。孚有りて中行なれば、公に告ぐるに圭《けい》を用う」といい、『周易内伝』は「益すの用とは、益《えき》に資《と》りて以て用と為すなり。凶事とは、水火、兵戎、死喪の事なり。孚とは、三（六三）は二（六二）四（六四）と徳を合するなり。中行とは、卦は三陰（六二と六三と六四）にして三（六三）は其の中に当り、行きて以て告げ益すを請うなり。公とは、四（六四）を謂う。四（六四）は九五の尊位に近く、三公為り。圭とは、諸侯の聘圭なり、以て信を昭らかにす。三（六三）は外卦に比し、而も進爻為り。陰は益すを陽に求めんと欲し、三（六三）行きて以て四（六四）に請う。請いて益すを求むるは、君子の道に非ず。唯水火は災を分つの礼有り、兵戎は患を救うの典有り、死喪は襚《すい》（死者に贈る衣）を賻《おく》るの儀有り。則ち与うる者は濫に非ず、求むる者は貪に非ず、咎无る可し」という。

今、陽（否《ひ》の九四）は先に下降して（益《えき》の初九）以て施し、陰（否《ひ》の初六）は遂に上遷して（益《えき》の六四）以て報ず。退きては主を得る（初九は下卦震《しん》の主）の歓を諧《とも》にし、進みては王に賓たる（六四が九五の臣となる）の利を獲たり。是に於いて、天位の方《まさ》に尊きを睨し、剛情の格《あた》り難きを恐れ（初九についていう）、異土に飄揺し、新沢に沐浴し、儔侶《ちゅうりょ》を顧瞻《こせん》して（六四についていう）、各々殊疆を畛《しん》（界）す。乃ち始めて婉嬺《えんじょく》（和静）殷勤にして、詞を通じて逮ばざるが若くす。其の従うを幸いとして、用て依るを為すに利しく（六四の爻辞）、周旋して舎《お》かず、以て宿否の気を消す。故に曰く、「損《そん》と益《えき》は、盛衰の始めなり」と（雑卦伝）。藉《も》し陽は上に損して以て陰に施すに非ざれば、抑《また》何を以て積衰を起して盛に嚮《むか》わんや。

ところが否《ひ》の九四は先に初に下って陽を施し、否《ひ》の初六は四に上って陰を報じ、ここに益《えき》の象が成る。かくして初九は下卦震《しん》の主となる歓びを得、六四は九五の王の賓（臣）となる利を得ることができる。九五の爻辞に「孚有り恵心有るは問う勿れ、元吉なり。孚有りて我が徳を恵す」といい、『周易内伝』は「五の位は天徳なり、其の恵を下に施して以て陰の生を益すは、心の固然たるなり。四（六四）は本より乾《けん》の体なり（否《ひ》の上卦乾《けん》の九四が初に下り、下卦坤《こん》の初六が四に上ったのが六四）、五（九五）と徳を同じくし、相孚ありて恵心あるは一なり。告ぐれば即ち従わるとは（六四の爻辞にいう）、五（九五）の焉《こ》れ（六四）に問うを待たず。黙して其（九五）の意を承け、資《と》りて始む（乾《けん》の象伝にいう）の益を以て下（六四）を益し、吉なること尚《くわ》うる莫し。恵すとは、四（六四）往きて初（初九）の徳を益し（否《ひ》の初六が六四に往き、その九四が初九に来る）、功は五（九五）に帰するなり。則ち何ぞ五（九五）の己を損するを待ちて、而る後に物を益さんや」という。

九五の天位の尊を下位に在って睨し、遙かにわが陽の剛情を以てしても格《あた》り難いことを恐れるのは初九である。かつて否《ひ》の下卦にあった陰が、いま異土の上卦（巽《そん》、風）に飄搖し（風にゆれる）、九五の恩沢に浴するのは六四である。かくして初九はかつての儔侶（同類）たる上卦の二陽を思い、六四は下卦の二陰を思いつつ、それぞれ内外の卦の境界を異にする。婉嫕殷勤にして言葉を謹むのは、巽《そん》の主である六四である。六四の爻辞に、「中行なれば公に告げて従わる。用て依るを為し、国を遷すに利し」という。このように、六四が否《ひ》の九四の陽を損し、否《ひ》の初六の陰を益して初九となり、益《えき》の象を成すことによってこそ、否塞を転じて盛に向うことができる。

九五の正応である六二の爻辞に「或いは之に十朋の亀を益す。違《たが》う克《あた》わず。永貞にして吉なり。王は用て帝に享す。吉なり」といい、『周易内伝』は「陽（否《ひ》の九四）は初（益《えき》の初九）を益し、以て二（六二）を輔けて其の否《ひ》を消す。二

(六二) の益すを得ること大なり、故に損《そん》(䷨) の五 (六五) と其の象 (象辞、爻辞) を同じくす (損《そん》の六五の爻辞に、「或いは之に十朋の亀を益す。違う克わず。元吉なり」という)。而して六二は柔中にして位を得 (陰が二の陰位に居る)、楽しみて陽 (初九) の施を受け、以て其の正を保つ。則ち其の吉は永固にして、損《そん》の五 (六五) に較べて尤も吉なりと為す。其の徳有りて其の福を受け、而も柔順にして敢えて自ら居りて功と為さず。乃ち以て上帝に禋祀す (享す)。(中略) 二 (六二) は上は五 (九五) に応ず、故に此の象有り」という。

故に小人面《おもて》を革《あらた》むる (革《かく》の上六の爻辞) の難は、君子の憂いに非ず。而れども君子過亢の終りは、亦小人の如何《いかん》ともす可き无き者なり。其の嫌い无きを相得るに迨《およ》びては、此 (陽) は徳を以て来り (初九)、彼 (陰) は情を以て往く (六四)。巽《そん》(風) の戸は既に開き、雷 (震《しん》) の鳴は斯に豫《よろこ》び、生を施すの益を成し、天地の交わりを合す。即《たと》い以て之を太和の訢合《きごう》(陰陽の気の交感) に絜《はか》るも、亦以て加うる蔑《な》し。而るに上九の亢して制するを知らず、猶《よ》従りて焉《こ》れ (上九) を撃つ (上九の爻辞による) は、将《はた》何をか為すや。故に四 (六四) を観て、而る後に初 (初九) の徳の盛んなるを知る。大易の此 (六四) に於けるは、豈但《ただ》に陰を抑うるの詞を致し、之をして必ず告げ使め、誘うに制する所を以てするのみならんや。

革《かく》の上六の爻辞に「小人は面を革む」といい、その小象に「小人は面を革むとは、順にして以て君に従うなり」という。革命のとき、小人が表面だけを改めて内心を隠す難は、結局は君に順うのであるから、君子の憂いとはならない。それよりも益《えき》の上九が過亢を恃んで改めないことは、如何ともすべからざる凶である。震《しん》下巽《そん》上の益《えき》は、その象伝に「往く攸有るに利し (彖辞) とは、中正 (六二と九五) にして慶び有るなり。……益《えき》は動 (震《しん》) きて巽《したが》(順) い、日に進みて疆《かぎ》り无し。天は施し地は生じ、其の益すこと方无し」というように、天地陰陽の交感は太和の訢合にも比ぶべきものである。『礼記』楽記に、「天地訢合《きごう》し、陰陽相得たり」という。

ところが、上九の爻辞に「之を益すこと莫し。或いは之を撃つ。心を立つること恒勿《な》し。凶為り」というのは、なぜか。易は、陽が亢して益すことがないことを戒めているのである。『周易内伝』は、「上九は陽亢して上に在り、驕吝にして物を益すの心無し。物を益す所無ければ、物も亦之を益す者有る無く、或いは且つ之を撃つ」という。この上九を戒めることは、逆にいえば初九の盛徳を易が称えていることを意味する。益《えき》の初九は否《ひ》の九四が自らを損して陰を益したものであり、上九が過亢に終るのとは異なる。易は単に六四の陰を抑えることをいうだけではない。『周易内伝』は六四の爻辞について、「四（六四）は既に陽（否《ひ》の九四）を損して以て初（益《えき》の初九）を益し、三（六三）の告ぐるに従う。則ち三（六三）と其の柔徳を同《とも》にす。相比して（三と四と相連なる）、以て其の位を奠《さだ》め、其の居を得たり。「因りて其の親を失わず」（『論語』学而）と謂う所なり。損《そん》の三（六三）の友を得る（六三の爻辞に、「一人行けば、則ち其の友を得」という）の義と同じ」という。

䷪ 夬《かい》（乾《けん》下兌《だ》上）

善く功を致す者は、独を用いて衆を用いず。慎みて徳を修むる者は、始めを謹みて尤も終りを謹む。衆力の散ずるは、独の壹《いっ》なるに如《し》かず。事を終うるの康《やす》きは、始めの敏なるに如かず。

善く功績をなし遂げる者は、独の専一を用い衆の散力を用いない。慎んで徳を修める者は、始めを謹むとともに終りを謹む。それは衆力が散ずるより独の専一が功をなすことができ、また事を終えて康きを得るのは始めに敏速であるからである。『書経』仲虺之誥《ちゅうきしこう》に、「厥《そ》の終りを慎むこと、惟れ其れ始めにせよ」といい、『大学』経に「物に本末有り、事に終始あり。先後する所を知れば、則ち道に近し」という。夬《かい》は五陽一陰であり、五陽の衆のままでは功をなすことができないことをいう。

『周易内伝』は彖辞について、「夬《かい》の言為《た》るは、決するなり（彖伝に、「夬とは、決するなり」という）。絶ちて之を外に擯《しりぞ》くること、水を決する（決潰する）者は之を停貯せず、決して其の往く所に任《まか》すが如く、其の相淹濡《えんじゅ》（貯留）する無きを求めて、復《また》之に処する所以を問わず。卦為《た》る、陽の盛んなること已に極まれり。上（上六）は天位に居り、下（五陽）は衆志を協《あわ》す。一陰（上六）は尚留まるも、之を外（外卦の上）に処《お》く。陽（五陽）は已に安富と尊栄に席《お》り、陰を実無きの地（天位の上）に絶つ。是を以て、剛断（夬《かい》は決）の已に至れりと為す。乃ち（然るに）陰（上六）は、終りに其の上に乗じて之を睥睨す。陰は固より情を陽に忘るる能わず、陽も亦、豈泰然として之に処りて憂えざらんや。故に爻辞に憂い多く、彖辞も亦危ぶむ」という。爻辞に憂い多しは、以下に述べる。彖辞も亦危ぶむは、彖辞に「孚ありて号《さけ》び、厲《あや》うきこと有り。……戎に即《つ》くに利しからず」という。

夬《かい》の終りに上六が乗じ、その陰柔を慎む責任は始めにあるが、五陽の内どれがその任を背負うべきかをいう。衆力の散ずるは、独の壱なるに如かずというように、独の一陽が背負うべきであるからである。これは以下に述べるように、五陽の内、九二がその事を専らにすべきことをいう。

夬《かい》は、孤陰（上六）を以て積陽の上に寄りて、位无し。蒙（物を覆うもの）を振い槁（枯木）を吹き（勢いが盛んなさま）、陽の勢い已に成れば、其の決するに於いて何か有らん。然れども女は穉《ち》にして（上卦兌《だ》は少女）善く媚び、位窮まりて詞は哀しく（上六の爻辞に、「号《さけ》ぶ无かれ。終に凶有り」という）、以て苟くも延ぶるの命を群陽に請うは、陰（上六）は固より未だ嘗て土を捲きて以て重ねて来るを忘れず。

乃ち陽の往きて決（夬《かい》）するや、必ず任ずる所有り。将《はた》之を五（九五）に任ぜんか、則ち五（九五）は之（上六）と暱《した》しむ。将《はた》之を四（九四）に任ぜんか、則ち四（九四）は（上六と）与に体を為す。将之を三（九三）に任ぜんか、則ち三（九三）は（上六と）与に応を為す。連雞（群雄並び立たないさま）形成し、而も踟躕《ちちゅう》（逡巡）して相顧みる。吾れ其の六国の函関（函谷関）を叩き、九節度の相州に臨するが如きを懼る。其れ惟、之を初（初九）と二

（九二）に任ぜんか。而れども初（初九）は与《ため》に功を為すに足らず。則ち、二（九二）は其の事を専らにす。

夬《かい》は上六が五陽の上に孤立し、枯葉を捲く勢いをもつ五陽が、わざわざ決（夬《かい》）する必要のない象である。しかし上卦兌《だ》の少女は哀しみの叫びをあげ、群陽に暫しの延命を訴えているのは、陰が捲土重来の情を抱いていることを示す。従って、陽は上に往って決する必要がある。

彖辞に「王庭に揚ぐ。孚ありて号《さけ》び、厲《あや》うき有り。告ぐるに邑自《よ》りす」といい、『周易内伝』は「揚ぐとは、相誣《ほこ》りて自ら安んずるの貌なり。宮中を庭と曰う。王庭とは、王の後宮なり。陰（上六）は、五（九五）の上に居りて位に当る（陰が上の陰位に居る）。之（上六）を擯絶すと雖も、猶其の所に安んじ（上六が陰位に居る）、其の後（後宮）に乗じて以て俯窺す。是くの如くなれば、則ち群陽相与に交々孚ありて、以て号呼して寧んぜず、自《よ》りて其の危うきを見《しめ》す。危うければ則ち自ら治めて飭《いまし》めざる可からず。故に必ず告ぐるに邑自りす、亟《すみ》やかに内治するなり。且つ群陽の相下らざるを憂え、必ず命を申《かさ》ねて以て合する有り。内治修まりて、則ち徐ろに之を制し、専ら能に任ずる者（九二についていう）以て威を建て萌を銷《け》すこと可なり」という。

五陽の中、決する任をもつ者はどれか。九五の爻辞に「莧《けん》は、陸して夬夬《かいかい》たり」といい、『周易内伝』は「莧とは、細角の羊なり、触《つ》く（角で突く）能わざる者なり。陸とは平原の地なり、羊の処るを楽しむ所なり。兌《だ》は本《もと》羊体なり（説卦伝第九章に「兌《だ》は羊と為す」という）、而して平原に行きて、其の安んずる所を得たり。故に此の象有り。九五は上六に迫近し、駆除に決するの責有りと雖も、居に安んじて自得し、之（上六）と鄰して戒心無く、夬夬《かいかい》（果断）たるも、実は未だ決せざるなり」という。

九四の爻辞に「臀《しり》に膚《はだ》无く、其の行くこと次且《じしょ》（逡巡）たり。羊を牽《ひ》けば悔亡ぶ。言を聞くも信ぜず」といい、『周易内伝』は「九四は剛を以て柔（四）に居り、而も退爻為り。夬《かい》に敏なる能わざる者なり。故に羸弱《るいじゃく》にして行く能わざるの象と為す。然れども、使《も》し九五の後に随い、九五を奨めて以て前進し、羊を牽く者の其の後に従いて之を鞭《むちう》つが如くなれば、則ち陰（上六）は消す可く悔は亡ぶ。乃ち（然るに）兌《だ》と体を為し、上六の甘言（上六は兌《だ》の主）を聞きて、諸陽の同徳を信ぜず。則ち亦安《いず》くんぞ能く悔を亡ぼさんや。其の陽と類を為すを以て、故に羊を牽くの徳有り。其の弱くして悦び易きを以て、故に信ぜざるに終る」という。

九三の爻辞に「頄《つらぼね》に壮《さか》んにして、凶有り」といい、『周易内伝』は「三（九三）は上（上六）と応じ、比匪（比《ひ》の六三の爻辞に、「之に比せんとするも人に匪《あら》ず」という）の嫌い有り。既に与に正応為れば、情は固より絶つ可からず。而れども外（頄の外面に）必ず之（上六）に示すに不屈を以てすれば、則ち小人（上六）は且に怨みて、難は之に及ばんとす。周顗《しゅうぎ》の身を殺す所以なり（晋の周顗が不屈の節のため、王敦に殺されたこと）、頄（顴骨、つらぼね）に壮んなるの凶なり」という。

九五と九四と九三の群陽が並び立っても決することができないのは、蘇秦の合縦の策によっても六国は秦に対抗できず、唐の九節度使が相州（河南省臨漳県）に臨んで壊滅したのと同じである。それでは初九に任じようとすれば、初九は功を為すことができない。初九の爻辞に「趾《あし》を前《すす》むるに壮んなり。往きて勝たざるを咎と為す」といい、『周易内伝』は「初（初九）は下位に居り、積剛の勢いを恃み、剛（陽）を以て剛（初の陽位）に居る。遽《にわ》かに前《すす》みて以て陰に逼《せま》らんと欲するも、力弱くして相及ばず。勝たざること必せり」という。かくては九二以外に任ずるものはいない。

夫れ二（九二）は夬《かい》を専らにする者に非ざるも、専らにせざるを得ず。其の上に寝処する者（同類の陽が同室に居る。九三と九四と九五をいう）は、已に外（上六）に靡《なび》くの心を懐く。二（九二）は夜戎（九二の爻辞に、「莫《ばく》（暮）夜に戎有り」という）を為《おさ》む。戎は近くに起り、難は肘腋《ちゅうえき》（同類の陽をいう）に伏《ふく》し、宵旦（朝夕）寧《やす》んぜず。敢えて告労（九二の思いを他に告げる）せず、而して遠攻（上六を攻める）は近掣（群陽の掣肘）に礙《さまた》げらる。功を成すは日無く、而して同室（同類の陽）は且つ異心（上六に靡く心）有り。是《か》くの若く、事に任ずるの難きこと、一簣《いっき》の労は、九仞に烈《はげ》し（『書経』旅獒《りょごう》に、「山を為《つく》ること九仞、功は一簣（僅かの土）に虧《か》く」という）。

故に上六の凶は、必ず之を号ぶ无き（上六の爻辞にいう）の後に待つ。而れども其の衆寡相持するの頃に方《あた》りては、則ち号ぶ（九二の爻辞にいう）を以て号ぶ（上六）に敵（対応）して、未だ遜志《そんし》有らず。夫れ陽の盛に処りて衆疑する者は、之（九二）に輾転（『詩経』周南の関雎に、「悠なる哉、悠なる哉、輾転反側す」という。暮夜の戎を惕《おそ》れる心）を授けて、以て其の辞（九二が号ぶこと）有るを得るに非ずや。然るに非ざれば、則ち窮散消帰して、久しく復《ふく》の然るの望み无し。故に「終に凶有り」（上六の爻辞）とは、夬《かい》以後の事にして、夬《かい》の世の遽《にわ》かに然るに非ず。

九二は夬《かい》の決を専断するものではないが、そうせざるを得ないものである。九二の上に在る同類の九三と九四と九五は、すでに上六に従う心を懐いている。九二が「莫夜に戎有り」という夜戎を治めざるを得ないのは、この九二の近くに在る九三から九五までの戎心の難があり、そのために九二は心安んずることができないからである。しかし九二は敢えてその思いを告げず、上六を決しようとする思いは群陽の異心によって阻まれている。かくして九二は功をなすことができず、群陽は上六に従う異心を懐いている。このような夬《かい》の世に在っては、事をなし功を遂げることは難しい。

九二の爻辞に「惕《おそ》れて号ぶ。莫（暮）夜に戎有り。恤《うれ》うる勿れ」といい、『周易内伝』は「九二は剛中にして柔位（二の陰位）に居り、自ら治むるに強《つと》めて、物と競うに暇《いとま》あらざる者なり。惕《おそ》るとは、心の憂いなり。号ぶとは、群陽を戒めて自ら治め使むるなり。上六は二（九二）の応に非ず、又相去ること疎遠なり。其（九三と九四と九五）の戎心有るは、（九二の）非意（意想外）に出ず、莫夜の寇なり。害は己（九二）に及ばず、焉《こ》れを恤《うれ》うる勿《な》くして可なり。卦は唯此の爻（九二）のみ得たりと為す。然れども謹慎して自ら持し、陰（上六）の未だ去らざるを恤《うれ》うる能わず。故に夬《かい》の卦為る、決するも実は決する能わず」という。

上六の爻辞に、「号ぶ无ければ、終に凶有り」といい、『周易内伝』は「陰（上六）は匿《のが》れて上に僭《せん》す。之と応じ相比して以て説ぶ者（上卦兌《だ》の九四と九五）有りと雖も、時至れば則ち瓦解す。（中略）群陽（五陽）相牽《ひ》くを以て、故に必ず其の運の已に窮まるを待ちて、終に乃ち凶なり」という。彖辞について、『周易内伝』が「往く攸有るに利し（彖辞）とは、内治得れば、則ち道に率《したが》いて以て行き、陰（上六）は自ずから号ぶ無くして消沮す」というように、上六がその戎心の号びを発せず瓦解し消沮することをいう。すなわち上六が「終に凶有り」という上六の陰が消滅するのは、五陽の夬《かい》の世ではなく、一陽が下に起る復《ふく》䷗を待たなければならない。しかし五陽一陰が衆寡相持している夬《かい》の世に在っては、上六が窮処に号ぶことに九二は惕《おそ》れて号んでいる。逖志有らずは、上六の尊に対して譲らない九二の志についていう。群陽が衆疑する夬《かい》の世において、敢えて九二が専らにして号ぶことによって、群陽が上六に靡く心を改めるからではないか。もし九二の徳がなければ、群陽はその効を発揮できず、復《ふく》䷗の一陽がなし得ることを行う望みはない。従って上六に凶があって陰が消帰するのは、夬《かい》の世ではなく、次に述べる復《ふく》の世である。

五陽は位に在りて、一陽の下に生ずる（復《ふく》䷗）を待つ者（夬《かい》䷪をいう）は、猶蟄伏《ちつふく》して以て将に来らんとするを需《ま》つ。需《ま》つ者（復《ふく》）必ず起りて、漸次に相臨するに逮《およ》びて、然る後に五（九五）は其の鄰（上六）に洽比《こうひ》（『詩経』小雅の正月に、「其の鄰に洽比す」という。洽比は和合の意）するを得ず、四（九四）は其の党（上卦兌《だ》を共にする上六）に糾連《きゅうれん》する（聚まり連なる）を得ず、三（九三）は其の配（正応の上六）に阿私《あし》する（おもねる）を得ず、上（上六）も亦其の无情の詞を容《い》るる所无し。蓋し亦難いかな。衆を独（復《ふく》の初九）に蔵し、終りを養うに始め（初九）を以てし、蔵する者（初九）発して養う者全くして、然る後に乾《けん》徳成りて性命は正し。豈能く卒《つい》に之を雨に遇いて（九三の爻辞による）次且《じしょ》（ゆきなやむ）たる（九四の爻辞にいう）の世に得んや。

故に君子は慎を積みて以て永を思い（『書経』皐陶謨《こうようぼ》に「厥《そ》の身を慎み、修めて永を思う」という）、恒に予め其の未だ至らざるの日月を治む。端士（方正の士、『大戴礼《だたいれい》』保傅《ほほ》に見える）は正を納れて以て邪を消し、必ず多く之を継起の後賢に得たり。勇を養いて静謐、情を懐きて延攬《えんらん》（抜擢）するは、斯《こ》の道を用う。彖（彖辞）の「往く攸有るに利し」と謂う所の者なり。「剛長ずれば乃ち終る」（彖伝）とは、剛長ぜざれば、則ち以て其の終りを保つ无し。夬《かい》の衆（五陽）は、復《ふく》（䷗）の独（一陽）に如《し》かず。

初九から九五までの五陽が位に在る夬《かい》䷪が、一陽が初に生ずる復《ふく》䷗を待つのは、夬《かい》と復《ふく》は上下顛倒する綜卦であるからである。夬《かい》の九二が憂危に在って敢えて告労せず、蟄伏して復《ふく》の一陽が生ずることを需つことをいう。かくして復《ふく》の一陽が下に生じ、その陽が次第に九二から上九に臨むことによって、純陽の乾《けん》となる。「衆を独（復《ふく》の一陽）に蔵し、終りを養うに始め（初九）を以てす」というのも、復《ふく》について述べる。復《ふく》の初九は、乾《けん》の陽の徳である。乾《けん》の九三の爻辞に、「君子は終日乾乾《けんけん》たり（つとめはげむ）、夕べに惕若《てきじゃく》たり（恐れ慎む）」という。夬《かい》の九二がその徳を自ら治め、また群陽それぞれを治め使める。かくして陽が次第に相臨して六陽が成る乾《けん》の時に至れば、夬《かい》の九五のように上六と暱《した》しむことなく、九四のように上卦兌《だ》の体をなす上六を悦ぶことなく、九三のようにその応である上六と私かに親しむことない。無情の詞とは、九五が上六に洽比し、九四が上六に糺連し、九三が上六に阿私することをいう。このような群陽の心にもなきことを、上六は受けずにすむ。衆と独、終りと始めついては、冒頭の文に原論として述べていた。夬《かい》の世に在って、一陽が初に生ずる復《ふく》を需《ま》つことは、まことに難しいことである。復《ふく》の初九の独は衆陽を己に蔵し、五陽に長ずべき終りを始めの初九に養い、初九に蔵した一陽が発して養った五陽は純陽を極め、かくして乾《けん》䷀の徳は成り性命は正となる。『中庸』第一章に、「天の命ずる之れ性と謂う」という。それは決して夬《かい》の世に得ることはできない。雨に遇うは、九三の爻辞に「君子は夬夬として、独り雨に遇いて濡るるが若し」といい、九三が上六の兌《だ》（雨）に遇うこと。次且は、九四の爻辞に「其の行くや次且たり」といい、退爻である九四が夬（決）することができないこと。

はじめに「慎みて徳を修むる者は、始めを慎みて尤も終りを慎む」と述べたことばを承けて述べる。君子は始めに慎むことを積んで終りを永くすることを思い、恒に始めにおいてこれから来るべき終りの日月を治める。方正の士が正を守り邪を斥けるという慎んで徳を修めることによって、継起の後賢を得ることができる。自ら大勇を養って徒らに粗暴に陥らず静謐に慎み、わが情を修めて後進を抜擢するのは、始めを慎み終りを慎むという道を用いるからである。彖伝に「往く攸有るに利し（彖辞）とは、剛長ずれば乃ち終うるなり」といい、『周易内伝』は「進みて其の徳を修めて已《や》まざれば、道は己に勝ち、陰は乃ち凶を終う」という。なお、『周易内伝』は彖辞について、「一私未だ浄《きよ》からざれば、戦戦慄慄として、尤も終りを慎むに在り。戒めざる可けんや。是を以て、夬《かい》は憂危の府なるを知る」という。その点では、一陽の独が衆陰の下に生ずる復《ふく》䷗の方が、衆を独に蔵し、初九の始を以て終りを養い、夬《かい》の衆陽よりも勝《まさ》っている。

䷫ 姤《こう》（巽《そん》下乾《けん》上）

君子の道は、美は諸《こ》れを己に私《わたくし》せず、悪は人に播《ま》かず。故に善は長じて、悪は短し。善長ずる者は揚ぐる所に長じ、悪短き者は遏《とど》むる所に短し。則ち善は微なりと雖も必ず溥《ひろ》く、悪は著らかなるに在るも而も宣《の》びず。蓋し君子は、以て天の清剛を扶《たす》けて物の害気を消し、人道を長じて无窮に引く。故に善を奨め悪を止《とど》めて以て正命を凝らし、彼に於いて此に於いて畛限《しんげん》する（限る）所无し。无窮の生は、一念之を延き、而して人類は遂に禽狄《きんてき》を絶つ。而れども苟くも善を己に私《わたくし》し、悪を衆に散ずれば、則ち殺害は日に進み、清剛は日に微《かす》かなり。无窮の生は、一人之を尼《とど》め、而して人類は亦漸く以て淪亡《りんぼう》す。

姤《こう》の彖辞に「姤《こう》は、女壮《さか》んなり。女を取《めと》（娶）るに用うる勿れ」といい、『周易内伝』は「卦は、本より一陰（初六）を主と為す。而れども卦の名義（姤は、邂逅《かいこう》。女が男に遇う意）、象（彖辞）と爻（爻辞）は、皆《とも》に陽の為に戒む。小人の幸は、君子の不幸なればなり。若し其（初六）の孤弱卑下なるを恤《あわ》れみて、其の遇うを容《ゆる》せば、則ち抑も豈其（初六）

の志の壮んなるを知らんや。目中は已に君子無く、将に其の腹心に入りて、之が蟊賊《ぼうぞく》（苗の根を食う虫、『詩経』小雅の大田に見える）と為らんとす。故に一陰にして五陽に遇い、志は適従する無く、己と悦ぶ者は、因りて之に入る」という。また彖伝に「姤《こう》とは、遇うなり。柔（初六）、剛（五陽）に遇うなり。女を取《めと》るに用うる勿れとは、与に長ず可からざるなり」という。

『論語』顔淵に、「子曰く、君子は人の美を成し、人の悪を成さず。小人は是れに反す」という。君子は美の善を己だけのこととせずに人の美を長じ、人の悪を助長させない。善が長ずるとは、乾《けん》の文言伝に「元は善の長ずるなり」という。元は、乾《けん》の彖辞に「元亨利貞」という陽剛の徳である。善はそれを称揚することによって長じ、悪はそれを杜塞することによって抑えられる。かくして善は「惻隠の心は仁の端なり」（『孟子』公孫丑上）というように、たとい端という微であってもそれを長ずれば仁となり、たとい悪は現れていてもそれを塞すことによって抑えることができる。天の清剛とは乾《けん》の元の徳であるとともに、『孟子』公孫丑上に「何をか浩然の気と謂うや。曰く、言い難し。其の気為《た》るや、至大至剛にして、直を以て養いて害する無ければ、則ち天地の間に塞がる」という至大至剛の浩然の気をいう。君子はこの陽の善を扶け進めて陰の害気を止《とど》め、人たるの道を無窮に延伸することにつとめる。すなわち君子が善を奨《すす》め悪を止《とど》めてわが正命を立てるのは、彼（人）と此（己）の間に区別を立てない。善を長じようとする一念によって、生生の道は無窮に連続するのであり、かくして人は禽狄とならず人たるの道を得ることができる。人類とは、『論語』微子に「夫子憮然として曰く、鳥獣は与《とも》に群を同じくす可からず。吾れ斯《こ》の人の徒と与にするに非ざれば、誰と与にかせん。天下道有らば、丘（孔子）は与に易《か》えざるなり」という斯の人の徒をいう。また『孟子』離婁下に、「此くの如くんば、則ち禽獣と奚《なん》ぞ択ばんや」といい、告子上に「夜気以て存するに足らざれば、則ち其の禽獣を違《さ》ること遠からず」という。ここに禽狄というのは、明清の際における船山の種族意識からである。しかし一陰の悪が五陽に播散する姤《こう》においては、陰の殺害が日に長じ陽の清剛は日に衰えようとしている。かくして生生の道は一陰が止《とど》めることによって、わが中華の民は滅亡に瀕している。

剥《はく》（☶☷）の六五は、上は一陽（上九）を承け、柔（六五）は美を私せず。宮人を以《ひき》いて寵せらるれば（剥《はく》の六五の爻辞）、則ち善は微なりと雖も長ず。姤《こう》の九二は、下は一陰（初六）に近く、剛（九二）は悪（初六）を播かず。義として賓に及ぼさざれば（姤《こう》の九二の小象）、則ち悪は著らかなるに在るも短し。以《ひき》いる（剥《はく》の六五の爻辞に、「宮人を以《ひき》いて寵せらる」という）とは、以《ひき》いざる者あるなり。及ぼさず（姤《こう》の九二の小象に、「義として賓に及ぼさず」という）とは、及ぼす可き所あるなり。凡そ斯の二爻（剥《はく》の六五と姤《こう》の九二）は、位は未だ当らずと雖も、中正にして偏ならず。其の広心を以て、其の義概《ぎがい》（概は公正にする意）を成す。大なる哉、其の変に因るに善なる者。

剥《はく》の六五の爻辞について、『周易内伝』は「以いるとは、猶率《ひき》いるがごとし。六五の柔は、中に居り尊に位し、以て上は陽（上九）を承く。陽は一にして陰は衆く、后の群妾を率いて、以て君寵を分つの象有り」という。以いるというのは、以いないことがあるのに、六五の后《きさき》が敢えて宮人を率いて君寵を分つ善をもつことをいう。また姤《こう》の九二の小象について、『周易内伝』は「二（九二）は不幸にして正に之（初六）と遇い、則ち慨然として身を以て（陰を）撫馭するの責に任ずるは、二（九二）の義なり。名教の為に過を受け、義命の為に責を受く。譏《そし》りは避けざるに非ざるも、害は蔓延せず（賓、すなわち九三以上の諸陽に害が及ばない）」という。及ぼさずというのは、及ぼすことがあるのに、九二が敢えてその責を身に受けて、諸陽に及ぼさない義をもつことをいう。剥《はく》の六五と姤《こう》の九二は、陰が陽の五の位に居り陽が陰の二の位に居て位は当らないが、ともに中正の徳を以て義を行う。船山はこの二爻を、変に因るに善なる者とたたえる。

姤《こう》と剥《はく》の世は、均しく陰の長ずるを為す。姤《こう》は初（初六）遇い（姤《こう》の彖伝に、「姤は遇うなり。柔、剛に遇うなり」という）、剥《はく》は五（六五）尽くるに浜（瀕）す。則ち剥《はく》の五（六五）は難く、姤《こう》の二（九二）は易し。善を同類に公にして、衆誉の帰と為る（姤《こう》の九二をいう）。咎を一身に引きて、積毀の地に居る（剥《はく》の六五をいう）。則ち剥《はく》の五（六五）

は易く、姤《こう》の二（九二）は難し。剥《はく》は以て陰（五陰）を勧め、姤《こう》は以て陽（五陽）を責む。勧むるは従い易く、責むるは副い難し。「宮人を以《ひき》いて寵せらる」（剥《はく》の六五の爻辞）は、道固より然り。而れども「利しからざる无し」（剥《はく》の六五の爻辞）と曰うは、其れ以て小人を奨抜して（勧める）、君子なり。包みて魚有れば、以て咎无かる可し（姤《こう》の九二の爻辞による）。而も且つ、「賓に利しからず」（姤《こう》の九二の爻辞）と曰うは、其れ以て君子を責備して、聖人なるか。

姤《こう》と剥《はく》は、ともに陰の長ずる象であるが、姤《こう》は初六の一陰が五陽に遇うのに対し、剥《はく》は六五が五陰の尽きようとする位に際している点で、姤《こう》の九二より剥《はく》の六五の方が難であるかに見える。しかし、姤《こう》の九二が責を一身に受けて、同類の五陽に善を公にする点では、剥《はく》の六五より姤《こう》の九二の方が難なのである。それは剥《はく》が六五の陰に勧め、姤《こう》が九二の陽を責めており、陰を勧めるより陽を責める方が難しいからである。剥《はく》の六五については、小人（六五）を勧めて君子たらしめようとするのに対し、姤《こう》の九二については、君子（九二）を責めて聖人たらしめようとする難しさがある。

姤《こう》の九二の爻辞に「包みて魚有り。咎无し。賓に利しからず」といい、『周易内伝』は「魚とは、陰物なり。包むとは、受けて之を懐《いだ》くなり。初六は出でて陽と遇わんことを求め、邂逅すれば即ち願いに適《かな》わんと欲す。之を受くる者を得れば、則ち繫《か》くる所有りて其の淫邪を止《とど》む。二（九二）は正応に非ずと雖も、剛を以て中に居り、直《ただ》天下の咎を己に任ずれば、則ち固より咎无し。若し其の責に任ぜずして之を他人に委ね、浸淫して上（九三以上の陽）に及ぼさ使むれば、則ち害は止まる所無し。賓の利しからざれば、二（九二）も亦利しからず。賓とは、三（九三）以上の諸陽を謂う」という。

九三以上の諸陽の利しからざることについて示す。九三の爻辞に「臀《しり》に膚无く、其の行くこと次且《じしょ》たり。厲《はげ》しければ、大なる咎无し」といい、『周易内伝』は「三（九三）は巽《そん》（下卦）と体を為し、未だ嘗て沾懘《せんせい》して（声音が調わない）陰（初六）の入るに聴《まか》さずんばあらず。故に夬《かい》の四（九四）と象（象辞、爻辞）を同じくす（夬《かい》の九四の爻辞に、「臀に膚无く、其の行くこと次且たり」という)。然れども剛(陽)を以て剛(三の陽位)に居り、則ち能く厳厲自ら持して、陰の汙染を免る可し。故に大なる咎无し」という。

九四の爻辞に「包みて魚无し。起てば凶なり」といい、『周易内伝』は「四(九四)は初(初六)と応を為し、初(初六)を包みて己の有と為さんと欲す。而れども二(九二)は、已に陰(初六)の遇うを受く。四(九四)は能く陽と同《とも》に升り、初(初六)を以て志と為さざれば、則ち静正の道を得たり。乃ち(然るに)剛を以て柔(四の陰位)に居り、而も退爻為りて以て下に就き、強いて陰(初六)に合するも能わざるの象有り。魚无きも、又従いて之を包む。本より凶ならざる可きも、禍端を挑起するは凶の道なり」という。

上九の爻辞に「其の角に姤《あ》う。吝なるも咎无し」といい、『周易内伝』は「其の角に姤うとは、陰陽方《まさ》に遇い、上(上九)は其の角為り。既に其の応に非ず(上九と初六は応ではない)、又与に絶遠するは、則ち遇うに吝なり。吝なれば、以て品物を章らかにするに足らず。而れども能く自ら守りて渝《かわ》らざれば、則ち咎无し」という。九五については、後に示す。

嗚呼、非望の咎に処り、垢足《こうそく》の豕《し》(姤《こう》の初六をいう)に逢うは、五陽の同じくする所なり。然れども遠近の差、遇うと遇わざるの際に、幸と不幸存す。乃ち(然るに)小人の此に遇うや、与に相狎昵《こうじつ》して(狎《な》れ親しむ)波流する(なびく)者は、悪《にく》むを知らず。其の天性の善に近き者は、之を悪むを知る。之を悪むも能く之を遠ざけざれば、能く遠ざくる者の潔にして染を受けざるを妒《ねた》む。是に於いて、己の溺るるや、唯《ただ》人の胥《とも》に溺れざらんことを恐る。蔓して之を延《ひ》き、多方(種々の策略を用いて)以て之を陥《おとしい》れ、天下を尽くして以て汚を同《とも》にせざれば意は釈《と》けず。非意の風波、无情の謗毀《ぼうき》に至り、総べて以て其の独り小人に近きの恥を分つ。則ち九五の天より隕《お》つる(九五の爻辞にいう)の休命(よき命運)も、亦其の累《るい》を受けて、以て(休命を)承くるに足らず。

姤《こう》の初六の爻辞に「羸豕《るいし》、孚《まこと》に蹢躅《てきちょく》たり」といい、『周易内伝』は「初六は孤陰にして卑下なり、故に羸豕(疲れ弱ったぶた）と曰う。牝豕《ひんし》の淫走すれば、必ず羸《るい》す。孚とは、期するが如くして爽《たが》わざるなり。蹢躅たりとは、行きて止まらざるなり」という。この初六に遇う五陽は、遠近の差と遇うと遇わないとの際によって、幸と不幸の差が生ずる。しかし五陽ではない小人がこのような世に遇えば、時勢に狎れ時流に靡いて、悪むことを知らない。しかしその天性の善に近いものは、それを悪むことを知る。しかしたとい悪んでも遠ざけることをしなければ、遠ざけることができた者が貞潔を得て時流に染まらないことを妒む。かくして己が時流に靡くと、他人も己と同じように靡かないことを恐れる。己と同じくするためにあらゆる手段を尽くして陥れ、天下すべてが己と同じ汚濁に染まらなければ、意は安んじない。かくして思いがけぬ風波が生じ、心なき誹謗が起り、天性の善に近いものも結局は小人に近い恥辱に陥る。ここに九五は、意想の外に得られるはずの天の休命を承けることができなくなる。

九五の爻辞に「章を含み、天自り隕《お》つる有り」といい、『周易内伝』は「九五は剛健にして中正なり、道を尽くすに己自《よ》りし、陰慝《いんとく》の作《おこ》るを憂えず、以て万物を曲成する（繫辞上伝第四章に、「万物を曲成して遺《のこ》さず」という）の徳を具う。妄りに起り妄りに遇うの陰を包み、陰は其の潰乱を輯《おさ》め、化して美を為さ使む。唯含容の道盛んなれば、則ち陰は陽に交わりて以て品物の章を成し（彖伝に、「天地相遇いて、品物咸《みな》章らかなり」という）、不正に始まるも正に終る。是れ豈陰の徳、以て之を致すに足らんや。裁成の功（天地の功）を容蓄し、天自り隕ちて之を意想の外に得たり」という。

夫れ始めに悪を知りて之を恥ずれば、亦天理は猶清旦《せいたん》に留まる。而れども命に逢うこと猶《ひと》しからず（『詩経』召南の小星に、「寔《まこと》に命は猶しからず」という）、周章（狼狽）して拠を失い、凶徳を吹颺《すいよう》し、辱は清流に逮《およ》ぶ。則ち小人の悪、始めて劇《はげ》し。而して乱世に当り、淫朋に遇い、其の自好して（『孟子』万章上に見える、己を愛する）以て羞を免れんと欲する者、蓋し亦危うし。時命は恒ならず、躬《みずか》ら不造（不幸、『詩経』周頌の閔予小子《びんよしょうし》に見える）に丁《あた》りて、其の機を履まず、其の苦を知らず。慶暦に雲騢《うんか》の書を飛ばし、柴市《さいし》に黄冠の請を伝うるは、千秋の昭晰《しょうせき》たること欺き難しと雖も、一時の波濤は亦沸く。然る後に、九二の長者の徳の及ぶ可からざるを知る。

小人の悪が清流を辱めることを述べ、九二が決してそのようなことをしないことをたたえる。君子は悪を知って之を恥じるから、天理を始めに留めることができる。しかし小人が凶徳をふりまくことによって、清流の君子に累が及び危うきに至る。初六の爻辞に「往く攸有れば、凶を見る」といい、『周易内伝』は「若し繫《つな》がずして逞しくし、宜しく従うべき所に遇いて前進すれば、則ち将に羣陽を干《おか》さんとし、天下は其の毒に遇う。以て陽の宜しく防を為すべきを戒む」という。雲騣の書は、宋の魏泰が梅堯臣の名に託し、朝臣名士を誹謗した碧雲騣。柴市は北京、元の都。文天祥が燕（北京）に捕われたとき、黄冠（道士）となって故郷に帰ることを請うたとの言が伝えられた。この二人の貞志は、千秋に明らかなものであることは確かであるが、当時に波瀾を起した点では九二の徳に及ばない。不造の時に当り、その履むべき機を履まず、知るべき苦を知らなかったからである。九二の長者の徳とは、天下の咎を己一身に負い他に害を及ぼさないことをいう。

然りと雖も、斯の世に当る者、幸いに二（九二）を得て以て主と為し、己は焉《こ》れ（九二）に賓たるは、則ち羣陽の福なるのみ。借《も》し其れ然らざれば、君子は遂に以て自ら処する无きか。姱修《かしゅう》（姱は美しい、大きい意）して実を益し、過潔にして遠く去り、美を履みて其の名を炫《ほこ》らず、生死与《とも》に共にして已甚《はなはだ》しきの色无く、蒼天正を指し（天に対してわが誠を誓う）、隕《お》つる有ること（九五の爻辞にいう）誣いざれば、彼の娼《ねた》みて悪を分ちて以て相贈らんと欲する者も、終に亦天を如何《いかん》ともする能わず。故に人に望む无き者は、五（九五）の志なり、賓に及ぼさざる者は、二（九二）の義なり。志と義は各々尽くし、以て濁世に処り、禍福は皆に貞《とも》しく、生死は寄するが如し。人の禽狄に淪《ほろ》びざること、尚《ねが》わくは此に頼《よ》らんかな。

この姤《こう》の世に在って、九二が天下の咎を一身に負うことによって、賓たる他の諸陽は福を得ることができる。姱修以下は、九五の徳について述べる。九五が中正の徳を積み、初六から去って天位の遠きに居り、美を履みながら誇らず（九五の爻辞に、「章を含む」という）、天自り隕ちる裁成の功をなすことができる。かくして悪をふりまく小人も、この九五をいかんともすることができない。

九五の小象に「九五の章を含むは、中正なればなり。天より隕つる有り（爻辞）とは、志は命を舍《お》かざればなり」といい、『周易内伝』は「舍くとは、置くなり。陰の消すること極まりて必ず生ずるは、理数の自ずから然るなり、命なり。九五は章を含むを以て志と為し、之を命に委《ゆだ》ねず。必ず之を護りて以て潰乱を止めんと欲す。乃ち大人、命を立つるの徳なり。唯剛健中正のみ、以て之に当るに足る。人にして天なり」という。九二の小象に「包みて魚有り（爻辞）とは、義として賓に及ぼさざるなり」といい、『周易内伝』は「陰の陽に遇うや、卒然（忽ち）として起ち、介然（俄か）として合し、本より応ずるの正と不正とを択ぶ無し。付く所を得て、道有りて以て之を止むれば、則ち其の害は猶《なお》止息す可し。二（九二）は不幸にして正《まさ》に之と遇い、則ち慨然として身を以て撫馭の責に任ずるは、二（九二）の義なり。名教の為に過を受け、義命の為に責を受く。譏《そし》りは避けざるに非ざるも、害は蔓延せず。若し遷延して咎を避け、美ならざるの名を推して、人をして之を分任せ使むれば、則ち禍は己自《よ》り延ぶ。清剛中正の名を沽《う》らんと欲すと雖も、其れ得《う》可けんや」という。人に望むことのない九五の志と、他に及ぼさない九二の義とを併せたたえる。人と禽獣のことは、はじめに述べた。

䷬ 萃《すい》（坤《こん》下兌《だ》上）

咎无しとは、咎有るなり。故に、「震《うご》きて咎无き者は、悔に存す」と曰う（繫辞上伝第三章）。悔いて咎无きを得れば、抑《また》之を咎无しと許す可し。萃《すい》は、咎の府（集まるところ）なり。而れども、爻動くに其の時を以てすれば、僅然として（僅かに、辛うじて）免る。故に六爻にして、皆咎无しの辞を起す。

萃《すい》の六爻の爻辞すべてに「咎无し」の辞があるのは、萃《すい》には本来咎が有るからである。初六の爻辞に「往けば咎无し」といい、六二の爻辞に「引けば吉にして、咎无し」といい、六三の爻辞に「往けば咎无し、小は吝なり」といい、九四の爻辞に「大吉にして咎无し」といい、九五の爻辞に「萃《あつ》めて位を有《たも》つ。咎无し」といい、上六の爻辞に「齎咨《せいし》し、涕洟《ていい》す。咎无し」という。咎无しとは、時に応じて悔いることによって、辛うじて咎无きを得ることをいう。

曷《なん》ぞ之を言うや。陰陽の用は以て和し、相互に功を為す。之を各々に得る所に奠《さだ》むれば、則ち秩序は以て成る。之を安んぜざる所に納《い》るれば、経綸は斯《ここ》に起る。中外に一成の位无ければ、則ち疑忮《ぎし》の情は消ゆ。出入に必ず均しきの労有れば、則ち節宣《せっせん》の化は洽《あまね》し。夫れ安《いずく》んぞ各々其の党を紀《ただ》し其の居を保ちて、恃むに長年を以てする者有らんや。故に、萃《すい》は咎の府なりと曰う。

なぜ萃《すい》は咎の府なりというのか。陰陽は和することによって、互いに功をなす。陰陽がそれぞれ然るべき位に居れば一卦の秩序は成り、またその位が安んじなければ新たな経綸が起る。すなわち卦の内外に一たび成って変じない党を恃む位がなければ、疑忌の情は消えて秩序が成り、陰陽の往来が均しく用いられれば、陰陽屈伸の大化が行われて経綸が起る。このことからすれば、三陰と二陽がそれぞれ党を恃んで上下の位に居る萃《すい》は、長年を恃むことができようか。萃《すい》の各爻に「咎无し」というのは、このような咎があるからである。

『周易内伝』は彖辞について、「艸の叢生するを萃と曰う。沢地（萃《すい》は、坤《こん》下兌《だ》上。坤《こん》は地、兌《だ》は沢）は、艸の叢生せるの藪《そう》なり。而して叢生するは、必ず各々其の類を以てす。此の卦は三陰（下卦の坤《こん》）下に聚まり、二陽（上卦の九四と九五）上に聚まり、各々其の類に依りて以て相保つ。故に之を萃《すい》と謂う。然れども、陽の能く上に聚まるは、唯陰の下に聚まり、散処して以て相間《へだ》てざればなり。陽（九四と九五）既に上に在るは、将に往きて消えんとするに嫌らわし。而れども上六は復《また》其の上に覆い、陽（九五と九四）を保ちて往かざら使め、以て其の位（四と五の位）に萃《あつ》む。則ち陽の萃まるを得るは、陰の順（下卦の坤《こん》）にして説《よろこ》ぶ者（上卦の兌《だ》）、之を成す。陰は用を致すの地（下卦の坤《こん》）に群処し、最上の位（上六）に高居すと雖も、皆《とも》に以て陽を保つ。故に六爻は皆咎无しと言う」という。

升《しょう》（䷭）と小過《しょうか》（䷽）も、亦聚まる。而れども、位は其の尊に非ず。大過《たいか》（䷛）も、亦聚まる。而れども、応は其の正に非ず。其の尊に非ざれば（升《しょう》と小過《しょうか》についていう）、居《お》る可きの勢い无し。其の応无ければ（大過《たいか》についていう）、恃む可きの情无し。則ち其の聚まるや堅からず、而して咎を召きて以て其の戒心を生ぜず。

萃《すい》は、剛は五（九五）に居りて、四（九四）は之を輔け、天歩（九五）の安きを履みて、心膂《しんりょ》（股肱の臣、九四）の寄するを得たり。人情翕然《きゅうぜん》として遙かに相倡和し、（上六と下卦坤《こん》の三陰は）俯仰して顧瞻《こせん》し、能く我（九五と九四の陽）の交わるを散ずる者有る无し。

然りと雖も、勢いは亦危うし。不虞（大象にいう）の害、知者は未だ然らざるに灼見《しゃくけん》す。則ち祷祀《とうし》終りて兵戎起るは、過計に非ず。何となれば、天下は固より同志を挟《さしはさ》みて以て尊に居り、戸を開き手を握りて己に異なる者を局外に投じ、之を持するに必ず我に違《たが》わざるの勢いを以てし、以て怨みを遠ざけて安きを図《はか》る可き者有る无ければなり。

陰陽それぞれ類を立てて集まるものに、萃《すい》の他に升《しょう》と小過《しょうか》と大過《たいか》がある。しかし九二と九三の陽が聚まる升《しょう》と、九三と九四の陽が聚まる小過《しょうか》は、位は九五の尊を得ず、また四陽が聚まる大過《たいか》は九五の尊を得ているが九二は陽であるから、九五と六二の萃《すい》のような正応を得ていない。従ってこの三卦は、萃《すい》のように堅く正応を以て集まることなく、その結果咎を招いて萃《すい》のように戒めることはない。萃《すい》の大象に、「君子は以て戎器を除《おさ》（治）め、不虞（不慮の害）を戒む」という。

萃《すい》は、九五が君位に居り、九四がそれを輔佐し、かくして九五は天歩の安きに在り、股肱の臣たる九四が側近に寄る。この両陽の盛んなることに、下卦坤《こん》の三陰は遙かに和する。倡和は、陽が倡え陰が和することをいう。また上六が上から九五と九四の二陽を俯し、また下卦坤《こん》の三陰が下から二陽を仰いで陽を思い、九五の尊を犯さないように見える。心膂は、『書経』君牙に「今、爾に命じて予が翼とし、股肱心膂と作《な》す」という。

しかし、大象にいうような不測の害を戒めなければならない危うき勢いに在るのは、まさしく萃《すい》の陰陽が聚まることによる。それは知者が明らかに知るところである。萃《すい》の九五と九四が上六の宗廟を祀るという盛んなときに、不測の兵戎が起ることは予め戒めなければならない。なぜかといえば、九五が同志の九四を得て君位に居り、この二陽が互いに手を握って上六の陰と下卦坤《こん》の三陰を上と下に擯《しりぞ》け、決してわが九五の尊を犯すべきでないとの勢いを持している。このようにしながら陰の怨みを受けずに己の安きを図るなどということは、そもそもこの世にありえないことである。祷祀は彖辞に「王、有廟に仮《いた》る」といい、『周易内伝』は「王、有廟に仮るとは、群陰（下卦坤《こん》の三陰）は下に聚まり順い、四（九四）は九五を賛して以て事を上六に承く。上（上六）は宗廟為り、王者は群心を聚めて以て孝享を致して、神は格《いた》る可し。万国の歓心を合す（『孝経』孝治章に、「万国の懽心《かんしん》を得て、以て其の先王に事《つか》う」という）と謂う所なり、萃《すい》の盛んなる者なり」いう。孝享を致すは、象伝に「王、有廟に仮るとは、孝享を致すなり」という。

故に二（六二）の五（九五）に応ずるや、未だ必ずしも其れ孚ならず。「孚なれば、乃ち禴《やく》を用うるに利し」（六二の爻辞）とは、孚ならずして姑《しばら》く禴《やく》する者（禴は、夏の祀の薄祭をいう）有るなり。初（初六）の四（九四）に応ずるや、孚あるも且つ終らず（初六の爻辞に、「孚有るも終らず」という）。已《や》むを獲《え》ずして合するを求むれば、之を笑う者有り（初六の爻辞に、「若し号《さけ》べば、一握して笑いを為さん」という）。

三（六三）と上（上六）とは、則ち既に我（九五と九四の陽）に合わず、而も抑《また》我に応ぜず。淫威孔福《こうふく》（孔は甚しい、九四と九五の陽が盛んなことをいう）の旁に弱植散処し、漠然として交わる所无し。載《すなわ》ち涕《なみだ》し載ち嗟《なげ》き（六三の爻辞に「嗟如たり」といい、上六の爻辞に「涕洟《ていい》す（涕は目の涙、洟は鼻の涙）」という）、怨みを傍に窺うに畜《たくわ》う。亦将《はた》何を以て之を平らかにせんや。故に怒る者は抑う可く、競う者は釈《と》く可し。悲歎を積みて敢えて言わず、不虞の戒めあり（大象にいう）。三（下卦坤《こん》の三陰）と上（上六）との柔は、憂うるに足らずと謂う勿れ。

六二が九五に応ずるのは、必ずしも孚があるのではない。その爻辞にいうように、孚があることによって、すなわち下卦坤《こん》の主として初六と六三とともに九五に応ずることによって、はじめて禴することができる。また初六が正応である九四に応じようとするとき、初六は六二と六三と同類の孚があっても完うすることができず、やむをえず九四に合しようとすれば、六二と六三の陰私に溺れて陽に順うべき義を失うに至る。

六二の爻辞に「引けば吉にして、咎无し。孚なれば、乃ち禴を用うるに利し」といい、『周易内伝』は「六二は坤《こん》順の主為り。柔中にして位を得（陰が二の陰位に居る）、初（初六）と三（六三）の二陰の、恃みて以て聚まる所なり。能く之（初六と六三）を引きて以て剛（九五）に応じ、陰陽上下各々類を以て相従いて安んずれば、則ち咎无し。乃ち（然るに）初（初六）と三（六三）とは、皆《とも》に自ら其の党を固くするの心を懐く。二（六二）は必ず意を誠にして相応じ、初（初六）と三（六三）をして深く其（六二）の相引くの吉為《た》るを信ぜ使むれば、乃ち克《よ》く同に寅《つつ》しみ協に恭《つつ》しみて（『書経』皐陶謨《こうようぼ》にいう）、以て陽（九四と九五）を上に戴き、然る後に上下各々利しきを得たり」という。

初六の爻辞に「孚有るも終らず。乃ち乱れ乃ち萃《あつ》まる。若し号《さけ》べば、一握して笑いを為さん。恤《うれ》うる勿れ。往けば咎无し」といい、『周易内伝』は「初六は、二（六二）と三（六三）の二陰と本より相孚ありて、志を同じくす。而れども九四と正応を為し、則ち又其の萃《あつ》まる所（下卦の坤《こん》）を舎《お》きて、以て応ずる所（九四）に就《つ》くの心有り。乃ち両端交々戦い、自ら決する能わずして、究《つい》に二陰（六二と六三）の暱《なず》む所と為る。若し将に号呼して党を固くし、相握りて一を為し、以て歓笑を為せば、則ち私に溺れて、陽に順うの義を失う」という。

また、六三と上六はそれぞれ威福を逞しくする九四と九五の傍に居り、交わることができず、ひたすら歎き怨みを抱くだけである。怒る物は抑え、競う者はその心を解くことができるが、このように悲歎を重ね怨みを言わない者に対しては、君子は不測の事態を戒めなければならない。

六三の爻辞に「萃如たり嗟如たり。利しき攸无し。往けば咎无し、小（陰）は吝なり」といい、『周易内伝』は「六三は二陰（初六と六二）と聚まりて処り、位に当らずして（陰が三の陽位に居る）躁進の情有り（三は進爻である）。自ら下（下卦の坤《こん》）に安んぜざるは、小人の長く戚戚（嗟《なげ》く）たる所以なり。其の剛（九四と九五の二陽）を承けて進爻為《た》るを以て、能く往き二陽を戴きて上に聚まら使むれば、咎无きを得可し。陰の情は本より鄙固にして、其の党を怙《たの》む。吝なれば（陰が往かない）、未だ其の往くを必す可からず。故に両設の辞を為し、占者をして各々自ら択ば使む」という。

上六の爻辞に「齎咨《せいし》し（歎き悲しむ）涕洟《ていい》す。咎无し」といい、『周易内伝』は「三陰（下卦の坤《こん》）は下に萃《あつ》まり、二陽（九四と九五）は中に萃まる。上（上六）は独り孤処して、与に萃《あつ》まる無し。能く憂うる無からんや。然れども上（上六）の外に在るは、陽を五に奠《さだ》めて之（九五）をして消せ使めざる所以なり。則ち身（上六）は危うきも、主（九五）は安んず。義として咎无し」という。

以上、萃《すい》の初六と六二と六三及び上六の四陰は、それぞれ九四と九五に応ぜず、ひたすら歎くだけである。このように悲歎を重ねても言を発しない者をこそ、君子は憂えその不虞を戒めなければならない。大象に、「沢（兌《だ》）の地（坤《こん》）に上るは萃《すい》なり。君子は以て戎器を除《おさ》め、不虞を戒む」といい、『周易内伝』は「水は、本より地中に流る（萃《すい》は、坤《こん》の地が下に在り、兌《だ》の沢が上に在る）。而るに地を浚《さら》いて沢と為し、水を瀦《たくわ》えて以て水旱を防ぎ、旁流して散漫なら使めず。時は未だ水を需《もと》めずと雖も、之を無用に畜《たくわ》えて以て用を待つ。蓋し積みて以て匱《とぼ》しきを待つなり。君子は無用の貨を居《お》かず。唯戎器は則ち之を安寧の日に除治し（除も治める意）、以て不測の用を待つ。則ち聚めて、散ぜざるを嫌わず」という。

夫れ沢（上卦の兌《だ》）は、亦水なり。乃ち沢は有心の化なり、水は无心の運なり。比《ひ》（䷇）は、一陽（九五）を以て坦然として五陰の中を履みて憂い无し、无心なるのみ（比《ひ》の上卦は坎《かん》、すなわち水である）。萃《すい》は、四（九四）を得て群居し（九五と九四の二陽が群居する）、沢（兌《だ》）を積むも流行するの望み无し、則ち心は私する所（九五が同類の九四を私する）を怙《たの》む。私を以て聚まり、私もて聚まるを以て孚ならず、孚ならざるを以て咎あり。沾沾然《ちょうちょうぜん》（外面を整える、軽薄なさま）として其の位の存し（九五の尊を守る）、党の合し（九五が同類の九四と合する）、物（六二）の已《や》む容《べ》からずして我（九五）と応ずるを恃む。斯を以て咎を免るるも、亦靳靳乎《きんきんこ》（恥じるさま）として其れ之を免れんや。

九五と九四が位をたのみ、二陽が合して兌《だ》を成している萃《すい》は、比《ひ》のように群陰の悲歎を平らかにできず、咎があることをいう。比《ひ》は上卦が坎《かん》（水）で無心であるのに対し、萃《すい》は上卦が兌《だ》（沢）で有心であるからである。すなわち九五は九四と聚まって兌《だ》の沢を積むだけで陽の徳を陰に施さず、私を以て聚まる孚ならざるものであるから咎が生ずる。形だけの君位を保ち、九四の陽と私党を組む有心であり、九五の正応である六二がやむをえず応ずるのを恃むだけである。このようにして九五が咎を免れたにしても、心中忸怩《じくじ》たることは真に咎を免れたことにはならない。

九五の爻辞に「萃《あつ》めて位を有《たも》ち、咎无し。孚なるに匪ざるも、元《もと》より永貞なれば、悔亡ぶ」といい、『周易内伝』は「五（九五）は四（九四）と上に萃聚《すいしゅう》し、四陰（下卦坤《こん》の三陰と上六の一陰）の保つ所と為ると雖も、然れども陽は亦孤なり。且つ之を輔くる者（九四）は、其の才の能く堪うるに非ず（九四の小象に、「大吉にして咎无しとは、位当らざればなり」という）。尤も危うきの道なり。但、尊に居るを以て其の尊を失わず、故に咎无かる可し。且つ二（六二）の己に応ずるや、各々自ら聚まるを為す（六二が三陰と共に聚まる）と雖も、陽と徳を同じくせず、其の孚なる所に非ず。然れども位に当るの柔（陰が二の陰位に居る六二）、本より坤《こん》順（下卦の坤《こん》の徳）の貞を体して以て順を効《いた》す。則ち疑う所無くして、悔亡ぶ。永貞とは、坤《こん》の用六の文と同じ（「永貞なるに利し」という）、坤《こん》の徳を言う。元とは、其の本より然るを謂う」という。

なお九四の爻辞に「大吉なり。咎无し」といい、『周易内伝』は「九四は、本より吉に非ず。上は剛中の君（九五）と相保ち、下は聚まり順うの民（下卦坤《こん》の三陰）の相戴くを以て、則ち之に藉《よ》りて以て大吉を得るにして、其の徳の能く然るに非ず、処る所の時之を為せるなり。因りて五（九五）と相聚まりて以て安んじ、亦咎无きを得たり」という。

其れ唯廟中のみ、神と人と相雑《まじ》わる无く、能く之に感じて已に足れり。時の失わるるを観て為す可き无ければ、則ち神道を以て人に涖《のぞ》み、而して権は天位に留まる。萃《すい》は位定まりて孚なる可き有れば、則ち鬼道を以て物を絶ち、而して怨恫《えんどう》（陰の怨悲と陽の恫喝）交々興る。匽潴《えんちょ》（貯水池）の流を保ち、往来の益を絶つは、君子の道なるも細人の暱《なず》むなり。咎を免ると雖も、能く虞《おそ》るる勿《な》からんや。

廟中は、彖辞に「王、有廟に仮《いた》る。大人に見ゆるに利し。亨り貞しきに利し」という。さきに示したように『周易内伝』は、「王、有廟に仮るとは、群陰は下に聚まり順い、四（九四）は九五を賛して、以て上六に承事す。上（上六）は宗廟為り、王者（九五）は群心を聚めて以て孝享を致し、神は格る可し」という。神と人とが相雑わらず、人が神に感じて孝享を致せば、神道は人に降る。その権は、天位に在る九五が行うべきものである。ところが萃《すい》の下卦坤《こん》の三陰が類を以て聚まり、陰の孚を守ろうとする。鬼道はさきの陽の神道に対して、陰の道をいう。

初六の爻辞に「孚有るも終らず。乃ち乱れ乃ち萃まる」といい、六二の爻辞に「孚なれば乃ち禴を用うるに利し」という。初六は六二と六三と党を成すことが孚であるとともに、正応である九四に応ずべき孚をもち、また六二は同類の初六と六三との孚を守るとともに、その中正によって三陰とともに九五に応ずべき孚をもつことをいう。匽潴《えんちょ》の流れを保つは、さきの大象について『周易内伝』に「地を浚《さら》いて沢と為し、水を瀦《たくわ》えて以て水旱を防ぎ、旁流して散漫なら使めず」という。地（下卦の坤《こん》）と沢（上卦の兌《だ》）の往来を絶って不測の事態に対処することが、君子の道であるとともに、兌《だ》はまた暱《なず》むことであるから、細人が相聚まって危難を免れようとすることでもある。咎无しというが咎有るのが萃《すい》であるから、大象に「君子は以て戎器を除《おさ》め、不虞を戒む」というように、虞《おそ》れを抱かなければならない。

䷭ 升《しょう》（巽《そん》下坤《こん》上）

聖人の動くは、必ず其の時に因る。然らば終古の時は、皆聖人の時なり。時は其の盈に因りて之を盈用し、其の虚に因りて之を虚用す。此より下は、則ち怵《おそ》るる所有り。怵るる所有る者は、疑う所有り。道の時に与《お》いて宜しきに非ずと疑えば、則ち志を貶《おと》して以て功名を幾《ねが》う。道の将に物に与《お》いて忤《もと》らんとすと疑えば、則ち物を遠ざけて以て生死を保つ。故に一は功利を為し、一は玄虚を為す。而して道は天下の裂と為る。是《か》くの如きは、皆《とも》に時を疑うに始まり、己を疑うに終る。

聖人が動くのは、必ず然るべき時に因る。すなわちいついかなる時も、すべて聖人の動く時である。時が盈であればその盈を用い、時が虚であればその虚を用いる。時というのは、彖伝に「柔は時を以て升る」といい、『周易内伝』は「己を升す者有りて而る後に升る、則ち升るに其の時を以てす。所謂進むに礼を以てするなり」といい、『孟子』万章下に、「孔子は聖の時なる者なり」という。しかし聖人以下のものは、時の盈虚に因ることができず、心に怵《おそ》れる所がある。心に怵れる所があるものは、疑う所がある。すなわちわが道が時に合わないと疑えば、己の志を降して功名を求め、わが道が万物に背くのではないかと疑えば、万物を斥けて己の生死のみを保とうとする。前者は盈の功利を求め、後者は虚の玄虚を求め、かくして道は天下に失われる。それは時を疑うことから始まり、己を疑って功利と玄虚に陥ったのである。疑うとは、九三の小象に「虚邑に升る（九三の爻辞）とは、疑う所无きなり」というによる。

『周易内伝』は、彖辞の「升《しょう》は、元いに亨る」について、「升《しょう》の卦為《た》る、本、泰《たい》（䷊）の初（初九）、陽を変じて成る（升《しょう》の初六となる）。上下既に交わり（泰《たい》の彖伝に、「上下交わりて其の志同じきなり」という。ここでは泰《たい》の上卦の陰が下卦の陽に交わって、升《しょう》の初六となる）、而も又初六の陰の以て陽に巽《したが》うを得たり（升《しょう》の下卦は巽《そん》。初六の陰が九二と九三の陽に巽って、下卦巽《そん》の初の位に居る）。則ち法を以て陰を外に擯《しりぞ》けず（泰《たい》の上卦坤《こん》の陰が初に交わって升《しょう》の初六となる）、陰と迭《たが》いに相譲りて以て進む（初六の陰が二陽に譲るとともに、二陽が陰に譲って上卦の坤《こん》に進ませる）。道の尤も美なる者なり。故に三陰（上卦の坤《こん》）は終に小人と為《な》らず、初（初六）の能く陽（九二と九三）を下に承くるを以て、上六は陰の窮まると雖も、猶躯命《くめい》（身命）を忘れて以て善に進む。則ち唯陽（九二と九三）の之（上六）を進むるに礼を以てして、順わざる无し（下卦は巽《そん》順である）。卦は亦、陰を主と為す（下卦巽《そん》は初六が主であり、上卦坤《こん》は陰である）。而して陰道の得ること、斯に於いて盛んなり」という。

初六の爻辞に「允《まこと》に升す。大吉なり」といい、『周易内伝』は「允は、誠なり。初六は自ら卑柔に処り、以て陽（九二と九三）を承けて之を升せ、内（内卦の巽《そん》）に主為ら使む。賢能に譲り、君子を進むるは、至誠に出ず。故に升《しょう》の徳の吉なるは、初（初六）より吉なるは莫し。群陰（上卦坤《こん》の三陰）方《まさ》に伸ぶるも、独り巽《そん》（下卦）に屈すればなり」という。

夫れ己は、亦何ぞ疑うこと之れ有らんや。己の才を審らかにし、己の量を度《はか》れば、皆《とも》に物に待つ所无く物の待つところと為る。天命の体は、煌然《こうぜん》（あきらかに）として其れ欺かず。物に待つ无きは、則ち至正なり。故に小功は乍《たちま》ち集まりて道を失い、小名は外に溢れて徳を失う。物の待つところと為るは、則ち大公なり。故に天下死すれば己は独りは生きず、天下生くれば己は死を憂えず。而れども才は正を審らかにせず、量は其の公を致さず。才に鶩《はし》れば、則ち功に驚き名に驚き、以て物は即ち己と為す。量に歉《か》（欠）くれば、則ち生に驚き死に驚きて、以て物は己に非ずと為す。己を疑えば則ち本を失い、物を疑えば則ち末を争う。之《こ》の二術は、分岐して以て起り、而して国は終に人无し。此れ他无し、疑い釈《と》けずして升《のぼ》る所に怵然《じゅつぜん》（憂疑する）たればなり。故に、時に於いて疑い有り、位に於いて疑い有り。

前段を承けて、己を疑うことにより本を失って玄虚を道となし、末を失って功利を徳となすに陥ることをいう。九三が疑う所无きことをたたえる。九三は己の才を審らかにし己の量を度《はか》るものであるから、他者に依存せず却って他者の依るところとなる。それは天命を信じ、己の至正を疑うことがないからである。他者に依存しない大公をもつから、天下と生死を共にすることができる。すなわち天下が亡びれば己独り生きることをせず、天下が存すれば己の死を憂えない。『論語』衛霊公に、「子曰く、志士仁人は、生を求めて以て仁を害する無く、身を殺して以て仁を成す有り」という。それに対し、才は正を審らかにせず量は公を致さなければ、物に依存することになる。才は功名に心を動かして功名を己の目的と見なし、量は生死を争って生死を超えようとする。ともに信ずべき己を疑って本たる道を失い、物を疑って末たる功名を争うに至る。すなわち時を疑い位を疑うことにより、時に因って位に升ることを憂疑するからである。

九三の爻辞に「虚邑に升る」といい、『周易内伝』は「凡そ升《しょう》の道は、主賓相得て以て礼を成し、君臣相奨《すす》めて以て治を成す。故に人を升《のぼ》す者は、必ず自ら升る。九三は剛は位を得て（陽が三の陽位に居る）、進爻為《た》り。以て陰（上卦坤《こん》の三陰）を推して、之を升す。陰は既に升りて、則ち三（九三）も亦升る。陽は実なり陰は虚なり、坤《こん》は国土（邑）為り。陰は既に升りて、則ち中を虚にして（陰⚋は中央が虚である）以て陽（九三）の進むを待ち、与に治を為す。故に虚邑に升るの象有り」という。『周易内伝』は九三の小象「疑う所无きなり」について、「初（初六）は之を允《まこと》（誠）にし（初六の爻辞に、「允に升る、大吉なり」という）、二（九二）は之を孚にし（九二の爻辞に、「孚なれば、乃ち禴《やく》を用うるに利し。咎无し」という）、三陰（上卦の坤《こん》）は門を闢《ひら》きて（陰⚋が中を虚にする）以て之（九三が升ること）を待つ。豈復《また》疑沮する所有らんや」という。

時を疑う者曰く、「五帝は礼を襲わず、三王は楽に沿わず。世を敺《か》（駆）りて我を笑うと雖も、我は必ず其の功名有り」と。卓然として自ら信じ、己を立てて以て時の幹《かん》（本）と為す者は、昧（愚昧）は察せず。位を疑う者曰く「庖人は庖を治めずと雖も、尸祝《ししゅく》（祭を司るもの）は樽俎《そんそ》を越えて之に代らず」（『荘子』逍遙遊）と曰う。坦然として自ら信じ、己を推して以て位の窮するを済《すく》う者は、昧は察せず。則ち是れ、盈は用う可きも、虚は用う可からず。且つ之をして盈を用い使むれば、詭随《きずい》の術（功名の術）と蕩佚《とういつ》の知（玄虚の知）は抑《また》習用して不貞の冥升《のぼ》る（上六の爻辞による）。則ち疑うの害、亦烈しきかな。

時を疑う功名の士、位を疑う老荘の徒が、虚を用いることができないのみか、盈をも正しく用いることができないことをいう。己の時によって功名を立てようとする者は、五帝三王が時に因って礼楽を立てたことを知らない。『論語』為政に、「殷は夏の礼に因る。損益する所、知る可し。周は殷の礼に因る。損益する所、知る可し。其の或いは周を継ぐ者は、百世と雖も知る可し」という。また己の位に安住することを求める老荘の徒は、庖人と尸祝の位の分を立てるだけで、真の意味で時の窮を済《すく》うことはできない。冥升は、上六の爻辞に「冥升す。息まざるの貞に利し」といい、『周易内伝』は「升る者は、階に至れば止まる。上六は尤も進みて往き、則ち消えんと欲するの位に且《しばら》く即《つ》き、而して返りて幽冥に入る。升るに昧《くら》きなり。然れども、上（上六）の進みて高危に処るは、陽（九三）を延《ひ》きて之を内（陰の中虚）に安んずる所以なり。則ち消謝（上六の位）に瀕すと雖も、貞志は移らず」という。このような上六の冥升と貞志をもつことができないかれらは、疑うところがあるのである。時を疑い位を疑うことの害は、まことに酷烈である。

故に升《しょう》の世は、剛の時に非ず。升《しょう》の三（九三）は剛にして中ならざるは、升《しょう》の位に非ず。上は天位を窺うに、闃《げき》（静寂）として其れ人無し。沍陰《こいん》（凝陰）は上に凝《こ》り（上卦の坤《こん》）、曠（虚しい）として適主無し。時の盈たざること甚し。乃ち疑う者は疑いて以て畏途《いと》（険路）と為すも、疑い无き者（九三）は信じて以て坦道と為す。其（九三）の至健を乗《と》り、進みて（三は進爻である）憂えず。彼（上六）の方《まさ》に虚（虚邑）なるに渉《わた》りて、曠《こう》（適主がいない空しさ）として慴《おそ》れず。子曰く、「大道の行、三代の英は、丘（孔子）は未だ之に逮ばず。而れども志有り」（『礼記』礼運）と。其れ聖人の時為《た》る、豈必ずしも堯は君たり舜は相たり、民は誠なり物は阜《ゆたか》かにして、而る後に以て聖人の升《のぼ》るに当るに足らんや。

升《しょう》の世は、陽剛の時ではない。九三は剛であるが中位を得ていないから、升《しょう》の位ではない。しかも上卦の天位に在る上六は陰であり、陽に孚あるものではない。孚とは、陰と陰、陽と陽が相応ずることをいう。また上卦坤《こん》が上に三陰を凝らし、陽の奉ずる主はいない。まことに陽の時が盈ちていない世というべきである。この升《しょう》の世に在って疑心を抱くものは険路と思うが、疑心を抱かぬものは平坦の路と信ずることができる。すなわち九三は己の剛の至健を恃み、疑う所なく虚邑（上卦の坤《こん》）に進むことによって升《しょう》は亨る。升《しょう》の彖辞に、「升《しょう》は元いに亨る」という。闃として其れ人无しは、豊《ほう》の上六の爻辞にいう。九三の爻辞「虚邑に升る」についてはすでに述べたので、以下九三を輔ける九二について補う。

九二の爻辞に「孚あれば乃ち禴を用うるに利し。咎无し」といい、『周易内伝』は「象（爻辞）は萃《すい》の二（六二）と同じきも（萃《すい》の六二の爻辞に、「孚あれば乃ち禴を用うるに利し」という）、意は異なれり。陰（上卦坤《こん》の三陰）を引きて以て升す者は、三（九三）なり。二（九二）は三（九三）の下に処り、位は陰（上卦坤《こん》の三陰）より遠し。初（初六）の升る（初六の爻辞に、「允に升る」という）を受くと雖も、位に当らずして（九二の陽が二の陰位に居る）、能く主と為る無し。唯孚ありて（九二の陽が九三の陽に相応ずる）三（九三）に合すれば、乃ち以て陰を升せて利し。孚有れば、則ち位は当らず（陽が二の陰位に居る）と雖も、咎无し」という。九二は九三の志に合し、その進むことを輔《たす》けるものである。孚とは、九二の陽が九三の陽に合することをいう。時が盈たず、位を得ない時に、三代の英を願い大道の行われることを志す聖人孔子こそ、升《しょう》の世に疑うことなき九三なのである。孔子の時は、堯が君となり舜が相となり、また民は誠であり物は豊であることによって始めて升るにふさわしい時であったのではない。剛の時でなく升《しょう》の位でない時にこそ、孔子は己の志を信じ疑うことがなかったのである。

九二と九三の二陽によって上卦坤《こん》に升った三陰の内、上六についてはすでに述べたので、他の二陰について述べる。六四の爻辞に「王は用て岐山に亨《まつ》（享）る。吉にして咎无し」といい、『周易内伝』は「四（六四）は天位に非ず、而るに之を王と謂うは、群賢の推進する所と為るは、文王の象なればなり。周公は追王（生前王者でなかった者に、死後王号を奉する）の後に於いて之を尊称するなり（六四の爻辞を記した周公が、王と尊称した）。岐山（陝西省岐山県。周の大王が邑し、また文王が始め治めた）は、文王封内の山なり。四（六四）は升りて神祇《しんぎ》に上賓たり。其（岐山）の上に臨む者は陰なり、故に地祇と為す。山に登りて祀の事を修め、未だ命を受けずと雖も、郊神して（地祇を祭る）其の徳を饗《う》く。事に於いて既に吉なり、義に於いても亦、諸侯、境に祀りて山川を内にするの礼を失わず。柔順にして位に当り（六四は坤《こん》の順の徳をもち、また四の陰位に居る）、升るに其の宜しきを以てす、故に咎无し」という。なお『周易稗疏』は、朱子『周易本義』が公羊《くよう》家の説に従って王を受命の王として文王を直接指すとする説を斥ける。

六五の爻辞に「貞にして吉なり、階に升る」といい、『周易内伝』は「升る者、階に至りて止まるは、升るの位なり。六五は坤《こん》順の主為《た》り、自ら尊とするの意有るに非ず。貞なるを以て陽（九三）の推すを楽しむ所と為り、二（九二）は与に応じて之を延きて上に升らしむ。先に吉と言いて、後に階に升ると言うは、六五は柔順を志と為し、自ら升るを以て吉と為さざればなり」という。

　然らば則ち、繫《か》くるに吉凶を以てせざるは何ぞや。吉なるを得可《う》からざる者は時なり、凶なるを得可からざる者は道なり。然らば其の道を尽くすも、吉凶を以て断を為せば、則ち疑い将に此れ従《よ》り起らんとす。嗚呼、聖人の才、聖人の量、聖人の自ら信じ、聖人の天下を信じ、「虚邑に升りて、疑う所无し」（九三の小象）は、豈言い易からんや、豈言い易からんや。

　九三の爻辞に、吉凶を以て断じないのはなぜか。時については吉ということができず、道については凶ということができないからである。聖人は、時に因ってわが道を尽くすものである。聖人がその道を尽くすことを吉凶を以て断ずれば、吉を求め凶を避けようとする疑いが生じかねない。聖人が己を疑わず物を疑わず、盈たざる時、中《あた》らざる位においてわが道を尽くすことを述べているのが、九三の爻辞と小象である。その『周易内伝』は、すでに示した。九三は自ら上に升らず、三陰を升すことによって自らも升り、ともに治をなすことをいう。

☱☵　困《こん》（坎《かん》下兌《だ》上）

一

人の生有るは、天之を命ずるなり。生は徳の成なり、而して亦福の事なり。其の之を為す莫くして之を為す有るは、陰陽の良各々其の知と能を以て生の主と為し、而して太和の理は建立して、之を充襲すればなり。則ち皆《とも》に命と謂う所なり。

困《こん》の大象に、「君子は以て命を致し、志を遂ぐ」という。船山は、始めに命について論を起す。人がその生を享けるのは、天の命による。『中庸』第一章に、「天の命ずる之れ性と謂う」という。人の生は乾坤《けんこん》の徳が成ったものであるとともに、また福の事でもある。後段に「大徳は生に在り、而して時は其の福に乗ず。（中略）知を以て之に命じて、五事と為し、九徳と為す。能を以て之に命じて、五福と為し、六極と為す」という。天が為すことを意図しない生生の道を以て為すのは、陽の良である知と陰の良である能によって生の主となし、陰陽太和の理が建つことを承けて、人が知と能を充たし（養う）襲《つ》ぐ（合せる）からである。従って徳の成についても福の事についても、ともに命という。

陽は知を主《つかさど》るも、固より能有り。陰は能を主るも、固より知有り。太和は陰陽に因りて以て体と為し、流行して相嬗《うつ》りて以て化す。則ち初めより垠鄂《ぎんがく》（知と能、すなわち陽と陰の界）の画絶する无し。其の知を以て人を建てて之を充たし、其の能を以て人を建てて之を充たし、其の虚なる者をして以て聡明有りて実に徼《もと》むるを得使《え》む。其の実なる者をして以て利養を受けて虚に行くを得使む。実に徴む、故に老耄《ろうぼう》（老は六十または七十、耄は八十または九十）にして、童年の聞見を憶《おぼ》ゆ。虚に行く、故に旦《あした》起きて、夙夜（前夜）の飽飫《ほうよ》（飽食）を失う。誰か之をして虚実相仍《よ》り、知と能交々益さ使むる者ぞ。則ち豈命に非ずや。

陽は知とともに陰の能を具え、陰は能とともに陽の知をもつとは、船山の乾坤《けんこん》並建論と陰陽隠現する十二陰陽論による。かくして陽は知の虚によって陰の実に求め、陰は能の実によって陽の虚に行くことができる。天は人に知と能を与え、人は知の聡明を実に徴《もと》め、また能の実の利養によって虚に行くことができる。老年になっても幼年の聞見を忘れないのは、知が陰の実に徴《もと》めたからであり、また朝になると前夜の満腹が消えるのは、食という陰の利養が陽の虚の知に行ったからである。陰陽虚実が互いに相俟って太和が保合するのは、まさしく命による。

然れども、天の、知と能を以て未だ有らざるの地に流行するは、生を期する有るに非ず。大徳は生に在り（繫辞下伝第一章に、「天地の大徳を生と曰う」という）、而して時は其の福に乗ず。則ち因りて之を建立し、因りて之を充襲す。知を以て之に命じて、五事（『書経』洪範にいう）と為し、九徳（『書経』皐陶謨にいう）と為す。能を以て之に命じて、五福（『書経』洪範にいう）と為し、六極（『書経』洪範にいう）と為す。凝集して均しく之を授け、其の間に後先と軽重有るに非ず。故に、皆《とも》に命と謂う所なりと曰う。

陽の知と陰の能が命によって現れる様態を、五事と九徳、五福と六極によって述べる。五事は『書経』洪範に貌と言と視と聴と思といい、九徳は『書経』皐陶謨に寛にして栗《りつ》、柔にして立つ、愿《げん》にして恭、乱（治）にして敬、擾（順）にして毅、直にして温、簡にして廉、剛にして塞、彊にして義という。五福は『書経』洪範に壽と富と康寧と好む攸《ところ》の命と終命を考うといい、六極は『書経』洪範に凶短折と疾と憂と貧と悪と弱という。天が陽の知と陰の能を以てまだ存在しない地に流行する自然の世界は、必ずしも生を意図するものではない。しかし天地の大徳は生に在り、時が地の福に乗じ、ここに陰陽太和の理によって生が建立し、人がそれを充たし襲《つ》ぐ。知の命を受けたものが五事と九徳であり、能の命を受けたものが五福と六極である。知と能は陰陽の変合に成り、その間に先後と軽重がない。従ってともに命という。以上、三たび命について述べる。

而るに二気（陰陽）の方《まさ》に錫《あた》え、人の方に受くるや、器を以て承くるを為して、器に大小有り、時を以て遇うを為して、時に盈虚有り。器に大小有るは、猶《なお》疾雨と条風（東風）の、或いは生じ或いは殺すがごとし。時に盈虚有るは、猶《なお》旦日と夜露の、或いは暝《あたたか》（暖）く或いは清《すず》（涼）しきがごとし。則ち命を受くることの有余と不足は、焉《ここ》に存す。有余と不足の数は、或いは徳に在り、或いは福に在り。則ち抑《また》其の器と其の時とを以て、或いは徳に勝《まさ》りて福に勝らず、或いは福に勝りて徳に勝らず。猶蟬鮪《せんゆう》の飲食に於けるがごとし（蟬は水を飲むこと小、鮪（まぐろ）はものを食うこと大である）。時有りて徳に倹（少）にして福に侈《おお》（多）く、時有りて福に倹にして徳に侈し。猶西《せい》飆《ひょう》の稼は穡《しょく》を成さず（西の強風に吹かれると、穀物が実らない）、寒暑の疾（病）は能く性を失うがごとし。是《か》くの如き者、有余と不足は、皆《とも》に人の能く強《し》うる所に非ず。人の能く強うる所に非ずして、命の自ずから然るに聴《まか》すは、是れ其の至る所の者を以て致す所と為す。則ち君子の困《こん》に於けるや、之に因るのみ。而るに、何ぞ命を致す（大象にいう）こと有らんや。

しかし人が陰陽の二気を受けるとき、人の器の大小と時の盈虚の違いがある。人の器に大小があるのは、たとえば同じ疾雨と東風によって万物が生じたり殺されたりするようなものである。時に盈虚があるのは、たとえば朝の太陽と夜の露が暖かったり冷たかったりするようなものである。かくして人が天の命を受ける有余と不足の差が生ずる。またこの有余と不足の数は、人の徳に在るときと福に在るときがある。すなわち人の器の大小と天の時の盈虚に因り、徳が有余となり福が不足になることと、福が有余となり徳が不足になることがある。それはたとえば蟬と鮪の器の小大によって、飲食が不足と有余の差を生ずるようなものである。また時の盈虚によって徳が少なく福が多いときと、福が少なく徳が多いときがある。それはたとえば西の強風に吹かれると穀物は実るという福を得ることができず、寒暑の激しさによって性の徳を失うようなものである。すなわち有余と不足は、人は強いて為すことができない。人が強いて為すことができず、命に委ねる他ないものは、命が至ったものを人が致すだけである。とすれば君子は困《こん》においては、命に因るだけである。ところが大象に「君子は以て命を致す」という。以下、致す意を述べる。

夫れ致すとは、其の未だ至らざる有りて、之を推致するに必ず至るを以てす。嘗《こころ》みに与《ため》に虚実の数量を観れば、則ち知らん。徳の命を致す者は、上に及ぶ可きの理有り。福の命を致す者は、当に下に極まるの勢いを窮むべし。而して、庸《もち》うる无きを自然と曰う。自然无為にして以て化を観れば、則ち是れ二気の粗なる者は能く人を困しむるも、人は其の精なる者の以て自ずから亨るを知る能わず。

命を致すとは、まだ至らないがゆえに、必ず致すという人の営為についていう。ところで、致す命には、虚の陽と実の陰との違いがある。すなわち虚の陽（知）である徳の命を致す場合は、聖人に及ぶべき向上の理をもつが、実の陰（能）である福の命を致す場合は、下は死亡に至る勢いを窮めなければならない。これは後に、上致と下致として述べる。このように命を致すことをしないのを自然という。老荘の徒のように無為自然の変化に委ねれば、粗なる二気は人を困しめるが、精なる二気は命を致すことによって自ずから亨るということを知ることができない。

請う、終りに之を論ぜん。知を以て命ずる者は、虚を以てす。虚なる者は、此《ここ》に虚なるは彼《かしこ》に虚なるに同じ。故に太空は、斉楚を以て画《かく》す（限る）可からず。能を以て命ずる者は、実を以てす。実なる者は、此に実なるは彼に実なるに異なれり。故に種類は、雑うるに稲粱（いねとおおあわ）を以てす可からず。

惟其れ同じ、故に一も亦善なり、万も亦一善なり。乍見《さけん》の心（『孟子』公孫丑上にいう、惻隠の心）は、聖人の効《いた》すなり。同従《よ》り以て同を致し、野人由《よ》り上は、万斉しからずして以て聖人に至るまで、相因りて以て日に進む可し。猶《なお》虚に循《したが》いて以て行けば、斉自り楚に至るも、礙《さまた》ぐる所无きがごとし。

惟其れ異なれり、故に人は差《たが》うに位を以てし、位は差うに時を以てす。事を同じするも功を殊にし、謀を同じくするも敗を殊にす。異従《よ》り以て異を致し、輿台《よだい》（賤人）自り以上、万斉しからずして以て天下に至るまで、各々量の如くにして溢れず。猶《なお》種（たね）を敷《ま》きて以て生ずれば、稲と為り粱（おおあわ）と為りて、移す可からざるがごとし。

故に虚なる者は、不足なるも不足なるに非ず、天命ずるの性なり（『中庸』第一章に、「天の命ずる、之れ性と謂う」という）。善悪三品の説（韓愈の「原性」にいう）は、其の同じくして上に極まる可きを知らず。実なる者は、不足なるは則ち不足なり、吉凶の命なり。聖人は命无しの説は、其の異なりて或いは下に極まるを知らず。

以上の論を承けて、ここに一応の結論を述べる。陽の知を以て命ずる者は、虚という同に行くものであるから、東方の斉と南方の楚の地（実）の異を以て大空を限ることができない。それに対し陰の能を以て命ずる者は、実という異に在るものであるから、稲と粱との種類は同類として合せることができない。

同という点では、一から万に至る変に在っても、ともに善を同じくする。野人の怵惕《じゅってき》惻隠の心は、聖人の仁と同じである。乍見の心は、『孟子』公孫丑上に「今、人乍《たちま》ち孺子の将に井に入らんとするを見れば、皆怵惕惻隠の心有り。……惻隠の心は仁の端なり」という。すなわちこの惻隠の心を同じくすることによって、野人から聖人に至る斉《ひと》しからざる異があっても、善は日に進むことができる。

異という点では、人は位を異にし、位は時を異にする。同じ事でもそれぞれ功を殊にし、同じ謀でもそれぞれ敗を殊にする。すなわち輿台から天下の人に至るまで、すべて異なることによって異なる成敗を致し、それぞれの分に応ずる結果を得る。

すなわち知（陽）の不足は、充足して聖に至るべき天の命ずる性であり、能（陰）の不足は、実に限られている吉凶の命なのである。韓愈の「原性」に、「性の品に上中下の三有り。上なる者は、善なるのみ。中なる者は、導きて上下にす可し。下なる者は、悪なるのみ」という。このように三品に分けるのは、天の命ずる性は上に極むべきものであることを知らぬものである。また聖人も吉凶の命をもつものであるから、聖人は命无しとするのは、凶が下に極まることを知らぬものである。「聖人は命无しの説」とは、『墨子』非命上中下に「命有りを執る者の言は、非とせざる可からず。此れ天下の大害なり」という非命論。なお『論語』堯曰に、「孔子曰く、命を知らざれば、以て君子為ること無しと」という。

抑《また》、太和の流行して息《や》まざるや、時は以て生ず可く、器は以て生ず可く、各々其の盈縮する者を得て以て生を建つ。則ち福と徳は倶《とも》にして、多と少は差あり。其の日に生じて其の生を充たすに迨《およ》びては、則ち徳は充たす可きも、福は充たす可からず。徳を侈《おお》くする有りて、福を侈くする无きの謂には非ず。徳に堪うる者は衆くして福に堪うる者は寡なきには非ず、徳は貴にして福は賤なるには非ず。天は、人を珍《たっと》びて其の豊倹を酌むを以てなり。則ち奚《なに》を以て、其の充たすと充たさざるの殊なるを知るや。

以上の結論を承けて、更に問を発する。太和が息《や》まざる流行をするとき、時と器によって物は生じ、陰陽の盈縮によって生が建つ。陰の福と陽の徳は倶にあるが、陰陽の盈縮のためその量に多と少の差が生ずる。ところで人がその生を充たすとき、人は徳を充たすべきであって、福を充たすことはなすべきではない。それは決して徳のみを多くし、福は多くすべきでないというのではない。また徳に堪える者が多く福に堪える者は少ないからでもなく、徳が貴であり福が賤であるからでもない。それは、天が徳を豊かにし福を倹にする営みを人に委ねるからである。大象にいう「命を致す」ことを人に与えて、人の営為を珍ぶからである。それでは、なぜ人が充たしたり充たさなかったりする差が生ずるのか。

徳は知に肖《のっと》り、知は虚にして実に徼《もと》む。福は其の能有り、能は実にして虚に行く。実は以て虚を載す可く、虚は以て実を載す可からず。実は虚を載す可し、一坏《いっぱい》の土（僅かの土、実）は、上は蒼莽（蒼天、虚）を負《お》いて无垠《むぎん》（無限）に極まり、剸《き》りて之を下せば重淵に入り、虚に随いて以て竭《つ》きざるに至る。虚は実を載せず、升を容るるの器は、勺を加うれば溢れ、一丸の泥を空に擲《なげう》てば、手に随いて墜《お》つ。故に思の極まる所、夢寐《むび》に通じて鬼神告ぐ。鬼神は、命の日に生ずる者なればなり。養の飫《あ》く所、膏粱《こうりょう》（美食）過ぐれば疢疾《ちんしつ》（熱病）生ず。疢疾は、命の充たざる者なればなり。戴淵は盗なるも才あり、華督は賊なるも義あり。徳の灌注する者は、中ごろ小人に已《おわ》らざればなり。弱者は強うるに廉頗の善く飯するを以てす可からず。羸者《るいしゃ》（疲れて弱いもの）は、望むに籛鏗《せんこう》の多男を以てす可からず。福の懸絶する者は、必ず始生に原本（本づく）すればなり。故に致して上る者は、実之に任じ、致して下る者は、虚之を靡《なみ》す。

徳と能を、虚実によって対比して述べる。徳は乾《けん》の知に則り、知は虚であって実によってその功を示す。福は坤《こん》の能をもち、能は実であって虚によってその効を表す。すなわち福の実は徳の虚を載せることができるが、虚の徳は実の福を載せることができない。一坏の土の実が、蒼莽の天（虚）を負い、また重淵に入るのは、実が虚を載せるからである。一升を容れる器の虚が一勺の実を加えることができず、また空（虚）が一丸の泥の実を支えることができないのは、虚は実を載せることができないからである。

思いの極まるところ鬼神が告げるのは、日に生じた実によって思いの虚が果されるからである。『中庸』第二十九章に、「諸《こ》れを鬼神に質《ただ》ねて疑い無きは、天を知るなり」という。美食が過ぎれば病気になるのは、養の実が多すぎて命の虚が充たされないからである。晋の戴淵は、少時遊侠であり、かつて江淮の間に商旅を攻掠し、その指揮振りを陸機に認められて重用された（『世説新語』自新）。宋の華督（華父督）は、孔父嘉を殺してその妻を奪い、また宋公（殤公）を弑したが、荘公（馮）を鄭から招いて即位させ、荘公を補佐した（『春秋左氏伝』桓公二年）。ともに徳が灌注して、日に進んだものである。廉頗は、年老いてなお趙に用いられようとし、趙の使者の面前で斗米の飯と肉十斤を食い、甲《よろい》を被て馬に上った（『史記』廉頗列伝）。籛鏗《せんこう》は、「商（殷）に在りて守蔵の史と為り、周に在りて柱下の史と為り、年八百歳なり」という（『世本』）。多男は、子孫の多いこと。ともにはじめに多く福を受けることをいう。しかし弱者と羸者は本来福の命を受けることが懸絶して少ないために、廉頗や籛鏗のようにはなりえない。すなわち徳の命を上致する者は能の実に因って明を極め、福の明を下致する者は知の虚のため死に至る。

此に繇《よ》りて之を言えば、与に倶に生ずる者は、足らざるを足らすに、上致と下致とは別なり。日に生ずる者は、充たざるを充たして、上致と下致とは又別なり。故に君子は徳の命を致しては、致して上は已《や》む无きに極まり、皎白《こうはく》を窮めて以て高明なり。其の知に肖《のっと》ればなり。福の命を致しては、致して下は堪えざるに極まり、払乱《ふつらん》を極めて以て死亡す。其の能に称《かな》えばなり。故に、「君子は以て命を致して志を遂ぐ」と曰う（大象）。命致して、而る後に志は遂ぐ可し。君子の志は、其の多寡の建立と充襲の数を審らかにし、之を縕《たくわ》えて以て遷らず。豈、旦夕の偶々《たまたま》意気に激するならんや。

大象にいう「君子は以て命を致して志を遂ぐ」の意を説く。与に倶に生ずる者とは、器に大小有り、時に盈虚有ることによって、命を受けることに有余と不足があることをいう。日に生ずる者とは、人が生を享けたあと福と徳の命を人が充たすことをいう。ともに上致と下致との別があり、君子は陽の知に則って徳の命を上致して明を極めるとともに、陰の能に従って福の命を下致して死亡をも顧みない。それが君子の命であり、陰陽の命を致すことが君子の志であるからである。一時の意気に激する匹夫の勇とは、異なるものである。

『周易内伝』は大象について、「君子は君の事《つか》う可き無く民の使う可き無きに非ざるも、陰の揜《おお》う所と為るを欲せず。是に於いて阨窮《やくきゅう》に安んじ（『論語』雍也に、「子曰く、賢なる哉、回（顔回）や。一箪の食《し》、一瓢の飲、陋巷に在り。人は其の憂いに堪えざるも、回や其の楽しみを改めず。賢なる哉、回や」という）、其の身を困しめて必ず辱しめられず、其の志を困しめて必ず降さず（『論語』微子に、「子曰く、其の志を降さず、其の身を辱しめざるは、伯夷叔斉か」という）。其の膏潤《こうじゅん》を去り、其の枯槁に安んじ、命の屯《とどこ》うるを極むるに推致して、皆之を受けて以て其の志を遂ぐ。必ず通ずるを求むるの心無く、困《こん》を以て道と為す者なり」という。

困《こん》は、剛の、柔の為に揜《おお》わるる者なり、福の、下に致す者なり。器に勝《まさ》らずして、時に倹なるなり。二（九二）と五（九五）の、皆《とも》に剛を以て中する者は、徳の、上に致す者なり。器は之に勝り、時は之を侈《おお》くするなり。生と与に建ちて、日に生じて充たし、盛を極めて衰えず。斯《ここ》を以て、上に致して難《かた》んずる无し。徳を高明に致して以て自ら旌《あき》らかにし、福を凶危に致して以て自ら広くす。又奚《なん》ぞ志の遂げざらんや。若し命を以て人に授くと曰わば、則ち勇僨《ゆうふん》（勇み奮う）して刺客の雄と為る。身を愛し道を全うする者の尚《たっと》ぶ所に非ず、困するのみ。必ずしも忠孝の大節に非ず、而るに又何ぞ焉《こ》れに死せんや。

象伝に「困《こん》は、剛揜わる」といい、『周易内伝』は「剛は、柔の揜う所と為る。上（上六）は五（九五）と四（九四）を揜い、三（六三）は二（九二）を揜い、初（初六）は復《また》下従《よ》り之（九二）を揜う。進むも能わず、退くも可ならずして、中《うち》に困しむ。揜う者は、或いは勢を以て揜いて、其の志は伸びず。或いは情を以て揜いて、其の道は且に枉《まが》らんとす」という。

困《こん》は器に勝らず時に倹であるから、福の命を下致する他ない。しかし九二と九五は、剛の器と中の時を得ているから、徳の命を上致することができる。天から勝れた器を享けるばかりでなく、時々刻々充襲して盛を極めることによって、徳の命を上致することができる。かくして徳を天の高明に上致するとともに、福を凶危の下に致すことによって、君子はわが志を遂げる。それは決して己の命を人に授け、一時の意気に殉ずる刺客の雄とは異なる。刺客の勇は、君子が身を愛し道を全うするものとは異なり、ただ剛が柔に揜われて困しむものに他ならない。君子は忠孝の大節でない事に対しては、己の命を授けて死を致すことをしない。『論語』衛霊公に「子曰く、志士仁人は、生を求めて以て仁を害する無し。身を殺して以て仁を成す有り」といい、また「子曰く、民の仁に於けるや、水火より甚し。水火は吾れ蹈《ふ》みて死する者を見る。未だ仁を蹈みて死する者を見ず」という。

二

剛は、柔を以て揜わる。則ち是れ、柔は剛を困しむるなり。乃ち剛困しみて、柔は与に倶に困しむは何ぞや。

困《こん》は剛が柔に揜われて困しむ象であるが、剛が困しむとともに柔も困しむのはなぜかと問う。初六の爻辞に「臀《しり》、株木に困しむ。幽谷に入りて、三歳覿《み》ず」といい、『周易内伝』は「困《こん》は、柔、剛を困しむるなり。然れども人を困しむる者は、未だ自ら困しまざる者有らず。其の始めは、心を処《お》き慮を積み、正直を窘辱《きんじょく》（困しめ辱かしめる）する所以の者、夢寝（寐《び》の誤りか）に寧《やす》からず、万棘《ばんきょく》（万憂）は胸臆に叢《むらが》る。乃ち剛正の士、方且《まさ》に困に処りて其の所を失わざれば、之を困しむるの術は又窮す。其の後に及びて、直道終《つい》に伸ぶれば、則ち譏非《きひ》を避けんと欲するも終に挽《ひ》く可からず、利禄を全うせんと欲するも法紀は逃る可からず。故に困《こん》卦の三陽（九二と九四と九五）は困を受くと雖も、「慶《よろこ》び有り」（九二の爻辞）、「終り有り」（九四の爻辞）、「説《よろこ》び有り」（九五の爻辞）、皆咎を免る。唯三陰（初六と六三と上六）の凶咎のみ、徒《ただ》深し。人を困しむる者は、人は困しまずして先ず自ら困しむ。此れ、理数の必然なり」という。

また六三の爻辞に「石に困しみ、蒺藜《しつれい》（はまびし、実に刺《とげ》がある）に拠る。其の宮に入りて、其の妻を見ず。凶なり」といい、『周易内伝』は「九二は剛介なること石の如く（豫《よ》の六二の爻辞に、「介《かた》きこと石の于《ごと》し」という）、位を中に負む。三（六三）は之を困しめんと欲し、力竭くすも能く動かさず、先に自ら困しむ。柔を以て剛（三の陽位）に居り、処る所安からず、還りて以て自ら傷《やぶ》る。上六の己（六三）に応じ、与に匹耦を為すを望まんと欲するも、上六は已に葛藟《かつるい》と臲卼《げっこつ》の中に困しみ（上六の爻辞による）、相助くる能わず。小人の自ら困しむこと且つ此くの如し、何ぞ懼るるに足らんや。三の位は剛なり、上の位は柔なり。故に夫妻の象有り（六三の爻辞に、「其の宮（室）に入りて、其の妻を見ず」という）」という。なお、上六の爻辞については後に示す。

剛は求むるに任じ、柔は与うるに任ず。柔の与えんと欲するは、剛の求めんと欲するより緩《ゆるや》かならず。特《ただ》剛は、性は動き情は速きを以て、遂に先に夫《そ》の求むるの実を蒙る。其の実を蒙れば、其の名を辞するを得ず。而るに柔の、一は前《すす》むが若《ごと》く、一は卻《しりぞ》くが若く、与うるを懸けて以て剛の求むるを召《まね》く。其の剛に応ずる者は是を以てし、其の剛を困しむる者も亦是を以てするのみ。

故に未だ得ざれば欲す可きを見《しめ》し、既に得れば予《あた》うるに利を以てす。戸を闢《ひら》きて悦びを致し（上卦は兌《だ》、悦）、虚（陽）往きて実（陰）帰するは、皆《とも》に柔才の優なる所なり。才に因りて用を為し、乃ち網羅を以て剛を膠飴《こうい》（水あめ、兌《だ》の悦）の中に生死す。酒食《しゅし》なり（九二の爻辞に、「酒食に困しむ」という。初六が酒食を以て九二を縻《つな》ぐ）、金車なり（九四の爻辞に、「金車に困しむ」という。九五の金車が上六と六三に困しめられることによって、九四が困しむ）、朱紱《しゅふつ》なり（九五の爻辞に、「赤紱に困しむ」という。九五が六三と上六に困しめられることをいう）。戈矛《かぼう》を操《と》るを待たず、塞を固くし塁を樹《た》てて、以て陽の去来を絶ち、而して剛は以て困しむ。然れども、諸《こ》れを得失名実の間に揆《はか》るに、陰は已に先に困しめり。

陰柔が陽剛を困しめる構造を述べる。陽剛は求め、陰柔は与える。陰柔が与えようとする情は、決して陽剛が求めようとする情に劣るものではない。しかし陽剛はその性は動くものであり情は敏速であるから、陰柔が与えるよりも早く陽剛は求めるという実を示す。早いという実を示しているからには、そういわれる名は受けざるをえない。一方、陰柔は性として進んで与えるかの如き態を示しながら、また退いて与えまいとするかの如き態を示し、与えるという名を掲げて陽剛が求めるという実を手に入れる。かくして陰柔は陽剛に応じて与えることもあるが、同時にそのことによって陽剛を困しめる。

すなわち陰柔は陽剛が求めることができないときは陽剛の欲する態を示し、陽剛が求めることができれば利を与える。困《こん》の上卦兌《だ》は陰の戸を開いて悦媚を致し、かくして陽が求めて陰が利の実を得るのは、陰柔の才の巧みなところである。陰柔の才によって陽剛にはたらきかけ、網を張って陽剛を甘い餌を与えその生死を制する。たとえば初六が酒食によって九二を困しめ、九五の金車が上六と六三に困しめられることによって九四も困しみ、九五が上六と六三に朱紱によって困しめられる。このように陰柔は直接戈矛（戈矛は、陰が用いる小さい武器）を以て陽剛を傷つけないが、初六と六三と上六の陰が根拠を固くして九二と九四と九五の陽が相応ずる途を塞ぎ、かくして剛は陰に困しめられる。しかし、道の得失と名実の点においては、陰は先に自ら困しんでいる。

九二の爻辞に「酒食に困しむ。朱紱、方に来らんとす。享祀を用うるに利し。往けば凶なり。咎无し」といい、『周易内伝』は「柔の剛を困しむるは、能く剛と亢して之を抑《おさ》うるに非ず。富人貴人の権有りて、餌《じ》して之を陥《おとしい》るるなり。九二は、下は則ち初六之を承け、酒食を以て之を縻《つな》ぎて退か使めず。上は則ち六三其の上に乗じ、将に爵禄（朱紱）を以て之を羈《つな》がんとす。斯の時に於いて、之を峻拒せんと欲すれば、礼として卻《しりぞ》く可からざる所有り。之を受けんと欲すれば、固より剛中の者の直道必ず伸ばさんとするの志に非ず。君子の遇う所の困は、此《ここ》に困しむ者なり。彼の猶礼有るや、礼を以て之に接す。其の敬して之と瀆《けが》れざるや、鬼神の道を以て之を待つ。孔子の陽貨に於けるが如く（『論語』陽貨）、尚《たか》し。抑《も》し然らずし、必ず自ら伸ばさんと欲し以て往くを求むれば、則ち其の悪怒に触れて凶なり。小人を待つの道に非ずと雖も、義に於いては固より咎无し。祭祀（享祀）とは、大人の道なり。往けば凶なりとは、貞士の守（節）なり。両つながら之を設け、占者をして自ら択ば使む」という。

九四の爻辞に「来ること徐徐たり。金車に困しむ。吝なるも終り有り」といい、『周易内伝』は、「金とは剛なり、車とは以て行く所の者なり。五（九五）を謂う。九四は剛を以て柔（四の陰位）に居り、而も退爻為《た》り。伸ぶるを求むるに急ならず、故に上六に遠くして、即ち其（上六）の揜う所と為らず。困しむ所の者は、五（九五）は進まんと欲して困しむなり。五（九五）は行く能わず、則ち亦之（九五）と倶に止《とど》まる。行く所は吝なり。然れども、五（九五）を承けて以て時を待ちて動けば、柔は豈能く終に之を揜わんや。必ず終りに亨るの道有り」という。

九五の爻辞に「劓《はなぎ》られ刖《あしきら》れ、赤紱に困しむ。乃ち徐《おも》むろに説《よろこ》び（上卦の兌《だ》）有り、祭祀を用うるに利し」といい、

『周易内伝』は「赤紱は、朱紱なり。文は偶々変ずるも、義は同じ」というから、船山が酒食と金車のあとに朱紱というのは、九五が上六と六三に困しめられることをいう。『周易内伝』は九五の爻辞について、「上六は上從り之を劓《はなぎ》り、六三は下從り之を刖《あしき》る。困に処りて傷を受くるは、君子の困と為すに足らず。困しむ所の者は、柔の明らかに加うるに劓刖《びげつ》を以てせずして、赤紱を以て相縻繫《びけい》するのみ。此を説《よろこ》ばんと欲する者は、未だ遽《にわ》かにす可からず。敬以て自ら持し、神道（爻辞にいう祭祀）を以て之を感格（格は正す）すれば、理極まり勢窮まりて、小人は且に罪を悔いて相釈《と》かんとす。象（爻辞）は九二と略《ほぼ》同じ。而れども尊に居り位に当り（陽が五の陽位に居る）、困するに説《よろこ》べば則ち大いに行わる。故に征けば凶（九二の爻辞にいう）の戒め無し」という。

夫れ人を隆《たか》くする者は先ず自ら隆くし、人を汚す者は先ず自ら汚す。人を逸する（たのしましめる、逸楽）者は先ず自ら逸し（兌《だ》、悦）、人を労する者は先ず自ら労す（困しむ）。陰の徳は専にして、其の性は則ち静なり。専にして且つ静なり。貞は乾《けん》行に随い、順は天工に代れば、則ち以て陽に配して往くに利し。徳の専ならざれば、散処して以て相感ず。性は静なる能わず、機を畜えて以て相制す。其の上に乗じて之を縈蔽《えいへい》（めぐらし蔽う）し、糾葛《きゅうかつ》（紛擾）頻蹙《ひんしゅく》して（顔をしかめる）、以て陽を知るに及ばざる所に迷わす。

夫れ然り、則ち抑《また》心を汚下に労して、舒暢《じょちょう》の一日无し。其の金車（九五）に非ざれば、即ち其の酒食（初六）なり。其の酒食（初六）に非ざれば、即ち其の赤紱（上六と六三）なり。而して趨《はし》ること日に下り、術は日に上り、苟くも以て其（陰）の、高明（陽）を罥縛《けんばく》（からめとる）するの技を售《う》る。是れ婦寺（婦人と宦官、また婦侍）の情にして、宵人（小人）の道なり。豈、陋ならずや。幸いにして陽は之を覚らず。借《も》し其れ然らざれば、豈復《また》陰の余地有らんや。

陰が陽を困しめても、陰自ら先に困しむことを述べる。それは人を尊重する者は自らを高しとする矜持があるからであり、人を貶価する者は自らを賤しめる怯懦があるからである。また人を心から楽しましめる者は先ず自ら楽しみ、人を心から事に労させる者は先ず自ら労するからである。専にして静なる陰は、陽の健行と天工に配して貞と順の徳をもつことができる。しかし陰が専でなく散処すれば静を失い、陽の上に蔽い陽の知ることができない所に陽を困しめるに至る。

陰はそれだけではなく、さらに卑汚のことに心を労し、一刻も心を安んずることがない。上六と六三が九五の金車を困しめるのでなければ、初六が酒食を以て九二を困しめる。かくして陰柔は日に卑汚のことに心を労し、その陰私の術はますます巧みとなり、陰が陽をからめとる技をみがく。まことに卑陋なる婦寺の情、小人の道というべきである。それは陽の知らないところに陰が施す術であり、もし陽がそれを知れば、そもそも陰術を施す余地のないものである。

抑《また》覚らざるは、陽の過ちに非ず。養を小人に須《ま》ち、嚮晦《きょうかい》（夕暮）に退息するは、亦君子の道の応に享《う》くべき所なり。而れども困《こん》の世に当りて覚らざれば、則ち陽或いは過《あやま》つ。其の道の応に享くべき所を守り、知るも之に処るに愚を以てし、光大にして之を済《な》すに誠を以てす。諸《こ》れを明に索《もと》め、諸れを幽に索め、洋洋乎として天に対し祖に質《たず》ぬるの誠有れば、則ち陽は覚らざるも覚らざるに非ず。而して陰の術も亦窮す。

陽がこの陰の術を覚らないのは、決して陽の過ちではない。陽が小人の陰の養を受け、また夕暮に務めを終え休息するのは、君子が道として享受すべきことである。しかし陽が陰に困しめられている困《こん》の世に在っては、陽が覚らないことによって過つことがある。陽は己の道として享受すべきことを享け、たとい陰の術を知ってもその知を示さず愚を守り、光大の徳により誠を以て対処する。坤《こん》の象伝に、「含弘光大にして、品物咸《みな》亨る」という。すなわち陽はその誠を明の陽に求めるとともに幽の陰に求め、洋洋乎として（『中庸』第十六章に、「天下の人をして斉明盛服して、以て祭祀を承け、洋洋乎として其の上に在るが如く、其の左右に在るが如くせ使む」という）天に対し祖に質ねる誠があれば、たとい陽は覚らなくても決して覚らないではない。かくして陰の術も自ずと窮するに至る。天に対し祖に質ねる誠とは、九二の爻辞に「享祀を用うるに利し」といい、九五の爻辞に「祭祀を用うるに利し」という。彖辞に「困《こん》は亨る。大人に貞しくして吉なり。咎无し。言有るも信ならず」といい、『周易内伝』は「困《こん》は、君子の憤悱《ふんぴ》して（憤は理解できずにもだえる、悱は言い表わしえずになやむ。『論語』述而に、「子曰く、憤せずんば啓《ひら》かず、悱《ひ》せずんば発せず」という）、達せんことを求むるの情為《た》り。則ち其の道の亨るは、事の遂ぐるを待たずして、早已《すで》に吝より遠ざかる。故に「困《こん》は亨る」と曰う。「大人に貞し」とは、大人の困《こん》に処るは、亦唯貞を以て道と為すのみなるを言う。而して貞は固より大人の貞にして、小（陰）の貞に非ず。大人は、言は必ずしも信ならず、行は必ずしも果ならず（『論語』子路に、「言は必ず信、行は必ず果なるは、硜硜然《こうこうぜん》として小人なるかな」という）。化裁して変を通じ、順応して用うるに窮まらず」という。また彖伝に「険（下卦の坎《かん》）以て説《よろこ》ぶ（上卦の兌《だ》）。困しみて其の所を失わずして亨るは、其れ唯君子なるか」といい、『周易内伝』は「命を知れば則ち天を楽しみ（繋辞上伝第四章に、「天を楽しみ命を知る」という）、険（下卦の坎《かん》）にして説《よろこ》ぶ（上卦の兌《だ》）。剛中にして正位なるは、則ち其の所を失わず。唯君子のみ、能く困《こん》に因りて善く之を用う。故に亨る」という。

是に於いて陰は終に拠を失い、先ず其の貞を喪う。然る後に、事に反りみて之を心に謀り、心に反りみて之を道に謀る。動きて悔い、悔有りて以て吉と為す（上六の爻辞による）。則ち何ぞ其の吉の夙《はや》からざるや。而れども陽は祇《ただ》其の誠を守りて、悔を待つ所无し。是に由りて之を言えば、器は覆《くつが》えりて遯鼠《とんそ》无きも、国亡びて死せざるの小人无し。均しく其の実を喪うも、独り其の名を隕《おと》す。陽の失は数寡なく、陰の失は数多し。則ち柔は先に自ら困しみて、亦終に困しむ。豈、或いは爽《たが》わんや。

陽の誠によって、陰の術が窮することを述べる。初六と六三については、すでに先に示した。上六の爻辞に「葛藟《かつるい》に于いて臲卼《げつこつ》に于いて困しむ。動くに曰《お》（于）いて悔いて悔有り。征けば吉なり」といい、『周易内伝』は「葛と藟は、皆《とも》に柔韌《じゅうじん》（柔軟で強靱）纏延《てんえん》（まつわりのびる）の艸（草）なり。臲卼は、高峻崎嶇《きく》の地なり。曰とは、爰《ここ》（爰に）

なり、于（于《お》いて）なり。陽道の伸ぶるは、亦何ぞ陰を損せんや。而るに必ず之を（陰が陽を）揜《おお》わんと欲すれば、（陰は）心を労し形を苦しめて、以て縈罥《えいけん》（まつわりつく）して已《や》まず。是れ、自ら葛藟の中に入るなり。且つ其（上六）の居る所の者は、又高危不安の地なり。是に於いて、陰も亦以て悔ゆ可し。其（上六）の動くに于いて（爻辞の曰動）、止まりて自ら困しみ、乃ち悔ゆるの心有り。因りて剛を釈《と》きて揜《おお》わず、自ら遠ざかりて以て行く。則ち君子の難は解けて、己（上六）も亦吉なり。上六は、柔（陰）は柔位（上の陰位）に居り、上に居りて消えんと欲す。故に初（初六）と三（六三）より賢にして、其の能く悔ゆるを諒《まこと》とし、之に許すに吉を以てす」という。

陽は亨るべき道を守ることによって吉であるのに対し、陰は悔いることによって初めて吉となる。陰が吉となるのは、陽に比べて遅いのである。それは陽が誠を以てすることによって陰が拠を失い、まず陰の貞を喪う。かくして陰は事態を顧みて心に謀り、心に顧みて道に謀る。すなわち陰が動くことを悔い、悔いることによって始めて吉となるのである。小さな器物が覆《くつがえ》っても驚いて逃げる鼠はいないが、大なる国が亡べば小人はすべて死亡に至る。陽は覚らずして過ち、国が亡びるという実を喪うことがあるが、陰はわが身を亡ぼす実を喪うのみか、名まで隕《おと》すに至る。陰はまず自ら困しみ、終りまで困しむのである。

故に陽は人に困しむ者なり、陰は自ら困しむ者なり。人に困しむ者（陽）は生く。越王（句践）は夫椒の功を倖《さいわい》として会稽に困しみ、平原（平原君趙勝）は上党の利を貪《むさぼ》りて長平に困しむ。陰の餌に中《あた》ると雖も、貞は亡びず。自ら困しむ者（陰）は死す。険を懐きて媚を致し、悔いずして能く其の終りを保つ者は、終古にして未だ之れ有らず。故に君子は終に人に困しまず、而して自ら困しむことも亦免る。其の已《や》むを得ずして人に困しむも、精誠を積みて以て其の知るに及ばざる所を保つ。二（九二）と五（九五）の享祀して以て慶びを承け福を受くるが如くなれば（九二の小象と九五の小象にいう）、亦孰《たれ》か之を困しむるを得んや。

陽が陰に困しめられても、貞を守れば生きることをいう。越王句践は、呉王夫差のため夫椒山で敗られたが范蠡の策によって免れ、会稽山に臥薪嘗胆することによって遂に呉を破った（『史記』巻四十一、越王句践世家）。趙の平原君趙勝は、韓の上党の守馮亭《ふうてい》の言に従って上党を取ったが、秦のため長平において卒四十余万がみな阬《あな》されるという禍を受けるに至った。しかし平原君は李同の言に従い、敢士三千人とともに秦軍と戦い、邯鄲を保つことができた（『史記』巻七十六、平原君列伝）。ともに九二と九五の慶と福を受けるものである。

九二の小象に「酒食に困しむ（爻辞）とは、中にして慶び有り」といい、『周易内伝』は「剛を以て中を得たり、故に小人は敢えて即ち害を加えず。而して之を慶ばすに、酒食と朱紱を以てす。朱紱を言わざるは、略《ほぼ》挙げて以て之を該《か》ぬ」という。九五の小象に「用て祭祀するに利し（爻辞）とは、福を受くるなり」といい、『周易内伝』は「剛健にして位に当り（陽が五の陽位に居る）、中道にして直に本づく。豈終に困しむを憂えんや。福を受くとは、法を行いて命を俟《ま》てば、鬼神は自ずから祐け、小人は自ずから解く。大人の亨るに貞しきは、意の外に出ずるが若きも、固より爽《たが》わず」という。

䷯ 井《せい》（巽《そん》下坎《かん》上）

一

困《こん》は剛揜《おお》われ、井《せい》も亦剛揜わる。二卦の体は之を綜し（上下顛倒する綜卦）、柔は皆《とも》に剛を覆う。困《こん》は独り其の揜うを蒙り、井《せい》は其の養に利頼《りらい》するは、何ぞや。

困《こん》䷮と井《せい》䷯は綜卦であり、ともに剛が陰に揜われている。ところが困《こん》は陽が陰に揜われる困しみを受け、井《せい》は陰が陽を養う利を受けるのはなぜかと問う。井《せい》の象伝に「水（上卦の坎《かん》）に巽《い》（入）れて（下卦の巽《そん》）水を上ぐるは、井（井戸）なり。井《せい》は、養いて窮まらず」といい、『周易内伝』は「此れ卦徳を賛し、之を用うるの道を言う。巽とは、入るるなり。上ぐとは、引きて之を出《いだ》すなり。其の入るるに定所有り、其の出すは必ず其の用うる所なり。則ち以て養いて窮まらざる可し」という。

『周易内伝』は象辞について、「井《せい》の井為《た》る、数義有り。木（下卦の巽《そん》）の水（上卦の坎《かん》）に在るや、必ず浮ぶ。而るに上を水とし下を木とし（巽《そん》下坎《かん》上の井《せい》）、木は水中に入り水を載せて以て上《あ》ぐ、罌《よう》（かめ）を以て水を汲むの象なり。水を汲むの瓶は、或いは木を用い、或いは瓦を用う。而して瓦は虚にして以て浮き、木の道有り。引きて之を上げ、以て養を人に致す、此れ一義なり。（中略）此の卦は、上の四爻（九三と六四、九五と上六）は一陰一陽相迭《たが》いにし、空にして又空（六四と上六）、水は其の中を盈たす（九三と九五）。初（初六）と二（九二）は、水（九二の陽）は上にして空（初六の陰）は下なり、黄泉の区域なり。故に三（九三）自り以上は、人の汲む所なり（三と四は人位である）。初（初六）と二（九二）は、水は下りて泥滓《でいし》の竅《あな》に灌《そそ》ぎ、人は用う可からず。其の清濁の用舎（用いると用いない）は、此に於いて分る。此れ又一義なり。（中略）上の四爻（九三と六四、九五と上六）は一陽一陰して、分明に画を界して以て外に嚮《むか》う（下の陽が上の陰に往く）。下の二爻（初六と九二）は一陰一陽して、又画を殊にして以て内に嚮う（上の陽が下の陰に来る）。各々経界を成し、田を分ちて賦を出《いだ》し、其の疆理を一にせず、井邑の象有り。邑は殊なりと雖も、井の其の中に在る者は遷らず、此れ又一義なり」という。

天下の能く我に加うる者は、皆其の類を同じくする者なり。天下の我と類を異にする者は、皆其の我に加うる能わざる者なり。類を同じくして情を同じくすれば、則ち性正しくして情は交わる。類を異にして情を異にすれば、則ち先は難きも後は易し（井《せい》についていう）。類を同じくして情を異にすれば、則ち貌《かたち》は徳あるも衷《うち》は刑す（困《こん》についていう）。

水（困《こん》の下卦坎《かん》）の沢（上卦兌《だ》）に於けるは、陰陽は類に非ざるも与に類を同じくす。類同じければ情は同じく、類非なれば情は異なる。其の酒食《しゅし》（困《こん》の九二の爻辞にいう）金紱《きんふつ》（困《こん》の九四の爻辞に金車といい、九二の爻辞に朱紱といい、九五の爻辞に赤紱という）の以て相養う可きに利しきも、支流の大浸に没するや、水（坎《かん》）に沢（兌《だ》）有るも（困《こん》は坎《かん》下兌《だ》上）、沢（兌《だ》）は且に无からんとし、柔（初六と六三と上六）は且に以て剛（九二と九四と九五）に加わりて能く自ら出ずる莫からんとするを知らず。

夫の水（井《せい》の上卦坎《かん》）の風（下卦巽《そん》）に与《お》けるが若きは、凝（坎《かん》の水）と散（巽《そん》の風）は情を異にし、判然として其れ謀らず。巽《そん》の徳は順なりと雖も、水は終に浮溢《ふいつ》して以て出で（井《せい》の上卦坎《かん》）、其の我に加うる能わざること、猶鐘鼓の以て爰居《えんきょ》（海鳥）を宴するに足らざるがごとし（『荘子』至楽）。以て宴するに足らず、以て餌するに足らざれば、則ち亦以て揜うに足らず。故に上六は柔なりと雖も、其れ能く陽を幕《おお》いて（上六の爻辞に、「井収、幕う勿《な》し」という）用て汲むの功（九三の爻辞に、「用て汲む可し」という）を杜《と》さんや。

一般に天下の物が我に加えることができるものは、我と同じ類をなすものである。逆にいえば我と類を異にするものは、我に加えることができない。類を同じくし情を同じくするれば、性は正しく情はともに交わる。しかし類を異にしまた情を異にすれば、始めは難であるが後は易《い》である。井《せい》は巽《そん》下坎《かん》上。巽《そん》は長女の陰であり坎《かん》は中男の陽であるから陰陽は類を異にし、また巽《そん》は風の散であり坎《かん》は水の凝であるから情を異にする。この始めが難である井《せい》が、後に易《い》となることは後に述べる。

困《こん》は坎《かん》下兌《だ》上。坎《かん》は中男の陽であり兌《だ》は少女の陰であるから陰陽は類を同じくしないが、水と沢であるから同類である。同類でありながら陰陽の点では異類であるから、「貌は徳あるも衷は刑す」という。すなわち水と沢という同類であるから徳は同じ貌をもつが、坎《かん》の陽と兌《だ》の陰という非類であるから情は異なる刑をもつのが困《こん》である。困《こん》の九二と九四と九五の三陽が、酒食の初六と朱紱の六三と赤紱の上六に本来は養われるべきものであるのに、柔の三陰に羈縻され、恰も支流が大浸（洪水）に没するように、兌《だ》の沢は坎《かん》の大浸に呑み込まれる。かくして柔の初六と六三と上六の三陰が異類の九二と九四と九五の三陽に力を及ぼし、困《こん》から脱出できないことになるやも知れない。それは困《こん》が同類の水と沢の貌を表面に示しながら、非類の異なる陰陽の情を内にもつからである。なお金紱の金は、九四の爻辞にいう金車に当るが、ここでは陰が陽を困しめることをいうから、金は紱と同じく金銭をいうと解すべきかもしれない。或いは金は朱の誤りか。

それに対して、井《せい》は巽《そん》下坎《かん》上。巽《そん》は陰、坎《かん》は陽である。異類であるばかりか、水の坎《かん》は凝、風の巽《そん》は散で情を異にし、上卦の坎《かん》と下卦の巽《そん》は功を相成さない。下卦の巽《そん》は上に巽《したが》う順の徳をもつが、上卦坎《かん》の水は上に浮溢し、その徳は下卦巽《そん》に施すことができない。恰も鐘鼓の楽を以てしても、爰居の鳥を楽しましめることができないのと同じである。楽しましめることができないとは、その徳が下に施すことができないことをいう。従って上六の陰は下卦巽《そん》の九三を揜って九三が汲む功を杜すことがない。上六の爻辞に「井収、幕《おお》う勿《な》し。孚有れば元吉なり」といい、『周易内伝』は「収とは、轆轤《ろくろ》に架する両柱なり。勿は、无に通ず。古者《いにしえ》、井汲まざるときは、則ち其の上を幕いて、以て禽（鳥）の穢を避く。上六は柔にして位を得（陰が上の陰位に居る）、己を虚しくして以て屢々汲む。四（六四）は既に甃《いしだたみ》して之を治め（六四の爻辞に、「井、甃す。咎无し」という）、上（上六）は乃ち之を汲み、相孚《まこと》ありて冽寒《れつかん》の賢を求めて以て大いに用う。善の長にして、吉は大なり」という。上六の陰が九三の陽の用を杜《とざ》さないことをいう。爰居は『荘子』至楽に、「昔者、海鳥（爰居）、魯郊に止まる。魯侯、御して之を廟に觴し（酒宴を開く）、九韶（舜の楽）を奏して以て楽と為し、太牢（牛羊豕を備えた御馳走）を具えて以て膳（料理）と為す。鳥は乃ち眩視して（正視しない）憂悲し、敢えて一臠《らん》（肉片）も食わず、敢えて一杯も飲まず。三日にして死す」という。『荘子』達生にも同様の文がある。

四（六四）の三（九三）に於けるが若きは、剛（九三）に乗ずるも、剛に乗ずると為さず。三（九三）は巽《そん》の成なれば、則ち固より剛に非ず。剛かと疑いて之に乗ずるも、其の剛に非ざるを察し、退きて（四は退爻である）自ら保つ。自ら飾るに之れ遑《いとま》あらず（六四の爻辞に、「井、甃す」という）、何ぞ乗ぜんや。乗ずるは乗ずるに非ず、揜うは揜うに非ず。巽《そん》（下卦）は戸を開きて以て旁行するも、道は上に登らず。則ち巽《そん》は心惻《いた》む。坎《かん》（上卦）は中を履みて（九五の中）以て自ら用い、情は下に合せず。則ち巽《そん》は心又惻む。之を揜う能わずして、将に自ら之を求めんとす。是れ木（巽《そん》）は以て水（坎《かん》）を載せ（井《せい》の大象に、「木（巽《そん》）の上に水（坎《かん》）有るは井《せい》なり」という）、功を本より絶つの交に収め、以て為す有る可きの日に尽瘁《じんすい》す。巽《そん》は、惻《いた》むを免るるを之れ福と為す（九三の爻辞に、「井渫《さら》うも食われざれば、我が心の惻みを為す。用て汲む可し。王明らかなれば、並びに其の福を受く」という）。豈、剛（上卦の坎《かん》）と難を為すを得んや。此れ、井《せい》の通ずるの、困《こん》の窮まるに異なる所以なり。

井《せい》の下卦巽《そん》の進爻である九三と、上卦坎《かん》の退爻である六四が相交わらないことによって、却って井《せい》が通ずることを述べる。九三は確かに剛であるが、下卦巽《そん》の三が居る成であるから、すなわち巽《そん》の体は陰であるから、剛ではない。六四ははじめ九三を剛かと思って九三に乗じようとするが、九三が剛でないことを知って、六四は九三に乗ぜず、自らを保ち自らを飾る。六四の爻辞に「井、甃《いしだたみ》す」といい、『周易内伝』は「四（六四）は井の中に居り、陰虚にして水を函《ふく》む。井旁の甃なり。柔（六四）は其の位に当り（陰が四の陰位に居る）、退きて（四は退爻）砌治《せいじ》（石を敷く）するの象なり」という。砌治は、六四が甃して自らを飾る意。

すなわち六四が九三に乗じているが、九三は巽《そん》の陰であるから剛に乗じているのではない。逆にいえば九三は六四を揜っているが、決して六四を揜っているのではない。下卦巽《そん》の陰は戸を開いて（陰⚋が中を虚にする）風（巽《そん》は風）のように旁行（あまねく行きわたる）しようとしても、巽《そん》の道を守って上行しない。かくして九三の爻辞にいうように、我が心の惻みを為す。また上卦坎《かん》は九五が中位を履んで自ら用い、下卦巽《そん》に情を施さない点でも、巽《そん》はまた心が惻む。かくして巽《そん》の九三は上卦を揜うことができず、自らに求めざるをえない。すなわち大象にいうように、下卦の巽《そん》が坎《かん》を載せ上卦と下卦が交わらない井《せい》の世に在って自らの功を収め、それを他日用いらるべきときに尽くすのである。巽《そん》はわが心の惻みを免れることを福となすものであるから、決して上卦坎《かん》と交わって坎難をなすことをしない。井《せい》が通ずるとはこのことをいい、困《こん》が情を同じくすることによって困窮するのとは異なる。

九三の爻辞に「井渫《さら》うも食われざれば、我が心の惻《いた》みを為す。用て汲む可し。王明らかなれば、並びに其の福を受く」といい、『周易内伝』は「九三は陽剛にして位に当り（陽が三の陽位に居る）、本より用う可きの才有り。下（九二）は陽実にして漏らさず、上（六四）は空しく甃して（六四の爻辞に、「井、甃す」という）泥せず、徒《ただ》以て深く隠れて汲み易からざるのみ。食われざればとは、設辞（仮定のことば）なり。使《も》し其の人の汲みて用うる所と為らざれば、則ち才を憐れむ者（九三、また周公）は心之を傷《いた》むを言う。我と言うは、周公（爻辞を作った周公）自ら其の賢を求むるの情を言う。用て（汲む）可しとは、之を急にするの辞なり。王明らかなればとは、上六の冪《おお》う勿《な》くして与に相応ずるを言う。賢者栄えて国も亦昌え、上下並びに福を受く」という。

故に君子の世に於けるや、物の己に類するに数数然《さくさくぜん》（汲汲として求める）たらず、其の憯心《さんしん》（惨酷な心）有るを虞《おそ》る。其の漠として相即《つ》かざる者は、則ち徐ろに之を収めて以て用うるに利しと為す。是の故に、小名は慕わず、小善は歆《よろこ》ばず。甘言は邇《ちか》けず、淡交は絶たず。則ち功は望外に成り、朋は謀らざるに聚まる。

君子は世に処するとき、己と類する者と交わることに汲々とせず（『論語』述而に、「君子は党せず」という）、人が己を害することを懼れる（『論語』子罕に、「子曰く、忠信を主として、己に如《し》かざる者を友とすること無かれ」という）。たとい己と異なる者に対しても、徐ろにその人の長所を伸ばして交わることができる（『論語』顔淵に、「子曰く、君子は人の美を成し、人の悪を成さず」という）。淡交は、『礼記』表記に「故に君子の接《まじ》（交）わりは水の如く、小人の接わりは醴《れい》（甘酒）の如し。君子は淡にして以て成り、小人は甘にして以て壊《やぶ》る」という。巽《そん》下坎《かん》上の井《せい》は、九三と六四は交わらず、徒らに同類を求めるに汲汲とせず、九三が自ら惻《いた》むことによって、福を得ることをいう。

然りと雖も、其の此に於けるや、則ち已に労せり。巽《そん》は労し、而して坎《かん》は労せざる者に非ず。巽《そん》は入るに労し、坎《かん》は出《いだ》すに労す。故に江河を挹《く》む者は桔槹《けっこう》（はねつるべ）を施し、其の窮まらざる者は則ち果して窮まらず。甕《かめ》を抱きて之を汲み、綆《こう》（つるべのなわ）を重ねて之を升《のぼ》すも、食《くら》う所の者は十室の邑にして、養は将に窮まらんとす。其の将に窮まらんとするを窮まらざらしむるは、労有るを恃むのみ。故に井《せい》も亦憂患の門なり、衰世の卦なり。

大象に「木の上に水有るは井なり。君子は以て民を労し、勧め相《たす》く」といい、『周易内伝』は「木の以て水を上ぐるは、力を用うること労にして、水を得ること少なし。然れども、以て養えば則ち窮まらず」といい、象伝に「水に巽《い》れて水を上ぐるは、井なり。井は、養いて窮まらず」という。巽《そん》と坎《かん》は、ともに入れるに労し出すに労するものである。江河から水を汲み上げる者は桔槹を設け、絶えず汲み上げれば水は決して窮まることはない。甕で水を汲み、井戸の綆を長くして水を汲み上げても、その水を用いるものは僅か十戸の邑でしかない。この水の養が窮まるのを窮まらないようにするには、人力の労に頼る他ない。その点で、井《せい》は困《こん》と同じく憂患の門、衰世の卦である。なお、説卦伝第五章に、「坎《かん》に労す」といい「坎《かん》は、……労卦なり」という。

二

夫れ人の情有るは、豈相遠からんや。乾餱《けんこう》（粗末な食物）の貽《い》（贈りもの）を懐《おも》う者は、壺飧《こそん》（壺に入れた食物）を享《う》けて慙《は》じず。詩に、「我に投ずるに木瓜を以てし、之に報ずるに瓊琚《けいきょ》（美玉）を以てせん」（『詩経』衛風の木瓜）と云うは、事有るを珍《たっと》ぶなり。今、貪傺《たんし》（傺は薄、誠がない）、庸菲《ようひ》（凡庸で菲才）、廃棄の子を以て、苟くも利養を給し、圏牢《けんろう》（家畜の檻）の秣飼《まつし》（まぐさ）を受くるも、鄙《いや》しみて木石と為し、自ら之を致して薄《いささ》か長ずること有ら使むる无ければ、則ち淪没し澌萎《しい》して（澌は尽きる、亡びる）、卒に以て抑菀《よくうつ》（抑鬱）して其の生を永くせず。

人が情を抱くことは近きに在り、決して遠くに在るのではない。乾餱は、『詩経』小雅の伐木に「民の徳を失うは、乾餱以て愆《あやま》つ」という。乾餱のような僅かな利を争うことから、民は徳を失うに至る。壺飧は、『春秋左氏伝』僖公二十五年に「昔趙衰《ちょうし》は壺飧を以て径《みち》に従い、餒《う》うるも食《くら》わず」という。ここでは木瓜の詩にいうように、君子は人から木瓜（ぼけ）の贈り物を受けて有難いと思い、お返しに瓊琚を贈りたいという。事有るを珍ぶとは、木瓜のこの句のあとに「報ずるに匪ず、永く以て好《よし》みと為さん」というように、人から壺飧を受けるという好情を得たことを大事にすること。このように、人が情を抱くことは近くに在り、永く好《よし》みをなすことができる。ところが、人から利養を受けながら、それをわが身を長じさせるものと思わず、単なる木石と見なす凡庸菲才の者は、ただわが身を滅ぼすに至るだけである。

故に先王の楽《がく》に於けるや、都人の士女、敏手躧歩《しほ》（舞をするときの手足の動き）して、以て神（心）を娯しましめ、之を教肄《きょうい》す（教えて学ばす）可き无きに非ず。然り而して、傴者《うしゃ》（背の曲った者）は磬《けい》（石の楽器）を撃ち、痀者《くしゃ》（傴者に同じ）は鐘を撃ち、矇者《もうしゃ》（ひとみがあっても見えない者）は音を審らかにし、瞶者《きしゃ》（ひとみのない者）は度（音調）を眂《み》る（調える）。天下の尩廃《おうはい》（身体を損棄する）天刑（去勢する）の子を合せて、之を和豫《わよ》（和悦）の地に進ましむるは、則ち何ぞや。

先王は楽を作って、都人の士女が手足を動かして舞い、心を娯しましめて教を施すことができる。『礼記』楽記及び『詩経』の大序に、「故に手の之を舞い、足の之を蹈むを知らず」という。のみならず天下の廃疾者すべては音楽に関わることができ、和悦の境に導くことができるのは何故かを問う。

楽は、和以て養う。和して不和の尤（大）に及び、之をして其の一日の哀鬱を消散せ使め、而る後に細類（細人）劣生（小人）は、養を虚しくせず、而して有生の情効《いた》す。則ち亦且つ生を栄とし、死に甘んずるの心无きは、陰陽の沴《れい》（害）を調え、生の理を无方に溥《あまね》くする所以なり。是の故に、別に収恤《しゅうじつ》（めぐむ、収は振う）拯貸《じょうたい》（たすける）の典无きも、一たび之を有事に登《な》（成）せば、以て其の養を栄とす。故に、聖人は天地の窮まるを輔《たす》くと曰う。

先王の楽は、人心を和することによって養い、不和の争いまで和せしめる。『礼記』楽記に「楽は和を敦《あつ》くし、神に率《したが》いて天に従う」といい、『書経』周官に「和せずして政は厖《みだ》る」という。かくして民は楽の養によって一日の哀鬱を消散し、生を遂げようとする情が生ずる。かくしてわが生を尊び死に赴くことがないのは、陰陽和合して生の理を博く施すことによる。『礼記』楽記に「楽は天地の和なり」といい、また「天地訢合《きごう》して、陰陽相得たり」という。すなわち楽は特別に人を養い救ける典要をもたないが、事に当って一たび楽を奏すれば、人は楽の養によって生に向おうとする情が生ずる。聖人はこの楽によって、天地が通じない窮を輔けて相和合せしめる。

且つ夫れ愚柔辱賤の士は、其の儇巧《けんこう》便給（口さきの巧みなもの）の者に視《くら》ぶるに、天に得る所の短長は、吾れ未だ知るを得ず。礼失われて之を野に求むれば、十室にして忠信有り（『論語』公冶長に、「子曰く、十室の邑、必ず忠信なること、丘（孔子）の如き有らん」という）。疎逖《そてき》（疏遠）微末にして自ら抜くに由る莫ければ、則ち皆消沮して長く捐《す》てらるるに忍ぶ。侗愿《とうげん》（愚直のさま。『論語』泰伯に、「侗にして愿ならず」という）にして一得の長有りと雖も、其の湮没《いんぼつ》するに迨《およ》びては、且つ以て其の生を慰めんと求むるも遂げず。況んや、其の引伸を望みて奮迅せんや。故に棄人の世は、世に棄人多し。彼は誠に以て自ら振う无し。

愚柔辱賤の士を儇巧便給の者に比べて、天に得る所の短長優劣は知らぬというのは、愚柔辱賤の士に加担して述べたことばである。従って礼を在野に求めれば、十室にして忠信有りという。しかしかれらが世に棄てられたままでは、かれらは生を営むことができないのみか、その才を奮うこともできない。棄人は、『老子』第二十七章に「是を以て、聖人は恒に善く人を救う。故に棄人無し」という。以上、井《せい》の世に見棄てられた士が、如何に生くべきかの前論とする。

井《せい》の初（初六）に、「井、泥して食《くら》われず。旧井は禽《う》る无し」と曰う（初六の爻辞）は、蓋し之を哀しむなり。既已《すで》に之が井と為る、食わるれば則ち其の栄なるも、食われざるは其の辱なること、猶《なお》夫の人の情のごとし。巽《い》れて入り、入りて下せば、亦潢潦《こうろう》（行潦、水たまり）沸溢《ふついつ》し、嚮邇《きょうじ》す可からざる（近寄り難い。『書経』盤庚上に、「火の原に燎《も》え、嚮邇す可からざるが若し」という）の汚垢有るに非ず。其の不幸にして泥する者は、時之を為すも、之を猶《ひと》しくして井為れば、亦各々施す有り。因りて之を浚《さら》い、薄《いささ》か取りて小しく之を用うれば、豈上ぐるに望む所无からんや。

之を置きて食わざれば、井は旧《ふる》し。井旧ければ、以て自ら新たにする无し。長く時に捐《す》てられて汲む无きの時、涓滴《けんてき》の再び潤うに灰心（失望）せる者、亦勢い如何《いかん》ともする莫く、終に自ら廃して以て禽《う》る无し。使《も》し洞《とお》く酌み挹《く》みて注ぐ（『詩経』大雅の洞酌《けいしゃく》にいう）の主に遇い、功は廃疾に施し、才は菅蒯《かんかい》（凡才）に登《な》せば、則ち居然として井なり。而れども豈此に逮ばんや。

初六の愚柔辱賤の士が、用いられずにうち棄てられることをいう。初六の爻辞に、井戸に泥が溜ってその水が用いられないというのは、哀しんでいるのである。一たび井戸となり、水が飲まれれば井戸にとって栄であるが、飲まれなければ辱となることは、人の情と同じである。井戸に甕を入れて下せば、井戸の水は湧き溢《み》ち、決して近寄り難い汚垢は生じない。不幸にして泥が溜ったのは、時に因ったものであるが、以前と同じく井戸なのであるから、その時に因って井戸の用を施すことができる。泥を浚い些さかでも用いれば、初六の士も汲み上げられる望みがないわけではない。

『周易内伝』は初六の爻辞について、「禽とは、獲るなり。水を得るを謂う。陰は空しく下に在り（初六についていう）、二（九二）は漏れて入り（九二の爻辞に、「甕敝《かめやぶ》れて漏る」という）、浚治の及ばざる所、泥滓《でいし》は食うに堪えず。旧井とは、旧の嘗て鑿《うが》ちし所の者を謂う。井水、下に漏るれば、則ち其の上は水無し。汲むと雖も、必ず得可からず。小人は下に濁乱し、君子は道廃し、民は興《た》ちて行わず。天下は用う可きの材無く、凶と言わざるも、凶なること固より知る可し」という。また『周易稗疏』は、「旧（朱子『周易本義』）は以て禽を鳥獣と為すは、是《ぜ》に非ず。井は鳥獣の栖止《せいし》するの地に非ず。藉令《たとい》之れ有るも、正に惟荒廃の井にして、人迹至らず。鳥或いは暫く聚まるも、日に汲むの新井の必ず無き所なり。若し水濁りて禽も亦飲まずと云わば、鳥獣は豈清泉を択びて而る後に飲まんや。按ずるに、禽とは獲るなり。汲みて水を得、獲るを以て利と為す。今、此の井は泥し、人は之を食わず。固より復《また》之を治むる者無し。日に久しく淤塞《おそく》し（ふさがる）、泉脈通ぜず。則ち往きて汲むと雖も、亦獲る所無し」という。

なお九二の爻辞に「井谷、鮒に射《そそ》ぐ。甕敝れて漏る」といい、『周易内伝』は「水の旁出するは、井谷と曰う。射とは、注ぐなり。鮒とは、鯽《そく》なり、少水を得れば即ち活く。井底堅実なれば、則ち水は上涌して用うるに給《た》る。下は空にして漏れて谷中に入り、旁出すること涓涓たり（僅かに流れる）、僅かに鮒魚に注潤するに堪うるのみ。此れ小人は下達し、小慧有りと雖も、用うるに足らざるを言う。甕敝れて漏るとは、亦水の下に洩るるなり。之を汲む者、其の器に非ざれば、則ち水を得ず。此れ人を用うる者、賢才を引抜するの実無ければ、則ち君子有りと雖も、亦其の用を為さざるを言う」という。

井戸を放置しその水を汲まなければ、旧井となる。旧井となれば、自ら新たにし水が湧くことがない。旧井が長く放置され誰も水を汲まないとき、涓涓たる一滴によって自ら新たにすることに絶望すれば、もはや如何ともなすことができず、終に自ら事に努めず水を得ることはできない。『詩経』大雅の泂酌《けいしゃく》に、「泂《とお》く彼の行潦《こうろう》を酌み、彼に挹《く》みて茲《ここ》に注ぐ」という。このような有徳の主に遇って廃疾凡庸の才が登用されれば、また井の用を発揮できるはずである。しかしこの初六の士は、そのような主に遇うことができない。

甚しい哉、五（九五）の至清にして徒无きこと（九五の爻辞に、「井冽《きよ》くして、寒泉食《くら》わる」という）。三（九三）の功の成るや、進みて相比し（九三の陽が六四の陰に親しむ）、潔《きよ》くして自ら薦《すす》む。使《も》し明を求めて以て福を受くるに数数《さくさく》（汲汲）たるに非ざれば、且に終年惻《いた》みを抱きて国は我を知る莫からんとす。而るを況んや、初（初六）の疎賤にして羸弱《るいじゃく》なる者をや。其の養を致すを棄つれば（初六の爻辞に、「井、泥して食われず」という）、則ち以て自ら潤すに足らず。以て自ら潤すに足らざれば、則ち生の理憊《つか》れて生の気は窮まる。君子は固より已に初（初六）の時命、先王の勧め相《たす》くる（大象に、「君子は以て民を労し、勧め相く」という）に与《あずか》るを得ざるを哀しむ。険（上卦の坎《かん》）に出でて徳色有り（九五についていう）、物を絶ちて自ら其の功を著らかにし、寒倹自ら潔くして（九五の爻辞に、「井冽くして、寒泉食《くら》わる」という）、和平の気を凋《そこな》う。井《せい》の五（九五）の中正（九五の小象に、「寒泉食《くら》わるとは、中正なればなり」という）は、衰世の徳なり。衰世の徳は、盛世の刑よりも惨なり。其の水（坎《かん》）と為らん与《よ》りは、其の火（離《り》）と為るに如《し》かず。子産の君子為《た》るを得るは、労し相《たす》くる（大象にいう）の道有る夫《かな》。

九五が清冽であって、九三及び初六と徒をなさないことを述べる。九三の爻辞に、「井渫うも食われざれば、我が心の惻みと為す。用て汲む可し。王明らかなれば、並びに福を受けん」という。九三は己の功をなせば、上に進んで六四に比し、自らの潔清を薦めるものである。六四の爻辞に「井甃《いしだたみ》す。咎无し」といい、『周易内伝』は「柔（六四）は其の位に当り（陰が四の陰位に居る）、退きて（六四は退爻である）砌治《せいじ》するの象なり。即ち（即座に）汲みて用いざれば、咎有るに嫌《まぎらわ》し。而れども才を養う者は其の才を老する（老成する）に務め、潔清にして慎密なら使む。人を作《な》すの、寿考（『詩経』大雅の行葦、その他に見える。老年）を需《ま》つ所以なり」という。すなわち九三は決して明を求めて福を受けることに汲汲たる者ではないのであるから、九三は終年わが惻みを抱いて、誰も九三を知るものはいない。まして初六のような疎賤の士は、自ら泥して養を致すことができない羸弱なる者であり、生の理と生の気なきものである。九五がその徒を得ないことをいう。

初の時命というのは、初六の小象に「旧井は禽《う》る无し（爻辞）とは、時舎《お》くなり」といい、『周易内伝』は「時舎くとは、時の尚《たっと》ばざる所なるなり」という。君子たる九五は、すでに初六が時世に打ち棄てられ、先王の勧相を得ることができないことを哀しんでいる。かくして九五は険、すなわち上卦の坎《かん》に在って自ら潔くするのみで、物を絶ち徒をもたない。九五の爻辞について、『周易内伝』は「水は、清冽にして寒なるを以て美と為す。之を人に推すに、則ち己を潔くして徳威有る者なり。泉とは、其の本有る者なり。是れ、人の、養を待ちて生民に沢被《たくひ》する所の者なり。九五は剛中にして上（上卦の坎《かん》）に出ず、故に其の徳は此《か》くの如し。夫れ君子の、徳施して能く溥《あまね》きは、豈他有らんや。一介の、非義を取らざるの操有れば、則ち能く周《あまね》く小民の艱難を知りて、其の飢渇を済《すく》う。無私の心は、人の共に凛《つつ》しむ所なり。則ち苛暴を除きて撓屈《どうくつ》する所無し」という。船山は、それを盛世の刑よりも惨なる衰世の徳という。

其の水（坎《かん》）と為るとは、巽《そん》下坎《かん》上の井《せい》の九五をいい、其の火（離《り》）と為るとは、巽《そん》下離《り》上の鼎《てい》䷱の六五をいう。井《せい》の九五は小象に「中正なり」といい、鼎《てい》の六五は小象に「中以て実と為す」という。柔を以て中に居る鼎《てい》の六五の爻辞に「貞しきに利し」というように、井《せい》の九五よりも鼎《てい》の六五は労せずにすむ。しかし鄭の子産は、『論語』公冶長に「子、子産を謂う。君子の道に四有り。其の己を行うや恭、其の上に事《つか》うるや敬、其の民を養うや恵、其の民を使うや義なり」という。子産こそ、井《せい》の九五の道を得、民を労し勧め相けたものというべきであるとたたえる。

周易外伝　巻四

䷰　革《かく》（離《り》下兌《だ》上）

陽は以て道を久しくす可く、陰は以て事を厚くす可からざるは、剛と柔の材異《こと》なればなり。火の極、炎は蒸して潤を成し、風の末、吹は弱くして堅を成す。其れ既《つ》くれば、則ち潤は以て火を息《や》め、堅は以て風を止《とど》む。蓋し陰は事を厚くせず、則ち其の極、盛にして遷り、毎《つね》に位亢し勢終るの余に於いて、故（旧）を謝《さ》りて以て新を生ず。陽の久しくす可き者の、盛を履みて志衰えざるが若きに非ず。

　次の段にいうように、離《り》下兌《だ》上の革《かく》䷰は、離《り》䷝の六五が重明（離《り》の明が重なる）を避けて上六に遷った象。すなわち、火（離）の極、炎が上に蒸して潤（兌《だ》は沢）を成したものである。また巽《そん》下離《り》上の鼎《てい》䷱は、巽《そん》䷸の六四が緒風（余風、下卦巽《そん》の余である上卦巽《そん》）を息《や》めて六五に遷った象。すなわち風（巽《そん》）の末、風の吹が弱まって堅（鼎《てい》）を成したものである。ともに火と風の陰が盛んにして上に遷り、故《ふる》きを改めて新しきを生ずる点では同じである。それは陽が盛んにして志が衰えず、道を貫くのとは異なる陰柔の材による。

『周易内伝』は彖辞について、「革とは、皮を治むるの事なり。諸《こ》れを沢（上卦の兌《だ》）に漬《つ》けて之を火（下卦の離《り》）の上に加え、内は其の膜を去り、外は其の毛を治め、堅韌《けんじん》にして用を成さ使む。此の卦は、離《り》を内にし兌《だ》を外にするは、既に其の義有り。離《り》（☲）の中は虚（陰）なり、爐竈《ろそう》の象有り。四（九四）と五（九五）の二陽は、皮の堅韌なる者なり。竈の上に覆《おお》えば、陽は文と為り、陰は質と為る。上六は、其の文（陽）を減じて其の質（陰）を昭らかにす。皆《とも》に革の象なり。（中略）卦は離《り》（䷝）自り変ず。明は再に至りて（離《り》の上卦離《り》をいう、離《り》の大象に、「明両《ふたた》び作《おこ》るは離《り》なり」という）已に衰う、故に離《り》の五（六五）は泣涕して嗟《なげき》を成すの憂い有り（六五の爻辞に、「涕を出《いだ》すこと沱若《たじゃく》たり。戚《いた》むこと嗟若《さじゃく》たり」という）。革《かく》は陽は外自り来りて主を中に易《か》え（離《り》の上九が九五に来たのが革《かく》）、剛健（革《かく》の九五）を以て熄《や》まんと欲するの明（離《り》の上九）に勝つ。五の陰（離《り》の六五）は出でて外に居り（革《かく》の上六）、無位に寄りて以て賓と作《な》る。殷周の命を革《あらた》むるは、其の象有り。然れども唯其（革《かく》の下卦離《り》の六二）の下に在るや、文明（離《り》の明）にして正に順う（六二が二の陰位に居る）の徳有り。而して剛の来りて主と為るや（革《かく》の上卦兌《だ》の九五）、陽の道は相孚にす（九五が五の陽位に居り、また九五と九四が相応ずる）。故に卒《つい》に兌《だ》を成し（革《かく》の上卦兌《だ》）、天下之を悦ぶ（兌《だ》は悦ぶ意）。商（殷）周の命を革むるや、但に位を易《か》うるのみに非ず」という。

是の故に、離《り》は両つながら作《おこ》りて（離《り》の大象に、「明両つながら作《おこ》るは、離《り》なり」という）、上明（上卦の離《り》）は下明（下卦の離《り》）の迫る所と為る。巽《そん》は重ね申《かさ》ねて（巽《そん》の彖伝に「重巽は以て命を申ぬるなり」という）、後風（下卦の巽《そん》）は前風（上卦の巽《そん》）を踵《つ》ぎて以て相盪《うご》かす。之に迫ること甚しければ（離《り》についていう）、則ち鬱庉《うっとん》（火の盛んなさま）は銷灼《しょうしゃく》（消える）して火（離《り》は火）の道は替《すた》る。之を盪《うご》かすこと已《や》まざれば（巽《そん》についていう）、則ち消散し凋零《ちょうれい》して風（巽《そん》は風）の位は安からず。故に之（火）を息《や》むる者は以て予め其の替《すた》るるを防ぎ、之（風）を止むる者は以て早く其の安きを授く。物将に替《すた》れんとすれば故（旧）と為り、乍《たちま》ち安きを得れば新を見《しめ》す。

此れ離《り》の五（六五）の陰、重明を避けて以て上（上六）に遷るは、革《かく》の虎変する（革《かく》の九五の爻辞に、「大人は虎変す」という）所以なり。巽《そん》の四（六四）の陰、緒風（余風、上卦の巽《そん》）を息《や》めて以て五（六五）に遷るは、鼎《てい》の中実なる（鼎《てい》の六五の小象に、「中以て実と為す」という）所以なり。其の過盛に因りて以て遷り、遷りて陰は先に往きて（離《り》の六五が上六に往き、巽《そん》の六四が六五に往く）以て之が変を倡うるは、均し。

離《り》は離《り》下離《り》上の両明であり、上明は下明に迫られて火の道は衰える。巽《そん》は巽《そん》下巽《そん》上の両風であり、下風は上風を動かして風の位は定まらない。すなわち離《り》の上卦が下卦に迫られて火の道が替れることを息めるために、離《り》䷝の六五は予め上六に遷って上卦兌《だ》☱となり、革《かく》䷰の新を得る。また巽《そん》䷸の上卦が下卦に盪かされて風の位が定まらなくなることを止めるために、上卦巽《そん》の六四が早く六五に升って上卦離《り》☲となり鼎《てい》䷱の安きを授ける。離《り》の火の道も巽《そん》の風の位も衰替すれば旧となるが、このように早く防ぎ止めることによって新しき鼎革の時を迎えることができる。

離《り》の両明の過盛を防ぐために、六五の陰が上六に遷って革《かく》となり、巽《そん》の重申の過動を止めるために、六四の陰が六五に遷って鼎《てい》となる。ともに陰が先に動いて変化したものである。九五の爻辞に「大人は虎変す。未だ占わずして孚有り」といい、『周易内伝』は「此れ則ち、命を革めて且つ制を改むるなり。離《り》（䷝）自《よ》り変ずる者（離《り》の上九が九五に下って革《かく》となる）、陽は上（離《り》の上九）自り来り、天（天位）の中の位（九五）を正し、天の祐を承け、極を建つるの大人と為る。虎変とは、亦革《かく》に於いて象を取る。虎皮を治む者は、其の文（模様）を振刷して之を宣昭す。陽は文を為し、文は天下に敷く。変とは則ち、前制を損益して其の敝（弊）を救うなり。未だ占わずとは、此の爻の既に占に験するを待たず、九三自《よ》り以来、知は明らかに行は美にして（九三と九四と九五は、小成の卦乾《けん》をなす。乾《けん》は知であり、また天行健である）、乾《けん》徳は已に純なり。内は諸《こ》れを己に信《まこと》にし、外は諸れを人に信にし、身に本づきて民に徴《もと》むれば、則ち百王を裁成すること、更に疑い無し」という。以下、鼎《てい》より革《かく》の方が難であることを述べる。

然りと雖も、其の革《かく》に於けるや、則ち尤も難し。時を過ぐるも返りて以て時に乗じ、陽（離《り》の上九）革《あらた》まりて五（革《かく》の九五）に来るは、其の勢い難し。天位（離《り》の六五）を履むも无位（革《かく》の上六）に遜《のが》れ、陰（離《り》の六五）革まりて上（革《かく》の上六）に往くは、其の情難し。此の二者は、皆《とも》に鼎《てい》の有する所に非ず。

勢い難しとは、時相強《し》いて以て主と為り（革《かく》の九五）、二（革《かく》の六二）は配（九五）を得たるを喜びて之を信じ、遅回（遅疑）に始まるも光大に終ればなり。情難しとは、已むを獲《え》ずして遠く去り（革《かく》の上六）、陽（九三と九四と九五）は其の下に積みて之に迫り、君子は以て難を忍びて質を昭らかにし、小人は以て外（貌）悦びて中（心）憂うればなり（上六の爻辞に、「君子は豹変し、小人は面《おもて》を革む」という）。是《か》くの如くにして、上（上六）の変は、之を五（九五）に較ぶるに、尤も難し。而るに九三は其の難を恤《うれ》えず、猶其の赫赫の明を恃み（九三は下卦離《り》の成である）、屢々起ちて其の行に趣《おもむ》くこと（九三は進爻である）、亦甚しからずや。故に易の上（上六）に於けるや、之を奨《すすめ》めて遺詞无し。

革《かく》が鼎《てい》より難き所以を、勢いと情との二点から述べる。勢いの難しとは、離《り》の上九が時を過ぎた无位に居りながら、敢えて九五という時に乗ずる君位に来る陽の革についていう。情の難しとは、離《り》の六五が天位を履みながら、やむをえず无位の上六に遜れる陰の革についていう。

すなわち、時に迫られて離《り》の上九が革《かく》の九五に来ると、その正応である六二が喜んで九五を信じ、始めはこの革命の主を迎えることに逡巡するが、終りは革《かく》の元亨利貞の徳を光大にする。革《かく》の象辞に、「革《かく》は、巳日《しじつ》乃ち孚あり。元亨利貞にして、悔亡ぶ」といい、『周易内伝』は「革むるは、非常の事なり。一代の必ず廃せられて、而る後に一代以て興る。前王の法は已に敝（弊）し、而る後に更めて制作を為す。其の徳の夙《つと》に明らかなる者（下卦離《り》は明）に非ざれば、敢えて革めず。故に其の孚を言うを難んじ（象辞に、「巳日《しじつ》乃ち孚あり」という）、悔は未だ亡び易からず（象辞に、「元亨利貞にして、悔亡ぶ」という）。道の大明は、将に盛んなるを待ちて以て中に升る、時に於いて巳（巳日）と為す。日は禺《ぐ》中（午前十時）に在りて、将に午（正午）ならんとす。前明（下卦の離《り》）は方に盛んにして、天下は乃ち其の光輝を仰ぎ望みて深く之を信ず。六二は之に当る、故に三陽（九三と九四と九五）は協合して、以て九五を天位に戴き、命を受け陰（上卦兌《だ》は少女）に賓たりて（六二）、其の典物を改む。故に巳日乃ち孚ありと曰うは、日の巳（巳日）に加うるが如きに非ざれば、未だ以て孚あるに足らず、時の難きを言う」という。

六二の爻辞に「巳日《しじつ》乃ち之を革む。征けば吉にして咎无し」といい、『周易内伝』は「二（六二）は、離《り》明（下卦）

の主為り。未だ天位に登らずと雖も、已に中に宅《お》りて位に当る（陰が二の陰位に居る）。此れ、正に謂う所の禺中《ぐ》（巳の刻、午前十時）の日（太陽）なり。乃ち之を革むとは、其の後（正午に至る）を統べて之を言う。既に巳日（午前十時の太陽）為れば、光輝は昭著《あき》らかにして、方《まさ》に中（六二）に升り、此れ従《よ》り革む。其の往くや必ず吉なり、吉なれば斯に咎无し。革《かく》の美なること、必ず四徳（元亨利貞、革《かく》の彖辞にいう。また九三と九四と九五が乾《けん》☰の象をなし、乾《けん》の元亨利貞の四徳をもつことをいう）を備え、而して明（下卦の離《り》）を以て本と為す。之を知ること明らかなり、然る後に之を行うこと善を備う。「大明は終始す」（乾《けん》の彖伝）、然る後に「貞しきに利し」（乾《けん》の彖伝）と謂う所なり」という。

なお、『周易稗疏』は彖辞の「巳日乃ち孚あり」について、「此に巳日乃ち孚ありと言うは、日は禺中（午前十時）に在るを謂う、六陽（乾《けん》）、地を出ずるの時なり。革《かく》の初めに当り、人心は猶疑貳《ぎじ》多し。必ず王道大いに行われ、天下に昭著《あき》らかなること、日の巳（午前十時）に加うるが如くにして、然る後に従わざる無し。乃ちとは、難詞なり（そこで初めての意）。二（六二）は離《り》明の主為りて位を得たり（陰が二の陰位に居る）、故に象（象辞）と同じ（象辞に、「革《かく》は、巳日乃ち孚あり」という）」という。

初九の爻辞に「鞏《かた》くするに黄牛の革を用う」といい、『周易内伝』は「鞏くすとは、固守するなり、其の素を固守して革めざるなり。黄は中色なり、牛は順物なり。離《り》（下卦）の徳なり、六二は之を以てす。初九の徳は未だ著らかならず、且つ宜しく「下と為りて倍《そむ》かず」（『中庸』第二十七章）の義を固守して以て貞を堅くし志を定め、六二の天に順い人に応ずるの道、文明（離《り》）已に著らかなるを待ちて、而る後に之を革むべし。其の鞏くするは、乃ち革むる所以なり」という。

またやむをえず離《り》の六五が君位を去って上六に遯《のが》れると、九三と九四と九五の三陽が上六の下に積んで上六に迫り、迫られた上六はその爻辞に「君子は豹変し、小人は面を革む」というように、君子は変革の中に豹変の質を昭らかに示し、小人は表面は悦ぶが心中は憂える。この上六の変、すなわち情の難は、勢いの難である九五よりも、更に難である。しかし上六の応である九三は上六の難を思わず、己の明（下卦の離《り》）を恃むのみである。そこで九三の爻辞はその凶を戒め、上六に対しては言葉を尽くして奨める。上六については、次の段に詳しく述べる。

九三の爻辞に「征けば凶なり、貞なるも厲《あや》うし。革とは、三たび就《な》れば、孚有るを言う」といい、『周易内伝』は「就るとは、成るなり。革の軽々しく試む可からざるは、九三は剛にして位に当る（陽が三の陽位に居る）を以て、大明（離《り》の明）は已に徹せり。然れども且つ、天人の理数を知り、亟《すみ》やかに往きて以て革むと、自ら謂う可からず。征けば則ち必ず凶なり、道は正しと雖も、猶危うし。巳日革む可しと謂う所の者（六二の爻辞にいう）は、知は已に明らかにして、行は必ず善を尽くすを言う。乾《けん》徳の成るは、三（九三）自り四（九四）にして五（九五）、三爻（九三と九四と九五）は純もて就《な》り、四徳（元亨利貞）は皆備わり、仁義中正は交々天人に協い、然る後に以て下土に孚を為す可く、人は説《よろこ》びて（革《かく》の上卦は兌《だ》、すなわち悦ぶ）之に従う。今、此（九三）は、方に乾《けん》道（九三と九四と九五の乾《けん》）の始め為り。其の終り（九五）従《よ》り之を言えば、就《な》す可く孚なる可しと雖も、固より未だし。九三は剛（陽）を以て剛（三の位）に居り、而も進爻為り。故に先に戒むるに凶危を以てし、而る後に其の成る有るを許し、以て徐ろに待つを知ら使む」という。九三が離《り》の明すなわち乾《けん》の大明を恃み、往けば凶危であることを知らず、ひたすら乾《けん》の行に赴こうとすることを戒める。

九四の爻辞に「悔亡びて孚有り。命を改むれば吉なり」といい、『周易内伝』は「九四は文明已に著らかなるの後に当り（下卦の離《り》は文明、また彖伝に「文明（下卦の離《り》）以て説ぶ（上卦の兌《だ》）」という）、而も三陽（九三と九四と九五）に於いて中を得たりと為す。位に当らず（陽が四の陰位に居る）と雖も、剛柔相劑《ととの》い、道は孚を以て天下を信《まこと》にするに足る。両陽（九三と九五）は上下に夾輔し、大いに為す有るの業を成す。時に於いては即ち未だ制作するに遑《いとま》あらざるも、燮《しょう》伐《ばつ》（協和して征伐する）して以て命を改むれば（『詩経』大雅の大明に、「保右して爾《なんじ》（武王）に命じ、大商（殷）を燮伐せしむ」という）、天と人は帰し、宜しく其の功成りて吉なるべし」という。

其の君子為るや、蔚《うつ》たりと雖も之に予うるに文を以てす（上六の小象に、「君子豹変す（爻辞）とは、其の文蔚《うつ》たるなり」という）——蔚は入声、舒びざるなり——。文は其の固有する所なるも、位を失いて（無位の上に居る）菀《うつ》（鬱）たり。菀たるも其の盛を失わず、而る後に君子の志は光《おお》いなり。

其の小人為るや、面《おもて》を革むと雖も、之に許すに順を以てす（上六の小象に、「小人面《おもて》を革む（爻辞）とは、順いて以て君に従うなり」という）。面《おもて》は以て革むと為す可からず、中（心）は未だ順わずして外は説《よろこ》ぶ（革《かく》の上卦は兌《だ》、兌《だ》は悦ぶ）。説びて其の心を問わず、而る後に小人の志は平らかなり。

猶且つ之を戒むるに、征く勿《な》きを以てす（上六の爻辞に、「征けば凶なり。居れば貞にして吉なり」という）。使《も》し其れ征けば、陰の凶にして陽の幸なり。乃ち既に委ぬるに難を以てし、而も猶之をして消散して以て帰するを失わ使むれば、則ち抑《また》以て天下の能く革むる者を奨《すす》むるに足らず。

易が上六の陰について、君子と小人の志を奨めて遺詞無きことをいう。上六の爻辞に「君子は豹変す」というのは、革命に当って君子が本来もっている文が、上六という無位に在って鬱（暗）たることをいう。しかし豹変という文の盛を失わず、君子の志は光大である。

また「小人は面を革む」というのは、小人が面を革めて革命の新主に順うことを許している。表面だけ革めて心中は順わないのでは、真に革めたことにならない。しかし外面だけでも順って悦従していることを許し、その本心を問わなければ、小人は志は平らかとなる。

しかもまた「征けば凶なり、居れば（征く勿《な》し）貞にして吉なり」と戒めているのは、征けば上六の陰は凶となり、九五の陽が幸となるからである。革命の難に当って、ただ亡びるだけで帰するところがないというのであれば、天下を正しく革める者の志を奨めることができない。

『周易内伝』は上六の爻辞について、「陰は五（離《り》の六五）自り上（革《かく》の上六）に遷り、時は已に革まれり。其の君子は先代の事守《じしゅ》を修むと雖も、其の文物は時王の尚ぶ所に非ず、以て天下に法と為すに足らず。豹の獣為る、霧に隠《よ》りて以て其の毛を濡らし、其の文（模様）は虎（九五の爻辞に、「大人は虎変す」という）に較べて闇と為す。（中略）其の在下の小人（六二）の若《ごと》きは、則ち已に面を改め嚮《むか》う（仕えるところ）を異にして、虎変の大人（九五）に従うも、復《また》故国の典物に遵《したが》わ使む可からず。君子為る者は、此に於いて已に廃せらるに安んぜず。行く所有らんと欲すれば則ち凶なり、武庚《ぶこう》（殷の紂王の子）の終に殄《つ》くる所以なり（武庚は、のち周公によって誅された）。唯時を知りて自ら其の賓を作《な》すの正を守れば、則ち微子（紂王の庶兄）の商（殷）を存する所以なり（微子は殷の祭器を持して武王に降り、武庚が誅せられたあと殷の祀を継ぎ、宋に封ぜられた）」という。また上六の小象について、『周易内伝』は「離《り》を変じて兌《だ》なるは、君子の文（離《り》）は抑えられて宣《の》びず、小人の情は時に従いて悦ぶ（兌《だ》）。以て征く可からず、唯宜しく貞に居るべきこと、明らかなり」という。以上、君子と小人それぞれの志の在り方を奨めている上六の爻辞を、遺詞なしとたたえる。

或いは曰く、「離《り》の革《かく》に従うや、勢いは厚からざるに処り、同類相逼《せま》り、内争いて外に息肩す（心を安んずる）。革めて未だ其の類を離れず、面を革むるも未だ其の心を洗わず。則ち、聖人何ぞ奨《すす》むるや」と。

離《り》から革《かく》に改まったとはいえ、上六は无位の不安定なところに居り、九三と九四と九五の陽に迫られ、この争いから遁《のが》れて暫し外卦の上に安んじているにすぎない。しかも豹変の君子（上六）は蔚たる陰の質を文《かざ》っているにすぎず、革面の小人は本心から改めたわけではない。なぜ聖人がこの上六を奨めるのか、と問う。

夫れ離《り》の盛んなるや、其の性は則ち陰なり（離は中女）、其の才は則ち明なり。慧察の姿（離《り》の明）を以て、柔媚の徳（離《り》は中女の陰柔）を行い、相助けて以て熺然《きぜん》（微光、喜ぶ）たり。

蒸偪《じょうふく》（下から上に迫る）の患い有りと雖も、其の近憂に非ず。然れども且つ、身を引きて早く去り、陽を召《まね》きて主（九五）に来らしめ、以て下を協《ととの》う。此れ、離《り》に得易き所の者に非ず。而も突如として其れ来りて（離《り》の九四の爻辞に、「突如として、其れ来如たり」という）忌まず、「涕《なみだ》を出《いだ》すこと沱若《たじゃく》たり」て（はらはらと涙を流す。離《り》の六五の爻辞にいう）舎《お》かざるを見ず。重離《り》の固然たる者と為さんや。難を知りて往き、尊を辞して譲る。而して其の面を拒むに遑《いとま》あらんや、其の心を過求するに遑あらんや。此れ聖人の、道大にして徳宏く（『論語』衛霊公に、「子曰く、人、能く道を弘む。道、人を弘むるに非ず」という）、人と善を為すを楽しむ（『論語』季氏に、「人の善を道《い》うを楽しむ」という）所以なり。

離《り》は重明の盛んなものであるが、性は中女の陰であり、才は明知である。その明知を以て柔徳を行い、性と才、徳と知が相助けて離《り》の光を僅かに保つ。離《り》の六五が早く身を引いて革《かく》の上六に遷る知をもつことをいう。革《かく》の上六は下の三陽の蒸偪の患があっても、早く身を引いて上に遷り、九五の陽に譲って在下の九四と九三を調えて乾《けん》の象をなすのは、離《り》が熇然として柔媚の明を示すのとは異なる。しかも離《り》の九四（突如として来りて忌まず）や九五（涕を出すこと沱若たりて舎かず）という振舞いを一切見せないのは、革《かく》の上六が敢えて難を知りながら、離《り》の尊位の五を去って上六に遷ったからである。面を革むるを拒むと、其の心を過求するは、小人についていう。小人が面を革める志を奨めて、その心の咎を過求しないのが、聖人の徳である。

象伝に「天地革まりて四時成り、湯武（殷の湯王と周の武王）は命を革めて、天に順いて人に応ず。革《かく》の時、大なる哉」といい、『周易内伝』は「四時（春夏秋冬）の将に改まらんとするや、則ち必ず疾風大雨の其の間に居る有りて、而る後に寒暑温涼の候は定まる。元亨利貞（革《かく》の象辞にいう）は、化の相禅《うつ》る者然るなり。湯武は天の道（乾《けん》の象辞に、元亨利貞という）を体し、人に長じ（元）、礼に合し（亨）、物を利し（利）、幹に貞なる（貞。乾《けん》の文言伝に、「貞は事の幹なり」という）の道を尽くして以て天に順い、文明は著らかに（上卦の離《り》）人は皆説びて（下卦の兌《だ》）以て人に応ずるは、乃ち前王の命を革むるなり。革《かく》の時に当りて革《かく》の事を行うは、甚だ盛徳なるに非ざれば、誰か能く此に当らんや」という。

䷱ 鼎《てい》（巽《そん》下離《り》上）

鼎《てい》は、柔（巽《そん》の六四）上りて中（六五）に居る。則ち風力（巽《そん》）聚まりて、火道（離《り》）は登る。天下未だ定まらざれば、先ず以て駆除し（下卦巽《そん》の風）、天下已に定まれば、納れて以て文明なり（上卦離《り》の明）。風（巽《そん》）以て之を盪《うご》かし、日（離《り》）以て之を暄《あたた》む。其の盪かす有りて日は以て升り、其の暄むる有りて風は散せず。故に離《り》（鼎《てい》の上卦）は位正しく、巽《そん》（鼎《てい》の下卦）は命凝《こ》る（鼎《てい》の大象に、「君子は以て位を正し命を凝らす」という）。

すでに革《かく》の項に述べたように、鼎《てい》は巽《そん》䷸の六四が六五に升った象である。また鼎《てい》の彖伝に「柔は進みて上行し、中（六五）を得て剛（九二）に応ず」といい、『周易内伝』は「巽《そん》（䷸）は、敵応して相与《くみ》せず（艮《ごん》の彖伝に、「上下敵応して相与せず」という。上卦と下卦が同じときは、すべてそうである。鼎《てい》の初六と六四、九二と九五、九三と上九は、それぞれ陰と陰、陽と陽が敵応しており、陰陽の対応をなさない）、変じて柔（巽《そん》の六四）は進みて中（六五）に居り、以て剛（九二）と相応じ、志通じて、養（巽《そん》）の道行わる。此れ、外卦（巽《そん》の外卦）を釈く」という。鼎《てい》は、巽《そん》下離《り》上。巽《そん》の風によって、離《り》の日が升った象。駆除は鼎《てい》の下卦巽《そん》の風が盪かすことについていい、文明は離《り》の日が上った鼎《てい》の上卦離《り》についていう。納れるは、上卦離《り》の中を得た六五の柔についていう。かくして、上卦離《り》（日）の暄《けん》と下卦巽《そん》（風）の盪《とう》によって、鼎《てい》は位を正し命を凝らすことができる。

大象に「木（巽《そん》）の上に火（離《り》）有るは、鼎《てい》なり。君子は以て位を正し命を凝らす」といい、『周易内伝』は「火は、両間（天地）固有の化にして、木に遇えば則ち聚まる。木（巽《そん》）は下に在りて火（離《り》）は上に然《も》（燃）え、火は聚まりて其の炎上するの位を得たり。巽《そん》は命令を為し（巽《そん》の大象に、「君子は以て命を申《かさ》ね事を行う」という）、位正しければ則ち命は凝る。位を正し命を凝らすとは、柔（下卦の巽《そん》）の道を以て天下を綏《やす》んじ、静（上卦の離《り》）以て之を安んずるなり。大人と言わず、后《きみ》と言わずして、君子と言うは、天下初めて定まり（下卦巽《そん》の風が駆除して、上卦離《り》の文明となる）、位を失うの乱（初六と六五の二陰が陽位に居り、九二と九四と上九の三陽が陰位に居る）を弭《とど》めて大いに之を定むるは、文明（上卦の離《り》）と巽順（下卦の巽《そん》）を以て国に君となり民を子とするの道と為すなり」という。

鼎《てい》の象辞に「鼎《てい》は、元《おお》いに吉にして亨る」といい、『周易内伝』は「鼎《てい》（䷱）は、卦画を以て象を取る。則ち初（初六）は足と為し、二（九二）と三（九三）と四（九四）は腹と為し、五（六五）は耳と為し、上（上九）は鉉（つる）と為す。巽《そん》（下卦）と離《り》（上卦）の二体を以て之を言えば、則ち下を木（巽《そん》）とし上を火（離《り》）とし、烹飪《ほうじん》して（物を煮る）以て鼎に登すの象と為す。而して義は因りて以て立つ。陰の徳は養を主り、柔は五（六五）に居りて養の道を以て羣陽を撫す。初の陰（初六）は下に在り、養う所を効《いた》して以て主（六五）に奉ず。五（六五）は、之を資《と》りて以て陽を養う。（中略）卦は陰を以て主と為す（巽《そん》の初六と離《り》の六五）、而れども二陰（初六と六五）は皆《とも》に其の位を失う（陰が初と五の陽位に居る）。巽《そん》（䷸）自り変ぜるは、柔は其の本位（巽《そん》の六四）を離れて尊（鼎《てい》の六五）に登り、二（九二）と四（九四）と上（上九）は皆位に非ずして（三陽が二と四と上の陰位に居る）安んぜず。天下未だ寧《やす》んぜず、君臣位を易《か》うるの象と為す。時は未だ剛の道を以て物に涖《のぞ》みて、其の争いを息《や》む可からず。故に養の之を安んずる所以なり、新たに命を凝《こ》らす（大象にいう）の義を取りて焉《こ》れを存す。然れども、克《よ》く定むる有り。則ち卦徳の美は、陽の元（乾《けん》の象伝に、「大なる哉、乾《けん》元」という）に在り。上（上九）の剛以て柔を節する（上九の小象に、「剛柔節するなり」という）を以て、亨ると為す」という。

然れども、五（六五）の位の正は、柔を以て正なり。天下を虚に納れて自ら其の位に安んじ、其（上卦離《り》の火）の方《まさ》に散ぜんとするを凝らして、未だ其の類を離さず。其の命の至るに于《お》けるや、位の康《やす》きも、命を受けて以て命を物に施すや、能く大創（創は創造）して予うるに維新（『詩経』大雅の文王に、「周は旧邦なりと雖も、其れ命は維れ新たなり」という）を以てするに非ず。故に「中以て実と為す」（六五の小象）とは、則ち拠りて以て実と為す所の者は、位なるのみ。位に拠りて以て実と為すは、夫れ且つ其の位を掔固《かんこ》する（固執する）の心有り。駆除の余（下卦巽《そん》の風についていう）に乗じ、万方の散を合わせ、其の位を堅《かん》固《こ》するに柔の道を以てす。将《はた》愚賤に思媚し、法を抑えて恵を崇《たか》くする无からんや。

しかし六五の位が正であるのは、陰を以てする。天下を虚に納れるとは、九二と九四と上九の三陽が陽位に当らずそれぞれが陰位に在り、また初六も陽位に在って位に当らない天下を、六五の陰が君として治めることをいう。位に当るのは、九三の一爻のみである。六五はこのように他爻を安んずることができない位に置きながら、自らは六五の尊位に安んじ、上卦離《り》の火が燃えて散じようとするのを陰を以て凝らし、上卦離《り》の類を守ろうとする。柔を以て尊位に居る六五は、命が至るに際しては康んずることができるが、命を施す（施は陽の徳である）場合は、革《かく》の九五のような創造革新を行うことができない。六五の小象に、「中以て実と為す」といい、『周易内伝』は「陰は、本より虚なり。中位を得て虚以て陽を待つは、則ち誠に出でて実なり。賢（九二）を信じて篤く之に任す」という。しかし、それは五の位によるにすぎず、位に固執するかに見える。六五は下卦巽《そん》の風が駆除した後を承け、散乱した余を集めて、ただ六五の位を柔静の道を以て守るだけである。柔媚の道により、ただ陰の私恵を行うにすぎないのではないかと問う。

九三の爻辞に「鼎耳革《あらた》まり、其の行塞《ふさ》がる。雉膏《ちこう》、食われず。方《まさ》に雨ふりて、悔を虧《か》く。終に吉なり」といい、『周易内伝』は「卦は唯此の爻のみ、位を得たりと為す（陽が三の陽位に居る）。剛正の才は以て為す有る可く、上の礼享を受くる者なり。三（九三）は進爻為り、則ち固より進みて享を受くるの意有り。乃ち（然るに）卦変（巽《そん》䷸の変）を以て之を言えば、柔は四自り進みて五に居り（巽《そん》の六四が六五に進んだのが、鼎《てい》䷱である）、巽《そん》の体を改革して鼎耳（六五）と為す。陰陽は相比せず（一陰一陽の形を示さない）、志は相通ぜず、四（九四）は又貪を怙《たの》みて以て之を間阻す。則ち五（六五）は雉膏（雉の脂身）を烹《に》て以て士を待つも、三（九三）は与《あずか》るを得ず。時易《かわ》り世は遷り、剛正は道塞《ふさが》れ、君側に媢疾《ぼうしつ》（そねみ悪む）の臣（九四）有り。（中略）但、三（九三）は上（上九）と応を為し、上（上九）は剛柔節有る（上九の小象に、「剛柔節するなり」という）を以て道と為す。則ち疑忌を釈《と》きて三（九三）の直を伸ばし、其の悔は虧《か》く可し、故に終に其の吉を獲たり。雉は、離《り》（上卦）の禽なり。礼、陪鼎に雉据《ちきょ》（雉の乾し肉）有り。既に雨ふるは、陰陽の和するなり。上（上九）は剛（陽）を以て柔（上の陰位）に居る、故に方に雨ふると曰う」という。

夫れ虐に報ずるに威を以てする者は、聖人の弘に非ず。俗に因りて安んずる者は、聖人の正に非ず。何となれば、皆《とも》に其の位を有《たも》つの心を以て、之に拠りて実と為せばなり。則ち上九の玉鉉を以て相節し（上九の小象に、「玉鉉、上に在り（上九の爻辞）とは、剛柔節するなり」という）、重器を挙ぐるに剛廉の幹（才幹）を以てするは、其れ已《や》む可けんや（止めることができない必然のことである）。

暴虐に対して暴威を用いるのは（伯夷叔斉が首陽山で餓死した絶命の辞に、「暴を以て暴に易《か》え、其の非を知らず」という）聖人の弘道ではなく、また俗に因って自ら安んずるのは聖人の正道ではない。それは己の位を維持しようとする心を実とするからである。それに対し、六五が「中以て実と為す」（六五の小象）のは、自らを恃まず六五が正応する大賢たる九二に国事を任すからである。かくして上九は玉鉉の剛を以て六五の柔を節し、六五が鼎という国事の重器を用いるのに九二を以てするのは、まことにやむをえないことである。

六五の爻辞に「鼎に黄耳と金鉉あり、貞しきに利し」といい、『周易内伝』は「五（六五）は、耳と為す。黄は、中（五の中位）色なり。黄耳とは、黄金を以て耳を飾るなり。金鉉とは、上九を謂う。上（上九）に於いて玉と言い（上九の爻辞に、「鼎に玉鉉あり」という）、此《ここ》（六五）に金（金鉉）と言うは、五（六五）の柔自《よ》り上（上九）の剛を視れば、則ち金の堅くして鼎を挙ぐるの任に勝《た》うる者なればなり。五（六五）は唯中正にして柔なり、虚中を以て賢を待つ。故に九二の大賢を得て、以て力《つと》めて国事に任ず。義に於いて合し、而して情も亦正し。此の二徳（義と情の正）を具え、吉なること知る可し」という。上九の小象に「玉鉉（鉉は鼎のつる）上に在りとは、剛柔節するなり」といい、『周易内伝』は「其の剛（上九）を以て六五の柔を節し、乃ち能く大器（鼎）を挙げて其の美を成す。君（六五）の敬養する所にして上に在るは、宜《うべ》なる哉」という。

六五が国事を任す大賢たる九二の爻辞に「鼎に実有り。我が仇（九四）、疾有り、我に即《つ》く能わず。吉なり」といい、『周易内伝』は「二（九二）は剛中の徳を以てし、六五は之に応ず。五（六五）は其（九二）の賢を択び、誠を輸《いた》して以て之を享するは、鼎に実有るなり。耦（九二）を怨むを仇と曰う。四（九四）と二（九二）とは、均しく陽の同類（耦）と為す。而るに四（九四）は五（六五）に比付し、擅《ほしいまま》に己の寵と為し、二（九二）と相拒つ（仇となる）。乃ち以て足を折りて凶を致す（九四の爻辞に、「鼎、足を折り、……凶なり」という）は、則ち疾有りと為し、我（九二）に就きて以て争う能わず。二（九二）は安んじて五（六五）の鼎実を受く可し、故に吉なり」という。

且つ夫れ天位の去来は、率《おおむ》ね心有る者の利しきを得る所に非ず。鼎の五《てい》（六五）の、位を履みて以て駆除を息《や》め、顚《ただ》四（九四）をして足を折り（九四の爻辞に、「鼎、足を折る」という）如何《いかん》ともする莫《な》から使むるは、豈固有ならんや。其の始めに号召する者を以て長く終りに保つは、則ち日に邱民を姑息する（『礼記』檀弓《だんぐう》上に、「曽子曰く、君子の人を愛するは徳を以てし、細人の人を愛するは姑息を以てす」という）の事有り。礼を詘《しりぞ》けて情を伸ばし、強きを懲らして弱きを安んず。是に於いて、天下も亦以て其の堅固《かんこ》（堅も固い意）の志を窺う有りて、逆順を壟首《ろうしゅ》に倒持す（田野に謀反する者が起る）。即《たと》い然らざるも、冥愚の非を長じ、呑舟の桀（呑舟の大魚のような大悪の者、或いは夏の桀王）を漏らし、亦餗《そく》を覆《くつがえ》すに与《あずか》り（九四の爻辞に、「鼎、足を折り、公の餗《そく》を覆す」という）、否の出ずること期无し（初六の爻辞に、「否を出すに利し」という）。

故に剛（上九）を上に懸け、節を以て之を挙げ（上九の小象に、「玉鉉上に在りとは、剛柔節するなり」という）、道は以て恩を裁ち、刑は以て礼を佐《たす》け、而る後に五（六五）を輔《たす》けて授くるに貞を以てす（六五の爻辞に、「貞しきに利し」という）。五（六五）に授くるに貞を以てすれば、則ち気の偏を調え、民治を久遠に計る可し。数百年の恒は、一日の新なり、而る後に吉にして利しからざる无し（上九の爻辞に、「鼎の玉鉉なり。大吉にして利しからざる无し」という）。

天位を保つことができるか否かは、概《おおむ》ね意図する心をもてばうまくいかないものである。鼎《てい》の六五の君が天位を履みその陰柔の性を以て悪を駆除することをやめ、その結果九四が足を折って如何ともなしえない凶に陥るのは、決して必然のことではない。それは六五が陰柔を立てて終始それを守り、邱民を因循姑息させるからである。すなわち礼を斥けて因循姑息する情を伸ばし、陽の剛強を抑え陰の柔弱を安んずることを専らにする。かくして天下も六五が陰柔を終始保って変えない志をひそかに窺って、在野の者が反乱の兵を挙げるに至る。たといそこまで至らなくても、冥愚の非を長じて大悪の者が法外に跋扈し、また初六が心中に抱いていた否塞の情がいつ表に現れないとも限らない。九四の爻辞に「鼎、足を折り、公の餗《そく》を覆《くつがえ》す。其の形渥《あく》たり。凶なり」といい、『周易内伝』は「覆すとは、傾くるなり。公の餗（鼎の盛りもの）とは、上の民に儲えて以て国に足らす所の者なり。渥とは、汙穢《おわい》を霑濡《てんじゅ》するの貌なり。四（九四）は下は初（初六）に応じて、其の上（六五）を忘る。養を貧弱の民（初六）に取り、民は命に堪えずして、其（九四）の足を折る（九四の爻辞に、「鼎、足を折る」という）。民を病する者は、国を病する者なり。民（初六）貧しくして貪（九四）は止《とど》まらず、汙穢は露著《ろちょ》す。「而《なんじ》の国に害し、而の家に凶す」（『書経』洪範）と謂う所の者なり」という。

なお、否は初六の爻辞に「鼎、趾を顛《くつがえ》す。否（内実）を出《いだ》すに利し。妾の其の子を以《たす》（助）くるを得たり。咎无し」といい、『周易内伝』は「顛すとは、覆すなり。趾を顛すとは、倒《さかしま》に其の足を持して之を傾くるなり。否とは、実の内に積む者なり。其（の子）を以《たす》くとは、相助くるなり。初六は卑柔にして下に居り、民の養を上に致すの象と為す。趾を顛して尽く其の積む所を出《いだ》して以て上に奉じ、賢を養うの具と為す。民は貧にして吝なれば、其の中（心）固より否塞して輸《いた》すを楽しまざるの情有り。而れども能く私を捐《す》て力を竭《つ》くして以て養を致すは、妾の賤にして能く主を佐《たす》けて以て其の子を輔助するが如し。誰か其の卑屈を以て之を咎むるを得んや」という。

この六五の陰柔を節するに上九の陽剛を以て鼎を挙げ、陰の恩を裁つ陽の道を行い、刑によって礼を佐け、かくして六五が貞となることを輔ける。六五が貞となることによって、陰柔を専らにする偏を正し、永く民治を計ることができる。日に新たにすることによって、数百年の恒を得ることができ、ここに大吉にして利しからざるなきに至る。上九の爻辞について、『周易内伝』は「文明（上卦の離《り》）は外に発し、力《つと》めて国事に任じ（六五の爻辞について、『周易内伝』は「故に九二の大賢を得て、以て力めて国事に任ず」という）、而して君（六五）の美を成す。華美（六五の爻辞に、「鼎に黄耳と金鉉あり」という）を貴重するは、師保の尊なり。宜しく大烹《たいほう》の養を受くべく、吉なり。国に利しく、民に利しく、利しからざる无し」という。

漢の秦を新たにするや、其の固有に非ず。父老を嘉労し（いたわる）、法を約すること三章なり、柔効登《な》りて位は正し。蕭（蕭何）曹（曹参）は法を上に定め、画一にして干《おか》す可からず。而も又諸侯を衆建して、以て其の輔を強くす。故に剛以て柔を節し、其の後は一簒再簒するも、猝《にわ》かには亡ぶ可からず。

宋の五代を新たにするや、其の固有に非ず。窃窃然《せっせつぜん》として其れ宝を懐き、沾沾然《ちょうちょうぜん》（外面を整える）として其れ飴を弄ぶ。趙普の徒は、早《つど》に作《な》し夜に思いて以て掔固《かんこ》の術を進め、刑網を解き兵権を釈《と》き、率《ひき》いて天下に媚びて其の骨を弱くせんと欲す（『老子』第五十五章に、「骨弱く筋柔かにして、握ること固し」という）。故に柔を以て柔を済《すく》いて節する无ければ、淪散し尫仆《おうふ》す（弱くて倒れる）。一たび女直（金）に奪われ、再び韃靼《だったん》（蒙古、元）に奪われ、亡ぶること亦熸《せん》（火が消えるさま）なり。

漢が秦を改め新たにしたのは、決して漢の固有によったのではない。漢の高祖は秦を破ったあと、父老と法三章を約した（『史記』高祖本紀）ことによってその柔効は成果を収め、漢の天子の位は正しく保たれた。のみならず犯すべからざる法を上に定め、諸侯を建てて王室を強くしたのは、剛の道を以てしたものである。かくして漢は剛によって柔を節し、たとい簒奪があっても後漢まで王統は続くことができた。

北宋が五代を改め新たにしたのも、決して北宋の固有によったのではなかった。ところが駆除したことを忘れてひそかに天位を守り、外面を飾って陰柔の恩のみを弄した。趙晋の徒はひたすら陰柔を専らにする術を進め、刑網と兵権の陽剛を失い、天下に媚びてその骨を弱くしようとした。剛を以て柔を節することができなければ、淪喪して滅亡するのみである。かくして、北宋南宋ともに異族のために亡ぼされるに至った。熸なりというのは、同じく異族の清に亡ぼされた船山の悲憤をいう。

嗚呼、柔の道為る、駆除を止《とど》めて命を新たにす。得れば則ち周と為り、失えば宋と為る。剛の道為る、之を柔世に納れて卒《つい》に合し難し。節すれば則ち商（殷）と為り、節せざるも亦漢と為るを失わず。后《きみ》の、位を正して維れ新たなる者は、抑《また》以て斯の重器（鼎）を挙ぐる有るに務む。天位に利しきの実无し、而るに沾沾然《ちょうちょうぜん》（外面を整える）として唯掔固《かんこ》なるを之れ図《はか》るを為さんや。

柔の道は、悪を駆除することをやめて命を新たにするものである。それができたのは周であり、それができなければ宋の亡国となる。それに対し、剛の道は、柔世に於いては受け入れられない。しかし剛が柔を節すれば殷となり、たとい節しなくても漢の永世を得ることができる。それは、上九の爻辞に「鼎に玉鉉あり」というように、国の宝鼎を挙げる玉鉉の務をなし、六五の師保たる徳をもつからである。六五は天位にふさわしい実をもたないのであるから、ただ形だけの位を恃んで陰の掔固を図ることができようか。

䷲　震《しん》（震《しん》下震《しん》上）

天下は、亦変ず。変ずるも能く其の常を改むるに非ず、則ち必ず以て之が主と為る有り。主无ければ則ち与に始むるに足らず、主无ければ則ち与に継ぐに足らず。豈惟《ただ》に家の宗廟有り、国の社稷有るのみならんや。陰陽未だ交わらざるの始を離れて以て主と為し、別に杳冥《ようめい》恍惚の影（『老子』第二十一章にいう）を建つれば、物外の散士は以て中国を君とするに足らず。陰陽微動の際に乗じて以て主を択び、巧みに之を軽重静躁の機（『老子』第二十六章にいう）に迓《むか》うれば、小宗の支子は以て宗祧《そうちょう》を承くるに足らず。故に天下は亦変ずるも、変ずる所以の者は亦常なり。相生じ相息《や》むは、皆《とも》に其の常なり。相延《ひ》き相代るは、変に非ざること有る無し。故に純乾《けん》純坤《こん》は、時の有ること無し。純乾《けん》の時有らば、則ち形は何を以て復《また》凝らん。純坤《こん》の時有らば、則ち象は何を以て復《また》昭らかならん。且つ其の時の空洞にして晦冥《かいめい》なること、復《また》何に従《よ》りて之を紀《ただ》さん。夏至の純陽は陰无きに非ず、冬至の純陰は陽无きに非ず。黄墟（黄泉）と青天は、用は隠るるも体は隠れず。賈生、至前の一日を以て之に当てんと欲するは、其れ亦陋なり。

純乾《けん》純坤《こん》は、終に其の時无し。則ち即《たと》い杳冥恍惚の精有るも、亦至変に因り、相保ちて以て其の貞を固くし、終に之を杳冥恍惚と謂う可からず。且つ軽重静躁は、迭《たが》いに君と相為り、亦倡えずして先に和すること无く、終に「静は躁の君と為す」（『老子』第二十六章）と謂う可からず。

この章は震《しん》の各爻について論ずることなく、易の乾坤《けんこん》並建の理を直接述べる。震《しん》は、一陽が陰中に動く象である。また震《しん》は乾《けん》の長子であり、「帝は震《しん》に出ず」（説卦伝第六章）るものである。変とは動であり、変動しながらその常を改めない主（帝）があることの意を問う。象伝に「出でて以て宗廟社稷を守り、以て祭主と為る可し」といい、『周易内伝』は「唯此の心の幾をして震動して以て出で、民物の理に与《あずか》り、酬酢《しゅうさく》を相為して寧《やす》からざら使む。然る後に中（心）の主とする所、万変を御して守る所は常に定まる。（中略）卦は一陽、上に二陰を承く、故に祭を主るの象有り」という。それは単に家に宗廟の主があり、国に社稷の主があるだけではない。老子のように陰陽が交わらない始元を超越させて主となし、実体のない杳冥恍惚の幻影を立てれば、物外に逍遙する荒誕の士となって中国を君とすることができない。『老子』第二十一章に、「道の物を為すや、惟恍たり惟惚たり。惚たり恍たり、其の中に象有り。恍たり惚たり、其の中に物有り。窈たり冥たり、其の中に精有り」という。また老子のように陰陽が微動する際に乗じて主を択び、軽重と静躁の幾微の中に迎えて君とすれば、小宗の支子となって大宗の宗廟を承けることができない。『老子』第二十六章に、「重は軽の根と為し、静は躁の君と為す。……軽なれば則ち本を失い、躁なれば則ち君を失う」という。すなわち天下は変を極めるが、変を極める所以の道は常である。生じ滅することはともに常であり、それを承けそれを継ぐことはすべて変である。

従って乾《けん》だけの時、また坤《こん》だけの時は存在しない。乾《けん》だけの時には、形は凝ることができず、また坤《こん》だけの時には、象は明らかにならない。しかもその時は純乾《けん》の空洞であり純坤《こん》の晦冥であり、時として定めることはできない。夏至の純陽には陰が隠れて在り、冬至の純陰には陽が隠れて在る。地中の黄泉と天上の青天は、その用は異なるが天上地下の体は明らかに位を設けている。賈生のように、至前の一日に純陽と純陰の時を当てるのは、まことに固陋といわざるをえない。賈生は、賈誼か賈逵か不詳。

乾坤《けんこん》は並建するものであり、陰陽は隠現するものであり、乾《けん》だけの時、坤《こん》だけの時は存在しない。たとい老子のいう杳冥恍惚の精があっても、それは陰陽の変を極め陰陽互いに保ってそれぞれの徳を貞しくするものであり、それを杳冥恍惚の幻影ということはできない。しかも老子のいう軽重と静躁は、陰陽が隠現して互いに君の主となり、また陽が先に倡えない前に陰が和するということはありえないのであり、陰の静が陽の躁の君となるということはできない。

象辞に「震《しん》は亨る」といい、『周易内伝』は「此の卦は、二陰、上に凝集し、亢して生を資《と》るに怠る。陽の専気は下自《よ》り上に達し、陰を破して其の蔵を直徹し、以て停凝の気を揮散《きさん》し、陰を動かして康《やす》きに即《つ》かざら使む。陰は愈々聚まり、則ち陽は愈々専なり。陽は愈々孤なり、則ち出でて愈々裂く。乃ち造化の物を生ずるの大権は、威を以て恩と為す者なり。故に其の象は、雷と為す。而して凡そ気運の初めて乱を撥《おさ》め、人心の始めて動きて以て興り、治道の本を立つること定まり、時に趨《おもむ》くこと急なるは、皆其の徳に肖《のっと》る。凡そ此は、皆亨るの道なり。其の亨る所以を詳しくするを待たず、但震動して以て興れば、則ち陰は震を受けて必ず懼る。陰は戒を知れば、則ち陽は亨る」という。

嘗《こころ》みに近く取りて之を験せん。人の心有るや、昼夜用いて息《や》まず。人欲は雑動すと雖も、資《と》りて以て天理を見る所の者は、此の心を舎《お》きて奚《なに》をか主とせん。其の用いずして静且つ軽なるは、則ち寤寐《ごび》（寤は夢みる、寐は寝る）の頃《けい》（一刻）是れなり。旦昼（日中）の為す所は、其れ寤寐《ごび》の主を得る所に非ざること、明らかなり。寐《い》ねて夢有るは、則ち皆其の荒唐辟謬《へきびゅう》にして、拠る可からず。今、人有り。夢みる所の者に拠りて以て適従と為すは、則ち豈傎《てん》（顛倒）ならずや。

近くわが心について考えれば、心は昼夜たえず用いるものである。人欲は動いているが、それによって天理を見る所の者は、この心以外に主とするものはない。この心を用いず老子のいう静にして軽なるものは、夜寝て夢を見ている時に当る。日中心を用いていることが、夜の夢を主とすることと異なることは明らかである。夜寝て夢を見ることは、まさしく荒唐無稽であってそれに拠ることはできない。人が夢に見たことに拠ってそれに従いそれを主とするのは、本末転倒といわざるをえない。

彼は徒《ただ》、「言は不言に出で、行は不行に出ず」と曰い（『老子』第二章に「是を以て聖人は無為の事に処り、不言の教を行う」といい、第四十三章に「不言の教、無為の益は、天下之に及ぶ希《な》し」という）、是を以て言行の主と為す。夫れ不言なるは方《まさ》に言う（の際）に在り、不行なる者は方に行うの際に在るは、則ち口と足との、意を以て主と為す者なればなり。故に「意は誠にして、而る后に心は正し」（『大学』経の第一章）とは、動に居りて以て静を治むるなり。而るに苟くも不言と不行を以て自《よ》りて出ずる所と為さば、則ち出ずる所の者は之を待つなり。是れ人の将に言わんとするに、必ず黙然たること良《やや》久しくして、而る後に音有り。其の将に行かんとするに、必ず嶷立《ぎょくりつ》（立ち止る）すること時を経て、而る後に能く歩む。此の人、必ず断続安排すること久しきは、痎瘧《かいぎゃく》（おこり）の日を間《へだ》てて発するが如し。豈天地の正にして、人の純粋にして以て精なる者ならんや。

老子の不言と不行、すなわち静を主とすれば、言と行の動はその静を前提とすることになり、かくては動と静の間に断絶が起る。しかし静を治めるものは動のはたらきであり、その逆ではない。乾《けん》の文言伝に、「大なる哉、乾《けん》や。剛健中正、純粋にして精なり」という。老子のように無為を本となし、不言不行と言行の間に断絶を設けるのは、そもそも天地の正ではなく、またその純粋にして精なる乾《けん》の徳に従う君子の道ということはできない。

夫れ理は以て気を充たし、気は以て理を充たす。理気交々充たして互いに相持し、和して相守りて以て之が精と為す。則ち主と為す所以の者は、焉《ここ》に在り。而るに気の躁を抑えて理の静を求むるは、越人の王子（鄂君子晳《しせき》）を薫《たた》えて、之を強いて君と為すが如く（『説苑』善説に見える、越人が鄂君子晳の美しさを誉めそやしたこと）、不言と不行は言と行の出ずる所なりと曰う。今、瘖者《いんしゃ》（話しができない者）は不言无きに非ざるも、終に言う能わず。痿者《いしゃ》（歩行ができない者）は不行无きに非ざるも、終に行く能わず。彼は理具わるも、気至らざればなり。是に由りて之を観れば、動は静に藉《よ》らざること、亦諗《つまび》らかならずや。

理気相俟つところに、主となる精が在る。老子のように、理を静とし気を躁となし、気を抑えて理を求めれば、杳冥恍惚の境を立てることになる。老子は不言と不行の静が主であり、そこから言と行の動が生ずるという。しかし不言の瘖者、不行の痿者についていえば、言と行の理は具わっていても気が至らないがゆえに、不言と不行とならざるをえないに他ならない。このことからすれば、動は静を本とするものでないことは明らかではないか。

夫れ才は以て用いて日に生じ、思は以て引きて竭《つ》きず。江河は積水无きも、百川相因りて以て之に注ぐ。止水の窪《わ》（たまり水）は、九夏（夏の九十日）方《まさ》に熯《や》けば已に涸る。今、其の始めて立つや、則ち杳冥恍惚以て真と為し、其の方《まさ》に感ずるや、則ち静且つ軽なる者以て根と為すと曰う（『老子』第二十六章に、「重は軽の根と為し、静は躁の君と為す」という。船山は、重と軽を逆に用いている）。是れ禹の洪水を抑え、周公の夷を兼《あわ》せ獣を駆り、孔子の『春秋』

を作るに、日に動きて以て重きを負うすら、将且《まさ》に紛膠瞀乱《ぼうらん》して、言行交々訕《しりぞ》けられんとす。而るに飽食して日を終うるの徒は、之をして物の理を窮め事の機に応ぜ使め、抑将《また》に智力沛発《はいはつ》して（盛んに発する）衰えざらんとす。是れ圏豕《けんし》（飼われた豚）は人よりも賢なり、頑石飛虫は圏豕よりも賢なり。則ち至誣《しふ》と謂わざる可けんや。故に不行なる者も亦行より出で、不言なる者も亦言より出ず。互いに出ずるを相為し、均しく之（不行と不言）を執りて主と為す可からず。

人の才と人の思が、日に生じて竭きないように、百川が注ぐから江河となるのであり、日に生ずることがなければ止水の窪は忽ち涸渇するに至る。『老子』第十四章に「無物に復帰す。是を無状の状、無物の象と謂い、是を恍惚と謂う」というように、無為を本とすれば、禹や周公や孔子など聖人の動の言行は斥けられ、飽食して行を伴わない口舌の徒がその賢《さか》しらの言を弄することになる。不言は言があるから不言といい、不行も行があるから不行という。不言と不行はともに言と行から出たものであるから、不言と不行を執って主とすることはできない。不言と不行の静が始なのではなく、陰陽動静互いに用をなすところに主があるのである。

其の之が主と為るに自《よ》りて始むる者は、帝なり（説卦伝第六章に、「帝は震《しん》に出ず」という）。其の充たして相持し（陽）、和して相守る（陰）者是れなり。陰陽を離れて、夢寐を異とするに非ず。其の之が主と為るに自りて以て継ぐ者は、震《しん》なり。其の気動きて以て理を充たし（陽）、重から使むる者（陰）是れなり。陰を以て体と為して以て陽の乗じ去るに聴《まか》せて、瘖痿《いんい》を異とするに非ず。帝は始めなり、震《しん》は継ぐ。故に「帝は震《しん》に出ず」と曰い（説卦伝第六章）、又「出でて以て宗廟社稷を守り、以て祭主と為る可し」と曰う（震《しん》の彖伝）。

陰陽が相持し相守るところに帝の始があり、その動静によって理気が充足するところに震《しん》の継という活《はた》らきがある。震《しん》☳は陰中に一陽が始めて動く帝であるから、陰陽合用を離れて夢寐の境を特異なものと設定することはできない。さきに「其の用いずして静且つ軽きは、則ち寤寐の頃是れなり。旦昼の為す所は、夫れ寤寐の主を得る所に非ざること、明らかなり」と述べていた。夢寐は、現世を幻影と観じ、一切皆空を唱える仏釈の徒についていう。また震《しん》は一陰一陽を継ぐものであるから、陰を体とし陽はそれに乗ずるだけで、痞痿の境を特別なものとして設定することはできない。老子の無為の事、不言の教は、痞痿の柔と静を本とするものである。繫辞上伝第五章に、「一陰一陽、之れ道と謂う。之を継ぐ者は善なり」という。震《しん》が継ぐのは、乾《けん》の長子として陽を継ぐのである。

長子の責を尸《つかさど》り、宗社の大を承く。蓋し其の体は則ち帝を承け、偏して陰と陽を承けず。其の用は則ち乾《けん》を承け、坤《こん》を承けず。何となれば、坤《こん》巳に凝りて陽生ずるは、則ち復《ふく》（䷗）是れのみ。是れ人事の往来なり。未だ坤《こん》を成さずして陽先に起るは、則ち震《しん》（䷲）是れのみ。是れ天機の生息なり。復《ふく》は人事の改図《かいと》（改め図《はか》る）を為す、故に屢々進みて益々長ず。震《しん》は天機の先に動くを為す、故に再震《しん》して（下卦の震《しん》を承ける上卦の震《しん》）遂に泥《なず》む（九四の爻辞に、「震《ふる》いて遂に泥む」という）。

帝は出ずるに已《や》む容《べ》からず、而して出ずれば即ち以て帝と為る可し。故に言と不言と、行と不行と、動静互いに涵《ふく》み、以て万変の宗と為る。帝は出ずるに已む容《べ》からず、故に君在りて太子は建つ。出ずれば即ち以て帝と為る可し、故に君終りて嗣子は立つ。命を帝に受け祚を乾《けん》に承く、故に子は父を継ぎて母を継がず。理気互いに始めに充たし、気は以て理を継ぐに輔く、故に動きては以て君と為る可く、出でては以て守と為る可し。借《も》し「坤《こん》立ちて、陽始めて生じて以て震《しん》と為り、因りて坤《こん》を推して以て震《しん》に先だち、静を立てて以て躁に君たり」と曰わば（『老子』第二十六章の「静は躁の君と為す」の意を敷衍する）、則ち果して純坤《こん》の一時有り。純坤《こん》の一時有れば、抑《また》純乾《けん》の一時有り。則ち将に未だ乾《けん》有らず、未だ坤《こん》有らざるの、一時有らんとす。而して異端の説、此に由りて其れ昌《さか》んなり。

乾《けん》の長子として震《しん》が宗廟社稷を守り、祭主となる（彖伝）ことをいう。説卦伝に「帝は震《しん》に出ず」というように、震《しん》の体は帝を承け、陰だけ陽だけを承けるものではない。またその用は乾《けん》を承け、坤《こん》を承けるものではない。震《しん》が乾《けん》を承け、復《ふく》が坤《こん》を承けるのは、天機と人事との違いによる。復《ふく》は、坤《こん》の純陰に一陽が生じた象である。復《ふく》の象伝に、「往く攸有るに利し（彖辞）とは、剛長ずるなり」という。復《ふく》は上に坤《こん》を承けるから、上進して益々長ずる人事の改図である。それに対し、震《しん》は大象に、「洊《しき》りに雷あるは、震《しん》なり。君子は以て恐懼し修省す」という。震《しん》は震《しん》下震《しん》上。初に一陽が生ずるだけではなく、復《ふく》のように坤《こん》を成す先に、九四の陽が起った象である。

『周易内伝』は大象について、「洊《しき》りとは、頻仍《ひんじょう》（重ねる）なり。君子の震《ふる》うは、威を立てて以て物に加うるに非ず、亦張皇し（慌てる）紛擾《ふんじょう》して（乱れる）寧からざるに非ず。乃ち深きに臨み薄きを履み（『論語』泰伯に、「詩に云う、戦戦競競として、深淵に臨むが如く、薄冰を履むが如しと」という。『詩経』小雅の小旻《しょうびん》の詩）、心に忘れず、復《また》時に克治（克己治心）の功を加えて、以て内は其の或いは失わんことを省みる。内に震《ふる》うにして、外に震うに非ず。内卦は始念の憂惕《ゆうてき》を恐懼と為し、外卦は後念の警めを加うるを修省と為し、洊りに雷あるの畳至《じょうし》（重ねて至る）を象る」という。

説卦伝第六章に「帝は震《しん》に出ず」というように、帝は自ら主となってやむをえず出で、出ることによって帝となる。その間に断続はなく、言行と不言不行が動静互いに涵んで万変の宗となるのである。帝が出るのはやむをえぬことであるから、君が在れば太子が建つ。出れば帝とならなければならず、君が死ねば嗣子は帝となる。命を帝に受け祚を乾《けん》に承けるものであるから、子は父を継ぎ決して母を継がない。理と気が始めに互いに充たし、気が理の継を輔けるものであるから、震《しん》の陽気が動いて君となり、出でて祭主となることができる。もし老子のように坤《こん》の静が立つことを承けて陽気が生じて震《しん》☳となり、坤《こん》を震《しん》の先に立て、静の坤《こん》が躁の震《しん》の君であるといえば、坤《こん》だけの一時があることになる。坤《こん》だけの時があれば、乾《けん》だけの時を立てることになる。かくては乾《けん》がない坤《こん》の時、坤《こん》がない乾《けん》の時が存在することになる。船山は乾坤《けんこん》並建の論によって述べる。これこそ空を立て無を言う釈老の異端の説が起る所以である。

初九の爻辞に「震《しん》の来るとき虩虩《げきげき》たり（恐懼するさま）、後に笑言して唖唖《ああ》たり（笑い語るさま）、吉なり」といい、『周易内伝』は「初九は震《しん》の主為《た》り、故に象占（爻辞）は彖（彖辞）に同じ（彖辞に、「震の来るとき虩虩たり、笑言して唖唖たり」という)。後にと言うは、此の爻は笑言の喜び有るに非ず、二(六二)と三(六三)を通じて、初(初九)は已に其の理を裕かにすればなり。亨るを変えて吉と言うは(彖辞には「亨る」という)、此(初九)は但《ただ》吉なるの理を具うるのみ、卦を成すを待ちて而る後に亨通すればなり。震《しん》の初(初九)は四(九四)と同じきも、初(初九)は吉にして、四(九四)は泥《なず》むは(九四の爻辞に「震《ふる》いて遂に泥む」という)、艮《ごん》(䷳)の三(九三)は上(上九)と同じきも、三(九三)は厲《あや》うく(九三の爻辞に、「厲うく心を薫《や》く」という)、上(上九)は吉なり(上九の爻辞に、「艮《とど》まるに敦《あつ》し、吉なり」という)。蓋し人心初めて動くの幾(震《しん》の初九)は、天性の端を見《しめ》すの良能なるも(『孟子』公孫丑上に、「惻隠の心は、仁の端なり」という)、後に動く者(震《しん》の九四)は、物に感ずるの余、将に妄に流れんとすればなり」という。

九四の爻辞に「震いて遂に泥む」といい、『周易内伝』は「泥《なず》むとは、濁に滞《とどこお》りて行く能わざるなり。迅雷(初九)の出ずるや甚《はげ》だ厲しきも、後漸く蘇蘇《そそ》として(恐れて安んじないさま。六三の爻辞にいう)以て緩《ゆる》し。将に散ぜんとするの際に当るに及びて、又爆然《ばくぜん》の声有るも、漸く以て息《や》み、遠きに及ぶ能わず。九四は、震《ふる》いて後に復《また》震うの象なり。地(下卦)に出でずして、空(上卦)に震う。其の震うは、既に妄なり。故に物を動かす能わずして、将に衰えんとす。人心一たび動き、而も忽ち又再び動く。是れ私意起りて、徒《ただ》心をして之れ寧《やす》からざら使むるのみ」という。

是の故に、序を以てすれば、則ち震《しん》は乾《けん》の長子為りて、陰に生ぜず。位を以てすれば、則ち寅卯(寅は東北、卯は東)の交に居りて、春は冬を継がず、木(春)は水(冬)を承けず。陽は以て春を建て、春は以て歳を肇《はじ》む。震《しん》は乾《けん》を承け、乾《けん》は震《しん》に生ず。

震《しん》の帝に出ずるすら、且つ乾《けん》と互いに其の功を建て、而も乾《けん》に待つ无し。奚《なん》ぞ況んや、坤《こん》の統に非ざるに於いて、何ぞ待つ所あらんや。是の故に、始めの体為《た》るは、則ち理気均し。継ぐの用為るは、則ち気は倍々《いよいよ》功を為し、出でて即ち守るを為す。気倍々に功を為すは、則ち動は貴し。出でて即ち守るを為すは、則ち静は以て自ら堅くするに足らず。主を建てて以て変に応ずる者は、尚《なお》自ら其の匕鬯《ひちょう》を喪う无からんか(震《しん》の象辞に、「震《しん》は百里を驚かすも、匕鬯（宗廟の祭祀に用いる匕と香酒）を喪わず」という）。

震《しん》は文王八卦方位図（本冊一一六頁）によれば、寅卯の交に在る。しかし春は冬の陰を継がず、一陽が起ることによって歳は始まるのであるから、震《しん》は坤《こん》を承けるものではない。すなわち震《しん》は乾《けん》の長子として乾《けん》を承けるとともに、乾《けん》は震《しん》☳の一陽が起る象であるから震《しん》から生ずる。

震《しん》の帝に出ずとは、さきに述べたように陽が充たして相持し、陰が和して相守る一陰一陽の体による。乾《けん》の陽によるが、乾《けん》だけによるものではない。まして坤《こん》によるのではないことはいうまでもない。それを継ぐものは震《しん》の用であり、震《しん》の用は動であるから静に待つものではない。かくして理気を均しくする帝の体を具えていることによって、震《しん》の用はいよいよ功を為す。動の陽を貴とし、静の陰を主としない所以である。「出でて即ち守るを為す」と「主を建てて以て変に応ずる者」は、象伝の「出でて以て宗廟社稷を守り、以て祭主と為る可し」による。震《しん》の一陽が震動して出で、それを主となし万変を御することによって、物に驚いて匕鬯《ひちょう》を喪うことはない。

『周易内伝』は象辞について、「凡を雷声の至る所、其の気は必ず揺蕩し、物の心知有る者は必ず驚く。雷の砉然《けきぜん》（ごろごろという雷鳴）として永き者（上卦の震《しん》）は、則ち百里に聞ゆ。其の殷殷《いんいん》（轟く雷鳴）として短き者（下卦の震《しん》）は、百里なる能わず。卦は二震《しん》（内卦の震《しん》と外卦の震《しん》）を重ね、内卦は迅起し、外卦は之を継ぐに永きを以てす。故に百里皆焉《こ》れに驚くは、震《しん》道の盛んなる者なり。匕《ひ》（宗廟の祭祀に用いるさじ）は、以て肉を鼎より升《のぼ》せて之を俎《そ》に載す。鬯《ちょう》（宗廟の祭祀に用いる香酒）は、秬黍《きょしょ》（くろびき）の酒を醸《かも》して以て鬱《うつ》（鬱金草）を和して灌《そそ》ぐ者なり。天子諸侯は、祭るに則ち親しく匕《ひ》を執りて牲を載せ、鬯を負《そな》う。喪わずとは、一陽初めて起り、乾《けん》を承けて祚《そ》を継ぎ、首《はじ》めて出でて以て神人の主と為り、天命を受けて以て宗社を奠《さだ》むるなり。其の徳は、則ち震動と恪共《かくきょう》（恪恭、敬い謹む）は心に生じ、以て臣民の怠滞《たいたい》の情を振起し、鬼神に交わり民物を治め、奮興して以て敉寧《びねい》（天下を安んずる、『書経』大誥に見える）を共賛（共に輔ける）せざる莫し。震《しん》の象為《た》る、徳は本より此《か》くの如し」という。

䷳ 艮《ごん》（艮《ごん》下艮《ごん》上）

一

性に因りて之に授くるに処るを以てするは之れ位と謂い、処るを得て即ち于《ここ》に安んずるは之れ所と謂う。定性有るも定位无く、定位有るも定所无し。定所とは、先に一の道（『論語』里仁に、「子曰く、参《しん》よ、吾が道は一以て之を貫く」という）を立てて以て性に便にして遷らざるなり。高きに処りて卑《ひく》きを拒み、物を制するに己を以てし、遇うを制するに心を以てす。或いは物起りて相干《おか》すも、而も憂患を絶ちて以て自ら鎮《しず》む。抑《また》物至りて交わるに利しきも、而も情好を往来に杜《とざ》す。是くの如くにして、而る後に以て其の定所有るを得たり。

故に定所有れば則ち己は成り、己成れば則ち物も亦之を乱す莫くして物は成る。各々其の成るを擅《ほしいまま》にし、己と物とは相保たず、皆《とも》に謀らざる所有るも、而も惟《ただ》終に其の成るを恃みて、而る後に其の定所と為すや、長く建てて易《かわ》らず。其の定所に於いて其の定位を見、其の定位に於いて其の定性を行う。此れ、憂患を絶ち情好を杜《とざ》し、通を介せず功を立てずして、自ずから己を成す者なり、則ち艮《ごん》是れのみ。

艮《ごん》の象伝に「艮《ごん》は、止まるなり。時止まれば則ち止まり、時行けば則ち行く。動静其の時を失わず、其の道は光明なり。其の止に艮《とど》まるは、其の所に止まるなり」といい、大象に「君子は以て思い其の位を出でず」といい、『論語』憲問に「曽子曰く、君子は思い其の位を出でず」という。易の時所位を論ずることは宋学の常語であり、『中庸』第十四章に「君子は其の位に素して行い、其の外を願わず」といい、程明道の「定性書」（張横渠に答えた書簡）に艮《ごん》の卦を引いて論ずることなどをふまえて、船山はここに艮《ごん》を述べる。

『中庸』第一章の冒頭に、「天の命ずる之れ性と謂う」という。性に因り天が授けた処が位であり、その命を心に受けて安んずるのが所である。たとい定性があっても定位はなく、定位があっても定所はあるのではない。定所とは、己の心に先ず一以て之を貫く道を立てて、わが性に安んじ遷らないことをいう。象伝に、「其の止に艮《とど》まるは、其の所に止まるなり」という。すなわちこの道の高きによって物の卑きを拒み、己によって物を制し、己の心を以て物が交わるのを制する。かくして物が己を侵しても、己は憂患を絶って自ら心を靖《やす》んじ、物が己に交っても、己は情好を塞《とざ》して交わることをしない。それを一の道を立てて遷らない定所という。

このように定所を得れば己は成り、己が成れば物（人）も乱すことなく物もまた成る。己と人とがそれぞれ自ずから成るのであって、互いに依存せず互いに謀ったものではないが、己が成ることによってそれを定所となし、かくして一以て貫いて遷ることをしない。すなわちこの定所によってそれを定位と見なし、その定位によって己の定性を行うのである。これこそ物の憂患を絶ち己の情好を塞し、物と交わることなく己は功を立てず、しかも自ずから己を成す者ということができる。艮《ごん》の卦がこのことを示している。

『周易内伝』はこの象伝について、次のように論ずる。「此れ行と止の道を通論し、以て艮《ごん》の、止に一にして未だ時に適せざるを見《しめ》す。身世の行と蔵、酬酢の応ずと違《たが》う、事功の作《な》すと輟《や》む、用物の豊と倹、学問の博と約、心思の存すると察するは、皆心の一動一静に繇《よ》りて、行を為し止を為し、行きて其の止の正に爽《たが》わず、止まりて其の行の幾を塞がず。則ち必ず止まる所に当りては、一念は旁雑に移らず、而して天下は能く相誘う無し。其の必ず行くに当りては、天下は唯吾の用うるに利しき所のままにして、吾が心は或いは吝む所無し。行と止は適《てき》と莫《ばく》の私意無く（『論語』里仁に、「子曰く、君子の天下に於けるや、適（専らにする）無く、莫（従わない）無く、義に之れ与に比す（従う）」という）、天下は皆其の心を見る。独り止に拠りて以て身を蔵するの固きと為し、己を忘れて人を絶ち以て姑《しばら》く咎を免るるの善術と為すに非ず」。

なお、『周易内伝』は大象について、「崇山相畳《かさ》なりて、終古に定在有るは、其の位なり。山は以て霊気を蘊醸《うんじょう》し、之を積むこと固くして発生すること窮まり無し。人に在りては、則ち心の思い有ると為す。然れども此の理を思いては、則ち此の理に即《つ》きて之を窮め、義は乃ち精《くわ》し。此の事を思いては、則ち此の事に即《つ》きて之を研《みが》き、道は始めて定まる。他端に馳騖《ちぶ》して以て相仮借《かしゃ》せず。君子の、艮《ごん》を体して以て心を尽くすこと、此くの如し。物を絶ち事を遺《わす》れ、以て頽然《たいぜん》たること委土の如きに非ず」という。

夫れ定所无くして以て定位と為せば、則ち出入は皆《とも》に其の疾《はや》きに非ず。位以て安きに安んじて能く遷る（『礼記』曲礼上）を、位に素すと曰う（『中庸』第十四章）。定位无くして以て定性と為せば、則ち尊卑は皆《とも》に踰《こ》ゆ可きに非ず。性以て下済して（下に行きわたる）光明なるを（謙《けん》の彖伝に、「天道下済して光明なり」という）、性を尽くすと曰う（説卦伝第一章）。

素とは、位の博《ひろ》きなり。尽くすとは、性の充つるなり。遷りて以て安きとは、事有りて以て功を位に為すなり。下済して光明なりとは、情交わりて以て性を尽くして命に至るなり（説卦伝第一章に、「理を窮め性を尽くして、以て命に至る」という）。功立てば則ち危うきを去りて安きに即《つ》き、身は序す可きの績有り。情交われば則ち先は疑うも後は信じ、人は相見るの栄有り。績は身に著らかなるも、以て己に私《わたくし》するに非ざれば、之を訾《そし》りて以て功名の侈《ほこ》ると為すを得ず。栄は人に被《おお》うも、以て世に徇《したが》うに非ざれば、之を薄《うと》んじて以て情欲の遷ると為すを得ず。是れ、身は獲《う》可からざるに非ず、人は見る可からざるに非ず。

艮《ごん》の彖辞に「其の背に艮《とど》まり、其の身を獲ず。其の庭に行きて、其の人を見ず。咎无し」といい、『周易内伝』は「其の背に艮《とど》まるとは、卦は内に嚮《むか》う者（九三の下に在る初六と六二、及び上九の下に在る六四と六五）を以て面《おもて》（表）と為し、外に嚮う者（初六と六二の上に在る九三、及び六四と六五の上に在る上九）を背と為す。背は、具わりて以て生人の体を成すも、用うる所の者に非ず。卦の初爻（初六）は、幾の動なり。其の中爻（六二）は、道の主なり。三（九三）は、上（上九）と与に外に在りて以て卦体を成すも、用無し。陽は上に峙《そばだ》ちて（艮《ごん》は山の象）、僅かに以て陰の溢るるを防ぎ、而して陽は外に見《あらわ》るるを成す。故に其の卦は、「其の背に艮まる」と曰う。艮まるは必ずしも背に於いてするに非ざるも、此の卦は則ち背に艮まるの艮《ごん》なり。夫れ陰盛んなるの余に処りて、力《つと》めて之を遏《おさ》えて以て之をして止め使めんと欲す。是れ、無用（陽）を以て有情（陰）を制するなり。則ち必ず耳は声を悦ばず、目は色を取らず、口は味を絶ち、体は其の安きを廃し、身有るも身無きが若し。抑《また》必ず一家之を非《そし》るも顧みず、一国之を非るも顧みず、奡然《ごうぜん》（傲然）として物表（世外）に立ち、人有るも人無きが若くにして、而る後に果して（果敢に）艮《とど》まり、果して其の背に艮《とど》まる。則ち欲す可きを見ず、心をして動かざら使め、而る後に以て咎无かる可し。艮《ごん》の善は、此に止まる」という。艮《ごん》は九三の陽が初六と六二の外に立ち、また上九が六四と六五の外に立ち、陽の無用を以てそれぞれ二陰の有情を制する。すなわち体の無用の背に艮《とど》まるという、己の身を顧みず、世人を度外視することによって、咎无きの善を得ることができる。

己の処るべき定所をもたないことを定位とするとは、『中庸』第十四章にいう「君子は其の位に素して行い、其の外を願わず」であり、また定位をもたないことを定性とするとは、説卦伝第一章にいう「理を窮め性を尽くして、以て命に至る」ことをいう。

以下、位に素すと、性を尽くすことの二者を交互に述べる。位に素すとは、定所をもたず今在る位に因って為すべきことを為すことをいう。従って位は博く、遷って安んじ、その時に応ずる事を為し、その位において功を為すことができる。かくして安きに即き、わが身に功績が著らかとなる。このような功績であるから誰も訾《そし》ることなく、かくして「其の身を獲る」ことができる。

一方、性を尽くすとは、定位をもたないものがわが性を充たすことであるから、尊と卑の位に安んずる。従ってその道は下済して光明となり、人と情が交わり、信によって人に相見えることを栄とし、世俗に従うものとして疎《うと》んぜられることなく、かくして「其の人を見る」ことができる。これは、彖辞に「其の身を獲ず」と「其の人を見ず」ということばを順序を逆にして述べる。『周易内伝』はさきの文のあとに、「然りと雖も、既に身有り。一髪を撼《うご》かせば頭之が為に動く、何ぞ獲ざる容《べ》けんや。既に其の庭に行く。吾れ斯の人の徒と与にするに非ざれば、誰か与にかせん（『論語』微子にいう）。則ち何ぞ見ざる容《べ》けんや」という。艮《とど》まることによって咎无きに汲汲たるのではなく、行くこと見ることという為すべきこと、すなわち位に素し性を尽くすことが、君子のなすべきことなのである。

夫れ功名と情欲とは、亦其の不正なる者を去りて止まる毋《な》からんや。豈必ずしも敻然《けいぜん》（超然）として高蹈し、其の正を得る者を並《あわ》せて之を拒まんや。其の正を拒む者は、則ち位は博からず、性は充たず。（位）博からざれば、則ち偪側《ふくそく》して（迫り傾く）位は余り無し。（性）充たざれば、則ち孤畸《こき》にして性は缺くる有り。于《ここ》に以て事を謝《さ》り交を絶ち、物の自ら成るを恃みて、己に小成す。而して居を毀《こぼ》ちて後を成す（後生を願う）者は、其の時に非ざるを以て謀らず。斯れ、豈咎と道を同じくする者に非ずや。然れども且つ、艮《ごん》は終に咎を以て恤《うれ》いと為さず（彖辞に「咎无し」という）。

功名と情欲は、その不正を去って止まるべきものなのではないのか。必ずしも世外に超然として、正を得る功名と情欲まで拒否すべきものではない。もし正まで拒否すれば、位は余地なく性は欠けるに至る。このように功名と情欲を断絶することによって咎无きを願うのは、己に小成する者にすぎない。居を毀ちて後を成す者とは、いま己の居る位と性をすてて後生《ごしょう》に願いを託する者をいう。これは小成の艮《ごん》についていう。しかし艮《ごん》が咎无きを得るのは、それとは異なる。以下、上卦下卦ともに艮《ごん》である大成の艮《ごん》について述べる。

高く上に在る者は、陽の位なり（艮《ごん》の九三と上九をいう）。亢して与にせざる者は、陽の情なり。其の位を保ち、其の情に任じ、二（六二）と五（六五）は位を得るも（それぞれ中位に居る）、而も「我（九三と上九）は終に其の上に居る」と曰う。四陰（初六と六二、六四と六五）は体を同じくするも（それぞれ九三と同じ下卦と、上九と同じ上卦に居る）、而も「与に縁を為す可からず」と曰う。尊位は彼（六二と六五）に在り、則ち其の上に居る者（九三と上九）

は直《ただ》寓するのみ。位寓すれば、則ち身は廃す（彖辞と彖伝に、「其の身を獲ず」という）。体を同じくして容《まさ》に相舎《お》くべからざれば、則ち其の交を靳《おし》む者は已に隘《せま》し。性隘ければ、則ち庭は虚なり（彖辞と彖伝に、「其の庭に行きて、其の人を見ず」という）。

乃ち（然るに）艮《ごん》は終に此を以て恤《うれ》いと為さざるは、彼（九三と上九）は誠に大いに恤うる所有りて、天下は皆咎塗《きゅうと》と視ればなり。乾《けん》の三索（説卦伝第十一章にいう）の余を承けて、陰方《まさ》に長ずるの世に処ると謂《おも》えばなり。

九三と上九はそれぞれ内卦と外卦の高位に居り、また上に亢しているから体を同じくする初六と六二及び六四と六五の陰と与にしない情をもつ。六二と六五は中位を得ているが、九三と上九はその上に居ると称して陽位を恃み、また体を同じくする四陰に対しては、かれらと縁をなさないと称して陽情を誇る。しかし六二と六五は中という尊位に在り、その上に居る九三と上九は尊位の上に寄寓していることによって、その身は廃せられる。また四陰とそれぞれ内卦と外卦の体を同じくして縁を絶つことができず、たとい九三と上九がかれらと交わらない情を抱いてもその性は限定され、かくして其の人を見ずという孤絶に陥る。

九三の爻辞に「其の限《こし》（腰）に艮《とど》まる。其の夤《せぼね》に列《つら》なる。厲《あや》うきこと心を薫《や》く」といい、『周易内伝』は「限とは、上下界を分つ所に居る、腰を謂う。列なるとは、中に横陳するなり。九三は四陰（下卦の初六と六二、及び上卦の六四と六五）の中に居り、上下を隔絶して、其の間に横列し、腰は屈伸する能わず脊《せき》も亦制を受くるの象を為す。厲うしとは、危うきなり。邪を止めんと欲する者は、必ず身を事外に立て、耳目清くして心志は定まる。乃ち其の貞淫を察し、動静取舎は唯我の裁つ所のままにして、邪の困しむる所と為らず。今乃ち、身を陰濁繁雑（四陰）の中に置き、横《ほしいまま》に裁抑を施し、之を抑うること太甚《はなはだ》しくして、上下交々（上卦と下卦の四陰）逼《せま》れば、則ち其の身を危うくす。見る所聞く所は柔暗に非ざる無く、孤立して能くせずして将に移す所と為らんとすれば、則ち其の心を危うくす。心を危うくするの害は、身を危うくするより甚し」という。上九の爻辞についての『周易内伝』は、後の三に示す。

しかし艮《ごん》はそのことを恤えず、より大なる恤いをもつ。三索は説卦伝第十一章に、「艮《ごん》は、三索して男を得たり。故に之を少男と謂う」という。震《しん》☳は一索の長男、坎《かん》☵は再索の中男、そして艮《ごん》☶は三索の少男である。艮《ごん》が大いに恤えるところは、己の身を恤えるだけではなく、天下を咎塗（咎の溢れるところ）と見なすからであり、二陰が長ずる世に辛うじて乾《けん》の徳を以て艮《とど》めようとするからである。以下にそのことを述べる。

気の余に処る者は才弱く、憂患は世に在らずして己に在り。憂患を忘れんと欲すれば、則ち先ず其の憂を召《まね》き患を召くの功名を忘る。敵（象伝に、「上下敵応して、相与《くみ》せず」という）方《まさ》に長ずる者は意濫《みだ》れ、情好は正を以てすと雖も、或いは邪に淫す。情好を正さんと欲すれば、則ち先ず其の情無く好無きの崖宇《がいう》を正す。且つ功は強いて立つ可からず、情は偶々《たまたま》合す可からず。无功に帰して情固からざれば、徒然として其の性を 侈《ほしいまま》にし、其の位を離れて以て自ら喪う。艮《ごん》は亦、惟此の咎を之れ恤《うれ》いと為すのみ。而して、其の身を有《たも》ちて以て人と相見るに遑《いとま》あらんや。

気が余に処る者とは、乾《けん》の三索による少男たる艮《ごん》☶の九三をいう。少男のため才の弱い九三は己を憂え、憂患を伴う功名を忘れる他ない。敵方《まさ》に長ずる者とは、艮《ごん》の上卦と下卦は同象であり、九三と上九は同じ陽であるから相応ぜず、敵応する象であることをいう。この九三は、情好を正そうとしても意が濫れ、邪に陥る危うきことがある。相手との情好を正しくするには、まず情好そのものがない境位（艮《ごん》の「其の人を見ず」という崖宇）を正しくしなければならない。

しかも強いて立てようとするのは真の功ではなく、偶々合したとて本来の情ではない。かといって天下全体に対する憂患を忘れて一切功名を絶ち、わが艮《ごん》止の情を固くしなければ、自らを喪うに至る。艮《ごん》はそのことを恤えるのであり、徒らにわが身を保ち人と情好を通ずることを求めるのではない。

象伝に「其の止に艮《とど》まるとは、其の所に止まるなり。上下敵応して（艮《ごん》は上卦下卦が同じであるから、各爻は陰陽相応じない）、相与《くみ》せず。是を以て、其の身を獲ず、其の庭に行きて其の人を見ざれば、咎无し」といい、『周易内伝』は「此れ、其の背に艮《とど》まるとは、時に止まり時に行くの道に非ず、必ず内は己を得ず、外は人を見ずして、而る後に僅かに以て咎无きを言う。凡そ咎无しと言うは、皆咎有りて免るる者なるのみ。背は止の体なり、故に背を変えて止と言う（彖辞に「其の背に艮《とど》まる」といい、彖伝に「其の止に艮《とど》まる」という）。其の所に止まるとは、背に拠りて以て止まる可きの地と為して之に止まり、止を以て其の安んずる所と為すなり。乾坤《けんこん》の六子（長男の震《しん》、中男の坎《かん》、少男の艮《ごん》と、長女の巽《そん》、中女の離《り》、少女の兌《だ》。ともに上卦と下卦は同じ）は、皆敵応するの卦なり。独り此（艮《ごん》）に敵応すと言うは、其の止を以て又相敵し（九三と上九がともに止めることによって対抗し）、則ち終に相応ぜざればなり。夫れ行と止は各々時に因りて以て道と為し、而も動静相函《ふく》む。静以て動の才を養えば、則ち動は静の体を失わず。故に聖人の心は万感皆応じ、太和を保合して（乾《けん》の彖伝に、「大和を保合す」という）、陰陽各々一に協う（『書経』咸有一徳に、「克く一なるに協う」という）。今、止を以て其の所と為し、物と相拒てて以て相入らざれば、則ち唯我を喪い耦（人）を喪い、之を守りて移らず、而る後に其の止を成して咎无し。嗚呼、難いかな」という。

故に其の成るや、身に得る無くして、而も身は亦失わず。人に縁《よ》る無くして、而も人は終に之を干《おか》すを得ず。陰すら且つ憚《はばか》りて以て止まらんと思い、陽は止まるに因りて猶《なお》存す。綱を立て極を正し、其の性を保ち其の位を固くす。是れ天下の艮《ごん》有るを恃む者は、功は建つ可き无きも、即ち功无くして以て憂患を止《とど》む。情は施さざる有るも、即ち情无くして以て嗜欲を訖《とど》む。衰を拯《すく》う者は、徳宏くして道は大なり。俗を砥《みが》く（正す）者は、気を厳にし行を危《たか》くす。其の世を量《はか》り、其の才を量り、君子は長く艮《ごん》を保ちて以て自ら守り、敢えて聖人を浮慕せず。斯れ、其の咎无き所以なるか。

艮《ごん》の陽が艮《とど》まることによって陰も止まり、「其の身を獲ず」して却って身を失わず、「其の人を見ず」して却って人が干《おか》さないことをいう。さきに「誠に大いに恤うる所有り」と述べていたが、ここに「天下の艮《ごん》有るを恃む」という。

すなわち、功を建てず情を施さず、わが気を厳にし行を危《たか》くするという艮《ごん》の道を守ることをいう。このような君子は、わが艮止の道を守り、徒らに聖人の名を立ててそれを浮慕することをしない。艮《ごん》の君子が聖人を徒《いたず》らに慕わないことによって咎无きを得るとは、大象に「君子は以て思い其の位を出でず」という意である。大象についての『周易内伝』は、すでに示した。なお「徳宏くして道は大なり」は、『論語』衛霊公に「子曰く、人、能く道を弘む。道、人を弘むるに非ず」というにより、「気を厳にし行を危くす」は、憲問に「子曰く、邦に道有れば言を危くし行を危くし、邦に道無ければ行を危くし言は孫《したが》（遜）う」というによる。

なお、「陰すら且つ懼りて以て止まらんことを思う」ということについて、以下四陰の爻辞を示す。初六の爻辞に「其の趾《あし》に艮《とど》まる。咎无し。永貞なるに利し」といい、『周易内伝』は「初（初六）と二（六二）とは、三（九三）の止むる所と為る者なり。而して初（初六）は下に在りて、趾（足）と為す。陰の初めて生じて其の位を得ず（陰が初の陽位に居る）、故に之を早きに止むれば、則ち妄動の失は免る」という。六二の爻辞に「其の腓《こむら》に艮《とど》まる。その随うを拯《すく》わず、其の心快《こころよ》からず」といい、『周易内伝』は「腓は下体の中に居り、股に随いて以て動きて躁ならず、行止の常に順う者なり。六二は陰は位に当りて（陰が二の陰位に居る）中を得、九三に比す（陰陽が相並ぶ）。固より陽（九三）に随いて以て行くを願い、剛柔の節を得たり。三（九三）は其の情を拯恤せずして固く之を止め、望む所を失いて快《こころよ》かざること必せり」という。

六四の爻辞に「其の身に艮《とど》まる。咎无し」といい、『周易内伝』は「四（六四）と五（六五）とは、上（上九）の止むるを受くる者なり。腰自り以上は身と為す。身とは、心の舎なり。繇《よ》りて以て五官（耳、目、鼻、口、形）の霊を発し、言行の枢を制する所の者なり。制を受くる所有りて、静以て動を馭するは、腓と足（六二と初六）の職は動を司りて錮《とざ》さるる者に異なれり。柔にして位に当り（陰が四の陰位に居る）、楽しみて裁抑を聴き、上（上九）は其の道を以て之を止む。自ら持するに慎み、則ち是に由りて以て行けば、咎无かる可し」という。六五の爻辞に「其の輔《ほほぼね》に艮まる。

言うに序有り。悔亡ぶ」といい、『周易内伝』は「輔とは、口の輔《ほほぼね》なり。言えば則ち輔は動く。五（六五）は位は上（上卦）に在り、外卦の枢機と為り、言の自《よ》りて出ずる所なり。言、剛厲なれば、則ち箇にして当る。柔なれば、則ち甘言を為し、巧説を為す。上（上九）亟《すみ》やかに之を止むれば、則ち言う所の者は皆事の序に当りて、悔亡ぶ」という。すなわち九三が初六と六二を止め、上九が六四と六五を止めることによって、四陰が止まろうと思い、かくして二陽も安んじて存することができる。

二

夫れ消長の会に乗じ、亢極の剛を保ち、功を止《とど》めて試みず、情を止めて交わらず、以て己の成るを専らにする者は、奚《なん》ぞ地を択びて以て自ら処らざる可けんや。

九三が下卦の初六と六二、及び上卦の六四と六五の四陰の中に在り、しかも九三という亢極の剛を保ちつつ、敢えて艮《ごん》止の徳を守り、己の成るをのみ求めることについて論ずる。それは、九三が敢えてその地を択んで、自ら処るからである。

夫れ地は遠邇《えんじ》（遠近）有り、険夷（難易）有り、同別（同異）有り、彼己（彼此）有り。危ういかな、九三の地に処るや。四陰（初六と六二、六四と六五）の中に参《まじ》わり、密邇《みつじ》として険（下卦艮《ごん》の山）を蹈み、異類（初六と六二の二陰）と同《とも》にして己が援（上九）を失い、猶且つ以て所と為して焉《ここ》に止まる。越人の章甫（儒者の冠）を観るや、則ち之を怪しみ（『荘子』逍遥遊に、「宋人、章甫を資《と》りで諸越に適《ゆ》くも、越人は断髪文身にして、之を用うる所無し」という）、群鷃《ぐんあん》の一鵬を睨するや、則ち之を笑う（『荘子』逍遥遊に、鵬が南冥に図南することを斥鷃《せきあん》が笑うという）。直《ただ》に之を怪しむのみに匪ず、将に起ちて之に敵せんとす。直に之を笑うのみに匪ず、念は以て之を汚さんとする有り。其の類

（四陰）を横絶（断絶）して、合するを得ざら使むれば、則ち戈矛は夙夜に起る。其（陰）の側に岳立（艮《ごん》は山、九三が屹立する）して其（陰）の短なる所を形《あらわ》せば、則ち簧鼓《こうこ》（誹謗の巧言）は聴聞に徹《とお》る（九三の聴聞に達する）。四陰の限（腰。九三の爻辞に、「其の限に艮まる」という）は、豈陽（九三）の宜しく寝処（起臥）して嫌无かるべき所の者ならんや。

九三が四陰の近くに在って険難の地に居り、異類の四陰から誹謗される危うきことを述べる。九三が下卦艮《ごん》の初六と六二及び上卦艮《ごん》の六四と六五の間に在るのは、上卦と下卦の際に密邇として険難の地に居る象、しかも下卦の二陰の上に居り、九三の正応たる上九は同じ陽であるから陰陽相応ずることができない。前項の一に、「敵応して相応ぜず」という。越人は二陰についていい、章甫は九三についていう。また群鷃は二陰についていい、一鵬は九三についていう。四陰は怪しむのみか九三に敵対しようとし、笑うだけでなく九三を汚そうとする。九三は四陰が聚まろうとするその中央に在って遮断しているのであるから、いつ争いが起るか分らない。また四陰の近くに九三の陽が山（艮《ごん》）のように屹立して四陰が卑《ひく》いことを示しているのであるから、四陰の誹謗の言はすでに九三の知るところである。このように所に、九三は安んじて居ることができようか。

我（九三）は、戈矛の我が躬《み》を傷らざるを敢えて知らず、則ち亦簧鼓の我が志を移さざるを敢えて知らず。不幸にして躬傷《やぶ》るるも、君子は猶《なお》義命に安んず可し。尤も不幸にして志移れば、貞士は将に其の生平を尽喪（喪失）せんとす。是の故に、火の薫《や》くや（九三の爻辞に、「厲《あや》うきこと心を薫く」という）、日に蒸し月に化して（刻一刻と変化して）、物は且に瑩白《えいはく》（玉の白）を変じて黮䨴《たんたい》（雲の黒）と為らんとす。其れ変を受けて其の素を改むるや、人は遯《のが》ることの未だ遠からざるを惜しむ。其れ変を受けずして其の難を蒙るや、亦何ぞ必ずしも察察を以て汶汶《ぼんぼん》（世のけがれ）に際し（『楚辞』漁父に、「安《いずく》んぞ能く身の察察を以て物の汶汶を受けんや」という）、大輅《たいろ》（天子諸侯の車）と柴車《さいしゃ》（隠士の車）の余勇を競わんや。

我（九三）は、戈矛によってわが身が損われずにすみ、あるいは誹謗によってわが志が移さずにすむことなど決して心にとめるものではない。しかし不幸にしてその時に会っても義命に安んじ、わが生を亡ぼす覚悟はできている。変を受けて素行を改めるとき、人はいち早く遯れようとするが、我は決してそのようなことはしない。君子は志を移さず艱難を身に受けるとき、決してわが察察たる明を俗世に誇って、大輅を拒否し柴車に甘んずるような余勇を争うことをしない。それが九三の志なのである。

抑も躬を非類の炎灼《えんしゃく》に投じて、僅かに自ら免るるの危情を保つ。則ち変ぜざる者は十に三、変ずる者は十に七なるは、亦、人情難易の大都（大体）なり。箕子の紂に于《お》ける、孔子の季斯（季孫斯）に于けるや、其の屈伸を操《と》り、其の権度を用い、義重くして道宏し。則ち汚を同《とも》にするも、自ら靖んず。且つ彼（箕子と孔子）の、功は天地に侔《ひと》しく、情は日月に貞しきは、志は艮《ごん》を用うるに存せざればなり。

九三のように、非類の薫くが如き灼熱の中に身を置き、辛うじてわが身をその誹謗から免れようとするとき、変ぜざるをえないのが殆んどである。箕子と孔子は、真の九三の徳を保つものということができる。箕子は、紂を諫めて聴かれず狂を佯《いつわ》って奴となり、また孔子は魯の大夫季孫斯の世に権力を恣《ほしいまま》にした陽虎に困しめられた。この二人は汚濁の世において艮《ごん》止の道を守ることのみに意を用いず、わが身を憂えず天下を憂え、かくして咎めなきを得たのである。義重しは、『論語』泰伯に「曽子曰く、士は以て弘毅ならざる可からず。任重くして道遠し。仁以て己が任と為す、亦重からずや。死して後已《や》む、亦遠からずや」というによる。道宏しは、『論語』衛霊公に、「子曰く、人、能く道を弘む。道、人を弘むるに非ず」というによる。

夫の独立の素を抱く者の若きは、則ち悶無くして以て自ら安んず（大過《たいか》の大象に、「君子は以て独立して懼れず、世を遯れて悶无し」という）。必ず将に遠ざかりて之と邇《ちかず》かず、別ちて之と同じくせざらんとし、険を離れて以て己を全うし、而る後に悶は以て之に加うるに足らず。悶は以て加うるに足らざれば、則ち人を離れて独を珍《たっと》ぶ。亦以て正気を伸ばして、流俗の砥柱《しちゅう》（激流に在って動かない山）と為るに足る。

若し其れ情は、固より之に違《たが》うも、身は且つ之に即《つ》く。温嶠《おんきょう》の幸いに成るは、病虎を撩《なぶ》（弄）り睡驪《すいり》（驪は黒龍）を盗むなり。蓋し亦危ういかな。賈捐之《かえんし》の恭（興の誤りか、楊興）と顕（石顕）を介して以て其の志を行うは、身死して名は辱しめらる。蓋し自ら貽《おく》れるなり、将《はた》誰をか咎めて可ならんや。謝胐《しゃたつ》の扁舟もて都に造《いた》り、薫《や》きて以て染むるを得たるは、道《い》うに足らざるのみ。孔北海（孔融）の曹操に干ける、嵇《けい》中散（嵇康）の司馬に於けるは、止を属目に施す（眼中におかない、無視する）。其れ尚、管寧に遜《おと》り、孫登に媿《は》じんか。

独立の素性《そせい》を抱く君子は、悶《うれ》えることなく自ら靖んずる。必ず険を去って近づかず、人を離れてわが道を守る。険を離れて己を全うすることによって、悶いは己の心に生せず、悶いが心に生じない君子は、人を離れて独立することを尚ぶ。かくしてまた天地正大の気を伸ばして、流俗の砥柱たる艮《ごん》となることができる。『孟子』公孫丑上に浩然の気について、「其の気為《た》るや、至大至剛にして、直を以て養いて害する無ければ、則ち天地の間に塞《ふさ》がる」という。

温嶠が王敦や蘇峻の反を平げて驃騎将軍となったのは（『晋書』巻六十七）、恰も病んだ虎を玩弄し、驪龍の頷下の珠（『荘子』列禦寇にいう）を睡りに付け込んで盗んだにすぎない。賈捐之が楊興と謀って石顕を薦め、そのことによって賈捐之は用いられたが、そのあげく石顕によって棄市されようとした（『漢書』巻六十四下）。謝胐は斉と梁の両朝に仕えて高位に居り（熏きて以て染むるを得たり）、「出処の致を極む」（『梁書』巻十五）と称されたが、固よりいうに足るべき人物ではない。なお「扁舟もて都に詣る」は、『梁書』に「胐（謝胐）、軽舟もて出で、闕に詣《いた》りて自り陳《の》ぶ」という。孔融が曹操を狎侮し、嵇康が司馬氏を眼中に置かず、共に殺されたことは、管寧が言を慎んで曹操の世に生き、孫登（嵇康の師）が山中に長嘯して身を全うしたのに比べれば、劣るものといわなければならない。独立して懼れず悶なくして自ら安んずることができなかったからである。船山は、明清の際に処する己の出処進退から論じている。

厲うきこと心を熏き（九三の爻辞にいう）、而も之に繫《か》くるに凶悔を以てせざるは何ぞや。身傷るれば則ち凶なり、而も僅かに咎を免る。志移れば則ち悔ゆ、而も苟くも凶を免る。二（六二）を保つ能わざる者は何居《なん》ぞや。三（九三）を危うくする所以の者は、愈々甚し。名は聞《ぶん》す可きも、身は見るを得可《う》からず。「其の身を獲ず」「其の人を見ず」（彖辞）と謂う所の者は、此の道を用いて以て自ら存す。

九三の爻辞に「其の限《こし》に艮《とど》まり、其の夤《せぼね》に列なる。厲《あや》うきこと心を熏《や》く」というのみで、凶悔の辞がないのはなぜかと問う。九三は身も心も危うくする際に居りながら、彖辞にいう「其の身を獲ず」「其の人を見ず」という艮止を守ることによって、辛うじて凶悔を免れている。九三の難については、すでに前項一の『周易内伝』の文に示した。

九三が六二を保つことができないとは、六二の爻辞に「其の腓《ひ》に艮《とど》まる。其の随うを拯《すく》わず、其の心 快《こころよ》からず」といい、『周易内伝』は「六二は、陰は位に当りて（陰が二の陰位に居る）中を得、九三に比す（六二の陰と九三の陽が相並ぶ）。固より陽（九三）に随いて以て行くを願いて、剛柔の節を得たり。三（九三）は其の情を拯恤《じょうじゅつ》（たすけあわれむ）せずして、固く之を止む。望む所を失いて快《こころよ》からざること（六二についていう）、必せり。人の情有り欲有るは、亦天理の宜しく然るべき者に非ざる莫し。苟くも其の中正の節（六二についていう）を得れば、則ち袗《しん》を被て琴《き》を鼓し（『孟子』尽心下に、「其（舜）の天子と為るに及びては、袗衣を被て琴を鼓す」という）、日に万物と相取与《しゅよ》し、而して適《まさ》に以て天理に順う。其の善不善を択ばずして之を止むれば、則ち人の情を矯払《きょうふつ》す。裁抑《さいよく》せられて其の強禁に聴《まか》すと雖も、安《いず》んぞ能く懟心《ついしん》（怨みの心）無からんや。甚しいかな、三（九三）の物に違《たが》いて私意を逞しうすること」という。

九三は、このように僅かに咎を免れているにすぎない。九三という陽の名は世に聞えるものではあっても、実際にその用を発揮しない。一の項に、「尊位は彼に在れば、則ち其の上に処る者は直《ただ》寓するのみ。位寓すれば、則ち身は廃す。体を同じくして、容《まさ》に相舎《お》くべからざれば、則ち其の交を斬《おし》む者は、已に隘《せま》し。性隘ければ、則ち庭は虚なり」と述べていた。彖辞の「其の身を獲ず、其の人を見ず」について、『周易内伝』は「人の心を用うること是くの如き有る者は、俗の為に遷らず、物の為に引かれず。克く怨欲を伐ち、制して行かざれば、同堂郷鄰は、均しく戸を閉す。

亦自ら守ることの堅く、過ちを救うことの強く、忍びて力有りと謂う可し」という。これこそ、艮《ごん》が咎无きを得る所以である。

三

或いは曰く、「万物の化は、陽に始まり、陰に卒《おわ》る」と。此れ相嬗《うつ》るの迹に拠るにして、其の甚だ深きの蔵に非ず。万物を盈たして皆陰に卒らば、則ち其の末は且に虔劉《けんりゅう》（殺害）し隕折《いんせつ》（喪失）して、之と継ぐを為す莫からんとす。然らば則ち、始めは以て生を為し、終りは以て成を為すこと、皆《とも》に陽は与《とも》に功を為す。何を以て之を知るや。「艮《とど》まるに敦《あつ》し」（上九の爻辞）の「終りを厚くする」（上九の小象）者を以て、之を知る。

上九の爻辞に「艮《とど》まるに敦《あつ》し、吉なり」といい、その小象に「艮まるに敦きの吉とは、以て終りを厚くするなり」という。『周易内伝』は上九の爻辞について、「凡そ止まるの道の能く止まるに終るは、必ず其の止まるに当りては行かざるに終る可き者なり。然り而して、難し。静かにして動かざること無く、退きて進まざること無きは、天の理数（の幾なり）、人心自ずから然るの幾なり。故に必ず変化の途を熟嘗《じゅくしょう》し（つぶさになめる）、其の或いは行き或いは止まるの幾を審らかにして（象伝に、「時止まれば則ち止まり、時行けば則ち行く」という）、以て夫の必ず行く可からざるの至理を得、而る後に其の止まるや、万変を歴して遷らず。上九は四陰の上に立ち、物情と事理は、皆《とも》に以て其の貞と淫を察し、力《つと》めて非幾（非のきざし）を毫釐《ごうり》（至微）の得失に遏《とど》むる有り。則ち其の確然として（繋辞下伝第一章に、「夫れ乾《けん》は、確然として人に易《い》を示す」という）移らざるや、至善の定と静に止まり、強いて遏制《あっせい》（止め制する）を為す者に非ず。是に於いて止まれば、純乎として正にして妄無し。以て己を修め人を治めて、吉ならざる莫し」という。これは船山が「甚だ深きの蔵」を述べたものである。

艮《ごん》がこのように始めの生をなし終りの成をなすのは、九三と上九がともに陽が功をなすからである。或ひとの説のように陰に卒《お》わることになれば、一陰一陽を継ぐことの善が失われるに至る。なお、『大学』経の第一章に「至善に止まるに在り。止まるを知りて而る后《のち》に定まる有り、定まりて而る后に能く静かなり」という。また上九の小象について、『周易内伝』は「徳を成す者は、謹を加うるの功なり」という。

夫れ万物は、「艮《ごん》に成言す」（説卦伝第六章）、「以て終りを厚くす」（上九の小象）。則ち豈終りを厚くせざる者有らんや。益々以て、亥子（西北の乾《けん》と北の坎《かん》）の間、果して混沌として未だ開闢《かいへき》せざるの日有るに非ざるを知る。天地の始め、天地の終りは、一なるのみ。特《ただ》其の陰は中なり陽は外なり、初と終の権に乗ずるの盛无し。陽の亢極に凝止して、以て万物の命を保つ者は、正に深く蔵して、以て此より後の起るを需《ま》つ。故に曰く、「天地の大徳は生と曰う」と（繫辞下伝第一章）。天地は道に生じ、物は必ず其の所生（道）に肖《のっと》る。是れ、道は生ぜざるの徳有る无く、亦陰に卒《お》わるの理有る无し。

説卦伝第六章に、「艮《ごん》は東北の卦なり。万物の、終りを成す所にして、始めを成す所なり。故に艮《ごん》に成言すと曰う」といい、第七章に「万物を終え万物を始むる者は、艮《ごん》より盛んなるは莫し」という。東北の卦である艮《ごん》は、万物が終りを成すとともに始めを成すものであることからすれば、その前に在る西北の乾《けん》と北の坎《かん》の間が、物を生じないはずはない。すなわち天地の始終は同時であり、一陰一陽の道が生生するのであって、決して陰に終ることはない。ただ艮《ごん》☶は、二陰が中（下）に在り、一陽が外（上）に立って止まるものであるから、始めから終りまで通貫する盛はなく、陽は深く蔵して後起を需《ま》つ他ない。

夫れ艮《ごん》（䷳）は、則ち否《ひ》（䷋）の象有り。上九は、陽は无位に寄り、升りて復る可からず、止まりて以て行くに足らず。陰の浸《ようや》く盛んなれば、則ち否《ひ》の（陰陽）相敵するを汰《やす》らかにす。貌《かたち》を以て取る者（外見だけしか見ない者）は、陽の薄盪《ぼくとう》（薄《せま》り動く）して基无く、滅替（衰滅）して以て之が終りを為すかと、疑わざるは鮮《な》し。乃ち（然るに）陽の外（九三と上九）に堅く植《た》つ者（艮《ごん》）は、其の偪《せま》るに驚かず、去るに決せず。泰然として安居し、濩落《かくらく》（時勢に合わず打ち棄てられる）に処りて自ら其の生の理を息《や》め（終りを厚くする）、以て天地の化を養いて、道の生ずるを報ゆ（始めを厚くする）。則ち厚きを極むる者と謂わざる可けんや。

万物は、方《まさ》に此を以て終り、即ち此を以て始まる。厚きに終る者は、厚きに始まる。厚きとは、義の至るなり、仁の尽くすなり。故に「艮《ごん》に始終す」と曰う。艮《ごん》は以て終う可く、以て始む可し。万物を化する者は、厚からざるの日无し。旧穀の登《な》る（稔り）は、新穀の母なり。而るに何ぞ、其の陰に卒るの一日有りと疑わんや。

一陽が二陰の上に居る艮《ごん》は、三陰の上に三陽が在る否《ひ》の象に似たところがある。しかし艮《ごん》の上九は天位に居り、上に升って下に復ることができず、上九に止（艮）まって上に行くこともできない。六四と六五の二陰が盛んに積もうとするとき、それを止めて否《ひ》の三陰が三陽に匹敵するような勢いを成さないようにする。外見しか見ない者は、上九が二陰に迫まられて基をもたず、衰滅して終るのではないかと疑う。しかし艮止の徳を以て外に立つ陽は、陰に迫られても驚かず、陰に迫られても去ろうとせず、泰然としてその位に艮《とど》まり、衰滅する危うきに在って自らその生を終え、かくして天地の化を養うことによって新たに生生の道を始める。これこそ終りを厚くする者というべきである。

艮《ごん》の上九は、万物の終りであるとともに、その終りから万物が始まることを示す。上九の爻辞に「艮まるに敦し、吉なり」というのは、すなわち仁義を尽くす厚きをいい、かくして艮《ごん》は終えることができ、また始めることができる。九三と上九の一陽がそれぞれ下卦と上卦の二陰を艮《とど》めるのが義であり、またそれぞれ二陰に偪《せま》られてその位を守るのが仁である。繫辞下伝第一章に、「何を以て位を守るや、仁と曰う。……財を理《おさ》め辞を正し、民の非を為すを禁《とど》むるは、義と曰う」という。たとえば旧穀の終りの実が母となってまた新穀が始まるように、万物を化するものは決して陰に終ることはない。

故に剥《はく》（䷖）は消し、復《ふく》（䷗）は長ずるは、人事の休咎（福と禍、吉と凶）なり。艮《ごん》（䷳）は止まり、震《しん》（䷲

☳）は起るは、天理の存を存するなり（繋辞上伝第七章に、「性を成して存を存す」という）。商（殷）周は、人を尽くして以て天に合す。剥《はく》を継ぎて息（安息）を静に観る、故に帰蔵（殷の易）は坤《こん》を首《はじめ》とす。復《ふく》に由りて備《つぶさ》に其の盛を致す、故に周易は乾《けん》を首とす。夏后は、天に本づきて以て人を治む。震《しん》を先にして以て始めを終りに立つ、故に連山（夏の易）は艮《ごん》を首とす。艮《ごん》を首とするは、其の終りを厚くして以て始めを成すを首とす。人事の利害は後に百変するも、天道は其の上に立ち、恒に止まりて遷らず。陰衆きも陽は傷《やぶ》れず、乱極まるも治は主（陽）有るは、皆《とも》に天の、人の事を治むる所なり。而して屑屑然《せつせつぜん》（あくせくして）として既に生じ既に盛んなるに従《よ》りて、以て功を致さず。乃ち以て百変を歴して抜けざる可し。

殷の帰蔵と周の周易が人事の休咎をいう易であるのに対し、夏の連山が天理の存存をいう易であることを述べる。帰蔵が坤《こん》を首《はじめ》に置くのは、剥《はく》の世を静の坤《こん》が継ぐことによって坤《こん》の安息を得るためであり、周の周易が乾《けん》を首に置くのは、復《ふく》の一陽が長ずることによって乾《けん》の盛を得るためである。ともに人を尽くして天に合することを求める。それに対し夏の連山は、天幾が動く震《しん》（☳）の始めの一陽を終りに立てる艮《ごん》（☶）を以てする。それは上九の爻辞に「艮《とど》まるに敦し」というように、終りの陽（艮《ごん》の上九）を厚くすることによって、始め（震《しん》の陽）を成す艮《ごん》を尊ぶからである。衆陰の上に立ってそれを止める艮《ごん》の陽は、遷らず功をなさないことによって、人事の百変を歴して抜けざる天道を示すものである。人が生じ人事が盛んとなった後から、その功を求めるものではない。以下、夏道の艮《ごん》止の徳をたたえる。

禹の水を治むるや、以て其の流れを治むるは、其の源を治むるに如《し》かずと為す。故に先ず山を条《おさ》（修）めて、而る後に水を析《わか》つ。則ち夏道は、固より山に詳し。其の治教の宗を建つるは、則ち洪範（『書経』）に存す。洪範の疇《ちゅう》（九疇）は、「建つるに皇極を用う」（洪範）。極とは上に在る者なり、建つとは則ち其の止むるなり。洛書の数は、九を載せて一を履む。一は皇極為り、則ち艮《ごん》の一陽是れのみ。於《ここ》に以て終りを成す、故に極は上に立つ。於《ここ》に以て始めを成す、故に一は下に履む。乃ち其の数は、則ち九に尽きて十に及ばず。天徳の存を存するは、陽（一）を以て始め、陽（九）を以て終る。陰をして之が卒《おわ》りと為すを得《え》使めず。

禹が洪水を治めるとき、まず上源を治めることによって下流を治めようとした。すなわち源に在る山（艮《ごん》）を治めることから始めた。夏道は、艮《ごん》の山に詳しいものである。またその治教の本を建てたのは、洪範に見ることができる。その洪範に「建つるに皇極を用う」といい、皇極の一を上に建てて止《とど》めた。しかも九疇の九は、一を履むことから始まる。すなわち一は皇極であり、艮《ごん》☶の一陽である。艮《ごん》の一陽は終りを成すことによって皇極は上に建ち、また一は始めを成すことによって九の下を履む。艮《ごん》の一陽は天徳の始終を成すものである。洛書は、禹が洪水を治めたとき、洛水から現れた神亀が背に負うた模様。一から九の数を記し、禹は洛書によって洪範の九疇を作るという。なお、一から十の数を記すのは河圖《かと》、伏羲がそれによって八卦を定めたという。洛書の一と九、そしてそれに基いた洪範の皇極の一と九疇の九は、ともに陽数であり、かくして夏の連山易は陽を以て始終する。

其の制治の道は、則ち忠を尚ぶ。忠とは、心の自ら尽くすなり。自ら尽くして物交わるの利害を恤《うれ》えず、誠を存して以て情欲の遷流するを治む。聖人にして下士の祇敬《しけい》（恭敬）を修め、天子にして匹夫の労苦を躬《みずか》らす。功は天地に配して矜《ほこ》らず、名は万世に満ちて争わず。蓋し盛に処るも、而も衰を治むるの道を以て之に居れば、則ち衰に極まるも、盛は復《また》用う可からざるに非ず。

夏の道が、自ら尽くす艮《ごん》を行うことをいう。「誠は天の道なり、之を誠にするは人の道なり」（『中庸』第二十章）という。天を人が存するのが忠であり、また艮止の道であるからである。禹は聖人の身を以て下士の修むべき祇敬を以てし、天子の位に在りながら自ら匹夫の労苦に従った。その功業は天地に配すべきものであるが自ら誇らず、その名声は万世に満ちながら自ら求めたのではない。それは治道の終りの盛に在っても、衰を治める始めの道を以てすれば、たとい衰の終りに極まっても再び盛を始めることができるからである。かくして夏道は始終を厚くし、盛衰の往来を起すことができる。その道を躬行したのは、夏朝の祖の禹である。

是の故に、揖譲《ゆうじょう》の終り（堯が舜に禅譲し、また舜が禹に禅譲したこと）を継ぎて、其の流を持し（夏の王朝を保ち）、世及の統を創《はじ》めて（禹が子に君位を継がしめ、夏朝を建てたこと）、其の始めを貞しくす。自ら其の厚きを敦《あつ》くし、化は之を薄くするを得ず。其の興るや、行を沴《みだ》すの天（洪水をいう。『書経』舜典に、「讒説、行を殄《みだ》す」という）有り、族を圮《やぶ》るの父（禹の父の鯀《こん》。『書経』堯典に、「命に方《そむ》き族を圮る」という）有り。其の衰うるや、洛汭《らくぜい》の奔（夏の啓の子である太康が、有窮氏羿《げい》に逐われたこと）有り、有窮の簒（有窮氏羿《げい》が、后《きみ》として立ったこと）有り。興るは待つ所無く、衰うるは淪亡せず。

夫の商（殷）周の興るに、世徳は先を開きて以て其の盛を用い、其の陵夷《りょうい》（衰亡）するに迨《およ》びては、一たび解きて復《また》張る可からざるが猶《ごと》きに非ず。何となれば、終りの道を以て始めを治むるに非ざれば、則ち変故（変事）は謀らざるに猝《にわ》かに起り、懐来する（諸侯をなつけ、百工を来らしめる）こと固より薄ければ、必ず以て之を終りに裕《ゆた》かにする无ければなり。艮《とど》まるに敦きの吉（上九の爻辞にいう）は、大禹に非ざれば、其れ孰《たれ》か能く之に当らん。王者起る有りて、終りを永くするの図《と》（謀りごと）を建つるは、其れ尚《ねが》わくは師を択ぶに審らかならんかな。

禹が、始終に厚き艮《ごん》の道を守ったことをたたえる。堯が舜に位を譲り、また舜が禹に譲ったその終りを継ぎ、その終りを厚くすることによって子子相継ぐ夏の王朝を始めたのは、始めを貞しくしたものである。かくして夏朝が興るときは待つ所無く洪水を治め、父の鯀を羽山で殛し（『書経』舜典に、「鯀を羽山に殛す」という）、たとい衰えても淪亡しなかった。

それは、殷周が湯王と文王の盛徳を用いながら、一たび衰亡に赴いて再び威を張ることができなかったのとは異なる。なぜかといえば、禹のように終りの道を以て始めを治める艮《ごん》の道によらなければ、変事は思いがけぬことから突発し、懐来する徳が敦《あつ》くなければ、終りを永くすることができないからである。船山が人を尽くして天に合する商周の道を斥けてまでここに夏道をたたえるのは、明の崩壊の中から永終の国を建てるには、大禹を師とする以外にないと念ずるからである。なお永終は、帰妹《きまい》の大象に「君子は以て終りを永くし敝《やぶ》るるを知る」という。

䷴　漸《ぜん》（艮《ごん》下巽《そん》上）

性情は節有るを以て正しく、功効は地を易《か》うるを以て施す。授くるに節を以てせざれば、欲に逢いて志を遂ぐるの利しきに非ず。苟くも其の地に拠れば、名を虚しくし用を実にするの資を喪う。故に陰は升るを以て嫌と為さず、陽は降るを以て損と為さず。

漸《ぜん》䷴は、否《ひ》䷋の六三の陰が上って六四となり、否《ひ》の九四の陽が下って九三となった象である。漸《ぜん》の彖辞に「漸《ぜん》は、女の帰《とつ》ぐに吉なり。貞しきに利し」といい、『周易内伝』は「卦は、否《ひ》卦の変に因りて義を立つ。否《ひ》は、上を陽（乾《けん》）とし下を陰（坤《こん》）とし、各々其の処に拠りて交わらず。漸《ぜん》は、則ち坤《こん》上の陰（否《ひ》の下卦坤《こん》の上に在る六三）は、四（漸《ぜん》の六四）に上りて以て相入り（漸《ぜん》の上卦巽《そん》は、入る意）、乾《けん》下の陽（否《ひ》の上卦乾《けん》の下に在る九四）は、三（漸《ぜん》の九三）に下りて焉《こ》れに止まる（漸《ぜん》の下卦艮《ごん》は、止まる意）。陰陽は是に於いて交わるを得て、以て否塞を消す。而して陰の進み（否《ひ》の六三は進爻）、陽の退く（否《ひ》の九四は退爻）は、其の密邇《みつじ》たる者（否《ひ》の六三と九四）の潜かに中に移る（漸《ぜん》の六四と九三の人位に移る、人位は天位と地位の中に在る）を以て、相就し易く徐ろに相浹《あまね》し。故に其の卦は漸《ぜん》と為す。漸《ぜん》以て否《ひ》を消し、而して剛柔は交わり、凶（否《ひ》）を化して吉（漸《ぜん》）と為す」という。坤《こん》下乾《けん》上の否《ひ》がそれぞれ陽の上と陰の下の地に拠って交わらなければ、徒らに乾《けん》上坤《こん》下（否《ひ》）の名を立てるだけで、陰陽の実を用いるという功用は失われる。否《ひ》の六三が六四に升り、その九四が九三に降ることによって、漸《ぜん》の吉を得ることができる。

夫れ陰陽、数は敵（匹敵）し、各々其の地に拠りて以て其の欲する所に順えば、性情は介して（媒介して）以て通ずる無く、功効は以て小成して（否《ひ》の上卦乾《けん》と下卦坤《こん》は、小成の卦である）建たず。夫れ乃ち、以て否《ひ》の道の成るを為す。

二（六二）と五（九五）は、否《ひ》（䷋）の主なり。或いは磐《いわ》に拠りて（漸《ぜん》の六二の爻辞に、「鴻、磐に漸《すす》む」という）以て安きを図り、或いは陵《おか》に登りて（九五の爻辞に、「鴻、陵に漸む」という）以て自ら尊ぶ。安んずる者（六二）は其の危うきを戒めて往かず、尊ぶ者（九五）は下るを恥じて来らず。

三（九三）と四（六四）は、位は其の任に非ざるも（三と四は人位である）、両君（六二と九五）の遷るを重《はば》かるを鑒《み》て、事外（内卦の上の三と外卦の下の四）に奮い、密邇（三と四という近さ）に因り、位を易《か》えて以て少長（内卦の艮《ごん》は少男、外卦の巽《そん》は長女）の歓を合す。抑《また》、性を節して其の功を喪わずと謂う可し。

三陰三陽の否《ひ》は数は相匹敵し、しかも三陰は陰にふさわしい下卦に居り三陽は陽にふさわしい上卦に居り、陰陽の性情は相通せず、それぞれ小成の功を恃んで陰陽相交わる功効が建たない否《ひ》の道を成している。

それは否《ひ》の主である六二と九五が、中を恃んで遷らず、そのまま漸《ぜん》の六二と九五となっていることによる。六二は平らな磐に拠って自ら安んじ、九五は高い陵に登って自ら尊んでいる。自ら安んずる六二は敢えて上に往かず、自ら尊ぶ九五は下ることを恥じて敢えて下に来ない。

六二の爻辞に「鴻、磐に漸む。飲食衎衎《かんかん》たり。吉なり」といい、『周易内伝』は「磐《いわ》は、大石の平らかにして固き者なり。鴻、漸進して此に止まるは、尤も以て安んず可し。二（六二）は、柔、位に当りて（陰が二の陰位に居る）中す。故に此の象有り。衎衎とは、和楽の貌なり。之に居ること安んずれば、則ち自得す（『孟子』離婁下に、「之を自得すれば、則ち之に居ること安んず」という）、故に吉なり。漸《ぜん》の卦は陰陽の交わるに、近くして相比す。交道の正に非ず、故に皆止まりて躁ならざるを以て吉と為す」という。

九五の爻辞に「鴻、陵に漸む。婦、三歳孕まず。終に之れ吉なるに勝《た》うる莫し」といい、『周易内伝』は「鴻の南するや、鴈門《がんもん》（山西省の鴈門山）の塞を経《ふ》、謂う所の陵《おか》なり（九五の爻辞に、「鴻、陵に漸む」という）。前者（上九）は已に陸（逵《き》、雲路）に至り（上九の爻辞に、「鴻、陸に漸む」という）、後者（九五）は尚《なお》陵に集《つ》き、高きに居りて遽《にわ》かには下らず。漸《ぜん》の正を得たる者なり。九五は尊に居りて位を得たり（陽が五の陽位に居る）、故に此の象有り。婦とは、四（六四）を謂う。四（六四）出でて（否《ひ》の六三が内卦坤《こん》を出て）外（漸《ぜん》の外卦巽《そん》）に帰《とつ》ぎ、五（九五）之が主と為るは、其の正配なり。四（六四）は上に進まんと欲するも、五（九五）は遠く引きて相狎《な》れず。即ち（即座に）相交わらずして孕まざるの象有り。孕まずとは、相接せざるなり。然れども四（六四）の情は既に篤く、五（九五）は安んぞ能く終に之を拒まんや。唯其（六四）の好を求むに遽《にわ》かなるを聴《ゆる》さず、漸にして乃ち相接す。則ち象伝に「進むに正を以てすれば、以て邦を正す可し」と謂う所の者なり。故に其の吉なるに勝《た》えず」という。

九三と六四は、否《ひ》の主である六二と九五が動こうとしないのを見て、君たる六二と九五が担うべき任を自ら引き受け、三と四という密邇たる位を敢えて易え、ここに下卦艮《ごん》の少男と上卦巽《そん》の長女の交歓をなす。否の九四は退爻であることによって陽の性を節して漸《ぜん》の九三に下り、また否《ひ》の六三は進爻であることによって陰の性を節して漸《ぜん》の六四に上り、ここに否《ひ》の道の凶を変じて漸《ぜん》の道の吉を成すことができる。九三と六四の爻辞についての『周易内伝』は、あとに示す。

而るに、或いは則ち之を疑う。之を疑う者は、直《ただ》に陽（否《ひ》の九四）の三に来る（漸《ぜん》の九三）を疑うのみに匪ず、甚だ陰（否《ひ》の六三）の四に往く（漸《ぜん》の六四）を疑う。遠きを図りて以て尊（九五）に偪《せま》るは、則ち其（六四）の志は遜《そん》なるも（上卦巽《そん》は遜順であり、また四は退爻である）、行は亢するかと疑う。邇《ちか》きに就きて以て合するを謀るは、則ち其（六四）の情は正しきも、礼は愆《たが》うかと疑う。其れ何を以て、之の子（外卦巽《そん》の長女、六四）の貞を保たんや。

陽が九三に下ることよりも、陰が六四に上って九五に偪ることが、疑わしきことである。六四の小象に「順にして以て巽《い》（入）る」といい、『周易内伝』は「柔順にして以て二陽（九五と上九）に巽入《そんにゅう》す、群（否《ひ》の下卦坤《こん》の三陰）を離れて孤往すと雖も、安んず可し」という。上卦巽《そん》にある六四は巽《そん》順の情をもつが、九五の尊に偪るのは行に亢するのではないかと疑われ、また九五に近づき情を交えようとするのは礼に背くものではないかと疑われる。之の子の貞は、『詩経』周南の桃夭に「之の子于《ゆ》き帰《とつ》ぐ」といい、巽《そん》の長女についていう。

夫れ陰陽の合するは、男は先に女に下る（咸《かん》の象伝による）。沢山（咸《かん》は、艮《ごん》（山）下兌《だ》（沢）上）の、気を通ずる所以なり（説卦伝第三章と第七章に、「山沢は気を通ず」という）。陽（否《ひ》の上卦乾《けん》の上九）は極まりて往く所无く、其の衰（否《ひ》の上九）を用いて以て来りて内に主たり（咸《かん》の内卦艮《ごん》の主である九三となる）。則ち咸《かん》（䷞）は、其の盛に処る。陽は穉（幼）にして（否《ひ》の九四）交わるに浜《ひん》（瀕）し、其の新（否《ひ》の九四）を用いて以て来りて内に主たり（漸《ぜん》の内卦艮《ごん》の主である九三となる）。則ち漸《ぜん》（䷴）は、固より其の衰に処る。或いは地（否《ひ》の下卦坤《こん》）を散じて応を得（咸《かん》）、或いは畛《しん》（界）を鄰《となり》して応を失う（漸《ぜん》）。是れ、且に盛衰を以て離合の多少を分たんとす。

乃ち合する所多き者（咸《かん》）は、近く之を身に取り、手足心口は交々営みて以て交感す。合する所少なき者（漸《ぜん》）は、遠く之を物に取り、且つ前《すす》み且つ卻《しりぞ》き、暫く処りて以て安きを図る。則ち咸《かん》は易くして、漸《ぜん》は抑も難し。陽は寇を禦ぐの心有り（漸《ぜん》の九三の爻辞に、「寇を禦ぐに利し」という）、陰は必ず得るの桷《かく》无し（漸《ぜん》の六四の爻辞に、「或いは其の桷を得、咎无し」という）。此に於いて、能く其の党を舎《お》きて以て上に賓たり（否《ひ》の六三が同類の下卦坤《こん》を離れて、上卦の賓位である漸《ぜん》の六四に居る）、失位の陽を召《まね》きて以て来りて主たり（陽でありながら四の陰位に居る否《ひ》の九四を招いて、漸《ぜん》の下卦艮《ごん》の主である九三となる）。則ち、陰は亦賢なるかな。

漸《ぜん》は咸《かん》に比べ、陰陽交感の難に於いて、六四の陰が否塞の道を消すことを述べる。咸《かん》の象伝に、「咸は感なり。柔上り（否《ひ》の下卦坤《こん》の六三が上って、咸《かん》の上六となる）剛下り（否《ひ》の上卦乾《けん》の上九が下って、咸《かん》の九三となる）、二気感応して以て相与にするなり。止まりて（下卦の艮《ごん》）説《よろこ》び（上卦の兌《だ》）、男は女に下る（艮《ごん》は少男、兌《だ》は少女）。是を以て、亨りて貞しきに利しく、女を取《めと》りて吉なり（彖辞）」という。それは咸《かん》䷞が、否《ひ》䷋の上九の陽が極まって衰え、九三に来て内卦艮《ごん》の主となっており、咸《かん》の九三はもと陽の極まった上九であるから盛に処る。しかし漸《ぜん》䷴は、同じく否《ひ》の卦を変ずるが、否《ひ》の上卦乾《けん》の稺なる九四が下卦坤《こん》に際し、否《ひ》の上卦乾《けん》の新たに起った九四が内卦に下って漸《ぜん》の下卦艮《ごん》の主である九三となっている。漸《ぜん》の九三はもと稺なる者であるから衰に処る。咸《かん》は、否《ひ》の下卦坤《こん》（地）を九三の陽が散ずることによって、九三は上六の陰の応を得て感通する。しかし漸《ぜん》は、九三と六四が内外の卦の際に瀕しながら、すでに下った九三の陽はもはや六四に応じようとしない。盛に居る咸《かん》は合し、衰に居る漸《ぜん》は離れる。

かくして咸《かん》は、初六の爻辞に「其の拇《ぼ》に咸ず」といい、六二の爻辞に「其の腓《ひ》に咸ず」といい、九三の爻辞に「其の股《こ》に咸ず」といい、九四の爻辞に「憧憧《しょうしょう》として往来すれば、朋、爾《なんじ》の思いに従う（九四は九三と九四と九五の三陽の中に在り、心にたとえる）」といい、九五の爻辞に「其の脢《ばい》（背中の肉）に咸ず」といい、上六の爻辞に「其の輔頬舌（上あごと頬と舌）に咸ず」というように、身近な手足心口が交感する。それに対し漸《ぜん》は、初六の爻辞に「鴻、干（みぎわ）に漸む」といい、六二の爻辞に「鴻、磐《いわ》に漸む」といい、九三の爻辞に「鴻、陸に漸む」といい、六四の爻辞に「鴻、木に漸む。或いは其の桷《かく》を得たり」といい、九五の爻辞に「鴻、陵に漸む」といい、上九の爻辞に「鴻、陸（逵、雲路）に漸む」というように、それぞれ外物により、進んでは暫く止まり、また退いては安きを図るだけである。すなわち盛に処る咸《かん》は易く、衰に処る漸《ぜん》は難である。

九三の爻辞について、『周易内伝』は「初（初六）と二（六二）と四（九四）は、鴻の漸《すす》みて往くなり。三（九三）は則ち其の漸みて来るなり。（中略）卦徳は漸進を為して、三（九三）と四（六四）は動くこと占に見《あらわ》ると雖も、則ち未だ漸む能わず。（中略）三（九三）は既に下り、復《また》上る可きの理無し。則ち初（初六）二（六二）と合して、内に止まる（内卦は艮《ごん》である）。寇を禦ぐ（九三の爻辞に、「寇を禦ぐに利し」という）を以て否《ひ》を消し、其の生を捐《す》て、其の家を恤《うれ》えずして可なり。剛（九三）は其の位に当る（陽が三の陽位に居る）、故に此の利しき有るを得たり」という。

六四の爻辞について、『周易内伝』は「鴻は趾《あし》に幕有りて、木棲す可からず。唯桷《かく》（椽《たるき》のように横に平らにのびた枝）を得れば、則ち暫く安んず可し。（中略）其の位に当る（陰が四の陰位に居る）を以て、故に或いは其の桷を得たり。或いはとは、必ずしも得ざるの辞なるも、亦理の得可き者なり。陰（六四）は進みて外（外卦の巽《そん》）に往き、以て五（九五）と上（上九）の剛を順承す。変じて（否《ひ》の六三が漸《ぜん》の六四に上り）其の正を失わず（六四が四の陰位に居る）、故に三（九三）より賢にして、咎无し」という。衰に処り陰陽交感の難に在る漸《ぜん》において、否《ひ》の六三が敢えて下卦坤《こん》を去って六四に往き、漸《ぜん》の上卦巽《そん》の巽《そん》順の徳を得、かつまた否《ひ》の位を失った（陽が四の陰位に居る）の九四の陽を招いて漸《ぜん》の下卦艮《ごん》の主（九三）とするのは、六四の陰が賢であるからである。

故に女に下るは男の常なり（咸《かん》の彖伝に、「男は女に下る」という）、女の帰《とつ》ぐは女の変なり（漸《ぜん》の彖辞に、「漸《ぜん》は、女の帰ぐに吉なり。貞しきに利し」という）。変じて正に之《ゆ》きて以て正を得、正を恃みて不正の虞《おそ》れを滋《ま》す（咸《かん》についていう）と、変じて不正に之きて以て正を得、既に正にして大正の終りを望む（漸《ぜん》についていう）とには、則ち間有り。故に咸《かん》は亨り、専ら女に期するに貞を以てし（咸《かん》の彖辞に、「咸《かん》は亨る。貞しきに利し」という）、漸《ぜん》は貞しきに利しく、女の帰《とつ》ぐの吉を早く決す（漸《ぜん》の彖辞に、「漸《ぜん》は、女の帰ぐに吉なり。貞しきに利し」という）。

是に由りて之を言えば、四（漸《ぜん》の六四）の往くや、恒経を矯払して（曲げて戻《もと》る）、以て命を相求めざるの陽（漸《ぜん》の九五）に聴く。大功は允《まこと》に帰し、恒性は未だ乱れず。固より近きに就きて遷り、尊（九五）に偪《せま》りて処るを以て、之が疑いを為すを得ず。

咸《かん》は否《ひ》の上九の剛が下って九三に居る象であるのに対し、漸《ぜん》は否《ひ》の六三の陰が六四に往く（帰《とつ》ぐ）象である。陰が変ずる場合、正を恃んで不正の虞れを抱く咸《かん》と、大正の終りを望む漸《ぜん》とには差がある。すなわち咸《かん》の上六と九三は、それぞれ陰陽の正に居て感をなすが、正を恃むことによって却って不正の虞《おそ》れがある。九三の爻辞に「其の股に咸ず。執りて其れ随う。往けば凶なり」といい、『周易内伝』は「陽は上（否《ひ》の上九）自り三（九三）に来り、以て否《ひ》を変じて通ぜ使む。乃ち位は剛（三）にして志は進み（三は進爻である）、上は両陽（九四と九五）と類を為し、陽に随いて往くの象有り。蓋し偶然に以て感じ、而して相感ずるの情は固からず。（中略）乃ち情は終に陽に随いて以て往かんと欲するも、固く合するの志無し。吝の道なり」という。また上六の爻辞に「其の輔頬舌に咸ず」といい、『周易内伝』は「上（上六）は最も外に居り、以て感を受け易し。陰は三（否《ひ》の六三）を舍《お》きて上り（上六）、中に由らずして外に馳騖《ちぶ》す。此れ道聴塗説して（輔頬舌は口の部分である）徳を棄つる所以なり。凶咎と言わざるは、得失は常無く、吉凶は抛る無ければ、易は之が為に謀らず」という。

それに対し、漸《ぜん》の六四は否《ひ》の六三が陰柔の性を以て進んで四に往き、陰の正である六四の位を得、かくして否《ひ》の九四が三の陽位に下って大（陽）の正を得た象である。このことによって、漸《ぜん》が女の帰ぐの吉なることは、否《ひ》の六三が変じて六四となった振舞いによってすでに明らかである。漸《ぜん》の六四は陰静という恒性に背いて敢えて上に往き、九五に従って大功を得ることができる。命を相求めざるの陽とは、九五の爻辞に「婦は三歳孕《はら》まず。終に之れ吉なるに勝《た》うる莫し」といい、その『周易内伝』はすでに示した。

象伝に「漸《ぜん》の進むや、女の帰ぐに吉なり。進みて位を得、往きて功有り。進むに正を以てすれば、以て邦を正す可し」といい、『周易内伝』は「進むとは、陰進むなり、六四を謂う。漸《ぜん》の進むは、唯女の帰《とつ》ぐを吉と為し、他は用う可からざるの意有り。陽は上り陰は下り、各々其の安んずる所を怙《たの》む（否《ひ》の象についていう）、（漸《ぜん》は）陰（否《ひ》の六三）進みて而る後に陽（九三）は之に下る。故に女帰ぐの義有りて、吉なり」という。従って否《ひ》の六三がすぐ近くの漸《ぜん》の六四に遷って九五の尊に迫るからといって、六四の恒性は疑うことができない。

今夫れ鴻の来りて賓し、往きて遭《とど》まるや、寒暑と恒に反を相為して、以て其の亢（過亢、厳寒と炎暑）を逃る。而して且つ往き且つ来り、日に櫛比《しっぴ》（相連なる）の南北に密移し、往来に速やかなる有るに非ず。日に漸進して以て陰陽の和に就くは、是れ亦恒に労して漸く保つならずや。則ち幾に因りて以て変じ、否沴《ひれい》（否塞）を消して陰陽を節する者は、此に視《なら》う。

初六の爻辞に「鴻、干《みぎわ》に漸む。小子（初六）は厲うし。言有るも咎无し」といい、『周易内伝』は「卦の諸爻、皆象を鴻に取るは、鴻は飛ぶこと漸を以てし、迫らず息《や》まざればなり。卦爻の位は、外（外卦）は高くして内（内卦）は下り、内は陽の南にして外は陰の北なり。鴻は北自り南し、陽鳥と曰う。禹貢の所謂「陽鳥の居る攸なり」（『書経』禹貢に、「彭蠡（鄱陽湖）既に豬《ちょ》（水たまり）なれば、陽鳥の居る攸なり」という）。三（九三）は外自りして内し（否《ひ》の九四が、外卦から漸《ぜん》の内卦の九三に来る）、下に漸《すす》みて南に嚮《むか》う。鴻の来りて賓するや、秋冬に於いてす。四（六四）は内自り外し（否《ひ》の内卦の六三が、漸《ぜん》の外卦の六四に往く）、上に漸《すす》みて北に往く。鴻の北に郷《むか》（嚮）うなり。三（九三）の陽下れば、則ち五（九五）と上（上九）とは且に来らんとするの勢い有り。四（六四）の陰上れば、則ち初（初六）と二（六二）とは且に往かんとするの勢い有り。而るに固より未だ来らず未だ往かず、近き者は先に移る。故に漸と曰う。（中略）干とは、水の涯なり。南方は水艸の地なり、鴻の安んずる所なり。進みて此に於けるは、徘徊して更に進むを欲せざるの情有り。初六は柔にして下に居る、故に其の象有り。而して柔弱にして小子為り、時は方《まさ》に進むも遅回して（逡巡して）敏ならず。群は将に孤ならんとす、故に厲うし。四（六四）は、其（初六）の群を同じくして相応ずる者なり。四（六四）は往きて初（初六）は止まり、四（六四）は相責めざる能わず、故に言有り。然れども漸《ぜん》の道為るは、迫らざるを以て美と為す。則ち時は尚未だ至らず、姑《しばら》く止まりて待ち、安きに安んじて而る後に能く遷る（『礼記』曲礼上）、故に咎无し」という。

上九の爻辞に「鴻、陸《き》に漸む。其の羽、用て儀と為す可し。吉なり」といい、『周易内伝』は「陸とは、旧説（朱子『周易本義』）は以て逵の字の譌《か》なり、韻（逵《き》と儀《ぎ》）と義（雲路と法）と皆《とも》に通じ、雲路を謂うと為す。上（上九）は至高の位に処り、巽《そん》風（上卦巽《そん》は風）の上に乗ず、乃ち雲際に翺翔《こうしょう》して（高く飛ぶ）下るを欲せざるの象なり。羽は以て飛ぶ所なり、儀は法なり。三（九三）と四（六四）は交々移り、密邇の情を以て進退を為す。上（上九）は之を去ること遠く、最も高きに止《とど》まりて下らず。蓋し鴻の南するや、寒を違《さ》け暵《だん》（暖）に就き、水艸稲粱の郷に適《ゆ》くは、栄を希《ねが》うの情有り。雲路に翔りて屑《せつ》ならず（細く心を用いない）、君子は身を愛して以て道を愛す。楊雄の「鴻飛ぶこと冥冥たり、弋者《よくしゃ》（いぐるみする者）何ぞ慕わん」と謂う所なり（楊雄『法言』の問明巻第六）。頑を砭《へん》し（戒しめ）懦《だ》を起たしめ、以て百世の師と為す可し（『孟子』尽心下に、「聖人は、百世の師なり。伯夷、柳下恵是れなり。故に伯夷の風を聞く者は、頑夫も廉なり、懦夫も志を立つる有り）」という。

鴻が南に来て暫く留まり、北に往って暫く滞在するのは、北の厳寒と南の炎暑を避けるためである。寒暑と恒に反を相為すとは、北方に冬の厳寒が訪れると鴻が南方に移り、南方に夏の炎暑が訪れると鴻が北方に移ることをいう。しかも相連なる南北、南と北との間のそれぞれの地に近く次々と移り、陰陽の和の然るべき地に漸進してゆく。このことこそ、否塞を消して陰陽を節する君子が従うべきものではないか。

或いは曰く、「寒暑は陰陽の正なり、避く可からず。而るに之を避くるは、是れ躁は寒に勝ち、静は熱に勝つの説なり。豈以て性命の正を受けんや。則ち鴻に於いて、奚《なん》ぞ焉《こ》れを取らんや」と。

曰く、陰の必ず寒く、陽の必ず暑きは、正なり。下に怙みて以て祁《き》寒《かん》（大寒。『書経』君牙に、「冬の祁寒」という）有り、上に亢して以て盛暑（同じく君牙に、「夏の暑雨」という）有るは、亦其の過ぐるなり。過ぐるは陰陽に在り、而れども、物或いは之に因りて以て否と為す。否は、定数有るも定気无し。密に遷りて以て其の和に就くは、則ち寒暑は変ず可からざるの勢い有るに非ず。亦陰陽の沖和（調和）に与《お》けるや、夾輔して流行し、必ずしも卯酉（東西）の仲（中）、春秋の分に於いて、限を刻して以て和を定時に求むるに非ざるを見るに足る。

寒暑は陰陽の正であるから、避けるべきではない。而もそれを避けるのは、躁動によって寒に勝ち、安静によって熱に勝つという説である。そのことによって性命の正を受けることはできないとして、鴻の漸進を斥けるものがある。陰が寒く陽が暑いのは正であるにしても、陰が下に居て盛を恃《たの》んで冬の厳寒となり、陽が上に亢し盛を恃んで夏の炎暑となるのは、陰陽の過ぎたものである。それは陰陽の定数であるにしても、万物にとっては否塞の害となる。否は、また三陰が下に居り三陽が上に居る否《ひ》☰☷をいう。過高の否を避け沖和を求めるのは、また人の為すべきことである。ただ否は陰陽の定数であるにしても定気がないのであるから、漸進漸退というその時に応じた対処が必要である。しかも陰陽は互いに夾輔して流行し太和をなすものであるから、必ずしも春と秋という定時にそれを求めるものではない。

善く天に事うる者は、其の過を避け其の和に就く。臣は君を匡《ただ》すを得、子は父を幹《ただ》すを得たり（蠱《こ》の初六と九三と六五の爻辞に、「父の蠱を幹す」という）。而して无跡の檠括《けいかつ》（匡正）に密用転移すれば、則ち情理は交々協い、允《まこと》に君子の心を用うるに合す。其の欲に逢わず、其の実を喪わざれば、則ち否塞の世と雖も、沖和の気は固より未だ嘗て亡びず。功を天地に為さんと欲する者は、自ずから密運の権有り。斯《ここ》に以て、変じて其の正を失わず。然らずして、之を違《さ》くる所无く、之に就く所无く、以て往来に恝《かい》（意を用いない）たれば、則ち秋に乗じて撃ち、鷙鳥《しちょう》（猛禽）と為るのみ、春に当りて振い、昆虫と為るのみ。其れ将《また》、鷙鳥と昆虫を以て、性命の正と為さんや。

天に善く事える者は、自然のままに従うのではなく、禍を避け和を求める努力を尽くす。臣は君を匡《ただ》し、子は父を幹《ただ》すことができる。そのとき目に見えない匡正をひそかに用いて君父の心を動かせば、情と理はともに協い、それこそ君子の心を用いるものとなる。君子が己の欲を遂げず、心の実なる誠を失わなければ、たとい否塞の世であっても、その中に沖和の気が通貫する。天地に功をなそうとする者は、このように密《ひそ》かに時に応ずる謀りごとを行う。かくして事を変えても正を失うことはない。それに対し自然に委ねて禍を違《さ》けず和に就くことなく、時勢の変転往来に任せて無為にすごせば、時に乗じて鷙鳥となり昆虫となる他ない。鷙鳥と昆虫を、性命の正を得たものとすることができようか。

大象に「山（艮《ごん》）の下に木（巽《そん》）有るは、漸《ぜん》なり。君子は以て（賢）徳に居り俗を善くす」といい、『周易内伝』は

「別ちて（巽《そん》は風であるのに）木と言うは、山（艮《ごん》）上の風（巽《そん》）、物を動かして之を長養するは、木に験あればなり。艮《ごん》の止は以て徳に居り、巽《そん》の風は以て俗を善くす（『論語』顔淵に、「君子の徳は風なり、小人の徳は草なり。草は之に風を上《くわ》うれば、必ず偃《ふ》す」という）。止まりて遷らず（下卦の艮《ごん》、艮は止まる）、入りて迫らず（上卦の巽《そん》、巽は入る）。君子は徳を身に体し、之に居りて安んじて俗を善くす。教を俗に敷き、養うに善を以てして自ずから化す。皆《とも》に浸漸に由りて深し。漸《ぜん》は、学ぶと誨《おし》うるの善術なり（『論語』述而に、「子曰く、黙して之を識り、学びて厭わず、人に誨えて倦まず」という）。世に豈一言の悟りにして聖の徒と為るに足り、俄頃の化にして物をして皆善なら令むること有らんや。異端の頓教（頓成の教法。漸教に対する）の、世を惑わし民を誣うる所以なり。『本義』（朱子『周易本義』）は、賢の字は疑うらくは衍なりと云う」という。

䷵　帰《き》妹《まい》（兌《だ》下震《しん》上）

物の始めて盛んなるや、性足りて効待つ有り。性足れば、則ち必ず感じて諸《こ》れを情に発す。効待つ有れば、則ち必ず動きて其の功を致す。其の感じて動くに已《や》む容《べ》からざる者は、変ずるなり。功を立つるに時を以てし、情を定むるに節を以てすれば、則ち変じて其の正を失わず。変じて其の正を失わざれば、物も亦正を取る。

然りと雖も、正を変ずる有りて自《よ》り、不正も亦此れに由りて興る。故に功興りて妄なり、情興りて淫なり。天地すら其の貞を保つ能わず、而るを況んや人に於いてをや。雨と日（太陽）交わりて虹霓《こうげい》現れ、昏姻通じて奔乱《ほんらん》生ず。其の始めは、皆《とも》に不正有りて以て之が階を為すに非ず。

帰妹《きまい》䷵が、泰《たい》䷊から変じたことをいう。泰《たい》は物の盛であり、性は足り効は待つことによって、必ず感じて入り、動いて功を致すことが起る。感じて入るとは、泰《たい》の上卦坤《こん》の六四が六三に下って兌《だ》☱となること。動いて功を致すとは、泰《たい》の下卦乾《けん》の九三が九四に上って震《しん》☳となること。帰妹《きまい》は、兌《だ》下震《しん》上である。帰妹《きまい》は泰《たい》が変じて不正が興ったものである。かくして上卦震《しん》の主である九四の功は妄となり、下卦兌《だ》の主である六三の情は淫となる。長男の震《しん》と少女の兌《だ》が、上卦と下卦の際に在って安易に交わって奔乱が生ずる。しかしその始めは、陰陽の不正が因をなしているのではない。

彖辞に「帰妹《きまい》は、征けば凶なり。利しき攸无し」といい、『周易内伝』は、「往きて之に即《つ》きて以て家を為すを、帰《とつ》ぐと曰う。女の帰ぐ（漸《ぜん》☴☶の彖辞にいう）は、女（六四）は外（外卦）に適《ゆ》き、夫の家（否《ひ》☰☷の上卦乾《けん》）を以て帰ぐと為す。帰妹《きまい》は、男（九四）は其の家（泰《たい》☷☰の下卦乾《けん》）を含《お》き、出でて女（泰《たい》の上卦坤《こん》）に就きて以て帰ぐと為す。卦は、泰《たい》自り変ず。陰陽は本より定交有るに、乾《けん》（泰《たい》の下卦）の上の陽（九三）は、出でて陰（上卦震《しん》の六五と上六）に依り（帰妹《きまい》の九四）、坤《こん》（泰《たい》の上卦）の下の陰（六四）は、反りて入りて内（下卦の兌《だ》）に主と為る（帰妹《きまい》の六三）。近きに就きて交わるに狎《な》れ（六三と九四についていう）、其の位に当らず（六三が三の陽位に居り、九四が四の陰位に居る）。男は已に長じ（帰妹《きまい》の上卦震《しん》は長男）、女は方《まさ》に少《わか》し（帰妹《きまい》の下卦兌《だ》は少女）。相説《よろこ》びて（下卦兌《だ》は悦）動き（上卦震《しん》は動）、以て之に従う。卦徳の凶なること甚し」という。

是の故に、天地通じて泰《たい》交わるは（泰《たい》の彖伝に、「天地交わりて万物通ず」という）、亦既に盛んなり。抑《また》、陰陽各々自ら体を為して、化は未だ運《めぐ》らず。則ち其（泰《たい》）の交わるや、性は足るも情は未だ暢びず、効は著らかなるも功は猶未だ起らず。因りて泰《たい》を保つに、必ず其の動きて（震《しん》）以て為す有るを需《ま》つ。因りて交わりを固くするに、必ず其の感じて以て相入る（兌《だ》）を需つ。然らざる者は、亦泰《たい》を恃みて以て年を長くす可きに非ず。斯れ、豈天地の大義にして、人の終始に非ずや（帰妹《きまい》の彖伝に、「帰妹《きまい》は天地の大義なり。……帰妹《きまい》は人の終始なり」という）。

泰《たい》は盛であるが、三陽三陰が上下に分れて化は十分に行われず、従ってまた情は暢びず功も起らない。しかしその九三が上に升って震《しん》となり、その六四が下って兌《だ》となれば（帰妹《きまい》は兌《だ》下震《しん》上）、情が暢《の》び功が起って、天地の大義、人の終始となる。

『周易内伝』は象伝について、「上古の世は、男女別無し。黄帝始めて婚姻を制し、匹偶定まる。然れども、或いは女は出でて男の家に適《ゆ》き（漸《ぜん》の六四）、或いは男は女の家に就き（帰妹《きまい》の九四）、初めより定制無し。（中略）周の興るや、南国の淫乱に懲りて、始めて画一の昏礼を為《つく》り、納采に始まりて以て親迎に至り（納采は六礼の始め、親迎はその終り）、古の、陽就きて陰を求むるの意を略放（除去）す。而して必ず女の帰《とつ》ぐ（漸《ぜん》をいう）にして、妹に帰《とつ》ぐの事（帰妹《きまい》をいう）無し。（中略）此の伝（象伝）は、其の始（上古の事）に縁《よ》りて之を言う。匹耦未だ定まらず、典礼未だ定まらざるの先に当りては、亦未だ大いに天地の大義に払《もと》らず」という。帰妹《きまい》が天地の大義、人の終始でありうるのは、周が昏礼を制する以前、また黄帝以上の上古の世においてのみである。

而れども天地の際は、亦密邇《みつじ》たり。其の密邇に因れば、功は就《な》り易く情は諧《かな》い易し。三（六三）と四（九四）とは揆《はか》らずして興り、奏最《そうさい》する者（優等のものを上奏する）は力を労するを時を経るに待たず、朋を得る者は糧を裹《つつ》みて以て遠く適《ゆ》くに俟つ勿し。陽は動きて上り（泰《たい》の九三が、帰妹《きまい》の上卦震《しん》の九四となる）、「我（震《しん》の九四）以て功を致す」と曰う。陰は感じて下り（泰《たい》の六四が、帰妹《きまい》の下卦兌《だ》の六三となる）、「我（兌《だ》の六三）以て情を合す」と曰う。妹に帰《とつ》ぐ所なればなり（象伝に、「説《よろこ》びて以て動くは、妹に帰《とつ》ぐ所なり」という）。陽は其の実を虧《か》き、陰は其の貞を失いて、妄と為り淫と為る。豈、征けば凶にして利しき无き（帰妹《きまい》の象辞に、「帰妹《きまい》は、征けば凶なり、利しき攸无し」という）を免るるを得んや。

帰妹《きまい》が天地の大義に払《もと》らないにしても、天地の密邇たるところ（泰《たい》の下卦乾《けん》と上卦坤《こん》の際）に交わる九四と六三が安易に過ぎることを述べる。奏最する者とは、上卦震動の主である九四についていい、朋を得る者とは、下卦兌《だ》の主である六三についていう。己の震《しん》の功を誇る九四は、長い時間をかけて努力する必要がなく、またすぐ近くに配偶を得て悦ぶ兌《だ》の六三は、食糧の準備をして遠くに出かける必要もない。帰妹《きまい》は天地交わる泰《たい》が感じて動いたもの、しかも三と四という天地の密邇たる際に安易に感じて動き、九四は功を致すと誇り、六三は情を合すと言う。九四はその実を虧《か》く妄となり、六三は貞を失う淫となり、ともに凶に陥る他ない。

夫れ其の変じて不正なるは、豈他有らんや。其の易きを利するのみ。是の故に、時は険にして易《い》を用うれば、則ち坦にして親しみ易し。漸《ぜん》（☴☶）の貞を得る所以なり。時は夷《い》（平坦）にして難を用うれば、則ち勤《つと》めて匱《とぼ》しからず。随《ずい》（☱☳）の徳を成す所以なり。

蠱《こ》（☶☴）は否《ひ》（☰☷）を消すに難を用い、帰妹《きまい》（☳☱）は泰《たい》（☷☰）を保つに易《い》を用う。則ち各々其の道を失えり。然れども難を以て険に処するは（蠱《こ》についていう）、則ち量は未だ裕かならざるも、功は自ずから成る。易《い》を以て夷《い》（泰《たい》）に処するは（帰妹《きまい》についていう）、則ち情は苟《かりそめ》に従うに乱れて、功は待つ无きに隳《お》つ。蠱《こ》は悔无く、帰妹《きまい》は凶なるは、固より別有り。

帰妹《きまい》が泰《たい》を変じて不正となるのは、以上に述べたように泰《たい》の九三が上に往った九四と泰《たい》の六四が下に来た六三が、上卦と下卦の密邇たる際に安易に交わったからに他ならない。それに対して漸《ぜん》☴☶は時の険なる否《ひ》☰☷を変ずるとき、否《ひ》の六三が上に往った六四と否《ひ》の九四が下に来た九三が、上卦と下卦の密邇たる際に容易に交わて情は親しみ、否塞を消して貞を得ることができる。漸《ぜん》の彖辞に「女の帰《とつ》ぐは吉なり。貞しきに利し」といい、『周易内伝』は「女の帰ぐに、先に女と言い而る後に帰ぐ言うは、女往きて男に帰ぎ、嫁娶（めとる）の謂なり。帰妹《きまい》の先に帰と言い而る後に妹と言うは、男反りて女に帰ぐの辞と為す。故に漸《ぜん》は吉なり、帰妹《きまい》は凶なり。卦中の四爻は、陰陽各々其の位に当り（六二が陰位に居り、九三が陽位に居り、六四が陰位に居り、九五が陽位に居る）、貞なり。而して功は四（六四）の往くに在るは、消するの位なればなり（四は退爻であり、否《ひ》の六三が六四に往って否塞を消す）。陰の性為る、内（否《ひ》の内卦）に安んじ外に出ずるに難し。四往きて而る後に三来る（否《ひ》の六三が漸《ぜん》の六四に往くことによって、否《ひ》の九四が漸《ぜん》の九三に来る）、四（六四）

は道に放《いた》りて以て情を抑えて其の正に順う。群（否《ひ》の下卦坤《こん》の三陰）を離れて外に出ず（外卦の六四となる）と雖も、恤《うれ》えず。二（六二）と五（九五）は乃ち以て各々其の中位を貞《さだ》めて、正ならざる無し。則ち義に合して利しく、永く其の貞を固くす。故に近くして相親しみ（九三と六四についていう）、未だ嫌《まぎら》わしきを免れざるも、要は終りを善くするに帰す。帰妹《きまい》の瀆乱《とくらん》に異なること、遠し」という。

　随《ずい》䷐について「時は夷《い》にして難を用う」というのは、不詳。随《ずい》を夷の泰《たい》の変から説くことはできないからである。『周易内伝』は、否《ひ》の変によって説いている。随《ずい》の初九の爻辞について、『周易内伝』は「否《ひ》（䷋）の上の陽（上九）変じて陰と為り（随《ずい》の初九）、陽来りて初に居るは、否《ひ》の上九の「否を傾く」と謂う所なり。変じて正を得（陽が初の陽位に居る）、以て陰（六二と六三）に交わる、故に吉なり（初九の爻辞に、「官、渝《かわ》ること有り。貞にして吉なり」という）」という。難を用うとは、否《ひ》の上九が陽が居るべき上卦乾《けん》の天位を去って初の地位に下ることをいう。勤めて匱しからずとは、初九が下卦震《しん》の一陽の動に勤めることをいう。徳を成すは、随《ずい》の象辞に「元亨利貞なり」という。

　蠱《こ》䷑が否《ひ》を消すに難を用うというのも、不詳。『周易内伝』は蠱《こ》の象伝「蠱《こ》は、元いに亨りて、天下治まる」について、「卦変を以て言えば、泰《たい》（䷊）の上の陰（上六）、来りて初に居る（蠱《こ》の初六）。泰《たい》は上下交わり、治道の自りて開く所と為る。而して蠱《こ》は則ち陰は陽の交わるを受け、陽を承けて以て養を致す。治の成るなり」といい、泰《たい》の変から説くからである。難を用うとは、泰《たい》の上六が上卦坤《こん》の天位を去って初の地位に下ることをいう。従って「難を以て険に処する」は、このような泰《たい》を変ずる難を以て否《ひ》という険に処することをいうが、『周易内伝』が泰《たい》の変によって説くのと合わない。量は未だ裕かならずとは、泰《たい》の上六が初に来た蠱《こ》の初六が下卦巽《そん》☴の初に在って二陽を承けることをいう。しかし象伝にいうように、「元いに亨りて天下治まる」という功をなすことができる。

　帰妹《きまい》が泰《たい》を保つに易《い》を用いることとは、すでに見たように九三と六四についていい、艮《ごん》の少男と巽《そん》の長女が三と四の密邇たる所に交わって淫をなすことをいう。帰妹《きまい》の象辞に、「征けば凶なり。利しき攸无し」という。

以上、易《い》を用いれば不正となり、難を用いれば徳を成すことをいう。

是を以て、君子は終に其の難を用い、小人は毎《つね》に其の易《い》を歆《よろこ》ぶ。利を見て義に託するは、四（帰妹《きまい》の九四）は与に（六三と共に）に愆《とが》有り。感（下卦兌《だ》の悦）に順いて終に淫なるは、三（帰妹《きまい》の六三）の賤なること、其れ辞す可けんや。其の誼を正して其の利を謀らず、其の始めを慎みて以て其の終りを正せば、礼楽は必ず百年にして興り、征伐と刑政は此に視《なら》う。昏姻は必ず六礼（納采、問名、納吉、納徴、請期、親迎）にして合し、君臣と朋友は此に視う。君子は終に陰陽の苟《かりそめ》に合して以て利を貪り情を瀆《けが》すに肖《のっと》らざれば、帰妹《きまい》の凶は以て免る可し。

帰妹《きまい》の九四と六三は小人の易《い》と利を喜ぶが、君子は難を用いることによって、その凶を免れることができることを述べる。九四の爻辞に「妹に帰《とつ》ぐに期を愆《あやま》る。帰《とつ》ぐに遅きも時有り」といい、『周易内伝』は「此れ、「征けば凶なり、利しき攸无し」（彖辞）を正すの爻なり。再び占（彖辞）を言わざるは、彖（彖辞）は已に之を決言せり。此（九四の爻辞）に於いて其の妄を致すの繇（由）を原《たず》ね、戒めを設けて以て之を正に導く。聖人（爻辞を作った周公）は軽々しく人の情を絶たず、抑《また》上古に旧《もと》此の礼（妹に帰《とつ》ぐ）有るを以て乱を致すに足ると雖も、固より教えて以て正す可し。女の帰《とつ》ぐを待たずして、男の反りて以て女に帰《とつ》ぐは、三十にして娶り、期を過ぐ可からざればなり。乾《けん》（泰《たい》の下卦）の三の陽（九三）は已に老い（帰妹《きまい》の九四をいう）、坤《こん》（泰《たい》の上卦）の四の陰（六四）は方《まさ》に穉（幼）なり（帰妹《きまい》の六三をいう）。六五（帰妹《きまい》の六五）は中正にして、礼成るを待ちて而る後に行く（六五の小象に「其の位は中に在り、貴を以て行けばなり」という）。故に陽（帰妹《きまい》の九四）は己を屈して往きて之（帰妹《きまい》の六五）に従い、賤辱を以て恥と為さず。乃ち之が戒めを為して曰く、「其の帰ぐの遅きと雖も、自ずから時有り。何ぞ卑屈して身を失い、以て柔（六五）の己（九四）に乗ずるを召《まね》くに至らんや」と。詞の婉なる、諷の切なる、周公（爻辞を作る）は昏礼初めて定まるの時に当り、曲《つぶさ》に人の情を体して之を救うに正を以てす。故に其の辞は、温厚にして人を動かす」という。

このように九四は六五の中正に従う利を見てそれを義に託する点では、六三と同じ愆がある。しかも六三は九四に感じて兌《よろこ》び、終に淫となる賤なることは甚しい。六三の爻辞に「妹に帰《とつ》ぐに須《しゅ》を以てし、反りて帰ぐに娣《てい》を以てす」といい、『周易内伝』は「須とは、給仕の人、女の賤なる者なり。古者《いにしえ》、天子諸侯は、媵《よう》（側室）に姪娣《てってい》（姪は兄の女《むすめ》、娣は妹）を用い、姪は貴にして娣は賤なり。陽（泰《たい》の下卦の九三）は其の位を舎《お》き、其の類（下卦乾《けん》の三陽）を離れて以て外に帰す（帰妹《きまい》の九四となる）。志行の卑賤なること、適《まさ》に須女《しゅじょ》と相配するに足るのみ。反りて帰《とつ》ぐとは、還夫《またおっと》の家に反るを謂う。陰（泰《たい》の上卦坤《こん》の六四）来りて陽（三の位）に就くは、六（陰）の三に来るなり（帰妹《きまい》の六三となる）。六五（泰《たい》と帰妹《きまい》の六五）は中正にして、軽々しく匪人に就きて与に相説《よろこ》ばず。唯坤《こん》（泰《たい》の上卦）の下の陰（六四）は、卑賤にして之に就き（帰妹《きまい》の六三となる）、先ず其の寵を得たり（帰妹《きまい》の下卦兌《だ》の主となって、九四を説《よろこ》ぶ）。内治修まらざること、此れ自り始まる」という。しかし難を用いる君子にして、始めてこの帰妹《きまい》の凶を免れることができる。

九四が身を屈して従う六五の爻辞に「帝乙《ていいつ》（殷の祖）妹を帰《とつ》がしむ。其の君の袂は、其の娣の袂の良きに如かず。月は望に幾《ちか》し。吉なり」といい、『周易内伝』は「帝乙妹を帰がしむとは、帰ぎて其の吉に逢う者なり、故に此の爻は之に当る。君とは女君なり、帝乙の帰がしむる所の妹なり、五（六五）を謂う。娣とは三（六三）を謂う。三（六三）は陰の稚《わか》きなり（下卦兌《だ》は少女）、而して色を以て人を悦ばす、陽（九四）の狎るる所なり。袂の良きとは、君子の辞なるのみ。六五は柔順にして中を得、応ずるに正を以てす。徳を貴びて色を以て良しと為さず、陰徳の盛んなる者なり。故に月は望（満月）に幾《ちか》しと曰う。五（六五）は唯待つ有りて行き、四（九四）と倶に乱さず。故に帝乙之を帰がしめ、正を失う（陰が五の陽位に居る）と雖も、家に宜しかる可し。然れども唯帝乙の徳有り、而して恭倹自ら持するの賢配（九四）に遇えば、乃ち能く吉を獲たり」という。

大象に「沢（兌《だ》）の上に雷（震《しん》）あるは、帰妹《きまい》なり。君子は以て終りを永くし敝（蔽）を知る」といい、『周易内伝』は「沢は下に流れ、雷は終に奮出して衰止せず。男は已に長じ（震《しん》は長男）、女は方に少《わか》し（兌《だ》は少女）。其の偕に老いざるを憂えず、説《よろこ》びて（兌《だ》）之に従う。此の志を推せば、貧賤、夷狄、患難は、皆以て焉《こ》れを永くす可き者なり。天下は終る可からざるの交無く、成す可からざるの事無し。君子は明らかに事会の敝有るを知るも、必ず其の終りを保ち、情は為に変ぜず、志は為に遷らず。蓋し此の象を体して、以て徳と為せばなり。庸人（凡人）は敝を知らず、妄りにその終りの利を覬《うかが》う。智士は其の敝を知り、進む可く退く可きの図《と》（謀りごと）を為して、以て自ら全うす。孔子曰く、「道の行われざるは、已に之を知れり」と（『論語』微子）。文信国（文天祥）曰く、「父母病み、起たざるを知ると雖も、薬せざるの理無し」と。聖人（孔子）の仁の深くする所以なり、君子の志の奪う可からざる所以なり」という。

䷶ 豊《ほう》（離《り》下震《しん》上）

「日は中すれば則ち昃《かたむ》く」（豊《ほう》の彖伝）とは、陽消して陰なるなり。「月は盈つれば則ち食《か》く」（豊《ほう》の彖伝）とは、陰消して陽なるなり。陽消すれば則ち陰は息《そく》し（生じ）、陰消すれば則ち陽は息す。消するは盈に乗じ、息するは虚に起る。

人は盈由《よ》り以て虚たり、鬼神（死者の魂魄）に消せざるを得ず。鬼神は虚を盈に寓し、人に息せざるを得ず。人の必ず鬼神なるを知らざれば、則ち将に生を愛して死を悪《にく》まんとす。鬼神の必ず人なるを知らざれば、則ち将に死を忻《よろこ》びて生を厭《いと》わんとす。生を愛する者は生を貪《むさぼ》る者なり、死を忻ぶ者は其の生を絶つ者なり。

豊《ほう》の彖伝に、「日は中すれば則ち昃《かたむ》き、月は盈つれば則ち食《か》く。天地の盈虚は、時と与に消息す。而るを況んや、人に於いてをや。況んや鬼神に於いてをや」という。『周易内伝』は、「此れ、陰盛んなるの憂うるに足らず、唯日の中するの得易からざるを言う。日は中すれば則ち昃くとは、明以て動くも（彖伝に、「豊《ほう》は大なり、明（下卦の離《り》）以て動く（上卦の震《しん》）、故に豊《ほう》なり」という）、猶其の失わんことを恐るるなり。月は盈つれば則ち食《か》くとは、陰は中す（月が満ちる）と雖も、固より其の虧《か》く可き者有るなり。人は則ち邪正の消長有り、鬼神は則ち禍福の倚伏《いふく》有り。邪は悔いて正に之《ゆ》か使む可く、禍は固より福の倚《よ》る所為《た》れば、何をか憂えん」という。

人は生の盈から死の虚となり、鬼神に化せざるをえない。また鬼神は死の虚を生の盈に託して、再び人として新たな生が生ずる。人が必ず死ぬものであることを知らなければ、道家の徒のように生のみを愛して死を悪むに至る。また鬼神の魂魄が必ず人の生を起すことを知らなければ、仏釈の徒のように寂滅を求めて生を厭離《おんり》するに至る。以下、天地の盈虚消息を知らず、生を貪る者と生を絶つ者とを論ずる。

生を貪るは一なるも、苟くも免るるを為し、淫祀を為す。或いは其の説を詭《いつ》わりて、熊経《ゆうけい》鳥伸、故（旧）を吐き新を納るる（『荘子』刻意に見える導引法。長寿を求める）を為し、推して懸解《けんかい》して（『荘子』養生主に見える。生死を超越する）以て逍遙し（『荘子』逍遙遊）、督《とく》に縁《よ》りて（『荘子』養生主に見える。道の中を守る）以て生を養うに之《ゆ》く。虚玄に窮極するも、生を貪るの情は一なり。

其の生を絶つは一なるも、任侠を為し、兼愛を為す。或いは其の説を詭りて、彝倫《いりん》を蔑棄《べっき》し、膚髪を残毀するを為し、推して无生《むしょう》以て縁起と為し、无余以て涅槃《ねはん》と為すに之《ゆ》く。深幽に窮極するも、其の生を絶つの見は一なり。

生を貪る情から、或いは死を免れようとして長命を願う淫祀をなし、或いは言説を弄して不死神仙を求める導引を行い、更に「時に安んじて順に処り、哀楽入る能わず。古者、是を帝の懸解と謂う」（『荘子』養生主）と称して自然に逍遙し、无に従って生を養うに至る。たとい老荘の徒が虚玄の極地を唱えようとも、生を貪る情は同じである。

また生を絶とうとする意から、或いはわが身を捨てて任侠をなし他者のために兼愛を唱える墨家となり、或いは言説を弄して人倫をなみし、頭髪を剃って往生を欣求《ごんぐ》し、更に無明無生《むみょうむしょう》を始めとし無余に寂滅することを涅槃となすに至る。たとい仏釈の徒が深幽の極地を唱えようとも、生を絶つ見地は同じである。

夫れ其の生に非ざるを貪りて、以て生を貴ぶと為すは（老荘の徒をいう）、人を知らざる者なり。其の生は以て死す可きに非ずと絶ちて、以て死を達すと為すは（仏釈の徒をいう）、鬼神を知らざる者なり。是の故に、聖人は人の性を尽くし、鬼神の情を知る（繋辞上伝第四章に、「精気は物を為し、遊魂は変を為す。是の故に鬼神の情状を知る」という）。人の性を尽くし、時盈つれば則ち満を持し、時虚なれば則ち和を保ち、才を達し情を正す。故に其の死するや、君蒿《くんこう》（気が上るさま）昭明（『礼記』祭義に、「其の気、上に発揚して、昭明、君蒿、悽愴と為る」という）にして、以て天に配して祖と作《な》す可し。鬼神の情を知り、虚に始まる者は无妄（誠）なり、盈に終る者は无妄なり、命を立てて以て和を養う。故に其の生くるや、本に反り始めに親しみ、以て仁を体して天に合す可し。

易にいう盈虚消息を知り、人の性と鬼神の情を知る者は、決してかれらのように生を貪らず死を願わないことをいう。老荘の徒が生ではない無を求めて生を貴ぶと称するのは、人を知らぬものである。また仏釈の徒が人の生は往生できないものであるとして断滅しそれこそ死を極めると称するのは、鬼神を知らぬものである。人を知り鬼神を知る聖人は、人の性を尽くすことによって鬼神の情を知る。生まれて人となり死んで鬼神となるのは、それが天地の盈虚であることを知っているからである。また人の生には陰陽の盈虚があり、盈ちるときはその満を持し、虚となるときは和を保ち、己の才を尽くし情を正しくする。かくして生を終えたあとは、その気は天に配して祖として祭られる。また鬼（陰）神（陽）にも陰陽の盈虚があり、虚に始まる陽も盈に終る陰もともに誠であるから、死を命として立て陰陽の和を養う。かくして鬼神は再び人の生となり、その本始から始まって天の仁を実現する。始めに親しむは、繋辞上伝第一章に「乾《けん》は大始を知り、……易を以《い》て知り、易なれば知り易く、……知り易ければ則ち親しむ有り、……親しむ有れば則ち久しかる可し」という。仁を体すは、乾《けん》の文伝言に「君子は仁を体して以て人に長たるに足る」という。ともに乾《けん》についていう。

豊《ほう》の象辞に「豊《ほう》は亨る。王、之に仮《いた》る。憂うる勿れ。日の中するに宜し」といい、『周易内伝』は「豊《ほう》とは、物を器に盛《も》り、満ちて上に溢《あふ》るるの謂なり。此の卦は、一陽（初九）は一陰（六二）を上に載せ、二陽（九三と九四）は二陰

（六五と上六）を上に載す。陰は形質有る者なり、中（六二と六五）を得て陽（初九及び九三と九四）の上に加わり、満を盛《も》りて載する所（一陽の初九と、二陽の九三と九四）に溢る、故に之を豊《ほう》と謂う。其の泰《たい》（䷊）自り変ずるを以て之を言えば、陰（泰《たい》の六四）は入りて二（豊《ほう》の六二）に主と為り、其の明（下卦の離《り》）は乃ち盛んなり。陽（泰《たい》の九二）は出でて外に動き（上卦震《しん》の九四となる）、動きて以て満盈す。亦豊《ほう》の象なり。而れども外に豊なる者（上六と六五の二陰）は其の中（九四と九三の二陽）を蔽《おお》い、上に豊なる者（六二）は其の下（初九）を蔽う。二体（下卦の離《り》と上卦の震《しん》）に在りては、則ち陽（上卦震《しん》の九四）は外に動くと雖も、陰（六五と上六）は留まりて去らず、尚其の離《り》（下卦）の明を揜《おお》う。卦画（卦の六爻）を以て之を言えば、則ち陽は蔽を陰に受け、重畳して覆障《ふうしょう》するの象を為す（初九の一陽が六二の一陰に蔽われ、九三と九四の二陽が六五と上六の二陰に蔽われる）。陰に在りては則ち勢い其の盛に処り、陽に在りては則ち陰を載せて大いに事とする有り。処り易きの卦に非ず。其の陽（九四）は蔽を受くと雖も、方《まさ》に生ずるの爻（震《しん》をいう）と為り、明（離《り》）の発し動（震《しん》）の始めなるを以て、故に亨る。然れども其の位有るに非ず、其の徳有るに非ざる者は、未だ亨り易からず。（中略）夫れ王者は既に其の位有り、抑《また》必ず其の徳有り。唯大明は中に麗《かか》り、尽く物情の微曖《びあい》（うす暗さ）を察すれば、則ち其の叢雑相掩《おお》うに任じて、之が為に乱れざる可し」という。

然る所以の者は何ぞや。唯聖人のみ能く豊を戒むるを為し、彼（異端のもの）は惟豊ならざるを之れ憂いと為す。其の豊ならざるを憂うるや、或いは生の豊なるを羨みて、巧みに其の衰槁（槁は枯れる）を争い（老荘の徒をいう）、或いは生の以て豊なるに足らざるを計りて、別に其の出離を覬《うかが》う（仏釈の徒をいう）。則ち窃窃焉《せっせつえん》として豊を致さんと欲する所以の者は、生死を私《わたくし》して時に昧《くら》く、恤えざる有ればなり。

聖人は、惟其の豊を私して之を恃まず。故に豊に憂うる勿く（豊《ほう》の象辞に、「憂うる勿れ」という）、尤も以て戒めと為す。則ち人は其の焉《こ》れを豊にする者有り、鬼神も亦其の焉れを豊にする者有り。人の豊を戒むるは、虚は盈に乗じ、終に生を恃みて以て久しかる可からざればなり。鬼神の豊を戒むるは、虚は以て盈を起し、終に滅に趣《おもむ》きて以て楽しみと為さざればなり。唯日に孳孳《じじ》たるも（孜孜《しし》、つとめはげむ。『礼記』表記に、「俛《ふ》して日に孳孳たる有り、斃《たお》れて后已《のちや》む」という）、生に給《た》らず、懼る可きは死に非ず。預《あらかじ》め其の必ず息する（生生する）を謀り、今日に任ずるに窮まり无きの生を以てす。其の鬼神の変じて以て死を貞す者を通ずれば、亦別に求むるに仮《か》りて生に非ずと賤しむ可き无し。

故に人の為に之を謀り、鬼神の為に之を謀り、一に天地日月の理に因りて、以て其の明と動（豊《ほう》は離《り》下震《しん》上）を慎用すれば、則ち性は尽くして息すること妄ならず、情は周く知りて消すること妄ならず。其れ然らざれば、人の消するや、之を気数に聴《まか》せて己の任に非ず。鬼神の必ず息するや、亦何に依りて以て既に屈せるの知と能を責めて、以て其の戒めを致さんや。而るに易は何を以て、「而るを況んや人に于いてをや、而るを況んや鬼神に于いてをや」と曰うや（彖伝）。

生死は天地の盈虚であり、時と与に消息する（豊《ほう》の彖伝）ことを知る聖人は、豊を戒める。ところが老荘仏釈の徒は、惟豊ならざることをのみ憂いとする。老荘の徒は生の豊ならざる衰滅を争って豊となることを求め、仏釈の徒は生は本来豊なるものではないとして出離の悟道を求める。ともに生死は時と与に消息するものであることを知らず、憂えるべきところを誤ったものである。

聖人が豊を戒めるのは、それとは異なる。人の豊を戒めるのは、人の生は必ず死に至るものであり、老荘の徒のようにひたすら生を求めることをしないからである。また鬼神の豊を戒めるのは、死からまた新たな生が始まるのであり、仏釈のように滅定《めつじょう》を楽土としないからである。人が懼れるのは死ではなく、孜孜としてつとめてもなお足らぬ一日の生をこそ懼れなければならない。老荘の徒のように生の足らぬことを憂えず、今日の一日に無窮の生が在ることを知るからである。また鬼神の虚に盈が生ずるという死を貞すことを知れば、仏釈の徒のように出離の境に託して、わが一日を真の生でないと斥けることをしないですむ。

天地日月の盈虚の理を知り、豊《ほう》の明（離《り》）と動（震《しん》）を用いることによって、わが性を尽くして誠が生じ、わが情は理を知るからその死は誠となる。そのことを知らなければ、老荘の徒のように人の死を自然の気数に委ねて、一日の生につとめるべき人の任を放擲することに至る。また仏釈の徒のように死の彼方に涅槃の生があるとすれば、死は知と能（乾《けん》の知と坤《こん》の能）がすでに失われているのであるから、それを責め戒めたとて何の役にも立つはずがない。ともに、易の教えを知らぬものである。

『周易内伝』は象伝の「而るを況んや人に於いてをや、況んや鬼神に於いてをや」について、「而るに以て天下を明照する能わざれば、則ち吉すら且つ凶を召き、善すら且つ流れて悪に之《ゆ》く。消息盈虚して、時に聴《まか》せて其の変を審らかにせざれば、人すら且つ之に熒《まど》い、鬼神すら且つ之を傷《いた》む。而るに、何ぞ易に「憂うる勿れ」（象辞）と言うや。苟くも堯、舜、禹の相継ぎて以て天下を治むるに非ざれば、以て陰暗を成す者は自ずから相乗じて以て乱す。苟くも堯、舜、禹の相継ぎて以て天下を治むるに非ざれば、共、驩（共工と驩兜《かんとう》、『書経』舜典に見える）頑讒《がんざん》の覆蔽《ふうへい》して以て陰暗を成す者は、自ずから相乗じて以て乱す。苟くも文王の暇食《かしょく》する（時を得て食事をする）に遑《いとま》あらず、衛武（春秋、衛の武公）の耄《ぼう》（九十五歳）にして学を好むに非ざれば、則ち其の明に方《あた》りては若しくは或いは之を障《おお》い、其の動に方《あた》りては若しくは或いは之を掣《せい》（制）せん。故に豊《ほう》は憂危の卦なりと曰う」という。

䷷ 旅《りょ》（艮《ごん》下離《り》上）

聖人は、仁は功を求めず、智は名を求めず。仁と智は、期する所有るを以て成るに非ず。然れども功と名は、亦聖人の廃する所に非ず。功に非ず名に非ざれば、万物に与《あずか》る无く、万物も亦恃みて以て立つ无し。

然りと雖も、亦其の時に因るのみ。時の盛んなるや、則ち聖人は時を主る。仁成りて功は溥《あまね》く、智成りて名は彰らかなり。谷は応じ川は流れ、万物繁然として以て其の栄沢を顕らかにし、功名は捷《すみ》やかに得て爽《たが》わず。聖人も亦、終に其の功名を求むる无きの志に爽《たが》わず。

時の衰うるや、則ち時は聖人を賓（旅人）とし、仁は託して以て功を成す无く、智は麗《つ》きて以て名を成す无し。聖人は物の為に憂患し、将に其の志に爽《たが》いて以て夫の功名を用うるに利しからんとするも、然れども且つ闇然として其の仁智の栄沢を揜《おお》う。故に勲業は文章に寓し、文章は憂患に存す。此れ則ち、聖人の難きなり。

聖人は仁と智を具えているが、それによって功名を求めることをしない。仁と智は、意図することによって成るものではないからである。とはいえ、聖人は功名を廃することはない。功名を示さなければ万物との関わりは失われ、従って万物も聖人の功名によって立つことができないからである。

聖人が功名を示すのは、その時の盛に因って時の主となり得たときである。かくして万物はその栄沢に浴し、功名は速やかに得られる。それは、聖人が決して功名を求めないという志に背くものではない。

しかし時に遇わないときは、聖人は旅人として世に賓となり、仁智を発揮して功名を示すことをしない。聖人は万物のために憂患し、敢えて自ら功名を求めないという志に背いてまで、万物が聖人の功名を用いることができるようにする心を抱いているが、しかし決して己の仁智の栄沢を示すことをしない。聖人は憂患を抱きつつ、ひそかに文章にその勲業を託する他ない。これが聖人の難である。聖人の難については、後に詳しく述べる。

旅《りょ》の彖伝に「旅《りょ》の時義、大なる哉」といい、『周易内伝』は「其の人に非ざれば、則ち正を失いて亨る能わず。其の時に因り、其の義に合し、居ること安んぜざるも道は廃せず。隘《あい》と不恭とは、倶に以て之に当るに足らず（『孟子』公孫丑上に、「孟子曰く、伯夷は隘なり、柳下恵は不恭なり。隘と不恭とは、君子は由らず」という）。故に其の大を極歎す」という。また象辞に「旅《りょ》は、小（陰）亨る。旅《りょ》は、貞にして吉なり」といい、『周易内伝』は「六五は中に居るも、其の位に非ず（陰が五の陽位に居る）。文明の徳有りと雖も（上卦離《り》は、文明の意）、艮《ごん》（下卦）の止は之を阻《はば》みて以て下さず。陽已に往く（九三と九四及び上九が、それぞれ陰の上に在る）に逮《およ》ぶも明王作《おこ》らず、己（六五）も亦上位に安んずるを得ず。故に先儒は仲尼を謂いて旅人と為す。小亨るとは、小は陰なり、陰（六二と六五）は二中を得たり、故に亨る」という。時を得ない旅人たる孔子が、本来仁智を施すべき志に背いて、やむをえず憂患の書である易伝という文章を著したことをいう。

夫れ上に君有り、下に民有るは、皆《とも》に時会の趨く所なり。君民は聖人に期して以て主と為せば、則ち聖人は欲する无きに始まり為す无きに終る。己に在る仁智、物に在る功名は、与《あずか》る有るに非ず。君民胥《とも》に聖人に待つ无くして、聖人は賓たれば、乃ち聖人は固より天下を恝置《かいち》（放置）して其の仁智を靳《おし》む能わず。欲する所无くして欲し、為す可からざるを知りて為す。貌取（外見を見る）して相知らざる者は、幾《ほと》んど聖人の仁を褻《ぬす》みて智を喪うかと疑う。故に聖人の難と曰う。

前段に続いて、聖人の難をいう。君民が聖人を主とする時会に在るときは、すでに聖人は主として君臨しているのであるから、聖人はことさらにその己に在る仁智を示し万物に功名を施す必要はない。しかし君民が聖人を賓として無視する時会に於いてこそ、聖人は敢えて仁智を世の疑惑を冒して示さなければならない。世に容れられない旅人として、初めてその仁智を示さざるを得ないのが、聖人である。聖人はやむをえずして仁智を示すのであって、時会に際して憂患する聖人の心を知らぬものは、その文章に著した仁智を誹謗する。これが聖人の難である。

是の故に、旅《りょ》（䷷）の否《ひ》（䷋）を変ずるや、陽（否《ひ》の九五）は天位を遯《のが》れて下に止まり（旅《りょ》の九三に下って、下卦艮《ごん》の主となる）、陰（否《ひ》の六三）は尊貴に非ざるも中に麗《つ》く（旅《りょ》の六五に升《のぼ》って、上卦離《り》の中に居る）。六五は徳は中なるも、権藉は足らず。若し強いて起ち、権に代りて以て其の世に主たれば、是れ五（六五）は天下に主たるも、天下は且に五（六五）を賓とせんとす。且つ陽の三に集《つ》くや（九三をいう）、剛来りて窮まり（否《ひ》の九五が、下卦艮《ごん》の上の九三に居る）、上下（上卦と下卦）の間に浮寄して止（艮《ごん》は止める）を成し、上（上九）と相配偶するも相応ぜず（九三と上九では、ともに陽であるから陰陽の応をなさない）。相応ぜざれば、則ち情は当に感ずべき所に及ばず。而るを況んや、五（六五）に於いてをや。

浮寄して以て止まれば（下卦艮《ごん》の上に在る九三）、則ち安んずる（艮《ごん》の止）を求むるに苟《かりそめ》にして、明（上卦離《り》の六五）を求むるに志无し。窮すれば（下卦艮《ごん》の上に在る九三）、則ち天命将に舍《す》てんとして、与《ため》に謀るに足らず。五（六五）は離《り》の主為り、道は明（離《り》）を施すに在り。而るに三（九三）は之を障《ふさ》ぎて、以て下に延びず。栖栖《せいせい》汲汲として（忙しいさま、『論語』憲問に、「微生畝、孔子に謂いて曰く、丘（孔子）、何為れぞ是れ栖栖たる者ぞ」という）、世は我を知る莫し（『論語』憲問に、「子曰く、我を知る莫きかな。……我を知る者は夫れ天か」という）。質は柔にして賓と為る（六五についていう）、亦孰《たれ》か与《ため》に之に聴かんや。

旅《りょ》の六五の難についていう。彖辞に「旅《りょ》は、小（陰）亨る。旅《りょ》は、貞にして吉なり」といい、『周易内伝』は「二体（下卦艮《ごん》と上卦離《り》）の象を以て之を言えば、火（離《り》）は山（艮《ごん》）の上に在り、野焼なり。前餤《ぜんえん》と後餤、相踵《つ》ぎ競い進みて留まらず。行者の途（旅路）に在るに、相躡《ふ》みて遄《すみ》やかに征くが若し。卦画（卦の六爻）を以て之を言えば、三陽（九三と九四と上九）は、皆陰（初六と六二と六五）の上に在りて往く。陽は客為《た》り、陰は主為り、陽の旅するなり。否《ひ》（☰☷）自り変ずるは、五（否《ひ》の九五）の陽は位を去りて三（旅《りょ》の下卦艮《ごん》の九三）に止まる。止まると雖も、其の居に非ず。三（九三）は固より進爻なれば、則ち亦姑《しばら》く寓して行かんと欲する者なり。旅する者は陽なり、乃ち陽倡うれば則ち陰は必ず随う。陰（六五）は陽（九三）の以て其の不易の基を下に立つること（下卦の艮《ごん》）無ければ、則ち中（六五）を得たりと雖も、其の安居に非ず。陽旅して、陰は之に従いて旅するなり。一陽（上九）往きて一陰（六五）之に従い、二陽（九四と九三）往きて二陰（六二と初六）之に従う。陰は陽の行くに随うこと、卿行（公卿の旅）の旅従《りょじゅう》有るが若く、陰も亦旅するなり」という。

旅《りょ》☲☶は否《ひ》☰☷から変じたもの、すなわち否《ひ》の九五が自らの天位を去って旅《りょ》の下卦艮《ごん》の九三となることによって、否《ひ》の六三が尊貴ではない人位の身を以て旅《りょ》の君位である上卦離《り》の中の六五に就いたものである。この六五は中位に在るという徳をもっているが、否《ひ》の六三が上って君位に就いたものであるから権威は充分でない。たとい六五が敢えて起って天下の主となろうとしても、天下は六五を主と見なさず賓としてしか遇しないであろう。しかも九三は下卦艮《ごん》の上に窮まり、上卦と下卦の際に在って上進することができずに艮《とど》まり、九三の応である上九を求めてもともに陽であるから応ずることができない。まして六五に感じて応ずることなどできるものではない。

九三は止まって上に進まず、苟《かりそめ》に下卦艮《ごん》の止の徳を守るだけで、上卦離《り》の明を求める志がない。九三は下卦の上に窮しているのであるから、天命を受けることはできず、九三は六五の謀るに足るものではない。かくして上卦離《り》の主である六五は、その明を下に施そうとしても、九三のために阻まれて施すことができない。六五はただ下に明を施す思いを抱くだけで、世は我を知る莫しと嘆く他ない。柔を以て賓となった六五の命を聴く者は、誰一人としていないのである。『論語』衛霊公に「陳に在りて糧を絶つ。……子曰く、君子は固より窮す。小人は窮すれば斯に濫《みだ》る」といい、子罕に「子、匡《きょう》に畏る。曰く、文王既に没せるも、文は茲《ここ》に在らずや。天の将に斯の文を喪《ほろ》ぼさんとするや、後死の者は斯の文に与《あずか》るを得ず。天の未だ斯の文を喪ぼさざるや、匡人《きょうひと》其れ予《われ》を如何《いかん》せん」という。

九三の爻辞に「旅して其の次（宿）を焚き、其の童僕を喪う。貞なるも厲《あや》うし」といい、『周易内伝』は「陰爻の旅するは、皆人に従いて以て旅する者なり。陽爻の旅するは、則ち自ら旅せんと欲する者なり。旅する者は行きて留まらず、君子の仕止（仕えるか仕えないか）と久速（久しく留まるか速く去るか）は、時に因りて義を制し、悻悻《こうこう》（怒るさま）として日を窮むるの心無し。九三は剛（陽）を以て剛（三の陽位）に居り、中ならずして進爻為り。去るに急にして留まらず、反顧するの情無し。其の次を焚くとは、誓いて復《また》返らざるなり。徒衆は解散して、復《また》収む可からず。

其（童僕）をして去ら使むるは正（貞）に合すと雖も、亦危うし」という。

是の故に、雉は五（六五）の固有なるも（六五の爻辞に、「雉を射る」という）、物に代りて憂患す。已むを得ずして大欲焉《こ》れを存し、為す可からざるを知りて焉れを為す。固有するも世に推されざること、固有する所に非ずして往きて之を有《たも》つが若し。固有する所に非ずとは、是れ雉は外にして起ちて之を射るなり。射るとは、必ずしも得《う》可からざるの詞なり。固有して射るは、射て雉を得るの難きに非ず、射て雉を得ざるの難きなり。雉を得ずして矢在るの難きに非ず（六五の爻辞に、「雉を射て、一矢亡う」という）、雉を得ずして矢亡うの尤も難きなり。雉は獲る所にして、矢は用うる所なり。功名は相左《たが》いて、則ち獲る所の者は虚し。仁智は徒労にして、則ち用うる所の者も亦喪わる。

六五の爻辞に「雉を射て、一矢亡う」といい、『周易内伝』は「雉は、文明の禽《とり》（離《り》は文明、また雉の羽は美麗である）なり（説卦伝第九章に、「離《り》は雉なり」という）。六五は離《り》の主なり、陽（上卦の九四と上九）に麗《つ》きて以て其の光輝を発せんと欲するも、中（六五）を外（外卦の離《り》）に得、権（六五の君権）に乗じて以て為す有る能わず。則ち雉を得ずして、其の以て射る所の者（一矢）を并せて之を失う。道の将に喪われんとすと謂う所なり（『論語』憲問に、「道の将に廃せられんとするや、命なり」という）」という。為す可からざるを知りて焉《こ》れを為すは、『論語』微子に「君子の仕うるや、其の義を行うなり。道の行われざるは、已に之を知れり」という。雉の固有する文明とは、聖人が己に固有する仁智をいう。すでに己はそれを固有しているのであるから、恰も固有しない外に在る雉を、わざわざ射て手に入れる必要はない。しかし世に容れられない聖人は、已むえずしてわが固有する仁智を示さなければならない。

ところで射るという行為は、必ずしも雉を得ることを意味しない。己に固有しながらやむをえずして射るという行為を示すのは、射て雉を得るという易きに在るのではない。射るという行為を示しながら雉を得ないという難、すなわち現実の功名を示さないという難きに在る。また矢を射ることをせず、その結果として雉を得ないという易きに在るのではない。矢を射ながら（一矢亡う）、雉を得ない（功名を示さない）ことの最も難きに在る。雉を得るという功名を得ず、射るという仁智を示すだけで更に矢をも失うということを行うのが、聖人の難なのである。

夫れ五（六五）は、豈果して矢を亡うの患《うれ》い有らんや。後世之を見て文章と為すも、時に当りて之を存して憂患を為す。而して仁は施す可きの福沢无く、智は即ち格《いた》るの幽明无し。則ち貌取して（外見だけを見て）相知らざる者は、固より其の一矢の僅かに亡うを笑う。而れども聖人は亦愾然《がいぜん》として深思し、吾が矢の未だ嘗て亡わずんばあらずと謂《おも》う。

射れば亡い、射ざるも亦亡う。亡わざるは射ざるに因り、射ざるは乃ち亡うに同じ。矢在りて射れば、亡うか亡わざるかは其の恤《うれ》うる所に非ず。射る所は雉に在れば、獲るか獲ざるかは其の期する所に非ず。而る後に、聖人は乃ち真に其の矢を有《たも》ち、其の雉を固有す。礼楽正しく、詩書（『詩経』と『書経』）定まり、志は『孝経』に在り、行は『春秋』に在り。当時の功名は闕然《けつぜん》たるも、万年の誉命は鼎鼎（盛大のさま）たり（六五の爻辞に、「終に以て誉命あり」という）。

六五の聖人は、決して矢を亡うことを患えるものではない。後世の人は後から聖人を仰ぎ見て文章（美しい文様。離《り》の中に当る六五が、文明の禽である雉を固有すること）となすが、その時に在る聖人はわが固有する仁智を発揮できず世を憂患している。聖人は、現実にその仁智を施すことができないからである。即ち格るとは、直ちに発揮する意。外形だけで判断する者はその仁智の発揮を見ることができないために、雉を射て一矢が亡われたことを笑う。しかし聖人の愾然たる深思は、雉を得るか否か、或いは一矢が失われるか否かに在るのではない。

なぜか。矢を射れば矢を亡うのはいうまでもないが、射なくても亡うことは同じ。射るという行為を行わない点で、すでに聖人は志を失っているからである。従って矢を射るという仁智の発揮が大事なのであって、その結果の功名は問うところではない。己の固有する雉を射る（仁智を発揮すること）が聖人の深思なのであるから、射て雉を獲るか否かは問題ではない。聖人が射た矢は『孝経』『春秋』であり、雉は聖人が固有する礼楽詩書である。かくしてその時に功名を立てなくても、聖人の誉命はすでに明らかである。

六五の爻辞について、『周易内伝』はさきの文に続けて「然れども、旅人為《た》りと雖も、道は頼《よ》りて以て明らかなれば、則ち人の与《あずか》る所、天の篤くする所は、亦豈能く之を去らんや。止まりて明に麗《つ》く（彖伝にいう）は、此の爻は之に当れり」という。

彼の犠《ぎ》を憚り尾を曳《ひ》くの流（『荘子』列禦寇に、大廟への犠牛は、いくら飾り立てても殺されるだけであるといい、また『荘子』秋水に、神亀として廟堂に蔵され尊ばれるより、生きて尾を塗中に曳いた方がよいという）は、自ら以て矢を亡わざるに保つと為すも、矢は以て射るに非ず、器は名に称《かな》わず、名は徳に称わず。彼（荘子の徒）は亦、其の矢に非ざるを保つも、焉《いずく》んぞ保つを用て為さんや。故に仲尼を以て旅人と為すと曰う。仲尼に非ざれば、夫れ孰《たれ》か以て之に当るに足らん。周公東征して（『詩経』豳風《ひんぷう》の破斧に、「周公東征して、四国を是れ皇《ただ》す」という）易を賛し、成王卒《つい》に寤《さと》りて公（周公）は帰る。斧は破ると雖も（『詩経』豳風の破斧に、「既に我が斧を破り、又我が斨《しょう》を缺く」という）、矢亡わざるは、時之を為すなり。時之を為せば、亦其の義を存して、以て此より後の聖人に俟《ま》つのみ。

ひたすら生を保つことを願う老荘の徒は、矢を射るという行為をしないで無為を保つ者であり、そもそも保つという名に値しないものである。雉を射て矢を亡う孔子は、雉を獲るか否か、また矢が失われるか否かを問わないからこそ、真にその矢を保ちその雉を固有するものということができる。『詩経』豳風の破斧に「我が斧を破る」というのは、周公がわが弟の管叔と蔡叔の叛を討つために東征したことをいう。かくして成王は始め管叔の流言に惑って周公を疑ったが（『書経』金縢《きんとう》に見える）、のち周公の誠を知り、かくして周公は成王を弼《たす》けることになった。周公が易を賛すとは、旅《りょ》の六五の爻辞に「雉を射て、一矢亡う」の文字を書き留めたこと。爻辞を作ったのは周公である。「斧を破る」ことがあっても、射ることによってその矢は失われず雉を固有したのである。かくして周公の義を、孔子が旅人として易の伝を明らかにすることができたのであると賛する。

六五の小象に「終に以て誉命有りとは、上に逮《およ》ぶなり」といい、『周易内伝』は「上に明王無ければ、則ち天人の宗仰する所の者は己に在り。周公は心に其の人を儀し（尚ぶ）、而して孔子は自ら之に当れり」という。

䷸　巽《そん》（巽《そん》下巽《そん》上）

進むは巽《そん》の才なり、退くは巽《そん》の徳なり。才（進む）は其の時に乗じ、徳（退く）は其の位を敦《あつ》くす。時を以てすれば（進む才をいう）、則ち陰（初六と六四）は且に陽（九二と九三、及び九五と上九）を消さんとして、才は任ず可し。位を以てすれば（退く徳をいう）、則ち下（初六と六四）は以て上（九二と九三、及び九五と上九）を承けて、徳は淫せず。故に巽《そん》の初（初六）に於けるや、進むに疑い退くに疑いて（初六の小象に、「進み退く（爻辞）とは、志疑うなり」という）、志を信《まこと》にする无し。志信ならざれば、以て天下を信にする无し。才は信ず可きが若きも、信ず可き者に非ず。因りて以て才（進む）を用うれば、則ち乱る。徳（退く）は信ず可からざるが若きも、固より信ず可き者なり。徳を修むるに果（果敢）なれば、則ち治まる。

是《ここ》を以て、君子は初（初六）に望むこと深く、因りて示すに利しき所を以てす。利しきは貞に在りて、武に在らず（初六の爻辞に、「武人の貞に利し」という）。貞既に利しければ、武も亦疑い无し。其の窺い侵す（攻撃する）の技（進む才）を裁《た》ち、責《もと》むるに負い戴く（任を負う）の忱《まこと》（退く徳）を以てすれば、則ち武は用て登《な》り、天下の疑いは釈《と》く可し。

進んで入るのは巽《そん》の才であり、退いて従うのは巽《そん》の徳である。進む才はその時に乗じ、退く徳はその位を敦くする。

すなわち時に乗じて才が進めば、初六の陰は九二と九三を消し、また六四が九五と上九を消すという才を発揮する。しかし位を敦くして徳が退けば、下位に在る初六と六四の陰がそれぞれ九二と九三、九五と上九の陽を承けて淫することがない。かくして初六は進んで才を用いるか、退いて徳を敦くするかに迷って、志は決定できない。己が迷えば、天下もまた迷う。ところで才は信ずべきかのように思われるが、決して信ずることのできないものであり、才を用いれば乱れる。徳は信ずることができないように思われるが、固より信ずべきものであり、敢えて徳を修めれば治まる。

かくして君子は進退に迷う初六に対し、徳を修めることを深く望み、「武人の貞に利し」の利しきを示す。利しというのは貞であって、武人の武ではない。貞が利しきを得ることによって武も疑われることがない。武人が他を侵す才を絶ち、かくして陽を承ける徳を敦くすることによって、武の効用は成り、天下の疑いもまた消滅する。

巽《そん》の象辞に「巽《そん》は、小（陰）亨る。往く攸有るに利し。大人に見ゆるに利し」といい、『周易内伝』は巽《そん》には進むと退くとの二義があることを述べていう。「巽《そん》は、具を選《えら》（巽）びて進むるの謂なり。能く進むるに慎めば則ち相入る、故に入ると為す（巽《そん》は入る意）。柔順にして謹を修め、陽に依りて相入るを求めて以て化を成さんと欲するは、巽《そん》の徳なり。陽も且つ楽しみて、之を受く、是を以て、小（陰）は亨る。陰は入ると雖も、剛（陽）は其の中（九二と九五）を失わず。剛柔相済《な》し、往けば斯に利し。大人とは、二（九二）と五（九五）の剛中にして、徳と位并びに隆《たか》き者を謂う。慎を選びて以て相入りて相見《まみ》え。見ゆれば斯に利し。陰の亨りて利しき者なり」。

また、初六の爻辞に「進み退く、武人の貞に利し」といい、『周易内伝』は「陰起りて陽に入るは、進むなり。下に在りて柔なるは、退くなり。初六は、陰入らんと欲して、未だ果（果敢）ならず。故に進退決せざるの象と為す。陽は文為《た》り、陰は武為り。陰は、上は陽に臨みて進まんと欲す。故に此（巽《そん》の初六）と履《り》（☰☱）の六三（履《り》の六三の爻辞に、「武人は大君と為る」という）は、皆《とも》に武人と言う。武人は、進むに勇なる者なり。貞なれば、則ち進むに慎みて妄ならず。故に進退の宜しきを得て利し」という。

なお上九の爻辞に「巽《したが》いて牀下に在り。其の資斧を喪う。貞なるも凶なり」といい、『周易内伝』は「巽いて牀下に在りとは、亦初（初六）を謂う。資斧とは、以て行う所の具なり。初（初六）は入る（巽う）を求むるも上（上九）は之と絶遠し、陰陽の情は既已《すで》に隔絶して通ぜず。恃みて以て民の隠に入りて之が行うを勧むる所の者は、四（六四）の命を申《かさ》ぬるなり（象伝にいう）。而るに命は五（九五）自り出で、上（上九）の制する所に非ず。上（上九）は又亢して下に逮ぶの情無し、其の行う所以の者（資斧）を喪う」という。

夫れ君子は、其の徳と教を以て、天下の為に其の進退を裁《た》つ。念は孔《はなは》だ摯《まこと》なりと雖も、責望（君子の求め）を自ら信ぜざる者の心に施す能わず。彼すら且つ自ら信ぜず、而るに悪んぞ之に望まん。之を督するに威を以てすれば、其の忮《し》（怒り）を益し、之に奨《すす》むるに福を以てすれば、其の驕（驕慢）を増す。然れども、終に以て武人の志は治まる（初六の小象に、「武人の貞に利し（爻辞）とは、志治まるなり」という）を保つは、則ち何ぞや。

進退に疑う初六が、志が治まるに至るのはなぜかを問う。君子はその徳と教を以て、天下の人に進退を決定させるものである。君子の念がいくら真摯であっても、君子がその人に求めることを、自らを信じない者の心に施すことはできない。本人がすでに信じていないのであるから、君子が望んでも施すことはできない。陽が陰に対して威を用いれば陰は怒り、福を用いれば陰は驕る。しかし最終的には武人の陰は貞しきを得て、志は治まるのはなぜか。初六の小象について、『周易内伝』は「志治まるとは、陰（初六）は下に屈して以て陽（九二と九三）に入るを求むるは、陽の裁成を受けて化を成す所以なり。武人は其の勇を怙《たの》まずして治まるを望み、進むに慎みて以て正に就く、故に利し。此れ、大人に見ゆるに利し（彖辞）と謂う所なり」という。

九三の爻辞に「頻（顰）して巽《したが》う。吝なり」といい、『周易内伝』は「頻は、顰と通ず。三（九三）は剛（陽）を以て剛（三の陽位）に居るも中ならず、陰（初六）の巽《したが》い入るを見て顰蹙《ひんしゅく》して以て之を受く。陰を止めて入らざら使むる能わず、徒《ただ》吝するのみ」という。

世は陽は壮なり（下卦の巽《そん》は、二陽が上に在る）と雖も、化は陰を廃する能わず。治は文を崇ぶと雖も、人は武を廃する能わず。然れども、或いは以て僭偪《せんぷく》（陽を侵す）の萌を成し、或いは以て祗承《ししょう》（陽に従う）の命を効《いた》すは、則ち其の位に存す。時は天なり、位は人なり。時を争いて之を承け、天を徼《もと》めて己は恃む可きに非ず。位に素して之に安んじ（『中庸』第十四章に、「君子は其の位に素して行い、其の外を願わず」という）、人を尽くして世は我を尤《とが》むる莫し。

故に巽《そん》（☴）の、陰の下に起るは、亦陰陽の会にして、疑戦（坤《こん》の文言伝に、「陰の陽に疑わしきときは必ず戦う」という）の府なり。而るに位は固より卑散（初位）に処り、情は自ずから仰給（陽を承ける）に繋《か》く。位は居る可く、情は諧《かな》う可し。其の驟《にわ》かに起ちて以て陽に逼《せま》るを欲せざるは、志亦明らかなり。故に才と徳は其の詘伸（屈伸）を争い、機括（速やかに事に対処すること）は斂戢《れんしゅう》（退く）を為すに堪《た》う。則ち俯思して退聴し、惨殺を抑えて以て陽の治に従う者なり。君子は、終に其の志を保つ可きのみ。

初六の陰が初の位に安んじ、陽を承けて貞しき徳をもつことをたたえる。下卦の巽《そん》☴は初六の上に二陽が壮であるが、陽が陰を化裁するときは陰を用いなければならない。治は陽の文を崇ぶが、人は陰の武を用いないわけにはいかない。しかし初六の武人が陽を侵す萌芽をなすか、或いは陽に従って命を致すかは、初六の位に在る。初六は天の時を争って天の時を承け、天を求めて己の位は恃むことはできない。かくして初六の位に安んじ、己を尽くすことによって世の咎めを受けずにすむ。

巽《そん》が陰陽の会、疑戦の府であるとは、下の陰が上の陽に進み、いつ陰陽相争うに至るか分らない象であるからである。疑戦は、また日を定めずに戦いを始めることをいう。府とは、集まるところ。しかし初六は位は卑《ひく》く、その情は上の陽を承けようとする。かくして初の位に居り、陰の情は安んずることができる。初六が突如として起って陽に迫ろうとしないのは、初六の志が進退を決したからである。初六が進もうとする才と退こうとする徳が進退に迷いながらも、その機括の才は斂戢の徳をなすことができる。かくして、彖伝に「剛は中正に巽《したが》いて志行われ、柔は皆《とも》に剛に順う。是を以て、小（陰）亨り、往く攸有るに利しく、大人に見ゆるに利し（彖辞）」というように、陰は俯思退聴し陽に従うことによって、君子はその志を保つことができる。

『周易内伝』は彖伝について、「中正に巽《したが》うとは、位に当り中を得るを以てせずして、遂に剛（巽《そん》の九二と九三及び九五と上九）は以て下に臨み、柔巽して（巽《そん》卦の徳に従い）以て民に入れば、則ち志は物を喩《さと》す可く、物は遵いて以て行く。故に往く攸有るに利し（彖辞）。此れ、上自《よ》り下に施す者（陽）を以て言う。柔（初六と六四）は皆《とも》に剛に順うとは、慎みて以て進み敢えて干《おか》さざれば、陰の道得て剛中（九二と九五）に正に就き、其の益は大なり。故に小（陰）亨りて、大人に見ゆるに利し（彖辞）。此れ、下自《よ》り上に順う者（陰）を以て言う。卦は、内（内卦）の三爻は、皆下の上に順うの義を取り、外（外卦）の三爻は、皆上の下に施すの義を取る。彖（彖伝）は錯して（交錯して）之を言い、其の用は異なるも、道は同じきを明らかにす」という。

六四に及びては、重ね申《かさ》ぬるに（彖伝に、「巽《そん》を重ぬるは、以て命を申ぬるなり」という）陰殺（消）を以てして功有り（六四の小象に、「田《でん》して（狩をする）三品を獲たり（爻辞）とは、功有るなり」という）。功有るの恃む可きは（六四についていう）、无位（初六）の能く貞なる（初六の爻辞に、「武人の貞に利し」という）なるに如《し》かず。

故に二（九二）は紛として史巫を之れ求め（九二の爻辞に、「史巫を用うること紛若たり」という）、以て初（初六）を側陋より起す。五（九五）は庚《こう》に先だつの令を秉《と》り（九五の爻辞に、「庚に先だつこと三日」という）、以て四（六四）を功に居るに警む。甚しい哉、位を択びて居り、能く時の険阻を消して之を平らかにすること。陽は自ら全うする所有り、陰は自ら正しくする所有り。故に「大人に見ゆるに利し」と曰うは（巽《そん》の彖辞）、以て陰の善く下るを栄《たた》うるなり。

巽《そん》は小成の卦巽《そん》☴を重ねたもので、初六と六四は同じであるべきであるが、六四が功有るを恃むのは、初六が貞であるのに及ばない。九二が初六の貞であるのを見て之を用いるのに対し、九五は六四が三品を獲る功を恃むことを戒めるからである。

彖伝について『周易内伝』は、「巽《そん》は二義有り。陰自り之を言えば、則ち下自《よ》り柔もて順いて以て入り陽に合するなり。陽自り之を言えば、則ち剛（九五）は徳は中なるも柔の道（上卦は巽《そん》）を以て下に施し、物に入りて相勧《すす》め勉《つと》む。此れ、九五の剛中にして君徳なるを以て主と為し、六四は下に入りて義を起す。六四は上に入るに非ず、下に施す者なり（六四は退爻である）。巽《そん》を重ぬとは、初（初六）は已に柔もて施し、四（六四）は又之を申《かさ》ぬるなり。剛中（九五）の道を承け、柔（六四）は以て下に逮《およ》ぼす。愚賤は卒《にわ》かには喩《さと》る可からず、命を申《かさ》ねて而る後に能く民の隠に入る」という。

六四の爻辞に「悔亡ぶ、田《でん》して三品を獲たり」といい、『周易内伝』は「四（六四）は上卦の下に在り、乃ち命を施して以て下に入り、事を行わ使むる者なり。国の大事は、祀（祭祀）と戎（兵事）とに在り。而れども巽《そん》は征伐の卦に非ず、田猟して以て賓祭に供し、民を役して作すに率《したが》わしむ、故に象を焉《こ》れに取る。柔以て命を申《かさ》ね（巽《そん》の彖伝による）、下は順いて之を聴く。故に田して獲ること多し。悔亡ぶとは、本より悔無きなり」という。初六の爻辞についての『周易内伝』は、すでに示した。

従って九二は陽剛でありながら二の陰位に居るから、陰の初六（史巫）を求め、卑位に在る初六を用いる。九五は陽剛を以て五の陽位に居るから、庚に先だつこと三日にして（事を変更する以前）にまず初六に告げ、六四に対しては功を恃むことを警め、庚に後るること三日（事を変更した以後）にして告げる。このように九二と九五は己の位に因って、それぞれ時の険阻を消し、九二は初六を用い九五は六四を警める。かくして陽は自ら全くし、陰は自ら正しくすることができる。九二と九五の大人に、初六と六四が見ゆる利しきを得るというのは、陰が陽に下ることをたたえていう。

九二の爻辞に「巽《したが》いて牀下に在り。史巫を用うること紛若たれば、吉にして咎无し」といい、『周易内伝』は「巽《したが》いて牀下に在りとは、初（初六）を謂う。史とは、辞を撰して神に告ぐる者なり。陰は鬼神の道有り、故に史巫を用う。（中略）初六は進退維れ疑い、牀下に在りて起ちて剛に応ずる能わず。二（九二）は剛を以て柔（二の陰位）に居り、志を篤くして下に求むること、紛若として（頻りに）已《や》まず。則ち陰（初六）は入りて、陽（九二）は其の耦（偶、初六）を得可し、故に吉なり。位に当らず（陽が二の陰位に居る）、咎有らんかと疑うも、其の剛中（九二）の徳を失わず、則ち咎无し」という。

九五の爻辞に「庚《こう》に先だつこと三日、庚に後るること三日。吉なり」といい、『周易内伝』は「庚《こう》とは、行事を更新《こうしん》するの義なり。故に外事は剛日を用い、庚を以て吉と為す。庚に先だつこと三日にして之を告げ、初六は始めて令を出《いだ》す。庚に後るること三日にして、復《また》警むるに其の逮ばざるを以てし、六四は命を申《かさ》ぬ。是に於いて、命は行われざる無く、事は立たざる无し。故に諸々の美詞を備えて、以て其の盛を賛す（九五の爻辞に、「貞吉にして悔亡び、利しからざる无し」という）」という。象辞の「大人に見ゆるに利し」について、さきに示したように『周易内伝』は「大人とは、二（九二）と五（九五）の剛中にして、徳と位の并びに隆《たか》き者を謂う」という。

『周易稗疏』は蠱《こ》の彖辞「甲に先だつこと三日、甲に後るること三日」の項に、この巽《そん》の九五の爻辞「庚に先だつこと三日、庚に後るること三日」を付して、次のように述べる。「実を以て之を言えば、甲とは事の始めなり、庚とは時の変なり。先だつとは事に先んじて戒を告げ、後るるとは事に後れて飭《いまし》めを申《かさ》ぬるなり。皆《とも》に（蠱《こ》と巽《そん》）、巽《そん》風の命を申《かさ》ぬるの謂なり。蠱《こ》（巽《そん》下艮《ごん》上）は、風（下卦の巽《そん》）始めて山（上卦の艮《ごん》）に出で、事の始めに当る。功を事未だ起らざるに創建して先に之を命じ、事已に行われて又之を戒しむるを言う。巽《そん》を重ねて外卦の中に居るは（巽《そん》下巽《そん》上の上卦巽《そん》）、後図《こうと》を更改するの象と為す。故に庚（更《あらた》める）と言う。庚は時に於いて秋と為す（十干の庚《かのえ》は、秋に配する）、乃ち寒暑の生殺、変易《へんえき》するの候なり。庚に先だち庚に後るとは、未だ庚《あらた》めざる以前、已に庚むるの後に、命を申《かさ》ねて以て始終を善くするを言う。其の三日と云うは、誓戒は三日を以て期と為せばなり。義は自ずから昭然たり、何ぞ瑣節を摭拾《せきしゅう》して（拾い集める）以て巧みに付会を為すを待たんや」。なお、朱子『周易本義』は「庚とは更なり、事の変なり。庚に先だつこと三日とは丁なり（十干の順序からいう）、庚に後るること三日とは癸なり。丁は其の変の前に丁寧にする所以なり、癸は其の変の後に揆度《きたく》する（はかり考える）所以なり。変更する所有りて此の占を得る者、是くの如くなれば則ち吉なり」という。

䷹ 兌《だ》（兌《だ》下兌《だ》上）

一

巽《そん》は陰を近づくるを以て美と為し、兌《だ》は陰を遠ざくるを以て正と為す。均しく正中に於いてするも（兌《だ》の九五と巽《そん》の九五）、剥に孚あるの厲《あや》うきは（兌《だ》の九五の爻辞に、「剥に孚あり。厲うき有り」という）、終り有るの吉（巽《そん》の九五の爻辞に、「初め无くして終り有り。……吉なり」という）に非ず。均しく无位に於いてするも（兌《だ》の初九と巽《そん》の上九）、和して兌《よろこ》ぶの吉は（兌《だ》の初九の爻辞に、「和して兌ぶ。吉なり」という）、資斧《しふ》の喪う（巽《そん》の上九の爻辞に、「其の資斧を喪う。正にして凶なり」という）无し。

且つ夫れ、之（巽《そん》の陰）を遠ざけて、将に以て志を正さんとするも、情は相間《へだ》つれば則ち功无し。之（兌《だ》の陰）を近づけて、将に以て交を合さんとするも、勢いは相暱《なず》めば則ち己を失う。俯して其の内を恤《あわ》れみ、仰ぎて其の外を承くるは、二者（巽《そん》と兌《だ》）は亦懸絶せるの貞淫无し。而るに、何ぞ得失の逕庭《けいてい》（懸隔）を以てするや。

巽《そん》の陽が陰に下ることを美とするのに対し、兌《だ》の陽は陰を去ることを正とする意を述べる。巽《そん》の彖伝に「剛は中正に巽《したが》いて志行われ、柔は皆剛に順う。是を以て、小（陰）は亨る。往く攸有るに利し、大人に見ゆるに利し」といい、その『周易内伝』はすでに示した。これは、巽《そん》の陽が陰を近づけることを美と為すことをいう。また兌《だ》の彖伝に「剛は中《うち》にして柔は外なり。説《よろこ》びて以て貞しきに利し」といい、『周易内伝』は「柔（六三と上六）は外なり、故に説《よろこ》ぶ。剛（初九と九二、及び九四と九五）は中なり、則ち義に合して以て物を利し、膏梁《こうりょう》を以て人の疢疾《ちんしつ》を致すに非ず。正を守りて以て固きを永くし、物を誘い歓を邀《むか》えて而る後に遂に渝《かわ》るに非ず。故に兌《だ》卦の徳は、唯剛中（九五）に在るのみ」という。これは、兌《だ》の陽が陰を遠ざけることを正と為すことをいう。

それは同じく正中に在る兌《だ》と巽《そん》の九五、及び无位に在る兌《だ》の初九と巽《そん》の上九の陽の在り方が異なるためである。はじめに、正中に在る九五についていう。兌《だ》の九五の爻辞に「剥に孚あり。厲《あや》うき有り」といい、『周易内伝』は「剥とは、喪乱なり。厲とは、威厳なり（厲《はげ》し）、而して危うきの意有り。九五は剛中の徳已に至り、独り九四の剛静（陽が四の退爻に居る）にして邪を疾《にく》む君子と相孚あり。則ち喪乱（剥）卒《にわ》かに起ると雖も、之を以て難を犯し、人心既に説《よろこ》べば、且つ其の死を忘れ、危地を履みて（兌《だ》の彖伝に、「説びて以て民に先だてば、民は其の労を忘る。説びて以て難を犯せば、民は其の死を忘る」という）、徳と威は自ずから立つ。説《えつ》（悦ぶ）の大なること（兌《だ》の彖伝に、「説の大なること、民勧《つと》むるかな」という）、呴呴《くく》（呴沫に同じ、些細）の恩の小人に施すに在らず」という。このように兌《だ》の九五が陰を斥けてわが徳威を立てるのは、巽《そん》の九五が陰を近づけて吉となるのとは異なる。巽《そん》の九五の爻辞に「初め无く終り有り」といい、『周易内伝』は「民は、与に始めを慮る可からず。五（九五）は、剛中の道を以て、民を率いて以て為す有らんとするも、民は将に疑憚（疑いためらう）せんとす。故に初め无し。而るに功有るに終るは、則ち終り有りて利しからざる无し」という。巽《そん》の九五は兌《だ》の九五と異なり、陰を近づけることによって利しきの吉を得ることができる。

次に、無位に在る兌《だ》の初九と巽《そん》の上九との違いをいう。兌《だ》の初九の爻辞に「和して兌《よろこ》ぶ。吉なり」といい、『周易内伝』は「和して兌ぶとは、和を以て説《よろこ》ぶなり。初（初九）は潜《ひそ》みて下に在るも、陽剛にして位を得（陽が初の陽位に居る)、未だ嘗て天下と相感ぜず。其の素履に率《したが》い(素履は、履《り》の初九の爻辞に「素履す。往くも咎无し」といい、その小象に「素履の往くは、独り願いを行うなり」という。履《り》の下卦は、兌《だ》である)、物と競う無し。殆ど月の天心に到り、風の水面に来り、求むる無くして自ずから得るの意有り。君子の吉なり」という。このように兌《だ》の初九が陰に求めずして吉となるのは、巽《そん》の上九が陰を去って資斧を失う凶とは異なる。巽《そん》の上九の爻辞に「其の資斧を喪う。貞なるも凶なり」といい、その『周易内伝』はすでに示した。巽《そん》の上九は、兌《だ》のように陰を去ることが正とならず、却って資斧を喪う凶に至るのである。すなわち、逆にいえば巽《そん》が兌《だ》のように陰を去って志を正そうとしても功はなく、また兌《だ》が巽《そん》のように陰を近づけようとしても己を失うに至る。しかし巽《そん》と兌《だ》は、陽は内の陰を恤れみ陰は外の陽を承ける徳があるのに、なぜこのように得失に逕庭の差があるのか。以下、その理由を述べる。

嘗《こころ》みに之を諗《おも》うに、陰陽の少長有るは、則ち有余と不足の数之に因る。陽は躁にして施すを楽しみ、陰は静にして与うるを吝《おし》む。故に陽は有余に始まりて不足に終り、陰は不足に始まりて有余に終る。蓋し静と躁の効《いた》せるなり。故に陽は一索して(☳、震《しん》をいう)虩虩《げきげき》(恐れるさま)として以て動き(震《しん》の彖辞に、「震の来るとき虩虩たり」という)、再(索)して(☵、坎《かん》をいう)険以て盈たず(坎《かん》の彖伝に、「習坎《かん》は重険なり。水流れて盈たず、険を行きて其の信を失わず」という)、三(索)して(☶、艮《ごん》をいう)翕然《きゅうぜん》(集まるさま)として止まる(艮《ごん》の彖伝に、「艮《ごん》は止まる」という)。陰は一索して(☴、巽《そん》をいう)習習(風の和ぐさま)として以て和し(巽《そん》の大象に、「随風は巽《そん》なり」という)、再(索)して(☲、離《り》をいう)相付するに炎(火、明)を以てし(離《り》の大象に、「明両《ふたた》び作《おこ》るは離《り》なり」という)、三(索)して(☱、兌《だ》をいう)気を発して容《かたち》に満ち、肆然《しぜん》(ほしいまま)として以て意を物に得たり(兌《だ》の彖伝に、「剛は中にして柔は外なり。説《よろこ》びて以て貞なるに利し」という)。

然らば則ち、兌《だ》は陰の有余なり。陰の有余を用いて、己の方《まさ》に少なきを飾り、欣然として志意を天下に行う。其の情は狠《こん》なり。悦びて以て相誘い、狠にして以て相制す。則ち陽の宜しく与《ため》に遠ざくべく、宜しく与に近づくるべからざること、豈顧み問わんや。

陰と陽の少長から、巽《そん》と兌《だ》を論ずる。陽は躁動して施すことを楽しみ、陰は安静であって与えることを吝む。かくして陽が有余を施して不足に終り、陰が不足を吝んで有余に終るのは、陽の躁と陰の静のためである。有余から不足に終る陽は、震《しん》☳から坎《かん》☵、そして艮《ごん》☶へと変化するが、不足から有余に終る陰は、巽《そん》☴から離《り》☲、そして兌《だ》☱へと変化する。すなわち有余から不足に終る陽は、震《しん》に動き坎《かん》に盈たず艮《ごん》に至って止まるが、不足から有余に終る陰は、巽《そん》に和し離《り》に明が起り兌《だ》に至って悦びの情が満ち溢れる。兌《だ》の彖伝について、『周易内伝』は先に示したように「柔は外なり、故に説ぶ。剛は中なり、則ち義に合して以て物を利し、膏粱を以て人の疢疾を致すに非ず。正を守りて以て固きを永くし、物を誘い歓を邀えて而る後に遂に渝るに非ず。故に兌《だ》卦の徳は、唯剛中に在るのみ。此に非ざれば、則ち小人の説《よろこ》ぶは、利しからず貞ならずして、以て亨るに足らず」という。

その点で、兌《だ》は三索の有余を以て陰の不足を飾るもの、兌《だ》の欣悦を以て陰の志意を天下に行うものである。その陰情は狠戻である。表面は兌《だ》の悦を以て陽を誘い、内心は狠戻によって陽を制しようとする。陽がこのような陰を遠ざけ決して近づけるべきではないのは、いうまでもない。

且つ夫れ、巽《そん》の中を得て柔を近づくる者（巽《そん》の九二と九五）は、将に以て陰（初六と六四）を正して其の順（巽《そん》）を成さんとす。順は、巽《そん》之を固有し、因りて以て之を正し、則ち因りて以て之を成す。外に在りて入らざるも（巽《そん》の外卦に在る六四が上に巽入せず、下の初六に施す）周旋して舎《お》かず、其（初六）の游蒙（浮遊して迷蒙）を盪滌《とうてき》して、以て物をして其の潔斉《けっさい》（斎）を受け使む。巽《そん》の二（九二）と五（九五）の功を初（初六）と四（六四）に帰するは、要は能く陰の塁を争いて強うるに聴かざる所を以てするに非ず。陰の初めて入るや（巽《そん》の初六）、才（進む）は徳（退く）に勝えざるも、不足の才に因りて、固有の徳（巽《そん》は、退いて順う）を登《な》し、権を行うの功は保合に侔《ひと》し。巽《そん》は、少長からいえば陰の不足なるものである。しかし巽《そん》順の中を得て柔を近づける九二と九五によって、固有の巽順の徳を成すことができる。外に在りて入らずとは、外卦に在って、初六のように進む才を用いない六四の退爻をいう。周旋して舎かずとは、巽《そん》の彖伝に「巽《そん》を重ねて以て命を申《かさ》ぬ」といい、さきに示したように『周易内伝』は「此れ、九五の剛中の君徳を以て主と為し、六四は下に入りて義を起す。六四は上に入るに非ず、下に施す者なり。巽《そん》を重ぬとは、初（初六）は已に柔もて施し、而も四（六四）は又之を申ぬるなり」という。すなわち、六四が九五の陽に順って、初六の進退定まらない遊蒙の才を盪滌して（洗い清める）、本来の巽順の徳に返らせることをいう。このように九二と九五の陽が初六と六四に功をなさしめるのは、陽が陰の位を争って陰の堪えないことを強制しないからである。九二は中という陰位によって初六の才を用い、九五は六四が已に巽入せず、その退爻によって初六に対して心を用い、命を申ねるという周旋を行うことをいう。かくして、初六は進む才が退く巽《そん》順の徳に勝えぬものであったのに、六四の申命により固有の徳に帰り、ここに保合の功を成すことができる。保合は、乾《けん》の彖伝に「乾道変化して、各々性命を正し、大和を保合するは、乃ち貞しきに利し」という。初六が六四の申命の権を行うことによって、大和を保合する功をなすことができることをいう。「貞しきに利し」は、巽《そん》の初六の爻辞に「進み退く。武人の貞に利し」という。初六が六四の申命によって、資斧の権を喪わずに「志治まり」（初六の小象）、かくして陰陽保合の功をなすことができる。

其の兌《だ》に在るが若きは、陰は徳窮まりて才見《あらわ》る者なり。徳は窮まりて尊高（六三と上六）を怙《たの》み、才は見れて言笑を飾り（六三の爻辞に、「来りて兌ぶ」という）、而も抑《また》相与に縁を為す（六三と上六は、同類の陰である）。則ち且に孰《たれ》か与《ため》に之を正さんとするや。亦僅かに与《ため》に之を成す毋《な》からんや。僅かに与に之を成し、漸く其の柔曼に染まり、隠《ひそ》かに其の剛狠を助く。亦、内に顧みて為に寒心す可し。

陰の不足に因りながら順巽の徳を遂げる巽《そん》に対し、有余の才をもつ兌《だ》は陰が六三と上六の尊高を恃み、言笑を飾るだけである。この兌《だ》を陽は正すことができないばかりか、漸く兌《だ》を成すだけに止まる。更には陰の柔曼に染まり、ひそかに陰の剛狠を助ける結果となる他ない。まことに兌《だ》の陽は恥ずべきである。

六三の爻辞に「来りて兌ぶ、凶なり」といい、『周易内伝』は「来るとは、招致するの謂なり。六三は四陽（初九と九二の二陽、及び九四と九五の二陽）の中に居り、而も不正の柔（陰が三の陽位に居る）を以て、上（九四と九五）に諂《へつら》い下（初九と九二）に諛《おもね》り、物の来りて説《よろこ》ぶを待ちて相与に説ぶは、小人の道なり。故に凶なり」という。また上六の爻辞に「引きて兌ぶ」といい、『周易内伝』は「高き（上）に居り而も柔（陰）を以て物を待つは、民の説《よろこ》ぶを引く所以の者なり。九五の、民は自ら勧《すす》めて其の死を忘るるに異なれり。故に吉と言わず。然れども、上を以て下を説《よろこ》ばし、柔は其の位に当る（陰が上の陰位に居る）は、三（六三）の、節を屈して以て上（九四と九五）を招きて之を説ぶに異なれり。故に凶と言わず」という。兌《だ》の陽が恥ずべきことは、次に述べる。

借《たと》い中を履むの位（兌《だ》の九二と九五）は固より在りと曰うも、夫れ位は僅かに以て下に臨みて其の権を有《たも》つのみ。夫れ豈、仰ぎ歓びて猶恃むに足らんや。故に赫赫の威（九二と九五）は婉笑（六三と上六）に銷《つ》き、堂堂の勢いは甘言に屈す。狎《な》れて以て相忘れ、習いて益々弛む。彼の陰中の方《まさ》に稺《わか》き者（兌《だ》は少女）は、尽く其の有余を用いて、以て淫は其の上に逞しくす。始めは則ち「兌《よろこ》ぶに孚あり」（九二の爻辞に、「兌ぶに孚あり」という）、継ぎては則ち「剥に孚あり」（九五の爻辞に、「剥に孚あり」という）。尚、剛中（九二と九五）の拠るに足ると謂うを得んや。馬に策《むちう》ちて関に近づくも、空谷に踰垣《ゆえん》す（垣を越えて逃げる）。亦、其の之を遠ざくるの早からざるを悔いる毋《な》からんや。

兌《だ》の九二と九五が中位を履んでいるというかもしれないが、巽《そん》のそれとは異なって恃むに足るものではない。九二は下の初九に対し、九五は下の九四に対して、僅かに権を保つにすぎず、上の六三と上六に対しては、その婉笑と甘言に従うからである。兌《だ》は悦《えつ》の婉笑であるとともに、説《せつ》の甘言である。彼の陰中の方に稺き者とは兌《だ》の少女をいい、少女はその有余を用いて淫を其の上に逞しくする。かくしてはじめ九二は悦ぶが、次に九五は喪乱に陥る。ともに陽剛の中に処るものということはできない。馬とは、陰をいう。いくら陽が陰を用いようとしても、いざというときに難を避けて空谷に逃げてしまう陰に対しては、陽はなるべく早く之を遠ざけた方がよい。

九二の爻辞に「兌《よろこ》ぶに孚あり。吉にして悔亡ぶ」といい、『周易内伝』は「二（九二）は初九に孚あり（九二と初九の陽が相応ずる）、以て徳を剛中に合すれば、則ち妄りに説《よろこ》ぶを為さず。剛を以て上は柔（六三）を承けて亢せざれば、抑《また》以て上（六三）に獲て亨る可し。位に当らず（陽が二の陰位に居る）と雖も、悔は亦以て亡ぶ」という。九五の爻辞についての『周易内伝』の説は、すでに示した。九二と九五は、たしかに共に孚あるものであるが、巽《そん》の九二と九五に比べれば、拠るに足るものということはできない。

なお、彖辞に「兌《だ》は亨る、貞しきに利し」といい、『周易内伝』は「兌《だ》は欣説《きんえつ》（悦）の説《えつ》と為し、又言説の説《せつ》と為す、而して義は固より相通ず。言説は、徒《ただ》に言うのみに非ず。称引し（例を引いて述べる）詳婉し（詳しく述べ種々変化がある）、善く辞を為して人をして之を聴くを楽しま使め、以て其の情を移す。人に千金の璧を饋《おく》るも辞善からざれば、則ち反りて以て怒りを致す。故に言説は人に説く所以なるも、人の心有るや、言う能わざれば則ち鬱し、称引して之を詳言すれば則ち暢《の》ぶ。故に、説《せつ》は自ら説《と》きて人を説《よろこ》ばす所以なり。此の卦は、剛は内に居りて中を得《え》（二陽が下に居り、九二と九五が中位に居る）、柔は外に見《あらわ》る（六三と上六が上に居る）。外（陰）は其の中（陽）の蔵を宣《の》べて鬱《ふさ》がらざら使め、人に交わりて以て相得る所以の者なり。柔は外に見《あらわ》れ、憤盈の気（陽）は消え、物の喜ぶ所と為る。故に其の用従《よ》り言い、之を謂いて兌《だ》と為す。兌《だ》は三徳（亨と利と貞）有り、而れども特《ひと》り元无し（乾《けん》の元亨利貞の四徳の内、元をいわない）。元は、陽剛の資《と》りて始むるの徳なり（乾《けん》の彖伝に、「大なる哉、乾《けん》元。万物資りて始む」という）、外に発して以て化を施す。兌《だ》卦は、陽徳は著見《ちょげん》せずして中に隠れ、未だ以て始むるに足らず。（中略）兌《だ》は二義有り。一は下（九二）は正に順いて、以て上に事え上を獲ると為す。則ち下は亨りて上は利あり、内卦は之を以てす。一は上（九五）は其の正を得て、以て下を勧め民を得ると為す。則ち上は亨りて下は利あり、外卦は之を以てす。要は其の剛中（九二と九五）の貞を以て本と為すは、則ち一なり」という。

然らば則ち、二（九二）は何を以て厲《あや》うきを免るや（九二の爻辞に、「和して兌ぶ。吉にして悔亡ぶ」という）。三（六三）は拠を失いて（陰が三の陽位に居る）相就《つ》き（六三の小象に、「来りて兌ぶの凶は、位当らざればなり（陰が三の陽位に居る）」という）、上（上六）は亢《たか》きに居りて以て相牽《ひ》く（上六の爻辞に、「引きて兌ぶ」という）。拠を失えば（六三）、則ち悦びを得るを以て幸と為し、亢《たか》きに居れば（上六）、則ち取るを以て必ず相持す。強と弱（九五と九二）は勢い殊なり、而して五（九五）の剥は切なり（九五の爻辞に、「剥に孚あり。厲うきこと有り」という）。二（九二）は位当らずして（陽が二の陰位に居る）危うく、五（九五）は位正に当りて（陽が五の陽位に居る）安んず。危うければ（九二）、則ち楽しみに処りて戒心有り、安んずれば（九五）、則ち歓びに遇いて固節无し。敬と肆《し》（九二の敬慎と九五の放恣）は情を殊にし、而して五（九五）の厲《あや》うきこと甚し。故に夫の時に乗ずること盛満にして、物の感ずること豊盈なる者（九五）は、其れ尤も憂患の帰と為す。愈々戒むる所を知らんかな。

以上、九二と九五がともに剛中に在りながら、恃むに足りないことを述べたが、なぜ九二のみ厲うきを免れるのかと問う。九二の小象に「兌ぶに孚あるの吉は、志を信にすればなり」といい、九五の小象に「剥に孚ありとは、位正しくして当ればなり」という。それは九二が位の当らない危うきに在るから戒心が有るのに対し、九五が位の当る安きに居て戒心がないからである。憂患に在って戒めることこそ、易の教えである。

九二の小象について、『周易内伝』は「志正しければ、則ち以て友（初九）を信じ、上（六三）に獲《う》可し」という。また九五の小象について、『周易内伝』は「徳（九の陽）と位（五の位）相称《かな》えば、賢者（九四）は説《よろこ》びて従い、民は之が用を為す（象伝に、「説びて以て民に先だてば、民は其の労を忘る。説びて以て難を犯せば、民は其の死を忘る」という）。剥喪に処ると雖も、相離叛せず」という。

二

物は宜しく疾《にく》むべき有れば、君子は之を疾《にく》む。好音と其の令色（美色）有りと雖も（『論語』学而と陽貨に、「子曰く、巧言令色、鮮《すく》なし仁」という）、遙かに之を望むこと滌垢《できこう》（滌は小便、また臭い汁）の如く、必ず之を芟《のぞ》くこと荊棘《けいきょく》（いばら）の如し。「商《はか》りて兌《よろこ》び、未だ寧からず」（九四の爻辞）、而る後に焉《こ》れを疾《にく》むは、已に晩《おそ》からずや。吾れ其の商《はか》ることの遅回《ちかい》し（ためらう）、疾むことの荏苒《じんぜん》たる（遅い）を懼る。乃ち（然るに）恕を以て人を待ちて、其の成すを楽しむ者は、然らず。其の時を以て其の心を諒《まこと》にし、其の心を略《はか》りて其の績を序し、断然として喜び有るを以て之に帰す（九四の爻辞に、「介して疾《にく》めば、喜び有り」という）。蓋し其の此に処するの難きも、而も終に能く悪《にく》むに貞しくして以て自ら全うすることの、未だ易からざるを審らかに知ればなり。

君子は、悪むべき者を悪む。『論語』里仁に「子曰く、惟仁者のみ能く人を好み、能く人を悪む」といい、「子曰く、我は未だ仁を好む者の不仁を悪む者を見ず。仁を好む者は、以て之に尚《くわ》うる無し。不仁を悪む者は、其の仁を為すや、不仁者をして其の身に加え使めず」という。また陽貨に「子曰く、紫の朱を奪うを悪み、鄭声の雅楽を乱すを悪む、利口（口舌の徒）の邦家を覆《くつがえ》すを悪む」といい、「子貢問いて曰く、君子も亦悪む有るかと。子曰く、悪む有り。人の悪を称する者を悪み、下に居りて上を訕《そし》る者を悪み、勇にして礼無き者を悪み、果敢にして窒《ふさが》る者を悪む」という。君子は巧言令色の者を近付けず、恰も滌垢や荊棘の如くに見、必ずそれを斥ける。ところが兌《だ》の九四の爻辞に「商《はか》りて兌《よろこ》び、未だ寧からず」といい、あれこれと考えて心に安んぜず、そこで始めて悪むのでは、悪むことが遅すぎるのではないか。

しかし君子は恕を以て人に対し、直ちに小人を斥けることはせず、たとい小人でもその美を成すことを楽しむ。『論語』衛霊公に「子曰く、其れ恕か。己の欲せざる所は、人に施す勿れ」といい、顔淵に「子曰く、君子は人の美を成し、人の悪を成さず」という。九四の爻辞に「介して疾めば、喜び有り」というのは、六三が兌《だ》の媚を以て九四に近づく時に際し（介し）、九四は六三の時を以て六三の心を諒とし、その行為をその時による心によって理解し、九四が貞しく疾むことによって六三に喜び（兌《だ》、悦）を与えることをいう。すなわち九四はこの六三に対処することはまことに難であるが、最終的に九四が貞しく悪むことによって自ら全うすることは、決して容易でないことをよく知っているからである。

九四の爻辞に「商《はか》りて兌《よろこ》び、未だ寧《やす》からず。介して疾《にく》めば、喜び有り」といい、『周易内伝』は「四（九四）は三（六三）と比し（陽と陰が相並ぶ）、上卦の下に居る、民に近き者なり。剛（陽）を以て柔（四）に居り、小人（六三）の媚を受くるを欲せず、而も抑《また》、人の欲に咈《たが》うを欲せず。寛と厳の中に酌量して、咸《みな》宜しき（『詩経』商頌の玄鳥に見える）の道を得る能わず、所以《ゆえ》に未だ寧からず。然れども民を説《よろこ》ばすの道は、邪佞の小人を遠ざくるより先なるは莫し。姦佞售《おこな》われざれば、則ち未だ恵沢の人に及ぶの事有らずと雖も、天下は已に之に説《えつ》（悦）服《ぶく》す。九四は、「来りて兌ぶ」（六三の爻辞）の間に介し、能く己を説ぶ者（六三）を以て疾《にく》むを為す。三（六三）進みて己は退き、静（九四は退爻）以て躁（六三は進爻）を止《とど》む。民の説ぶを期せざるも、民は自ずから説ぶ（兌《だ》の彖伝に、「説びて以て民に先だつ」という）」という。

夫れ耳目紛《ふん》せず（乱れず）、嗜好起らず、嶄然《ざんぜん》（高くけわしいさま）として以て正に非ざるの感を絶つ者は、類《おおむ》ね余地有りて以て自ら息《いこ》う。其れ余地に息えば、耳目は交わる所無く、嗜好は投ずる所无し。山の椒《みね》、水の涘《みぎわ》、以て飢を楽しみて年を忘る可し。而して天下も且つ之を栄として、淄《くろ》まずと曰う（『論語』陽貨に、「子曰く、……白しと曰わざらんや、涅《でつ》すれども緇《くろ》まず」という）。

四（九四）は、此を願う无きに非ず。乃ち（然るに）息う所を求むるも、固より得ず。将に与に鄰を為す所（六三）に息わんとすれば、則ち来りて兌ぶ者（六三）之に狎《な》る。将に与に体を為す所の者（上六）に息わんとすれば、則ち引きて兌ぶ者（上六）之を招く。人は其の刑戮を逃れんと欲し、我は其の栄沢を逃れんと欲す。俯仰して皆《とも》に我を導くに淫豫《いんよ》（安逸）を以てす。世を避くるも可ならず、人を避くるも能わず。心を拊《う》ちて自ら謀るに、盈目（見渡すかぎり）託する无し。誰か余地を為して、以て其の嶄然《ざんぜん》たるを聴《ゆる》さんや。

其の商《はか》るや（九四についていう）、誠に商るに已《や》む容《べ》からず。而して四（九四）は猶且つ其の位に安んじて、以て自ら退き（四は退爻）、三（六三）と体を殊にし（六三は下卦、九四は上卦）、上（上六）と援を隔て、彼の労労（六三と上六）を厭《いと》いて、其の皜皜《こうこう》（皎皎。九四の潔白）を全うす。斯れ亦斟酌するに迷う无く、懐来するに素有る者ならずや。然り而して、神聴和平にして、物も亦能く之を傷《やぶ》る莫し。其の慶び（九四の小象に、「九四の喜び（九四の爻辞に、「介して疾めば喜び有り」という）とは、慶び有るなり」という）は、其の期する所に非ず。則ち君子は亦其の喜び有るを道《い》うを楽しみ、其の初心の決せざるを訾《そし》る容《べ》き无し。

物に耳目が惑わされず、またよこしまな欲望が生ぜず、嶄然たる高志を抱いて不正の感を自ら絶つ者は、一般に自ら息う余地を持つ。君子は己の正を保つ余地があるがゆえに、世と交わりを絶ち、顔回やまた伯夷叔斉のように飢を楽しみ、その潔白を汚すことがない。かくして天下もそれをたたえて、世俗に染まらないという。『論語』雍也に、「賢なる哉、回（顔回）や。一箪の食《し》、一瓢の飲、陋巷に在り。人は其の憂いに堪えざるも、回や其の楽しみを改めず。賢なる哉、回や」という。また『詩経』陳風の衡門に、「以て飢を楽しむ可し」という。また『論語』述而に「憤《いきどお》りを発しては食を忘れ、楽しみて以て憂いを忘れ、老《おい》の将に至らんとするを知らずと爾《しか》云う」という。

九四はそれを願わないのではない。しかし下の六三は九四に狎れ親しみ、上の上六は九四を招いて安逸を共にしようとする。君子は世人が刑戮を逃れようとするのとは異なり、栄沢を逃れようとする。しかし天地の間に俯仰するに、我を安逸に導くものばかりである。この世を避けることはできず、この人を避けることもできない。自ら心に思うに、すべてわが志を託するものはない。このような九四の君子にとって、わが嶄然たる高志に息うに足る余地をもつことができようか。

九四が六三と上六の陰に対してあれこれと斟酌して商《はか》るのは、やむをえざることである。しかし九四は退爻の位に安んじて自らの皜皜たる徳を全うし、下卦の六三に介しながら上卦の体を守り、また上六が己を引くこと（援）に従わない。この九四こそ商《はか》ることに迷わず、二陰を懐来する徳をもつものではないか。九四は退く徳によって神聴和平し、六三と上六の二陰もその心を犯すことができない。かくして九四は思いがけぬ慶びを得ることができるのであり、初心が寧んぜずに決しないことを君子は咎めることをしない。九四の小象について、『周易内伝』は「己は方《まさ》に未だ寧からざるを以て患いと為し、而して天下之を説《よろこ》ぶは、外より至るの喜びなり」という。九四が慶びを期しないのに、思いがけず外から喜びが来ることをいう。

象伝に「是を以て、天に順いて人に応ず。説《よろこ》びて以て民に先だてば、民は其の労を忘る。説びて以て難を犯せば、民は其の死を忘る。説《えつ》の大なること、民は勧《つと》むるかな」といい、『周易内伝』は「説《えつ》の用を為すを推広して、王道の美利と為す。而して皆《とも》に（兌《だ》の下卦と上卦）剛中柔外（兌《だ》は二陽が内に在り、一陰が外に在る）の徳、之を成す。剛は中《うち》なれば則ち天の正に順い、柔は外なれば則ち人の利する所に応ず。天は順にして人応ずれば、則ち上（陽）は之を以て民（陰）に先だち、事を興して功に赴き、民は其の労を忘る。上は下を説《よろこ》びて、下は自ずから貞なり。民の既に説《よろこ》べば、則ち踴躍《ゆうやく》して以て王に従い、之（民）をして難を犯して以て死せ使むと雖も恤《うれ》えず。下は上を説びて、上は自ずから利あり。（中略）説《えつ》の大と為す所以なり、民は勧《つと》めざる無し」という。これは兌《だ》（説《えつ》）の用について述べたものであるが、九四が「未だ寧からず」という決しえない初心があっても、喜び（兌《だ》）があることをいう。

六朝の季《すえ》、未だ寧からざるの地に処る者は、或いは内は強臣の歓を絶つも、外は戎羯《じゅうかつ》（西方の胡戎）に投じ、或いは外は異域の網を脱するも、内は簒攘《さんじょう》（簒奪）に付す。之を商《はか》ること未だ詳かならず、遅回（逡巡）して以て其の守を喪う者衆し。晏子（斉の晏嬰）は昏淫に従わず、崔慶（斉の崔氏と慶氏の乱）に与《くみ》せず（『春秋左氏伝』襄公二十八年）。之を商ること已に詳かなるも、退くことの愈《まさ》れりと為すを知らず。況んや里克（晋の大夫）の中立して、免るるを祈《ねが》う者をや（『春秋左氏伝』僖公九年）。耳目交わりて乱れず、嗜好投じて疑わざるは、生死に貞しくして以て栄利を遺《わす》るる者に非ざれば、其れ孰《たれ》か之を能くせん。

六朝の末の未だ寧からざる地に在る者は、九四のように商ること詳かでなかったため兌《だ》の道を失い、強臣との歓を絶つ余り胡戎に身を投じたり、また異域を脱したにしても簒奪に加担する者が多かった。かの賢相と称えられる晏嬰は、崔氏慶氏に与しなかったことはたしかによく商《はか》ったものというべきであるが、九四のように退くことを知らない点で、兌《だ》の道に及ばぬ者といわなければならない。まして去就に迷って中立を標榜し、禍を免れることなどできることではない。里克は晋の大夫。晋の献公の死後、重耳《ちょうじ》（文公）を立てようとして乱を起こし、公子奚斉と公子卓とを殺し、のち晋侯（恵公夷吾）に殺されるに至った。九四のように生死に貞しく世の栄利を度外視する者でなければ、できることではない。

或いは曰く、「兌《だ》の陰は、外は説《よろこ》ぶも中は狠なり。商《はか》りて与にせざれば、忮害《しがい》之に随う。何の慶びか之れ有らん」と。

夫れ龔生《きょうせい》（漢の龔勝）より寿なるは莫く、膏蘭は夭なるに非ず。首陽（伯夷叔斉が隠れた首陽山）より富なるは莫く、薇蕨《びけつ》は飢うるに非ず。君子は其の常を道とす、則ち四（九四）の慶びに於ける、誠に多く之れ有り。而るに又何ぞ譲《せ》めん。

兌《だ》は外貌は悦ぶが内心は陰私なるものである。このようなものに対しては、よくよく考えて兌《だ》と共にすることを避けなければ、兌《だ》の禍が身に及び、慶びを得ることができないのではないか、との問に答える。

龔勝は前漢末、哀帝のとき光禄大夫となり、王莽が国政を秉《と》るや骸骨を乞い、度々の徴召にも応ぜず、「吾れ漢家の厚恩を受け、以て報ずる亡《な》し。今、年老いたり、旦暮に地に入る。誼《ぎ》として、豈一身を以て二姓に事《つか》え、下（黄泉）に故主に見《まみ》えんや」といい、棺斂喪事を門人に託し、絶食して十四日後に死ぬ。年七十九歳。そのとき弔問の老父、「哭すること甚だ哀し。既にして曰く、嗟虖《ああ》、薫（蘭）は香を以て自ら焼き、膏は明を以て自ら銷《つ》く。龔生は竟《つい》に天年を夭す、吾が徒に非ずと。遂に趨りて出で、其の誰なるかを知る莫し」（『漢書』王貢両龔鮑列伝）。膏と蘭は、己の燈明と香気を以て、自らを亡ぼす。龔勝は天年を全うしなかったが、膏蘭の道を守った点で、寿というべきである。伯夷叔斉も同じく、首陽山で蕨薇を採って餓死したが、己の道を貫き通した点では、首陽山を富としたというべきである。ともに、九四の慶び（兌《だ》）を得たものである。

䷺　渙《かん》（坎《かん》下巽《そん》上）

陽は聚を保ちて以て上に亢し（否《ひ》の上卦乾《けん》の三陽）、陰は党を護りて以て下に凝る（否《ひ》の下卦坤《こん》の三陰）。然りと雖も、亦各々其の位に安んじて之を利しとす。乃ち其の党する所（三陰）を虧《か》き、其の聚まる所（三陽）を解かんと欲すれば、亦其の遷らんと欲する所に非ざる毋《な》からんや。唯已に成れるを楽しまず、之を撓《たわ》めて敗ら使むれば、然る後に功は起つを得可《う》し。

渙《かん》䷺が否《ひ》䷋から変じ、否塞を渙散して功を成すことをいう。否《ひ》は坤《こん》下乾《けん》上。三陽が陽の居るべき上卦に聚まり、三陰が陰の居るべき下卦に在るのは、天上地下の位に安んじて遷ろうとしない象である。この陰陽通じない否塞を渙散するには、陰陽それぞれが遷りたいと思わない所に敢えて遷ることが必要である。已に成った小成の卦を敢えて自ら打破することによってこそ、否塞を渙散する功をなすことができる。

渙《かん》の象辞に「渙《かん》は亨る」といい、『周易内伝』は「渙《かん》とは、水散ずるの貌なり。風（上卦の巽《そん》）動きて水（下卦の坎《かん》）

飄《うご》き、水（坎《かん》）浮きて木（巽《そん》）泛《うか》ぶは、皆《とも》に渙《かん》の象なり。卦は否《ひ》自り変ずる者なり、其の否《ひ》を渙散す。乾《けん》（否《ひ》の上卦）の下の陽（九四）は、下りて二（渙《かん》の九二）に居り、坤《こん》（否《ひ》の下卦）の中の陰（六二）は、上りて四（渙《かん》の六四）に居る。陽（渙《かん》の九二）、内に主と為れば（渙の内卦坎《かん》の主となる）、則ち陰（渙《かん》の初六と六三）は、党を恃《たの》みて以て相亢するを得ず。陰（渙《かん》の六四）、外に順承すれば（渙《かん》の外卦巽《そん》は順う意）、則ち陽（渙《かん》の九五と上九）は、其の入る（巽《そん》は入る意）を受けて驕らず。否泰《ひたい》の変ずるは屢々なるも、独り此（渙《かん》）のみ得たりと為す。陽（否《ひ》の九四）の退くは（渙《かん》の九二）、位に当らず（陽が二の陰位に居る）と雖も中を得たり。陰（否《ひ》の六二）の進むは（渙《かん》の六四）、其の中を失うと雖も位を得たり（陰が四の陰位に居る）。物の固く執りて解けざる者（否《ひ》）、之に授くるに安んずる所を以てすれば、則ち散ずるを楽しみ、相拒むの迷いを懲らす。否塞の情改まりて上下は通じ、嘉会して亨る（乾《けん》の文言伝に、「亨るとは、嘉の会なり」という）。故に六爻は、皆吉なり」という。すなわち初六の爻辞に「吉なり」といい、九二の爻辞に「悔亡ぶ」といい、六三の爻辞に「悔无し」といい、六四の爻辞に「元吉なり」といい、九五と上九の爻辞に「咎无し」という。

渙《かん》の時は、亦難きかな。陽（否《ひ》の上卦乾《けん》）は往きて復《かえ》らず、上（上卦）に安んじて以て其の居を貞《さだ》む。亢して以て恤《うれ》いと為さず、否《ひ》にして以て憂いと為さず。使《も》し疆《さかい》（上卦と下卦の界）を越えて遷らば、是れ始めは猶夫《か》の奔るがごとし。況んや奔りて険中（渙《かん》の下卦坎《かん》）に入らば、終りは願う所を得たりと雖も、始めは固より其の焉《こ》れを願う者に非ず。然らば則ち、渙《かん》の功を成す者は、四（否《ひ》の九四）の績、亦烈なるかな。故に、「万物を撓《たわ》む者は、風（巽《そん》、渙《かん》の上卦）より善きは莫し」と曰う（説卦伝第七章に、「万物を撓む者は、風より疾きは莫し」という）。始めは則ち撓めて其の塞《そく》（否《ひ》）を敗《やぶ》り、終りは則ち撓めて其の険（渙《かん》の下卦坎《かん》）を散ず。悖《はい》を解き鬱《うつ》を吹くこと、影響（形と影、音と響が相応ずること）よりも疾《はや》し。嗚呼、盛んなりと謂わざる可けんや。

否《ひ》の九四が上卦から疆を越えて渙《かん》の下卦の九二に遷り、否塞を渙散する功をたたえる。否《ひ》䷋から渙《かん》䷺となるのは、まことに難いことである。否《ひ》の上卦乾《けん》は上に安んじて下に遷ろうとせず、上に亢して否塞を成すことを憂えない。

もし陽が上卦から下卦に遷れば境を超えて出奔するようなものであり、まして渙《かん》の下卦坎《かん》の中に入るなど本来陽の願う所ではない。そのことを敢えて行い、渙《かん》の九二に遷ったものが、まさに否《ひ》の九四である。すなわち渙《かん》の上卦巽《そん》の風が否塞をなす上卦乾《けん》と下卦坤《こん》を撓めることによって、渙《かん》の下卦坎《かん》の難を散じた功は、まことに烈なるものといわなければならない。

九二の爻辞に「渙《ち》らして其の杌《げつ》（伐り株）に奔る。悔亡ぶ」といい、『周易内伝』は「疆を出でて外に適《ゆ》くを、奔と曰う。杌《ごつ》は、程伝（程伊川の『易伝』）に、春秋伝（『春秋左氏伝』襄公十年）の「之に投ずるに机《き》（几）を以てす」の机に作る、亦通ず。憑《よ》りて以て安んずる所を謂う。旧音兀《ごつ》は、木を伐りて其の本を留むるなり。険中に在りて、以て奔るを止む可し、義に於いて尤も合す。陽（否《ひ》の九四）は上位を舎て、三を越えて二（渙《かん》の九二）に来り、以て陰の党（否《ひ》の下卦坤《こん》の三陰）を散じ、将に及ばざらんとするが若きを奔と曰う。来りて中（九二）を得て以て止まること、奔る者の杌《げつ》に遇いて焉《こ》れに息うが若し。位に当らず（陽が二の陰位に居る）、悔有るかと疑わると雖も、中（九二）に居りて以て陰（下卦坎《かん》☵の初六と六三）に主となり、順いて散ぜ使むれば、則ち悔亡ぶ」という。「猶夫《か》の奔るがごとし」とは、疆を出て奔る意であるが、ここに「将に及ばざらんとするが若きを、奔と曰う」というように、顔回が孔子の奔逸をたたえたことばをいう。『荘子』田子方に、「顔淵、仲尼に問いて曰く、夫子歩めば亦歩み、夫子趨れば（小走りに歩く）亦趨る。夫子奔逸して塵を絶たば、回（顔淵）は其の後に瞠若《どうじゃく》（茫然として観る）たりと」という。

夫れ渙《かん》の四（六四）の此を得るは、唯无私なるのみ。陰（否《ひ》の六二）は奮出して以て四（渙《かん》の六四）に就き、其の処る所の位（否《ひ》の六二）を虚しくして、以て陽（否《ひ》の九四）を召《まね》きて来り処らしむるは（渙《かん》の九二）、則ち二（否《ひ》の六二）是れのみ。藉《も》し其（否《ひ》の六二）の二に居れば、己（六二）に於いては安んずと為し、物（否《ひ》の下卦坤《こん》の初六と六三）に於いては主と為る。己に於いて安んずれば、則ち遷るを重《はばか》り、物に主と為れば、則ち物は帰して相捨つる能わず。夫の既に去るの後に逮ぶも、与《とも》に等夷《とうい》を為す所の者（渙《かん》の六四の爻辞に、「夷《い》の思う所に匪ず」という。否《ひ》の下卦坤《こん》の初六と六三）は、猶昕夕《きんせき》（朝夕）頷《くび》を引き（首を延ばし）、我を撫して以て其の思いを慰めんことを庶幾《ねが》う。此れ亦、物情の尤も決し難き者なり。

平居して相保つも、一朝に去るを断じ、余慕未だ忘れず、牽留するも顧みず。豈果して、軽々しく其の群（否《ひ》の下卦坤《こん》の二陰）を去りて情に恝《かい》（無情）たらんや。義を以て情を裁《た》ち、捷《すみ》やかに往きて義に赴く。昭質（天質）益々彰らかなり、私暱《しじつ》（狎《な》れ親しむ）に蔽われず。大労して倦まず、小成に安んぜず。光大の懐《おも》いは（六四の小象に、「其の群を渙《ち》らす、元吉なり（爻辞）とは、光大なるなり」という）、天人に告げて愧《は》ずる无かる可き所なり。

否《ひ》の六二が群を散じ、六四に上って渙《かん》を成すことをたたえる。それは否《ひ》の六二の無私の心による。否《ひ》の六二は下卦坤《こん》の中を得、初六と六三の主となって、遷ることを重《はばか》って己に安んじ、初六と六三の帰服を得た主である。このような六二の位を敢えて去って上卦の四に奮出し、否《ひ》の九四を招いて二の地に居らしめ、かくして否塞を渙散する渙《かん》の象を成す。しかも六二がすでに上卦の四に去っても、かつて否《ひ》の下卦坤《こん》の同類をなした初六と六三は、わが主たる六二が己を撫してわが思慕の情を慰めてくれることを日夜願っている。この情を敢えて裁ち切り疆を越えて奔り上卦に奮出した六二は、まさしく決し難きことを行ったものというべきである。

六二は日夜相親しんでいた二陰を一朝にして去るに決し、初六と六三がかつての主たる六二を慕う情忘れ難く、去る六二を留めようとすることをも六二は顧みない。それは決して六二が同類の二陰を無視して去ったのではない。否塞を渙散すべき義を以て、情を裁ち切ったからである。六二がその昭質を彰らかにして渙《かん》の六四となった光大（六四の小象にいう）の懐いは、まことに天人に告げて愧じるところがない。なお大労は、『春秋左氏伝』襄公九年に「大労未だ艾《や》まず。君子は心を労し、小人は力を労す。先王の制なり」という。

六四の爻辞に「其の羣を渙《ち》らす。元吉なり。渙らして丘有り。夷（否《ひ》の初六と六三）の思う所に匪ず」といい、『周易内伝』は「陰の、二（否《ひ》の六二）自《よ》りして四（渙《かん》の六四）に往くや、既に以て陰凝りて解けざるの羣（否《ひ》の下卦艮《ごん》の三陰）

を散らし、抑《また》以て陽亢して交わざるの羣（否《ひ》の上卦乾《けん》の三陽）を散らす。羣散じて大同し、本より然るの吉なるは、待つ所無し。二（九二）と四（六四）とは、皆《とも》に羣を渙《ち》らす者なるに、功は四（六四）に帰す。蓋し内（否《ひ》の内卦）を舎《お》きて外（渙《かん》の外卦）に出で、中（否《ひ》の六二）を去りて下（渙《かん》の上卦巽《そん》☴の下の六四）に居るは、情の願う可き所に非ず。使《も》し陰（否《ひ》の六二）吝《おし》みて往かざれば、則ち陽（否《ひ》の九四）も亦従《よ》りて二（渙《かん》の九二）を得て以て杌《げつ》と為して（九二の爻辞に、「渙らして其の杌に奔る」という）焉《こ》れに止まる無し。中位（否《ひ》の六二）を虚しくして以て陽（否《ひ》の九四）を召きて主（渙《かん》の九二、九二は下卦坎《かん》の主）と為し、己（否《ひ》の六二）は陽（九五と上九）の下（六四）と為るは、其の鄙吝の情を消釈する者に非ざれば能わず。渙《ち》らして丘有りとは、渙らして丘に至るなり。丘は山より卑《ひく》きも地より高く、依りて以て止まる可き者なり。四（六四）は渙らすも、固より高くして（上卦の四は、地位の二より高い）以て安んずるを謂う。夷とは、等類なり。陰は方に内に相聚まり、同類且に倚《よ》りて以て群を為さんとするに（否《ひ》の内卦坤《こん》の三陰）、忽ち之を舎《お》きて外に適《ゆ》くは、初（否《ひ》の初六）と三（六三）との思慮の及ぶ所に非ず。流俗を抜きて以て奮出し、巽入《そんにゅう》して（渙《かん》の上卦巽《そん》は入る意）以て陽剛中正の主（渙《かん》の九五）に依るは、唯豪傑の士のみ之を能くし、凡民の測る所に非ず（『孟子』尽心上に、「文王を待ちて而る後に興る者は、凡民なり。夫の豪傑の士の若きは、文王無しと雖も猶興る」という）。而して卒《つい》に皆をして晦蒙否塞の中より免れ使むるは、非常の人、非常の功を成すと謂う所なり（司馬相如のことば、『史記』司馬相如列伝）」という。『周易内伝』は六四の小象について、「私に阿《おもね》りて党を結ぶは、則ち卑暗にして鄙陋なり。六四は我自《よ》り群を渙《ち》らし、光明正大なり、何ぞ吉は臻《いた》らざらん」という。

　嗚呼、小成に安んじて私昵《しじつ》に蔽わるる者は、直《ただ》に利頼（利として依るところ）の存するのみに非ず。物の牽く所と為りて、義を制する能わざる者は、多く之れ有り。彼の剛正なる者すら、或いは且つ自ら割《さ》く能わず。而るを況んや、柔の善く牽かるる者に於いてをや。

之（六四）を戴きて邱と為し（六四の爻辞に、「渙《ち》らして丘有り」という）、之を推し之を挽《ひ》きて以て宗と為す。之を思いて忘れず、之を縈《めぐら》し之を維《つな》ぎて以て好《よしみ》と為す。利の集まる所、勢いの趨る所は、小義の裁《た》つ可からず、私恩の負《そむ》く可からず。易々《かるがる》しく其の、悖を解き鬱を吹くの一日を望まんや。物の戴くに因り、聊か与《ため》に主と為り、遅回して未だ決せざるに、騎虎の勢い成る。宋祖すら、自ら陳橋に免るる能わず。況んや曹操の僅かに四県を還して、孫権の罏《ろ》（爐）に踞《よ》りて火を著《つ》けざるを欲するをや。

それに反し、小成に安んじ私恩に蔽われる者は、利に従うだけではなく、物に牽かれて義を制することができない。剛正なる者ですら自ら利を割き義に就くことができないのであるから、まして物に牽かれる性をもつ柔なる者はなおさらである。

衆に推されてその宗となり、その私恩を忘れることができず、その情に牽かれてわが私好となすに至る。かくして利の集まる所、勢いの赴くままに、小義すら制することができず、私恩に背くことができなければ、天下の否塞を渙散することなどできるはずはない。人に推されて仮初《かりそめ》に主となり、己は逡巡して決断できないまま、騎虎の勢いが成り、それに乗じて主となったにすぎない。北宋の太祖趙匡胤は、陳橋（河南省開封県の東北）において衆に推され、やむなく黄衣を身に加えることになった（『宋史』太祖本紀）。まして曹操は僅かに四県を孫権に与えただけで、衆の言によって主として振舞い、決して孫権が臣服することを望まなかったではないか。『三国志』魏書の武帝紀に引く『魏略』に、「孫権、上書して臣と称し、天命を称説す。王（曹操）、権（孫権）の書を以て外に示して曰く、是の児（孫権）、吾が爐火を著《つ》くるの上に踞《よ》らんと欲するかと」という。孫権は関羽を討つとき曹操にこの書簡を送って臣服の意を示したが、曹操はかれはわが家党の一員になろうとしているのかというのみで、天下の主としてそれを受け入れる度量をもたなかった。

ここに太祖と曹操を論ずるのは、太祖を曹操と同列に置いているのではない。船山は太祖に対しては、衆に推されてやむをえず君となったが、懼れる心を常に抱き続けたがために盛治を致したという。『宋論』巻一に、「乃ち狂えるが如き乱卒に乗じ、控扶《こうふ》して（抑制して）以て起ち、大宝（君位）を弋獲《よくかく》し、終に以て世を保つこと滋大にして、天下は胥《みな》其の安きを蒙る。……夫れ宋祖は非常の命を受け、終に以て天下を一統し、大定に厎《いた》り、百年に垂及し、世に盛治と称するは何ぞや。唯其れ懼るればなり。懼るとは、惻悱《そくひ》して（痛み悲しみ）自ら寧《やす》んず容《べ》からざるの心、勃然として猝《にわ》かに興り、怵然《じゅつぜん》（懼れるさま）として昧《くら》からず。乃ち上天不測の神、幽隠に震動し、之を喩《さと》る莫くして解す可からざる者なり」という。

中正（否《ひ》の六二）を舎《お》きて散地（渙《かん》の六四）に即《つ》き、邸に升りて（六四の爻辞にいう）天位（渙《かん》の九五）の光を観る。命を受けてより以還（以来）、戸を開きて以て物の険を盪《うご》かすは、其れ唯大人なるか。則ち天下は功を為し、鬼神は格《いた》す可し。劉虞は其の徳有るも其の才无し、陶侃《とうかん》は其の才有るも其の徳无し。固より未だ以て此を幾《はか》るに足らず。聖人は正を以て人に待ち、憂患に疑わず。之を撓《たわ》めて乃ち以て之を通じ、之を危うくして乃ち以て之を拯《すく》う。光大（六四の小象に、「其の群を渙らし元吉なりとは、光大なるなり」という）にして慙《は》ずる无く、鬼神は仮《いた》す可し。曽ち何の険阻か之れ足ると云わんや。

終りに再び否《ひ》の六二が渙《かん》の六四となり、九五の光を観て天下に功をなすことをたたえる。戸を開いて物の険を盪《うご》かすとは、否《ひ》の六二が下卦坤《こん》の否塞の戸を開いて渙《かん》の六四に遷り、否《ひ》の九四を九二に招いて、ここに九二が渙《かん》の下卦坎《かん》の険難を動かすことをいう。天位の光を観るとは、観《かん》の六四の爻辞に「国の光を観る。用て王に賓たるに利し」という。渙《かん》の六四と九五は、観《かん》の六四と九五と同じく君臣の関係である。

劉虞は後漢の幽州の刺史（『後漢書』巻七十三）、陶侃は晋の大将軍（『晋書』巻六十六）。ともに否《ひ》の六二の徳と渙《かん》の六四の才を併せもつ大人たり得なかった。憂患に遅疑せず正を以て人に待つ聖人にして、はじめて険阻を済《な》すことができるのである。之を撓めて乃ち以て之を通ずとは、否《ひ》の六二が四に往くことによって否塞の世を通ずることをいい、之を危うくして以て之を拯うとは、否《ひ》の九四が敢えて渙《かん》の下卦坎《かん》の地に下って九二となり、下卦坎《かん》の危難を拯うことをいう。

初六の爻辞に「用て馬の壮なるを拯《すく》う、吉なり」といい、『周易内伝』は「馬は、地を行く者なり（坤《こん》の象伝に、「牝馬は地の類なり、地を行くこと彊《かぎ》り无し」という）、故に坤《こん》の象なり。陰純にして下に在るは、馬の壮なるなり。馬壮なれば、則ち奔馳《ほんち》して蹄齧《か》くるの傷有り。二（九二）来り陰（初六と六三）に主たりて之を制し、初（初六）は二（九二）を承け之を奉じて主と為す。以て馬を制して之をして馴《しゅん》（従順）なら使め、以て咎を免る。之を拯う者は二（九二）なり、用て其の拯うに利しき者は初（初六）なり。而して吉は初（初六）に在り」という。

六三の爻辞に「其の躬を渙《ち》らす。悔无し」といい、『周易内伝』は「陰陽は類を以て聚まれば、則ち合して体を成す。三（六三）は初（初六）と類を同じくす、而るに二（九二）来りて間に居りて以て之を散らし、陰の体純成せざるは（否《ひ》の下卦坤《こん》を成さない）、徒《ただ》に二（九二）の能く之を散ずるのみに非ず。三（六三）は進爻為り、位は剛（三の陽位）なり、本より上行して以て剛（九五と上九）に応ぜんと欲す、是れ能く公爾として私を忘るる者なり。位に当らず（陰が三の陽位に居る）と雖も、其の陽に就くの素心を遂ぐるは、固より悔无し」という。

なお鬼神は格《いた》す可しと、鬼神は仮《いた》す可しとは、彖辞に「渙《かん》は亨る。王、有廟に仮《いた》る」といい、『周易内伝』は「王、有廟に仮るとは、陽は四（否《ひ》の九四）自《よ》り下りて二（渙《かん》の九二）に居り、三陰（初六及び六三と六四）を率いて以て上（九五と上九）に事《つか》うるなり。其の廟に在るに当りては、則ち臣と為り子と為りて要《かなら》ず其の中に居るの位（九二）を失わず。二（九二）の退くを以て尊と為すなり」という。九二の功によって六四が光大なる渙散の功をなし、上卦巽《そん》（風）の主となって下卦坎《かん》の険阻を散ずるのは、さきに示したように「二（九二）と四（六四）とは皆《とも》に羣を渙《ち》らす者なるに、功は四（六四）に帰す」（六四の爻辞についての『周易内伝』からである。慙ずる无しとは、そのことを慙じないことをいう。

䷻ 節《せつ》（兌《だ》下坎《かん》上）

陰陽分れて数は均しく、陽は皆内にして、陰は皆外なるは――二陽（初九と九二）は二陰（六三と六四）を上にし、一陽（九五）は一陰（上六）を上にす――、則ち徳は正し。夫れ是くの如くにして、節《せつ》は且に功を天地に侔《ひと》しくせんとす（節《せつ》の彖伝に、「天地は節ありて、四時成る」という）。而れども抑《また》、然らざる者有り。文と質は相成る者なり、恩と威は相倚る者なり。男と女は相諧《かな》う者なり、君子と小人は相養う者なり。故に泰《たい》（☷☰）の道は、盛んなり。五の位を惜しまずして、以て陰（六五）を居《お》く。其の実を亨けて、並びには其の名を取らず。既済《きせい》（䷾）の道は、得たり。陰に授くるに二を以てし（六二）、貞をして遂げ使む。其の分を正し、其の権を更替せず。

故に質は文に賓たれば、文は亦尚《たか》き有り、恩は威に賓たれば、威は亦功有り。男は女に賓たれば、女は亦位有り、君子は小人に賓たれば、小人は亦居有り。既に其の数を均しくし、亦其の徳を賓にするも、猶復《また》両つながら（節《せつ》の九二と九五）其の中に宅《お》りて、以て柔（六三と上六）を散地（下卦の上と上卦の上）に制す。節《せつ》は、是に於いて苦し（彖辞に、「苦節は貞にす可からず」という）。

節《せつ》の彖辞に「節《せつ》は亨る。苦節は貞にす可からず」といい、『周易内伝』は「節とは、竹の節なり。度《ど》有りて以て之を限り、踰えざるなり。卦画は、一陰（上六）は間《へだ》つるに一陽（九五）を以てし、二陰（六三と六四）は間つるに二陽（初九と九二）を以てす。陽は実なり、陰は虚なり。虚なる者は上に在り、陽の実は下に在りて、以て之が節を為す。下の二陽（初九と九二）は、根に近きの促節（密な節）なり、陽の陰を節するなり。陽は余り有り、陰は足らず。足らざるを以て余り有るを節して相通ずるは、陰の陽を節するなり。二体（下卦坎《かん》と上卦兌《だ》）の象を以て之を言えば、両間（天地）の水（坎《かん》）は窮まり無きも、沢（兌《だ》）の容るる所は準（限度）有り。漏らさず溢れざるは、節度有るなり。二水（坎《かん》の水と兌《だ》の水）は相沓するも（迫って合する）、其の下（下卦兌《だ》の沢、また地位に在る初九と九二）を実にして以て洩らざら使む。故に慎密の象有り。節《せつ》にして亨るとは、陽の陰を節する者の為に言う。陽亨りて、而も復《また》苦節は貞にす可からずと云うは、陰の陽を節する為に言う。余り有る者は、物の甘んずる所なり。足らざる者は、物の苦しむ所なり。陽の道方《まさ》に亨りて、必ず之を裁つに過ぎざるを以てす。則ち自ら約に居り、而して物に処するも亦吝なり。固より将に自ら以て物を用うるに廉にして、貞を得たりと為さんとす。乃ち（然るに）自ら居るの約は、之を貞と謂う可きも、物に処するの吝は、人の情を強うるに甘んぜざる所を以てす。則ち天理の正に順わず、以て貞と為す可からず。其の実（陽）を以て其の虚（陰）を節するは、則ち虚なる者は恃みて以て固きを保ち、忠謹の天下の志を通ずる所以なり。其の余り有る（陽）を畏れ、節するに足らざる（陰）を以てするは、則ち倹にして固く、万物の用に給《た》らずして、以て天下の務を成す無し。象（彖辞）は両つながら之を設け、易に学ぶ者をして択ば使む。而して占者之を得れば、倹を以てし而も行に困しまずと雖も、終に道に合せず。君子の、過を寡なくし誉を永くするの宜しきに非ず」という。

節《せつ》は初九と九二の二陽が下に居り、六三と六四の二陰が上に居り、また九五の一陽が下に居り、上六の一陰が上に居る。二陽と二陰、一陽と一陰がそれぞれ分れまた数を均しくし、陽が下に居り陰が上に居るのは陰陽の徳の正しきものである。徳が正しいとは、表に現れた撰（事）に対し、裏に隠れている徳をいい、下に在る陽がその徳によって上に升り、また上に在る陰がその徳によって下に降り、天地交わる泰《たい》☷☰の象をなすことをいう。節《せつ》はまさしくこの象によって、天地と同じ功をなしていると思われるが、それだけではない。功を天地に侔しくすとは、彖伝に「節は亨る（彖辞）とは、剛柔分れて剛は中を得ればなり。……天地節ありて、四時成る。節して以て度を制すれば、財を傷らず、民を害せず」といい、『周易内伝』は「此れ、亨るは之れ陽の為に言うを明らかにす。剛柔分るとは、其の相間《へだ》てて各々畛《しん》（界）を成すも相乱さざるを言う。中を得れば（九二と九五）乃ち以て陰の節を為す可く、陰は恃みて以て傾けず。中に主有れば則ち物を通じ、物に随いて以て流れず。（中略）制度立ちて財は傷れず民は害せず、所以《ゆえ》に志説《よろこ》び用は亨る。九五の如き者は、斯れ天地四時と其の節を合す」という。

陽が下に在り陰が上に在るという象の位だけによって見てはならない。実は陽が陰に然るべき位を与えているからである。文と質、恩と威、男と女、君子と小人は、互いに相成し相倚り、相諧い相養うという相互関係がある。泰《たい》と既済《きせい》は、節《せつ》と同じく陰陽が分れて数はそれぞれ均しく三である。異なるところは、泰《たい》は五の位（上卦の中）を陰（六五）に委ね、既済《きせい》は二の位（下卦の中）を陰（六二）に授けて、それぞれ陽が陰の賓となっていることである。泰《たい》は陰に五の陽位を与えることによって実を亨け、実と共に五の名を取らないから盛んである。既済《きせい》は陰に二の陰位を授け、陰にふさわしい貞を完うさせて道を得る。泰《たい》と既済《きせい》はそれぞれ六五と六二の分を正し、決して陽が陰の権を奪わないことによって、陰陽が正しく交わることができる。

すなわち文と質は相成るものであるが質が文に従うことによって文は尚く、恩と威は相倚るものであるが恩が威に従うことによって威は功を成す。男と女は相諧うものであるが男が女に従うことによって女は位をもち、君子と小人は相養うものであるが君子が小人に従うことによって小人は居所を得る。ところが節《せつ》は初九と九二の二陽が六三と六四の二陰と数を同じくしながら二陽が二陰に従い、また九五の一陽が上六の一陰と数を同じくしながら一陽が一陰に従っている。しかし九二と九五の二陽はともに中位を占め、六三と上六をそれぞれ下卦の上と上卦の上という散地に制している。これが「苦節は貞にす可からず」という所以である。

初九の爻辞に「戸庭を出でず。咎无し」といい、『周易内伝』は「初（初九）は卦の下に居り、沢（下卦の兌《だ》）の底と為る。苟くも堅実なるに非ざれば、必ず下の漏るを致す。困《こん》（坎《かん》下兌《だ》上）の水無くして窮まる所以なり（困《こん》の大象に、「沢に水无きは困《こん》なり」という）。戸とは室の戸なり、庭とは其の外の楹《えい》間（柱の間）なり。時は方《まさ》に室内に在りて未だ行かず、道は宜しく縝密《しんみつ》（注意深く慎重）なるべし（繋辞上伝第八章に、節《せつ》の初九について「是を以て君子は縝密にして出でず」という）。陽剛下りて実なるは、陰の流るるを防ぐ。之を内に慎みて出で使めず、其の余り有るを涵《ふく》みて以て足らざるを待つ。慎に過ぐと雖も、自ずから咎无し」という。

六三の爻辞に「節若《せつじゃく》たらざれば、則ち嗟若《さじゃく》たり。咎无し」といい、『周易内伝』は「二陽（初九と九二）は已に積み、則ち堅剛太《はなは》だ過ぐるの憂い有り。三（六三）は其の上に当り、急に之を節せんと欲す。而るに柔（六三）は其の位を失い（陰が三の陽位に居る）、力は未だ逮《およ》ばざる有り。故に節する能わず、之を憂うること急なり。其の切迫して節せんと欲するの心、已甚《はなはだ》しきが若しと雖も、実は已む容《べ》からず、故に咎无し」という。

六四の爻辞に「節に安んず。亨る」といい、『周易内伝』は「三（六三）と道を同じくし、以て陽（初九と九二）の過ぐるを節す。而して柔（六四）は其の位に当り（陰が四の陰位に居る）、且つ上は九五を承けて其の節するを受く。節に在りて安んじ、嗟歎（六三についていう）する所無し。剛と柔は均しく（初九と九二の二陽と、六三と六四の二陰は、数は同じく二である）、通と塞は其の宜しきに適う。故に亨る」という。

上六の爻辞に「苦節は、貞なるも凶なり。悔亡ぶ」といい、『周易内伝』は「五（九五）は中の道を以て節を為し、物の情は之に甘んじ（九五の爻辞に、「節に甘んず」という）、損す可からず。上（上六）は猶以て過ちと為し、之を裁抑するに人の情の堪えざる所を以てす。淫泆の過無く、貞と謂う可しと雖も、物に違《たが》いて以て其の倹固の志を行う。凶の道なり。然り而して悔亡ぶとは、天下の悔は皆侈汰《したい》（驕侈）に生ず。自ら約に処れば、則ち凶なりと雖も恥辱無し」という。

以て惟《ただ》吾が意の為さんと欲する所のままなる可く、之を物に施して敢えて違《たが》わず、之を天下後世に伝えて議するを得ざれば、吾れ自ら之に甘んずるも（九五の爻辞に、「節《せつ》に甘んず」という）、能く天下をして之を苦しとせざら俾《し》めんや。孤行して自ら尚《たか》しとするも、苦は貞にす可からず（象辞に、「苦節は貞にす可からず」という）。亦危うきかな。

正位（九五）を履みて慚《は》じず、万有を制して之が主と為る。五（九五）は行く可きも（九五の爻辞に、「往けば尚ばるること有り」という)、二(九二)は則ち何居《なん》ぞや。闔門の細過(小さな過ち)を察すれば、則ち釁《きん》(隙)は蕭牆《しょうしょう》(内部、『論語』季氏に見える)に起り、百職の小事を尸《つかさど》れば、則ち人は其の心徳を離る。虔矯《けんきょう》(虔は殺す、強制)、恩を用うるの地に逮《およ》べば、則ち和気は周親(至親、『書経』泰誓中及び『論語』堯日に見える)に戻《もと》る。堅忍、其の已《や》む容《べ》べからざるの文を去れば、則ち至情は因りて吝僿《りんさい》す(僿は塞がる)。規規然《ききぜん》(些末なさま)として以て天下の大綱を宰制して、門庭(九二の爻辞に、「門庭を出でず。凶なり」という)の細目と為すは、人を論ずる蔑《な》し。即《たと》い自ら其の身心を顧みるも、亦荼蘖《とげつ》(にがなとひこばえ、余計なもの)は終年にして、道の楽しむ可きを見ず。乃ち苟くも以て人に謝して、「我は彼の数と均しく、余り有るに非ず。我は自ら宜しく主と為るべく、之(陰)を賓として乃ち以て之を安んず」と曰わば、又誰か之を信ぜん。

もし自分の欲するままに行い、人に施して逆わず、天下後世に伝えて誰も批判を加えないというのであれば、自分は自己満足するにしても、天下はそれを苦としないわけにはいかない。自ら尚《たか》しとして独行し、天下の苦を貞すことができないのは、まことに危ういことである。

九五の爻辞に「節に甘んず、吉なり。往けば尚ばるる有り」というように、この孤行して自ら尚しとすることは、九五であって九二ではない。九五の爻辞について、『周易内伝』は「四(六四)自《よ》り以下、剛柔は既に分れて節有り(初九と九二の二陽、六三と六四の二陰)。九五は剛健中正の主なるを以て、道を議するに己自《よ》りし、陰の足らざるを節し、以て制して中(九五)の道と為す。理に合し情に順い、物の甘しとする所なり。此を以て往けば、宜しく天下の尊信する所と為るべし」という。

この九五に対して、九二はどうであるのか。九二の爻辞に「門庭を出でず。凶なり」といい、『周易内伝』は「門とは大門なり、庭とは其の廡《ぶ》(廊下、またひさし)なり。既に内に慎むを審らかにし、而も外に出ず。則ち焉《こ》れを行えば可なるも、又従《よ》りて之を節するは、慎みて礼無き者なり。剛(九二)は其の位に非ず(陽が二の陰位に居る)。塞《とざ》すを知りて、通ずるを知らず。故に凶なり」という。九二がひたすら内を節し、内部の細過や小事にのみ心を用いれば、和気（文）を失い吝僿するに至る。九二はこのように己の節のみを考え、他のことを顧みない。それは既済《きせい》の六二のように、二の陰位にふさわしい貞を遂げることができないからである。かくして既済《きせい》の六二のように陰にふさわしい二の中位を得ず、陽剛にして陰位に居る九二が自己弁明して「私は既済《きせい》の六二と同じく、余り有るものではないのであるから、自分が下卦の主として二の位を占め、陰を賓としてそれを安んずるのだ」といっても、誰がそれを信ずることができよう。

嗚呼、古今の相若《し》かざるは、厚薄の差なり。三代は復す可からず、刑と賞は皆《とも》に其の忠の厚きなり、清議も亦尚《なお》含弘なり（坤《こん》の彖伝に、「含弘光大なり」という）。漢に至りて、徳の意は猶《なお》存する者有り。故に史遷（司馬遷）と班固の酷吏を伝うるは、皆《とも》に其の節を礪《みが》き行を亢《あ》げ、物を損して先ず自ら損する者なり。宋に至りて、公論移れり。包拯《ほうじょう》の酷は、天下之を頌《しょう》す。然れども当時に在りては、猶其の天下を乱すを憂うる者有り。流れて海瑞に及びては、廷野の人心を合せて翕然たらざる蔑《な》し。

夫れ拯（包拯）と瑞（海瑞）とは、則ち「門庭を出でず」（九二の爻辞にいう）の智計なるのみ。管仲は天下を匡《ただ》すも、猶「器は小なり」と曰う（『論語』憲問に、「管仲は……天下を一匡す」といい、八佾に「管仲の器は小なるかな」という）。況んや拯（包拯）と瑞（海瑞）との区区たる者をや。泰《たい》は天位（六五）を遯《のが》れて以て永く安んじ、既済《きせい》は禴祭《やくさい》を予えて以て福を錫《たま》う（既済《きせい》の九五に、「東鄰の牛を殺すは、西鄰の禴祭して実に其の福を受くるに如《し》かず」という）。君子の道は、固より此くの如し。貞なる可からざる（彖辞にいう）者は、自ら其の貞を鳴らす（吹聴する）。而して天下の害は烈し。相苦しむるに始まり、相激するに終る。故に天下の害は烈し。

終りに、夏殷周三代以下の徳の厚薄を論ずる。古と今の違いは、徳が厚いか薄いかに在る。三代はもはや復することができないが、三代に在っては刑と賞は忠の厚きものであり、清議も徒らに正しさを唱えるものではなく、坤《こん》の含弘の徳を具えていた。漢代になってもその徳の意は残っており、従って『史記』と『漢書』の酷吏列伝には、わが志行を高くして他を損するより、自らを損する者たちを述べている。包拯は『宋史』巻三百十六に見え、剛毅を以て知られ、海瑞は『明史』巻二百二十六に見え、切諌を以て伝えられる。『宋史』『明史』ともに酷吏列伝はないが、船山は宋明のこの二人に至って天下に害毒を流したのだという。自らその節を標榜したがゆえに、真の貞を示すことができず、天下を相激するに至ったからである。

君子の道は、この九二とは異なる。管仲が天下を一匡することができたのは、自らの器の小なることに慎む貞をもっていたからである。包拯や海瑞の区々たる小人は、この君子の貞を得ることができず、自らの貞を吹聴したものに他ならない。かれらの貞なるものは、天下を苦しめかくして天下の争いを激成させるに至った。

泰《たい》が五の位を陰に譲って泰《やす》んずとは、泰《たい》の六五の爻辞に「以て祉（福）ありて元吉なり」といい、六五が柔を以て中に居り、九二に応じて元吉を得ることをいう。既済《きせい》の九五の爻辞について、『周易内伝』は「上六は其（九五）の東鄰なり、六四は其の西鄰なり。陰（上六と六四）は済《な》さんを欲するも、五（九五）の尊厳を憚る。故に皆《とも》に仰ぎて其（九五）の相済《な》すを求む。四（六四）は慎みて約に居り、薄祭（禴祭）の象なり。上（上六）は盈ちて僭《せん》し、太牢（牛羊豕の三牲を備える）の祀なり。五（九五）は二者に択び、当に下は四（六四）に比する（九五の陽と六四の陰が相並ぶ）を以て宜しきと為す」という。ともに陽が陰に譲って福を受けたことをいう。それはまた管仲が器の小なることによって天下を匡すことができた道である。なお、管仲は器は小なりについての俗解に対する批判は、『読四書大全説』の当該の項参照。

䷼　中孚《ちゅうふ》（兌《だ》下巽《そん》上）

夫れ信を天下に施さんと欲すれば、則ち内は己を失わず、外は物を廃せずして、以て之が量（法度）と作《な》す。物を廃すれば、則ち己は載する所无し。大過《たいか》（䷛）の陰を擯《しりぞ》くる（初六と上六を、上下に擯ける）は、棟《むなぎ》の撓《たわ》むなり（彖辞に、「大過《たいか》は棟撓む」という）。己を失えば、則ち物は与に依る无し。小過《しょうか》（䷽）の中を去る（九三と九四が、二と五の中位を失っている）は、飛鳥の凶なり（初六の爻辞に、「飛鳥、以て凶なり」という）。情に称《かな》いて以て本末と為せば、末は位を廃する无し。礼を要《もと》めて以て重軽と為せば、重は権を失う无し。陽は中にして（九二と九五が、中位に居る）陰は内なれば（六三と六四の二陰が、上の二陽と下の二陽の内に居る）、夫れ乃ち以て情理尽くして疑貳《ぎじ》は消ゆ。則ち中孚《ちゅうふ》是れなるのみ。

『周易内伝』は彖辞について、「中とは内なり。孚とは信ずるなり、感ずるなり。卦画は、二陰（六三と六四）内に在りて、中を得ず。而も三（六三）は躁爻（進爻）為《た》り、四（六四）は疑地（退爻）為り。相聚まりて志を異にし（六三と六四の陰が聚まり、進むと退くの志を異にする）、既に相信ぜざるの勢い有り。而も中を失いて権無く、志は且つ平らかならず。然れども内（三と四の人位）に安処し、静順にして以て陽と争わず、則ち其（六三と六四）の陽（九二と九五）を信ずること至れり、而して陽の之を感ぜしむること深し。三（六三）は二（九二）に順いて説《よろこ》び（下卦は兌《だ》、悦）、四（六四）は五（九五）を承けて相入り（上卦は巽《そん》、順って入る）、皆《とも》に虚以て命を陽に聴き、疑う無く競う無し。是れ、二陰の中に孚なるなり。孚なる者は陰なり、之を孚にする者は中（二と五）を得るの陽（九二と九五）なり。夫れ異類を感ぜしめんと欲する者は、必ず同類を之れ相信ず。己の志未だ定まらず、道を同じくして親しまざれば、則ち己に異なる者の相洽《かな》いて以て化するを望む無し」という。

大過《たいか》は陽の大が過ぎて、二陰を上下に擯けているから、棟（九三と九四）は自らを支えることができない。また小過《しょうか》は二陽が中を失い、上下の四陰（鳥の翼にたとえる）に率いられているから、他の物の信を得ることができない。しかしこの中孚《ちゅうふ》のみ、その大小（陽と陰）の過を免れることができる。

情に称いて本末と為すとは、後に述べるように、九二と九五の二陽が本となり、六三と六四が人位に居てそれぞれ九二と九五の陽に親しむこと。かくして末たる陰は、その位に安んずることができる。また礼を要《もと》めて重軽と為すとは、六三と六四が下卦の上と上卦の下という散地の軽に居り、九二と九五が中位の重に居り、貴賤の区を定めること。かくして重たる二陽は、その権を発揮することができる。

且つ夫れ陽は、陰を主る者なり。陰を主る者は、陰を統べて之に交わる。之を統べて与に交わりを為し、先に之に授くるに必ず疑い必ず貳《たが》うの勢いを以てすれば、釁端《きんたん》（禍の端初）を推す者は、必ず以て陽心の固からざるを咎む。

将に往きて之を主らんとするに、必ず先に有《たも》ちて以て之を宅《お》く。之を擯けて疑い生ずれば、則ち亦之を納れて疑いは釈《と》く。将に之に交わらんとするに、必ず固く有《たも》ちて以て之を与う。約に居りて之を与うる者倹なれば、則ち意は厭《あ》かずして貳《たが》う。如《も》し其れ実に処りて之を与うること豊かなれば、則ち欲は給《た》りて壱《いつ》なる可し。

しかも陽は、陰を統べて陰に交わる主たる責任をもつ。そのとき陰に疑貳の心を生じさせる勢いを以てすれば、争端を求める陰は、必ず陽が統主たる心が固くないことにつけ込もうとする。

陽が陰を統べるときは、必ず陰を然るべき位に置く。もし陰を擯けて陰の疑いが生ずれば、陰を納れることによって陰の疑いを釈《と》く。陽が陰に交わるときは、必ず陰に与えて固く陰を有《たも》つ。約に居る陰に対し陽が与えること倹であれば、陰の意は満たされず陽に貳《たが》うに至る。しかし陽が実に処り陰に与えること豊かであれば、陰の欲は満たされて陽と合致する。ここにいうのはその前論であり、次に陽の対応の仕方を具体的に述べる。

是の故に、三（六三）と四（六四）は位は散なり（六三は下卦の上の散地、六四は上卦の下の散地）、二（九二）と五（九五）は位は正し（陽が中位に居る）。中孚《ちゅうふ》の、陰陽を麗《つ》く所に奠《さだ》むる者は、既に截然《せつぜん》として以て其の貴賤の区を分てり。然れども兌《だ》（下卦の☱）と巽《そん》（上卦の☴）は皆《とも》に陰（兌《だ》は少女、巽《そん》は長女）にして、二（九二）と五（九五）は中を得るも其の世に非ざれば（兌《だ》下巽《そん》上の中孚《ちゅうふ》は、ともに陰の世である）、則ち権は終に盛んならず。三（六三）と四（六四）は兌《だ》と巽《そん》の主為るも（六三と六四は、二陽一陰の兌《だ》と巽《そん》の一陰である）、散に宅《お》りて正を得ざれば、則ち位は安んずる所に非ず。

而れども中孚《ちゅうふ》の交わりて情理を尽くすこと、二（九二）と五（九五）は、陽を初（初九）と上（上九）に積み、固より輔（初九と上九）を得て以て自ら強《つと》む（乾《けん》の大象に、「君子は以て自ら彊《つと》めて息まず」という）。三（六三）と四（六四）は、陰を異体（下卦と上卦）に連ね、内（三と四の人位）に処りて、以て親を益すを楽しむ。輔（初九と上九）を得て以て強《つと》むれば（九二と九五）、陽は中（二と五の中位）に留まりて替《すた》れざる有り。内に処りて親を益せば（六三と六四）、陰は且つ外に比して（六三が九二に、また六四が九五に陰陽相親しむ）憂えず。之を理に揆《はか》り、之を情に絜《はか》り、大正（大畜《たいちく》の彖伝に、「能く健を止むるは、大正なり」という）を存して、物に授くるに安んずるを以てす。疑貳《きじ》の消ゆるは、合するを介紹に待たず。

彖伝に「中孚《ちゅうふ》は、柔は内に在りて、剛は中を得たり。説《よろこ》びて（下卦の兌《だ》）巽《したが》い（上卦の巽《そん》）、孚ありて乃ち邦を化す」といい、『周易内伝』は「巽《そん》を成す者は六三なり、兌《だ》を成す者は六四なり。陰（下卦の兌《だ》）は説《よろこ》びを効《いた》し順いて以て入り、陰（上卦の巽《そん》）は化して和す。唯《ただ》二（九二）と五（九五）は剛中にして、道を以て相孚《まこと》にす（九二と九五の陽が相応ずる）。故に陰は、其の化を受くるを楽しむ。陰は国土と為し、民と為す。故に邦と曰う。孚は信なり、而るに之を化と謂う（「孚ありて乃ち邦を化す」という）は、朱子謂う、鳥の孚乳《ふにゅう》（孵化《ふか》、卵を抱いてかえす）の象の如く、誠篤にして以て翼を覆えば、則ち期の如くにして化生すと」という。朱子のことばは、『周易本義』には見えない。

すなわち中孚《ちゅうふ》の六三と六四の二陰が散地の賤に居るのに対し、九二と九五の二陽は中位の貴に居り、陰陽はそれぞれ居るべき区に在って貴賤を截然と分っている。しかし九二と九五の二陽が中を得ていても、上卦の兌《だ》は少女であり下卦の巽《そん》は長女であり、ともに陰の世であるから二陽はその権を盛んにすることはできず、また六三と六四の二陰は内卦の上と外卦の下という散地に居て、位に安んずることができず、陰陽相交わることができない。

しかし九二と九五の陽は、初九と上九の輔を得て自ら強《つと》めて息まざる乾《けん》の徳をもち、かくして健（乾《けん》の大象に、「天行は健なり」という）を止める（畜《たくわ》える）大正を存している。また六三と六四の陰は、人位の内に在って乾《けん》に説《よろこ》び順うことを楽しむものであるから、陰陽が合することは他の媒介を待たない。

象伝に「大川を渉るに利し（彖辞）とは、木に乗りて舟虚なればなり」といい、『周易内伝』は「木に乗るとは、沢（下卦の兌《だ》）は木（上卦の巽《そん》）を載するなり。舟虚なりとは、外は実にして（上下それぞれの二陽）中は虚なるなり（三と四が陰）、木を刳《えぐ》りて舟と為すの象有り。舟の渉るに利しきは中虚なるを以てするも、外の実以て之が閑《ふせ》ぐを為すに非ざれば、則ち中虚の用を成す能わず。唯四陽は外に在り（初九と九二が内卦の下に在り、九五と上九が外卦の上に在る）、左右相均しくして隙無し（六三と六四が、内卦と外卦の際に密邇に接している）。故に中（三と四）は以て其の虚有りて物の載するを受くるを得、以て険（大川）を経て行くに利し。二（九二）と五（九五）は能く二陰（六三と六四）を函《ふく》む、故に二陰は虚以て感を受けて窒《とざ》さず。亦以て二（九二）と五（九五）の剛中の徳、以て陰の孚を致すに足るを明らかにす」という。

　夫れ陰陽は類に非ず、其の相与にするは応に非ず。時と位とは其れ尤も斉しからず、而も且つ孚ありて以て間《へだ》つる無し。是れに由れば、天下は豈施す可からざるの信有らんや。

己の堅きを執りて物を擯《しりぞ》け、然る後に物起りて之を疑う。物に随いて以て諧《かな》うも己を喪い、然る後に物得て之に貳《たが》う。況んや夫の陰の柔弱にして僅かに相保つ者、亦深く陽を樹《た》てて以て藩屏と為し、奥区に冥処するを願うをや。

中孚《ちゅうふ》が二陽の上に二陰を積み、さらに二陰の上に二陽を重ねるのは、陰陽の異類が連なっている象であり、陰陽それぞれ二つが相与にしているのは、一陰一陽相応ずる象を成していない。しかも陽は天位と地位を占め、陰は人位に居り、陰陽の時位は全く異なる。しかし二陽が地位と天位に集まり、二陰が人位に集まって陰陽それぞれ孚をもって集まっている。これこそ天下に施す信（孚）というべきものである。

陽が己の堅によって陰を退ければ、陰は陽を疑う。陽が陰に従ってその意に適っても陽が己を失えば、陰は陽の志行に貳《たが》うに至る。まして中孚《ちゅうふ》の六三と六四は上下の二陽に迫られ僅かに保つ柔弱なものであり、しかも二陽をそれぞれ地位と天位に立ててわが二陰を護る藩屏となし、自らは卦の奥区（人位）に人知れず冥処しようと願っている。以下、このような陰を感ぜしめる陽の孚について述べる。

故に暵《だん》（暖）に就きて以て息肩《そくけん》し（いこう、志を安んずる）、深く蔵して以て富を保つ。之（二陰）に楽土を授けて吝《おし》む无く、其の疆域を貞して干《おか》さず。則ち説《よろこ》ぶ（悦、下卦の兌《だ》）に始まりて以て懟《うら》みを消し、順う（上卦の巽《そん》）に終りて以て亢《たか》きを革《あらた》む。豚魚《とんぎょ》（六三と六四をいう）は格《ただ》す可く（彖辞に、「中孚《ちゅうふ》は、豚魚にして吉なり」という）、往きて孚ならざる无し。陽の受くる所、亦弘きかな。枢機は我（陽）に在り、而して好爵《こうしゃく》（九二をいう）は私无し（九二の爻辞に、「我に好爵有り。吾れ爾《なんじ》と之を靡《つな》がん」という）。孚あれば乃ち邦を化すること（彖伝に、「孚あれば乃ち邦を化す」という）、豈爽《たが》う有らんや。

すなわち中孚《ちゅうふ》の二陰は陽の暖を得て志は安んじ、奥区の人位に深く蔵《かく》れて己の陰の富有を保ち、また陽は二陰に惜しみなくその楽土を授け、決して二陰の疆域を犯すことをしない。かくして下卦の兌《だ》が悦ぶことによって陰の怨みを消し、上卦の巽《そん》の順によって陽は己の亢きを革めることができる。ここに中孚《ちゅうふ》は六三と六四の豚魚を孚を以て格《ただ》し、孚を天下に施すことができる。陰が陽に感ずることによって、陽もまた道の弘きを受ける。事を起した枢機は陽であり、九二は私心なき信を以てする。かくして孚を以て邦を化するに至るのは、疑い得ないことである。これは中孚《ちゅうふ》が孚を以て邦を化するのは、下卦の二陽と上卦の二陽が孚を以て集まっていることによることをいう。

象辞に「中孚《ちゅうふ》は、豚魚にして吉なり」といい、『周易内伝』は「豚魚（ふぐ）は、陰物なり。三（六三）と四（六四）を謂う。二（九二）と五（九五）は中正の徳を以て信を三（六三）と四（六四）に施し、而して三（六三）と四（六四）は相感じて以て内に和順（和は兌《だ》、順は巽《そん》）して、其の吉を受く」という。また象伝に「豚魚にして吉なり（象辞）とは、信、豚魚に及ぶなり」といい、『周易内伝』は「及ぶとは、相逮《およ》ぼすなり。信は以て之に及ぼすに足り、而して豚魚（六三と六四）は皆《とも》に信なり。感ずるに実（信）を以てすれば、則ち実を以て応ず」という。

六三の爻辞に「敵を得たり。或いは鼓し或いは罷《や》め、或いは泣き或いは歌う」といい、『周易内伝』は「陰の性為《た》る、類を同じくすと雖も必ず疑う。四（六四）は三（六三）と比し、本より相敵するの情無し。而るに三（六三）は躁進の爻為り（三は進爻である）、四（六四）と体を異にして（下卦と上卦に分れる）親しまず、見て敵と為す。甫《はじ》めは相得るも、即ち（忽ち）相猜《そね》む。鼓すとは、進みて之を攻むるなり。四（六四）は与に競わず（四は退爻である）、乃ち罷む。既に四（六四）に詘《くっ》して進むを得ず、則ち泣く。已にして二（九二）と五（九五）の剛の為に、正（陰が陽に応ずる）を以て相感ず。則ち抑《また》四（六四）に洽比《こうひ》して（和合する）、悦びて（六三は兌《だ》）以て歌う。無恒の情は孚なり易からず、殆ど豚魚なるのみ。而れども終に剛中（九二）の縻繫《びけい》する所と為りて（九二の爻辞に、「吾れ爾《なんじ》と之を縻《つな》がん」という）其の信を保ち、無恒なる者すら且つ焉《こ》れを孚にす。九二の徳、盛んなるかな」という。

六四の爻辞に「月、望に幾《ちか》し。馬匹亡う。咎无し」といい、『周易内伝』は「月は日の施すを承くるを以て明を為す、陰陽相感ずるの正しき者なり。六四は五（九五）の孚を承けて（九五の爻辞に、「孚有りて攣如《れんじょ》たり」という）之を順受す（上卦巽《そん》は、順う意）。柔は其の位を得（陰が四の陰位に居る）、月は望（満月）に幾《ちか》きの象なり。陰は陽の孚とする所と為ること、至れり。両馬（六三と六四の陰）は匹と為す、四（六四）の三（六三）に匹する（配する）を謂う。陰（六三と六四）は党して盛んなれば、則ち陽と亢するも、四（六四）は柔にして退き（四は退爻）、三（六三）と其の躁忌（三は進爻）を同じくせず、馬匹亡うなり。陰（六三と六四）、内（三と四の人位）に孚なるは、中孚《ちゅうふ》の道なり。三（六三）と尚（崇尚）を異にするは、咎有るかと疑わる。而れども正（六四が四の陰位に居る）以て三（六三）の猜狠を消し、久しくして自ずから化せ使む。復《また》何ぞ咎めん」という。

九二の爻辞に「鳴鶴は陰に在り、其の子、之に和す。我に好爵有り、吾れ爾《なんじ》と之を靡《つな》がん」といい、『周易内伝』は「鶴は高潔の鳥なり、陽の象なり。陰とは、林陰（蔭）の下なり。二（九二）は中に居ると雖も、下卦に在り。故に陰と為す。子とは、初九を謂う。両《ふた》つながら（初九と九二）倶に陽なるも、初（初九）は二（九二）を承く。故に子と為す。好爵とは、好む可きの爵なり。六三は二（九二）と相比し（六三と九二が、陰陽相並ぶ）、二（九二）を奉じて主と為して之を尊貴するを謂う。吾（我）とは二（九二）自らを謂い、爾《なんじ》とは初（初九）を謂う。靡《び》（縻に同じ）とは、之を繫属《けいぞく》するなり。二（九二）は剛中にして、誠を以て六三を感ぜしめ、聯《つらな》りて兌《だ》の体を為して以て相和好し、道を同《とも》にする初九を得て与《とも》に相倡和せんと欲す。乃ち之（初九）を勧《すす》めて偕《とも》に三（六三）に合し、以て縻繫《びけい》して之を聯属し、相孚化《ふか》（孵化《ふか》、また孚を以て化す）せ使む」という。なお彖伝の「孚あれば乃ち邦を化す」は、さきに示したように、「陰は国土と為し、民と為す、故に邦と曰う」というように、九二と九五の陽が孚を以て二陰を化することをいう。

九五の爻辞に「孚有りて攣如《れんじょ》たり。咎无し」といい、『周易内伝』は「五（九五）は剛中にして尊に居り、以て上（上卦の巽《そん》）の主と為り、同（陽）に孚ありて、以て異（陰）を感ぜしむ可き者なり。上（上九）は亢して其の孚を受けずと雖も、而れども五（九五）の誠信は已に至り、以て四（六四）に攣繫《れんけい》して之をして安んぜ使むるに足る、故に咎无し。三（六三）と四（六四）は権に乗ずるの中位に非ず、陰の情は豈能く晏然《あんぜん》として之に処りて争わざらんや。二（九二）は之（六三）を縻《つな》ぎ、五（九五）は之（六四）を攣《つな》ぐ。乃ち以て異類を感ぜしめて、説《よろこ》びて（下卦兌《だ》の六三）以て巽《したが》う（上卦巽《そん》の六四）。乃ち（然るに）二（九二）は初（初九）の承くるを得るも、五（九五）は上（上九）の亢するを平らかにする能わず。則ち二（九二）は易くして、五（九五）は難し。異に孚あるは尚《なお》易きも、同に孚あるは愈々難なり」という。

若し夫れ己を貶《おとし》め物に徇《したが》いて、以て其の悃悃《こんこん》（ねんごろの心）を効《いた》し、物を拒け己を全くして、以て其の硜硜《こうこう》（小人の卑賤、『論語』子路及び憲問に見える）を守れば、物に徇いて則ち己を賊《そこな》い、物を拒けて則ち好を絶つ。信の蔽わるるや賊《そこな》われ、之を免るる末《な》し。上（上九）は亢して親しまず、初（初九）は他（六四）有りて定まらず（初九の爻辞に、「他有れば燕《やす》んぜず」という）。己と人との間に、情理未だ尽くさず。則ち僅かに二（九二）と五（九五）の輔為らんとするも足らず。

中孚《ちゅうふ》は上卦の九五と上九及び下卦の初九と九二の四陽が、中の六三と六四を孚ならしめるものであるが、中位を得ない上九と初九が情理を得ない凶と不安に陥ることを危ぶむ。もし己を貶め他者に従って好《よしみ》を通ずれば、他者に従って己を失う。また他者を拒けて己のみの道を守れば、他者を拒けて他者との好を絶つに至る。かくして信（孚）が蔽われて己が賊われることは、免れることができない。上九は上に亢して遠くの陰のみか下の九五にも親しまず、初九は六四に応じて必ずしも九二に応じようとしない。このように上九が九五と、また初九が九二と、両陽の孚を尽くさなければ、九二と九五の輔たるべき任を尽くすことはできない。これは初九が九二に孚あり、また上九が九五に孚があることによって、はじめて中孚《ちゅうふ》が孚を以て邦を化することができることをいう。

上九の爻辞に「翰音、天に登る。貞しけれども凶なり」といい、『周易内伝』は「雞を翰音と曰うは、其の鳴くに信有るを以てなり。上九は剛徳にして、信無き者に非ず。然れども亢して高きに居り、自ら信じて下に五（九五）に比せず、以て陰（六三）に孚あり。則ち自ら其の剛の中ならざるを量《はか》らず、小信を尚びて志を抗《あ》げ物を絶つ。雞の高く飛ぶこと、能く幾何《いくばく》ぞや。其の剛にして靡《なび》かざるを以て、之を貞と謂う可し。然れども亦、匹夫匹婦の諒《まこと》なるのみ（『論語』憲問に見える）。凶は必ず之に及ばん」という。上九は貞であるが凶であるとは、上九が剛を恃んで靡かないことを上九の貞というだけであって、小信を尚ぶ匹夫匹婦の諒に他ならないことをいう。上九の小象に「翰音、天に登る、何ぞ長かる可けんや」といい、『周易内伝』は「飛びて甫《はじ》めは起つも、即ち（忽ち）墜《お》つ。陰に遠ざかれば則ち以て孚にするに足らず、又下は五（九五）に順う（上卦巽《そん》は、順う意）能わず。是れ物を絶つなり。一たび試むるも顛越《てんえつ》する（転がり落ちる）は、必ず然る所以なり」という。

　初九の爻辞に「虞《やす》んずれば吉なり。他有れば燕《やす》んぜず」といい、『周易内伝』は「虞とは、度《はか》るなり、安んずるなり。陰の類を連ねて以て内に居る（六三と六四をいう）は、初（初九）の遽《にわ》かに感ず可き所の者に非ず。初（初九）は下に潜処して（乾《けん》の初九の爻辞に、「潜龍、用うる勿れ」という）、内は之を己に度《はか》り、唯其の剛正（陽が初の陽位に居る）を守りて、以て二（九二）と相孚にして安んず、故に吉なり。他とは、四（六四）を謂う。燕とは、亦安んずるなり。相応ずるの四（六四）有りと雖も、亦其の安んずる所に非ず、独り二（九二）と徳を合するを言う」という。初九の小象に「初九は虞《やす》んずれば吉なり（爻辞）とは、志未だ変ぜざるなり」といい、『周易内伝』は「陰（六四）に感ずるの情無しと雖も、亦乖違《かいい》するの志無し。審らかに度《はか》りて以て安んじ、二（九二）の来りて感ずるを聴く。速やかに合するを求めざる者は、離るるに至らず。故に吉なり」という。

䷽　小過《しょうか》（艮《ごん》下震《しん》上）

中孚《ちゅうふ》は陽の盛んなるなり、而るに卦は皆《とも》に陰なり（下卦兌《だ》は少女、上卦巽《そん》は長女）。小過《しょうか》は陰の盛んなるなり、而るに卦は皆《とも》に陽なり（下卦艮《ごん》は少男、上卦震《しん》は長男）。徳は時に乗ぜず、才は勢いに勝たず。故に中孚《ちゅうふ》の陽は中を履む（九二と九五）を以てすら、且つ陰を保ちて結ぶに信（孚）を以てす。況んや小過《しょうか》の陰柔にして、能く過（四陰）を怙《たの》みて以て終らんや。然りと雖も、余り有るに乗じて贏《えい》（利益）を取り、徳を量《はか》らずして勝を求むるは、則ち陰は恒に之れ有り、未だ肯《あ》えて戢《おさ》めず。

中孚《ちゅうふ》䷼は四陽二陰で陽が盛んであるが、卦は兌《だ》と巽《そん》ともに陰である。その錯卦である小過《しょうか》䷽は四陰二陽で陰が盛んであるが、卦は艮《ごん》と震《しん》ともに陽である。中孚《ちゅうふ》はその四陽の徳と才を以てしても、卦が兌《だ》と巽《そん》ともに陰であるという時に乗じ勢いに勝つことはできない。かくして中孚《ちゅうふ》は九二と九五が中位に在っても、二陰を内に保ち六三と六四との信（孚）を結ばなければならない。まして小過《しょうか》は四陰の陰柔なるものであるから、それを恃んで小（陰）が終りを完うすることができないはずである。ところが小過《しょうか》はその余り有る四陰に乗じて利を取り、陰たる徳を顧みずに小（陰）の過を遂げようとする。それは陰においては常に有ることであり、決して陰はそれを改めようとはしない。

象辞について、『周易内伝』は「二（六二）と五（六五）は、中位にして卦の主為り。小過《しょうか》の卦画は、陰（六二と六五）は皆《とも》に之（中位）に拠り、又初（初六）と上（上六）の二陰は以て羽翼を為す（象辞に「飛鳥、之が音を遺《のこ》す」といい、象伝に「飛鳥の象有り」という）。而して三（九三）と四（九四）の進退危疑の地（三は進爻、四は退爻）なるを以て、陽（九三と九四）を処《お》きて之を内（三と四の人位）に錮《とざ》す。陰の其の涯量を踰ゆること甚し。故に小過《しょうか》と曰う」という。四陽が六三と六四の二陰を内に保つのが中孚《ちゅうふ》、四陰が九三と九四の二陽を内に錮《とざ》すのが小過《しょうか》である。

今夫れ魚（中孚《ちゅうふ》の象辞にいう豚魚）は陰なり、故に中孚《ちゅうふ》は之を以てす。鳥（小過《しょうか》の象辞にいう飛鳥）は陽なり、故に小過《しょうか》は之を以てす。魚は火の属にして性は沈み、鳥は水の属にして性は浮く。中孚《ちゅうふ》は離《り》（☲）を象り、小過《しょうか》は坎《かん》（☵）を象る。火は必ず木に麗《つ》き、実に依る。故に魚は之を空に投ずれば、則ち死す。水は盈たざるの地に流れ、虚に託す。故に鳥は実を蹠《ふ》めば、則ち擒《とら》えらる。然れども陽は躁にして和し、和する者は必ず得るの勢い无し。陰は静にして狠《こん》なり、狠なる者は徙《うつ》るを思うの心无し。故に鳥は下る可く、魚は上ら使む可からず。

火は実に麗《つ》きて虚に利あり、水は虚に流れて実を載す。則ち情と徳とは相貿《か》うるの殊致有りて、以て各々其の利頼を成す。而して之を要するに、上は野にして下は室なり、上は往きて下は来る。上は威ありて下は恩あり、上は施して下は受く。下を以て吉と為さざる莫し。是を以て鳥は下る可く、而して魚は必ず上ら使む可からず。下る者は進み、上る者は退く。進む者は伸び、退く者は屈す。故に陰陽は亦、争いて下りて以て吉と為さざる莫し。

中孚《ちゅうふ》と小過《しょうか》について交互に述べる。中孚《ちゅうふ》と小過《しょうか》との相違を図示すると、次のようになる。中孚《ちゅうふ》䷼が離《り》☲を象るのは、二陽と二陰をそれぞれ一陽と一陰の象と見なすことによる。小過《しょうか》䷽が坎☵を象るも同じ。互いに相反するのは、この両卦は陰陽が表裏に隠現する錯卦である。

中孚《ちゅうふ》―陰―魚―火の属―沈下―離《り》☲の象―実に依る
小過《しょうか》―陽―鳥―水の属―浮上―坎《かん》☵の象―虚に託す

火の属である中孚《ちゅうふ》は、火が木という実によって燃えるように、必ず実に依らなければならない。従って中孚《ちゅうふ》の魚は実でない空に置けば、必ず死する。水の属である小過《しょうか》は、水が盈たない虚の地に流れるように、必ず虚に託する。従って小過《しょうか》の鳥は虚でない実の地に居れば、必ず捕えられる。ところが陽が動いて和そうとしても必ずしも勢いを得ないのに対し、陰はひたすら静を守って動こうとしない。その点で陽の飛鳥たる小過《しょうか》は下り、陰の豚魚たる中孚《ちゅうふ》は上ることができない。すなわち、陰陽ともに、下るものである。

しかもまた、陰陽の情と徳の点からいえば、火は木という実に依るという情をもちながら、虚に上るという徳をもつ。水は虚に託するという情をもちながら、物の実を載せるという徳をもつ。情と徳は互いに異なり、それぞれの効用をもつ。上下という点からいえば（小過《しょうか》の彖辞に、「上るに宜しからず。下るに宜し」という）、上るという野と往と威と施よりも、下るという室と来と恩と受が吉を得ることができる。その点からしても、小過《しょうか》の鳥は下り、中孚《ちゅうふ》の魚は上ることができない。すなわち陰陽ともに、下ることを吉とする。

小過《しょうか》は飛鳥で浮上を性とするが、下るに宜しきものである。彖辞に「飛鳥の音を遺《のこ》す。上るに宜しからず、下るに宜し。大（陽）は吉なり」といい、『周易内伝』は「上るに宜しからずとは、躯（九三と九四の陽）は翼（初六と六二及び六五と上六の陰）の用と為り、陰は其の過（四陰）を恃みて以て陽を挾《さしはさ》みて上るなり。下るに宜しとは、翼（四陰）

は躯（二陽）に随いて降り、陽は及ばず（二陽が四陰に及ばない）と雖も、能く陰を斂《おさ》めて以て実に趨るなり。三（九三）と四（九四）は中を失いて内（人位）に処ると雖も、一止（下卦の艮《ごん》）一動（上卦の震《しん》）は、皆《とも》に其の主る所なり。陰は過ぐと雖も、其の飛揚の志を戢《おさ》めて、以て剛に順いて行か使む可し。則ち大（陽）は吉なり」という。

中孚《ちゅうふ》の陰（六三と六四）と小過《しょうか》の陽（九三と九四）は、皆《とも》に中（人位）に在りて、未だ上下するの勢い有らず。未だ上らず未だ下らざれば、上る可く下る可し。是に于いて、中孚《ちゅうふ》の陰と小過《しょうか》の陽、各々下らんと欲するの情有るは、其の理勢然るなり。

陽必ず得るの勢い无ければ、陰は徙《うつ》るを思うの心无し。中孚《ちゅうふ》に在りては、陰（六三と六四）の沈まんと欲するや、陽（初九と九二及び九五と上九）は和して争わず。極盛に処る（九五）と雖も、僅かに与《ため》に敦信して以て其の志を遂ぐるのみ。幸いにして陰（六三と六四）、其の未だ上らず未だ下らざる者に安んずれば、則ち陽は坦然たり。小過《しょうか》に在りては、則ち陽（九三と九四）は震《しん》（上卦）と艮《ごん》（下卦）の主為り。陰（初六と六二及び六四と上六）を決して以て必ず下りて、其（陽）の志を遂ぐ可し。然れども、陰は且に其の宅中に盛満せるの勢いを怙《たの》み、陽を挟みて以て樊《はん》（鳥かご）を破りて、虚に游ばんとす。虚は陰の郷なり、下るは陽の利しきなり。（陽の）利に背きて以て其（陽）の郷に非ざるに適《ゆ》くも（陰が虚の天に往く）、而も陽は猶《なお》靡然として以て其の以てする（小過《しょうか》の初六の爻辞に、「飛鳥、以て凶なり」という）に聴《まか》す。以てすとは、以てせざる者なるに、靡然として其の以てするに聴《まか》せて、能く自ら主《つかさど》る莫し。

中孚《ちゅうふ》の二陰と小過《しょうか》の二陽は、ともに三と四の人位に在って、上下する勢いをもたない。上下しないということは、上ることもできるが下ることもできることをいう。かくして中孚《ちゅうふ》の二陰はその情に従って下り、小過《しょうか》の二陽は陰が上飛するが自らは実に趨り下ろうとする。

それは陽が必ず得るという勢いをもたなければ、陰は徙ろうとする心をもたないからである。中孚《ちゅうふ》の場合、陰はその情に従って沈下しようとし、陽はそれに和するだけで争わない。九二の爻辞に「鳴鶴は陰に在り、其の子、之に和す」といい、さきに見たように陰位に在る九二に対して子である初九が和して争わない。しかも九五の爻辞に「孚有りて攣如《れんじょ》たり」というように、九五は六四を敦信して己の志を遂げるだけである。もし六三と六四が中に安んじていれば、陽はそれに任せて何もしない。

小過《しょうか》の場合、九三は下卦艮《ごん》の主であり九四は上卦震《しん》の主であるから、上下の四陰を決絶して制し、自らは下って陽の志を遂ぐべきものである。しかし地位に在る二陰はその盛満の勢いを怙み、樊《はん》（鳥かご）のように陰を拘束すべき二陽を破って、天位の二陰に合しようとする。陽は陰を制して下ることを利とするが、陰は陽の利を無視して己の郷である天位の虚に飛ぼうとする。陽はやむをえずそれに従うだけで、陰の鳥が飛ぶままにまかせる他ない。すなわち陽は自らその徳を用いることができない。

小過《しょうか》の初六の爻辞に「飛鳥、以て凶なり」といい、『周易内伝』は「初（初六）と上（上六）は外に在り、翼を張りて飛ばんと欲するの象なり。陰は盛んにして、二（六二）と五（六五）は偕《とも》に以て翔ぶ。理に逆いて行き、害は天下に及ぶ。故に凶なり。以てとは、飛ぶを以てするが故に、凶なるを謂う」という。またその小象に「飛鳥以て凶なり（爻辞）とは、如何《いか》んともす可からざるなり」といい、『周易内伝』は「飛鳥の凶に非ず、之に遇う者の凶なるを明らかにす。妻は夫を挟《さしはさ》み、臣は君を挟み、夷狄は中国を挟み、復《また》制す可からず。占者は、宜しく早く之が防を為すべきを示す」という。

六二の爻辞に「其の祖（上六）を過ぎ、其の妣《ひ》（六五）に遇う。其の君たるに及ばず、其の臣たるに遇う。咎无し」といい、『周易内伝』は「五（六五）と上（上六）は、陰を以て天位に居り、鬼神の道有り。故に祖（先祖）と妣（亡き母）と為す。上（上六）は祖なり、五（六五）は妣なり。其の祖を過ぐとは、六二は柔（陰）にして位に当り（陰が二の陰位に居る）中を得たり、上（上六）に較べて勝《まさ》れりと為す。五（六五）と道を同じくするは（陰がそれぞれ中を得る）、其の妣に遇うなり。陽は君と為し、陰は臣と為す。二（六二）は剛中に非ず、君道に於いては及ばずと為す。而れども柔順にして位に当り（陰が二の陰位に居る）、臣道に於いては得たりと為すは、其の臣たるに遇うなり。小過《しょうか》は陰（小）の過ぐるを以て咎と為す、唯二（六二）は柔を以て自ら靖んずるは、以て咎を免る可し」という。

上六の爻辞に「遇わずして之を過ぐ。飛鳥之に離《かか》る。凶なり。是れ災眚《さいせい》と謂う」といい、『周易内伝』は「離るとは、麗《つ》くなり、当るなり。水旱は災と曰い、薄蝕（日月が食すること）は眚と曰う。遇わずとは、終に陽（九三と九四）を絶ちて相下らざるなり。之を過ぐとは、勢い已に過ぎ、而も又自ら驕亢して以て勝を求むるなり。此れ則ち鳥飛びて上るは、逆の極むるなり。之に遇う者は、其の凶なること甚し。是れ災眚と謂うとは、其の害の徧きを為すこと、天自り災を降し、避く可き無きを言う」という。

また、彖辞に「小過《しょうか》は亨る。貞しきに利し」といい、『周易内伝』は「夫れ中を失うの剛（九三と九四）は、豈能く遽《にわ》かに陰の拚飛《はんぴ》する（翻り飛ぶ）を戢《おさ》めんや。而るに聖人（文王）曰く、「陽は固より藉《よ》る可きの資有り、猶為す可きの時有り。小（陰）は過ぐと雖も、何ぞ嘗て大（陽）は吉なる可からざらんや」と（彖辞を作った文王の意を敷衍する）。（中略）大の吉（彖辞にいう）は、終に陽に在りて陰に在らず。陰の過は未だ以て陽の憂いと為すに足らず。嗚呼、此れ聖人の陰陽を扶抑する（陽を扶けて陰を抑える）の微権なり」という。

嗚呼、婦は夫に乗じ、子は父を脅かし、臣は君を制し、挟みて以て翺翔《こうしょう》（高く飛ぶ）して有居に適《ゆ》かず。甚しいかな、陰の狠なるや。惟然り、而して陽の或いは戕《そこな》われ（九三の爻辞に、「従いて或いは之を戕う」という）、或いは厲《あや》うく（九四の爻辞に、「往けば厲うし」という）、終に悲鳴を免るる能わず。而れども乃ち以て天下の忠臣孝子の心を激し、懣菀《まんうつ》憤起（悲憤慷慨）して、之を争いて以て下る。故に重きを極めて返り、乱極まりて復す。主を挟みて周旋し、能く長く其の飛揚跋扈《ばっこ》の雄を保つは、是の理有らんや。逆は弥々《いよいよ》甚しく、失は弥々速やかなり。晛《けん》を見れば消え（『詩経』小雅の角弓に、「雪雨《ふ》ること瀌瀌《ひょうひょう》（盛んなさま）たるも、晛《けん》（日の光）を見れば日《ここ》に消ゆ」という）、密雲散ず（小過《しょうか》の六五の爻辞に、「密雲、雨ふらず」という）。君子は以て預《あらかじ》め其の大の吉（小過《しょうか》の象辞にいう）なるを知る有り。

小過《しょうか》の陰が過盛である世に在って、九三と九四の二陽が戕《そこな》われ厲《あや》うきに在ることをいう。四陰がその雄を恃み六五の主を挟んで、いつまでも飛揚跋扈する道理はそもそもありえない。必ず逆らうことが甚しく、速やかに亡ぶに至るだけである。君子は晛（陽）が現れれば密雲（陰）が散ずるという理を知り、必ず陽の吉なることを予め知って処すべきである。

九三の爻辞に「過ぎざるに之を防ぐ。従《よ》りて或いは之を戕《そこな》う。凶なり」といい、『周易内伝』は「陰過ぐれば則ち陽は及ばず、故に過ぎず（及ばず）と曰う。其（陽）の過ぐる能わざるを以て、而も二陰（初六と六二）の迫る所と為り、之を防ぎて之を止めんと欲す（九三は下卦艮《ごん》の主、艮《ごん》は止める）。志は大なるも、力は足らず。陰は其（九三）の止むるを受け、従《よ》りて之を戕《そこな》う」という。

九四の爻辞に「咎无し。過ぎずして之に遇う。往けば厲《あや》うく、必ず戒む。用うる勿ければ、永貞なり」といい、『周易内伝』は「陰の盛に過ぐるの世に当りて、陽は宜しく内に静処して以て其の定まるを待つべし。三（九三）は剛にして躁進し（三は進爻）、以て陰と相持《じ》す、故に或いは之を戕《そこな》う。四（九四）は剛を以て柔（四の陰位）に居り、正（陰が四の陰位に居る）を守りて争わず（四は退爻である）、故に咎无し。其（九四）の過ぐる能わざるを以て、上は六五を承けて以て之と遇い、之（六五）を撫して順わ使めんことを庶幾《ねが》う。然れども五（六五）は且つ尊に居り盛を擁して、未だ即ち合わず。則ち往けば且に危うからんとし、容《まさ》に戒めざるべからず。能く戒むれば、則ち危うきを免る。戒めて而る後に危うきを免る、抑豈《また》以て軽々しく試みて功を図る可けんや。用うる勿ければ、乃ち以て永く其の正を保つ。蓋し勝を求むるも能くせず、合せんことを求むるも易からず。自ら守りて以て咎を免るるは、足らざるの勢いに処る者、其の道然るなり」という。

夫れ陰陽の往復は、物の理に誠に之れ有り。而して人の性情に於けるも、亦然り。性は情中に処り、情盛んにして権に乗ずれば、則ち性を挟《さしはさ》みて以て実无きの地に浮游す。物を逐《お》いて遷流し、其の元を起すの貞を喪えば、性も亦之を如何《いか》んともする无し。吝《おし》みて失い、失いて悔い、退きては戕敗《しょうはい》（傷害）を憂え、進みては危機に処るに迨《およ》ぶ。則ち情は中《うち》（心中）に発して、怨艾《えんがい》（怨恨）の音を生ずるは、亦中人以上の必ず然る者なり。然る後に、挟む所を矯《た》めて以て来復し、性と情は各々其の所に安んじ、終に其の根に返る。故に、「人は恒に過ち、然る後に能く改む」と曰う。

陰が盛んな小過《しょうか》の世に陽が来復する理を、人の性と情において述べる。性は情中に在るものであるから、情が盛んで性を挟み、情の居るべき実を失って浮遊すれば、乾《けん》元を起すべき貞を喪って性もそれを如何ともすることができない。四陰が盛んな小過《しょうか》が、上六と六五の天位に飛揚することをいう。元を起すの貞は、次の段にいう九四についていう。九四は陽が四の陰位に居る退爻であり、その爻辞に「用うる勿ければ、永貞なり」というように、厲《あや》うきを戒めて用いることがない貞を守る。とともに上卦震《しん》の主である九四は、乾《けん》の元（乾《けん》の爻辞に、「元亨利貞」という）を起すべきものである。その根に返るとは、一陰一陽の往来の道により、情を矯め過ちを改めて、性の正に安んずることをいう。『論語』学而及び子罕に「過ちては、則ち改むるに憚る勿れ」といい、衛霊公に「過ちて改めざる、是れ過ちと謂う」という。

惟然り、而して弋取《よくしゅ》（六五の爻辞に、「公、彼の穴に在るを弋取す」という）の労は、亦甚し。其の穴に在る（六五についていう）の難を憚らざるに非ず、獲る者（九四）得る能わざるなり。故に震《しん》（上卦）の勣《せき》(績)は、偉なり。治乱の数は、止まる（下卦の艮《ごん》）は止まるに勝《た》えざるも、動けば（上卦の震《しん》）則ち興る。理欲の数は、遏《とど》むるは遏むるに勝えざるも、求むれば乃ち得たり。九三の防ぐ（九三の爻辞に、「過ぎずして之を防ぐ」という）は、九四の遇う（九四の爻辞に、「過ぎずして之に遇う」という）に及ばざる所由《ゆえん》なり。

夫の密雲（六五の爻辞に、「密雲、雨ふらず」という）は久しく沍《ふさ》がるの陰无く、穴に在る（六五についていう）は禽を得るの理有り（六五の爻辞に、「公、彼の穴に在るを弋取す」という）。情は性に敵わず、邪は正に勝たず。或いは之を戕《そこな》う（九三の爻辞にいう）と雖も、大いに為す有る者の資なり。以て奈何《いかん》ともす可き无しと為すも（初六の小象に、「飛鳥以て凶なり（爻辞）とは、如何ともす可からざるなり」という）、之に安んずること命の若《ごと》くす。「飛鳥以て凶なり」（初六の爻辞）、尚《なお》誰をか咎めん。

以上の如くであるから、三公である九四が君位に深処する六五に和そうとする労は、まことに甚しい。六五が穴に深処しているからその意を迎えることができない難を、九四は決して憚らないのではない。九四が甚しき労をも厭《いと》わず和そうとしても、六五の意を得ることができないことをいう。小過《しょうか》は、艮《ごん》下震《しん》上。九四は上卦震《しん》の動を興す陽であり、その功績はまことに偉大である。小過《しょうか》は下卦艮《ごん》の九三が止まることに勝えない乱であるが、九四が上卦震《しん》の主として動けば治が興る。また九三は欲を遏《とど》めようとしても進爻であるから遏めることができないが、九四は震動することによって求めれば理を得ることができる。その点で、九三が艮《ごん》によって防ぐよりも、九四が震《しん》によって六五に出会うことが偉大である。

六五の爻辞に「密雲、雨ふらず。我が西郊自りす。公、彼の穴に在るを弋取《よくしゅ》す」といい、『周易内伝』は「陰暗を以て天位（六五）に居り、凝りて散ぜず。四（九四）は与に遇わんと欲すと雖も、終に和するを得《う》可からず。陰陽和すれば則ち雨ふるも、陰（六五）は亢して交わりを陽（九四）に受けず。雲は密なりと雖も、雨ふる能わず。四（九四）は尊位（六五）に近く、其の象は三公為《た》り。六五は位に拠りて深処す、穴に在るの象なり。四（九四）は五（六五）に遇わんと欲するも、得る能わざること、弋《よく》（いぐるみ）は本より以て飛鳥を射るも、之を穴に施せば固より入る能わざるが如し。蓋し終に之を如何ともする無きなり。陰邪は盛んにして、志士は徒らに労するのみ。故に四（九四）の為に、重ねて之を歎ず」という。震《しん》の主である九四の労について歎ずるのである。

しかし陰陽往来の理からすれば、いつまでも陰の密雲が蔽うはずはなく、穴に在る六五も九四の為す有らんとする震動の志によって、弋取されるに至る。大いに為す有るの大とは、九四の陽をさす。如何ともすべからざる小過《しょうか》の世に在って、君子が之に安んじ誰をも咎めないことは、さきに「睍《けん》を見れば消え、密雲散ず。君子は以て預め其の大の吉なるを知る有り」と述べたところである。

大象に「山（下卦の艮《ごん》）の上に雷（上卦の震《しん》）有るは、小過《しょうか》なり。君子は以て行は恭に過ぎ、喪は哀に過ぎ、用は倹に過ぐ」といい、『周易内伝』は「雷は山の上に在りて、地中を撃動する能わず。而して上りて空に入れば、則ち陰気は凝聚して盛んなり。小過《しょうか》は、陰の過ぐるなり。陽亢して陰は恭《つつ》しみ、陽楽しみて陰は哀しみ、陽は豊かにして陰は倹なり。君子の道に夫の陰を過用する者有るは、唯此の三者のみ（陰の徳である恭と哀と倹を、君子が過用する）。怠惰に溺れず（恭）、嗜欲に靡《なび》かず（倹）、惨殺に流れざれば（哀）、則ち皆陽は以て陰に勝ちて、過（過用する）を失わず」という。恭は『論語』衛霊公に、「子曰く、無為にして治むる者は其れ舜か。夫れ何をか為さん。己を恭《つつ》しみ正しく南面するのみ」という。哀と倹は八佾に、「林放、礼の本を問う。子曰く、大なる哉問いや。礼は其の奢《おご》らんよりは寧ろ倹なれ。喪は其の易《おさ》めんよりは寧ろ戚《いた》め（哀）」という。

䷾ 既済《きせい》（離《り》下坎《かん》上）

一陰一陽、之れ道と謂う（繋辞上伝第五章）とは、偏勝无きなり。然れども、其の一一にして之を建て、中和の交を定むるに当りては、亦秩然として其の大紀を順承し、屑屑焉《せつせつえん》（煩雑なさま）として位を逐《お》い才を授けて、之を一一にするに非ず。此れ、天地の大なる所以なり。交わること密ならず、敘《の》ぶること察ならずと雖も、而も道に損する无きは、則ち泰《たい》（☷☰）是れのみ。若し屑屑焉として一一にして之を建て、一一に因り和して之に交わるは、此れ人事の造《な》す有るなり、終に天地の憂い无きに及ばず。故に済《な》すは、人事なり。之を舟し之を方《いかだ》し、之を榜し（櫂《かい》でこぐ）之を帆して（帆を張る）、以て旁午《ぼうご》（事の煩雑なこと）を通じ、以て険阻を越ゆること、亦労せるかな。

一陰一陽する道は、陰と陽の一方だけが他に勝ることがないことを示す。それは陰陽中和の交わりを定めるに当って、一陰一陽という道の大紀を承けることをいい、決して既済《きせい》のように各爻の位ごとに陰陽を一一にするのではない。泰《たい》☷☰は三陽三陰で、一陰一陽の形を示している。既済《きせい》のように陰陽の交わりは密でなく、また陰陽の展開が明確ではないが、乾《けん》下坤《こん》上の泰《たい》は一陰一陽の道を損うものではない。

既済《きせい》のように一つ一つ陰陽が交わるのは、天地自然の道ではなく人事に関わるものである。たとえば舟に乗り筏に乗って川を渡り（『詩経』邶風《はいふう》の谷風に、「其の深きに就きては、之を方し之を舟す」という）、櫂でこぎ帆を張って、繁雑な労を尽くして大川の険阻を渡るようなものである。旁午はまた一陰一陽を三度繰り返す既済《きせい》をいい、険阻は既済《きせい》の上卦坎《かん》をいう。

『周易内伝』は既済《きせい》の彖辞について、「道を知らざる者自り之を言えば、則ち爻に奇偶の定位有り（初九と九三と九五が奇（陽）の位に在り、六二と六四と上六が偶（陰）の位に在る）、而して剛柔は各々其の位に当り、貞悔（貞は内卦、悔は外卦）は各々其の中を奠《さだ》め（離《り》の中の陰位を六二の陰が占め、坎《かん》の中の陽位を九五の陽が占める）、初（初九）と四（六四）と、二（六二）と五（九五）と、上（上六）と三（九三）とは、各々応ずるに正を以てし（陰陽が相応ずる）、乾坤《けんこん》の変化は此に至りて大いに定まれりと曰う。而れども、此の有形の剛柔同異は、不測の神（繋辞上伝第五章に、「陰陽不測、之れ神と謂う」という）に与《あずか》るに足らざるを知らず」という。また「其の一炎一寒、一潤一燥、一上一下する者の若きは、皆形而下の器（繋辞上伝第十二章にいう）なり、用に滞り将に消えんとする者なり。此に繇《よ》りて之を言えば、則ち既済《きせい》と未済《びせい》は人事已に謝《おわ》れるの陳迹（過去のあと）にして、乾《けん》元の龍に乗じ（乾《けん》の彖伝に、「大なる哉、乾《けん》元。……時に六龍に乗じ、以て天を御す」という）、坤《こん》元の地を行く（坤《こん》の彖伝に、「至れる哉、坤《こん》元。……地を行くこと疆《かぎ》り无し」という）の変化に非ざること、明らかなり」という。

天地の大なる可く、天地の久しかる可きは、久は以て大を持し、大は以て久を成せばなり。若し其れ天地の大を譲れば、則ち終に天地の久に及ばず。初め有り終り有り、吉有り乱有り（彖辞に、「初めは吉にして、終りは乱る」という）。功は一曲を成し、日月は窮まり无し。其の既《つ》きて保つ能わざるに方《あた》りては、亦以て天地の終始循環し（天の久をいう）、与《ため》に其の垠鄂《ぎんがく》（極限）を測る无き者（地の大をいう）に配するに足らず。

豈惟《ただ》に其の衰うるのみならんや、盛んなるも亦之れ有り。陽は内に進みて長じ（内卦の九三）、陰は外に退きて窮まる（外卦の上六）。各々其の位に就き（初九と九三と九五が陽位に居り、六二と六四と上六が陰位に居る）、互いに其の交わりを致す。此れ、人事の最も盛んなる者と謂わざるを得んや。而れども、君子は鰓鰓然《ししぜん》（恐れるさま）として思いて之を防ぐ（大象に、「君子は以て患《うれ》いを思いて予め之を防ぐ」という）こと、方《まさ》に此れ自り始まるは、則ち何ぞや。

天地乾坤《けんこん》は、乾《けん》の久と坤《こん》の大が相俟つことによってその効能が保たれる。しかし既済《きせい》は彖辞にいうように、初めは一曲の功を成す吉をもつが、終りは乱れる点で、天地乾坤《けんこん》の大と久を保つことができない。大と久は、繫辞上伝第一章に「知り易ければ（乾《けん》についていう）則ち親しむ有り、従い易ければ（坤《こん》についていう）則ち功有り。親しむ有れば則ち久しかる可く、功有れば則ち大なる可し」という。

『周易内伝』は彖辞について、「初めは吉なりとは、渉《わた》る者の乍《たちま》ち涯（岸）に登るが如く、自ら其の済《わた》るを幸いとし、前途の険阻を恤《うれ》えざるなり。貞邪互いに相持《じ》して、以て相下らず。其の大乱の道為るは、豈顧みて問わんや。故に「亨るは、小（陰）貞しきに利し。初めは吉にして、終りは乱る」と曰う（彖辞）。乱は既に済《わた》るの後を待つに非ず。其の済《わた》るを求むるに当りて、乱は已に萌生ず」という。

すなわち既済《きせい》は既に済《な》して衰えたときばかりでなく、九三の陽が盛んに長じ上六の陰が外に窮まった人事の最も盛んなるときにも、天地乾坤《けんこん》の大と久を保つことができない。従って君子は、大象にいうようにそれが大乱の道であることを知って予め防がなければならない。九三の爻辞に「高宗、鬼方を伐ち、三年にして之に克《か》つ」といい、上六の爻辞に「其の首を濡らす、厲《あや》うし」という。

天下の方《まさ》に興るや、国是《こくぜ》は大いに廷に辨《わか》つ无く、清議は言を野に成す无く、楚楚然《そそぜん》（鮮明なさま）として必ず定まるの清濁有るに非ず。経綸の方《まさ》に起るを承け、上下は各々其の能を尽くして逮《およ》ばざるが如くし、固より余力の以て此（国是を辨ち、清議を成すこと）に及ぶ无し。而れども、万物の相与に各々其の用に趨《はし》るや、用の既に趨れば功は必ず当るを求め、人心余り有りて、規模は日に起る。位を択び時を争い、以て大いに陰陽の界を剖《わか》つ。経制明らかにして公論は彰らかに、建立の繁を区別す。遺地无くして親疏は分れ、勢い乃ち此に繇《よ》りて定まる。則ち人事を尽くす者は、固より已に極盛なれば、加うる所无し。

一は以て陽と為り、確然として（繫辞下伝第一章に、「夫れ乾《けん》は確然として人に易《い》を示す」という）之に授くるに位を以てす。一は以て陰と為り、確然として之に授くるに位を以てす。愆《たが》わざるの素に安んじ、僭せざるの交を合せ、往来の情を竭《つ》くし、正変の久しきを歴し、相与に繁蕪《はんぶ》雑互の地に争いて、乃ち以て此の一日を得たり。則ち中流に枻《えい》（かじ）を鼓して（『楚辞』漁父にいう）、津岸は已に登れり。夫れ此の一日なる者、豈久しかる可きの日ならんや。屯《ちゅん》（䷂）の始めて交わりて自《よ》り、方《はじ》めて此の一日（既済《きせい》の一日）に遇い、未済《びせい》（䷿）の且に乱れんとするを顧みて、僅かに此の一日有るのみ。則ち其の幾《き》為るや、亦岌岌《きゅうぎゅう》たり（危ういさま）。

天下がまさに興ろうとするときは、国是は廷に定まらず清議も野に起らない混沌たる状況に在る。天下経綸の事が漸く緒に就き、上下それぞれその能を尽くすだけで、まだ国是と清議を定める余力がないからである。しかしやがて人心に余力が起り規模が定まるに至って陰陽の界が分れ、かくして経制が明らかとなり公論は定まり、もはや人事を尽くす余地がない極盛に至る。それが既済《きせい》の世である。
易の六十四卦が乾坤《けんこん》並建することによって、ここに既済《きせい》の卦を得たことをいう。乾坤《けんこん》の陽と陰はそれぞれの素位に安んじ、分を越えない交合をなし、陰陽往来の情を尽くし、正と変の久しき時を経、陰陽多寡の雑乱を争ったあげく、漸くにしてここに初と三と五が陽位を占め、二と四と上が陰位を占める既済《きせい》の卦を得ることができた。恰も長江を営々と渡って、始めて目指す岸に到達したかの如くである。しかしこの功を済《な》した既済《きせい》の一日は、いつまで続くことを保証することができようか。乾坤《けんこん》が交わって屯《ちゅん》の艱難が生じてから、ここに既済《きせい》の一日に出会うことができたのであるが、既済《きせい》の次の未済《びせい》の乱がすでに待ち構えている。既済《きせい》の世が孕んでいる幾微は、まことに危ういといわなければならない。

且つ夫れ、陽は下に来りて以て功を致し、陰は上に往きて以て感を受け（既済《きせい》は、三陽がそれぞれ三陰の下に在る）、陽は安んずるも陰は恒に危うし。陽は躁にして楽しみ、陰は静かにして憂う。楽しむ者は忘れ、憂うる者は思う。其（陰）の危うきを忘るる（陽）を以て、其（陽）の安きを思うに敵《あた》る（陰）。瑟《しつ》を宮中に鼓して（陽が楽しむこと）、謀を沙上《さじょう》に聚む（陰が危ういこと）。是れ陽は固より陰に授くるに、且つ懼れ且つ謀るの薬石を以てし、之を激して興《た》たしむ。又況んや夫の迭いに建ち迭い《たが》に交わり、瑣瑣焉《ささえん》（些細なさま）として以て之を夾持するをや。是《か》くの如く、則ち小（陰）は固より未だ亨らざるも、亨ること此れ自り起る。小（陰）の亨るは、大（陽）の乱るるなり。

首尾の低昂（低高）を衡《はか》るが如く、爽《たが》う无し。是の故に、乱は終に此れ自り生ず。

再び彖辞の「既済《きせい》は亨る。小は貞しきに利し。初めは吉なるも終に乱る」について述べる。『周易内伝』は、既済《きせい》の三陽がそれぞれ陰の下に在り、陰陽互いに夾持することについて、次のようにいう。「且つ夫れ一陰にして即ち授くるに一陽を以てし、一陽にして即ち授くるに一陰を以てす。志は定主無く、道は適従無く、中を執りて権無し（『孟子』尽心上に、「中を執りて権無きは、猶《なお》一を執るがごとし」という。権は、その事その時に応じてはかる意）。賢と姦は各々其の安きに拠り、理と欲は交々内に戦う。生と殺は有常に適せずして、以て情事の苟安に詭合して其の愆《とが》を謝《さ》り、迹を以て相倡和して情は相乖忤《かいご》す（そむく）。雑にして倫あらず、主輔と体用の立たざるも、斯れを以て道と為す。天は人の智能を以て之を限る可く、人は己の成法を以て之に処る可し。悪《いずく》んぞ能く乱るるに終らざらんや。已む無くんば、則ち陰の士を懐いて自私する者は、陽と権を分ちて其の所を得るに利しく、以て焉《こ》れを行いて自ら遂ぐ。則ち亨るは、小（陰）の亨るのみ。陽の若《ごと》きは、則ち固より此の相参じ相伍するの陰柔之と相応ずる有るに利しからず。故に位に当りて以て正応す（三陰がそれぞれ陰位に居り、三陽がそれぞれ陽位に居り、また初九が六四に、六二が九五に、九三が上六に正応する）と雖も、陽剛の泰《やす》きを保ち盈を持するの福に非ず」。参伍は、繋辞上伝第十章に「参伍して以て変ず」という。

既済《きせい》は、初と三と五の三陽がそれぞれ二と四と上の陰の下に在る象。すなわち陽は下に安んずるが、上に在る陰は危うい。それは陽が陰の危うきことを忘れて楽しみ、陰が陽の安んじて楽しことを憂えるからである。敵《あた》るとは、このような躁にして楽しむ陽と、静にして憂える陰が、一陰一陽の象を示す既済《きせい》をいう。かくして陽だけが楽しむ既済《きせい》の世に在って、危うきに在る陰は事を謀らなければならない。すなわち陽に対処する（敵《あた》る）陰は、憂患を懼れ事態を謀る薬石の計を以て興《た》たざるをえない。のみならず、一陽と一陰が互いに建って交わり、絶えず陽が陰を相持する既済《きせい》の世に在っては、尚更である。既済《きせい》は小の陰が亨らない世であるからこそ、亨らない世を亨すという陰の謀りごとは必ず起る。しかし小の陰が亨ることは、同時に大の陽が乱れることを意味する。かくして既済《きせい》から必ず未済《びせい》の乱が生ずることは、必然のことである。

二（六二）は誉《ほまれ》（下卦離《り》の明の主）に処り、則ち七日逐《お》う勿《な》きに老敵を以てす（六二の爻辞に、「婦、其の茀《ふつ》（車の蔽い）を喪う。逐うこと勿れ。七日にして得ん」という）。四（六四）は懼れ（上卦坎《かん》の険に在って、懼れて進まない）に処り、則ち終日疑戒《ぎかい》するに安きを求むるを以てす（六四の爻辞に、「繻《ぬ》（濡）るるに衣袽《いじょ》（衣のぼろきれ）有り。終日戒む」という）。

上六の无位にして以て窮まる者（上六の爻辞に、「其の首を濡らす。厲《あや》うし」という）に非ざるは、皆《とも》に（六二と六四）

未だ須臾も忘るる有らず（『中庸』第一章）。清濁太《はなは》だ別れ、疑戦（坤《こん》の文言伝に、「陰の陽に疑わしきときは必ず戦う」という）之を承くること、豈或いは爽《たが》わんや。甘（禹の子の夏王啓が誓した地名）と傅《ふ》（傅説《ふえつ》）の訓を申べて後（『書経』甘誓と説命《えつめい》上中下）、尹（伊尹）と仲（仲虺《ちゅうき》）の誦を作りて以還（『書経』の伊訓、仲虺之誥など）、汝南の月旦（後漢の汝南の許劭が、人物月旦をしたこと）の方《まさ》に明らかなる、雒蜀の是非（宋の哲宗のとき、程頤の洛党と蘇軾の蜀党が争ったこと）既に定まるや、商、周、漢、宋、此の四代は、亦是れに由りて延びず。故に君子は誠に之を患え、誠に之を防ぐ（大象による）。

既済《きせい》が乱の生ずる世であり、六二と六四がその危うきを忘れないように戒めることをいう。繫辞下伝第九章に、「二と四とは功を同じくして位を異にす。其の善は同じからず。二は誉多く、四は懼《おそれ》多し。近ければなり」という。

六二の爻辞について、『周易内伝』は「茀《ふつ》とは、車蔽なり。二（六二）は陰柔にして中に居り、婦と為す。婦人の車に茀《ふつ》有るは、容貌を蔽いて其の幽貞を全うする所以なり。六二は二陽（初九と九三）の中に雑わり、上行して以て済《な》さんと欲し（九五に応じようとする）、敬忌する所無し。其の茀を喪うは、則ち乱るるに近し。特《ただ》中に居りて離《り》明（下卦の離《り》、離《り》は明）の主為《た》るを以て、志は本より光貞なり（坤《こん》の文言伝に、「万物を含みて化は光《おお》いなり」といい、象伝に「柔順にして貞しきに利し」という）。故に但戒しむるに馳逐に亟《すみ》やかなる勿《な》きを以てすれば、則ち七日にして自得し、終に以て恥を知りて、嫌《まぎら》わしきを遠ざかるに足る。七日と言うは、六位既に窮まれるの後（上六）、乱定まりて志は白（潔白）なるなり」という。すなわち、中道という誉に処る六二については、九五を逐うという乱に赴くこと勿れと戒めるのである。老敵は、老陽の九である九五をいう。

六四の爻辞について、『周易内伝』は「繻は、程子（程伊川）以て当に濡に作るべしと為す（程伊川『易伝』）。霑湿《てんしゅう》（ぬれる）なり。袽は、敝絮《へいじょ》なり。四（六四）は坎《かん》体（坎《かん》は水）の下に居り、滲漏《しんろう》霑濡の象有り。衣袽は、以て漏るるを塞ぐ者なり。柔（陰）を以て柔（四の位）に居り、済《な》さんと欲するの心有りと雖も、敢えて軽々しく進むに決せず（四は退爻である）。既に衣袽有るも、而も猶《なお》終日戒むるは、畏謹の至りなり。咎无しと言わざるも、自ずから乱に至らざること知る可し」という。すなわち、四という退爻に居り進むことに懼れる六四が、終日疑戒することによって、乱に至ることがない。

上六の爻辞について、『周易内伝』は「陰は亢して上に居り、位を得（陰が上の陰位に居る）、応（九三の陽）を得るを恃みて、済《な》すに猛なるも、水（上卦は坎《かん》）は其の頂（上）を淹《おお》いて（爻辞に、「其の首を濡らす」という）恤えず。危ういかな。陰の亨ること此に至りて極まり、陰の乱るること此に至りて弭《とど》む可からず。陰陽相雑わり、各々其の所に安んじ、而して変化の道は窮まる。此に過《よぎ》りて為す可き無き者は、則ち唯乱を撓《たわ》めて以て未済《びせい》を成すのみ。陰陽は十二位に向背（隠現）すること、自ずから然るの理数なり」という。六二と六四はこの上六が位なくして窮まるものではないがゆえに、ともに戒めを知り道を忘れることはない。『中庸』第一章に、「道は、須臾も離る可からず。離る可きは、道に非ず。是の故に、君子は其の睹《み》ざる所に戒慎し、其の聞かざる所に恐懼す」という。陰陽清濁が画然と分れ、しかも上に極まった上六の陰が恰も陽のように振舞う既済《きせい》の世が、大乱に終ることは明らかではないか。

夏の王の啓が甘の野に戦って甘誓を作り、殷の傅説が高宗（九三の爻辞に、「高宗、鬼方を伐つ。三年にして之に克つ」という）のために説命《えつめい》三篇を作って以降、夏と殷は衰えた。殷の伊尹が湯王を相《たす》けて桀と鳴条の野に戦って湯誓を作り仲虺之誥を作り、伊尹が太甲のために伊訓と太甲三篇を作り、また咸有一徳を作って以後、殷は衰え、また許劭の月旦、雒蜀の是非が明確にされたため、却って漢宋が亡びるに至った。これは、陰陽清濁の界を厳しく分ちすぎたからに他ならない。

大象に「水（坎《かん》）、火（離《り》）の上に在るは既済《きせい》なり。君子は以て患いを思いて予め之を防ぐ」といい、『周易内伝』は「水、火の上に在るは、其の中に必ず水を載せて火を間《へだ》つる者有り、水の下に注ぎて火を滅するを防ぐ所以なり。君子は中の道有りて、以て予め調爕《ちょうしょう》（調理、調和）するの防を為すこと、火の其の気を水に上達して、以て爕熟《しょうじゅく》の用を成し、争いて相軋滅《あつめつ》（相手を凌ぎ滅ぼす）するの患いを止《とど》む可きが如し。蓋し之を載するの道を以て之を済《な》すなり」という。火が上に達して水が熱し、水火が争って水が火を消すことがないようにするには、火と水の間に物があって防がなければならない。君子はまさしくこの水を載せるという中の道を以て、火と水の用をともに済《な》すことができる。

老子曰く、「大道廃《すた》れて仁義有り、智慧出でて大偽有り。六親和せずして孝慈有り、国家衰乱して忠臣有り」と（『老子』第十八章にいう。なお『老子』は、智慧は慧智に作り、衰乱は昏乱に作る）。其の此に感じ激して言を為すは、之に似たり。然りと雖も、存亡は天なり、得失は人なり。三年、鬼方を伐ちて既に憊《つか》れ、抑《また》鬼方に克たざれば、抑《また》何を以て高宗為らん（九三の爻辞に、「高宗、鬼方を伐つ。三年にして之に克つ」といい、その小象に「三年にして之に克つとは、憊《つか》れたるなり」という）。時会は遷流し、因りて自ら弛《ゆる》うすれば、則ち亦終に此の既済《きせい》の一日无し。又豈可ならんや。河をして波无から使むる能わざるも、亦河を渡ること无から使むる能わず。

老子のことばを引いて船山が批判を加えるのは、老子が存亡という天、自然の道を述べるのに対し、船山は得失という人の道、危難に際して済《な》す有らんことを求めるからである。老子が時勢の艱難と偽善の横行に激してこのような言を発したのは、肯綮《こうけい》に当るもののように思われる。之に似たりというのは、似て非なることをいう。時会は遷り行くものであり、その時に際して自ら強《つと》めることを怠れば、この既済《きせい》の一日すら得ることはできない。老子のように存亡を天に委ねるだけでよいであろうか。大河に必ず波瀾が生ずるからといって、人はこの大河の難を済《わた》ることをやめることはできない。

初九の爻辞に「其の輪を曳《ひ》き、其の尾を濡《ぬ》らす。咎无し」といい、『周易内伝』は「二（六二）は升らんと欲するも、初（初九）は陽剛を以て下に静鎮し、之（六二）を制して行かしめず、其の輪を曳く。初（初九）は之（六二）を曳き、則ち二（六二）の尾は濡れて済《わた》るを得ず。故に柔（六二）の乗ずる所と為ると雖も、咎无し。此れ、陽（初九）を奨《すす》めて以て陰（六二）を制するの辞なり。尾を濡らすと言うは、未済《びせい》に於いて之を見る（彖辞にいい、また初六の爻辞にいう）、狐を謂う（未済《びせい》の象辞に、「小狐汔《ほと》んど済《わた》らんとして、其の尾を濡らす」という）。象を狐に取るは、狐は陰邪の獣なり、性は疑い多く、而も妖媚にして以て人に与《お》いて相乱す。陰は陽の中に雑われば則ち疑い、陽と雑処して交わり応ず、故に能く媚ぶ。陰を賤しむるの辞なり」という。

九三の爻辞に「高宗、鬼方を伐つ。三年にして之に克つ。小人用うる勿れ」といい、『周易内伝』は「高宗は商（殷）の道中《なか》ごろ衰え、治乱相半ばし貞邪相干《おか》すの時に当り、奮発して中興し、以て「殷の邦を嘉靖す」（『書経』無逸）。九三は明（下卦の離《り》）の終りに処りて、険（上卦の坎《かん》）に介（際）す。剛（陽）を以て剛（三の位）に居り、而も進爻為り。故に象を焉《こ》れに取る。鬼方を伐つとは、詩に謂う所の「奮いて荊楚を伐つ」（『詩経』商頌の殷武）なり。楚人は鬼を尚ぶ、故に鬼方と曰う。陽の陰に間《まじ》わるや、始めは相制し、之を制して已まざれば、則ち相攻む。三（九三）は二陰（六二と六四）の中に処り、陰は済さんと欲し、陽は之を制して得ず。故に征伐の事有り。前《すす》みて坎《かん》（上卦）の険に臨むは、詩に謂う所の「罙《ふか》く其の阻に入る」（『詩経』商頌の殷武）なり。険は撃ち易からず、故に三年にして而る後に克つ。小人とは上六を謂う。首を濡らす（上六の爻辞にいう）の小人なり。三（九三）と相応じ、相用うるに嫌《まぎらわ》し。功成りて後、労を息《や》めて驕り、則ち小人は以て其の狐媚を售《う》り易し。故に之を戒むるに用うる勿れを以てす」という。九五については、すでに節《せつ》の項に示した。

人事の争う所、屑屑《せっせつ》として天地の大に及ぶ能わざるは、命なり。焉《こ》れに学びて必ず其の精微を致し、以て天地の正に肖《のっと》るは、性なり。其の天地に及ぶ能わざるを知る、故に君子は天を楽しむ。及ぶ能わざるを知り、而も其の正に肖りて以て自ら其の位を貞《さだ》む、故に君子は人を尽くす。理を窮め性を尽くして命に至る（説卦伝第一章）は、亦之を防ぐと曰う（大象にいう）。豈早計して、齏《なます》を吹くの幸（僥倖）を以て免れんや。

秦は詩・書（『詩経』と『書経』）を燔《や》きて、仁義廃す。晋は玄虚を尚びて、智慧隠る。平王は犬戎の讐を忘れて、孝慈薄し。譙周《しょうしゅう》（蜀の後主劉禅に仕えて、魏に帰服させた。『三国志』巻四十二）と馮道《ふうどう》（五代の人、四姓十君に仕えた。

『五代史』巻五十四）は売国の賞を受けて、忠臣寝《や》む。曽ち以て患を防ぐに足らずして、沈溺に終る。老氏、将《はた》誰をか欺かん。

『中庸』第一章に「天の命ずる之れ性と謂う」といい、第二十七章に「広大を致して精微を尽くす」という。また繫辞上伝第四章に、「天を楽しみ命を知る、故に憂えず」という。天地の大に及ぶことができないことを知りながら、人事を尽くし天地の正に従うのが君子である。老子のように、徒らに天の無情を早計して、為すべきことをしないでよいであろうか。

以下、『老子』第十八章のことば（仁義、智慧、孝慈、忠臣）を逆用して、「君子は以て患を思いて予め之を防ぐ」（大象）ことを説く。平王は、周の幽王の子。幽王が犬戎に滅ぼされ、平王は洛邑に東遷し春秋の世となる。明が清に亡ぼされた讐を忘れぬ意を託する。「老子、将誰をか欺かん」というのは、船山が決して老子の言に欺かれず、君子の志を守ることを誓うのである。

君子の微を慎み明らかに辨《わか》ち（『中庸』第二十章に「慎みて之を思い、明らかに之を辨《わか》つ」という）、位を紛雑の余に争い、交を肆応《しおう》（ほしいままに応ずる）の地に正す者は、敢えて労を憚らず。永固と曰うに非ざるも、亦以て天地の盛を一日に延《ひ》く。則ち後起する者は、以て澌滅《しめつ》して継ぐ可からざるにあらず。固より既済《きせい》を以て戒塗と為して、雌雄黒白の間（『老子』第二十八章に、「其の雄を知り其の雌を守りて、天下の谿と為る。……其の白を知り其の黒を守りて、天下の式と為る」という）に倒行し、盈たず足らざるに依りて（『老子』第四章に「道は沖にして之を用いて或いは盈たず」といい、第七十七章に「人の道は則ち然らず。足らざるを損して以て余り有るに奉ず」という）、以て自ら保つを庸《もち》うる勿れ。

終りに、再度老子の道とわが君子の道が異なることをいう。老子は既済《きせい》の世を見て戒塗となし、わが身を守ることのみを説くが、君子は敢えて身を挺して争い、一日でも天地の盛を計ろうとする。かくして後生の者がその志を継ぐことができる。敢えて労を憚らずというのは、さきに「之を舟し之を方し、之を榜し之を帆して、以て険阻を越ゆるは、亦労せるかな」と述べたことに対応する。船山はいまこの鬱屈不平の世に在って、老子のように人事を尽くすべき既済《きせい》の世を懼れて己れを保つことのみを求めず、自ら労することを憚らず、後起の人がわが志を継いでほしいという。

䷿ 未済《びせい》（坎《かん》下離《り》上）

一

水火の功を為すは、天地の盛に及ばず。是れに因りて、害を為すも、亦陰陽亢戦《こうせん》の窮に如《し》かず。其の大なる可きを遯《のが》る、故に其の成るや小なり。其の久しかる可きを譲る、故に其の毀《こぼ》たるるや長からず。故に天地にして、毀たるる无し（繋辞上伝第十二章に、「乾坤《けんこん》毀たるれば、則ち以て易を見る无し」という）。藉《たと》い天地を毀つの一日有るも、豈復《また》其の「亥《い》は閉じ子《ね》は開く」こと、邵子（邵雍）の説の如きを望まんや。成ること小なる者（坎離《かんり》）は、以て始むるに足らず。故に易は乾坤《けんこん》を首《はじめ》として、坎離《かんり》を首とせず――「天一は水を生ず」に拠れば、則ち当に坎《かん》（水）を首とすべし――。毀たるること長き者（坤《こん》）は、以て終る可からず。故に易は未済《びせい》に終り、坤《こん》に終らず。

未済《びせい》は坎《かん》下離《り》上。『周易内伝』は彖辞について、「未済《びせい》は、陰未だ済《な》さず。陰は初（初六）に起り、三（六三）に進み、五（六五）に躋《のぼ》り、倶に其の位を失い（初六と六三と六五が陽位に居り、九二と九四と上九が陰位に居る）、陽（九二と九四と上九）の覆う所と為りて、上に達するを得ず。故に未だ済《な》さず。離《り》と坎《かん》（未済《びせい》の上卦と下卦）を以て之を言えば、火（離《り》）

は炎上して已に上りて則ち散じ、水（坎《かん》）は流下して已に下りて則ち涸る。各々其の情を遂げて、用を相為さず。則ち火と水とは、皆《とも》に以て化を成すに足らず。亦、未だ済さず」という。

乾坤《けんこん》から始まった六十四卦の最後が、未済《びせい》という未だ終らざる卦を以てする所以を述べる。坎離《かんり》という水火より成る未済《びせい》は、功を為す点では乾《けん》の久と坤《こん》の大の盛に及ばず、従ってまた害を為す点でも乾《けん》が亢して悔い坤《こん》が戦って窮するに至らない。乾《けん》の上九の爻辞に「亢龍、悔有り」といい、坤《こん》の上六の小象に「龍、野に戦う（爻辞）とは、其の道窮すればなり」という。坎《かん》は中男であり離《り》は中女であるから、乾《けん》の父と坤《こん》の母の大に及ばず、功を成すことの小なるものである。また坎《かん》と離《り》は乾《けん》と坤《こん》の久に及ばないから、毀たれる害を為すことも長くない。大と久は坤《こん》と乾《けん》についていうが、ここでは互文として読む。

ところで（故は、発語の辞）乾坤《けんこん》の天地は、毀たれることがない。たとい天地が毀たれる一日があったとしても、邵雍のように亥（北西の乾《けん》）に終り子（北の坤《こん》）に始まるようなことはありえない。功を成すこと小なる坎離《かんり》は首として始めることはできず、易は乾坤《けんこん》を首とする。「天一は水を生ず」は、『乾坤鑿度』に「天一は水を生じ、地六は之を成す」という。水（坎《かん》）を首とするその説に従うことができないことをいう。毀たれることの長い坤《こん》を易の終りとすることはできず、害を成すことの長くない坎離《かんり》より成る未済《びせい》を以て終りとする。なお邵雍に由る朱子の伏羲八卦次序図は、乾《けん》一を首とし坤《こん》八を終りとし、伏羲六十四卦次序図も同じく乾《けん》から始めて坤《こん》に終る。

且つ夫れ火（離《り》☲）は陰（中女）なり、而して陽を以て郛《ふ》（郭）と為す（一陰が上下の二陽に守られている）。水（坎《かん》☵）は陽（中男）なり、而して陰を以て輿《よ》と為す（一陽が上下の二陰に載せられている）。郛（離《り》の二陽）に非ざれば守られず（離《り》）、輿（坎《かん》の二陰）に非ざれば載せず（坎《かん》）。之（坎《かん》の一陽）に憑《よ》りて以て固しと為し（坎《かん》）、之（離《り》の一陰）を含みて以て光と為す（離《り》）。既に其の神明を顕出して以て陰陽の盛（乾《けん》と坤《こん》）を備うる能わず、抑《また》其の鋒稜《ほうりょう》を孤恃して以て窮亢（坤《こん》の窮と乾《けん》の亢）の災を致すを欲せず。数を得ること少なく、気は其の伸ぶるを承く。則ち物は長盛して終らざる（乾《けん》の陽）こと能わず、亦久終して返らざる（坤《こん》の陰）こと有るに非ず。水火の撰（こと）、固より然る有り。

前段を承けて、未済《びせい》の坎《かん》と離《り》が、乾坤《けんこん》の盛に及ばず、また陰陽亢戦の窮に至らないことを述べる。二陽が一陰を含む離《り》と、二陰が一陽を載せる坎《かん》は、すでに純陽純陰の乾坤《けんこん》と異なる。すなわち、離《り》の一陰は二陽によって守られ、坎《かん》の一陽は二陰によって載せられている。また坎《かん》は中の一陽の剛によって変動して居らざる水の固きを為し、離《り》は中の一陰の柔を含んで外の二陽が離《り》の明を為す。かくして坎離《かんり》は乾坤《けんこん》のように盛を備えて神明の功を顕わすことができないだけでなく、また乾坤《けんこん》のように純陽の健行の徳と純陰の地を行くこと疆《かぎ》り無き順の徳、すなわち鋒稜の純を恃んで災害を致すことを求めない。一陽二陰の坎《かん》と二陽一陰の離《り》より成る三陽三陰の未済《びせい》は、六陽の乾《けん》と六陰の坤《こん》に比べて陰陽の数は少なく、少ないから乾坤《けんこん》の伸（展開）を承ける。従って乾《けん》のように終ることなき長盛を得ることもできず、また坤《こん》のように久終して返ることなき窮災に至ることもない。水の坎《かん》と火の離《り》の性が本来そうであるからである。これは後に述べる未済《びせい》が終らない意であるとともに、一終すなわち六十四卦の終りに置かれていることを述べるための前論である。

夫の天地の大始（繫辞上伝第一章に、「乾《けん》は大始を知る」という）為《た》る所の者の若きは、則ち道なり。道は固より容《まさ》に缺くべからず。容に缺くべからざれば、必ず其の全きを用う。健全くして乾《けん》なり、順全くして坤《こん》なり。是に因りて、山（艮《ごん》）沢（兌《だ》）、雷（震《しん》）風（巽《そん》）、水（坎《かん》）火（離《り》）は、皆繁然として給を至足の乾坤《けんこん》に取りて、以て宇宙の盛を極む。而れども、漸次にして以て備（全）に嚮《むか》うこと有るに非ず。何となれば、道は思う無く為す无ければなり（繫辞上伝第十章に、「易は思う无く、為す无し」という）。漸次にして以て備に嚮えば、則ち吝留を為す有り、増益を為す有り。是れ且に思う有り為す有らんとす、其の以て天地の大を建つるに足らざること久し。

天地の大始たるものは、一陰一陽の道である。道は欠くべきものではなく、必ず全備を用いる。すなわち純陽にして健行する乾《けん》と、純陰にして順承する坤《こん》との並建による。乾坤《けんこん》の父母から、艮《ごん》の少男と兌《だ》の少女、震《しん》の長男と巽《そん》の長女、坎《かん》の中男と離《り》の中女が生じ、多様の繁を尽くしながらすべて乾坤《けんこん》の至足に取用を承け、ここに山と沢、雷と風、水と火という天地の盛を極める。それは決して漸次という段階を歴して全備に至るものではない。道は人のように思うことなく、意図的に為すものではないからである。漸次を歴して全備に至るときは、その用を吝みまた無理に益すという断続が起る。すなわち思うことなく為すことなき道と齟齬し、天地の大を建てることはできない。久しとは、いうまでもない意。乾坤《けんこん》が並建することによって、その至足の全が大始となるとともに、乾坤《けんこん》の父母から生まれた山沢以下の六子が漸次に全備の純陽純陰に向う段階的構造をもたないことをいう。天地は自然であり、意図的に吝留増益を施して邵雍のような整斉たる漸生漸消する形を示すことをしない。これは後の繋辞上伝第一章において展開する乾坤《けんこん》捷立論である。

> 震巽《しんそん》（長男と長女）、坎離《かんり》（中男と中女）、艮兌《ごんだ》（少男と少女）、男女の辨（区別）、少長の差は、気の盈縮に因りて老壮を分ち、長は先にして少は後なるに非ず。終古と一歳、一日と一息、道の流動して周給する（あまねく充足する）者は、動止（震《しん》と艮《ごん》）、散潤（巽《そん》と坎《かん》）、暄説《けんえつ》（離《り》と兌《だ》）、皆両間（天地）に備わる。万物は各々其の材量を以て受くるを為し、遂に之に因りて以て終始有り。
>
> 始めは待つに漸生を以てする無く、中は序するに徐給を以ってする無し、則ち終りは耗《こう》して以て消に嚮《むか》うこと无し。其の耗して以て消に嚮う者、或いは亦之れ有るも、則ち陰陽の紛錯して偶々其の居を失うなり、気は毀たるるに近し。此れ亦、終日之れ有り、終歳之れ有り、終古之れ有り。要は、竟《つい》に否塞晦冥し、傾壊して（大地が毀たれる）立たざるの一日有るに非ず。

震巽《しんそん》は長男と長女、坎離《かんり》は中男と中女、艮兌《ごんだ》は少男と少女。これら六子は乾坤《けんこん》陰陽の気の盈縮によって少長に分れたもので、そこには先後の差は存在しない。すなわち、永年も一年も、一日も一刻も、道の流動して息まざる全が備わっており、万物はそれぞれの材量の分に応じて受け、そのことによって万物にとっての終始が起る。

乾坤《けんこん》捷立論は、漸進的増益も段階的消滅も認めない。すべて気の盈縮変化によって成るもので、少長は時の先後ではなく、永遠と一瞬を含む時の中に終始が起る。時には気が衰えて消滅に向うこともあるが、それは陰陽が紛乱して居を失ったためであり、陰陽の二気が恰も毀たれたかのように見えるにすぎない。これは、一日でも一年でも、また永遠に起ることである。すなわち生生の道が永久に失われることは、一日もありえない。終始は繋辞上伝第四章に「始めを原《たず》ね終りに反る、故に死生の故《こと》を知る」といい、乾《けん》の彖伝に「大なる哉、乾《けん》元、万物資《と》りて始む。……大明は終始し、六位は時に成る」という。また『大学』経に、「物に本末有り、事に終始有り。先後する所を知れば、則ち道に近し」という。終始とは以下に述べるように、時の先後の意ではなく、気の盈縮変化による終りと始めが通貫することをいう。

嘗《こころ》試みに之を験せん。天地の生は、亦繁なり。倮介《らかい》（倮蟲と介蟲）と羽毛（羽蟲と毛蟲）、動植（動物と植物）と霊冥（智あるものと智なきもの）は、類以て相続《つ》ぎて蕃衍《はんえん》を為す。父に由りて子を得、小に由りて大に嚮《むか》い、一に由りて万を致す。固より宜しく今日の人物は両間（天地）に充足して、容るる所无かるべし。而れども土（地）は以て居るに足り、毛（草）は以て養うに足る。邃古《すいこ》に曠地（荒地）无く、今日に余物无し。其の消謝と生育の相値《あ》いて其の登耗《とうこう》（増減）を償《つぐな》う者は、適《まさ》に相均し。是れ人の兵疫饑饉は、率《おおむ》ね年を歴して一遇し、則ち既に伝聞有りて、以て之を紀《しる》（記）せり。鳥獣艸木の登耗の数の若《ごと》きは、特《ただ》微遠にして察する莫きも、乃ち鷙攫《しかく》（鳥や獣が獲物を捕える）凍暍《とうあつ》（寒暑）、野焼（旱魃）淫漲（洪水）の耗する所の者は、亦億（憶測）して其の盈たざるを知る可し。則ち亦、夏昼冬夜の長短の暗《ひそ》かに移ると、焉《こ》れを殊にする有る无し。

要は其の至足の健順（乾坤《けんこん》の徳）、与《とも》に広生（坤《こん》についていう）を為し、与に大生（乾《けん》についていう）を為し、日に以て万物の始めを作《な》す可し。缺くる所有るも、則ち亦一物として備わらざる有る无し（『孟子』尽心上に、「孟子曰く、万物皆我に備われり」という）。物として備わらざる无ければ、亦物として或いは盈つる无し。夫れ惟、大盈する者のみ、大虚を得ればなり。今日の盈たざるも、豈将来の或いは虚しきを慮《おもんぱか》らんや。故に易は既済《きせい》に成りて、未済《びせい》に終る。未済《びせい》の世は、亦乾坤《けんこん》の世なり、先後の始終に非ず。

倮（裸）蟲の長は人、介（甲殻）蟲の長は亀、羽蟲（鳥）の長は鳳凰、毛蟲（獣）の長は麒麟。天地の動物植物が無限に増え続ければ、天地の間に溢れて容れる所がなくなるはずであるのに、一方必ず消謝死滅のことがあって、盈ち溢れることがない。人が兵（戦争）疫（疾病）饑饉によって死亡することは、数年を歴して出会うことであり、それは史書にその伝聞を書き記している。鳥獣草木の増減の数は、詳しく知ることができないが、その弱肉強食の性、自然の変異によって減少したことは、推測して知ることができる。恰も四季の昼夜の長短が潜移するのと同じである。既済《きせい》と未済《びせい》は坎《かん》と離《り》とより成るが、根源的にいえば乾《けん》の健と坤《こん》の順の道を大始とする。従ってたとい坎《かん》と離《り》は乾坤《けんこん》の純を欠いていても、そこには乾坤《けんこん》が備わっている。乾坤《けんこん》が備わっているからこそ、一陰一陽の道によって盈つることなきことも起る。既済《きせい》の成は物として備わざる无きことを示し、未済《びせい》の終は物として或いは盈つること无きことを示す。大盈する者のみ大虚を得るとは、六陽の乾《けん》と六陰の坤《こん》が並建し、一陰一陽の道が行われることをいう。基本的にはこの健順の至足に在るのであるから、未済《びせい》の盈たざる今日を得ても、未来が永遠に虚になるという終末論は、易の世界には存在しない。

未済《びせい》は乾坤《けんこん》と世を同じくするも、未済《びせい》の以て一終するに足るは、何ぞや。陰陽の未だ交わらざるは、則ち乾坤《けんこん》為り。其の未だ交わらざるに由りて、以て交わるを得可《う》し。乃ち既に交わりて、風（巽《そん》☴）、雷（震《しん》☳）、山（艮《ごん》☶）、沢（兌《だ》☱）は亦変ず。其の尤も変ずる者は、則ち水（坎《かん》☵）火（離《り》☲）に若《し》くは莫し。一陽にして上に一陰生じ、一陰にして上に一陽生ずるを以て、離《り》（☲）と為す。一陰にして上に一陽生じ、一陽にして上に一陰生ずるを以て、坎《かん》（☵）と為す。互いに入りて以て交わり、三位は相錯《さく》し、間《まじ》わりて純ならず。

既に或いは以て坎《かん》と為り、或いは以て離《り》と為る。因りて之を重ぬるに、離《り》は坎《かん》と遇い、離《り》の三の陽（九三）は上に一陰（六四）生ず。因りて以て坎《かん》を成して、既済《きせい》（䷾）と為る。坎《かん》は離《り》と遇い、坎《かん》の三の陰（六三）は上に一陽（九四）生ず。因りて以て離《り》を成して、未済《びせい》（䷿）と為る。互いに（離《り》と坎《かん》が）交わりて以て交わり、六位は相錯し、間《まじ》わりて純ならず。陰陽の交わる、是に極まること甚し。故に此の二卦は、乾坤《けんこん》の至変せる者なり。其の交わりを尽くすに由りて、未だ交わらざる有るに非ず。交わること雑を極めて、復《また》変ず可き无し。是の故に、終るの道有り。

未済《びせい》は乾坤《けんこん》の一陰一陽の道を大始とする点で先後はないが、しかし六十四卦の終りとなる理由はなぜかと問う。乾《けん》と坤《こん》が並建するのは、陰陽が交わらない象を示す。交わらないことから、陰陽交合の変が起る。陽が陰中に交わって震《しん》☳、坎《かん》☵、艮《ごん》☶が生じ、陰が陽中に交わって巽《そん》☴、離《り》☲、兌《だ》☱が生ずる。その中で、坎《かん》と離《り》は尤も変を極めたものである。一陽の上に一陰が生じさらにその上に一陽が生じたものが離《り》☲であり、一陰の上に一陽が生じさらにその上に一陰が生じたものが坎《かん》☵である。陰陽が互いに交わり、三位は陰陽が表裏に隠現する錯をなし、雑にして純でないものである。以上、小成の卦についていう。

以下、三爻を重ねた大成の卦についていう。この変を極めた離《り》と坎《かん》が出会い、下卦離《り》☲の九三の上に一陰の六四を生じ、かくして上卦は坎《かん》☵を成して既済《きせい》となる。また下卦坎《かん》☵の六三の上に一陽の九四を生じ、かくして上卦は離《り》☲を成して未済《びせい》となる。小成の卦の坎離《かんり》が互いに交わることによって陰陽が交わり、六位は陰陽が表裏に隠現する錯をなし、雑にして純でないものである。すなわち既済《きせい》と未済《びせい》は、並建する乾《けん》と坤《こん》が変を極めたもの。変を極めることによって、陰陽の交わりを尽くし、しかも一陰一陽の雑を極めて、それ以上変じようがない。その点でこの二卦は終りに居る。既済《きせい》の後を承けて、未済《びせい》が終りに置かれることは、次に述べる。

既済《きせい》は居を得るも（陽が初と三と五の陽位に居り、陰が二と四と上の陰位に居る）、未済《びせい》は居を失う（陰が初と三と五の陽位に居り、陽が二と四と上の陰位に居る）。雑にして居を失い、之を傷《いた》むこと至れり。水（坎《かん》☵）は、陽を胎《はら》みて降るに利しく、火（離《り》☲）は、陰を胎みて升るに利し。既済《きせい》は、水（上卦の坎《かん》）は升り、火（下卦の離《り》）は降る。升る者（水）は余位有りて以て降り、降る者（火）は余位有りて以て升る。未済《びせい》は、水（下卦の坎《かん》）は降り火（上卦の離《り》）は升る。降ること極まりて復《また》降る可き无く、升ること極まりて復升る可き无し。性は情に流れ、情は生に孳《つと》め、交わり極まりて位は終る。則ち既済《きせい》は成し、未済《びせい》は終る。固より一日の間、一物の生、皆《とも》に此の必ず終るの理有りて陰陽を行《めぐ》らし、万物材量の自ら受くるに聴《まか》す。則ち未済《びせい》は、亦以て一終す可し。

前段の末尾に、「交わること雑に極まり、復変ず可き无し。是の故に、終るの道有り」ということばを承けて、「則ち未済《びせい》は、亦以て一終す可し」という理を述べる。居を得る既済《きせい》に対して、居を失う未済《びせい》は傷《いた》む。坎《かん》☵の水は一陽を内に函《ふく》んで下る性をもち、離《り》☲の火は一陰を内に函んで上る性をもつ。すなわち離《り》下坎《かん》上の既済《きせい》は、上卦に升った坎《かん》の水が水の性に従って降り、下卦に降った離《り》の火が火の性に従って升ることによって成すことができるのに対し、坎《かん》下離《り》上の未済《びせい》は、下卦に降った坎《かん》の水はもはやそれ以上降ることができず、上卦に升った離《り》の火もそれ以上升ることができない終りを成しているからである。

人の性は情に流され、その情は生きることを求め、かくして人は事物と交わる中でその生涯を終える。六十四卦の終りに既済《きせい》と未済《びせい》がともに置かれるは、いわば人がその生を成し、またその生を終えることを示す。それは一日一刻、一物一生はすべて陰陽の始終の展開の中で、それぞれの材量の分に応じそれぞれの始終を受けるからである。その点で、未済《びせい》は一終するということができる。

『周易内伝』は彖辞について、「嗚呼、既済《きせい》未済《びせい》の世は、難いかな。人事の此に有るに非ず、気数の然るなり。天下は豈旦《あさ》に善にして夕《ゆうべ》に悪となり、君子を左（卑位）にして小人を右（尊位）にする者有らんや。亦豈刑と賞と相参《まじ》えて以て治を成し、欲と理と相錯《まじ》えて以て徳を成す者有らんや。既済《きせい》の世は、已に雑糅《ざつじゅう》の局を成し、而も拠りて得たりと為す。未済《びせい》の世は、未だ其の各々に得るの利しきを成さず、而も猶憂疑する所有り。則ち未済《びせい》は愈《まさ》れり。小狐は尾を濡らして利しき攸无きは（彖辞に、「小狐は汔《ほと》んど済《わた》らんとし、其の尾を濡らす。利しき攸无し」という）、未だ始めより陽の利しきに非ずんばあらず。易は二卦（既済《きせい》と未済《びせい》）を以て終うるは、則ち以て陰陽の交々感じて以て雑乱を成し、其の変の極、且に此くの如きに至らんとするを見《しめ》す。険阻の極至は、乾坤《けんこん》の易簡に非ざれば、能く其の変を知りて之を定むるに大常を以てする莫し」という。

然れども、交わりは則ち極まるも、陰陽は則ち未だ極まらず。陰陽の極まる者、未だ交わざるは則ち乾《けん》（䷀）坤《こん》（䷁）なり、已に交わりて居を得るは則ち泰《たい》（䷊）なり、已に交わりて居を失うは則ち否《ひ》（䷋）なり。乾坤《けんこん》の極まるは既に以て始めと為し、否《ひ》の極まるは又終う可からず。乾《けん》に非ざれば則ち坤《こん》なり、坤《こん》に非ざれば則ち乾《けん》なり。十二位の間、嚮背（隠現）して陰陽は各々足る。既に乾《けん》を毀ちて坤《こん》无く、坤《こん》を毀ちて乾《けん》无きを容《ゆる》さず。又否《ひ》の往来を絶ちて以て晦塞《かいそく》に終るを得ず。惟夫れ往来は皆《とも》に雑にして、十二位は相錯《さく》し、未だ純なる者有らず。則ち未済《びせい》は、遂に以て一終するに足る。
未済《びせい》は交わりが極まる点で一終とはいえても、陰陽そのものは極まることがない。陰陽が極まった者とは、陰陽が交わらない乾《けん》と坤《こん》をいい、また陰陽が交わってそれぞれが居を得た泰《たい》（泰《たい》の彖伝に、「泰《たい》は小（陰）往き大（陽）来る、吉にして亨る（彖辞）とは、則ち天地交わりて万物通ずるなり」という）と、居を失った否《ひ》（否《ひ》の彖伝に、「大（陽）往き小（陰）来る（彖辞）とは、則ち是れ天地交わらずして万物通ぜざるなり」という）のことをいう。しかしこの極まった乾坤《けんこん》と泰否《たいひ》も、陰陽嚮背の理からいえば、決して終ったものではない。

十二位及び嚮背の論は、船山の十二陰陽論による。六位の表に現れた陰陽の撰の他に、裏に隠れている陰陽の徳が在り、捷《すみ》やかに相互転換する。基本的にいえば、乾《けん》と坤《こん》とは表裏に隠現する錯の関係であり、この陰陽が六爻の六位の嚮背する十二位に隠現する。従って、乾《けん》が毀たれて坤《こん》がなく、また坤《こん》が毀たれて乾《けん》がないというようなことはありえない。乾《けん》が極まれば必ず坤《こん》は現れ、坤《こん》が極まれば乾《けん》は必ず現れるのが、陰陽嚮背の理である。その点で、乾坤《けんこん》はそれぞれ大始となり得るものである。のみならず、天地往来の通を絶つ否《ひ》も、この陰陽嚮背の理からすれば、決して否塞に終るものではない。それは交わって居を失ったにすぎず、決して晦塞に終ることはあり得ない。乾坤《けんこん》の至盛と泰《たい》否《ひ》の次盛以外の諸卦は、すべて陰陽往来が雑であって純なるものではない。その点で一陰一陽の形を示している未済《びせい》は、ここに一終するということができる。終りに「遂に」というのは、さきの段の終りに「亦」という語を承けていう。

乃ち一陰立ちて旋《たちま》ち陽なり、一陽立ちて旋ち陰なり。陰陽は皆《とも》に俄頃《がけい》に死生し、所謂「地は戌《いぬ》（西北）に毀たれ、天は亥《い》（西北と北の間）に毀たる」こと有るを得るに非ず。蓋し陰は孤にして陽を毀つ可からず、陽は孤にして陰を毀つ可からざればなり。未済《びせい》の象は、亦一陰一陽の道なるも、特《ただ》其の乱に際する者なるのみ。

終りに、未済《びせい》は永終を意味するものではなく、乾坤《けんこん》の一陰一陽の展開の中に在ることを付言する。一陰一陽之れ道と謂うというように、陰陽は捷立し相互に隠現する関係に在る。陰陽は一瞬に転換するものであって、坤《こん》と乾《けん》が地を異にして毀たれるものではない。陰という一物が陽を毀ち、また陽という一物が陰を毀つというようなことは、易の理としてあり得ない。乾坤《けんこん》は並建し、陰陽は表裏の相互転換の関係に在るからである。その点で未済《びせい》もまた一陰一陽の道の表れであり、ただ陰陽の乱に際したものにすぎない。

先天の位、未済《びせい》は申《さる》（西南）に居る。申は、日の入る所なり。日は大圜《たいえん》（天）の墟を繞《めぐ》り、出入は地に因りて以て漸移す。則ち申は、定位有るも定時无し。定時无ければ、則ち亦且つ定位无し。是れ終日寅《とら》（東北）なる可く、終日申なる可し。終日終りにして、終日始めなり。見る所に拘する者は、之を察する莫きのみ。

且つ申は、秋の始め為り。秋は、刑殺を司る。百穀落ちて活蔵（生を貯えるところ）を甲核（たね）に涵《ふく》み、昆虫熊燕は蟄《ちつ》して生の理は膻宮《たんきゅう》（心臓の下）に息《そく》す。則ち亦、貌《かたち》は殺なるも殺に非ず、特《ただ》替（衰替）に就くのみ。未済《びせい》も亦替なるのみ、豈殺有らんや。殺に非ざれば、永終を成さず。天地は永終の日无し。

未済《びせい》が永終の殺ではなく、衰替の時であることを述べる。朱子の伏羲六十四卦方位図（先天図）によれば、未済《びせい》は申（西南）の方位に在る。地においては日が沈む申という定位であるが、円転する天においては定時なく、従ってまた定位なきものである。すなわち定時なくまた定位なき天の円転からいえば、絶えず申の西南に在るとともにその反対の寅の東北に在るということができる。天の周行は終始相継ぐもので、終りから始まりまた始めは必ず終る。地に因って見る者は、それを知らないだけである。

しかも申は秋の始めに当る。秋は刑殺を司り、万物凋落のときであるが、同時に万物生成の活蔵を種子に納め、生の理を蟄居に養っている。すなわち秋は刑殺の時のように思われるが、生が衰替する時に当るに他ならない。申の未済《びせい》は、決して殺を司るものではない。永終は殺によってなされるものであり、生生するこの天地には決して殺の永終はあり得ない。

且つ雷風（震巽《しんそん》）山沢（艮兌《ごんだ》）の、天に代りて以て物を主るや、暄潤《けんじゅん》（火と水、すなわち離《り》と坎《かん》）に非ざれば功を為さず。故に人物は水火に非ざれば生ぜず、而して其の終るは亦水火に非ざれば殺さず。雷風、山沢は、物を殺す能わざる者なり。其（水火）の殺に任ずるに因り、故に亦以て一終す可し。而して水火の殺は、則ち亦惟《ただ》水火の盛んならざるのみ。

陽亢《あが》り（巽《そん》☴）陰凝《こ》る（震《しん》☳）ときは、則ち盛んなり。故に雷風（震《しん》と巽《そん》）の用は著らかなり、水火（坎《かん》☵と離《り》☲）の用は微なり。山沢（艮《ごん》☶と兌《だ》☱）の体は実なり、水火（坎《かん》と離《り》）の体は虚なり。陰は陽に間《まじ》わりて離《り》（☲）と為り、陽は亢るを得ず。陽は陰に間《まじ》わりて坎《かん》（☵）と為り、陰は凝るを得ず。

其の未済《びせい》に在りては、離《り》の火は南に上りて金（兌《だ》、西）に息《いこ》い、木（巽《そん》、東）の養を失う。坎《かん》の水は北に下りて木

（巽《そん》、東）に注ぎ、金（兌《だ》、西）の滋を失う。尤も炎爍《えんしゃく》（離《り》の盛）汜濫《はんらん》（坎《かん》の盛）の勢い有るに非ず。特《ただ》交わるの已に雑なるを以て、一時の衰を成し、物は遂に其の凋敝《ちょうへい》を受く。故に盛は生を為し、衰は殺を為す。盛衰は偶（一時）なり、生殺は互いに相養う者なり。豈重きを極め返り難きの勢い有りて、以て大終に迄《いた》りて其の更始（復活）を待たんや。

しかも乾坤《けんこん》の六子の内、震巽《しんそん》と艮兌《ごんだ》が天に代って万物を主るとき、離《り》と坎《かん》によらなければ功をなすことができない。従って万物（人を含む）は水の坎《かん》と火の離《り》によらなければ生ずることはできず、また終りも水火でなければ殺すことができない。離《り》下坎《かん》上の既済《きせい》が生を済《な》して生じ、坎《かん》下離《り》上の未済《びせい》が済《な》さずして殺すことをいう。それは震巽《しんそん》と艮兌《ごんだ》が、物を殺すことができないからである。未済《びせい》の坎離《かんり》が殺に任ずることによって、未済《びせい》は一終することができる。未済《びせい》が殺に任ずるのは、坎離《かんり》が震巽艮兌《しんそんごんだ》より盛んでないからである。

すなわち、巽《そん》☴は二陽が上に亢《あが》り、震《しん》☳は二陰が上に凝《こ》り、陰陽ともに上に著らかで盛んであるのに対し、水（坎《かん》☵）の一陽は上下の二陰に蔽われ、火（離《り》☲）の一陰は上下の二陽に蔽われて、その用が微である。また山沢と水火の体の相違は、艮《ごん》は山という実をもち兌《だ》は沢という実をもち、また艮《ごん》☶は二陰が下に集まり兌《だ》☱は二陽が下に集まって実の体をなすのに対し、水火は体をもたず虚である。すなわち水（坎《かん》）は二陰の中に一陽を容れ、火（離《り》）は二陽の中に一陰を容れる虚である。離《り》☲は一陰が二陽の間に雑わっているから陽は亢って盛をなすことができず、坎《かん》☵は一陽が二陰の中に雑わっているから陰は凝って盛をなすことができない。

この離《り》を上卦とし坎《かん》を下卦とする未済《びせい》は、生殺と盛衰の点からいえば、殺と衰に在るものである。上卦離《り》の火（太陽）は南に上って（離《り》の方位は南）西の兌《だ》に沈み、東の巽《そん》の養の盛を受けることがない。また下卦坎《かん》の水は北に下って（坎《かん》の方位は北）東の巽《そん》に注ぎ、西の兌《だ》の滋の盛を受けることがない。巽《そん》と兌《だ》がそれぞれ二陽が亢り二陰が集まってその用が盛んであることは、さきに見たところである。また水火の坎離《かんり》が、体は虚であることも始めに述べたところである。かくして離《り》の火は炎爍の勢いをもたず、坎《かん》の水は氾濫の勢いをもつことができない。しかしそれは一陰が二陽に交わる離《り》と、一陽が二陰に交わる坎《かん》が、その交わること雑なることによって一時の衰をなし、万物もそのため衰替を受けるに他ならない。

すなわち、盛は生をなし衰は殺をなすが、盛衰は一時であり、生殺が相養って陰陽循環するのが、易の道である。事が極まって生生することができない勢いがあり、最終という終末に至って更めて創造という復活が起るということは、易の道ということはできない。

釈氏の言に曰く、「劫《ごう》の将に壊《え》せんとするや、水災有り、火災有り」と。未済《びせい》を以て之を観るに、火（離《り》）は上に散じ、水（坎《かん》）は下に漏れ、水火は暄潤《けんじゅん》するに給《た》らず。則ち人物に於いては死を為し、天地に於いては消を為す。其の焞焞《とんとん》（火の盛んなさま）の燄《えん》（火災）、滔滔の波（水災）有りて、以て万物を滅ぼし、二儀（陰陽の両儀）を毀ちて之を壊《え》す无きこと、亦明らかなり。

天地の終りは、測るを得《う》可からず。理を以て之を求むるに、天地の始めは今日なり、天地の終りは今日なり。其の始めは、人は其の始めを見ず、其の終りは、人は其の終りを見ず。其の見ざるや、遂に以て邃古《すいこ》の前に一物初めて生ずるの始め有り、将来の日に万物皆尽くるの終り有りと為す。亦、愚なるかな。

釈氏の終末論に対して、船山はわが易哲学に基づく終始論を述べる。それは坎離《かんり》より成る未済《びせい》の卦によって明らかに見ることができる。さきに述べたように、陰陽の盛をなさず衰に在るがゆえに人物を殺すのであり、天地陰陽の展開においては消であるにすぎない。釈氏のように焞焞たる燄の火災、また滔滔たる波の水災が起って、乾坤《けんこん》二儀を毀つことは、易理からはあり得ない。

「天地の始めは今日なり、天地の終りは今日なり」との言は、いわゆる実存哲学風なそれではなく、万物みな我に備わるという（『孟子』尽心上）乾坤《けんこん》の至足を体認する実践論からの言と読むべきである。天地自然を己の外に設定してその無為に従うことを求めたり、過去現在未来の三世を永劫の彼方に置いてその輪廻転生《てんしょう》を欣求《ごんぐ》するのではない。天地の間に生を享けた人が、生生の道を己の時位の中に体認し、その時位に応じて己の始めとなし、その始めを終りまで貫くことによって人の道となすことをいう。人が測ることのできない邃古の前にいまのわが生を離れた創造主を想定したり、永劫の未来にわが生とは別に万物滅亡に至る終末論を立てたりするのは、易の理に悖《もと》るものである。生生之れ易と謂う（繋辞上伝第五章）のが、船山の立場である。

是の故に、理を窮め性を尽くして以て命に至る（説卦伝第一章）者は、始めを原《たず》ね終りを要《もと》め（繋辞下伝第九章）、其の実有を修め、之を現存に取り、以て循環して窮まり无きの理を尽くす。則ち以て死生の情状を知りて惑わず、天地の運行に合して慙《は》じざる可し。義を集めて心を養い、両間（天地）に充塞して餒《う》えず（『孟子』公孫丑上にいう）。

嗚呼、之を尽くせり。

繋辞上伝第九章に、「始めを原ね終りに反る。故に死生の説を知る。精気は物を為し、遊魂は変を為す。是の故に鬼神の情状を知る」という。また『孟子』公孫丑上に、「其の気為るや、至大至剛、直を以て養いて害《そこな》う無ければ、則ち天地の間に塞《ふさが》る。其の気為るや、義と道とに配す。是れ無ければ餒《う》う。是れ集義の生ずる所の者なり」という。始めを原ね終りを要めるに当ってわが実有と現存を修めることを基本とし、またそれが単なる認識論に止まらず、義と心を充塞させるという実践論につながるのが、船山の易哲学なのである。

二

凡そ夫の万有の化は、流行して用を為す。此の一日の内を同じくし、此の天地の間を同じくし、未だ才を殊にし情を異にする有らず、能く相安んじて毀たざる者なり。

情は以て才を御し、才は以て情を給す。情と才は同《とも》に性に原《もと》づき、性は道に原づき、道は則ち一なるのみ。一とは、保合和同して、秩然として相節する者なり。道に始まり、性に成り、情に動き、才に変ず。才は以て功を就《な》し、功は以て効を致す。功効は散じて多きに著《つ》くも、一に協《かな》えば（『書経』咸有一徳《かんゆういっとく》に、「克《よ》く一なるに協う」という）、則ち又終に道に合して以て始まる。是の故に、一に始まり、万に中し、一に終る。始終は一なり、故に「一本にして万殊なり」と曰う。一に終りて以て始む、故に「帰を同じくして塗を殊にす」と曰う（繫辞下伝第五章）。

すべて万物の変化は、一刻もやまない周流をなす。今の一日、此の天地を同じくしながら、万物は才と情を異にし、才情は異なりながら、それぞれその性に安んじ乾坤《けんこん》を毀つことはない。

情によって才の変を起し、また才の用によって情を充たす。情と才は万殊に変化するが、それは性に本づき、また性は道に本づき、道は一なるものである。『中庸』第一章に、「天の命ずる之れ性と謂い、性に率《したが》う之れ道と謂う」という。道が一であるとは、性と情才が保合和同して、秩序をもって互いに節することをいう。すなわち道に始まり、性に成り、情に動き、才に変ずる。才の功と情の効は万殊に変化するが、一なる道に本づくものであるから、また道に合して再び生が始まる。一なる道から始まり、万殊の変を経て、また一なる道に終る。かくして、始終は一本において循環する。一本は、『孟子』滕文公上に、「且つ天の物を生ずるや、之をして本を一にせ使む。夷子は本を二にするが故なり」という。

夫れ惟《ただ》其れ一なり。故に形を殊にし質を絶つも、離る可からず、強は刑し弱は害せらるるも、舎《お》く可からず。之を舎きて以て害を遠ざかると為し、之を離れて以て質を保つと為せば、万化は遂に相済《な》さざるの情才有り。相済さざるを未済《びせい》と曰わば、則ち何を以て情才を登《すす》めて流行の用を成さんや。

之を舎《お》き之を離れ、万化の繁然たるに因る者は、其の殊絶（形を殊にし質を絶つ）の刑害するを見て、分ちて以て二と為す。既已《すで》に之を分てば、則ち披紛《ひふん》し（ばらばらになる）解散して、而も又其の合わざるを憂う。乃ち抑《また》、矯揉し（矯正する）銷帰して（消滅する）、以て之を強《し》いて同じからしむ。則ち将《はた》二に始まりて、一を成す。故に「異端は二本にして、分つ无し」と曰う。

一を以て始まり、一を以て終るのが易の道である。「一陰一陽、之れ道と謂う。之を継ぐ者は善なり」（繫辞上伝第五章）といい、「吾が道は一以て之を貫く」（『論語』里仁）という。その中間は万象の万化であり形と質を殊にするが、人は形と質から離れることはできない。強が弱を刑し弱が強によって害せられることがあるが、人はこの刑と害を免れることはできない。刑を免れて害を去ることができると思い、形を離れて質を保つことができると考える者は、万化に対して己の情才を相済すことはできない。未済《びせい》とは相済さないことをいうのではなく、己の情才を用いることによって万化の流行を己において実現することをいう。聖人の道は一本（本を一にす）であり、異端の学は二本（本を二にす）であることについては、『読四書大全説』孟子滕文公上の項に詳しく論じている。

一であるものを離し放擲するから、現象の多様性に因って二元論を立てる。未済《びせい》とは情才の相済さぬことをいうのでないことは、さきに未済《びせい》は一時の衰であり、生殺は互いに相養う者であると述べていた。異端は現象を分って二と見なし、更に空理において一元化を試み、抽象的統合の原理を幻想する。

老氏は陽を抱き陰を負うの旨を析《わか》ちて、一に復帰せしめんと欲す。釈氏は八還《はちげん》の義を建てて、之を通じて以て円ならしめんと欲す。蓋し率《ひき》いるに道の万に中する者を以てして以て大始と為すは、其の本に昧《くら》し。則ち情才の各々致すに、或いは相悖害《はいがい》を為す者有るは、固より変化の斉しからざるも、而れども此を以て疑いて拠るに足らずと為し、乃ち従《よ》りて无有に帰幷《きへい》（帰結）するは、亦宜《うべ》ならずや。

『老子』第四十二章に、「道は一を生じ、一は二を生じ、二は三を生じ、三は万物を生ず。万物は陰を負い陽を抱き、沖気以て和と為す」という。八還の義は、八苦を還滅《げんめつ》して円成《えんじょう》の解脱《げだつ》に至るとすることか。かれらは万の多様性を折衷する道を建てて、それこそが大始とするが、そもそもそのような本はあるはずがない。情才の不斉によって刑害が起ることは、易の変化の相に他ならないにもかかわらず、かれらはこの不斉の変化を疑って実有と見なさず、かくしてそれを無や空に帰するのである。

夫れ同は異を統ぶる所以なり、異は同を貞しくする所以なり。是を以て、君子は其の交わるを善くして、其の争いを畏れず。今夫れ天地は、則ち陰陽判《わか》る。雷風、水火、山沢は、則ち剛柔分る。是れ皆《とも》に其の焉《こ》れを異にする者なり。而れども、君子は必ず其の同を楽しむ。此れ、豈強《し》うる所有らんや。迅雷（震《しん》）の朝に、疾風（巽《そん》）以て作《おこ》り、名山（艮《ごん》）の下に、大沢（兌《だ》）以て流る。震巽《しんそん》、艮兌《ごんだ》の同じくして強うる所无きこと、固より然り。而も抑又《また》、以て相害するに足らず。

夫の水火の若きは、吾れ未だ其の共にして処る可きを見ず、抑又《また》未だ其の処りて争わざるを見ず。処りて争わざれば、則ち必ず各々其の性に順い其の情に利しく、相舎《お》き相離れて、而る後に域を同じくして安んず可し。火は炎上し、因りて之を上にし（未済《びせい》の上卦離《り》）、水は潤下し、因りて之を下にするは（未済《びせい》の下卦坎《かん》）、則ち已に異なれり。炎は水を熯《や》かず（未済《びせい》の上卦離《り》の火が、下卦坎《かん》に降らない）、潤は火を滅ぼさざるは（未済《びせい》の下卦坎《かん》の水が、上卦離《り》に升らない）、則ち又以て同を為す。嗚呼、此れ未済《びせい》の世、害を遠ざかりて亨り、卒《つい》に以て天下に利しき攸无く（未済《びせい》の彖辞に、「未済《びせい》は亨る。小狐汔《ほと》んど済《わた》らんとして、其の尾を濡らす。利しき攸无し」という）、而して易は且に以て一終せんとする者なり。慎まざる可けんや（大象に、「火の水上に在るは未済《びせい》なり。君子は以て慎みて物を辨《わか》ち方を居《お》く」という）。

同とは異を統合することをいい、異とは同を貞しくすることをいう。君子が善く交わることを求め、決して争いを畏れないのは、異を争うことによって同を貞しくするからである。天地は陰と陽に判然と分れ（繋辞上伝第一章に、「天は尊《たか》く地は卑《ひく》く、乾坤《けんこん》定まる」という）、また雷風、水火、山沢は剛と柔に分れる（同じく、「動静は常有り、剛柔断《わか》る」）という。天地の陰陽、六子の剛柔は、ともに異なるものである。しかし君子はその異を畏れず、必ずその同を楽しむ。それは決して強いて同を求めるのではなく、異を統合するのが同であることを知っているからである。たとえば迅雷

（震《しん》）が鳴るときには疾風（巽《そん》）が起り、名山（艮《ごん》）の下には大沢（兌《だ》）が流れるように、震《しん》の長男と巽《そん》の長女が相伴い、艮《ごん》の少男と兌《だ》の少女が相託し、強いることなくまた害することもない。

水と火は相容れないものであり、また共に処れば必ず争うものである。しかし水と火が共に居て争わなければ、必ずそれぞれの性と情に順ってそれを用いることができる。すなわち坎《かん》と離《り》は、互いに下卦と上卦に離れて在ることによって同じ未済《びせい》の卦に安んずることができる。未済《びせい》の上卦離《り》が火の炎上の性によって上卦に居り、下卦坎《かん》が水の潤下の性によって下卦に居るのは、水と火の異を示す。また上卦離《り》の炎が下卦坎《かん》の水に降って水を乾かすことをせず、下卦坎《かん》の水が上卦離《り》の火に升って火を消すという争いをしないのは、異を統べる同を示す。これこそ未済《びせい》の世に在って争いの害を遠ざかることによって亨り、決して天下に陰陽交わる利しきことがなく、易はこの未済《びせい》において一終することを示すものである。君子はこの未済《びせい》の世に在って、自ら慎まなければならない。

『周易内伝』は象辞について、「亨るとは、陰の亨るなり。陰（六五）は中を得、剛（九四と上九）に麗《つ》きて以て明を為す（上卦の離《り》）、故に亨る。既に亨り、而も又「小狐は汔《ほと》んど済《おこ》らんとし、其の尾を濡らす。利しき攸无し」（象辞）と云うは、位を得て居れば則ち亨るも、行かんと欲すれば則ち利しき无きなり。未済《びせい》の三陽（九二と九四と上九）は皆位を失い（陽が陰の位に居る）、陰陽相間《まじ》わりて陽の道は窮す。然れども、陽は位を失えば陰も亦得ず。則ち陰の利しからざるは、未だ以て病と為すに足らず。故に之を擬するに小狐、尾を濡らすを以てし、幸有るの辞の若《ごと》くす。狐は、淫惑の獣なり。雑処して以て人に交わり、更に済《わた》るに利しきは、則ち人道の患と為す。故に其の明に麗《つ》くに於いては、則ち之を迪《みちび》くに君子の道を以てし、其の亨るを許す。其の弱くして力無く、狂にして妄逞しくするに於いては、則ち明らかに告ぐるに凶吝を以てし、其の慝《とく》（邪陰）を止《とど》む。易の曲《つぶ》さに為に裁成する所以なり」という。大象の意については、次に述べる。

今夫れ物の未だ生ぜず、方（方位）の未だ立たざるや、一なるのみ。材を成して物と為れば、則ち翼は以て空を翔り、蹠《せき》（足）は以て実（地）を蹈《ふ》みて、辨（区分）は立つ。情に準《したが》いて方を建つれば、則ち耳目は左を知り、手足は右を知りて、居は奠《さだ》まる。父母師保有りと雖も、之を強いて以て異ならざらしむる能わず。然りと雖も、其の焉《こ》れを異にする者は、中に固より同《とも》に然る者有り。特《ただ》本を忘るる者は、未だ之を察せざるのみ。

大象の「君子は以て慎みて物を辨《わか》ち方を居《お》く」について述べる。物が生まれず方位が立たない状態は、一なる混沌である。具体的な物となれば、翼をもつ鳥、地を走る獣となり、それぞれの異の区分が立つ。一定の方位が立てば、その耳目手足の知によって、居るべき所が定まる。辨が立ち居が定まるのは、異があるからである。たとい父母や師保が導こうとしても、無理に同じくし異がないようにすることはできない。なお繫辞下伝第八章に、「師保有る无きも、父母に臨むが如し」という。しかしそれぞれ異という相対的区別は、同時に絶対的同一性に支えられていることを知らなければならない。根源的に考えることを知らないものは、それを察しないだけである。

『周易内伝』は大象について、「方を居《お》くとは、物の性情功効に随いて、之を処《お》くに其の安んずる所を以てし、各々其の分位に居りて、相紊《みだ》れざるなり。辨《わか》つに慎めば則ち之を知ること明らかなり、居《お》くに慎めば則ち之を処くこと当れり。火（離《り》）は本より上り、水（坎《かん》）は本より下り、相済《な》さず。水を火の上に置けば（離《り》下坎《かん》上の既済《きせい》）、以て熟燮《じゅくしょう》（燮は煮る）の功を成すも、患いも亦之に随う。既済《きせい》の必ず防ぐ所以なり（既済《きせい》の大象に、「君子は以て患いを思いて予め之を防ぐ」という）。之を辨《わか》つこと明らかにして、各々をして其の所に居ら使むれば（坎《かん》下離《り》上の未済《びせい》）、未だ功有らずと雖も（未済《びせい》は未だ済《な》さずの意）、自ずから過ち無かる可し。蓋し天下の物は、一物は自ずから一物為りて、貞淫美悪は本より相雑わらず。其の異を知れば、乃ち其の同を統ぶ可く、而して水火の争いは以て息《や》む。慎まざる可からず」という。

故に陰陽の必ず異なるに極まるは、水火より甚しきは莫し。火は以て水を熯《や》くも、熯《や》く所の水は何《いず》くに往くや。水は以て火を滅するも、滅する所の火は何くに帰するや。水凝《こ》りて化せざるは、之を熯《や》く者の盪《うご》かして其の化を善くする所以なり。火燥《かわ》きて窮まり易きは、之を滅する者の息《や》めて其の窮を養う所以なり。則ち相需《ま》ちて以て其の功を致さざる莫し。

未済《びせい》の坎離《かんり》は、陰陽の異を極めたものであるがゆえに、却って陰陽相需《ま》つ生成をなすことができることを述べる。火は水を熱し蒸発させるが、その水は何処に往ったのか。水は火によって質的変化を遂げたのであり、決して水のまま何処かに往ったのではない。また水は火を消すが、その火は何処に帰したのか。火は水によって質的変化を遂げたのであり、決して火のまま何処かに帰したのではない。すなわち、未済《びせい》についていえば、坎《かん》の水は下卦に凝って交わらないことが、上卦離《り》の火がそれを動かして善く化そうとする契機をなす。また離《り》の火が上に窮まって尽きることが、下卦坎《かん》の水が火を滅ぼして火の窮を養う契機を与える。運動変化を善くすること、すなわち相需《ま》つという相互転化こそが新たなる造化の営みなのである。さきに「君子は交わるを善くして、其の争いを畏れず」といい、船山は水火の異があるからこそ同を貞しくすることができるという。

需《ま》ちて以て互いに交わるは、先は難くして後は易く、情は徳にして貌《かたち》は刑す。故に本を忘るる者は、尤も恝然《かいぜん》（憂えるさま）として其の争いを畏る。将に以て本は異なりて、同じくす可からずと為さんとす。是に於いて、兄弟の居を析《わか》ち、情欲の辨（別）を察し、解きて之を散じ、因りて之に仍《よ》る。因りて之に仍《よ》りて以て自然と為し（老子の説）、解きて之を散じて以て解脱《げだつ》と為す（釈氏の説）。之の説は、其の道に於けるや、猶絖《こう》（絮）を洴澼《へいへき》する（水で洗いながら絮をうつ。『荘子』逍遥遊に見える）の、淵魚に於けるがごとし。万化の終りに一に協《かな》いて（『書経』咸有一徳にいう）以て大始（繫辞上伝第一章にいう）を蔵する者は、固より之に因りて以て匱《とぼ》しからず。彼は益々傲然として曰く、「其の成るは固然たり。而るに互いに交わりて以て功を致さんと欲する者は、亦陰陽の性に払《もと》りて、成敗に当る无し」と。其の迷えること、亦大哀と謂う可し。

このように異なるものが交わって相互転化して新たな変化を起すことは、始めは対処することは難であるが後は天地生成に委ねるから易く、またその情は陰陽の徳のはたらきをなし、外貌は争うという刑害をなしているに他ならない。この陰陽変化の根本を見ない者は、外貌の異を憂え争いを畏れる。かくしてかれらはそれを根本が異なって絶対的矛盾をなし、統合できないものであると考える。すなわち、老子は異のままに仍《よ》って自然を尚び、仏者は争いを超脱して解脱を重んずる。兄弟の居と情欲の辨は、大象にいう居と辨の語による。易の大象は、「慎みて物を辨ち方を居く」という君子の道を説くが、二本の異を立てるかれらは、本来同である兄弟の居を二に分ち、本来同である情欲の辨を異なるものとする迷蒙に陥る。『荘子』逍遙遊に、宋人に世々絖を洴澼することを業とする者が居り、手に亀する（ひびわれる）ことを防ぐ薬をもっていた。絖を洴澼すると手にひびわれができるから、それを治す薬が必要なのである。かれらは自ら薬を用いるという人為によりながら、それを魚が水に在るような自然であるとして、自然に仍るべきことを説くのが、荘子の説である。船山はそれを異に察ではあるが、本質的に同である契機を見ないものとして斥ける。傲然と説を立てる者は、自然に任じ争いを避ける老荘の徒である。大哀は、『荘子』斉物論に見える。船山はそのことばを逆用し、かれらは自ら迷っているからそれを大哀というにすぎないという。

天地の正は、彼（異端の徒）の之を乱すに聴《まか》せず。聖人の教の、輔相（泰《たい》の大象に、「天地の宜しきを輔相す」という。輔も相も、たすける意）して之を合する者、又之を維繋《いけい》す。彼は既に其の相離れ相舎《お》くに任す、則ち亦徒《ただ》其の説有るのみ、而れども其の事无し。故に能く大いに道を損ずる无し。藉《も》し其れ然らずして、胥《みな》古今上下は未済《びせい》を以てすれば、則ち一終する者は将に以て永終せんとし、且つ亦以て一終すら得《う》可からず。則ち大哀の者と謂う可からざらんや。

天地の正たる乾坤《けんこん》は、かれら異端の徒によって乱されるものではない。乾坤《けんこん》陰陽の用を輔相して合する聖人の教が、更にそれを維繋しているのである。かれらは陰陽をそれぞれ二本として分離させるが、それはかれらの単なる言説にすぎず事実に戻《もと》るものであるから、一陰一陽の易の道にとっては本質的な障害となるものではない。もしかれらのいう通り、古今上下はすべて未だ済さざる欠落と未完の世であるとすれば、一たび事が終れば即ち永遠の終末となるのみか、一終することすら得ることができない。かれらのことばを用いれば、まことに大哀といわざるをえない。

嗚呼、君子の未済《びせい》を慎む（大象による）は、亦其の難きが為なるのみ。情異なれば則ち其の才を用うるに利しく、情才倶《とも》に異なれば則ち胥匡《みなただ》すに道を以てす。沈潜は剛克、高明は柔克（『書経』洪範に見える）、以て自ら治む。礼以て之を斉《ととの》え、刑以て之を成し、以て人を治む。然る後に、凝《こ》る者（水）は寒沈を以て洩《も》れず、燥《かわ》く者（火）は浮焔を以て衰えず。斟酌融通し、始めを慮《おもんぱか》るは難きも、成すを図《はか》るは易し。則ち天地の間は、昭明し（火）流動し（水）、保合して（乾《けん》の彖伝に、「大和を保合し、乃ち貞しきに利し」という）背馳瓦解するの憂い無く、元化は且に之を恃みて以て成さんとす。是の故に、未済《びせい》の慎むは、則ち其の以て之を済《な》す可きの秋《とき》なり。

異端の徒は異の争いを畏れて無為の説を説くが、聖人の徒は争いの難を知っている。すなわち情が異なればその才を用い、もし情才ともに異なれば、根源的に道を以てそれを匡《ただ》す。道とは一陰一陽の往来の道をいい、あとにいう元化、すなわち乾《けん》の元と坤《こん》の化をいう。昭明流動は、また乾《けん》の象伝に、「雲行き雨施して品物形を流《し》き、大明は終始し、六位は時に成る」という。『書経』洪範は三徳について、「一は正直《せいちょく》と曰い、二は剛克と曰い、三は柔克と曰う。……沈潜は剛克なり、高明は柔克なり」という。船山はその語を未済《びせい》の坎離《かんり》に用い、坎《かん》（水）の沈潜は剛（坎《かん》は陽）が克己し、離《り》（火）の高明は柔（離《り》は陰）が克己して自ら始めるという。坎《かん》下離《り》上の未済《びせい》は水が下り火が上って相済さないときであるが、この情才ともに異なる秋《とき》にこそ、君子は一陰一陽の道に慎んで済すことにつとめなければならない。

彖伝に「未済《びせい》は亨る（彖辞）とは、柔、中を得ればなり」といい、『周易内伝』は「六五は中を得、柔の道は亨る。中を虚しくして以て陽を受け、剛を承け之に麗《つ》きて以て明なり（上卦離《り》の明をいう）。未済《びせい》の既済《きせい》に愈《まさ》れるは、此を以てなり。故に「既済《きせい》は亨小」（既済《きせい》の彖辞に、「既済《きせい》は亨る。小（陰）は貞しきに利し」という）と言い、「未済《びせい》は亨る」（彖辞）と言う。柔の道得れば、則ち剛の志も亦行わる」という。六五の爻辞についての『周易内伝』は、後に示す。

夫れ水は沈みて舟は浮き、舟は静かにして楫《かい》は動く。而れども理の相因るは一なり。其の情才の迹に従《よ》りて之に任せ、舟を以て舟を撐《つ》き、水を以て水を運《めぐ》らせば、人は且に望洋（何もできずに歎く）として退く。豈頼《よ》る有らんや。故に卦は凶なるも爻は或いは免るるは、亦其の応ずるを以てするのみ（未済《びせい》の彖伝に、「位に当らずと雖も、剛柔応ずるなり」という）。

火の水を刑するや、その害は薄し（既済《きせい》についていう）。水の火を刑するや、其の害は酷なり（未済《びせい》についていう）。離《り》（未済《びせい》の上卦）は以て引きて退く可きも、其の害を恤《うれ》えずして、猶与《とも》に交わり応ずるは、則ち離《り》は賢なり。明なる者（上卦の離《り》）は、下に燭《てら》して孚有り（六五の爻辞に、「孚有りて吉なり」という）、険なる者（下卦の坎《かん》）は、終りを怙《たの》みて自ら曳《ひ》く（九二の爻辞に、「其の輪を曳く。貞にして吉なり」という）。六三は位進むも（三は進爻である）才は退き（六三は陰柔である）、余光（六五の爻辞に、「君子の光あり」という）を棄てて険（下卦の坎《かん》）を保つ。未済《びせい》の害は、独り多く之れ有り。則ち凶も亦至る（六三の爻辞に、「未だ済《な》さず。征けば凶なり」という）。

離《り》は坎《かん》より賢なり、坎《かん》は離《り》より利《よろ》し。害を得ること多きは、君子の常なり。禍を避くること速やかなるは、小人の智なり。未済《びせい》を成す者は坎《かん》なり、而るに老子曰く、「上善は水の若《ごと》し」と（『老子』第八章に、「上善は水の若し。善く万物を利して争わず」という）。其の術為《た》ること、知る可し。

水が沈下するから舟は浮上し、舟は静であるから楫が動く。異が互いに相応ずることによって、事は為される。未済《びせい》は坎《かん》（水）が下り離《り》（火）が上って相応ぜず、彖辞に「利しき攸无し」という凶の卦であるが、九二の爻辞に「貞にして吉なり」といい、六三の爻辞に、大川を渉るに利し」といい、九四の爻辞に「貞なれば吉にして悔亡ぶ」といい、六五の爻辞に「孚有りて吉なり」といい、上九の爻辞に「孚有り」というのは、剛柔が相応ずることによる。象伝に「位に当らずと雖も、剛柔は応ず」といい、『周易内伝』は「既済《きせい》も亦剛柔応ず、而るに独り未済《びせい》に於いて之を言うは、既済《きせい》は位に当る、則ち剛（陽）は以て剛（初と三と五）に居り、柔（陰）は以て柔（二と四と上）に居る。各々其の利しき所を擅《ほしいまま》にし、其の情の安んずる所を恣《ほしいまま》にす。則ち応ずと雖も、志は相下らず。未済《びせい》は位に当らず、剛

(陽)を以て柔(二と四と上)に居り、柔(陰)を以て剛(初と三と五)に居る。剛なる者は傲らず、以て陰に交わりて驕らざる可し。柔なる者は靡《なび》かず、以て陽に交わりて吝《おし》まざる可し。寛と猛は相剤《ととの》い、刑と賞は相資《と》り、温(恩厚)と厲(厳威)は相節し、則ち以て焉《こ》れに感じて通ず。故に五(六五)と上(上九)は皆に孚有りと言う(爻辞)は、柔の剛を有《たも》ち、剛の柔を有つを以てなり。他卦に在りては、則ち固より位に当りて応ずる者を以て、亨り利しきと為すも、此の二卦は焉《こ》れに異なれり。陰陽は雑《まじ》わりて相間《へだ》て、各々時位の拠る可き有り。則ち以て疑いを起し易く、貌《かたち》は合するも情は親しまざること、固より他卦の焉《こ》れを純にして互いに競うの情無きに異なれり。位に当らざるも、応じて以て疑い無し。故に未済《びせい》の六爻は、皆既済《きせい》より愈《まさ》れり」という。

離《り》下坎《かん》上の既済《きせい》は火が水を刑する象、それに対し坎《かん》下離《り》上の未済《びせい》は水が火を刑する象、その害は既済《きせい》に比べて大である。未済《びせい》は上卦の離《り》が敢えて下卦の坎《かん》に応ずる点で、離《り》の六五は賢である。未済《びせい》の上卦離《り》の火は下卦坎《かん》の水を避けて上卦に留まるべきであるのに、敢えて水の害を恤えず下卦に応ずるからである。上卦離《り》の明は、下卦坎《かん》を燭《てら》す孚がある。この六五の孚を受ける九二も、坎中に在りながら終に険坎を済《な》す(困難を克服する)ことを信じて初六を引き止めることができる。九二の爻辞について、『周易内伝』は「柔(初六)は済さんと欲するも、二(九二)は剛中を以て之を止《とど》む。初(初六)は、是を以て尾を濡らすの吝有り(初六の爻辞に、「其の尾を濡らす、吝なり」という)。陰(初六)を裁《た》ちて志を得せ使めず、正(貞)を得て吉なり」という。其の輪(車)を曳くとは、初六が済そうとする志を九二が引き戻すことをいう。

しかし六三は進爻であるが柔であるから才は弱く、退いて上卦離《り》の六五の君子の光を棄て、下卦坎《かん》の険坎を出ようとしない。かくして未済《びせい》においては、六三だけが凶となる。六三の爻辞について、『周易内伝』は「三(六三)は進爻為り、険(下卦の坎《かん》)に乗じて上進し、力弱くして志は剛なり(進む)。之を以て行けば、其の凶なること必せり」という。なお六三の爻辞に「大川を渉るに利し」といい、『周易内伝』は「然れども大川を渉るに利しとは、険難の極に当り、必ず全うするの道無し。利害を顧みず、上は剛（九四）を承くるを求むるは、甯《ねい》武子（甯兪）之を以てす（『論語』公治長に、「子曰く、甯武子は、邦に道有れば則ち知なり、邦に道無ければ則ち愚なり。其の知は及ぶ可きも、其の愚は及ぶ可からず」という）。此に至りては、則ち吉凶は其の謀る所に非ず、避く可きの患い無し。凶なるも利しと云うは、易の利しと言うは、皆義に合し物に利しきを以て利しと為すなり、火珠林（銭を以て占う）の類の如く、志を快《こころよ》くして財を得るを以て小人の喩《さと》る所の利（『論語』里仁に、「子曰く、君子は義に喩り、小人は利に喩る」という）と為すに非ざるを、益々見る可し」という。

すなわち未済《びせい》は坎《かん》が害を成すが、離《り》が敢えてその害を身に受けて応ずる点では君子であり、坎《かん》がその害を避けて利を求める点では小人である。「上善は水の若し。善く万物を利して争わず」という老子の言は、まさしく小人の術を述べたものというべきである。

九二の小象に「九二は貞にして吉なり（象辞）とは、中以て正を行えばなり」といい、『周易内伝』は「剛は位に当らざるは（陽が二の陰位に居る）、本より正に非ず。中に居りて過ぎず、剛（陽）を以て柔（二の陰位）に処り、其の閑勒《かんろく》（閑は抑える、勒は抑止する）を善くすれば、則ち中以て正を得るなり。陰陽の相間《まじ》わるや、陰（初六）は下に起りて以て上進し、未だ其の淫泆を禁《とど》め易からず。而れども初六は卑柔なれば、則ち猶禁止す可し。道は宜しく剛断して以て之を裁抑すべきも、而も又過激なるを欲せず。二（九二）は唯剛柔相剤《かな》い（陽が二の陰位に居る）、中道を以て之を行う。故に二陰（初六と六三）の間に処り、其の忌む所と為らず。奚《なん》ぞ必ずしも大正（陽が陽位に在る）以て相治め、而る後に貞と為すを得んや」という。

なお初六の爻辞に「其の尾を濡らす。吝なり」といい、『周易内伝』は「柔弱にして下に在り、済《な》さんと欲するも能わず。故に此の象有り。象（象辞）に利しき攸无しと言うは、三陰（初六と六三と六五）を統べて言う。此《ここ》に吝なりと言うは（初六の爻辞）、初六の一爻の為に言う。初（初六）は利しきを求るの心無く、利も亦之を違《さ》り、吝を為すのみ」

という。

また六五の爻辞に「貞にして吉なり。悔无し。君子の光あり。孚有りて、吉なり」といい、『周易内伝』は「柔（陰）を以て剛（五の陽位）に居りて中を履み、未だ中を出でずして上進を求めず、其の位に安んじて止まるを知る。故に正を得て以て吉なり、而して固より悔无し。陰陽交々雑わるの世に処り、独り能く中を虚しくして（陰が中に居る）以て二陽（九四と上九）に麗《つ》き、其の文明を著らかにす（離《り》は文明の光）。大人の造（乾《けん》の象伝に、「飛龍、天に在りとは、大人の造なり」という）に非ずと雖も、允《まこと》に君子の光と為す。君子とは、位を以て言えば、則ち守成して功を徼《むか》えざるの令主（明君）なり。徳を以て言えば、聖を希《ねが》いて（周濂渓『通書』の志学に「聖は天を希い、賢は聖を希い、士は賢を希う」という）等を踰《こ》えざる（分を守る）の純儒なり。是を以て陽（九四と上九）に孚あれば、用は異なりと雖も志は同じ、陰の済《な》すを求めざるを以て吉を得る者なり」という。

この六五とともに上卦離《り》の明をなす九四と上九について示す。九四の爻辞に「貞なれば吉にして悔亡ぶ。震《うご》きて用て鬼方を伐つ。三年にして大国に賞せらるる有り」といい、『周易内伝』は「剛（陽）を以て柔（四の陰位）に居り、陰陽交々接するの世に当り、其の正を失わざる者なり。故に位に当らず（陽が四の陰位に居る）、本より悔有るも以て（悔は）亡ぶ可し。震くとは、動きて寧からざるの謂なり。二陰（六三と六五）の間に居り、寧んじて処る能わず。則ち必ず征伐の事有り。鬼方を伐つとは、下は坎《かん》の険に臨みて之を治むるなり。剛柔、節有り、師を興して暴ならざれば、則ち之に克つは難しと雖も、功成りて賞を受く。大国とは、兵を主る者（九四）は、五（六五）の命（天子の命）を奉ずるに非ざるを謂う。故に賞は天子之を頒《わか》つに非ず」という。

上九の爻辞に「飲酒に孚有り。咎无し。其の首を濡らすも、是《ぜ》を失うに孚有り」といい、『周易内伝』は「上九は剛（陽）を以て柔（上の陰位）に居る、故に三（六三）に相得て、其（六三）の済《な》すを求むるの情を拒まず。遂に相信じて（六三を信じて）以て歓を交うる（飲酒）は、固より咎に非ず。乃ち（然るに）陰（六三）の性為る、与に耽る可からざる者なり。陰陽交々雑わるの時に処り、志は以て淫し易し。若し高きに居り位無き（上九についていう）の故を以て、其の守る所を失い、二（九二）の輪を曳き（九二の爻辞に、「其の輪を曳く」という。九二が初六を止《とど》める）、四（九四）の下を伐つ（九四の爻辞に、「震きて用て鬼方を伐つ」という。九四が下卦坎《かん》を伐つ）が如く、以て相裁抑する（上九が六三を抑える）能わざれば、則ち将に六三の染む所と為りて其の首を濡らさんとす。其（上九）の孚有るや、其の以て是《ぜ》を失う所を正す。是《ぜ》とは、其の可に当るの謂なり」という。

坎《かん》下離《り》上の未済《びせい》の世において、君子が離《り》の明を以て敢えて坎《かん》の険を済《な》すことの難をいう。離《り》の火と坎《かん》の水はそれぞれ情才を異にし、相済すことができないように思われるが、君子はこの情才を異にする未済《びせい》において、一陰一陽の道によって匡《ただ》し事を済す。禍を避けることに急である小人と異なり、害を受けながらその酷を恤《うれ》えず、敢えて離《り》の明を下に施すことによって坎《かん》の険を済《な》すことに努めるのが、君子の孚なのである。

未だ済《な》さずという未済《びせい》の世に無為に屈するのではなく、済さないから済すという君子の責任と実践を謳《うた》うとともに、六十四卦の終りに一たび終りながら、それが決して永遠の終末を意味するものではないことを述べる。それは乾坤《けんこん》が並建することによって雑乱を極める易が、未済《びせい》において一終することによってまた一陰一陽の生生の道を遂げるものであるからである。

著者略歴

高田　淳（たかた　あつし）

1925年　京城（ソウル）に生まれる
1952年　東京大学中国文学科卒業

著書『墨子』（中国古典新書、明徳出版社、1967年）
『中国の近代と儒教』（紀伊国屋新書、紀伊国屋書店、1969年）
『魯迅詩話』（中公新書、中央公論社、1971年）
『章炳麟・章士釗・魯迅』（龍渓書舎、1974年）
『王船山詩文集』（東洋文庫、平凡社、1981年）
『辛亥革命と章炳麟の斉物哲学』（研文出版、1984年）
『易のはなし』（岩波新書、岩波書店、1988年）
『喜雨亭雑文』（内山書店、1996年）
『惲南田―棘人』共著（八坂書房、2000年）

王船山易学述義　上

二〇〇〇年三月　発行

著者　高田　淳
発行者　石坂叡志
印刷　栄光

発行所　汲古書院
〒102-0072　東京都千代田区飯田橋二-五-四
電話　〇三（三二六五）九七六四
FAX　〇三（三二二二）一八四五

ISBN4-7629-2651-5　C3010